MÉMOIRES
DU
DUC DE LUYNES

TYPOGRAPHIE DE H. FIRMIN DIDOT. — MESNIL (EURE).

MÉMOIRES

DU

DUC DE LUYNES

SUR LA COUR DE LOUIS XV

(1735 — 1758)

PUBLIÉS

SOUS LE PATRONAGE DE M. LE DUC DE LUYNES

PAR

MM. L. DUSSIEUX ET EUD. SOULIÉ

TOME DEUXIÈME

1738 — 1739

PARIS

FIRMIN DIDOT FRÈRES, FILS ET Cⁱᵉ, LIBRAIRES

IMPRIMEURS DE L'INSTITUT, RUE JACOB, N° 56

1860

Tous droits réservés

MÉMOIRES
DU
DUC DE LUYNES.

ANNÉE 1738.

JANVIER.

Mariage du roi des Deux-Siciles. — Cardinal *in petto*. — Lettre du maréchal de Roquelaure au cardinal de Fleury. — Rangs des ducs et des maréchaux de France. — M. Poulletier nommé conseiller d'État. — Maladie du Roi. — Mort de M. de Verthamon. — Messe de la Reine. — M. de Maurepas nommé ministre d'État. — Audiences du prince de Lichtenstein et de l'abbé Franchini. — Souper de la Reine. — Dîner et souper du Roi. — Braconnages dans le petit parc. — Vol chez la princesse de Conty. — Aventure de M. de Fervaques. — Morts de la duchesse de Nevers et de Mme de Moras. — Affaire de M. de Courbon. — Baraques de Nantes accordées à la maréchale d'Estrées; scellés chez le maréchal d'Estrées. — La duchesse de Lorges nommée dame d'honneur de la duchesse d'Orléans. — Serment du prince de Dombes après le dîner du Roi. — Automate de Vaucanson. — Nouvelle glacière. — Changements dans les logements. — Bal chez Mesdames. Honneur de danser avec les enfants de France. — Bureaux du conseil d'État. — Mort du prince Jacques Sobieski. — Maladie et jeu du Roi. — Le Dauphin au salut et chez le Roi. — Règlement pour les bals. — Fournitures pour le lit de la Reine. — Mort de l'évêque de Boulogne. — Lettres patentes pour la tutelle du duc de Penthièvre. — Affaire du mariage de M. de Brancas. — Maladie du cardinal de Fleury et de M. d'Angervilliers; M. de Maurepas signe par intérim. — Organisation du grand conseil. — Mariage de M. de Souvré. — Mlle Martin. — Mort du duc de Mazarin. — Maladie du Dauphin.

Du dimanche 5 janvier. — Il y a trois ou quatre jours que le Roi nous dit le mariage du roi des Deux-Siciles avec la fille du roi de Pologne ; elle n'a que treize ans et quelques mois actuellement.

On me dit il y a deux jours qu'outre la nomination des cardinaux des couronnes, il y avoit un cardinal *in petto* qui est un frère de Mme la duchesse Hesse-Rheinfels, lequel est chanoine de Strasbourg.

La difficulté dont j'ai parlé ci-dessus n'a pas beaucoup fait de bruit pendant quelques jours. J'ai marqué ce que j'avois dit à M. le Cardinal et sa réponse le lendemain de l'enterrement. Ce même jour ou le jour suivant, M. le maréchal de Roquelaure, aujourd'hui doyen des maréchaux de France, croyant qu'il étoit convenable que M. le Cardinal fût instruit par eux de ce qui s'étoit passé, écrivit une lettre à S. Ém., qui est même en quelque manière un mémoire. Je n'ai point vu cette lettre, mais j'ai vu deux personnes très-dignes de foi qui l'avoient vue l'une et l'autre. Il est constant que la lettre n'a point été faite par M. le maréchal de Roquelaure ; elle l'a été par M. le maréchal de Broglie, qui fut enfermé longtemps avec lui à ce sujet. Cette lettre dit que MM. les maréchaux de France, s'étant assemblés chez M. le maréchal de Roquelaure, avoient consulté M. le maréchal de Noailles comme chef du deuil pour savoir ce qu'ils pourroient faire pour la mémoire de M. le maréchal d'Estrées, sans causer ni trouble ni dérangement à la famille ; (ce n'est point les termes de la lettre que je cherche à mettre, mais le sens ;) que M. le maréchal de Noailles leur ayant dit qu'ils étoient les maîtres, voici ce qu'ils lui avoient proposé : qu'ils s'assembleroient, les cinq qui étoient en état de marcher, chez M. le maréchal de Roquelaure, où il y auroit la moitié des gardes de la connétablie, l'autre moitié étant restée auprès du corps de M. le maréchal d'Estrées ; qu'ils attendroient chez M. le maréchal de Roquelaure que tout le deuil fût assemblé, et qu'étant avertis par un officier de la connétablie, ils se mettroient en marche dans leurs carrosses, sans manteau, accompagnés des gardes de la connétablie, et arriveroient ainsi chez M. le maréchal d'Estrées; que lorsque le corps seroit en marche, ils laisseroient passer M. le maréchal de Noailles à la tête du deuil et tous les parents, et que pour eux ils marcheroient à droite et à gauche suivant le rang de leur ancienneté, le premier à droite, le second à gauche, le troisième à droite, etc.; que M. le maréchal de Noailles avoit approuvé toutes leurs propositions; qu'ensuite lui ayant demandé de quelle manière les choses se passeroient à l'église, qu'il leur avoit dit que c'étoit son affaire, qu'il iroit lui-même pour ranger leurs places. MM. les maréchaux de France ajoutent dans leur lettre l'histoire de ce qui s'est passé à l'enterrement, et que j'ai marqué ci-dessus, et disent qu'ils sont d'autant plus surpris de cette difficulté, que les maréchaux de France font un corps dans l'État et que les ducs n'en font point. Ces derniers mots sont expressément marqués dans la lettre. Le projet fait par MM. les maréchaux de France s'est exécuté effectivement jusqu'à l'église; on a vu ce qui s'y passa. La lettre dont je viens de parler, quoique écrite au nom des maréchaux de France, n'a point été signée de tous cinq; je crois même qu'elle ne leur a pas été communiquée. Les termes en sont aussi singuliers que la prétention.

MM. les maréchaux de France font un tribunal dans l'État. Faut-il conclure de là qu'ils fassent un corps dans l'État? Ils ont dans certaines grandes cérémonies des places marquées, le banc des maréchaux de France; mais les ducs et pairs n'ont-ils pas encore des places plus distinguées aux lits de justice, où ils ont l'honneur d'être invités de la part du Roi, et aux sacres des rois, où ils ont conservé les mêmes fonctions qu'avoient les anciens pairs. Les ducs ont un rang distingué et marqué à la Cour, et les maréchaux de France n'en ont aucun, hors le carreau pour leurs femmes aux audiences publiques, mais sans tabouret. Aux cérémonies de l'Ordre, MM. les maréchaux de France ont-ils quelques places distinguées, et n'y marchent-ils pas suivant l'ordre de leur réception et après les ducs? En un mot leur dignité est purement militaire et la récompense des services distingués. Les ducs se font honneur d'être regardés comme faisant partie de la noblesse, sur laquelle ils sont distingués par des titres accordés à eux ou à leurs ancêtres. MM. les maréchaux de France sont à la tête de la noblesse lorsqu'un d'eux a l'honneur de commander les armées du Roi, mais ce n'est point à ce titre précisément que cet honneur est accordé, c'est à la volonté de S. M. M. de Vendôme n'étoit point maréchal de France; M. de Turenne n'en a jamais pris le titre. Maréchal de France est, comme je l'ai dit, une dignité militaire, et la première depuis qu'il n'y a plus de connétable (1). Ils ont tribunal pour juger la noblesse sur ce qui regarde le point d'honneur. Leur doyen a le privilége de marcher en certaines occasions, accompagné des gardes de la connétablie, qui doivent toujours rester chez lui. Mais c'est une prétention nouvelle que de dire que parce qu'ils font tribunal ils font corps. Il est vrai que les autres tribunaux font corps, mais la réflexion que je viens de faire semble décider la question. Le doyen des maréchaux de France a l'honneur de marcher accompagné des gardes de la connétablie, et non le corps des maréchaux de France, qui est un être de raison. L'usage est que le corps du doyen conserve cet honneur d'être accompagné des gardes jusqu'à ce qu'il soit enterré; par cette raison les gardes de la connétablie devoient rester auprès de M. le maréchal d'Estrées, qui étoit toujours sensé doyen jusqu'au tombeau. Il est vrai que les gardes de la connétablie n'étant résidants chez le doyen que pour qu'il en fasse usage pour faire arrêter quelques gentilshommes, à l'occasion de quelques disputes ou de quelques insultes dont on vient lui rendre compte, il est nécessaire qu'après la mort du

---

(1) Ou de maréchal général des camps et armées. (*Note du duc de Luynes.*)

doyen, quoiqu'il ne soit pas enterré, il reste une partie des gardes de la connétablie chez son successeur; mais le mort doit toujours avoir les honneurs de doyen jusqu'à l'enterrement, comme j'ai dit ci-dessus. C'est donc un tribunal seulement, et non un corps. Il est même aisé de faire sentir la différence de ce tribunal aux autres. Le chef d'un tribunal n'a d'honneur et de place distinguée qu'à la tête de son corps; le doyen des maréchaux de France a l'honneur de marcher accompagné des gardes de la connétablie, quoique ses confrères n'y soient point; il peut envoyer arrêter un gentilhomme sans consulter ses confrères. Aucun chef de corps a-t-il ce droit? Bien plus, un maréchal de France, qui n'est point le doyen, se trouve par hasard témoin d'un combat particulier; il a dans ce cas le même droit que le doyen. Aucun membre d'un corps jouit-il du même privilége? On peut donc conclure que c'est un tribunal d'une espèce particulière, mais qui ne peut jamais faire corps dans l'État.

Il y a quelques jours que M. Guinet, doyen des conseillers d'État, mourut. M. de Harlay, intendant de Paris et ami de tous les temps de M. Poulletier, crut devoir profiter de l'occasion pour représenter à M. le Cardinal les anciens services de M. Poulletier. Cette représentation a eu tout son effet, et M. Poulletier a eu la place de M. Guinet.

Le Roi continue à être incommodé; il tousse toujours et ne sort point de son cabinet des Glaces (1), où il couche. Il n'y a même que deux jours qu'il se lève, et trois ou quatre qu'il a commencé à jouer à l'hombre; ceux qui ont l'honneur de jouer avec lui ne se lèvent pas même quand la Reine entre ou sort. Je les ai vus vouloir se lever, et la Reine leur dire que cela ne devoit pas se faire lorsqu'on jouoit avec le Roi. Il n'y a que les grandes entrées qui peuvent faire leur cour sans être nommés au

---

(1) Ou cabinet du Conseil.

Roi. Les entrées de la chambre se font annoncer au premier gentilhomme de la chambre, qui demande les ordres de S. M.

On n'est point ordinairement assis dans la chambre du Roi, il n'y a point même de siéges qu'en dedans du balustre. Depuis que le Roi est dans son cabinet, j'ai vu plusieurs personnes assises dans sa chambre en dehors du balustre. Du temps du feu Roi, lorsqu'il étoit dans son cabinet, avec ses enfants, après le souper, on s'asseyoit dans la chambre dans l'embrasure des fenêtres.

Il y a quelque temps que M. de Verthamon, président du grand Conseil, mourut, fort âgé; il laisse quantité d'effets, et entre autres de vaisselle d'argent, dont il faisoit peu d'usage.

J'ai oublié de marquer ci-dessus que pendant le jeu du Roi, j'y ai vu plusieurs fois la Reine, qui y vient souvent et presque toujours seule. Lorsque la Reine y est, Mme de Luynes entre dans le cabinet sans faire demander au premier gentilhomme de la chambre. J'ai vu aussi les princesses venir chez le Roi en robe de chambre habillée; il est vrai que la Reine n'y étoit plus, et le lendemain elles y vinrent en grand habit, la Reine y étant.

Du 6. — Il y eut hier une petite difficulté à la messe de la Reine. J'ai déjà marqué plus haut que lorsque la Reine est en haut, dans la lanterne à droite (1), il est d'usage et même de règle que nul homme, hors le chevalier d'honneur, ne se met à genoux appuyé contre le balustre. M. le cardinal d'Auvergne s'y mit. Mme de Luynes lui en a parlé aujourd'hui, et il lui a dit qu'il ne savoit pas que l'on ne doit pas s'y mettre, et qu'il ne s'y mettroit plus.

La Reine a fait ses dévotions ce matin. La garde est entrée sans battre, et n'a point battu non plus quand la

---

(1) Cette lanterne était un petit oratoire de forme ronde, en bois doré et garni de glaces. On en retrouve encore la place dans la tribune de la chapelle de Versailles.

Reine a passé; elle n'a battu qu'à son retour, parce que le Roi étoit éveillé.

Il y a eu ce soir conseil d'État dans le cabinet des Glaces, à l'ordinaire, quoique le lit du Roi y soit. Après que les conseillers du conseil d'État ont été entrés, j'ai vu arriver M. de Maurepas dans la chambre du Roi, et un moment après le Roi l'a fait appeler pour entrer au conseil; ainsi le voilà ministre, et la place de M. le maréchal d'Estrées remplie (1). Il avoit déjà comme secrétaire d'État (2) les 20,000 livres de pension qu'ont les ministres.

Du 7. — M. le prince de Lichtenstein a eu aujourd'hui audience particulière du Roi et de la Reine, et ensuite M. l'abbé Franchini a pris son audience publique. Celle-ci étoit dans le cabinet de la Reine qui est avant sa chambre. Cette audience a donné occasion de parler de nouveau de la place derrière le fauteuil; cette question a été promptement décidée. M. de Franchini avoit eu son audience dans le cabinet des Glaces du Roi. M. le maréchal de Noailles ni M. le duc d'Ayen n'étoient point derrière le fauteuil; en conséquence il a été décidé que M. de Nangis devoit y être seul sans M. de Cherisy, officier des gardes du corps, et M. de Cherisy a été averti de ne s'y point mettre, et ne s'y est point mis.

Le Roi continuant à ne point sortir de son cabinet, où il couche, la Reine soupe seule dans sa chambre à l'ordinaire. Comme la petite maladie de la folette (3), qui règne partout, a mis presque toutes les dames du palais hors d'état d'être auprès de la Reine, Mme de Mérode, étant seule de sa semaine, fut remplacée avant-hier par Mme d'Ancenis, que la Reine fit avertir quoiqu'elle ne fût point de semaine. Ce jour-là Mlle de Clermont, qui ne reste jamais

---

(1) Au conseil d'État ou conseil Royal.
(2) De la marine et de la maison du Roi.
(3) Rhume avec fièvre; c'est la même maladie que nous appelons aujourd'hui la grippe.

au souper de la Reine y resta; elle donna la serviette à la Reine; elle s'assit ensuite, et les femmes de chambre servirent. Hier Mme de Luynes y resta, mais elle servit la Reine.

Du 10. — Le Roi continue à ne point sortir même de son cabinet (1); il dîne à une heure et soupe à huit; il ne mange que de la poularde bouillie et du poulet rôti. Tout le monde entre dans son cabinet pour le voir dîner et souper, comme lorsqu'il mange dans sa chambre, avec cette différence que lorsque le Roi dîne dans sa chambre il sort de son cabinet pour y dîner et y rentre après dîner, et tous les courtisans peuvent être dans la chambre, devant, pendant et après le dîner; au lieu que présentement on entre la table dans le cabinet du Roi; les entrées de la chambre peuvent y entrer alors, mais les courtisans n'y entrent qu'après que le Roi est à table, et après le dîner l'huissier dit de passer, et il ne reste que ceux qui ont les entrées.

M. le comte de Noailles et M. le grand prévôt (2) ont aujourd'hui rendu compte au Roi de deux hommes qui ont été arrêtés par les gardes-chasse et par ceux de la prévôté en flagrant délit, prenant des faisans dans le petit parc avec des machines de fer-blanc faites comme des lanternes, avec un bout pointu en haut et du soufre qu'ils brûlent au-dessous de cette lanterne, et dont la fumée se communique aux faisans perchés qui tombent enivrés de cette vapeur. J'ai vu apporter au Roi une de ces espèces de lanternes, et j'ai entendu dire au Roi, pendant son dîner, que du temps du feu Roi il y avoit eu un homme assez hardi pour tirer des faisans dans le petit parc, sans que l'on pût le reconnoître, et que les gardes n'avoient pu venir à bout de le prendre qu'après que le feu Roi

---

(1) Voir Barbier, t. III, p. 122 et 123, sur les bruits qui couraient à propos de cette maladie du Roi.

(2) Le marquis de Sourches, grand prévôt de France.

eut permis de le tirer, mais en recommandant qu'on ne le tirât qu'à plomb et aux jambes.

Il arriva, il y a quelques jours, chez Mme la princesse de Conty, sœur de M. le Duc, une aventure assez singulière, à Paris. Elle étoit dans son lit à cause de la maladie à la mode, la folette. Un homme que tout le monde connoît, et qui n'est pas soupçonnable, s'approcha de son lit, et lui ayant demandé la permission de voir quelques étuis qui étoient accrochés au chevet de son lit, en trouva un entre autres qui contenoit un rouleau d'environ quarante louis. Il défit les étuis, les regarda, et remit le tout au chevet du lit. Quelque temps après, Mme la princesse de Conty ayant joué à quadrille et ayant voulu toucher à son argent ne retrouva plus son rouleau; elle envoya même demander à cet homme, qui étoit à se promener dans le jardin, ce qu'il en avoit fait; et comme il dit qu'il l'avoit remis à sa même place, on chercha partout; on défit même le lit sans rien trouver. Cette aventure ne doit point surprendre quand on sait celle de M. de Fervaques, et qu'il conte lui-même. Étant à Sceaux, Mme du Maine lui proposa de jouer au brelan; il la pria de vouloir bien l'en dispenser. Mme du Maine le pressant, M. de Fervaques lui répondit que puisqu'elle vouloit savoir la raison de son refus, que c'étoit qu'il n'avoit pas le sou, et qu'il s'étoit fait une règle de ne jamais jouer lorsqu'il n'avoit point d'argent. Mme du Maine le pressant toujours et lui offrant de lui en prêter, il refusa avec la même constance et par la même raison. Mme du Maine lui dit que puisqu'il vouloit absolument s'en retourner à Paris, qu'elle le prioit de vouloir bien se charger d'une petite commission; qu'elle avoit une petite dette de cinquante louis à payer, je crois que c'est à un joaillier; qu'il lui feroit plaisir de se charger d'un rouleau. Quelque temps après, Mme la duchesse du Maine entre dans son cabinet, apporte un rouleau dans sa chambre, où étoit M. de Fervaques. M. de Fervaques rentre dans le salon; Mme la duchesse du Maine y revient un moment après, et le prie de ne point oublier sa commission. M. de Fervaques l'assure qu'il l'exécutera, mais lui dit qu'il n'a pas encore reçu les cinquante louis. Mme la duchesse du Maine soutient qu'elle les lui a donnés; M. de Fervaques qu'il ne les a point. La conversation s'échauffe au point que Mme la duchesse du Maine propose que tout le monde se fouille. M. de Fervaques se trouve dans le plus grand embarras du monde, parce que quoiqu'il eût dit plusieurs fois qu'il n'avoit point d'argent, il avoit réellement dans sa poche un rouleau de cinquante louis. Si les choses en étoient demeurées là, le plus honnête homme du monde auroit reçu une tache à sa réputation; heureusement, pendant toute cette dispute, un valet de chambre de Mme la duchesse du Maine entre et demande de quoi il est question, et ayant su qu'il s'agissoit de cinquante louis, dit qu'il a trouvé un rouleau sur la toilette de Mme la duchesse du Maine, et que ne sachant à qui il est il l'a mis dans une armoire (1).

Du 12. — On apprit hier la mort de Mme la duchesse de Nevers, dame d'honneur de Mme la duchesse d'Orléans.

Mme de Moras mourut aussi il y a quelques jours. Cet événement ne change rien à l'affaire de M. de Courbon, quoiqu'il ait déclaré qu'il a épousé Mlle de Moras, parce que le Parlement est saisi de l'affaire et qu'il est décrété de prise de corps. Le curé qui les a mariés est arrêté. Ce même M. de Courbon, qui est en fuite pour éviter l'effet du décret, a passé en Piémont; il a imaginé d'aller descendre chez M. de Senneterre, notre ambassadeur à Turin, et son secrétaire a été assez facile pour lui donner un logement. M. de Courbon a écrit à M. de Senneterre à Pa-

---

(1) Ce qu'il y avoit de plus singulier, c'est que l'usage de ceux qui jouoient chez Mme la duchesse du Maine étoit d'avoir souvent des rouleaux faits avec des cartes à jouer. Celui que M. de Fervaques avoit dans sa poche étoit fait ainsi et celui que Mme la duchesse du Maine avoit compté lui donner étoit aussi fait de la même manière. (*Note du duc de Luynes.*)

ris pour lui faire part de son arrivée chez lui. M. de Senneterre vint aussitôt en rendre compte à M. le Cardinal, fort fâché contre M. de Courbon, d'autant plus que la maison d'un ambassadeur est la maison du Roi et ne peut être un asile pour soustraire à la justice un homme décrété en France.

Le Roi vient d'accorder à Mme la maréchale d'Estrées les baraques ou boutiques de Nantes; elles ont été faites ou considérablement augmentées du temps de M. le maréchal d'Estrées, et valent 15 ou 16,000 livres de rente; elles faisoient partie du revenu de ce gouvernement.

M. le grand prévôt a fait aujourd'hui une difficulté au sujet du scellé à l'appartement de M. le maréchal d'Estrées; il prétend que c'est à la prévôté de l'hôtel, et non au Châtelet, qu'appartient le droit d'apposer le scellé ici au château. Il est d'usage que le Châtelet de Paris ayant mis le scellé dans la maison d'une personne morte à Paris, le met aussi dans toutes les habitations du défunt qui sont dans l'étendue du ressort du parlement de Paris; ce qui a été suivi pour l'appartement de M. le maréchal d'Estrées, après en avoir parlé à M. le maréchal de Noailles, gouverneur de Versailles, qui en a demandé la permission au Roi. La difficulté n'est point encore absolument réglée; mais il y a lieu de croire que la décision ne sera pas pour M. le grand prévôt.

Du 14. — M. de Courbon ne s'est pas contenté d'écrire à M. de Senneterre; il a écrit aussi à M. Amelot (1) pour lui faire part de son arrivée; ce qui est encore plus extraordinaire, et ce qui fera qu'au lieu d'un simple ordre de M. de Senneterre il y en aura un du Roi au secrétaire pour faire sortir M. de Courbon de la maison de l'ambassadeur. J'appris hier que le confesseur de Mme de Moras lui avoit fait naître, en mourant, beaucoup de scrupules sur cette affaire, et qu'elle avoit demandé s'il n'y avoit

---

(1) Secrétaire d'État pour les affaires étrangères.

pas moyen d'arrêter le cours des poursuites, et qu'on lui avoit dit que cela étoit impossible, et qu'ayant su que Mme de Courbon, mère de M. de Courbon, qui est aussi arrêtée, souffroit dans la prison, elle lui avoit envoyé vingt-cinq louis. Ce que j'ai marqué ci-dessus de M. de Courbon à Turin et de ses lettres, c'est de M. de Senneterre même que je le sais.

J'appris avant-hier que Mme la duchesse de Lorges avoit été choisie pour dame d'honneur de Mme la duchesse d'Orléans, à la place de Mme la duchesse de Nevers. S. A. R. envoya ici un courrier à M. le Cardinal pour demander l'agrément du Roi; c'est le Roi qui paye ladite dame d'honneur de S. A. R.

Il y a quelques jours que je vis prêter le serment à M. le prince de Dombes pour l'exercice de sa charge de grand veneur. C'étoit après le dîner du Roi. J'ai déjà dit que S. M. dîne dans le cabinet des Glaces, où il couche, et que tout le monde entre au dîner. Immédiatement après le dîner, l'huissier fait passer. La table étoit sortie, et il y avoit déjà plusieurs personnes hors du cabinet. On avoit remis le fauteuil du Roi au coin du lit, au même endroit où il venoit d'être pour dîner, et un carreau devant le fauteuil. M. de Rochechouart, qui servoit ce jour-là pour M. d'Aumont, dit à l'huissier de ne plus faire passer. Le Roi s'assit dans son fauteuil, mit son chapeau; M. le prince de Dombes se mit à genoux, ayant ôté son épée. M. de Maurepas lut le serment, qui est fort court.

Il y a actuellement deux inventions nouvelles qui font assez de bruit. L'une est à l'hôtel de Longueville, inventée par le nommé Vaucanson; c'est une figure semblable au petit joueur de flûte qui est ici dans les jardins. Cette figure joue seule de la flûte allemande par un mouvement qui est tant dans le piédestal que dans la figure même; elle joue par l'embouchure, et le vent sort de sa bouche. Ce qui fait le singulier de cette machine, c'est que les sons se trouvent plus ou moins enflés, que l'on peut substituer toute autre flûte à la place de celle qu'il joue, qui ne diffère d'une flûte ordinaire que parce que les trous sont plus aplatis, pour que les doigts portent absolument à plomb. Ce sont les doigts qui jouent; ils sont rembourrés, et les cadences en sont très-brillantes. Je n'ai point vu cette machine, mais M. le duc de Picquigny, qui l'a vue et examinée, m'en a fait la description.

La seconde invention est du sieur Daumont, qui est, je crois, ingénieur; c'est une espèce de glacière faite pour durer un très-grand nombre d'années. Il faut pour cela un bâtiment de maçonnerie avec certaine mesure donnée, qui est au plus de quatre ou six pieds de tous sens. On y met de la glace un peu épaisse, mais extrêmement pilée, et dedans la glacière un certain nombre de bouteilles ou de verre ou d'étain. Dans celle que M. le Duc vient de faire exécuter à Chantilly, les bouteilles sont d'étain; ces bouteilles ne sortent jamais de la glacière, on les remplit par en haut et on tire la liqueur en bas, par un tuyau et un robinet fait exprès.

Il y a eu ces jours-ci quelques changements dans les logements. Celui de M. le maréchal d'Estrées a été donné à Mme de Conflans; celui de Mme de Conflans, qui est au-dessus de celui de Mme de Luynes, à M. de Soubise; mais seulement en attendant, et pour s'habiller en arrivant de la chasse, parce qu'il loge fort loin dans la ville. Celui de Mme d'Armentières, qui est tout contre celui-là et vis-à-vis celui de M. de Meuse, à M. de la Peyronie, qui n'avoit point d'entrée de ce côté-ci à son appartement; et on donne à Mme d'Armentières un logement qu'avoit Mme de Montbazon, et qu'elle a rendu, qui est au-dessus de Mlle de Clermont.

Du jeudi 16. — Hier il y eut bal chez Mesdames, à l'ordinaire. M. du Rolet, officier des gardes françoises, qui danse bien, eut ordre de ne se point trouver à ce bal, parce qu'on ne veut point que les officiers des gardes aient l'honneur de danser avec M. le Dauphin et avec

Mesdames. On prétend cependant qu'il y a eu un officier des gardes françoises, que l'on m'a nommé, qui avoit dansé avec le Roi dans son enfance. Ce qui est certain, c'est que les officiers des gardes n'ont point l'honneur de monter dans les carrosses du Roi ni de manger avec S. M. On pourroit même ajouter pour ceux qui sont de garde seulement, qu'étant sensés être occupés à garder les dehors du château, ils ne doivent pas être publiquement dans les dedans.

Du 17. — J'appris hier une circonstance par rapport à M. du Rolet, dont j'ai parlé hier; c'est que M. de Châtillon ayant demandé au Roi l'ordre pour ceux qui devoient danser avec M. le Dauphin, S. M. a signé un règlement par lequel il est dit que ceux qui ont l'honneur de manger avec le Roi ou de monter dans son carrosse seront les seuls et leurs enfants qui pourront danser avec M. le Dauphin. Il n'est pas douteux que la règle doit être encore plus exacte par rapport à Mesdames.

M. de Harlay me dit hier qu'on lui avoit donné les deux bureaux qu'avoit feu M. Guinet; qu'il en avoit eu un comme plus ancien conseiller d'État, et qu'il avoit demandé le second; que M. de Gaumont l'avoit demandé aussi, mais qu'ayant su les démarches de M. de Harlay, M. de Gaumont avoit déclaré qu'il ne persistoit point, ne voulant pas se trouver en concurrence avec son ancien. M. de Harlay a donc présentement les deux bureaux, qui valent 16 à 18,000 livres de rente.

Du 18. — Il y a cinq ou six jours que M. le duc de Bouillon eut nouvelle que le prince Jacques, fils de Sobieski, roi de Pologne et père de Mme de Bouillon, sa femme, étoit mort le 17 décembre. Il laisse de grands biens; mais on croit que la discussion n'en sera pas facile. Mme la duchesse de Bouillon étoit depuis quelque temps avec le prince Jacques, et même Mlle de Bouillon y étoit aussi. Il comptoit la marier en Pologne et lui assurer tous ses biens. Il avoit eu le projet de lui faire épouser le second fils du roi d'Angleterre qui est à Rome. Ce mariage et encore un autre n'ayant pu se terminer, le prince Jacques vouloit marier sa petite-fille en Pologne, et à cette condition lui assurer tous ses biens; mais M. de Bouillon avoit déjà fait des démarches pour faire revenir sa fille ici.

Du 19. — Le Roi continue à ne point sortir ; il n'a pas même encore été aujourd'hui à la messe à la chapelle. Il ne tousse presque plus du tout et observe un grand régime, n'ayant mangé dans les premiers jours que du poulet rôti et bouilli, et présentement un peu de veau et de mouton rôti; il dîne tous les jours à une heure et soupe à huit. Aujourd'hui il soupera une demi-heure plus tard. S. M. joue tous les jours à l'hombre, à quatre heures, jusqu'à l'heure du conseil ou du travail. Il y a une seconde table à côté de celle du Roi. M. d'Aumont joue le jeu de S. M., qui lui permet d'en être d'un sixième, et presque toujours un des deux autres n'est que d'un cinquième ou d'un sixième, et le Roi est du surplus. On a changé l'usage qu'on avoit établi d'abord, et que j'ai marqué ci-dessus (1), et pendant que le Roi joue les entrées entrent sans se faire nommer, et tous les autres courtisans se font nommer au premier gentilhomme de la chambre, qui donne l'ordre sans en rendre compte au Roi. Nous trouvons tous le Roi maigri et abattu de cette maladie, et il convient lui-même que depuis huit ou dix jours il est maigri considérablement. On m'a dit aujourd'hui que S. M. avoit fait dire à M. le cardinal de Rohan de faire avertir le prédicateur du Carême, dont le premier sermon est à la Chandeleur, qu'il eût un compliment tout prêt pour la Reine.

Aujourd'hui jeudi, M. le Dauphin a été sur le drap de pied au salut dans la tribune du Roi. La Reine n'y étoit point; elle est malade. De là M. le Dauphin est venu chez le Roi par la galerie et est entré chez S. M. par la porte

---

(1) Page 5.

de glaces. M. de Châtillon, M. de Mirepoix et M. de Muy l'ont suivi. J'ai été étonné de ce que M. de Polastron, qui suivoit M. le Dauphin, n'entroit pas avec lui; il a fait le tour par la chambre du Roi. Il m'en a expliqué la raison, et m'a dit que les sous-gouverneurs n'ayant point d'entrées familières, comme j'ai marqué plus haut, M. de Muy n'auroit pas dû entrer non plus, mais que le Roi avoit bien voulu régler, sans tirer à conséquence et à cause du bas âge (cela est dit ainsi), que le sous-gouverneur de M. le Dauphin de semaine auroit à sa suite les entrées familières.

M. le duc de Châtillon est venu ici cette après-dînée pour voir Mme de Luynes et lui dire, avec toute l'attention et la politesse possible, que comme il savoit l'intérêt qu'elle prenoit au petit comte de Chavigny, son cousin, qui est dans les gardes françoises, il étoit obligé de l'avertir qu'il ne pouvoit plus danser au bal de M. le Dauphin et de Mesdames depuis le règlement. J'ai déjà parlé ci-dessus de ce règlement. M. de Châtillon me l'a expliqué encore plus positivement. Comme ces bals n'étoient dans les commencements que des répétitions, on étoit moins attentif au choix de ceux qui devoient y entrer; mais depuis que ces assemblées sont devenues des bals en forme, Mme de Tallard et M. de Châtillon ont demandé que le Roi voulût bien régler ce qui s'y passeroit, et S. M., par un règlement signé d'elle, a décidé que nul ne pourroit avoir l'honneur de danser avec M. le Dauphin que ceux qui étoient à portée de manger avec M. le Dauphin ou de monter dans ses carrosses, et que Mesdames ne pourroient danser de menuets qu'avec des gens titrés, pas même avec des fils de ducs auxquels le duché n'a point été cédé.

Dans les bals, nul homme n'a droit de s'asseoir dans le carré que M. le Dauphin. Je croirois aussi que nulles femmes ne devroient s'y asseoir que celles qui sont titrées. Cependant il me paroît que M. de Châtillon regarde ces bals comme la musique de la Reine, où toutes les dames s'asseyent. J'ai dit à M. de Châtillon ce que j'ai dit ci-dessus, que j'avois vu M. le duc de Chartres assis dans le carré à côté d'une de Mesdames; et M. de Châtillon m'a dit qu'il ne s'en étoit pas aperçu, parce que sûrement il auroit averti M. le duc de Chartres.

On m'a dit avoir vu M. le prince de Rohan assis dans le carré chez Mesdames; mais quand cela seroit, comme il ne peut pas y avoir la plus légère apparence de prétention, ce ne peut être qu'une marque d'attention de Mme de Tallard par rapport à l'âge de M. le prince de Rohan et parce qu'elle est sa fille. M. de Châtillon, à qui j'ai conté ce discours, m'a dit qu'il s'étoit aussi assis plusieurs fois à ce bal, mais dans un coin, dans une fenêtre, ou derrière un paravent. Pour M. de Châtillon, il a une place marquée derrière le fauteuil de M. le Dauphin; ainsi ce ne peut être qu'un cas où le bal seroit moins en règle et où M. le Dauphin n'auroit point son fauteuil.

Du 20. — Aujourd'hui, Mme de Luynes s'est fait apporter les fournitures qu'elle avoit choisies il y a quelque temps pour la Reine, qui sont pour ce qui concerne le lit et qui regardent la dame d'honneur. Elles consistent en : couvre-pieds garnis de dentelle pour le grand lit et pour le petit; en taies d'oreiller garnies de même, point et Angleterre; dix-huit paires de draps; six paires pour les saignées; douze paires de draps pour le petit lit; manteaux de lit et autres linges qui regardent le lit. Cette fourniture coûte environ 30,000 livres, quoique Mme de Luynes n'ait pas fait renouveler les deux beaux couvre-pieds de la Reine; et toutes ces choses sont changées tous les trois ans, comme je l'ai dit ci-devant.

Du 21. — J'ai appris aujourd'hui que les lettres patentes pour la tutelle de M. le duc de Penthièvre étoient enfin expédiées. On en trouvera la copie ci-après; elles ne contiennent d'autres motifs que l'amitié particulière du Roi pour M. le comte de Toulouse; il n'y est pas dit un mot des légitimés, et il paroît qu'on a eu attention de conserver les droits des princes du sang. Ce qui a pu donner de l'inquiétude aux princes du sang, c'est que le droit qu'ils ont d'avoir le Parlement pour tuteur, sans avoir besoin de lettres patentes, a commencé par des lettres patentes qui leur furent accordées; cependant, il est vrai de dire que ce privilége d'avoir le Parlement pour tuteur étoit autrefois beaucoup plus étendu, et il n'y a pas même fort longtemps.

Il y a quelques jours qu'on apprit la mort de M. l'évêque de Boulogne; il s'appeloit Henriau (1); il étoit fort attaché à la saine doctrine.

Hier le Roi recommença à dîner dans sa chambre, comme il a coutume de faire quand il se porte bien.

LETTRES PATENTES

pour la tutelle de M. le duc de Penthièvre.

Louis, par la grâce de Dieu, roi de France et de Navarre, à nos amés et féaux conseillers les gens tenant la grand-chambre de notre cour de Parlement à Paris, salut.

Le grand attachement que notre très-cher et très-amé oncle le comte de Toulouse avoit pour notre personne et le souvenir que nous en conservons nous engagent à avoir une attention particulière à ce qui peut concerner les intérêts de notre très-cher et très-amé cousin le duc de Penthièvre, afin de donner par là au fils des marques de l'affection que nous avions pour le père. Notre très-chère et très-amée tante la comtesse de Toulouse et notre très-cher et très-amé oncle le duc d'Orléans nous en ont présenté une occasion en nous témoignant combien il seroit avantageux pour l'administration des biens de notre dit cousin, le duc de Penthièvre, que sa tutelle fût déférée en notre cour de Parlement à Paris, ce qu'ils nous supplioient de lui accorder; mais comme, suivant les règles de l'ordre public et la volonté du feu Roi, notre très-honoré seigneur et bisaïeul, il n'y a que les tutelles des princes de notre sang qui doivent être faites directement au Parlement, la faveur des motifs qui nous portent à vous donner une attribution particulière en cette occasion ne nous empêchera pas de prendre les

---

(1) Jean-Marie Henriau.

précautions nécessaires pour assurer la conservation du droit commun.

A ces causes et autres considérations à ce nous mouvant, de l'avis de notre conseil et de notre certaine science, pleine puissance et autorité royale, nous vous avons renvoyé et renvoyons par ces présentes, signées de notre main, la connoissance de l'élection et nomination des tuteurs honoraires et onéraires qui seront donnés à notre dit cousin le duc de Penthièvre, en observant sur ce les formalités en tel cas requises et accoutumées, comme aussi de toutes assemblées ou avis de parents qui seroient nécessaires pendant le cours de la tutelle, soit pour l'emploi des deniers et fonds appartenant à notre dit cousin le duc de Penthièvre et autre cas de droit, soit pour la nomination et subrogation de nouveaux tuteurs, s'il y échet au lieu et placé de ceux qui auroient d'abord été nommés. A l'effet de quoi nous vous avons attribué et attribuons toute cour, juridiction et connoissance que nous interdisons à toutes nos cours et autres juges, et ce en ce qui est seulement ci-dessus marqué; le tout pour cette fois seulement et sans que nos présentes lettres puissent être tirées à conséquence. Voulant au surplus que, conformément aux règles qui ont dû être toujours observées dans notre royaume, il n'y ait que les tutelles des princes de notre sang seulement qui soient faites directement en notre dite cour de Parlement. Si vous mandons que ces présentes vous ayez à faire registrer, et le contenu en icelles garder et observer selon leur forme et teneur. Car tel est notre plaisir.

Du 26. — Il y a déjà plusieurs jours que le mariage de M. de Brancas, le père, fait ici beaucoup de bruit. Il écrivit à M. le Cardinal pour demander l'agrément du Roi pour épouser Mme de Clermont, dont le mari, colonel du régiment d'Auvergne, a été tué en Italie, et fille de Mme de Clermont-d'O. Le Roi n'a point voulu jusqu'à ce moment donner son agrément, et M. le Cardinal répondit même à M. de Brancas qu'il n'y auroit rien de déterminé sur cette affaire jusqu'à ce qu'il eût vu M. son fils, M. le duc de Brancas, chevalier de l'Ordre. A la première nouvelle que MM. de Brancas eurent de ce mariage, ils vinrent ici, le duc de Brancas fils et le marquis de Brancas, grand d'Espagne. Ils parlèrent à M. le Cardinal, et lui représentèrent fortement que c'étoit en quelque manière souffrir l'abus du sacrement que de permettre que M. de Brancas, étant aussi âgé qu'il l'est, étant hors d'état depuis vingt ans d'avoir des enfants, comme il en est convenu lui-même, et étant retiré depuis plusieurs années à l'Institution (1) où il mène une vie aussi singulière pour les heures de se coucher et de se lever que sa conduite l'a toujours été, fît un mariage où il paroît qu'il n'a cherché qu'à vendre son rang. Ils ajoutèrent que cet article de l'abus du sacrement étoit l'affaire du Roi et de S. Ém., mais qu'ils croyoient devoir lui faire leurs représentations; que M. de Brancas avoit déjà voulu épouser Mme de Parabère, et que le Roi lui avoit refusé son agrément, mais qu'il y avoit encore une autre circonstance qui méritoit l'attention de S. Ém., c'est que le bruit commun du Palais-Royal étoit que Mme de Clermont la mère, dame d'atours de Mme la duchesse d'Orléans, désiroit ce mariage principalement pour pouvoir se démettre de sa charge en faveur de sa fille; que ce seroit une nouveauté dont ils seroient bien fâchés que leur nom donnât le premier exemple; que S. Ém. recevroit sûrement des représentations des ducs, qui ne verroient pas sans peine une petite-fille de France vouloir avoir une dame d'atours titrée, pendant que la Reine Marie-Thérèse n'en a jamais eu que de non titrées, hors pendant un temps fort court, et que la Reine aujourd'hui n'a une dame d'atours titrée que depuis le mariage de Mme de Mazarin, mariage dont Mme de Mazarin convient elle-même de la singularité. Effectivement M. le Cardinal a eu plusieurs représentations de MM. les ducs. J'oublie une observation importante que MM. de Brancas firent à S. Ém.; c'est que personne ne devoit plus qu'elle soutenir l'honneur de la dignité que la grâce que le Roi avoit faite à son neveu de le faire duc; grâce dont M. le Cardinal avoit été touché [et qui] étoit une preuve que S. M. regardoit cet honneur comme la récompense des plus grands et importants services; en un mot que c'étoit encore plus l'intérêt du Roi

---

(1) De l'Oratoire.

que celui des ducs, puisqu'il étoit en quelque manière engagé à soutenir une dignité que la plus haute noblesse a toujours désirée avec empressement et qui étoit même le prix des services militaires les plus illustres; que d'ailleurs si S. M. souffroit qu'une petite-fille de France voulût avoir la prérogative d'avoir deux dames titrées auprès d'elle, c'étoit l'égaler en quelque manière à la Reine. Il paroît que ces représentations ont jusqu'à présent retardé l'agrément du Roi. Quant à la dame d'atours, M. le Cardinal dit que Mme la duchesse d'Orléans ne lui avoit pas fait cette demande précisément, mais qu'il croyoit bien que c'étoit son intention. A l'égard du mariage voici de quelle manière on raconte la proposition qui en a été faite. On dit que M. de Senneterre, chevalier de l'Ordre, fut chargé par Mme de Clermont la mère, de concert sans doute avec Mme la duchesse d'Orléans, d'aller proposer à M. le duc de Brancas de se marier; qu'il lui dit : si cette idée lui étoit agréable, il savoit une jeune personne, belle et bien faite, d'une très-bonne conduite, âgée de vingt-quatre ou vingt-cinq ans, qui l'épouseroit s'il vouloit. M. de Brancas dit que cela lui convenoit et demanda qui c'étoit. M. de Senneterre lui dit que le secret lui étoit imposé, mais que si la proposition étoit de son goût, que cela ne faisoit rien. M. de Brancas accepta, et aussitôt M. de Senneterre lui demanda de mettre par écrit son consentement. M. de Senneterre l'écrivit et M. de Brancas le signa. On ajoute qu'il y a eu une somme d'argent de promise pour payer les dettes de M. de Brancas. Les uns disent 40 ou 42,000 francs, les autres disent 10,000 écus. Le lendemain ou quelques jours après, Mme la duchesse d'Orléans envoya un carrosse à M. de Brancas, et ayant montré son écrit, lui demanda s'il avoit changé de résolution. M. de Brancas persista, et Mme d'Orléans fit venir Mme de Clermont la belle-fille. Mme de Clermont sa mère, qui est venue ici il y a deux jours, nie absolument cette histoire, et dit aussi que l'idée de la dame d'atours est totalement fausse, qu'elle veut garder sa place et qu'elle ne s'en démettra jamais.

M. le Cardinal a été incommodé depuis plusieurs jours de la maladie à la mode, le rhume avec un peu de fièvre. Ayant été obligé de ne point sortir, le Roi travailla avant-hier seul avec M. Amelot et hier avec M. de Maurepas, et mercredi il y eut conseil d'État; il n'y avoit que ces deux secrétaires d'État et M. le contrôleur général.

Le Roi a été à la messe aujourd'hui à la chapelle pour la première fois depuis sa maladie.

M. d'Angervilliers est encore malade; on le regarde cependant comme hors d'affaire. Pendant ce temps, c'est M. de Maurepas qui signe toutes les expéditions nécessaires. M. Alexandre, un des principaux et des plus anciens commis des bureaux de la guerre, à qui je parlois aujourd'hui de ces arrangements, me contoit ce qui se passa du temps de M. Chamillart. M. Chamillart avoit travaillé avec le Roi et lui avoit rendu compte de plusieurs affaires; il fut renvoyé immédiatement après ce travail (1), et M. Voisin fut nommé à sa place; mais dans l'intervalle jusqu'à ce que M. Voisin fût en état d'exercer il se passa huit ou dix jours. Pendant ce temps, comme il falloit signer les expéditions, le Roi fit dire à M. Alexandre, et apparemment aux autres principaux commis, de porter les expéditions nécessaires à signer à celui des secrétaires d'État qu'ils voudroient, et M. Alexandre m'a dit en avoir porté les unes à M. de Pontchartrain, les autres à M. de la Vrillière, et qu'actuellement lorsqu'il avoit voulu rendre compte à M. de Maurepas des affaires sur lesquelles il falloit des expéditions, M. de Maurepas avoit tout signé sans lire.

J'oubliois une circonstance par rapport au mariage de M. de Brancas; c'est qu'à cette occasion l'on a agité une question, savoir si Mme la duchesse de Brancas pourroit

---

(1) Le 9 juin 1709.

avoir les honneurs sans une nouvelle grâce, parce que M. de Brancas s'étoit démis, et l'on citoit sur cela deux exemples : l'un, de Mme la duchesse de Gramont, seconde femme du grand-père de M. le duc de Gramont d'aujourd'hui ; le second, de Mme la duchesse de Saint-Aignan, seconde femme du vieux duc de Saint-Aignan, premier gentilhomme de la chambre, mère de notre ambassadeur à Rome. Cette question n'a pas été agitée bien sérieusement ; car elle ne peut pas en faire une. Dès que le Roi conserve les honneurs aux ducs qui se sont démis, il n'est pas douteux qu'ils les transmettent de droit à leurs femmes, et cela est sans aucune difficulté, à moins qu'il n'y ait des exceptions personnelles. C'est ce qui est arrivé aux deux exemples dont je viens de parler. La naissance de Mme la duchesse de Gramont étoit si obscure que le feu Roi ne voulut jamais consentir qu'elle eût les honneurs à la cour ; elle n'y vint point, mais elle en jouissoit à Paris. A l'égard de Mme de Saint-Aignan, comme elle étoit demoiselle, le feu Roi lui fit dire qu'elle pouvoit venir prendre son tabouret ; mais ce fut elle qui par modestie le refusa, et elle n'a jamais été présentée.

Il y a longtemps que l'on attendoit l'arrangement que le Roi voudroit faire au grand conseil (1) ; cet arrangement est fait depuis quelques jours. Le Roi a remboursé toutes les charges de présidents, ce qui fait un objet de 1,800,000 livres, et S. M. a nommé huit maîtres des requêtes avec le titre de présidents du grand conseil. C'est le Roi lui-même qui m'a dit ce matin qu'ils avoient ce titre. Les maîtres des requêtes ont chacun 1,000 écus du Roi, et ne changeront point. Il y a outre cela un conseil-

---

(1) Le grand conseil était un tribunal administratif et judiciaire, séparé du conseil d'État par Charles VIII, en 1497. Parmi les nombreuses attributions du grand conseil, on remarque qu'il avait le droit de décider sur les arrêts contraires rendus par les Parlements. Ses arrêts étaient exécutoires dans toute la France.

ler d'État avec 1,200 livres d'appointements ; mais il changera tous les ans. Celui qui vient d'être nommé, c'est M. de Fortia. M. le chancelier fut il y a deux jours pour tenir le grand conseil et faire cet établissement. Il tient toujours de droit le tribunal du grand conseil toutes les fois qu'il veut y aller.

Du 31. — Il y a déjà plusieurs jours que M. de Souvré a demandé l'agrément du Roi pour épouser Mlle de Sailly. Souvré a déjà été marié deux fois : la première avec la fille du marquis de Brancas, et la seconde avec Mlle des Marets, sœur du grand fauconnier ; il n'a que trois filles. Souvré a 80,000 livres de rente au moins, et l'on ne croyoit pas qu'avec ce bien il pensât à Mlle de Sailly, parce qu'elle a extrêmement peu de bien ; ceux qui lui en donnent le plus disent seulement 13,000 livres de rente. Elle est assez jolie, à ce que j'ai ouï dire, et elle est boiteuse.

J'ai oublié de marquer ci-dessus qu'il y eut, il y a environ un mois ou six semaines, une femme de chambre de la Reine, nommée Mlle Martin, fort connue parce qu'elle joue parfaitement bien du clavecin, qui se maria à Paris. Elle auroit pu être fiancée chez Mme de Luynes et même sans aucune difficulté, d'autant plus que dans le temps de son mariage Mlle de Clermont, qui est surintendante, n'étoit pas ici ; mais apparemment qu'elle ne s'est pas souciée de cette distinction. Mme de Luynes avoit parlé à son père de cette prérogative des femmes de chambre de la Reine, mais sans se mettre beaucoup en peine qu'il cherchât à en profiter.

On apprit hier la mort de M. de Mazarin ; il avoit soupé à son ordinaire, et s'étoit couché d'assez bonne heure. Deux heures après il se réveilla et demanda un verre d'eau. Ses gens lui demandèrent s'il se trouvoit mal ; il leur dit que non, et que l'on entrât à neuf heures dans sa chambre ; hier à neuf heures en entrant, ses gens le trouvèrent mort. Il menoit une vie assez singulière, buvant beaucoup (1) et voyant assez mauvaise compagnie ; il aimoit beaucoup les chevaux, et en étoit continuellement occupé ; il ne venoit jamais dans ce pays-ci. Par cette mort, Mlle de Durfort, fille de la fille de M. de Mazarin, devient une très-grande héritière. M. de Mazarin avoit épousé une fille de M. le prince de Rohan ; ils n'ont eu d'autres enfants qu'une fille, qui avoit épousé M. le duc de Durfort, fils de M. de Duras et de Mlle de Bournonville, ma tante. Mme de Durfort mourut en couche il y a deux ans et demi ; ainsi tout le bien de Mazarin est aujourd'hui sur la tête d'un enfant de deux ans et demi (2).

J'ai parlé plus haut du projet de mariage du vieux duc de Brancas. Le Roi a refusé les honneurs ; ainsi l'on peut regarder le mariage comme rompu à moins d'une nouvelle grâce. On prétend que ce refus est pour éviter un abus du sacrement qui ne serviroit qu'à acheter un titre. On m'a dit aujourd'hui encore une autre raison qui est que les ducs qui se sont démis ne jouissent des honneurs qu'en vertu d'un brevet du Roi, qu'on ne refuse jamais, mais que M. de Brancas a négligé de demander. Cependant Mme de Clermont est toujours ici et dit qu'elle ne sait quand elle s'en ira.

M. le cardinal de Fleury est toujours un peu incommodé d'un rhume (3), et M. le Dauphin est malade d'une fluxion sur la joue avec un peu de fièvre depuis huit jours.

---

(1) De vin de Champagne, selon Barbier.
(2) Avant l'édit de 1711, Mlle de Durfort auroit pu faire son mari duc, parce que des deux duchés dont elle hérite, la Meilleraye et Mazarin, il n'y a que le premier d'éteint. Mazarin subsistoit comme duché femelle pour une fois seulement ; mais depuis l'édit elle ne pouvoit jouir des honneurs. Il faut que son mari obtienne de nouvelles lettres patentes, lesquelles sont toujours accordées en pareil cas, et le duché n'a de rang que du jour de la date des nouvelles lettres. A l'égard du bien, qui monte, à ce que l'on dit, à 3 ou 400,000 livres de rente, si Mlle de Durfort venoit à mourir sans enfants, Mme de Mailly, dame du palais de la Reine, héritroit de tous ces biens. Mme de Mailly est nièce de M. de Mazarin qui vient de mourir, étant fille de Mme de Nesle, sa sœur, et par conséquent la plus proche du sang. (*Note du duc de Luynes.*)
(3) Le cardinal de Fleury avait alors quatre-vingt-cinq ans.

FÉVRIER.

Affaire du mariage de M. de Brancas. — Maladie du Dauphin. — Bruits de Paris sur la maladie du Roi. — Jeu du Roi. — Opération faite au Dauphin. — Visite du Roi au cardinal de Fleury. — Mort de l'abbesse de Remiremont. — Serment de l'évêque de Meaux. — Audience des États de Bretagne. — Réception du duc de la Trémoille à l'académie française. — Détails sur le Dauphin. — Mascarade des Suisses et des gardes du corps. — Lettre du Roi au Cardinal. — Règlement pour les compliments chez le Dauphin. — Droit à payer pour la grandesse. — Usage pour la résignation des compagnies aux gardes, et des canonicats de Notre-Dame. — Entrées chez le Dauphin. — Le Roi et la Reine reçoivent les cendres. — Fin de la maladie du Roi. — Difficulté pour les carrosses du Roi. — Détails sur le Dauphin. — Le Roi retourne à la chasse. — Aventure de M. de la Tour. — Mort de M. de Lassay. — Maladie du Cardinal. — Conversations du Roi. — Dîner de la Reine. — Visite du Roi au Cardinal. — Jeu du Roi. — Visite de la duchesse du Maine. — Promotion de lieutenants généraux et maréchaux de camp. — Mort de M. de Plelo. — Absence de l'aumônier de quartier. — Chasse du Roi. — Serment de l'évêque de Mirepoix. — Visite du Roi à la comtesse de Toulouse. — Dent arrachée au Dauphin. — Mariage de M. de Brancas. — Lettres de noblesse à M. Silva. — Mort de M. Bogues. — Maladie de Mme Henriette et du Cardinal.

Du vendredi 7 février. — Il n'y a encore rien de nouveau par rapport au mariage de M. de Brancas. Le refus de l'agrément du Roi subsiste toujours; on croyoit même qu'il y avoit une difficulté qui auroit tout arrêté; c'est que M. de Brancas, en se démettant de son duché, n'avoit point pris de brevet pour conserver les honneurs, et par conséquent il auroit fallu une double grâce; mais son fils m'a assuré qu'il y avoit un brevet. Il est vraisemblable que l'idée de Mme la duchesse d'Orléans de se faire une dame d'atours duchesse subsiste toujours, quoiqu'elle ne soit pas avouée. J'ai marqué ci-dessus qu'il n'y en avoit qu'un exemple en passant, du temps de la Reine Marie-Thérèse; ce fut Mme la comtesse de Noailles, qui étoit déjà dame d'atours lorsque son mari fut fait duc; c'est la mère de M. le cardinal de Noailles; elle resta dame d'atours depuis qu'elle fut duchesse.

L'enflure que M. le Dauphin a à la joue subsiste toujours avec la fièvre; quoique cet état ne soit pas dangereux pour le moment présent, cependant le Roi résolut il y a deux ou trois jours d'envoyer querir à Paris les médecins consultants; ils sont, je crois, trois ou quatre, et ont en cette qualité 9 ou 10,000 livres du Roi pour venir aux consultations toutes les fois que le Roi en a besoin pour lui ou pour ses enfants. Le jour qu'ils furent mandés, M. le Duc étoit ici, et se trouvant l'après-dînée dans le cabinet du Roi, où Courtenvaux (1) étoit aussi avec le duc de Villeroy et une ou deux autres personnes, le Roi dit à M. le Duc l'ordre qu'il venoit de donner. M. le Duc lui répondit qu'il n'avoit pu mieux faire, que la santé de M. le Dauphin étoit trop précieuse pour ne pas prendre toutes les précautions et sûretés les plus grandes; que l'on avoit même été étonné que dans la maladie que le Roi venoit d'avoir il n'eût pas mandé les dits médecins. A ce discours le Roi répondit que cela n'auroit servi qu'à faire parler dans Paris. (J'oubliois de marquer que non-seulement les médecins avoient été mandés, mais aussi plusieurs chirurgiens.) A cette réponse du Roi, Courtenvaux prit la parole, et lui dit : « Sire, cela n'a pas empêché que Paris n'aie parlé. » Le Roi ayant paru vouloir savoir ce que l'on avoit dit (du moins c'est ainsi que Courtenvaux me l'a conté lui-même), Courtenvaux lui dit : « On disoit tout publiquement dans Paris que V. M. avoit besoin de chirurgiens plutôt que de médecins (2). » Ce discours surprit un peu M. le Duc, qui cependant n'en dit rien sur-le-champ; mais à une autre heure, s'étant trouvé

---

(1) Louis-Charles-César le Tellier, d'abord connu sous le nom de chevalier de Louvois, prit en 1722 le nom de marquis de Courtenvaux, fut substitué en 1739 au nom et aux armes d'Estrées, et prit alors le nom de comte d'Estrées. Il fut nommé maréchal de France en 1757, ministre d'État en 1758, et mourut en 1771.

(2) On trouve indiquées dans Barbier, t. III, p. 123, les nouvelles qui couraient dans Paris au sujet de la maladie du Roi.

avec le Roi, il lui dit qu'il n'avoit pu entendre sans étonnement le discours de Courtenvaux; à quoi le Roi répondit : « Je n'en suis point étonné, je suis accoutumé à l'entendre me dire tout ce qu'il pense. »

Le Roi continue à ne point sortir que pour aller à la messe à la chapelle et chez la Reine et M. le Dauphin. S. M. joue à l'hombre tous les après-midi. Il y eut hier une espèce de petite dispute à ce sujet entre M. de Bouillon et M. d'Aumont. Ils étoient l'un et l'autre dans le cabinet, et M. d'Aumont avoit fait apporter la table d'hombre, comme c'est son droit sans difficulté ; le Roi demanda les cartes pour tirer. Un garçon de la chambre, qui ne voyoit pas M. d'Aumont, les présenta à M. de Bouillon pour donner à tirer au Roi. M. d'Aumont les voyant entre les mains de M. de Bouillon lui dit en badinant : « Je veux bien vous céder mon droit pour cette fois-ci ; » M. de Bouillon lui répondit qu'il croyoit que c'étoit son droit. La chose en demeura là, et ne fut point traitée sérieusement. J'ai parlé à M. de Bouillon et à M. d'Aumont. M. de Bouillon m'a dit que le Roi devoit juger cette question. M. d'Aumont dit qu'il ne croit pas que c'en soit une, et par conséquent qu'il dût y avoir de jugement. Il est certain que le grand chambellan ôte tout service au premier gentilhomme de la chambre ; mais il n'a aucun commandement dans la chambre. La table et les cartes sont apportées par ordre du premier gentilhomme de la chambre ; il est bien difficile de croire que les cartes pour tirer puissent être présentées par autres que par celui qui les a fait apporter, et en son absence par le premier valet de chambre. Dans les maisons particulières, les maître ou maîtresse les présentent ordinairement au Roi lorsqu'il leur fait l'honneur d'y jouer.

Du samedi 8. — Les médecins et chirurgiens ayant jugé le mal que M. le Dauphin a au bas de la joue droite, auprès du menton, en état d'être ouvert, il fut résolu dès le matin que l'on enverroit chercher Boudot, chirurgien de la Charité, et Petit, fameux chirurgien de Paris. Ils arrivèrent après dîner. Le Roi descendit chez M. le Dauphin à cinq heures et demie. Toute la faculté étant entrée, médecins, chirurgiens et apothicaires, M. de la Peyronie, après avoir examiné le mal, trouva que l'ouverture ne pouvoit se faire avec une lancette, et demanda un bistouri avec lequel il fit deux incisions de suite, depuis la partie qui est au-dessus du milieu de la joue jusque auprès du menton. Cette opération fut assez courte mais très-douloureuse, et la douleur dura près d'une heure après l'opération. M. le Dauphin en soutint tout le préparatif avec courage, et il ne montra même dans le temps de la plus grande souffrance que ce que l'on ne peut refuser à la nature. M. Silva (1), qui étoit présent à cette opération, ayant remarqué que le Roi pâlissoit, lui donna à sentir un flacon d'eau de Luce (2) qu'il avoit dans sa poche. Immédiatement après cette opération le Roi fit sortir tout le monde, même les entrées familières, et ne garda avec lui que M. le duc d'Ayen, capitaine des gardes de quartier.

Le Roi remonta chez la Reine peu de temps après, et alla chez M. le Cardinal, qui est toujours incommodé et qui étoit en robe de chambre. Plusieurs personnes suivirent le Roi, qui resta environ un demi quart d'heure et ne voulut jamais que M. le Cardinal fût debout pendant ce temps-là. S. M. resta debout auprès de la cheminée, et M. le Cardinal étoit assis dans un fauteuil, à sa place ordinaire.

Du 10. — Avant-hier Mme l'abbesse de Remiremont mourut à Paris, âgée de soixante et seize ans; elle étoit sœur de Mme la princesse d'Épinay, qui en a soixante et quatorze.

---

(1) J. B. Silva, né à Bordeaux en 1682, élève de Chirac, nommé en 1724 médecin consultant en remplacement de Boudin, démissionnaire; anobli en 1738 par Louis XV; premier médecin du prince de Condé; mort en 1742.

(2) L'eau de Luce est un antispasmodique, encore en usage.

Hier le Roi ne voulant pas descendre en bas pour recevoir trois serments, de l'évêque de Meaux (1) et de deux autres, alla entendre la messe dans la chapelle de la Vierge, qui est dans l'enfoncement, au-dessus de celle de Saint-Louis. Cette cérémonie se passa comme en bas; il y eut le motet à l'ordinaire; les Cent-Suisses au-dessous de la tribune comme si le Roi y eût été, et en même temps un Récollet disoit la messe au grand autel.

Du 14. — Mercredi dernier, 12 de ce mois, les États de Bretagne eurent audience du Roi et de la Reine, etc. Ils étoient présentés par M. le duc de Penthièvre, gouverneur de la province et conduits par M. de Brezé, grand maître des cérémonies en survivance. C'étoit M. l'évêque de Saint-Brieuc (2) qui portoit la parole, et dont les harangues furent fort approuvées. Le tiers état à genoux à l'ordinaire. L'audience de la Reine fut dans le grand cabinet avant sa chambre, M. de Nangis derrière le fauteuil de la Reine, et M. de Chazeron à côté de lui (3). Lorsque les députés entrèrent, toutes les dames se levèrent, quoique la Reine ne se levât pas, et les dames demeurèrent debout pendant tout le temps de la harangue. On prétend que cela n'est pas dans la règle, et que celles qui sont assises doivent se lever à l'entrée des députés, mais se rasseoir pendant la harangue (4).

Chez Mesdames, Mme de Tallard et les autres femmes titrées demeurèrent assises pendant les harangues. Je crois que le droit n'est pas douteux sur cet article devant la Reine comme devant Mesdames; mais la foule qui

---

(1) Antoine-René de la Roche de Fontenille.
(2) Louis-François de Vivet de Montclus.
(3) On verra ci-après que cet usage a été changé. (*Note du duc de Luynes.*)
(4) Le secrétaire d'État chargé du détail de la Bretagne accompagnoit les députés; je crois que c'étoit M. de Maurepas. (*Note du duc de Luynes.*) — La Bretagne était cependant dans le département de M. de Saint-Florentin. (*Note des éditeurs.*)

entre dans le cercle et la curiosité d'entendre le discours fait qu'on se lève ordinairement.

Ce même jour il y eut un grand dîner chez M. le duc de Penthièvre; quatre tables, quatre-vingt-quatre personnes. Il en fit les honneurs d'une façon que l'on ne pouvoit attendre d'un homme de son âge.

Du 17. — M. le duc de la Trémoille, premier gentilhomme de la chambre, doit être reçu ces jours-ci à l'académie à la place de feu M. le maréchal d'Estrées. C'est M. de Saint-Aulaire qui doit répondre à sa harangue, étant directeur de ladite académie. M. de Saint-Aulaire est âgé de quatre-vingt-dix ou quatre-vingt-quinze ans. C'est lui qui fit le compliment au feu Roi au nom de l'académie, à la mort de Monseigneur; il étoit alors directeur, et le voici tel qu'il me l'a répété aujourd'hui : « L'académie, prosternée aux pieds de son auguste protecteur, n'emploie d'autre éloquence que la tristesse dont elle est pénétrée; elle ne présume pas de ses paroles qu'elles puissent adoucir la douleur de V. M.; elle n'en a point pour exprimer la sienne. »

Du 18. — La plaie de M. le Dauphin continue à aller de mieux en mieux et est presque fermée. Il y a quelques jours que M. l'évêque de Mirepoix me contoit une circonstance qui mérite d'être rapportée, et qui prouve la mémoire et le jugement de M. le Dauphin. Mme de Ventadour lui avoit donné des tablettes, et il s'amusoit à y écrire; M. de Mirepoix lui ayant demandé ce qu'il écrivoit, il lui dit : « Laissez-moi faire, vous verrez dans un moment. » Il lui montra un passage latin que M. de Mirepoix lui avoit dit environ trois mois auparavant, qui signifie : « A quoi sert-il de savoir la religion chrétienne si l'on vit comme des païens ? » Il en écrivit encore plusieurs autres.

On est depuis hier entièrement rassuré sur la plaie; on avoit craint une exfoliation à l'os; on disoit même que cela pouvoit être plus considérable, mais je crois que cela étoit sans fondement. Les médecins et chirurgiens consultants sont toujours ici, et ont une table fournie de la bouche du Roi. Les jours maigres, cette table est servie moitié gras, moitié maigre; mais il a fallu un ordre exprès du Roi, car sans cela on ne sert jamais de gras les jours maigres chez le Roi.

Mercredi dernier, 12 de ce mois, les Suisses firent leur exercice ordinaire. Ils étoient quinze ou seize en chemise, avec un arlequin et un pantalon, dansant au son d'un fifre et d'un tambour. C'est leur usage tous les ans.

Le vendredi 14, les gardes du corps imaginèrent de donner un petit spectacle dans leur grande salle, que l'on appelle le magasin. Ils s'habillèrent vingt ou vingt-cinq en présidents, conseillers, avocats, huissiers et procureurs, ayant des robes rouges faites avec leurs manteaux à l'envers et des robes noires. Il y avoit un garde habillé en femme, un petit garçon habillé en fille; ils défilèrent en cet équipage devant le Roi, la Reine, et M. le Dauphin, et allèrent ensuite tenir leur audience. Il y eut une cause plaidée dans toutes les formes. Le jour même, ils donnèrent un bal avec la permission du Roi, qui dura une partie de la nuit, et dont ils firent les honneurs avec beaucoup de politesses.

Ce même vendredi, j'étois chez M. le Cardinal, l'après-dînée, lorsque Bontemps, le fils, vint lui apporter une lettre du Roi. M. le Cardinal l'ayant lue, appela M. Amelot, qui avoit dîné chez lui, et lui dit de lire la fin de cette lettre, parce que le tout seroit trop long. M. Amelot lui demanda la permission d'en faire la lecture tout haut. Je joins ici la copie de ce billet, que je vins écrire sur-le-champ, et qui m'a paru mériter d'être remarqué : « Je ne sens pas moins que vous ce que c'est que d'être séparé de quelqu'un que l'on aime et en qui on a mis toute sa confiance; mais il vaut mieux se priver de son plaisir pour en jouir plus longtemps. »

Il y a quelques jours que M. de Polastron (c'étoit le 14)

m'apprit qu'il y avoit eu un nouveau règlement de fait chez M. le Dauphin, par rapport à ceux qui doivent aller faire des compliments de sa part. J'ai écrit plus haut ce qui s'étoit passé dans les occasions. Il est présentement réglé que les gentilshommes de la manche n'iroient plus, et que ce seroit l'écuyer de main du Roi qui est en quartier chez M. le Dauphin. Cette décision est fondée sur les représentations des écuyers, qui ont dit qu'étant gentilshommes, ou au moins censés l'être par leur charge, ils croyoient ne devoir point céder l'honneur des compliments aux gentilshommes de la manche, desquels ils n'avoient aucun ordre à recevoir ; ils penseroient différemment de MM. les sous-gouverneurs, aux ordres de qui ils étoient en l'absence du gouverneur.

Il y a quelques jours que le Roi ayant demandé à M. le comte de Bavière si sa grandesse étoit de la première classe, comme elle en est effectivement, cela donna occasion de parler de quelques détails sur les grandesses. Lorsque le roi d'Espagne fait un grand, avant qu'on lui expédie ses lettres, il a un droit à payer ; ce droit s'appelle médianate, ce qui veut dire demi-année. Le droit est de 800 pistoles d'Espagne pour celui qui est fait grand, et à chaque génération il faut payer de nouveau 400 pistoles. Ce droit est si exactement payé en Espagne, que M. de Chalais, de qui je sais ce détail, m'a dit que le roi d'Espagne voulant le traiter favorablement lui fit expédier un brevet pour toucher 800 pistoles et les porter sur-le-champ pour la grandesse. Les grands qui habitent en France ne payent rien ordinairement. Il y a des grandesses de plusieurs espèces ; les unes sont perpétuelles, les autres pour un certain nombre de générations.

J'appris avant-hier que le Roi avoit accordé à M. de Lesparre, fils de M. le comte de Gramont, une compagnie aux gardes ; c'est celle de M. Ferrand. Ces compagnies se vendent 80,000 livres ; mais pour que le capitaine ait permission de vendre, il faut qu'i vienne lui-même la demander au colonel. Ainsi M. Ferrand, quoique très-malade, a été obligé de se faire porter chez M. le duc de Gramont. C'est à peu près comme dans le chapitre Notre-Dame, où les chanoines ne peuvent résigner qu'étant dans le chapitre. Nous avons vu M. l'abbé Couette, qui ayant été assassiné, dont il est mort, se fit porter dans le chapitre pour résigner. Cet usage est constant dans ces deux différents corps.

M. l'évêque de Mirepoix doit être reçu à l'Académie des Sciences, à la place de M. le maréchal d'Estrées. Il n'y a point de discours à faire à cette académie. M. de la Trémoille doit être reçu à l'Académie françoise, à la place de M. le maréchal d'Estrées, comme nous avons dit.

Il y a quelques jours qu'il y eut une petite difficulté chez M. le Dauphin au sujet des entrées. Le Roi descend plusieurs fois par jour chez M. le Dauphin; il passe par un petit escalier qui est auprès de la garde-robe du premier valet de chambre. Il n'y a que le premier gentilhomme de la chambre, le capitaine des gardes et les entrées familières qui aient droit de suivre le Roi par cet escalier. Il étoit question de savoir si, quand le Roi est entré chez M. le Dauphin, les grandes entrées pouvoient entrer par la porte ordinaire. M. de Boufflers et moi ayant été refusés en pareille circonstance, je demandai à M. de Châtillon quel étoit son arrangement. Il me dit que les grandes entrées étant arrivées un moment avant le Roi y resteroient sûrement, le Roi y étant; mais que lorsque le Roi étoit arrivé il ne croyoit pas que l'on dût entrer; que cependant c'étoit l'exemple de ce qui se passoit chez la Reine qui devoit décider. Il me pria de le demander à Mme de Luynes; et sur ce que je lui dis le jour même que lorsque le Roi étoit entré chez la Reine par la porte du cabinet, la Reine étant malade dans son lit, les grandes entrées entroient sûrement par l'autre porte, M. de Châtillon est convenu que cela devoit être de même chez M. le Dauphin. Les premières entrées de chez le Roi ont le même droit en pareil cas que les grandes entrées. Les entrées de la chambre chez la Reine entrent aussi en pareil cas ; mais cela ne peut prouver pour M. le Dauphin, parce que chez la Reine il n'y a que trois sortes d'entrées : les familières, que fort peu de gens ont, les grandes entrées et les entrées de la chambre, au lieu que chez M. le Dauphin il y a autant d'entrées que chez le Roi.

Du 19. — Hier, mercredi des cendres, M. le cardinal de Rohan, qui étoit à Paris depuis plusieurs jours, revint ici exprès pour donner des cendres au Roi, et s'en retourna le soir. La Reine prit des cendres en haut dans la chapelle de la Vierge. Ce fut M. l'archevêque de Rouen qui les lui donna. L'année dernière la Reine étoit descendue en bas pour recevoir des cendres, quoique étant grosse ; mais elle les avoit reçues dans la petite tribune à gauche en entrant, où elle se met pour communier. L'année d'auparavant elle étoit encore grosse ; mais comme elle s'étoit blessée la grossesse d'auparavant, elle ne descendit point en bas ; elle entendit la messe dans la lanterne à droite, où elle l'entend ordinairement, et alla ensuite à la chapelle de la Vierge recevoir des cendres. Cette année elle a entendu la messe dans cette même chapelle ; elle a reçu des cendres avant la messe ; et comme Mme de Luynes et les dames qui suivoient la Reine ne pouvoient pas recevoir des cendres en sa présence, la Reine resta un moment dans la travée, qui est vis-à-vis ladite chapelle, à adorer le Saint Sacrement, et pendant ce temps-là le chapelain a donné des cendres à toutes ces dames.

Hier, à la messe du Roi et de la Reine, le motet, qui est toujours le même aux deux messes, fut un *Miserere*. C'est l'usage de n'en point chanter d'autres le jour des cendres.

Le mardi gras s'étant trouvé cette année précisément le jour de l'anniversaire de la mort de M. le Dauphin, duc de Bourgogne, le motet fut un *De profundis*.

Hier le Roi ne mangea à souper que du potage au lait et des œufs frais ; il prend présentement du lait le matin et mangé gras à dîner. M. le Dauphin a commencé aujourd'hui à manger deux ailes d'un très-petit poulet.

Les médecins et chirurgiens consultants furent enfin renvoyés hier. Il y eut à cette occasion une petite difficulté. On demanda un carrosse du Roi pour les ramener à Paris; mais cela ne se put exécuter parceque, tous les carrosses du Roi sont carrosses du corps et qu'il n'y peut monter que le Roi et ceux qui ont l'honneur de le suivre, et les ambassadeurs et envoyés le jour de leur première audience. Il fallut que M. de Châtillon prêtât un carrosse. L'on prête quelquefois les attelages du Roi, mais non pas ses voitures. Immédiatement après la mort de M. le comte de Toulouse, M. de la Peyronie alla par ordre du Roi à Rambouillet pour être présent à l'ouverture de son corps, et s'étant trouvé incommodé, on fut obligé de lui donner la seconde litière du Roi, par ordre de S. M. Il y a encore un autre exemple. A la chute de M. de la Fayette, exempt des gardes du corps, auprès de Trianon, il y a plus d'un an (1), le Roi, qui l'avoit vu tomber, dit en arrivant à M. de la Peyronie d'aller voir s'il étoit possible de lui donner quelque secours. La Peyronie ayant dit au Roi qu'il n'avoit point de carrosse prêt dans le moment, comme le secours étoit pressé à donner, S. M. lui ordonna de prendre un de ses carrosses qui s'en retournoit, de monter dedans et d'y faire monter M. de la Fayette pour le ramener à Versailles. J'ai appris encore plusieurs circonstances sur cette difficulté. Il y avoit plusieurs jours que MM. les médecins et chirurgiens s'étoient flattés qu'on leur donneroit un carrosse du roi pour s'en retourner et attendoient ce traitement comme une marque de distinction et de bonté. Ils en avoient parlé à M. le Cardinal, qui ne paroissoit point y trouver d'inconvénients. M. le Premier n'étant point ici, M. de Châtillon, à qui M. le Cardinal en parla, dit qu'il alloit en écrire à M. le Premier; il lui en écrivit en

---

(1) Voy. p. 102, t. I.

effet le lundi ou le mardi ; il comptoit avoir la réponse le mercredi de bonne heure. Comme cette réponse n'arrivoit point, les médecins, impatients, en allèrent parler à M. le Cardinal et ne cessoient d'en parler aussi à M. de Châtillon, ayant grand désir de s'en aller. Cependant la réponse arriva, dans laquelle M. le Premier marquoit qu'il n'avoit point connoissance, depuis qu'il étoit en place, que l'on eût jamais donné de carrosses du Roi aux médecins; que cette distinction pourroit même faire de la peine aux ambassadeurs et envoyés qui avoient l'honneur de marcher dans les carrosses du Roi le jour de leur audience ; que même les gens de condition qui se présentoient avec empressement pour avoir cet honneur pourroient être blessés de voir donner les carrosses du Roi aux médecins et chirurgiens *et gens de la sorte*. Comme les médecins et chirurgiens d'ici s'étoient joints aux consultants dans cette affaire, tous demandèrent à M. de Châtillon quelle pouvoit être la raison du refus qu'il leur annonçoit, et quoique M. de Châtillon les eût assurés qu'ils pouvoient être tranquilles sur leur retour, ils n'étoient pas encore contents et parurent désirer de voir la lettre. M. de Châtillon la leur donna. Ils furent très-offensés du mot : *et gens de la sorte*, et Silva ne voulut pas monter dans le carrosse de M. de Châtillon ; il s'en alla dans sa chaise. Dumoulin, Petit et Boudot s'en allèrent dans le carrosse. Ce mot *gens de la sorte* a été fort remarqué ; on a même prétendu qu'il y avoit : gens de cette espèce, mais M. le chevalier de Créquy, qui a lu la lettre avec attention, m'a assuré qu'il n'y avoit pas d'autres termes. M. de Saint-Sauveur m'a dit aussi qu'il avoit été de la part de M. le Premier demander à M. le Cardinal s'il vouloit donner un ordre pour les carrosses, qu'il seroit exécuté sur-le-champ; M. le Cardinal ne le voulut jamais. J'ai appris à cette occasion que les appointements des médecins n'étoient pas tous égaux. Ceux de M. Silva sont de 9,000 livres ; c'est une augmentation qu'il a obtenue du temps de M. le Duc. Helvétius a les appointements pareils. Ceux de M. Dumoulin (1) ne sont que de 500 écus. Il y en a un autre qui a 2,000 écus. Je ne sais pas encore le détail des autres ni des chirurgiens.

La plaie de M. le Dauphin n'est pas encore entièrement fermée, mais on compte que mardi prochain il n'y aura plus qu'une mouche. Quoiqu'il ne soit point en état d'étudier, cependant comme ceux qui lui sont attachés sont obligés à une grande assiduité et n'ont à eux que le temps destiné ordinairement à l'étude, M. de Mirepoix et MM. les abbés de Marbeuf et de Saint-Cyr viennent à la même heure et passent toujours le même temps qu'à l'ordinaire. Pendant ce temps les grandes entrées n'entrent point, quoiqu'il arrive même quelquefois que le Roi y descend. Il n'y a que ceux qui suivent S. M. par le petit escalier qui entrent avec lui ; il est aisé de comprendre quelle est la raison de cette règle. Lorsque M. de Mirepoix est seul chez M. le Dauphin avec le sous-précepteur et le lecteur, c'est, lorsque M. le Dauphin est en santé, un temps où M. le Dauphin est toujours à son particulier à cause de l'étude ; même dans la circonstance présente, c'est un temps de conversation particulière où il est plus convenable que personne ne puisse entrer ; et d'ailleurs si dans ce temps il se trouvoit une circonstance où il ne fût pas à propos de laisser entrer, cela formeroit un embarras, parce que M. de Châtillon prend souvent ce temps pour se

---

(1) Jacques Dumoulin, médecin consultant du Roi, mourut en 1755, à quatre-vingt-douze ans, riche de 1,600,000 livres. Dumoulin a joui de la plus grande célébrité. Il était fort économe. Un avare, ayant entendu dire que Dumoulin l'emportait sur lui en économie, vint le voir un soir, et le trouva dans une chambre enfumée avec une petite lampe qui ne donnait presque pas de clarté. Il lui dit qu'ayant appris qu'il était l'homme du monde le plus économe, il souhaitait qu'il voulût bien lui donner quelques leçons d'économie. Dumoulin lui dit de prendre un siége, souffla la lampe en lui disant : Nous n'avons pas besoin d'y voir pour parler. Ah monsieur ! répliqua l'avare consultant, cette leçon me suffit.

reposer, et que M. de Mirepoix n'a point de commandement dans la chambre.

Le Roi a été à la chasse aujourd'hui. C'est la seconde ou troisième fois qu'il y va ; il est parti ce matin, entre dix et onze heures, et est revenu à trois heures après dîner.

Du 22, Versailles. — L'aventure arrivée la semaine dernière à M. de la Tour, capitaine aux gardes, mérite d'être rapportée. M. de la Tour est fils de celui qui étoit intendant de Bretagne et qui est présentement président du parlement d'Aix, intendant et commandant en Provence. M. de la Tour devoit venir ici de bon matin avec sa compagnie pour monter la garde ; il laissa partir la compagnie, et ayant voulu regagner le devant à cheval, dans la plaine des Sablons il sentit que les deux pieds de devant de son cheval enfonçoient ; il lui donna deux coups d'éperon, le cheval fit un effort, et ayant passé les deux pieds de devant de l'autre côté d'un puits dans lequel il enfonçoit, tout le derrière du cheval et M. de la Tour tombèrent dans ledit puits. Le cheval alla jusqu'au fond, et M. de la Tour, ayant été arrêté par une petite avance qui étoit dans ledit puits, y resta séparé de son cheval. Il y fut plus de trois heures, jusqu'à ce qu'un paysan, qui passoit par hasard, ayant entendu crier, vint au bord du puits ; on apporta des cordes et M. de la Tour fut retiré sans être blessé. On trouva aussi le moyen de retirer le cheval, qui n'avoit point de mal.

M. de Lassay, le père, mourut hier à Paris ; il étoit âgé de quatre-vingt-sept ans. Il avoit été marié trois fois, et depuis plusieurs années il vivoit avec Mme de Saint-Just, chanoinesse de Remiremont, fille âgée et fort laide, mais qui avoit bien voulu avoir la complaisance de venir lui tenir compagnie et d'avoir soin de sa vieillesse. Tout le monde les croyoit mariés et que M. de Lassay, le fils, y avoit consenti, d'autant plus qu'il y eut dans ce temps un acte signé dudit Lassay fils pour une pension que l'on croyoit être un douaire. Cependant, soit que Lassay père eût trouvé ridicule à son âge de songer à un quatrième mariage, soit que Mme de Saint-Just elle-même en ait craint les assujettissements et ait mieux aimé les prendre volontairement, il ne paroît point qu'il y ait eu de mariage. L'on compte qu'elle reste avec environ 15,000 livres de rente ; on dit même 22,000 en comptant le peu de bien qu'elle avoit déjà, et que Lassay le fils a donné toutes les sûretés nécessaires. Mme de Saint-Just appeloit toujours M. de Lassay *mon maillot*, et avait des soins de lui comme une garde auroit pu faire. M. de Lassay étoit ancien chevalier de l'Ordre. Voilà une dix-huitième place vacante sans compter les prélats. Il étoit le vingt-cinquième des cinquante-huit de la promotion de 1724. Il étoit frère de M. de Manicamp, premier mari de Mme de Châtillon ; et par son mariage avec Mlle de Châteaubriant ou Guénani, bâtarde de M. le Prince et reconnue, il étoit beau-frère de madame la Duchesse ; il étoit aussi frère de Mme de Lassay, femme de son fils. Il jouissoit d'environ 45,000 livres de rente, à ce que l'on m'a assuré ; sur quoi il avoit donné 4,000 livres de rente à Mme de Saint-Just lorsqu'elle prit le parti, pour lui tenir compagnie, de quitter sa prébende de Remiremont, qui lui valoit cette somme ; Mme de Saint-Just n'ayant d'ailleurs que 1,800 livres de rente.

M. le Cardinal s'est trouvé fort mal cette nuit. On dit que c'est l'effet d'un rêve qui l'avoit agité ; mais en s'éveillant sur les deux heures du matin il a paru n'être pas à lui-même, de sorte qu'on a envoyé quérir Dumoulin, médecin. On a fait venir le P. Germain, Récollet, son confesseur, qu'il avoit demandé. Cependant, comme il étoit mieux, il ne s'est pas confessé. La fièvre est venue assez violente après cet accident ; il n'en a plus ou presque plus présentement, six heures du soir. Dumoulin est arrivé, qui le trouve assez bien. Il vient même de travailler avec Duparc, son secrétaire, qui dit qu'il a travaillé comme à l'ordinaire pendant une heure. On a tendu un lit dans son cabinet. En tout, non-seulement le grand âge donne beaucoup de sujets d'inquiétude, mais depuis qu'il a été enrhumé il lui est resté un grand dégoût de toutes nourritures, et l'estomac paroît fatiguer dans la digestion. Cet accident fait un grand mouvement ici.

Le Roi, à l'occasion de la mort de M. de Lassay, disoit aujourd'hui à M. de Charost que lorsqu'il faisoit des ducs et des maréchaux chevaliers de l'Ordre, il mettoit toujours les ducs immédiatement avant les maréchaux de France. M. de Charost a répondu à S. M. que ce n'étoit pas tout à fait l'usage du feu Roi, qui mettoit toujours un homme de condition non titré entre les ducs et les maréchaux de France.

Le Roi, parlant aujourd'hui des lettres de ducs qu'il a accordées à M. de Châtillon et à M. de Fleury, a dit qu'il y avoit cette différence de celles-là aux autres, c'est que dans ces lettres il est porté que dans le cas qu'il y auroit plusieurs enfants mâles, si l'aîné embrassoit l'état ecclésiastique le duché passeroit au second, et ainsi des autres; de sorte que celui qui seroit d'église n'hériteroit du duché qu'au cas qu'il fût seul enfant mâle. Mme de Luynes étoit présente.

Aujourd'hui la Reine a dîné seule à l'ordinaire ; Mme de Mazarin, Mme de Montauban et Mlle de Montauban y étoient assises. Mlle de Montauban n'a que dix ou onze ans, et il y a déjà quelque temps qu'elle a pris son tabouret.

Du 23. — M. le Cardinal est mieux ; la nuit n'a cependant pas été fort bonne. J'ai ouï conter aujourd'hui encore plus en détail l'accident qui effraya tant hier matin. C'est de M. de la Peyronie que je le sais, et il fut des premiers appelés. M. le Cardinal avoit eu un mouvement de fièvre la nuit; à cela se joignit un rêve qui le réveilla en sursaut. Dans le moment du réveil il se trouva hors de lui-même, au point qu'il appela Barjac et qu'il lui dit : « Je me meurs ; » et Barjac lui ayant demandé ce qu'il vouloit que l'on fît, il dit d'aller querir la Peyronie, son confesseur et un notaire. M. de la Peyronie étant arrivé, trouva toute la maison dans le plus grand effroi; on demandoit du lilium (1). La Peyronie ayant touché le pouls ne voulut faire donner autre chose que deux verres d'eau. M. le Cardinal s'endormit depuis trois heures jusqu'à sept. Aujourd'hui on a craint un peu de dévoiement; cependant on regarde cela comme une purgation naturelle, d'autant plus qu'il n'y a point de fièvre ou presque point.

Le Roi a été aujourd'hui au sermon du P. Ségaud; il a été admirable sur la foi. De là, S. M. a été chez M. le Dauphin, en traversant la cour; et tous ceux qui l'ont suivi, entrées ou non, sont entrés avec le Roi, qui a passé par la salle des gardes de M. le Dauphin. C'étoit cependant à quatre heures, qui est l'heure de l'étude ou de la conversation. De là, le Roi est monté chez M. le Cardinal; on a mis un garde du corps à la porte de la chambre de M. le Cardinal, qui va dans sa chambre à coucher ordinaire, pendant que le Roi y étoit. Le Roi est entré seul, laissant M. le Maréchal de Noailles avec le bâton, et M. d'Aumont à la porte. S. M. y est resté environ un quart d'heure et en est sorti avec un air fort gai.

Du 24. — M. le Cardinal n'a pas trop bien passé la nuit, n'ayant dormi qu'environ trois heures; cependant on le dit mieux. MM. Silva et Dumoulin, qui étoient venus pour lui, s'en sont retournés cet après-midi à Paris, et ils ont dit au Roi, avant que de partir, qu'il n'y avoit point de danger présent, et l'on dit chez lui que le mieux subsiste.

Le Roi a joué à l'hombre aujourd'hui comme à son ordinaire; il y avoit même deux tables de jeu, le Roi ayant cette bonté et attention quand il voit plusieurs de ceux qui ont l'honneur de jouer ordinairement avec lui. A cette seconde partie jouoit M. d'Aumont, avec qui le Roi est des quatre cinquièmes. La partie à laquelle le Roi

---

(1) Le lilium est un cordial.

jouoit a été finie plus tôt qu'à la seconde table; et comme le Roi avoit à travailler avec M. d'Angervilliers, immédiatement après la visite de Mme la duchesse du Maine, le Roi a ordonné que l'on passât dans sa chambre la table où jouoit M. d'Aumont. Mme la duchesse du Maine est entrée chez le Roi par la salle du billard. La visite s'est passée debout; elle n'a pas été longue. Il n'y a que Mlle du Maine qui soit entrée avec elle dans le cabinet des glaces; les dames d'honneur sont demeurées dans le cabinet des perruques. Mme la duchesse du Maine est en grand deuil, à cause de la mort de M. de Lassay, son beau-frère; cependant ni elle ni Madame la Duchesse n'en reçoivent point de compliments. Le Roi, qui paraissoit avoir impatience de commencer le travail, a ordonné que l'on fît passer tout le monde; dans ce même temps, on a porté la table dans la chambre; et comme c'est l'usage qu'il ne reste personne dans la chambre du Roi, lorsque S. M. travaille dans son cabinet, on a fait passer tout le monde de la chambre; il n'y a que M. d'Aumont, M. de Courtenvaux et M. de Courson, qui jouoient, qui soient restés dans la chambre.

Après le travail du Roi avec M. d'Angervilliers, la promotion de lieutenants généraux et de maréchaux de camp fut déclarée. En voici la liste :

PROMOTION DU 24 FÉVRIER 1738.

Lieutenants généraux.

MM. De Fervaques.	MM. D'Houdetot.
De la Rerie, ingénieur.	De Bozelli.
Duc de Saint-Aignan.	De Terlaye.
D'Erlach.	De Gensac.
De Montboissier.	De Polastron.
De Maubourg.	D'Hérouville.
De Froulay.	De Curton.
De Besenval.	De Lutteaux.

MM. De Castelmoron.   MM. Du Chayla.
    Phelippes.   Comte de Gramont.
    De Meuse.   De Vaudrey.
    De Cherisey.   Du Cayla.
    De Creil.   De Ségur.
    Dauger.   De Boissieux.
    Du Luc.   D'Avejean.
    De Bulkeley.   Comte de Bavière.
    De Bauffremont.   De Montesson.
    De Clermont d'Amboise.   De Chastelux.
Total, 36.

Maréchaux de camp.

MM. De Castella . . . . *suisse.*
    De Kleinholdt . . . . *compagnie franche.*
    De la Bazèque. . . . . *cavalerie.*
    D'Orteffa . . . . *miquelet infanterie.*
    De la Blottière. . . . . *infanterie.*
    De Casteja. . . . . *ingénieur.*
    D'Estavagés. . . . . *suisse.*
    De Rennepont. . . . . *cavalerie.*
    De Mouchy. . . . . *cavalerie.*
    De Raigecourt . . . . *cavalerie.*
    D'Aunay . . . . *infanterie.*
    De Brun . . . . *infanterie.*
    De Refuge. . . . . *gendarmerie.*
    D'Arros d'Agerlos. . . . . . . *infanterie.*
    De Béranger . . . . *infanterie.*
    D'Argouges . . . . *gendarmerie.*
    D'Estagnolles . . . . *cavalerie.*
    De la Tour . . . . *cavalerie.*
    D'Harbouville. . . . . *garde françoise.*
    De Jonsac. . . . . *gendarmerie.*
    Le chevalier de Belle-Isle. . . . *dragon.*
    De Lanmary. . . . . *gendarmerie.*
    Duc de Villeroy. . . . . *infanterie.*
    De Goësbriant. . . . . *dragon.*
    De Rivarolles . . . . *dragon.*

FÉVRIER 1737.

MM. De Saint-Vallier.	*infanterie.*
De la Cour Basleroy.	*garde du corps.*
De la Ravoye.	*infanterie.*
De Bretonvilliers	*cavalerie.*
De Meurcey.	*infanterie.*
Du Bourdet	*garde du corps.*
De Chaumont.	*garde françoise.*
De Chabannes	*garde françoise.*
Duc de Boutteville	*infanterie.*
De Janson	*cavalerie.*
Marquis de Ruffec	*cavalerie.*
Du Châtel.	*dragon.*
De Chazeron	*garde du corps.*
Duc de Richelieu	*infanterie.*
D'Esclimont	*infanterie.*
De Bezons	*cavalerie.*
De Caraman	*cavalerie.*
Du Châtelet.	*infanterie.*
De Rieux.	*infanterie.*
Prince de Pons	*infanterie.*
De Brezé.	*infanterie.*
De Luxembourg	*infanterie.*
De Courtenvaux.	*cavalerie.*
De Berchini.	*suisse.*
Milord Clare	*infanterie.*
De Salières.	*maréchal général des logis de l'armée.*
Diesbach.	*suisse.*
Chev. d'Apchier.	*gendarmerie.*
De Rousset de Girenton.	*infanterie.*
De Mollèges.	*infanterie.*

Total, 55.

On sut aussi dans le même moment la destination du régiment Royal à M. de Beuvron, et celui de M. de Beuvron à M. de Pérignan, frère de M. le duc de Fleury. Il y avoit longtemps que cet arrangement étoit indécis. La maladie de M. d'Angervilliers, et depuis celle de M. le Cardinal, a retardé toute décision ; et M. le chevalier de

Praigne, lieutenant-colonel du régiment Royal, étoit ici depuis environ deux mois demandant le régiment Royal ou quelque autre grâce. Le Roi donne à M. de Praigne les 22,500 livres, prix du régiment de Beuvron, que S. M. paye pour M. de Pérignan, et outre cela S. M. fera encore quelque grâce à M. de Praigne, soit pension ou autrement ; mais cela n'est pas encore public.

Par cette promotion, quoiqu'il y ait cinquante-cinq maréchaux de camp, il n'y a que vingt-deux régiments à donner. Il y en a un vingt-troisième, qui est celui de Condé ; mais l'usage est que les princes du sang nomment qui leur plaît à leur régiment, et le Roi a la bonté d'agréer cette nomination.

A l'occasion de cette promotion, il y a eu quelques représentations de la part des officiers de l'état-major de la cavalerie et des dragons. Les deux seuls qui pouvoient y prétendre sont M. de Bissy, commissaire général de la cavalerie, et mon fils, mestre de camp général des dragons. Les représentations étoient fondées sur le prix considérable de ces charges, que l'on n'achète que pour le privilége qu'elles donnent de commander tous les brigadiers du même corps. Ce privilége est certain, et M. de Bissy aussi bien que mon fils ont eu une commission de brigadiers en même temps que celle de leurs charges. D'ailleurs, M. le comte d'Évreux et M. le comte de Clermont citoient des exemples de M. de Verue et de M. le maréchal de Villars, faits l'un et l'autre hors de rang parce qu'ils étoient commissaires généraux. J'avois prévu ces raisons longtemps avant la promotion, et j'avois cru que l'âge de vingt ans pour mon fils étoit une raison pour ne pas faire des représentations bien vives, surtout n'ayant eu sa charge que depuis la guerre. M. de Bissy, qui a à la vérité quatre ans de plus, n'a eu la sienne qu'à peu près dans le même temps. Je me suis donc contenté de parler à M. d'Angervilliers des droits de la charge pour être à portée de demander un avancement hors de rang dans quelque autre circonstance. M. de Bissy a pris le même parti, et s'est conduit avec vivacité et sagesse dans toute cette affaire.

La promotion a donné encore occasion à des plaintes de la part de M. de Chaulnes au sujet des chevau-légers. L'on a fait des officiers généraux dans tous les corps de la maison du Roi, grenadiers à cheval, gardes du corps, dans les deux compagnies des mousquetaires et dans celles des gendarmes. Les chevau-légers ont été les seuls oubliés; cependant M. de Fontaines, homme de condition, second aide major de cette compagnie et ancien brigadier, étoit d'autant plus en droit d'espérer d'y être compris que l'on a fait vingt-et-un de ses cadets. M. de Fortisson, maréchal des logis, premier aide major et maréchal de camp, croyoit aussi ne pouvoir être oublié, puisque M. de Chastelux, qui est immédiatement après lui, a été fait lieutenant général. J'en raisonnai il y a quelques jours avec M. d'Angervilliers, mais fort sommairement. M. d'Angervilliers prétend qu'il n'y a point d'exemple qu'un maréchal des logis des chevau-légers ait été fait lieutenant général. Mais, premièrement, cette raison n'auroit pas lieu pour M. de Fontaines; l'exemple de M. de Fortisson suffiroit. D'ailleurs, M. de Chaulnes m'a dit que M. de Fortisson avoit une lettre de M. de Chevreuse, mon grand-père, commandant de ladite compagnie, lequel, pour engager M. de Fortisson, qui étoit alors capitaine de dragons dans le régiment (qui a été Albert, qui a été aussi Épinay) qui est aujourd'hui Vibraye, à quitter pour entrer dans les chevau-légers, lui manda de la part du Roi que ce changement ne l'empêcheroit pas de parvenir aux grades militaires de mestre de camp, brigadier, maréchal de camp et de lieutenant général. M. de Chaulnes doit faire encore de nouvelles représentations des plus pressantes.

Il y a huit ou dix jours que M. de Plelo mourut; c'étoit le dernier de trois ou quatre garçons qu'avoit laissés M. de Plelo, notre ambassadeur en Danemark. Celui-ci avoit dix ou douze ans. Il ne reste plus de cette famille qu'une fille, fort jeune, qui ne peut vivre, et une autre de huit ou dix ans; qui n'a pas une bonne santé.

Du 25. — Hier, Mme de Luynes me contoit une circonstance arrivée la veille : c'est que le Roi rentrant dans sa chambre pour se coucher, il ne s'y trouva point d'aumônier. S. M. envoya chercher M. l'abbé de la Garlaye, qui est de quartier. On alla voir chez M. le cardinal de Rohan s'il n'y étoit pas, et ne s'y étant point trouvé, M. le cardinal de Rohan vint lui-même dans sa chaise roulante. S. M. lui fit une honnêteté sur la peine qu'il lui donnoit, et il fit la prière. Le Roi attendit, ce qu'il n'avoit pas encore fait, car étant déjà arrivé plusieurs fois de ne point se trouver d'aumônier à l'heure du coucher, pendant qu'on le cherchoit, S. M. faisoit dire la prière par le chambellan, ou le premier gentilhomme de la chambre, ou le premier valet de chambre, ou bien l'aumônier arrivoit, et M. le cardinal de Rohan trouvoit tout fini.

Du 26. — Le Roi continue à aller à la chasse assez souvent; il a été aujourd'hui à la chasse à Saint-Germain. Il avoit donné ordre que le sermon commençât toujours s'il n'étoit pas revenu, et comme il n'arriva pour dîner que sur les trois heures, la Reine fut seule au sermon. Mme la comtesse de Toulouse est arrivée aujourd'hui pour voir le Roi et M. le duc de Penthièvre. Le Roi avoit déjà pris un cerf quand il revint; M. le prince de Dombes couroit le second. Étant revenu avec le pied et ayant su que M. le duc de Penthièvre étoit ici, il l'envoya avertir pour qu'il vînt présenter le pied au Roi. C'est une honnêteté de M. le prince de Dombes pour son cousin germain, car M. de Penthièvre, de droit, n'a aucune fonction pendant l'exercice de M. le prince de Dombes.

Ce matin, M. l'abbé de Champflour, ci-devant grand vicaire de Clermont, présentement évêque de Mirepoix, a prêté serment dans la chapelle de la Vierge, en haut; cet usage paroît s'établir; j'en ai déjà marqué des exemples. En tout, cela est nouveau, car le Roi jusqu'à présent avoit toujours descendu en bas pour les serments. C'étoit aussi l'usage du feu Roi, lequel remettoit à faire prêter serment à Marly lorsqu'il ne vouloit pas descendre en bas.

Du 27. — Aujourd'hui le Roi a été chez Mme la comtesse de Toulouse; elle étoit dans son lit. M. le duc d'Orléans, MM. le prince de Dombes et le comte d'Eu, M. le duc de Penthièvre, Mademoiselle et Mlle de Clermont y étoient pour recevoir le Roi avec tout ce qui put venir ici de la famille de Mme la comtesse de Toulouse. La visite fut courte; il embrassa Mme la comtesse de Toulouse en entrant et en sortant. De là, S. M. fut chez M. le Dauphin; il entra par le cabinet. Personne n'entra que le capitaine des gardes et M. le duc d'Orléans, qui y fut un moment, étant retourné chez Mme la comtesse de Toulouse, avec MM. de Dombes, d'Eu et de Penthièvre, pour y recevoir la Reine, qui y vint un moment après le Roi.

Caperon (1) arracha à M. le Dauphin, en présence du Roi, une grosse dent d'en bas, du côté de sa plaie, qui le fit souffrir beaucoup et assez longtemps. Il montra beaucoup de fermeté dans cette occasion. M. de Châtillon l'avoit averti le matin qu'il étoit nécessaire d'arracher cette dent. M. le Dauphin demanda quelque temps pour prendre sa résolution. M. de Châtillon étant sorti environ une demi-heure, M. le Dauphin lui dit en rentrant que sa résolution étoit prise et que ce seroit à quatre heures. Quatre heures étant sonnées sans que personne parlât à M. le Dauphin de faire arracher sa dent, il demanda de lui-même où étoit Caperon. On a fort loué cette action de courage. M. le Dauphin quelque temps après, entendant dire que si cette dent avoit été arrachée plus tôt, cela lui auroit épargné beaucoup de douleur, il répondit que cela pouvoit être, mais qu'il n'auroit pas eu occasion de faire

---

(1) Caperon, dentiste de la Cour.

voir sa fermeté. En tout, on ne peut voir plus de vivacité, plus de grâce et plus de fermeté.

J'ai appris aujourd'hui que le mariage de M. de Brancas avec Mme de Clermont a été enfin fait; il paroît que ç'a été sans l'agrément du Roi; c'est-à-dire, le Roi, sur la lettre ou mémoire qui lui a été présenté sur cette affaire, a mis une apostille de sa main portant qu'il n'empêchoit point M. de Brancas de se marier, mais qu'il ne vouloit point que sa femme vînt ici sous le nom de duchesse de Brancas.

J'ai trouvé aujourd'hui M. le duc d'Orléans chez Mme la comtesse de Toulouse, et je lui ai parlé de ce mariage; il m'a dit que M. de Clermont lui avoit mandé, pendant qu'il étoit ici, que sa fille s'étoit mariée, et qu'il étoit bien aise que M. le duc d'Orléans n'apprît pas cette nouvelle par le public; il m'a paru que M. le duc d'Orléans n'approuvoit pas ce mariage. Le père et la mère de Mme de Clermont n'ont été présents ni l'un ni l'autre.

Il y a déjà quelques jours que le Roi a donné des lettres de noblesse à M. Silva, médecin. Le jour que M. le Cardinal se trouva mal et que l'on manda Dumoulin, Silva vint aussi, mais c'étoit pour remercier, et non pas pour la santé de Son Éminence.

Il y a deux ou trois jours que M. Bogues, lieutenant françois des Cent-Suisses, est mort. Il avoit commandé la compagnie pendant deux ou trois ans, depuis la mort de M. de Louvois, frère aîné de M. de Courtenvaux d'aujourd'hui. M. de Courtenvaux ayant demandé ensuite ce commandement jusqu'à ce que son neveu fût en âge, le Roi donna à M. Bogues un cordon rouge pour l'indemniser en quelque manière du commandement.

Mme Henriette a la fièvre depuis deux ou trois jours.

La santé de M. le Cardinal va de mieux en mieux, mais il ne voit encore personne.

Du 28. — M. le Cardinal a assez bien passé la nuit et continue à être mieux. Il vouloit même se lever aujourd'hui. J'ai marqué plus haut que le Roi avoit été le voir et qu'il y étoit demeuré un quart d'heure. Hier et aujourd'hui S. M. a été chez S. Ém., environ une petite demi-heure chaque fois. Le Roi est toujours seul avec M. le Cardinal dans ces visites. Le capitaine des gardes même reste à la porte du cabinet.

MARS.

Maladie du Cardinal. — Seconde dent arrachée au Dauphin. — Chansons contre la Cour. — Travail du Cardinal. — Droit de *committimus*. — Messe du Roi. — Détail sur les conseillers d'État. — Places près le prie-Dieu du Roi. — Abbaye de Remiremont. — Santé du Roi et du Cardinal. — Travail des régiments; le chevalier de Viltz. — Thèse de l'abbé de Ventadour. — Gouvernement de Niort. — Attention de Louis XIV. — Réception de M. de la Trémoille à l'Académie française. — Mort du marquis de Monti. — Pot-de-vin pour la charge de fermier général. — *Maximien*, tragédie de la Chaussée. — Circonstance de l'ordre de Malte. — Disgrâce du comte Sulkowski; relation. — Motets de l'abbé Blanchard. — Maladie de la duchesse d'Hostun. — Mariage de M. de Goësbriant le père. — Passe-partout donné au duc de Penthièvre. — Régiment donné à M. de Carignan. — Nouvelles du Cardinal et du Dauphin. — Audience de M. de Brignole. — Auteurs des chansons contre la Cour; M. de Tressan. — Le marquis d'Amboise nommé maréchal de camp. — Détails sur l'audience de M. de Brignole. — Présent du Cardinal à M. Mendez. — Mission du comte de Torring. — Affaire des régiments. — Procès de l'abbesse de Fontevrault. — Départs de MM. de Lauzun et de Creuilly. — Affaire de la promotion de M. de Resnel. — Troisième dent arrachée au Dauphin. — Mort de Mme de Puyguion. — Chasses du Roi; chute du marquis de Talleyrand. — Régime du Roi. — Remercîments de MM. de Casteja et du Châtelet. — Changements à Marly. — Gouvernement de Nantes, vacant par la mort du maréchal d'Estrées, donné au marquis de Brancas. — Revenus et dépenses des gouvernements. — Affaire de la vicomté de Turenne. — La Reine fait ses pâques à la paroisse.

Du 1er mars. — M. le Cardinal est mieux aujourd'hui; il a bien dormi sans opium, et a mangé avec moins de dégoût; mais il en a encore beaucoup. Les digestions sont pénibles, et l'on trouve son humeur changée. L'on joue presque tous les jours au piquet auprès de lui; cependant dans les temps qu'il est mieux il parle avec la même présence d'esprit et sa facilité ordinaire.

4.

Du mardi 4, Versailles. — M. le Cardinal est mieux; il a bien dormi cette nuit; cependant le dégoût de toute nourriture subsistant toujours, MM. Dumoulin et Silva ont été mandés, et ont conseillé à S. Ém. de ne prendre que du bouillon et du potage. S. Ém. a vu aujourd'hui les ambassadeurs et envoyés, mais un moment seulement. Quelques-uns cependant lui ont parlé. Il a travaillé ce matin avec M. le chancelier. Le Roi ne fut point hier chez M. le Cardinal; S. M. y a été aujourd'hui et y a demeuré environ un quart d'heure seul. Le Roi ensuite a ouvert la porte, comme s'il eût voulu sortir, et a demandé si M. de Maurepas n'étoit pas là. M. de Maurepas est entré sur-le-champ, et est resté environ un quart d'heure avec le Roi et M. le Cardinal. Jusqu'à présent il y a tous les jours chez S. Ém. une partie de piquet ou de quadrille; les acteurs ordinaires: M. Mendez, agent du roi de Portugal, M. l'abbé Brissart, M. le duc de Fleury, M. de Harlay. M. de Stainville y joua il y a deux jours. La Reine est venue chez M. le Cardinal un moment après que le Roi a été sorti, et plusieurs de ceux qui suivoient le Roi sont entrés dans cet intervalle.

Il y a déjà plusieurs jours que l'on comptoit arracher à M. le Dauphin une seconde grosse dent, de l'autre côté de celle qu'on lui arracha l'autre jour. Cependant le jour n'étoit point pris; mais ce matin, M. de Châtillon ayant trouvé la joue gauche de M. le Dauphin enflée, on a jugé qu'il étoit pressé d'arracher la dent. M. de Châtillon lui a même dit sur-le-champ que cette enflure pourroit bien déterminer pour aujourd'hui ce qu'il savoit. M. le Dauphin n'a pas balancé un moment; il lui a dit : « Hé bien, Monsieur, à quatre heures. » Le Roi, qui étoit parti ce matin à dix heures pour la chasse, est revenu un peu avant trois heures, a dîné et est descendu à quatre heures chez M. le Dauphin. La dent a été arrachée en présence du Roi avec grande douleur, et la douleur a duré encore assez longtemps après.

Mme Henriette a été malade ces jours-ci, mais elle est mieux et sans fièvre.

Ce qui donne une juste inquiétude sur la santé de M. le Cardinal, c'est qu'il est sans fièvre et sans aucun mal apparent, et que cependant il ne sauroit manger, et que quand il a fait effort sur lui-même pour prendre quelque nourriture, il souffre beaucoup dans la digestion. Lui-même sent son état et dit, il y a quelques jours : « C'est parce que je ne sens point de mal que je ne suis pas bien. »

Il y a ici une affaire qui fait du bruit. C'est par rapport à des chansons qui se sont répandues et dont on a distribué des copies en plusieurs endroits. Ces chansons sont remplies beaucoup plus de méchancetés assez grossières que d'esprit, et sont faites sur grand nombre de gens de ce pays-ci. On prétend que l'on connoît depuis longtemps les auteurs, et que ce sont gens de noms, la plupart très-jeunes. On dit que ce sont gens qui avoient ramassé toutes sortes d'anciennes chansons dans lesquelles il n'ont fait que changer les noms.

Il y a quelques jours que l'on apporta à la porte de M. de la Trémoille un paquet de ces chansons ; et comme M. de la Trémoille avoit ordonné à tous ses gens de lui amener quiconque apporteroit des paquets chez lui, un de ses gens courut après le Savoyard qui avoit laissé ledit paquet. Ce Savoyard ayant été arrêté a dénoncé celui qui lui avoit donné ce paquet. On sait actuellement cette affaire. On m'a dit même aujourd'hui que le Roi en étoit instruit, et qu'il pourroit bien y avoir quelque punition sévère si l'on découvre entièrement la vérité. Il est au moins à craindre pour ceux qui sont soupçonnés que ce soupçon ne leur fasse du tort pour les grâces militaires, ou autres, qu'ils pourroient demander dans ce moment.

M. Hérault travailla avant-hier avec M. le Cardinal. Il y étoit dans le moment que le Roi entra ; et étant sorti pendant ce temps, je lui demandai comment il faisoit pour son travail, M. le Cardinal n'allant point chez le Roi. Il me dit qu'après chaque travail il écrivoit à M. le Cardinal une lettre détaillée, contenant toutes les affaires dont il avoit fait le rapport, et le sentiment de S. Ém. sur chacune, et que lorsque le Roi venoit chez M. le Cardinal, S. Ém. lui présentoit le travail de M. Hérault de la semaine d'auparavant, et le Roi le signoit.

Il y a environ huit ou dix jours qu'ayant été obligé pour les affaires de mon fils de faire prendre un *committimus* (1), suivant l'usage ordinaire et en conséquence des droits accordés aux ducs ainsi qu'aux charges de la maison du Roi, un secrétaire du Roi fit quelques représentations à M. le chancelier, et le *committimus* ne fut point scellé. Le prétexte étoit que dans l'édit qui donne aux ducs le droit de *committimus* il est dit : les ducs et pairs ; et l'on prétendoit que mon fils, n'étant que duc héréditaire, ne devoit point jouir de ce droit, quoiqu'on lui en eût déjà ci-devant donné plusieurs. J'ai fait chercher un grand nombre d'exemples de ducs non pairs, comme Duras, Lorges, Humières, Châtillon-Boutteville, etc.; ces exemples ont décidé en faveur de mon fils, et le *committimus* a été scellé.

Au mois de septembre dernier, M. le comte de Creuilly en avoit obtenu un comme duc d'Estouteville. Comme cela étoit non-seulement contre la règle, mais même contre les ordres du Roi, qui lui a fait défendre, il y a longtemps, de prendre le titre de duc, ni aucune marque de cette dignité, S. M. a donné un arrêt du conseil qui réitère à M. de Creuilly les anciennes défenses, et ordonne que le *committimus* sera rapporté. Cet arrêt imprimé me fut envoyé avant-hier; il a été envoyé de même, en plusieurs endroits,

---

(1) Droit ou privilége accordé par le Roi à quelques personnes de plaider en première instance aux requêtes de l'Hôtel ou du Palais. (Voy. le *Dict. de Trévoux.*)

cacheté. On prétend que c'est M. le duc de Valentinois qui l'a obtenu; on dit même qu'il n'a pas été signifié encore à M. de Creuilly.

Le Roi fut avant-hier au sermon en bas à la chapelle. La Reine y étoit aussi. M. le cardinal de Rohan étoit sur un pliant, du côté du Roi, au bout du prie-Dieu. M. l'évêque de Rennes (1) sur un tabouret, à l'autre bout, comme maître de la chapelle. M. l'archevêque de Rouen étoit aussi au sermon; mais le premier aumônier de la Reine n'a point de place auprès du prie-Dieu; il se met à genoux devant le prie-Dieu, ainsi que tous les évêques et aumôniers du roi; mais il n'a droit de s'asseoir que sur le banc qui est en face du Roi. La place du maître de la chapelle est d'être du côté de la Reine, dans l'épaisseur du prie-Dieu, comme celle du confesseur du Roi. Celle de grand aumônier, tant du côté du Roi, que du côté de la Reine, est la première de chaque côté, après et touchant le prie-Dieu. J'ai marqué ci-dessus que le premier aumônier du Roi a une place derrière S. M. au sermon.

J'ai marqué ci-dessus quelque détail par rapport aux conseillers d'État. Je ne sais si j'ai marqué précisément que la place d'intendant des finances donne la séance de conseiller d'État, mais sans provisions et sans serment, de manière que lorsque le Roi est mécontent d'un conseiller d'État et qu'il juge à propos de le punir sévèrement, il supprime et rembourse sa charge, et alors celle d'intendant des finances est supprimée en même temps. Il ne peut plus exercer celle de maître des requêtes. Lorsqu'un conseiller d'État devient ministre, ordinairement il ne garde pas sa charge; du moins il n'y avoit point eu d'exemple de ce règne-ci, et en conséquence M. le contrôleur général avoit refusé la place de ministre, ne voulant pas perdre sa place de conseiller d'État. Depuis, quand

---

(1) Louis Guy-Guérapin de Vauréal, maître de la chapelle-musique.

il a accepté, il n'a gardé cette charge que par une grâce particulière de S. M., à la vérité à l'exemple de ce qui se pratiquoit du temps du feu Roi.

Du jeudi 6. — Ce que j'ai dit ci-dessus par rapport aux places près le prie-Dieu du Roi étoit fondé sur ce que m'a dit M. l'archevêque de Rouen et sur ce que j'ai remarqué moi-même. M. l'évêque de Rennes me donna hier une explication sur ces places plus détaillée et plus instructive. Quoique M. le cardinal de Rohan ne fût point hier au sermon, ni le premier aumônier, M. de Rennes étoit seul auprès du prie-Dieu et du côté de la Reine. Je lui demandai pourquoi il ne s'étoit pas mis du côté du Roi ; il me dit que les places du côté du Roi près le prie-Dieu étoient celle dans l'épaisseur du prie-Dieu pour le confesseur, celle au coin du prie-Dieu en dehors pour le grand aumônier du Roi, ensuite le premier aumônier et autres aumôniers du côté de l'autel. Je ne parle ici que des places à genoux ou debout. L'autre côté, qui est celui de la Reine, est destiné pour le clergé de France. Les cardinaux et évêques doivent se mettre de ce côté depuis le prie-Dieu jusqu'à la marche du chœur. Il semble qu'il ne reste plus de place pour le service de la Reine. L'épaisseur du prie-Dieu, qui, du côté du Roi, est pour le confesseur, est, du côté de la Reine : premièrement, pour le maître de la chapelle, dans la partie qui regarde l'autel; et l'autre partie plus près de la Reine est pour l'aumônier de service auprès de la Reine, soit grand, soit premier, soit de quartier. Cela est fondé sur ce que le service de la Reine ne doit point être coupé, et qu'immédiatement au-dessous du grand aumônier doit être le premier aumônier, et ensuite l'aumônier de quartier le long du drap de pied. Lorsque M. le cardinal de Fleury est à la chapelle avec LL. MM. et qu'il y a d'autres cardinaux, le cardinal le plus ancien a droit d'être immédiatement au coin du prie-Dieu du côté de la Reine. S'il y a un autre cardinal moins ancien, il se met au-dessus, du côté de l'autel. Par cette raison M. le cardinal de Fleury et M. le cardinal de Polignac étant ensemble, M. le cardinal de Polignac devroit être le plus près du prie-Dieu ; mais la place de grand aumônier donne le droit d'être dans l'épaisseur du prie-Dieu. Ainsi, suivant la règle que je viens de marquer, M. de Rennes devroit être auprès du prie-Dieu vers l'autel, et M. le cardinal de Fleury au dessous de lui près la Reine. Cependant l'usage est que M. le cardinal de Fleury est toujours le premier à côté du prie-Dieu, à la vérité s'appuyant sur le coin même dudit prie-Dieu, pour marquer que c'est à titre de grand aumônier qu'il a cette place. M. de Rennes alors se met à côté de M. le cardinal de Fleury, toujours dans l'épaisseur dudit prie-Dieu, du côté de la Reine ; mais en l'absence de M. le cardinal de Fleury, M. l'archevêque de Rouen seroit contre la moitié de l'épaisseur du prie-Dieu, du côté de la Reine, et M. de Rennes contre l'autre moitié dudit prie-Dieu, du côté de l'autel. Les cardinaux sont assis sur des pliants des deux côtés. Du côté du Roi, le premier aumônier seulement a droit d'avoir un tabouret auprès du prie-Dieu, et au sermon il est assis derrière le Roi, comme je l'ai marqué. Le premier aumônier de la Reine devroit avoir le même droit, et l'a sûrement, mais M. l'archevêque de Rouen n'en fait aucun usage présentement. M. l'archevêque de Rouen dit même que M. le cardinal de Fleury lui a dit que le premier aumônier de la Reine n'avoit nul droit d'être assis auprès du prie-Dieu. On est toujours étonné de voir que des choses qui arrivent tous les jours ne soient pas plus constatées et forment souvent des difficultés.

Du 10. — L'abbaye de Remiremont n'est point encore donnée ; il faut le temps de faire avertir toutes les chanoinesses, parce que toutes donnent leur voix, et elles ont voix dès l'âge de sept ans.

Le Roi devoit aller à la chasse aujourd'hui ; un peu de rhume et de froid l'ont empêché d'y aller.

M. le Cardinal a vu tout le monde aujourd'hui ; il est beaucoup mieux, mais maigri.

Vendredi dernier, le Roi ne fut point au sermon par la même raison d'un peu de rhume. Il descendit chez M. le Dauphin, et il ne fut point chez M. le Cardinal. La Reine fut seule au sermon ce jour-là.

Hier dimanche, le Roi fut au sermon, et au retour entra dans son cabinet. M. d'Angervilliers y arriva, et comme ce n'est point l'heure ordinaire de son travail, on crut que c'étoit pour les régiments ; mais immédiatement après l'arrivée de M. d'Angervilliers, le Roi alla chez M. le Cardinal, où il resta une bonne demi-heure. Pendant que le Roi est chez S. Em., tout le monde est dans le cabinet d'auparavant. Le capitaine des gardes est assis auprès de la porte, et il y a même un officier des gardes qui tient la portière, laquelle est tirée pendant ce temps. M. Amelot vint dans ledit cabinet et y resta un peu dans le temps que le Roi resta chez S. Em. De là le Roi alla chez Mesdames, où il ne resta qu'un moment, ensuite il revint passer dans son cabinet, où étoit encore M. d'Angervilliers. Après cela, le Roi vint au salut, et rentra immédiatement après chez lui. On ne doutoit point que la liste des régiments ne fût publiée lorsque M. d'Angervilliers sortiroit, mais le Roi lui parla seulement quelques moments dans une fenêtre ; et ce n'étoit point travail, car il n'y avoit point de portefeuille ; il est plus vraisemblable que c'étoit sur la démission de M. le chevalier de Viltz. Le chevalier de Viltz est mestre de camp du régiment qui étoit ci-devant Monteil, depuis Stanislas-Roi et présentement Royal-Lorraine. M. de Viltz souffre depuis longtemps d'un effort à la cuisse qui a formé une grosseur considérable pour laquelle on croit qu'il auroit été nécessaire de couper la cuisse, mais M. de Viltz ne le voulut jamais, aimant mieux mourir que d'être hors d'état de servir. On ne peut montrer plus de courage et de fermeté que M. de Viltz en a montré dans la suite de cette maladie.

Vendredi, 7 de ce mois, M. l'abbé de Ventadour (1), petit-fils de M. le prince de Rohan, soutint une thèse en Sorbonne. Cette thèse est dediée au Roi ; et par cette raison le fauteuil du Roi, le dos tourné, étoit sous un dais dans le fond de la salle. M. de Ventadour étoit du côté gauche du dais. M. l'archevêque de Tours, qui présidoit, étoit dans la chaire du côté droit en entrant. C'est le président qui doit faire le premier argument ; il doit en faire trois. Il y avoit un monde prodigieux à cette thèse ; et l'on prétend que les seuls frais du tableau, qui est le dernier ouvrage du feu sieur Le Moine, et qui même a été achevé par un de ses écoliers, et les estampes, le tout a coûté 40,000 livres (2). La salle où a été soutenue cette thèse est en venant de la place Sorbonne, à gauche dans la rue qui mène dans la rue des Mathurins. Celle de M. l'abbé de Fleury étoit dans une autre salle, de l'autre côté de la dite rue.

Le gouvernement de Niort en Poitou étoit vacant depuis quelque temps, par la mort de M. de Villesne. Le Roi le donna il y a quelques jours à M. de Castellane, cornette des mousquetaires noirs et beau-frère de M. le duc de Fleury.

A propos de mousquetaires, M. de Léon me contoit, il y a quelques jours, un trait du feu Roi qui montre jusqu'où il poussoit son attention. M. de Léon étoit mousquetaire noir, et en cette qualité il avoit fait la course de Fontaine-

---

(1) Armand de Rohan-Soubise, cardinal en 1747 sous le nom de cardinal de Soubise, évêque prince de Strasbourg, et grand aumônier de France en 1749, mort en 1756. Il était petit-fils d'Hercule Mériadec de Rohan, duc de Rohan-Rohan, prince de Soubise, mort en 1749.

(2) « M. l'abbé de Rohan de Ventadour soutint dans la grande salle des écoles extérieures de Sorbonne sa thèse *Pro tentativa*, dédiée au Roi. Cette salle étoit extraordinairement ornée ; on y voyoit dans le lieu le plus apparent un trône élevé et paré comme pour S. M. Au-dessus du siége du trône étoit placé le tableau en grisaille de feu M. Le Moine, premier peintre du Roi, dans lequel ce grand prince est représenté au milieu des Vertus ; tableau qui a été gravé par le Sr Cars avec toute l'habileté dont il est capable, pour former la magnifique estampe dont cette thèse est enrichie. » (*Mercure* de mars, p. 592.)

bleau, suivant le carrosse du Roi ; par cette raison il ne devoit point être nommé pour l'ordre du lendemain. Cependant le mousquetaire qui devoit en être ayant manqué, M. de Vins envoya dès le matin avertir M. de Léon et lui manda d'être à l'ordre ; M. de Léon vint au lever du Roi en habit uniforme. Le Roi le remarqua, et lui demanda pourquoi cet habit. M. de Léon lui dit que c'étoit pour l'ordre. Le Roi lui dit : « Mais vous couriez hier devant moi, ce ne doit pas être à vous à venir ici aujourd'hui. » M. de Léon ne répondit rien, et alla se placer pour recevoir l'ordre. Le Roi en passant pour la messe, après avoir dit, suivant l'usage ordinaire : « Il n'y a rien à faire, » ajouta tout de suite : « Ce n'est pas vous à qui je devrois le dire. »

Le *committimus* obtenu par M. de Creuilly, qui a donné occasion à l'arrêt du conseil dont j'ai parlé ci-dessus, n'a point été scellé à la grande chancellerie. Il y avoit été présenté, mais M. le chancelier l'avoit refusé. M. de Creuilly ne se rebuta point ; il fit présenter ce *committimus* à la petite chancellerie, où c'est un maître des requêtes qui tient le sceau. Le *committimus* passa faute d'une attention assez exacte. La différence qu'il y a de la grande à la petite chancellerie, c'est que les *committimus* scellés à la grande servent pour tout le royaume, et que ceux de la petite ne servent que dans le ressort du parlement de Paris.

Jeudi dernier, 6 de ce mois, M. de la Trémoille fut reçu à l'Académie. Il prononça son discours avec beaucoup de grâces et de netteté ; il me paroît que l'on en a été content, et l'on a remarqué que le style en étoit élégant quoiqu'il ne fût pas aussi régulier que s'il eût été fait par quelque orateur. Ce qui a donné occasion à cette remarque, c'est qu'il n'y a point de transition et qu'il passe tout court d'un sujet à un autre. Pour M. de Saint-Aulaire, il ne devoit pas prononcer sa réponse, et M. de Foncemagne, académicien, qui lit parfaitement, devoit la lire ; mais quelqu'un ayant dit à M. de Saint-Aulaire que l'on disoit que c'étoit M. de Foncemagne et non pas lui qui avoit fait ladite réponse, il prit le parti, malgré son grand âge et un peu de rhume, de la lire lui-même. On entendit peu le commencement de cette lecture, mais la fin fut beaucoup mieux ; on a prétendu qu'il y avoit plusieurs défauts, surtout par rapport aux éloges.

Non-seulement les régiments ne sont pas encore donnés, mais l'article même de M. le chevalier de Praigne n'est pas encore fini. Le Roi lui a donné effectivement les 22,500 livres, prix du régiment de Beuvron, mais M. de Praigne, qui est homme de condition et qui sert depuis longtemps, n'est point flatté de cette récompense ; il demande d'être fait brigadier. De tous les temps, c'est l'usage que les lieutenants-colonels d'infanterie soient faits brigadiers sans passer par le grade de mestre de camp, mais ce n'étoit point l'usage dans la cavalerie ; il y en a eu quelques exemples dans ces dernières guerres, en Italie seulement.

Du 13, Versailles. — On a appris aujourd'hui la mort de M. le marquis de Monti, qui étoit depuis peu lieutenant général et chevalier de l'Ordre. Il avoit été ambassadeur en Pologne et étoit fort estimé. Il est mort à Paris d'un érésipèle. Il avoit le régiment Royal-Italien ; il n'avoit jamais été marié.

Nous avons marqué ci-dessus ce que coûtent les protections à ceux qui cherchent à être fermiers généraux. J'ai appris aujourd'hui que M. de la Trémoille s'étoit engagé d'en faire recevoir un qui devoit lui donner 50,000 écus comptant, 20,000 livres de rente ou pension, et qui se chargeoit de l'arrangement des créanciers, non pas à ses dépens, mais d'en prendre tout l'embarras de M. de la Trémoille. Ce prétendant n'a pas été accepté ; mais M. le Cardinal a trouvé bon que celui qui a ladite place donnât à M. de la Trémoille 40,000 écus une fois payés. C'est un frère de M. Lallemant de Betz.

L'on joua avant-hier une tragédie nouvelle de M. de la Chaussée; elle est intitulée *Maximien*. Le sujet est le même qui a été traité par Corneille (1), de laquelle il a pris plusieurs endroits, entre autres une lettre qui fait un événement considérable. Il y a dans cette pièce un grand nombre de situations intéressantes; elle a été fort goûtée, quoique les vers n'en soient pas aussi nobles que le demanderoit une tragédie.

Le Roi a été chez M. le Cardinal hier et aujourd'hui; il y est resté environ une heure. Les régiments ne sont pas encore donnés. M. le Cardinal a bien dormi et paroît assez bien.

J'ai appris aujourd'hui une circonstance singulière de l'histoire de Malte. M. de Vignacourt, grand maître de Malte, oncle de celui mort en 1697, avoit une commanderie de grâce, de la langue françoise, à donner, et désiroit la mettre dans sa famille. Pour cet effet, il assembla les chevaliers de l'auberge de la langue françoise à Malte, et leur dit qu'il avoit imaginé de donner la commanderie d'Auvillé, en Champagne (2), à l'enfant dont sa belle-sœur accoucheroit; que ce pouvoit être un avantage plus grand pour les chevaliers de la langue que s'il la donnoit à l'un d'eux âgé de vingt-neuf ou trente ans; que peut-être sa belle-sœur accoucheroit-elle d'une fille, et qu'en ce cas, la donation étant passée, la commanderie iroit au plus ancien d'entre eux; que supposé que ce fût d'un garçon, la grande jeunesse avoit de grands risques à courre. Les chevaliers y donnèrent leur consentement, et l'enfant fut M. de Vignacourt, neveu de celui dont c'est ici l'article. Il a joui longtemps de la commanderie d'Auvillé.

M. le comte de Torring me montra avant-hier la relation

---

(1) Thomas Corneille.

(2) Elle est fort connue par la bonté de son vin ; c'est elle qu'a aujourd'hui le grand prieur d'Orléans. (*Note du duc de Luynes.*)

exacte de la disgrâce du favori du roi de Pologne, M. de Sulkowski ; elle mérite sa place dans ces mémoires, et j'y joins la copie.

Relation de cette disgrâce.

Voici les circonstances que nous avons apprises de bonne main de la disgrâce du comte Sulkowski, ce fameux favori du roi de Pologne, plus craint en Saxe et en Pologne que son maître même.

Le 15 au matin (1), il alla selon sa coutume pour trouver le Roi dans son cabinet, et on lui dit que S. M. étoit monté dans l'appartement de la Reine. Il revint vers les onze heures ; on lui dit à la porte de l'appartement que le Roi vouloit être seul. A midi le Roi envoya le grand échanson chez le général Bauditz pour l'inviter à dîner avec lui. Celui-ci, excédé depuis longtemps des mauvais traitements du favori et n'osant s'en plaindre ouvertement, méditoit de se retirer à petit bruit. Il y avoit plus de trois mois qu'il ne fréquentoit plus la Cour et qu'il pensoit à demander son congé. Il répondit donc au grand échanson qu'il étoit infiniment redevable à S. M. de l'honneur qu'il vouloit bien lui faire, mais qu'il ne pouvoit en profiter étant indisposé. A midi et demi le grand échanson revint, et ordonna de par le Roi au général Bauditz de se trouver à la table ; il fallut obéir. Pendant tout le repas le Roi ne lui parla pas directement, et s'entretint à l'ordinaire avec le comte de Sulkowski. En se levant de table, S. M. fit signe à M. Bauditz de le suivre dans son cabinet ; il tira de sa poche un papier, et dit : « Voilà mes ordres, exécutez-les. » Ce général crut fermement que c'étoit son congé, et quoiqu'il s'y attendît depuis longtemps, il fut néanmoins déconcerté. Il fit une profonde révérence, et se retiroit sans rien dire, lorsque le Roi l'arrêta par la manche et lui ordonna de lire le papier. Aux deux premières lignes, il fut si ému qu'il le laissa tomber. Le Roi le ramassa, et dit : « Allez trouver Lowendal (le grand maréchal) pour qu'il vous aide à exécuter la commission. M. Bauditz se retira sans savoir presque ce qu'il faisoit. Arrivé chez le grand maréchal, il le trouva avec sa fille, la comtesse de Bibra, et le conduisit dans un coin de la salle, et lui montra l'ordre fatal. La jeune comtesse voyant la physionomie de son père changer, qui étoit à peu près dans le même cas que le général Bauditz, ne douta point que ce papier ne contînt sa disgrâce. Dans cette idée elle courut chez la comtesse Sulkowski pour la prier d'intercéder auprès du Roi, pour le grand maréchal son père, qui étoit perdu sans cela aussi bien que le

---

(1) La *Gazette* dit le 7 février.

général Bauditz. Le comte Sulkowski étoit dans une chambre, et répondit à son épouse avec son air ordinaire de suffisance : « Nous verrons cela. » Peu après MM. Bauditz et Lowendal arrivèrent, et prièrent le comte de faire retirer son monde, ayant à lui parler en particulier. Il répondit qu'il n'étoit pas besoin de faire sortir personne, qu'ils pouvoient librement lui faire leur demande; ils répliquèrent que ce qu'ils avoient à lui signifier de la part du Roi demandoit qu'il n'y eût point de témoins. Le monde sortit. Ils lui donnèrent à lire l'ordre de S. M., qui lui fit changer de ton et de maintien. Cet ordre portoit que S. M. ne pouvant plus souffrir les emportements et les manières peu convenables du comte, et surtout ses derniers excès envers quelques-uns de la famille royale, excès qui avoient rejailli jusque sur S. M., pour qui il avoit perdu le respect, elle lui ordonnoit de se démettre de tous ses emplois et charges, ne se réservant que sa pension de 6,000 écus et les titres de général et de ministre. L'ayant lu, il dit à ces deux messieurs qu'il obéissoit, mais qu'il demandoit la permission de parler à S. M. encore une fois. Ils l'y conduisirent. Le Roi avoit défendu qu'on le lui laissât parler. Il l'attendit au passage, et se jeta à ses genoux pleurant et demandant grâce. S. M. lui dit : « Levez-vous, et obéissez ; je ne vous ferai point de mal ni aux vôtres. » Le comte demanda avec instance de baiser la main du Roi, qui eut la bonté de la lui présenter. Il la serra et mouilla de ses larmes, et n'oublia rien de tout ce qui pouvoit émouvoir S. M. Mais elle tint ferme, et lui dit seulement : « *Non è più tempo* », laissant le comte dans un abattement inconcevable ; et ce qui l'augmenta encore, ce fut de voir que tous les courtisans, qui peu d'heures auparavant l'idolâtroient, lui tournèrent alors le dos ou lui jetèrent des regards moqueurs. De retour chez lui et ne voyant plus de grâce à espérer, il entra dans un affreux désespoir, cassant et brisant glaces, porcelaines, vitres, tout ce qu'il rencontroit sous la main. On craignit même qu'il n'attentât à sa vie, mais les transports diminuèrent peu à peu. On lui persuada enfin de se mettre au lit, où il fut saisi d'une fièvre, et on lui a donné des remèdes pour tranquilliser les esprits trop agités.

On n'a jamais vu un favori si peu regretté et disgracié de si bonne grâce. On n'a jamais vu non plus un prince si ferme dans sa résolution que l'a été le roi Auguste dans cette occasion. C'est certainement un prince sans aucun vice, et l'on peut être assuré que ceux qu'il abandonne de son propre mouvement se sont eux-mêmes attiré cette disgrâce. Celle du comte Sulkowski en est une preuve évidente. La faveur l'avoit tiré des pages pour l'élever rapidement à toutes les premières charges de l'État, et l'a toujours soutenu pendant vingt ans consécutifs, malgré ses emportements, ses violences et la haine publique; mais après avoir mis sous le joug tout ce qu'il y avoit de plus grand en Saxe et en Pologne, il a voulu faire plier sous la violence de ses passions jusqu'à son maître, et c'est là qu'il a échoué.

On a remis à M. de Brulh la charge de camérier, qu'il avoit autrefois; c'est ce qu'on nomme ailleurs grand maître de la garde-robe. Le frère de M. Brulh, qui est déjà écuyer, sera grand écuyer. M. Bauditz reprendra le commandement de l'armée. Les actions de celui-ci haussent considérablement depuis la disgrâce du comte de Sulkowski. On parle encore de plusieurs autres changements considérables à la cour de Saxe, et même en Pologne.

Du 15, à Versailles. — La Reine s'est fait arracher une dent la nuit du 13 au 14. Hier Caperon vint pour arracher une dent à M. le Dauphin, mais ce n'est qu'une dent de lait, et M. de la Peyronie la fit tomber avec son doigt.

M. le Cardinal continue à se porter mieux; il a bien dormi cette nuit, a mangé un œuf avec du pain; mais il ne mange point encore de viande et n'en désire même pas.

Il n'y a point eu de sermon hier, parce que le Roi ni la Reine ne purent l'entendre.

Du dimanche 16. — L'abbé Blanchard, maître de musique d'Amiens, a fait exécuter ces jours-ci plusieurs motets, à la messe du Roi et de la Reine, qui ont été trouvés fort beaux, et le Roi, en sortant de la messe hier, dit à cet abbé qu'il étoit très-content de sa musique. On croit qu'il sera reçu maître de musique de la chapelle. Ordinairement il doit y en avoir quatre, un par quartier; mais depuis plusieurs années les sieurs Campra et Gervais étoient seuls et servoient chacun six mois. J'ai marqué dans son temps que l'abbé Madin, maître de musique de Tours, avoit eu à Fontainebleau un quartier; il en resteroit encore un, et outre cela Campra est fort mal.

M. le Cardinal continue à se porter mieux; il vouloit même aller à la messe aujourd'hui. Le Roi fut hier près d'une heure chez Son Éminence.

Mme la duchesse d'Hostun, fille de M. de Prie et belle-fille de M. de Tallard, est malade depuis qu'elle est accouchée, c'est-à-dire depuis trois ou quatre mois, d'une fièvre lente, des sueurs toutes les nuits et un dépérissement continuel. A ces accidents, qu'on regarde comme venant de la poitrine, s'est jointe une fièvre continue avec des redoublements et grand mal de côté; elle a été saignée plusieurs fois, et est fort mal actuellement.

Du 17, à Versailles. — Il y a déjà longtemps qu'il étoit question du mariage de M. de Goësbriant, le père, âgé de plus de soixante-et-dix ans, avec la fille aînée de M. le duc de Sully; mais M. de Goësbriant, le fils, s'y étoit opposé autant qu'il le pouvoit, et il y avoit eu plusieurs représentations faites à M. de Sully sur la singularité d'un mariage si disproportionné et qui faisoit grand tort à M. de Goësbriant le fils, dont la situation n'est pas heureuse, son père jouissant de tout le bien; de sorte que l'on n'en parloit plus. Mais Mlle de Sully sortit il y a quelques jours de la maison de M. son père, et se rendit à pied à Bellechasse (1). Elle a écrit à M. le lieutenant civil, et lui a envoyé une requête pour le prier d'agréer qu'elle fît, suivant la règle, trois sommations respectueuses à M. son père et à Mme sa mère, ce qui se fait à trois jours différents. Mlle de Sully a vingt-sept ans. M. le lieutenant civil a jugé à propos d'avertir M. de Sully de la démarche de Mlle sa fille. M. et Mme de Sully en sont fort en colère; cette affaire n'est point encore finie; le mariage paroît difficile à empêcher.

Le Roi a donné aujourd'hui à M. le duc de Penthièvre, dans un étui de la façon de S. M. (2), le passe-partout; c'est celui qu'avoit feu M. le comte de Toulouse, et l'étui

---

(1) Elle avoit même renvoyé son laquais, et étoit suivie par des laquais de Mme de Mortemart douairière. (*Note du duc de Luynes.*)

(2) On sait que Louis XV s'occupait beaucoup à tourner et à faire la cuisine, pour tâcher de se distraire ou au moins de s'occuper. « Aux étrennes de 1739 il avoit mis à la mode une sorte de tabatières, dont le modèle venoit de lui. C'étoit un morceau de rondin, couvert de son écorce, creusé en dedans, qu'un artisan auroit eu honte de montrer. Il en tourna quelques-unes, dont il fit présent à ses courtisans, et chacun en voulut avoir. » (*Vie privée de Louis XV*, t. II, p. 27). Voy. plus loin, p. 81.

est d'un bois qu'avoit M. le comte de Toulouse, et que Mᵐᵉ la comtesse de Toulouse a donné au Roi. M. le prince de Dombes et M. le comte d'Eu ont ce même passe-partout. Feu M. le prince de Conty l'avoit; on prétend que c'est à titre de petit-fils du feu Roi. M. le Duc en a eu un, il ne l'a plus. Le gouverneur de Versailles et M. de Charost en ont aussi un, mais il n'ouvre que la porte de glaces; j'en ai déjà parlé à l'occasion de M. de Noailles.

Les régiments ne sont pas encore donnés; on ne croit pas qu'ils le soient cette semaine. Il n'y a que Royal-Italien, qu'avoit M. de Monti, qui a été donné à M. de Carignan. M. d'Albergotti, neveu du lieutenant général, a, depuis la mort de son oncle, 4,000 livres de pension sur ce régiment.

Du 18. — M. le Cardinal est toujours assez bien; il a même recommencé à prendre du chocolat, et n'a ni dévoiement ni une barre qu'il sentoit sous l'estomac toutes les fois que le dévoiement étoit arrêté. C'est un grand changement en bien; cependant les nuits ne sont pas également bonnes, et l'on ne peut pas le compter encore absolument hors d'affaire.

M. le Dauphin a toujours une petite enflure au bas de la joue, et c'est ce qui fait qu'on ne veut pas laisser refermer la plaie. Il y a encore une dent à lui arracher, et on l'en a même prévenu; il demanda hier à M. de Châtillon pourquoi Caperon n'étoit pas venu.

Aujourd'hui M. Brignole, envoyé de la république de Gênes, a eu audience du Roi et de la Reine. Celle de la Reine étoit dans le cabinet avant sa chambre. C'étoit audience publique. Un peu avant cette audience, M. de Maurepas est venu chez la Reine, à qui il a dit que M. le maréchal de Noailles ne se mettant pas derrière le fauteuil du Roi en pareil cas, par la même raison le chef de brigade de service chez la Reine ne devoit pas se mettre derrière celui de S. M.; et cela a été ainsi exécuté. J'ai marqué ci-dessus les différents changements qu'il y a eu sur cet article.

5.

M. Sorba, dont j'ai marqué la mort ci-dessus, n'étoit point envoyé de Gênes, comme je l'ai marqué; il étoit seulement chargé des affaires de cette république. C'est lui qui avoit négocié les secours que nous avons envoyés en Corse (1). M. Brignole est déjà depuis longtemps ici pour y prendre la qualité d'envoyé.

J'ai marqué ci-dessus que les chansons qui se sont répandues depuis quelque temps ont donné occasion à soupçonner plusieurs personnes (2). Il y en a entre autres cinq sur lesquels les soupçons ont tombé plus fortement, dont deux sont attachés à la personne du Roi, le troisième a un régiment, le quatrième en demande un, et on est même très-persuadé que par cette raison il n'en aura point, quoiqu'il soit fait pour en avoir. Le cinquième dont on parle depuis longtemps est M. de Tressan (3). Comme l'on sait que le Roi est instruit de tous ces soupçons, on se doutoit depuis deux jours qu'il pourroit lui arriver quelque aventure. Avant-hier au soir il étoit ici; il avoit commencé une partie d'hombre; il alla faire un tour, et fut longtemps sans revenir. Je crus dès lors qu'il pourroit bien ne pas revenir du tout. Cependant il revint; il avoit été chez Mme la duchesse de Villars, qui prend intérêt à ce qui le regarde parce qu'il est fort ami de M. le duc d'Ayen, son frère. Aujourd'hui M. de Tressan a reçu ordre du Roi

---

(1) La France occupa la Corse de 1738 à 1741. Elle l'acheta en 1768, de la république de Gênes, par le traité de Compiègne et pendant le ministère du duc de Choiseul.

(2) « Il a paru depuis peu des chansons (je les ai) extrêmement injurieuses contre les principaux de la Cour. Six jeunes gens de la Cour se sont vantés d'en être les auteurs. On nomme le duc d'Ayen, le jeune Maillebois, le duc de Lauzun, Tressan; j'ai oublié les deux autres. » (*Mémoires du marquis d'Argenson*, t. II, p. 52, 25 mars 1738.)

(3) Louis-Élisabeth de la Vergne, comte de Tressan. Il était alors troisième enseigne de la compagnie de Noailles des gardes du corps du Roi, devint maréchal de camp en 1744, lieutenant général en 1748, et grand maréchal de la cour de Lorraine. Il mourut en 1783. C'est l'auteur des extraits de romans de chevalerie et d'une traduction de *Roland furieux*.

pour aller à sa brigade, et il est parti cette après-midi pour aller à Montdidier, où elle est.

Mme d'Hostun est toujours fort mal.

Du 19. — J'ai oublié de marquer ci-dessus que le même jour que le régiment Royal-Italien fut donné à M. le prince de Carignan, on donna aussi une compagnie dans la Féronays à un M. de Mongazon, qui est, je crois, fils d'un conseiller au Parlement; c'est la seule compagnie qui ait encore été donnée.

Hier M. le marquis d'Amboise, autrefois Resnel, vint faire son remercîment; il vient d'être déclaré maréchal de camp. On croit que les principales raisons de cette grâce sont: premièrement, qu'étant aussi embarrassé que l'on est à satisfaire avec vingt-deux régiments plus de deux cents personnes qui en demandent, M. le Cardinal a voulu se délivrer de M. d'Escars, beau-frère de M. de Clermont, qui en épousant Mlle de Berwick avoit demandé parole d'un régiment et à qui on l'avoit donnée; secondement, parce que le prix d'un régiment sera d'une grande utilité dans l'état des affaires de M. de Clermont; et enfin, parce que tous ces arrangements se pouvoient faire sans inconvénient, M. de Clermont étant dans un cas particulier. Ce fut lui qui apporta la nouvelle de la prise de Philipsbourg; il fut fait brigadier seul à cette occasion. La promotion des brigadiers avoit été faite l'hiver d'auparavant. Ces mêmes brigadiers faits dans l'hiver de 1733 et 1734 viennent d'être faits maréchaux de camp; ils étoient les anciens de M. de Clermont; mais on ne pouvoit faire une nouvelle promotion de maréchaux de camp sans que M. de Clermont fût à la tête. Les raisons ci-dessus marquées ont déterminé à le faire maréchal de camp dès ce moment.

Je marquai hier ce qui s'étoit passé à l'audience de M. Brignole chez la Reine; j'ai appris depuis un plus grand détail. M. de Maurepas vint chez la Reine lui dire qu'il venoit de chez le Roi qui avoit donné audience à M. Brignole dans son cabinet, suivant l'usage, parce que les envoyés ont leur audience dans le cabinet, les ambassadeurs dans le balustre, et le corps de Ville, le Parlement et les États dans la chambre. Du temps même du feu Roi, l'hommage que le duc de Lorraine vint lui rendre pour le duché de Bar fut rendu dans la chambre du Roi. Dans le cabinet du Roi et dans le balustre, le capitaine des gardes ne se met point derrière le fauteuil du Roi, c'est le premier gentilhomme de la chambre seulement. Dans la chambre, il est vrai que le capitaine des gardes partage le fauteuil, mais j'ai marqué ci-dessus que c'est par un accommodement fait entre eux, en conséquence duquel le premier gentilhomme de la chambre partage aussi le fauteuil avec le capitaine des gardes lorsque le Roi mange au grand couvert. J'ai aussi marqué plus haut les observations par rapport à ce grand couvert, qu'anciennement le capitaine des gardes n'avoit point droit d'être derrière le fauteuil dans l'antichambre, et que cela paroît même fondé, puisque l'antichambre est sous le commandement du premier gentilhomme de la chambre, que l'huissier qui est à la porte est sous ses ordres et que les gardes du corps ne peuvent y entrer avec leurs bandoulières. Cependant la convention est faite, et c'est l'usage. Mais le capitaine des gardes n'étant pas derrière le fauteuil dans le cabinet du Roi, par la même raison le chef de brigade qui est chez la Reine ne doit point être derrière le fauteuil dans le cabinet de la Reine, et c'est son grand cabinet que la pièce où se reçoivent les audiences publiques.

 La Reine, instruite par M. de Maurepas de ce détail, appela Mme de Luynes. Mme de Luynes rendit compte à S. M. de ce qui s'étoit passé à cette occasion, des représentations faites dans le temps par les officiers des gardes du corps, des usages différents, de ce qui s'étoit passé sur tout cela en l'absence de M. de Nangis, et de ce que M. de Nangis avoit dit depuis son retour qu'il avoit toujours vu l'officier des gardes à côté de lui en pareil cas. M. de Maurepas continua de représenter à la Reine que c'étoit la règle, et dit à Mme de Luynes que sans difficulté le cabinet des audiences étoit sous le commandement de la dame d'honneur. La Reine donna ordre à Mme de Luynes d'avertir M. de Narbonne, chef de brigade, ce qui fut exécuté sur-le-champ. La reine redemanda quelque temps après à Mme de Luynes si elle avoit parlé à M. de Narbonne; et pendant l'audience M. de Narbonne fut comme courtisan à quelque distance de la Reine, et M. de Nangis fut seul derrière le fauteuil de S. M.

Le meilleur état de M. le Cardinal continue, et l'appétit paroît même commencer à revenir. Il a pris aujourd'hui son chocolat, mais il ne mange pas encore de viande. J'ai appris aujourd'hui que S. Ém. avoit demandé à M. l'archevêque de Paris la permission de faire dire la messe dans sa chambre; cela prouve le peu de fondement des prétentions qu'ont eues quelquefois les cardinaux de pouvoir faire dire la messe chez eux sans permission de l'Ordinaire. Je ne sais même si les évêques n'ont pas aussi cette prétention.

Du 20. — Quoique M. de Clermont soit dans un cas particulier, comme je l'ai marqué ci-dessus, il y a eu cependant plusieurs plaintes. En 1734, il y eut deux promotions de brigadiers; la première fut faite dans le carnaval, pendant que l'on étoit à Marly. Philipsbourg fut pris le 20 juillet, et M. de Resnel arriva ici le 22 : il fut fait brigadier; mais en même temps le ministre écrivit une lettre à M. le maréchal d'Asfeldt où il lui marquoit que l'intention du Roi n'étoit point que l'avancement de M. de Clermont pût faire tort à ceux qui étoient plus anciens colonels que lui, et que dans la première promotion de brigadier il reprendroit son rang. Cette lettre ajoutoit que M. le maréchal d'Asfeldt la montrât aux anciens de M. le marquis de Resnel. M. d'Asfeldt, en conséquence de cette lettre, les assembla et leur en fit la lecture; ce sont eux qui se plaignent aujourd'hui, M. de Boufflers, le comte Louis de la Marck, et plusieurs autres. Il y en eut cinq qui parlèrent hier à M. le Cardinal.

J'ai marqué ci-dessus que M. Mendez étoit un de ceux qui jouoient le plus souvent au piquet chez M. le Cardinal, pendant sa maladie. J'ai appris aujourd'hui que comme il s'en retourne en Portugal, M. le Cardinal lui a fait présent d'une belle tabatière d'or où l'on doit mettre son portrait. M. Mendez est depuis plusieurs années ici sans caractère ; c'est lui qui a été chargé des commissions du roi de Portugal pour plusieurs choses qu'il a fait faire ici (1).

M. le comte Torring n'est point encore reparti pour la Bavière; quoiqu'on ne sache point le sujet de son séjour, cependant on ne peut soupçonner qu'un homme aussi considérable en Bavière, et chargé d'autant de soins importants, demeure ici aussi longtemps sans quelques raisons essentielles. Il y a assez lieu de croire que sa mission regarde principalement le mariage du prince électoral avec une de Mesdames, et cela [est] d'autant plus vraisemblable que c'est lui qui a fait le mariage de l'électrice, qui est fille de l'empereur Joseph et de l'impératrice Amélie. M. le comte de Torring, je le sais de lui-même, alla à Vienne en qualité de ministre, sans aucun caractère, et après avoir négocié pendant quelque temps le dit mariage et l'avoir conclu, il prit la qualité d'ambassadeur. En cette qualité il eut son audience publique de l'empereur pour faire la demande. Les carrosses de l'empereur vinrent le prendre chez lui. L'usage à Vienne est de ne mettre que six chevaux. Il avoit outre cela quatre carrosses à lui ; il fut reçu avec la plus grande cérémonie, eut l'honneur des armes, et fut conduit à l'audience de l'empereur. L'empereur

---

(1) « Mendez, commissionnaire de Portugal, est en grande faveur près du Cardinal ; c'est l'homme le plus impertinent dont j'aie fait rencontre. Ce qui le rend si fier, c'est d'avoir reçu une tabatière du Cardinal, à laquelle il ne manque plus que le portrait de S. Ém. » (*Mém. du marq. d'Argenson*, t. II, p. 50.)

étoit sous un dais. L'usage est qu'aux audiences l'ambassadeur reste tête à tête avec l'empereur et se couvre comme ici. Les portes demeurent ouvertes et tous les courtisans demeurent en dehors de la porte ; le grand chambellan seulement demeure dans la croisée la plus près de la porte. M. le comte Torring fit sa harangue pour la demande, en allemand suivant la règle, et l'empereur, qui étoit debout, y répondit dans la même langue. Son discours fut éloquent. Ensuite M. le comte Torring fit une seconde harangue pour remercier l'empereur. De là il alla chez l'impératrice régnante pour lui rendre compte de la grâce que l'empereur venoit d'accorder à l'électeur son maître. Il fallut encore une harangue. Ensuite il fut chez l'impératrice Amélie pour lui faire la même demande qu'à l'empereur ; il fallut aussi deux harangues, l'une pour demande, l'autre pour remerclment. L'archiduchesse étoit chez l'impératrice ; il lui fit aussi deux harangues pour le même sujet. Après quoi, il lui présenta le portrait du prince électoral, qui est l'électeur d'aujourd'hui. Ce portrait étoit enrichi de diamants et avoit coûté 360,000 florins, ce qui fait 900,000 livres de notre monnoie, les 40,000 florins faisant 100,000 livres. Il avoit déjà demandé la permission à l'impératrice de présenter ce portrait ; cependant, l'archiduchesse avant de le recevoir se retourna vers l'impératrice pour lui en demander la permission ; après quoi la grande maîtresse attacha ce portrait à l'archiduchesse. L'usage aux audiences des impératrices est comme ici, qui est que l'ambassadeur lève son chapeau comme pour le mettre, et ne le met point ; et cela avec la différence que c'est l'impératrice qui lui dit : « Couvrez-vous. »

Du 22. — Il n'y a encore rien de fini, ni pour les régiments, ni par rapport aux représentations que la grâce accordée à M. de Clermont a donné occasion de faire. On croit que ces représentations pourroient bien n'avoir aucun effet ; cependant elles paroissent n'être pas sans fondement. Je me suis informé aujourd'hui du détail de cette affaire, et voici ce que j'en ai appris de M. Alexandre. Je lui ai parlé de la lettre écrite à M. d'Asfeldt telle que je l'ai marqué ci-dessus; il m'a dit n'avoir point connoissance de cette lettre; que M. de Clermont, à l'occasion de la nouvelle de Philipsbourg, qu'il apporta le 22 ou le 23 juillet, avoit été fait brigadier; qu'il avoit eu à son retour à l'armée une brigade, que l'on avoit formée exprès pour lui; qu'à la vérité sa commission ne fut datée que du 1er d'août ou du 4, en un mot du même jour que la promotion de brigadiers que l'on fit immédiatement après; qu'avant ce temps on se trouva dans la nécessité de faire des brigadiers en Italie, et que la promotion fut avant celle du Rhin; mais que pour éviter les plaintes des colonels de l'armée du Rhin, qui ne pourroient voir sans peine leurs cadets brigadiers et passer avant eux parce qu'ils servoient en Italie, le Roi avoit fait mander que son intention n'étoit point que la promotion d'Italie pût donner d'ancienneté sur celle d'Allemagne et que chacun reprendroit son rang. Voilà à peu près l'esprit de la lettre. C'est vraisemblablement cette lettre dont la lecture fut faite par M. d'Asfeldt et qui donne occasion aux représentations d'aujourd'hui. Les commissions des brigadiers faits depuis la grâce accordée à M. de Resnel, quoique datées du 1er ou du 4 août, ne leur furent envoyées qu'à la fin de la campagne; c'est encore de M. Alexandre que je sais ce fait. Le raisonnement de M. de Boufflers et autres anciens de M. de Resnel est de dire que puisque l'intention du Roi n'a point été que les colonels faits brigadiers en Italie passassent avant ceux du 1er août, à plus forte raison M. de Resnel, fait brigadier depuis ceux d'Italie ne devoit pas passer avant ses anciens; que cela étoit d'autant plus vrai, qu'on avoit eu attention que sa commission ne fût datée que du jour de celles de l'armée du Rhin. Ces circonstances paroissent donner lieu à de justes représentations. Cependant, on y répond que de tout temps les grâces faites par le Roi d'avancement de grade en pareille occasion ont eu leur effet dès le commencement même de la grâce; que M. de Resnel fit les fonctions de brigadier dès qu'il fut de retour à l'armée, et que les autres commissions ne furent envoyées qu'à la fin de la campagne; on ajoute enfin que tout est favorable dans la situation de M. de Clermont : son beau-père, tué au siége même; lui, choisi par la Cour pour apporter la nouvelle, comme plus susceptible d'avancement que ses beaux-frères; enfin, que ce ne seroit plus une grâce, s'il n'étoit brigadier qu'à son rang. Les représentations faites à M. le Cardinal à ce sujet n'ont eu jusqu'à présent aucun effet, et S. Ém. a répondu que M. de Resnel avoit un *bon* du Roi.

Mme l'abbesse de Fontevrault a aujourd'hui gagné un grand procès contre la communauté des filles de la Visitation de Jésus de Paris, dépendante de ladite abbaye, dont trois d'entre elles avoient appelé comme d'abus d'une ordonnance de Mme l'abbesse. Le jugement a été rendu au conseil des dépêches; il y avoit quatre commissaires : MM. Bignon, d'Argenson, de Machault et de Fortia. M. Cochin, maître des requêtes, étoit le rapporteur; il a parlé avec beaucoup d'éloquence, de netteté et de précision. Les quatre secrétaires d'État, M. de Charost et M. le contrôleur général étoient à ce conseil.

Du 23, *Versailles*. — Le Roi ne fut point hier chez M. le Cardinal; aujourd'hui il y a été, entre le sermon et le salut. Actuellement il est enfermé avec le P. de Linières (1). La Reine a été aussi aujourd'hui chez M. le Cardinal, qui continue à être mieux. Le Roi a été aujourd'hui au sermon, qui étoit fort beau (2). Derrière le Roi étoit M. le maréchal de Noailles; et à côté de M. de Noailles, M. de Charost. M. de Charost a conservé cette place comme ayant été

---

(1) Le P. de Linières, Jésuite, était le confesseur du Roi depuis 1722.
(2) Il était du P. Ségaud, de la Compagnie de Jésus.

gouverneur, mais il ne la prend pas lorsque, outre le capitaine des gardes, il y a quelqu'un de ceux qui ont des places derrière le fauteuil du Roi.

Je viens d'apprendre dans le moment que M. le duc de Lauzun a eu ordre d'aller au régiment où il est capitaine (1).

M. de Creuilly, que l'on nomme aujourd'hui d'Estouteville, vient de partir pour aller à Bruxelles; il est vraisemblable que l'affaire du *Committimus* dont on a parlé ci-dessus peut avoir donné occasion à ce départ.

Il n'y a encore rien de décidé ni sur les régiments ni sur les représentations faites à l'occasion de M. de Resnel. Les anciens de M. de Resnel sont au nombre de vingt-neuf, et disent pour raisons de leurs plaintes, outre ce que j'ai marqué ci-dessus, qu'il étoit porté par la lettre en question, que le Roi n'entendoit faire qu'une seule et même promotion, dont il avoit déjà déclaré une partie pour l'Italie par des raisons particulières. Ils ajoutent encore que cet arrangement de faire reprendre le rang d'ancienneté a été observé en plusieurs cas différents dans la dernière guerre; que lorsque M. de Coigny, le fils, vint apporter, en 1734, la nouvelle de la bataille de Parme, gagnée par son père, il fut à la vérité fait maréchal de camp, mais qu'il a repris son rang dans la promotion suivante des maréchaux de camp; que cela a même été encore plus marqué à l'égard des maréchaux de France; que cette même année MM. de Noailles et d'Asfeldt ayant été faits maréchaux de France en Allemagne, et MM. de Coigny et de Broglie en Italie, il sembloit sans difficultés qu'ils devoient être les anciens de tous les maréchaux de France que l'on pouvoit faire dans la suite; que cependant MM. de Tingry, de Biron et de Puységur, les trois derniers, avoient repris leur rang avec les quatre autres. Il est vrai

---

(1) A propos des chansons dont il est parlé p. 68.

que cet usage n'étoit pas le même du temps du feu Roi ; car M. de Villars, ayant été fait maréchal de France au mois d'octobre en suite de la bataille de Friedlingen, gagnée le 14 du même mois 1702, eut son rang de maréchal de France de ce jour, et que MM. de Tallard et d'Huxelles, qui furent faits maréchaux de France au mois de janvier suivant, n'imaginèrent pas disputer le rang à M. de Villars, quoique plus anciens lieutenants généraux que lui.

La promotion de M. de Resnel nous a donné occasion, à M. de Bissy et à moi, de renouveler les représentations que nous avions déjà faites pour nos enfants à la dernière promotion. Ces représentations sont fondées sur ce que, de tous les temps, ceux qui possèdent les charges de mestre de camp général de cavalerie et de dragons ont été avancés hors de rang ; que, de même que M. de Resnel est dans un cas particulier par la circonstance de la nouvelle de la prise de Philipsbourg, nous sommes aussi tous deux dans un cas absolument singulier ; que l'on ne peut même objecter pour exclusion la jeunesse ; que M. de Bissy a vingt-quatre ans et M. de Resnel vingt-neuf ; que quoique M. de Resnel soit colonel de 1722 et M. de Bissy de 1728, ils ont fait également la guerre l'un et l'autre puisqu'ils n'ont vu que les dernières campagnes, que mon fils a faites aussi ; que d'ailleurs la Cour les ayant jugés dignes de commander chacun des corps aussi considérables, ils peuvent être jugés dignes d'être faits maréchaux de camp ; que même ils le sont en quelque manière, puisqu'ils commandent tous les brigadiers de leur corps.

Du 24. — Le Roi est parti ce matin à dix heures pour la chasse ; il est revenu à quatre pour dîner. Il a été chez M. le Cardinal pendant cinq quarts d'heure, et a travaillé chez lui avec M. d'Angervilliers une heure et demie ; cependant les régiments ne sont pas encore donnés.

La Reine a été aussi chez M. le Cardinal.

Du 27, jeudi. — Dimanche dernier, 23 de ce mois, on

arracha une troisième dent à M. le Dauphin. L'opération ne fut pas considérable. La plaie est présentement refermée, il y a même plusieurs jours. Le Roi continue à y descendre deux fois tous les jours régulièrement.

Je demandai hier à M. de Châtillon quel étoit l'arrangement qu'il suivoit par rapport à la garde-robe de M. le Dauphin. Il me dit que le fonds en étoit fixé à 18,000 francs, mais qu'il prenoit toujours de l'extraordinaire, et que cet extraordinaire avoit été l'année passée à un peu plus que le fonds même. Il y a toujours aussi de l'extraordinaire pour les menus plaisirs, dont le fonds est de 500 livres par mois. Cet extraordinaire dépend absolument de M. de Châtillon.

Mme de Puyguion, femme du gentilhomme de la manche de M. le Dauphin, est morte il y a deux ou trois jours (1); elle n'avoit que quinze ou seize ans; elle étoit d'une assez jolie figure et avoit assez considérablement de biens, et cette mort fait grand tort à M. de Puyguion. Il n'y avoit que peu de mois qu'ils étoient mariés.

Du samedi 29. — Lundi dernier, 24 de ce mois, le Roi fut courre le cerf à Saint-Germain, comme il a fait tous ces jours derniers. M. le marquis de Talleyrand, parent de M. de Chalais et gendre de Mme de Chalais, qui suit le Roi ordinairement à la chasse, fit une chute très-considérable; il montoit un cheval de la petite écurie, assez difficile à mener et très-ombrageux; le cheval eut peur d'un chien et se jeta dans le bois; M. de Talleyrand le ramena dans la route; mais en sortant du bois, il y avoit une branche qui s'étoit cassée et demeurée aux jambes du cheval, qui en eut peur, et l'engagea à sauter. La croupière cassa, et M. de Talleyrand tomba d'autant plus rudement que son chapeau étoit déjà tombé. Sa tête enfonça dans la terre assez considérablement du côté gauche, et fut

---

(1) Elle s'appeloit Charbonneau de Lechasseries. (*Note du duc de Luynes.*)

écorchée fortement, outre deux petits trous qui s'y firent ; mais ce qu'il y eut de plus singulier, c'est que, quoique seulement tombé du côté gauche, il sentit une violente douleur à l'épaule droite, dans laquelle l'ébranlement fut si violent qu'on prétend même que tous les nerfs furent déplacés et mêlés. Ce qui est certain, c'est qu'il perdit la vue immédiatement après la chute, sans perdre la connoissance. Il reconnoissoit à la voix tous ceux qui arrivoient auprès de lui ; il reconnut même la voix du Roi, lequel quitta la chasse pour venir savoir de ses nouvelles, et il ne recommença à voir qu'après avoir été saigné à Saint-Germain, ce qui ne se put faire qu'au bout d'une heure ou d'une heure et demie de temps. Ce fut la chaise du Roi qui le ramena à Saint-Germain, et après sa saignée elle le ramena ici. Il y avoit outre cela une calèche du Roi qui suivoit, où étoient M. de la Suze et M. de Croissy. M. de Saint-Sauveur, écuyer de la petite écurie, suivoit à cheval. M. de Talleyrand a été soulagé par beaucoup de saignées d'un grand mal de tête et par avoir même mouché du sang ; il lui reste encore des douleurs dans la tête, et il est vraisemblable qu'elles lui dureront longtemps.

Le lendemain 25 de ce mois, fête de l'Annonciation, il y eut sermon ; le Roi et la Reine y furent. Il n'y avoit derrière le Roi que M. le maréchal de Noailles. M. de Charost se mit sur un tabouret à côté de M. de Noailles. Je vois M. de Charost toujours dans cette place lorsqu'il n'y a que le capitaine des gardes seul.

Le 26 et le 27, chasses à l'ordinaire. Cela ne peut être remarqué que parce que c'est deux jours de suite, par un assez vilain temps et froid, ce qui donna de l'inquiétude pour le Roi, quoique sa santé soit bonne. S. M. continue toujours le même régime de vie, de prendre du lait de vache en s'éveillant, de dîner entre deux et quatre heures, suivant que la chasse est plus ou moins longue, et de prendre le soir, à onze heures et demie environ, pour toutes choses, en se couchant, du même lait que le matin.

Le dîner du Roi est toujours uniforme pour le nombre des plats; il est composé ou de deux potages ou d'un potage avec un plat de pain pour mettre dans le bouillon ; ensuite on lui sert deux plats : d'un côté une grosse pièce, un jour de mouton, l'autre de bœuf et l'autre de veau, dont il fait son principal dîner, et de l'autre côté une entrée toute unie de veau ou de mouton, à laquelle il ne touche presque jamais; ensuite on lui sert trois plats de rôti tous bardés, un de poulet, un de perdrix ou de lapin et l'autre de pigeons ou d'oiseaux de rivière. Il en mange ordinairement assez peu. Ensuite on sert le fruit, composé de deux plats de fruits montés, aux deux bouts de la table, deux compotes et deux assiettes de sec, dans l'une desquelles il y a toujours régulièrement un morceau de cédrat seul. Le Roi ne mange jamais de compote ni de cédrat, tout au plus une orange quand il se porte bien, et actuellement un peu de sec; cela ne dure qu'un moment.

Il y a quelques jours que M. de Casteja, au sortir du dîner du Roi, fit ses remercîments à S. M.; il est gouverneur de Saint-Dizier. Ce gouvernement ne lui valoit que 2000 livres, à ce qu'il m'a dit. Le Roi y a joint 6,000 livres d'augmentation, en considération des services que M. de Casteja a rendus dans son ambassade de Suède.

Hier, M. le marquis du Châtelet, qui a été fait maréchal de camp à cette dernière promotion, et qui n'avoit encore pu venir ici parce qu'il étoit malade, vint faire son remercîment. M. de Bouillon étoit au lever du Roi, et M. d'Aumont n'y étoit pas ; ce fut M. de Bouillon qui présenta M. du Châtelet, au sortir du prie-Dieu, à la porte du cabinet. Cela paroît contraire aux usages ordinaires, suivant lesquels le grand chambellan a tout l'honorifique sans commandement dans la chambre (1).

---

(1) J'ai parlé depuis à M. de Bouillon de cette présentation; il m'a dit que ce n'étoit que parce qu'il ne s'étoit trouvé aucun valet de chambre du Roi dans

Hier le Roi fut à Marly pour voir les changements qu'il vient d'y faire faire et faire l'arrangement des logements pour le voyage qu'il doit y faire, que l'on dit fixé au 22 du mois prochain et qui doit être de quinze jours ou trois semaines. Les changements que l'on a faits à Marly ne sont pas considérables; le Roi a voulu avoir un cabinet de plus et un endroit pour mettre son tour, et pour cet effet, dans le cabinet qui est après le cabinet du conseil et qui tient au salon du côté de la chapelle, l'on a fait un retranchement pour y construire un escalier (1) qui monte à un entre-sol au-dessus dudit cabinet. Le cabinet d'en bas est encore d'une grandeur et d'une hauteur proportionnées, et il y a sur le double une garde-robe de commodité de grandeur raisonnable. Sur le double de l'entresol il y a aussi une pièce assez grande. L'entresol est bien éclairé, et c'est où le Roi compte mettre son tour et une commode; et le même jour qu'il alla à Marly il donna l'ordre pour un meuble de damas vert, la couleur de la menuiserie étant d'un lilas fort clair. Pour donner du jour à cet entre-sol, il a fallu ouvrir deux fenêtres ovales très-grandes, et pour conserver la symétrie, au moins dans cette face du château, l'on a peint deux fausses fenêtres au-dessus du cabinet du conseil, qui sont fort bien imitées, et l'on en va peindre quatre autres dans l'autre partie de la même face. Il paroît décidé que M. le Cardinal logera en bas, dans le logement de M. le duc d'Orléans, et que M. le duc d'Orléans aura celui de M. le Cardinal. Il y a eu de grands compliments entre M. le duc d'Orléans et M. le Cardinal. S. Ém. même prétendoit n'avoir pas besoin de ce changement et comptoit descendre à pied et remonter dans un petit fauteuil; ce-

---

ce moment, et que M. du Châtelet vouloit retourner à Paris et ne savoit à qui s'adresser. (*Note du duc de Luynes.*)

(1) Cet escalier est fait de manière qu'il peut être continué aisément jusqu'à l'étage d'au-dessus; il arrivera à une des pièces de l'appartement qu'a occupé jusqu'à présent M. le Cardinal. (*Note du duc de Luynes.*)

pendant le changement paroît certain. M. le Dauphin ne sera pas du voyage, mais il y a lieu de croire qu'on lui donnera une chambre pour se tenir en attendant le Roi ; le projet étant qu'il vienne voir souvent S. M.

Le logement de Mme de Luynes seroit naturellement dans le château, comme celui de Mme la maréchale de Boufflers ; mais l'usage n'étant point que les maris et femmes logent dans le corps du château, j'ai demandé la Perspective, où je crois que l'on nous donnera l'appartement qui servoit autrefois à M. le Duc et à Mme la Duchesse, et qui étoit resté depuis à Mme la Duchesse seule. On avoit fait dans cet appartement deux logements pour deux maris et pour deux femmes, depuis que Mme la Duchesse est dans le corps du château.

En arrivant de Marly, le Roi, sans entrer chez lui, alla tout droit chez M. le Cardinal ; il y trouva M. le marquis de Brancas dans le cabinet de S. Ém. Je remarquai avec étonnement que M. le marquis de Brancas fut présenté au Roi par M. le Cardinal, et qu'il fit dans le même cabinet son remercîment à S. M. ; cela fut assez court, et je lui fis mon compliment en sortant. C'est au sujet du gouvernement de Nantes et du commandement dans la province, vacants l'un et l'autre par la mort de M. le maréchal d'Estrées. M. de Brancas, qui est lieutenant général et grand d'Espagne, est depuis longtemps gouverneur de Brisach. Il remet au Roi ce gouvernement, qui vaut 15,000 livres de rente ; celui de Nantes en vaut naturellement 28, mais les boutiques qui ont été données à M. le maréchal d'Estrées sont comptées pour 16,000 livres ; par ce moyen celui de Nantes n'est plus que de 12 ; mais le Roi a bien voulu ôter 2,000 écus de Brisach et les ajouter à Nantes. Brisach reste avec 9,000 livres pour celui qui l'aura ; ce n'est pas cependant pour toujours, car si Mme la maréchale d'Estrées mouroit avant M. de Brancas, les boutiques reviendroient à Nantes et les 2,000 écus à Brisach. M. de Brancas a outre cela le commandement dans la province, ce qui demande résidence toute l'année, et on ne peut s'absenter que par congé. Les appointements d'un lieutenant général commandant en chef sont de 20,400 livres, 1,700 livres par mois, et il y a quelquefois des fourrages attachés, comme par exemple en Languedoc, où ces fourrages sont de 17,000 livres; mais en Bretagne la province donne à celui qui commande pour le Roi, à la première tenue d'États 30,000 livres (1), et aux autres 15,000 livres. Les États ne se tiennent que tous les deux ans. Le Roi donne outre cela 20,000 écus à chaque tenue d'États. Celui qui commande est obligé à beaucoup de dépense; il faut grand nombre de domestiques, il tient table toute l'année, et pendant la durée des États la dépense est immense.

M. le maréchal d'Estrées avoit encore outre cela la lieutenance générale de la province, qui valoit 27,000 livres, sur laquelle il avoit un brevet de retenue de 200,000 livres. M. le maréchal d'Estrées ne résidant point dans la province ordinairement, il y avoit deux brigadiers, l'un de cavalerie, qui est M. de Volvire, et l'autre de dragons, qui est M. de Koëtmen, qui commandoient en son absence dans la haute et basse Bretagne. Ces deux officiers n'ont point été faits maréchaux de camp dans cette dernière promotion, et en ont été piqués; M. de Volvire même a envoyé sa démission. Il est vrai qu'ils n'ont servi ni l'un ni l'autre dans les trois dernières campagnes; mais le sujet de leur peine paroît d'autant mieux fondé qu'ils avoient demandé l'un et l'autre à servir; au moins m'at-on assuré que M. de Volvire avoit demandé, et qu'on lui avoit répondu que sa présence étoit nécessaire pour les intérêts du Roi en Bretagne.

Du 31. — L'on croyoit que cette lieutenance générale

---

(1) Et lorsqu'il est marié, 15,000 livres à sa femme, si elle est avec lui; et aux autres 15,000 livres au commandant, je ne sais ce que l'on donne à sa femme. (*Note du duc de Luynes.* — Voir tome 1ᵉʳ, page 149.)

seroit donnée à M. de Richelieu; je lui en voulus faire mon compliment le 28. Il me dit qu'il y avoit encore des arrangements qui rendoient cette décision incertaine; ces arrangements ne furent finis qu'avant-hier. M. de la Fare vint ce même jour 29 chez moi, et me dit que le Roi venoit de lui donner la lieutenance générale de Bretagne, et à M. de Richelieu celle de Languedoc. Ces deux lieutenances générales ne sont nullement semblables. En Languedoc il y a trois lieutenants généraux, qui sont M. de Maillebois, M. de Prie, M. de la Fare, présentement M. de Richelieu. Chacun de ces lieutenants généraux n'a que 6,000 livres d'appointements ou environ; mais la règle est que chacun doit tenir tour à tour les États, lesquels se tiennent tous les ans. Les États donnent à celui des lieutenants généraux, qui les tient 36,000 livres, et il a passé en usage que ces 36,000 livres soient toujours payées même à ceux qui ne tiennent pas lesdits États. Cette somme ne se payant que tous les trois ans, c'est 12,000 livres par an; avec les 6 que j'ai marqués ci-dessus, c'est 18,000 livres que vaut chaque lieutenance générale. M. de la Fare avoit acheté la sienne, et avoit sur cette lieutenance un brevet de retenue de 200,000 livres, et outre cela il avoit un brevet du Roi pour commander dans toute la province. Ce brevet étoit nécessaire, parce que chaque lieutenant général a son district, et chacun d'eux ne peut commander sur le district des deux autres. Le brevet ne portoit point que M. de la Fare commanderoit aux autres lieutenants généraux, mais qu'il commanderoit dans toute la province. Il y a quatorze ans que M. de la Fare exerce cet emploi; il a trouvé le moyen d'y servir le Roi utilement et de se faire aimer dans la province; il y tenoit un grand état, et qui lui a coûté dans les dernières années d'autant plus cher qu'ayant voulu servir les dernières campagnes, son équipage étoit obligé au retour de chaque campagne de traverser tout le royaume pour retourner aux dits États; cependant

M. de la Fare a été dix ans entiers sans avoir d'autres secours pour fournir à ces dépenses que les revenus de sa charge, consistant, comme je viens de le dire, en : 18,000 livres, dont il avoit acquis le fonds puisqu'il avoit acheté la charge ; 17,000 livres de fourrages que la province donne à celui qui y commande, quel qu'il soit, car le grade militaire n'y fait rien ; et 20,000 livres que le Roi donne à celui qui y commande pour S. M. Ces 20,000 livres sont prises sur les deniers que le Roi touche de la province, ces 55,000 livres n'étant pas à beaucoup près suffisantes pour la dépense immense que M. de la Fare étoit obligé de faire dans le temps des États, quoiqu'il n'y résidât pas toute l'année ; et ayant été obligé de vendre ses terres, partie en argent pour payer ses dettes, et partie en rente viagère, il demanda, il y a trois ou quatre ans, que le Roi voulût bien le faire payer comme lieutenant général employé toute l'année ; ce qui fait 20,400 livres, à raison de 1,700 livres par mois. Cette grâce lui fut accordée ; mais depuis la fin de la guerre, M. le Cardinal ayant jugé à propos de faire un retranchement sur cette paye des commandants, et qu'ils ne touchassent que les mois où ils résideroient effectivement, M. de la Fare a senti l'impossibilité de soutenir sa dépense toute l'année ou seulement dans le temps des États, en perdant les appointements des autres mois où il n'auroit pas résidé. Il avoit même fait demander s'il n'y auroit pas quelque arrangement à faire dans lequel se trouvât l'avantage du Roi, et par lequel il se trouvât luimême à portée de ne pas déranger davantage ses affaires. Il avoit même offert pour cela sa démission de son gouvernement d'Alais en Languedoc, qui vaut environ 17,000 livres. Voici donc l'arrangement qu'on a fait, et dans lequel le Roi trouve quelque léger avantage.

Il y avoit 200,000 livres de brevet de retenue sur la lieutenance de Bretagne à payer aux héritiers de M. le maréchal d'Estrées, et 200,000 livres de brevet de retenue sur celle de Languedoc à payer à M. de la Fare. M. de la Fare paye les 200,000 livres à la maison d'Estrées, et M. de Richelieu paye 120,000 livres à M. de la Fare. Le Roi donne un brevet de retenue à M. de Richelieu de 100,000 livres, et un de 220,000 livres à M. de la Fare. Moyennant cela les deux brevets de retenue se trouvent diminués de 80,000 francs. M. de la Fare perd effectivement du revenu, puisqu'il avoit 55,000 livres sans compter les appointements de lieutenant général employé; mais je ne les compte pas, parce qu'on vouloit les retrancher; au lieu de cela il n'a plus que les 27,000 livres de la lieutenance générale de Bretagne et son gouvernement qu'il conserve, mais il n'est plus obligé à aucune représentation, puisque M. de Brancas a le commandement de Bretagne, et M. de la Fare compte gagner à cet arrangement 25,000 livres de rente. D'autre part, M. de Richelieu a l'agrément d'être employé bien jeune pour commander dans une grande et importante province.

M. de Richelieu et M. de la Fare firent hier leurs remercîments au Roi; ce fut encore dans le cabinet de M. le Cardinal, qui les présenta à S. M.

Je vis en même temps M. de Bouillon faire son remercîment au Roi. J'ai parlé ci-dessus de l'affaire de la vicomté de Turenne; cette affaire vient d'être finie. Le Roi acquiert la vicomté de Turenne, et après avoir fait faire la vérification des revenus par des commissaires qui y travaillent depuis longtemps, S. M. a consenti de donner le denier soixante, qui est ce que M. de Bouillon demandoit. Suivant ce prix, le total monte à 4,200,000 livres, lesquelles seront payées par le Roi pour acquitter les créances antérieures à la substitution, et à mesure que les dites créances auront été vidées par les commissaires du Roi. Outre cela, le Roi donne 100,000 francs pour récompenser ou indemniser par des gratifications ou des pensions les officiers que M. de Bouillon avoit dans cette vicomté. Je croyois que M. de Bouillon demanderoit un pot-de-vin, au moins de 100,000 francs à cette occasion ; mais comme on a voulu l'empêcher de vendre cette terre, et que l'on a même dit dans le public qu'il ne la vendoit que pour avoir un pot-de-vin, il a cru devoir prendre le parti de n'en point demander, et au sortir de chez M. le Cardinal il me répéta ce qu'il venoit de dire au Roi : qu'il avoit l'honneur de remercier S. M. avec d'autant plus de confiance, qu'il croyoit pouvoir espérer que le Roi n'auroit aucun sujet de se repentir de la dite acquisition ; il ajouta qu'il auroit pu se croire quelque espèce de droit de demander un pot-de-vin de 100,000 francs ou de 50,000 écus pour un marché aussi considérable, mais que depuis qu'il avoit su ce que l'on débitoit dans le public, qu'il n'avoit proposé cette acquisition au Roi que dans l'espérance d'avoir un pot-de-vin, il avoit cru non-seulement n'en devoir point demander au Roi, mais même le prier de ne lui en point donner; qu'il ne désiroit pour toutes choses qu'une marque de la bonté du Roi, soit une bague, soit une tabatière avec son portrait. Le Roi lui répondit : « Monsieur, cela est trop juste. »

M. de Bouillon, suivant le détail qu'il me fit hier, compte que ses revenus montent en total à environ 500,000 livres, en comptant sa charge, qu'il met sur le pied de 15,000 livres, et son gouvernement d'Auvergne, qu'il met sur le pied de 36,000. L'article le plus considérable de son revenu est le comté d'Évreux, qu'il compte valoir 250,000 livres (1). Le calcul que M. de Bouillon fit lui-même hier avec moi est, que sur ce revenu il est obligé de payer tous les ans près de 180,000 livres de rente viagère, qu'il doit de dettes antérieures à la substitution, environ quatre millions par contrats, savoir : deux millions ou environ au denier vingt ; neuf cent et tant de mille livres au denier vingt-cinq ; près de 280,000

---

(1) Le comté d'Évreux avait été donné avec d'autres terres, en 1651, la maison de Bouillon, en échange de la principauté de Sedan.

livres au denier trente, et 800,000 au denier quarante. M. de Bouillon compte encore que des arrérages de ces rentes, qui se sont trouvés accumulés à la mort de son père, il y en a pour 600,000 livres; qu'outre cela il doit encore 500,000 livres par contrat au denier vingt, et environ 100,000 livres d'autres dettes.

J'ai marqué ci-dessus un grand détail sur M. de Clermont-d'Amboise. J'ai appris depuis une circonstance, c'est que quoique M. de Clermont ait fait les fonctions de brigadier, en 1734, après son retour, pendant que les colonels plus anciens que lui n'avoient pas encore leurs commissions de brigadier, qu'ils n'eurent que le 1er d'octobre, cependant la commission de M. de Clermont n'étant datée ainsi que les autres que du 1er août, la campagne suivante, en 1735, M. de Clermont ne fit les fonctions de brigadier qu'à son rang, lequel fut compté de la date de commission de colonel.

Aujourd'hui la Reine a été faire ses pâques à la paroisse. Ses grossesses l'en avoient empêchée depuis quelques années, et depuis que Mme de Luynes est dame d'honneur le cas n'étoit point arrivé. Hier Mme de Luynes me demanda quelle devoit être la règle par rapport à la nappe de communion. Les ducs prétendent avec raison qu'ils ont le droit de tenir la nappe à la communion du Roi, honneur qui n'est point attaché aux charges, mais à la dignité de duc et pair; de sorte qu'en présence même du premier gentilhomme de la chambre, un duc plus ancien que lui auroit le droit de tenir la nappe de communion. Ce droit a été confirmé par l'usage dans tous les temps. Lorsqu'il n'y avoit point de princes du sang, deux ducs tenoient la nappe chacun de leur côté; lorsqu'il y avoit deux princes du sang, ils avoient la préférence, comme de raison; mais lorsqu'il n'y en avoit qu'un, le prince du sang étoit à droite et le duc le plus ancien à gauche. Le cas même est arrivé avec M. le duc d'Orléans, petit-fils de France, que lui, tenant la nappe à droite, un duc la tenoit à gauche. Comme les princes du sang, toujours jaloux des honneurs attachés à la dignité de duc, cherchent sans cesse à les diminuer et qu'ils croient que c'est vouloir s'égaler à eux que de prétendre marcher après eux, et qu'ils voudroient pouvoir établir que hors eux il n'y auroit nul rang ni distinction, par ces principes les ducs ont toujours perdu de leurs prérogatives, d'autant plus que les princes du sang, depuis qu'ils ont épousé des filles légitimées du feu Roi, ont acquis un plus grand crédit. C'est ce qui fit que du temps du feu Roi même, à ce que m'assura hier M. le maréchal de Noailles, feu M. le Duc tint seul la nappe à la communion du Roi. Ce fut à l'occasion de quelque grâce que le Roi avoit accordée aux légitimés que feu M. le Duc, qui souffroit impatiemment ces sortes de grâces, demanda, comme par espèce de dédommagement, d'avoir l'honneur de tenir la nappe seul à la communion du Roi. Depuis cela, les ducs ont toujours évité de s'y trouver. Il ne s'y trouve que le capitaine des gardes, parce que celui-là ne peut pas quitter sa place derrière le Roi. Par la même raison, les duchesses devroient éviter de se trouver à la communion de la Reine, mais cet arrangement ne pouvoit être fait sans être concerté auparavant. La Reine se seroit trouvée accompagnée seulement de trois ou quatre dames, et ce parti demandoit réflexion.

Le prie-Dieu de la Reine à la paroisse est dans l'espace qui est entre les deux grilles au milieu du chœur. Lorsque la Reine veut communier, elle se lève de son prie-Dieu; elle monte les deux ou trois premières marches qui montent à l'autel; et dans l'espace qui est entre ces marches et les sept ou huit dernières, elle trouve un carreau et un tabouret sur lequel est une espèce de tapis, rouge d'un côté, blanc de l'autre, avec une broderie d'or passée des deux côtés, sur lequel tapis est la nappe de communion, qui est faite à peu près comme une grande toilette. Les quatre côtés de cette nappe doivent être tenus, tant à la communion du Roi qu'à celle de la Reine, savoir : les deux côtés qui regardent l'autel par deux aumôniers, ou par un aumônier et un chapelain ; à l'égard des deux autres qui regardent la nef, ils doivent être tenus par deux personnes les plus considérables, deux princes ou princesses ou deux ducs ou duchesses, et suivant l'usage un prince ou princesse à la droite et un duc ou duchesse à la gauche. Les princes ou princesses trouvent fort bon que lorsqu'ils tiennent le côté droit de la nappe, un aumônier ou un chapelain tienne le côté gauche ; et en ce cas, faute d'un assez grand nombre d'aumôniers ou chapelains, un seul tient les deux côtés gauches, et un autre tient le bout du côté droit qui regarde l'autel. Pour lundi dernier, il n'y eut personne que Mlle de Clermont qui tint le côté droit. La maladie de M. le Cardinal, l'absence de M. l'archevêque de Rouen, ne laissoit que M. l'abbé Chevrier, qui dit la messe et communia la Reine.

AVRIL.

Convalescence du Cardinal. — Le comte de la Marck nommé ambassadeur en Espagne. — Durazzo et Delci présentés au Roi. — Affaire du concile de Florence. — Pensions aux veuves des maréchaux de France. — Gouvernement du Neuf-Brisach donné à M. de Polastron. — Mort du chevalier de Viltz. — Difficultés au sujet de la cène ; détails sur le carême et la semaine sainte. Le Roi fait ses pâques à la paroisse. — M. de Tessé à la cène du Roi. — Affaire de la gendarmerie à Arras. — Mme Vanhoey. — Voyages de Marly réglés. — Vue de Saint-Pierre de Rome par Servandoni et automate de Vaucanson. — Affaire du mariage de M. de Goësbriant. — Mort de l'évêque de Montpellier et de la comtesse de Vertus. — Régiments donnés ; mouvement dans la gendarmerie. — Pensions et gratifications données par le Roi. — Départ de Mesdames pour Fontevrault. — Guillemain, Gelle et Ferrière, musiciens. — Détails sur la Prusse. — Changement pour le voyage de Marly. — Audience de congé du nonce ; pourquoi les nonces nommés cardinaux ne reçoivent pas le chapeau en France. — Le Roi donne la barrette au cardinal d'Auvergne ; distinction des cardinaux d'avoir un tabouret devant la Reine. — Droit pour l'entrée dans les carrosses de la Reine. — Mort du marquis de Gondrin. — Maladie de la comtesse de Tresmes. — Difficulté au sujet des Cent-Suisses. — Affaire de M. de Montgeron. — Mariage du duc de Chevreuse avec Mlle d'Egmont. — Difficulté sur les titres. — Régiment de Brendlé donné à M. de Scedorff.

Du mercredi 2, Versailles. — M. le cardinal de Fleury continue à être mieux; cependant, avant-hier la nuit ne fut pas bonne et il y eut encore du dévoiement. Il a commencé aujourd'hui à sortir pour aller se promener, mais il est toujours abattu dans le temps de la digestion, quoiqu'il ne mange pas encore de viande. On lui avoit toujours caché la mort du vieux Lassay, à cause qu'il étoit de son âge et son ami; il n'y a que huit jours que le Roi lui apprit cette mort, et voici quelle en fut la raison : M. le duc de Brancas, le fils, a acheté à la mort de M. de Lassay une croix du Saint-Esprit de diamants; il alla voir M. le Cardinal, qui l'aime et le traite assez bien; M. de Maurepas étoit présent. M. le Cardinal en badinant fit compliment à M. de Brancas sur la beauté de sa croix. M. de Maurepas eut un moment de distraction, et dit tout haut : « C'est la croix de M. de Lassay le père. » M. le Cardinal répondit : « Il vend donc ses nippes; et comment est-il? M. le curé est-il content de lui? » Cette aventure fut contée au Roi, qui jugea qu'il étoit nécessaire d'instruire M. le Cardinal, et il lui dit le lendemain la mort de M. de Lassay. M. le Cardinal dit sur cela qu'il ne savoit pas pourquoi on lui avoit caché cette mort, que M. de Lassay étoit plus vieux que lui.

Comme l'on sait depuis longtemps que M. de Vaugrenan, notre ambassadeur en Espagne, revient, on attendoit à tout moment la nomination de celui qui doit lui succéder. Cela ne fut déclaré qu'hier : c'est M. le comte de la Marck. Quoiqu'il ait déjà été en ambassade il y a plusieurs années, on ne croyoit pas qu'il songeât à celle-ci, par rapport à sa santé et à son âge, qui est au moins de soixante-six ou soixante-sept ans.

Hier, les ambassadeurs vinrent à l'ordinaire. M. Brignole, envoyé de Gênes, présenta un noble génois que l'on nomme Durazzo. M. Delci, notre nonce, présenta aussi le camérier qui vient apporter la barrette à M. le cardinal d'Auvergne; ce camérier est neveu de notre nonce et s'appelle comme lui, Delci. Il étoit chargé de plusieurs lettres du Pape, et entre autres d'une pour M. le cardinal de Rohan pour lui recommander le dit camérier. Je lus hier la dite lettre; elle est écrite en latin sur un grand parchemin plus long que large. Les lettres du Pape s'appellent des brefs.

L'affaire du concile de Florence fait toujours grand bruit ici. Le concile de Florence est regardé comme œcuménique en France. Ce concile avoit été assemblé à Bâle, de là transferé à Ferrare, ensuite à Florence. Il y avoit eu plusieurs difficultés pendant la durée de ce concile; il n'y avoit point même d'évêque de France à Florence, cependant depuis plus de cent ans ledit concile y est regardé comme œcuménique. Ce fut le pape Martin V qui, au commencement de l'année 1431, avertit tous les princes chrétiens que le concile général alloit se tenir à Bâle. Nicolas, archevêque de Palerme en Sicile, qui a fait l'histoire de ce concile, assure que ce Pape avoit principalement en vue de réunir l'Église grecque. Martin V mourut avant l'ouverture dudit concile. Eugène IV lui succéda; il étoit neveu de Grégoire XII, et avoit été hermite. On intenta contre lui à Bâle plusieurs chefs d'accusation, entre autres d'avoir cru aux faiseurs d'horoscopes, parce qu'il racontoit que dans son hermitage un pauvre passant lui avoit prédit qu'il seroit Pape et qu'il le seroit dix-huit ans. Le Pape donna une bulle pour la dissolution dudit concile et pour en assembler un autre à Bologne. L'empereur Sigismond, qui soutenoit le concile, s'opposa à la bulle; il écrivit au Pape, et lui représenta que la dissolution du concile étoit dangereuse et pour l'Église et pour lui-même; que les hérétiques sectateurs de Jean Huss y avoient été appelés et se disposoient à y venir; que d'ailleurs le concile venoit de renouveler les décrets de celui de Constance par lequel on avoit déposé Jean XXIII; que si ces décrets n'avoient pas lieu, l'élection de Martin V n'avoit pas lieu, ayant été faite du vivant de Jean XXIII, et que la sienne à lui-même ne le seroit pas, puisqu'il auroit été élu par des cardinaux, élus eux-mêmes par un Pape qui ne devoit pas l'être. Enfin, en 1438 le concile fut transféré de Bâle à Ferrare : ce ne fut pas sans beaucoup d'oppositions ; même un des légats, qui étoit le cardinal Julien, étant allé de Bâle à Ferrare, il n'y eut que quelques évêques qui le suivirent ; les autres et plusieurs ambassadeurs, entre autres ceux de France, demeurèrent à Bâle, où il y eut encore quelques sessions. Enfin, le concile s'ouvrit à Florence, dans l'église Saint-Georges, le 9 d'avril 1438. La peste étant survenue à Ferrare, après seize sessions qui y avoient été tenues, on transféra le concile à Florence, où l'on ne tint que neuf sessions. L'empereur ni le roi de France n'y avoient envoyé ni ambassadeurs ni évêques. L'union des Grecs avec les Latins fut faite dans ce concile. Jean Paléologue étoit alors empereur des Romains, et Charles VII roi de France. Charles VII soutenoit toujours le concile de Bâle; il y eut même dans ce temps-là la fameuse ordonnance que l'on nomma la pragmatique sanction, qui fut condamnée ensuite par le pape Eugène. Le détail de ce qui s'est passé sur cette affaire seroit trop long à mettre, mais ce qui est de certain, c'est que l'Église a reconnu depuis longtemps le concile de Florence. En conséquence, la Sorbonne a toujours soutenu sa validité. Il y a quelque temps qu'un bachelier ayant soutenu la même doctrine dans une thèse, le Parlement, toujours rempli de zèle pour les libertés de l'Église gallicane, mais dont le zèle est quelquefois indiscret, s'éleva contre cette thèse, et déclara par un arrêt qu'il ne regarderoit jamais le concile de Florence comme œcuménique et qu'il ne devoit point être regardé comme tel en France. Le Roi fut obligé, quelque temps après, de donner un arrêt du conseil pour empêcher le mauvais effet de celui du Parlement. L'arrêt du conseil est sage et mesuré. Le Roi déclare que ce n'est point à lui à décider de l'œcuménicité des conciles, mais qu'il doit soutenir de son autorité celle de l'Église, qui a reconnu celui de Florence. L'arrêt du conseil ayant été vu au Parlement, il y eut trois avis différents : l'un de faire un arrêté contraire, l'autre de faire des remontrances, le troisième de faire l'un et l'autre. Il passa à la pluralité des voix de faire un arrêté par lequel il est dit que le Parlement continuera à ne pas reconnoître le concile de Florence pour œcuménique, et qu'il s'opposera toujours à ce que les sujets du Roi le reconnoissent pour tel.

Je crois n'avoir pas marqué ci-dessus ce qui se passa après la mort de M. le maréchal de Berwick. Mme la maréchale de Berwick eut 20,000 livres de pension, et outre cela vingt autres mille livres aussi de pension pour distribuer à ses enfants, comme elle le jugeroit à propos. Je fus étonné d'apprendre, il y a quelques jours, par Mme la maréchale de Villars, que, quoique M. le maréchal de Villars soit mort en Italie commandant les armées du Roi, elle n'a point eu de pension. Je croyois que c'étoit l'usage aux veuves des maréchaux de France, et surtout lorsqu'ils meurent commandant les armées. Mme la maréchale de Gramont en a eu une aussi, je crois de 10 ou 12,000 livres, à la mort de M. le maréchal de Gramont, et Mme la maréchale de Noailles en eut aussi une pareille. Mme la maréchale de Chamilly n'en eut point; mais il y avoit des raisons d'exceptions personnelles. Elle s'étoit livrée aux nouveautés de l'Église avec tant de fureur, qu'elle étoit regardée dans le parti janséniste comme une mère de l'Église. Mmes de Villars et de Berwick avoient demandé l'une et l'autre que le Roi voulût bien faire l'honneur à la mémoire de leurs maris de leur faire faire un service aux dépens de S. M. Mme de Villars prétend que les frais de chaque service n'auroient pas été à plus de 2,000 écus pour le Roi. Je ne sais quelles furent les raisons dans ce temps-là; il n'y eut point de service de fait aux dépens du Roi.

Du 3. — M. de Polastron remercia hier le Roi pour le gouvernement du Neuf-Brisach. M. de Polastron, qui n'est pas riche, par ses talents et par son grade, aujourd'hui lieutenant général, pouvoit avec raison espérer d'être employé sur la frontière, ce qui vaut, comme j'ai dit plus haut, 20,400 livres; outre cela, étant à la tête des inspecteurs d'infanterie, il pouvoit espérer de devenir directeur, dont les appointements doublent, ce qui fait 16,000 livres. Il perd tout ces avantages par l'emploi de confiance que le Roi lui a donné auprès de M. le Dauphin; c'est pour l'en dédommager que le Roi lui donne Brisach, qui ne vaut à la vérité que 9,000 livres, mais qui en vaudra 15 après la mort de Mme la maréchale d'Estrées, comme j'ai expliqué plus haut. Outre cela, M. de Polastron conserve son inspection, qui lui en vaut 8. On croyoit que ce gouvernement de Brisach seroit donné à M. de la Javelière, qui a été nommé gouverneur de Philipsbourg avec 15,000 livres d'appointements, et à qui le Roi a conservé les appointements en rendant Philipsbourg. M. de la Javelière est maréchal de camp, et pouvoit même espérer d'être fait lieutenant général à cette dernière promotion-ci, d'autant plus que l'on a fait plusieurs de ses cadets. L'on est persuadé qu'il y aura quelque extension à cette promotion, et que M. de la Javelière et M. de Gamaches ne seront point oubliés.

J'appris hier la nouvelle de la mort de M. le chevalier de Viltz. Il y a bien longtemps qu'il souffre d'un effort dans la cuisse qui avoit donné occasion à ce que l'on appelle en termes d'anatomie un anévrisme. Sa cuisse étoit devenue d'une grosseur monstrueuse, et l'on a essayé inutilement toutes sortes de remèdes pour le guérir. Le chevalier de Viltz étoit colonel du régiment de cavalerie Royal-Pologne, qui étoit ci-devant Monteil. Le nom de M. de Viltz étoit Custine. Il y a longtemps qu'un de ses parents, nommé aussi Custine et qui étoit capitaine dans ledit régiment, disparut tout d'un coup et emmena avec lui le fils de M. d'Houdetot, lieutenant général, qui est capitaine, je crois aussi de cavalerie. Ils passèrent dans le pays étranger, se mirent au service de l'empereur, furent à Belgrade, eurent dans le cours de leur voyage plusieurs affaires particulières. M. d'Houdetot croyoit son fils perdu, n'en ayant aucunes nouvelles et n'en sachant d'autres, sinon que M. de Custine étoit à Venise avec un officier espagnol, avec lequel il s'étoit battu, et qu'il avoit blessé, et dont ils attendoient la guérison pour passer en Turquie avec un passe-port de M. de Froulay. M. d'Houdetot ne doutoit pas que son fils ne fût ce prétendu officier espagnol, et n'ayant par conséquent nulle espérance de le revoir, il venoit demander que la compagnie, qu'on a bien voulu lui conserver jusqu'à présent, fût donnée à un de ses frères. Dans ce même temps, M. de Mirepoix (1) lui a mandé que son fils étoit resté à Belgrade, qu'il l'avoit fait venir à Vienne, et qu'il le lui renvoyoit.

Hier, il y eut un petit mouvement au sujet d'une nouvelle difficulté que les princesses du sang veulent encore faire. Mlle de Clermont parla à la Reine; la Reine alla parler à M. le Cardinal; c'est au sujet de la cène. Mlle de Clermont prétend que les duchesses ne doivent point faire porter leurs carreaux dans la salle où se fait la cène, que ce droit n'appartient qu'aux princesses du sang. Mme de Luynes, sur cette nouvelle, en alla parler hier à M. le Cardinal, qui lui dit qu'effectivement la Reine lui en avoit parlé, et que les princesses du sang prétendoient que cette pièce devoit être regardée comme l'appartement de la Reine. Mme de Luynes représenta à S. Ém. que cette prétention étoit insoutenable et se détruisoit d'elle-même; que cette pièce étant la grande salle des gardes, appelée

---

(1) Le marquis de Mirepoix, ambassadeur extraordinaire du Roi à Vienne.

le magasin, que c'étoit l'officier qui y commandoit; que si elle pouvoit être regardée comme la chambre de la Reine, il faudroit que la surintendante ou la dame d'honneur y eût le commandement; que les duchesses avoient la prérogative d'avoir des carreaux devant le Roi et devant la Reine dans l'église; que la conséquence paroissoit nécessaire qu'elles en eussent en pareilles cérémonies. Mme de Luynes ajouta à S. Ém. que si l'on faisoit quelques nouvelles difficultés, elle le supplioit de trouver bon qu'elle se retirât. Ce qui est certain, c'est que les duchesses ont toujours eu des carreaux en pareilles occasions; elles en avoient l'année passée et j'avois oublié de le marquer.

Du 5, à Versailles — Avant-hier jeudi, le Roi et la Reine allèrent à différentes heures à la chapelle, et même entre neuf et dix heures, adorer le Saint-Sacrement.

Hier la Reine y fut encore; il fallut même réveiller les Suisses pour lui ouvrir la chapelle. Le jeudi saint, il y eut une quêteuse, qui fut Mme de Soubise. Mme d'Andelot avoit quêté le dimanche des Rameaux.

La Reine ne mangea point de poisson vendredi, ni même de beurre; elle n'eut à dîner que des légumes à l'huile. Elle a fait le carême en entier, et on a remarqué que le nombre des plats ou assiettes servis sur sa table étoit de vingt-neuf ou trente, en comptant les corbeilles et assiettes de fruit. Le Roi a commencé à faire maigre cette semaine. Il a fait gras mardi, jeudi, vendredi et samedi; il ne fit point le mercredi; il alla à la chasse ce jour-là, et revint pour les ténèbres. S. M. ne mangea le vendredi saint que du lait, du riz au lait, du potage au lait, etc.

Dans les trois jours de ténèbres, tout s'est passé à l'ordinaire. Il y a un des psaumes chanté en musique et le *miserere* en faux bourdon. Mesdames ont été tous ces trois jours à ténèbres et aujourd'hui à complies; elles ont été à la première travée à droite en entrant, avec un tapis seulement pour couvrir la banquette et des carreaux sur ledit tapis. Le mercredi, Mlle de Clermont ayant demandé une travée, on lui avoit gardé la seconde à droite. Mme de Tallard représenta que moyennant cet arrangement, les sous-gouvernantes de Mesdames n'avoient point de places. Cette représentation a eu tout son effet : la seconde travée à droite a été depuis gardée pour la suite de Mesdames, et Mlle de Clermont eut la seconde travée à gauche le jeudi ; la première étoit gardée pour M. le duc de Chartres. Le jeudi saint, il n'y eut nulle difficulté à la cène de la Reine, et les projets de Mlle de Clermont n'eurent aucun effet ; les duchesses eurent leurs carreaux et portèrent les plats à la cène suivant la règle. Madame et Mme Henriette marchoient d'abord, puis Mlle de Clermont et Mme de Rochechouart, comme la plus ancienne duchesse ; ensuite les quatre ou cinq autres duchesses, suivant leur rang, excepté Mme d'Antin, qui devoit marcher la dernière et qui se trompa et marcha la pénultième ; et après les duchesses marchoient quatre ou cinq dames non titrées, entre autres Mmes de Mailly, de Bouzols, de Mérode, et Mlle de Mailly. La cène de la Reine fut à trois heures après midi.

Le vendredi, il n'y eut rien d'extraordinaire à l'adoration de la croix. Il n'y avoit pas un seul duc en bas, que M. de Béthune avec son carreau derrière le fauteuil du Roi. A droite du Roi étoit M. le duc de Chartres, ensuite M. le Duc, M. le prince de Dombes, M. le comte d'Eu, M. de Penthièvre ; à gauche, du côté de la Reine, étoient Mademoiselle et Mlle de Clermont. A droite, devant le prie-Dieu, trois aumôniers du Roi, le P. de Linières au bout du prie-Dieu, dans l'épaisseur dudit prie-Dieu, tous en manteau long, de même que ceux de la Reine, qui étoient du côté gauche ; ils étoient trois aussi ; et après eux étoit le petit abbé, le moine chapelain de la Reine ; il y avoit cependant quelque distinction de son habillement à celui des aumôniers. Les aumôniers du Roi étoient les deux de quartier et un du quartier dernier, et pour la Reine l'aumônier ordinaire, celui de quartier et celui du quartier dernier. Après le prêtre, le diacre et le sous-diacre, les aumôniers de la Reine allèrent les premiers à l'adoration de la croix, ensuite le confesseur du Roi, puis les aumôniers du Roi ; l'abbé d'Aydie fut le dernier qui y alla, et il resta à genoux auprès de la croix pour tenir le bassin et recevoir les offrandes, et il y fut toujours jusqu'après que M. de Penthièvre eut adoré la croix. Le Roi fut suivi par M. le duc de Chartres, et M. de Chartres revint accompagner le Roi ; et aussitôt que la Reine eut adoré la croix, M. de Chartres y alla, puis M. le Duc, Mademoiselle, Mlle de Clermont, M. le prince de Dombes, M. le comte d'Eu, M. de Penthièvre. M. de Tessé donnoit la main à la Reine. Pour Mme de Luynes, elle ne sortit pas de sa place. On fit la procession pour aller prendre le Saint-Sacrement ; tous eurent des cierges ; Mme de Luynes en eut un.

Du lundi 7. — Samedi dernier, le Roi fit ses pâques à la grande paroisse. Il y avoit deux princes du sang, M. de Chartres ou M. de Clermont, je ne sais lequel des deux, et de l'autre côté M. le duc de Penthièvre. Outre M. le duc de Béthune, capitaine des gardes, il y avoit MM. les ducs de Villeroy et de Rochechouart ; cela ne faisoit nul inconvénient ce jour-là, à cause des deux princes du sang. Le jour que le Roi fait ses pâques, l'usage est que les quêteuses ne viennent point demander au Roi, mais à l'aumônier de quartier ; et l'abbé d'Aydie, qui est un des aumôniers, m'a dit qu'il y avoit dix-sept quêteuses et qu'il leur avoit donné à chacune deux louis. Au retour de la paroisse, le Roi vint toucher les malades dans la galerie des princes, à l'ordinaire. S. M. alla ensuite à la chapelle où l'office étoit commencé ; il entendit la grande messe. L'après-dînée, les complies, l'*O filii et filiæ* en musique ; c'est l'usage.

Le dimanche de Pâques, le Roi et la Reine furent à la grande messe en bas. Ce fut Mme d'Ancenis qui quêta. L'après-dînée, il y eut sermon et le compliment suivant l'usage. La Reine s'étant trouvée un peu mal ne put rester à la chapelle en bas, et s'en étant retournée chez elle ne revint qu'à moitié de vêpres, mais en haut. Ce que je remarquai, c'est que l'on ôta son fauteuil ; celui du Roi fut mis au milieu du drap de pied ; il n'y avoit point de princesses ; M. le duc de Chartres étoit à droite, M. de Dombes à gauche, chacun sur un pliant; leurs pieds étoient à la même hauteur de ceux du Roi, au bord du drap de pied.

Du 8, Versailles. — Le Roi et la Reine n'ont entendu lundi et mardi qu'une messe basse; mais LL. MM. ont été à vêpres et à complies. Dimanche, l'*O filii* fut chanté par les chantres et non par la musique. M. de Tessé fut jeudi à la cène du Roi. Ce fut une faute dont il a été bien fâché; mais comme cela a été sans inconvénient jusqu'à ce qu'il fût grand d'Espagne, et qu'il n'y a pas longtemps qu'il l'est, il ne fit pas l'attention qu'il auroit dû faire. Je lui représentai, il y a quelques jours, qu'il devroit avoir attention de prendre un carreau derrière le fauteuil de la Reine, puisqu'il en a le droit, les grands d'Espagne ayant les mêmes honneurs en France que les ducs; mais il est vrai qu'il y a des occasions où il ne pourroit pas avoir ce carreau, parce qu'il n'a point de place derrière le fauteuil de la Reine comme le chevalier d'honneur; je l'ai déjà observé ci-dessus. Lorsque la Reine est en bas, son premier écuyer se met ordinairement sur le banc vis-à-vis le Roi sans avoir de place marquée; il sembleroit que la chaise à porteurs de Mme de Tessé devroit avoir une housse, puisque c'est le droit des grandes d'Espagne, cependant elle n'en a point, et M. de Tessé me fit l'observation que la chaise de Mme de Tessé étoit une des chaises de la Reine, de manière même que si la Reine étoit en grand deuil, Mme de Tessé auroit une chaise clouée.

Il y a eu ce carnaval quelques plaintes ici au sujet de la gendarmerie. La gendarmerie est à Arras. M. d'Isenghien, qui en est gouverneur, reçut une lettre où on lui marquoit que quelques gendarmes avoient insulté un prêtre ; que la garde de la ville avoit voulu les arrêter et qu'ils avoient fait rébellion en criant : « à moi gendarmes » ; qu'il y avoit eu même plusieurs personnes de blessées. M. d'Isenghien apporta cette lettre à M. d'Angervilliers. En conséquence, M. du Châtelet, major de la gendarmerie, eut ordre de partir pour s'informer des faits et faire tenir un conseil de guerre pour la punition des coupables. M. du Châtelet revint avant-hier au soir ; il me conta hier matin que le conseil de guerre avoit été tenu et que l'on n'avoit point trouvé de preuves contre les gendarmes, qu'on avoit seulement reconnu que trois des gendarmes étoient sortis après l'appel fait ; qu'un quatrième, ivre et masqué, avoit été pris par la patrouille ; qu'au reste l'insulte faite au prêtre avoit été légère, puisqu'on lui avoit seulement proposé d'aller au bal, et que c'étoient des gens masqués et inconnus, et qu'il n'y avoit eu personne de blessé ; que la punition n'avoit été que quelques mois de prison. Cette affaire fait d'autant plus de bruit que d'une part le ministre trouve ce jugement bien doux, de l'autre MM. de la gendarmerie sont fort mécontents de M. d'Isenghien. Ce sont eux qui m'ont conté le contenu de la lettre et qui m'ont ajouté même que M. d'Isenghien avoit été chez M. du Châtelet pour lui faire une honnêteté sur ce qui s'étoit passé.

Mme Vanhoey, ambassadrice de Hollande, vint hier à la toilette de la Reine. Mme de Luynes la fit entrer immédiatement après la chambre, et Mme de Vanhoey fut assise suivant la règle.

Les voyages de Marly sont réglés depuis quelques jours. Le premier, du 27 de ce mois au 8 de mai, et le second du 27 mai au 4 juin. Il y en aura un troisième après Compiègne.

Du 18, *Versailles.* — J'ai parlé ci-dessus d'une somme de 100,000 francs que M. de la Trémoille avoit obtenue dans le temps des fermes générales, ladite somme des tinée à payer M. de Richelieu à qui M. de la Trémoille doit lesdites 100,000 livres ; je crois que c'est du jeu. Cela n'a pas été fait dans le temps du bail desdites fermes, mais depuis les fermes données. Il est mort un fermier général, et M. de Richelieu, à cette occasion, a demandé à M. le Cardinal qu'il voulût bien contribuer à la facilité de son payement en faisant donner les 100,000 francs à M. de la Trémoille par celui qui seroit mis en place. Le fermier qui est mort étoit un gendre de Bontemps.

J'allai il y a quelques jours à Paris voir la représentation de Saint-Pierre de Rome ; c'est au vieux Louvre que le Sr Servandoni a fait construire cette représentation (1) ; cela est absolument dans le goût des décorations d'opéra. L'œil est trompé quand on est dans le point de vue ; mais comme le lieu, quelque grand qu'il soit, n'a pu permettre que de réduire l'église aux deux tiers de ce qu'elle est réellement, cela ne présente l'idée que d'une église d'une grandeur ordinaire. Ce qui est parfaitement bien imité, c'est le jour. Un très-grand nombre de lampions placés avec art donne l'idée du jour tranquille d'une église. Quelques gens ont prétendu que l'autel étoit trop petit par rapport à l'église ; il y a aussi plusieurs représentations de figures à genoux proportionnées à l'élévation du vaisseau qui servent extrêmement à la décoration de la perspective. Les frais de cette illumination et autres indispensables sont assez considérables. Servandoni me dit que ces frais journaliers alloient déjà à environ 10,000 francs, et cela indépendamment de la construction, bois, peinture, etc. Il comptoit dans ce

---

(1) Le *Mercure* de février annonce (page 319) que le chevalier Servandoni, peintre et architecte du Roi, travaille depuis six mois et emploie quantité d'ouvriers de toute espèce pour donner la représentation de l'église de Saint-Pierre de Rome, et qu'on verra cette représentation dans la grande salle des machines du palais des Tuileries pendant les trois semaines du temps pascal, selon la permission que le Roi a bien voulu lui en accorder.

temps-là avoir tiré à peu près 20,000 francs de ceux qui sont venus voir cette décoration.

J'allai voir aussi le même jour le flûteur du S*r* de Vaucanson dont j'ai parlé (1). C'est une machine digne de curiosité, et qui doit avoir coûté beaucoup d'argent et de travail. La figure est sur un piédestal, dans une salle de l'hôtel de Longueville (2). Dans le piédestal sont tous les ressorts, tambours, chaînes, qui font mouvoir les doigts. Cette figure joue douze airs, les six derniers mieux que les six premiers. Elle joue même des doubles d'airs, forme des tenues de vent, des échos très-marqués. On ne peut pas dire que la façon de jouer ces airs soit dans la dernière perfection ; mais il est singulier d'être arrivé au point où est cette figure. Le vent sort réellement par la bouche et ce sont les doigts qui jouent. Les doigts sont de bois avec un morceau de peau sur l'endroit qui bouche les trous. Toute la figure est de bois, hors les bras qui sont de carton. Un défaut apparent qu'on n'a pu éviter c'est que la bouche demeure toujours ouverte. Il y a cependant un mouvement réel dans la lèvre supérieure, mais ce n'est que dans les deux côtés.

Il y a encore une curiosité à Paris que je n'ai point vue, que l'on appelle l'hydraulique ; c'est un tableau mouvant par l'effet de l'eau, dont les figures sont assez bien exécutées.

On parle toujours du mariage de M. de Goësbriant le père avec M*lle* de Sully. M*lle* de Sully est hors de la maison de ses père et mère depuis longtemps, et retirée à Bellechasse. Les sommations respectueuses sont faites depuis quelque temps ; il y a des oppositions de la part de M. de Goësbriant le fils; on espère cependant que tout cela sera terminé incessamment.

Il y a cinq ou six jours que j'ai appris la mort de M. de

---

(1) Voir les détails sur cet automate dans le *Mercure* d'avril, page 738.
(2) Rue Saint-Thomas du Louvre.

Montpellier (1); il est mort dans les mêmes sentiments où il étoit depuis longtemps; il a cependant déclaré en mourant qu'il reconnoissoit le Pape pour le chef visible de l'Église, et qu'il mouroit dans la foi de l'Église catholique, apostolique et romaine, mais que d'ailleurs il persistoit dans les sentiments connus par ses discours et par ses écrits. Il demanda à recevoir Notre-Seigneur. Le doyen du chapitre refusa de lui administrer les sacrements; la seconde dignité du chapitre refusa de même; il n'y eut que le troisième qui lui porta N.-S. Il est mort à Montpellier; il étoit frère de M. le marquis de Torcy, neveu de feu M. Colbert. M. de Croissy, leur père, et M. Colbert, étoient frères. M. de Montpellier fait l'hôpital de Montpellier son légataire universel; il laisse à M. son frère sa bibliothèque, qui, à ce que l'on dit, vaut 200,000 francs; mais il le charge de donner 20,000 écus d'argent à l'hôpital de Montpellier. Il laisse 10,000 francs une fois payés à M. de Croissy, son neveu, capitaine des gardes de la porte, fils de M. de Torcy, et cela parce qu'il a été son parrain. D'ailleurs il ne laisse à tous ses parents que pour marquer qu'il ne les a pas oubliés. Il laisse à chacun cent francs une fois payés, même à sa sœur, Mme la duchesse de Saint-Pierre. Il a une autre sœur religieuse à Maubuisson, à qui il laisse sa chapelle avec un calice d'or qui lui avoit coûté, à ce que l'on dit, 14,000 livres.

J'appris aussi il y a quelques jours la mort de Mme la comtesse de Vertus; elle étoit d'Aligre. M. le comte de Vertus s'appeloit Goëllo du vivant de son frère aîné, qui étoit enseigne ou guidon des gendarmes de la garde. Sa sœur, qui vit encore, est veuve de M. le prince de Courtenay.

J'ai déjà marqué plusieurs fois combien on avoit d'im-

---

(1) Charles-Joachim Colbert de Croissy, nommé évêque de Montpellier en 1697. C'était un des chefs du parti janséniste « qui ne craignoit ni menaces, ni récompense, dit Barbier, et qui étoit habile et honnête homme. »

patience de voir une détermination prise par rapport aux régiments. M. d'Angervilliers ne travailloit pas une seule fois avec le Roi que l'on ne crût, au sortir du travail, en apprendre des nouvelles. Il y a quatre ou cinq jours que quelqu'un, en badinant, ayant fait une liste de tous les régiments à donner et mis vis-à-vis chaque régiment Monsieur. en blanc, ce papier fut apporté au Roi, qui en badina le premier et le donna à M. le duc de Charost en lui disant : voilà la liste des régiments. Cette plaisanterie courut ici le même jour. Un ou deux jours auparavant, le Roi avoit fait une plaisanterie à M. de Crillon, à son dîner, sur le désir qu'il paroissoit en avoir un et la douleur où il seroit s'il n'en avoit point, ajoutant que les circonstances présentes étoient les seules favorables où il pût se trouver, M. l'archevêque de Tours, son oncle, voulant bien payer ledit régiment. Il étoit aisé de juger par ce discours du Roi qu'il alloit donner incessamment les régiments; effectivement avant-hier, 16 de ce mois, M. le Cardinal ayant été chez le Roi, comme il y va régulièrement depuis quelque temps tous les jours, M. d'Angervilliers fut mandé. L'on attendoit avec impatience la fin de ce travail, et il y avoit un monde prodigieux chez le Roi. S. M., qui avoit été à la chasse ce jour-là et qui n'est plus présentement dans le même régime du lait, avoit déjeuné avant que de partir et soupoit à huit heures. Son souper fut un peu retardé par la longueur du travail; enfin M. d'Angervilliers sortit pendant que le Roi étoit à table et ne dit mot en sortant du cabinet; il retourna chez lui faire mettre une liste au net, et l'envoya au Roi. Le Roi, au sortir de son souper, entra chez la Reine, qui jouoit; il parla de la liste qu'il avoit dans sa poche ; mais comme la Reine ne la lui demanda point, personne n'osa lui faire de question. Le Roi en revenant chez lui parla encore de la liste, et quelqu'un lui ayant dit qu'il falloit bien s'attendre qu'un grand nombre de gens seroient affligés, le Roi répondit : « Comment faire pour contenter cent personnes avec vingt-deux régiments? après cela, ajouta-t-il, ce n'est que reculer pour mieux sauter. » Il se reprit ensuite : « On ne peut pas dire pour mieux sauter, mais pour avoir le même sort. » Je joins ici la liste desdits régiments (1).

M. le duc de Rohan, fils de M. le prince de Léon, est compris dans ladite liste, parce qu'il a désiré avoir un régiment plus ancien que le sien; aussi lui coûte-t-il 55,000 livres au lieu que le sien n'étoit que de 40,000 livres. A l'égard du régiment Royal-Pologne et de celui de Châtellerault, il y a eu une espèce d'arrangement. M. le chevalier de Viltz, mort sans avoir donné sa démission, fait que M. de Châtellerault passe d'un régiment de 22,500 livres à un de 100,000 livres, sans avoir rien à donner; mais comme il n'auroit pas été juste qu'en pareille circonstance il eût vendu son régiment, il sembloit que M. d'Andelot auroit dû avoir pour rien celui de M. de Châtellerault; cependant M. d'Andelot donne 22,500 li-

---

(1) RÉGIMENTS DONNÉS LE 16 AVRIL 1738.

Infanterie.

Richelieu,	MM. Le duc de Rohan.	Languedoc,	MM. Douglas.
Vermandois,	Clermont-Gallerande.	Provence,	D'Aubeterre.
Guyenne,	Chevalier de Dreux.	Isle de France,	Crussol.
Hainault,	Custine.	Vexin,	Puységur.
Touraine,	Prince de Tingry.	Vivarais,	De Rougé.
Soissonnois,	Donges.	Ponthieu,	Joyeuse.
Bretagne,	Crillon.	Deslandes,	Dessalles.
Perche,	Livry.	Santerre,	D'Escars.

Cavalerie.

Royal-Roussillon,	MM. Prince de Croy.	Berry,	MM. Prince d'Havré.
Dauphin,	Volvire.	Saint-Simon,	Sabran.
Dauphin étranger,	Polignac.	La Tour,	Chabrillan.
Bretagne,	Gassion.	Mouchy,	D'Asfeldt.

Dragons.

Languedoc, M. De Rannes.

Guidons de Gendarmerie.

Decertaux, MM. Rochefort.
Lannion, D'Autichamp.

Gendarmes Dauphins.

M. de Tillières.

vres, et voici comment. Il avoit une compagnie dans Royal-Pologne dont le prix est de 10,000 livres; il donne sa démission de cette compagnie; le Roi y nomme. Le lieutenant-colonel du régiment de Châtellerault, ancien officier et brigadier, vouloit se retirer et trouvoit 12,000 livres de sa compagnie; il demandoit outre cela une pension de retraite, qu'il auroit demandée plus considérable s'il n'avoit vendu sa compagnie que la taxe, qui est 8,000 livres. L'aide-major de Châtellerault, qui est frère de Duchiron, un des principaux commis du bureau de la guerre, désiroit d'avoir une compagnie et n'en vouloit pas donner 12,000 livres. Tous ces intérêts différents ont été réunis, et le Roi y a trouvé quelque avantage. M. d'Andelot donne 12,500 livres, faisant avec sa compagnie le prix d'un régiment gris. Les 12,500 livres sont données à M. de Moneue, et le Roi lui donne une pension moins forte, c'est-à-dire 1,500 livres en comptant ce qu'il avoit déjà, et le Roi nomme à la compagnie vacante le frère de M. Duchiron. Les emplois dans la gendarmerie sont aussi compris dans la liste. Les quatre maréchaux de camp que l'on a faits dans la gendarmerie ont fait un grand mouvement dans ce corps. Quelques-uns d'eux vouloient garder leurs emplois quoique maréchaux de camp; mais on ne l'a pas voulu. Les quatre capitaines en second sont montés aux quatre compagnies; ils ont été remplacés par quatre sous-lieutenants, et les quatre sous-lieutenants par quatre guidons, et le Roi a donné quatre nouveaux guidons. M. de Douglas étoit dans le régiment du Roi. Le Roi vouloit donner un régiment à un des officiers du sien, ce qui est une grâce particulière, et même en quelque manière nouvelle, le feu Roi ne s'en étant jamais fait une règle et choisissant dans son régiment suivant qu'il avoit de régiments à donner. C'est de M. le comte de Biron même que je sais ce détail. Le Roi demanda à M. le comte de Biron de lui présenter un sujet, et M. de Biron lui nomma M. Douglas, lequel étoit le plus ancien de ceux qui étoient en état d'acheter ; M. de Joyeuse et M. de Crillon étoient aussi dans le régiment du Roi, mais ils ne peuvent être mis dans la même classe que M. de Douglas : c'est une grâce attachée au corps, et les autres sont des grâces personnelles.

Le Roi vient de donner plusieurs pensions et gratifications. Il y a quelques jours qu'il donna une pension de 8,000 livres à M. le duc de Béthune. Les affaires de M. de Béthune ne sont pas bonnes depuis la mort de sa femme, dont il avoit eu beaucoup de bien ; mais ce bien appartient aujourd'hui à son fils, et dans ces circonstances il avoit demandé une pension de 8 ou 10,000 livres. M. le duc d'Harcourt a aussi eu une pension de 8,000 livres, M. le prince Charles une pension de 12,000 livres, M. de Talleyrand une de 3,000 livres, et M. de Chalais une gratification de 12,000 livres une fois payée. Il y a des exemples que ces gratifications tournent quelquefois en pensions.

J'ai oublié de marquer que dans le nombre des mécontents pour les régiments étoit Mme la princesse de Conty, qui en demandoit un avec instance pour M. d'Agénois, fils de Mme d'Aiguillon ; mais il y avoit déjà plusieurs jours que M. le Cardinal lui avoit dit qu'il étoit impossible de faire ce qu'elle désiroit, et M. d'Agénois va entrer dans le régiment du Roi.

La nouvelle du jour et même d'hier est le départ de Mesdames pour Fontevrault ; il y a déjà quelques jours que l'on en parloit, mais cela ne fut déclaré qu'hier. Il ne reste ici que Madame et Mme Henriette ; les cinq autres vont à Fontevrault, et doivent partir, à ce que l'on dit, le 5 du mois prochain, avant le retour de Marly. Je ne sais point encore le nombre des femmes qui doivent les accompagner, ni de celles qui doivent rester, ni ce que le Roi donnera à la communauté. On m'a assuré que c'étoit Mme l'abbesse de Fontevrault, qui est Mortemart, que l'on chargeoit du soin de Mesdames. Mme de la Lande, une des sous-gouvernantes, conduira Mesdames et reviendra ici après les avoir conduites. J'ai ouï dire qu'il resteroit deux ou trois femmes avec chacune de Mesdames; elles ont actuellement chacune dix femmes de chambre et une fille de garde-robe ; c'est onze (1).

Je n'ai point encore parlé du nommé Guillemain (2) qui vient d'être reçu violon à la chapelle; il est aussi reçu à la chambre. Ce Guillemain avoit été chez M. le comte de Rochechouart étant fort enfant; M. de Rochechouart, lui voyant de la disposition pour le violon, l'avoit fait apprendre. Il a beaucoup travaillé; il a été en Italie, où il a joué avec Somis (3) pendant longtemps. Il est venu au point d'être le premier après Guignon (4) et dans le même genre. On lui donne 1,500 livres à la chapelle; il a outre cela 600 livres pour la chambre. On a pris aussi depuis quelque temps pour la chapelle, le nommé Selle, Allemand, qui étoit à M. le comte de Toulouse et qui joue parfaitement bien du hautbois, de la flûte allemande et de la flûte à bec, sans compter beaucoup d'exécution qu'il a sur le violon. On a pris aussi à la chapelle le nommé Ferrière, qui est très-bon pour la flûte traversière ; mais ces deux derniers ne sont point encore à la chambre.

---

(1) « Le cardinal a imaginé un moyen de ménager au sujet de toutes nos Filles de France, actuellement au nombre de sept, qui embarrassent le château de Versailles, et causent de la dépense. Ç'a été d'en envoyer cinq à l'abbaye de Fontevrault... » (*Journal de Barbier*, t. III, p. 128.)

(2) Gabriel Guillemain, violoniste très-habile, né à Paris en 1705; il se tua en 1770. (*Fétis.*)

(3) Laurent Somis, célèbre violoniste italien, maître de chapelle du roi de Sardaigne, vivait encore à Turin en 1735. (*Fétis.*)

(4) Jean-Pierre Guignon, né à Turin en 1702, mort à Versailles en 1774. Il vint jeune à Paris, acquit en peu d'années une habileté prodigieuse sur le violon, entra au service du Roi en 1733, et devint le maître de violon du Dauphin; il se fit donner le titre et les droits de *Roi des violons et ménétriers*. C'est le dernier musicien qui ait porté ce titre, qu'il fut obligé d'abdiquer en 1773, après de longues luttes. (*Fétis.*)

Il y a déjà plusieurs jours que M. de la Chétardie, envoyé du Roi en Prusse, est ici pour congé. Il vint chez moi avant-hier. Je lui fis beaucoup de questions sur l'état de la Prusse; il me montra un plan du palais de Berlin. Le bâtiment de ce palais paroît assez magnifique; il est bâti dans une péninsule entourée de trois côtés de la rivière de [la Sprée]; l'entrée du palais est du côté de la ville par une grande avenue. Les logements du Roi et de la Reine sont à gauche en entrant, et au-dessous du logement du Roi, dans les caves, est le trésor de S. M. prussienne, que l'on dit contenir cent quarante millions. Devant le château il y a des jardins qui paroissent assez beaux et qui s'étendent jusqu'à la rivière; de l'autre côté de la rivière est une maison de campagne, que l'on appelle Monbijoux, avec des jardins agréables. Assez près du château il y a un bâtiment considérable qui n'est habité que par des François réfugiés. Dans le temps de la révocation de l'édit de Nantes, en 1685, il passa environ vingt-deux mille François dans les états du roi de Prusse; plus des trois quarts s'établirent à Berlin. Il y a encore dans cette ville plus d'un tiers de ceux qui s'y étoient établis ou de leurs descendants, qui se réputent toujours François; mais de ceux mêmes qui s'y sont réfugiés en 1685 il y en a encore cent quatre-vingts. Le roi de Prusse (1) passe trois ou quatre mois de l'année de suite à Berlin, et voici la vie qu'il y mène. Il se lève tous les jours à cinq heures du matin; dès qu'il est habillé, deux secrétaires de ses commandements viennent chez lui avec deux corbeilles, l'une remplie de papiers et l'autre vide. Toutes les grâces que chaque officier a à demander au roi de Prusse, il peut la lui demander par lettre, et le Roi lit toutes ces lettres; de l'extrait de ces lettres on fait un mémoire avec une marge, et ces mémoires sont mis dans une des corbeilles. Le Roi

---

(1) Frédéric-Guillaume 1er, né en 1688, roi de Prusse en 1713, mort en 1740, marié à Sophie-Dorothée de Hanovre, et père du grand Frédéric.

les prend et les répond de sa main ; ensuite ils sont portés dans la corbeille vide. Ce travail dure trois heures tous les jours. Ensuite il passe chez la Reine, où il reste environ une demi-heure, puis il descend pour voir monter la parade. Il y a toujours environ quatorze cents hommes à Berlin. Comme le temps qu'il passe avec les troupes est celui qui lui est toujours le plus agréable, il reste en bas jusqu'à environ onze heures et demie, et c'est alors qu'il envoie un de ses chambellans avertir ceux de ses généraux ou autres officiers, même jusqu'aux capitaines, de venir dîner avec lui. Le roi de Prusse, étant remonté chez lui, fait la conversation debout avec les courtisans et ses officiers jusqu'au moment du dîner, qui est toujours à midi précis. Le Roi et la Reine dînent ensemble à une table longue et étroite, à peu près comme celle d'un réfectoire, et qui est de trente couverts. Il n'y a point de rang pour la séance à ce dîner ; le Roi est au bout d'en haut de la table, mais la Reine n'est point auprès de lui, c'est le prince électoral d'un côté et une princesse de l'autre ; ensuite la Reine du côté gauche, et du côté droit une princesse, de manière que le second prince et la princesse se trouvent vis-à-vis l'un de l'autre vers le milieu de la table. Les capitaines mêmes, comme je viens de dire, mangent avec le Roi et avec la Reine. Le dîner est assez grand, mais sans délicatesse, et ne dure pas fort longtemps, quand la Reine y est ; car dans les temps que le Roi est séparé de la Reine, les repas sont quelquefois longs et l'on y boit même assez considérablement.

Immédiatement après le dîner que je viens de dire le roi de Prusse se retire chez lui pour faire la sieste, ce qui dure environ une demi-heure ; mais il ne se couche pas. Lorsqu'il est éveillé, il descend encore en bas pour donner l'ordre. Cette occupation dure encore assez longtemps, parce qu'elle fait son amusement ; il remonte chez lui vers les cinq heures et demie ou six heures, et c'est alors qu'il commence à fumer jusqu'à dix heures du soir, qui est l'heure qu'il va se coucher. Pendant ces trois ou quatre heures, tous les officiers qu'il a nommés viennent fumer avec lui ; il est assis avec eux sans aucune distinction, et fait la conversation avec eux familièrement et sur toutes sortes de sujets. Quelquefois il interrompt cette occupation de fumer par une espèce de jeu de trictrac où il joue un demi-ducat pour s'amuser. Pendant ce temps, la Reine ne sort point de chez elle, et quoiqu'elle ne soit pas dans le même régime que le Roi, de ne point souper, elle soupe en particulier avec les princes et princesses et sa dame d'honneur, et elle se couche sur les onze heures. Le régiment des gardes du roi de Prusse est d'environ trois mille hommes, de ce que l'on appelle les grands hommes (1); mais c'est à Potsdam que demeure toujours ledit régiment, à huit lieues de Berlin.

L'année du roi de Prusse est divisée en trois espèces de séjours différents : trois ou quatre mois à Berlin, trois mois environ à voyager dans ses États, et quatre ou cinq mois à Potsdam. La Reine ne le suit point dans ses voyages, hors à Potsdam ; et lorsque le Roi n'est ni à Berlin ni à Potsdam, la Reine quitte le château de Berlin et va passer ce temps à Monbijoux, dont j'ai parlé ci-dessus. Là, elle mange avec des hommes et des femmes ; elle se couche et se lève plus tard ; elle n'est plus obligée aux mêmes as-

---

(1) Les grands hommes ou grands grenadiers étaient un régiment composé des hommes les plus grands que l'on pouvait se procurer, à prix d'argent ou par enlèvement. On cite un prêtre, l'abbé Batthiany, enlevé par les racoleurs prussiens, pendant qu'il disait la messe, obligé de servir pendant trois ans, et rendu enfin à la liberté sur les plus vives réclamations de la diplomatie. Le peuple appelait ces grands grenadiers : les géants. Les géants furent supprimés par Frédéric le Grand, à cause de la cherté des engagements. La manie de Frédéric-Guillaume pour les grands soldats fut portée si loin que vers 1730 le plus petit homme de l'armée avait 5 pieds 6 pouces. Pour flatter cette manie, l'empereur de Russie lui envoyait chaque année un *cadeau* d'une centaine d'hommes de haute taille pour être incorporés dans les grands grenadiers. Grimoard dit que les soldats du premier rang d'une compagnie dont le Roi s'était fait capitaine, avaient tous sept pieds de haut.

sujettissements qu'à l'ordinaire. Le temps du séjour de Potsdam est le seul où le Roi aille à la chasse. Potsdam est une ville située au milieu des bois et où il y a un assez grand parc rempli de beaucoup de gibier. Le roi de Prusse ne court que le cerf; il n'y a que lui seul dans ses états qui ait un équipage de chasse. Comme il est fort gros, il monte à cheval par principe de santé, mais il court assez doucement, et a des chiens lents, que l'on arrête encore quelquefois pour l'attendre. La charge de grand veneur chez lui est plus considérable qu'en France, en ce que toutes les espèces de chasse et tous les bois en dépendent. Les forêts des environs de Potsdam sont assez bien percées. Quelquefois le Roi de Prusse va aussi tirer, et tue jusqu'à trois cents pièces de gibier dans son parc. L'état de ses troupes est d'environ soixante mille hommes, sur quoi il a douze régiments de cinq bataillons chacun, et trois chacun de dix bataillons; il y a trois régiments de hussards, et cinq ou six régiments de dragons. Les colonels de ces régiments y demeurent pendant toute l'année, et le prince électoral lui-même n'est pas exempt de cette loi. Ces régiments viennent alternativement passer quelque temps à Berlin, et celui du prince électoral plus souvent que les autres. Pendant que le prince électoral est à son régiment, il tient toujours une table pour ses officiers, et lors même que par hasard il s'en absente pour venir passer quelque temps avec le Roi, la table est toujours tenue à ses dépens. Le Roi a voulu qu'il passât par tous les grades militaires; il n'y a pas longtemps qu'il fut fait général major. A l'occasion de cette dignité il reçut des compliments comme un particulier auroit pu en recevoir en pareil cas.

Du 22. — Il y eut un changement hier par rapport au voyage de Marly; le second voyage, qui devoit être le 27 mai, est retranché, et on allonge le premier d'un jour seulement; on reviendra le 9 au lieu du 8. Le Roi, en faisant la liste, raya de sa main trois ou quatre dames et plusieurs hommes; cela a été d'autant plus remarqué qu'il y a même une de ces dames pour laquelle M. le maréchal de Noailles insista sans pouvoir rien obtenir. M. de Maillebois, le fils, quoique maître de la garde-robe, ne va point à Marly; il est vrai qu'il n'est point en année, mais il avoit demandé.

Mme de Souvré, qui est Mlle de Sailly, fut présentée avant-hier par Mme la princesse de Conty; elle a pris aujourd'hui ses grandes entrées chez la Reine à cause de la charge de maître de la garde-robe qu'a son mari, et elle va à Marly. Il y a aussi plusieurs dames ce voyage-ci qui n'y avoient pas encore été : Mmes de Tessé, de la Vauguyon, de Rochechouart, d'Ancenis, de Talleyrand, et plusieurs hommes, entre autres M. le prince d'Havré. Le logement qu'occupoit Mme la maréchale de Boufflers est destiné à M. le duc d'Orléans, et celui qu'occupoit M. le Cardinal est séparé pour en faire plusieurs logements que l'on donne à des dames d'honneur des princesses. L'appartement qu'occupoit M. d'Antin est pour M. le contrôleur général. Dans ce même bâtiment sont : M. Amelot, M. le duc de Charost, M. le Premier, Mme de Mailly.

Hier matin, le Roi en allant à la chasse lut la liste de Marly; et avant le retour du Roi de la chasse, plusieurs personnes l'avoient déjà vue; il y aura aussi un grand nombre d'hommes à qui on permettra de venir faire leur cour au salon.

Le départ de Mesdames est en partie réglé. Le Roi a accordé aux instantes prières de Mme de Tallard que Mme Adélaïde restât ici (1); ainsi il n'en partira que quatre; elles auront chacune une première femme de chambre et trois autres femmes. Les femmes qui ne vont point avec Mesdames retournent chez leurs parents, mais le Roi leur conserve les mêmes appointements; ainsi elles ne perdent

---

(1) Barbier raconte d'une manière différente la cause qui fit rester Mme Adélaïde (t. III, p. 128).

que le logement; et si la Reine a d'autres enfants, on prendra dans le nombre de ces femmes celles dont on aura besoin. Il marchera un détachement des gardes du corps et un détachement de la bouche et maison du Roi. Jusqu'à présent il n'y a rien de changé pour Mme de la Lande. A l'égard des meubles, ils doivent être fournis du garde-meuble. Il doit rester à Fontevrault un détachement de la bouche du Roi pour la nourriture de Mesdames.

Aujourd'hui le nonce Delci a pris son audience de congé, qui a été audience particulière. Il étoit conduit par M. de Verneuil. Il n'y a eu rien de particulier à cette audience. La Reine l'a reçu debout dans sa chambre; elle étoit même en robe abattue. Le nonce a fait un compliment à la Reine en françois. Il y avoit un grand nombre de dames que Mme de Luynes avoit fait avertir. Le nonce doit recevoir avant d'arriver à Rome le chapeau de cardinal. L'usage est que les nonces de France, d'Allemagne et d'Espagne sont toujours élevés à la dignité de cardinal, et celui de France ne reçoit point le chapeau dans le royaume, mais toujours il en reçoit la nouvelle avant d'arriver à Rome. Il ne le reçoit point en France, parce que cette dignité les obligeant à rendre des devoirs aux princes du sang, ils se trouveroient dans la même nécessité de rendre des devoirs aux légitimés. Le Pape, ne pouvant empêcher que les cardinaux sujets du Roi agissent en conséquence des ordres de S. M., veut au moins empêcher que les cardinaux italiens rendent des devoirs qu'il ne croit point devoir autoriser.

Avant-hier M. le cardinal d'Auvergne eut audience du Roi et de la Reine. S. Ém. alla à la ville, où un carrosse du Roi et un de la Reine, attelés de deux chevaux chacun, allèrent le prendre. Il monta dans celui du Roi, et fut suivi par celui de la Reine et par celui de M. de Verneuil, introducteur des ambassadeurs, et deux des siens. Il entra ainsi dans la cour du Roi ; le carrosse de M. de Verneuil y

8.

entra aussi, mais il n'y resta point. Les introducteurs n'avoient point le droit d'entrer en pareilles occasions dans la cour du Louvre; M. de Verneuil m'a dit que ce droit leur avoit été accordé. Il fut conduit dans la salle des ambassadeurs. J'oubliois de marquer que le camérier du Pape, qui a apporté la barette, étoit dans le fond du carrosse à côté du cardinal; c'est un droit que les camériers n'avoient point autrefois; c'étoit la place de l'introducteur, mais le Roi a bien voulu leur accorder cette distinction, et l'introducteur se met sur le devant vis-à-vis le cardinal. Le cardinal reste dans la salle des ambassadeurs, pendant que l'introducteur mène le camérier à l'audience du Roi. Cette audience est particulière et n'est que pour présenter à S. M. le bref du Pape. Aussitôt après, l'introducteur conduit le camérier à la chapelle, où il dépose sur une table, du côté de l'épître, la barette, qui est un bonnet rouge à trois cornes, sans pointes. Elle est sur un bassin de vermeil doré et couverte d'une espèce de voile de mousseline. Lorsque la messe est prête d'être finie, l'introducteur avertit le cardinal. M. le cardinal d'Auvergne vint, par la sacristie, au bout du prie-Dieu du Roi; pendant ce temps le camérier fut averti à la sacristie; il vint prendre la barette, la présenta au Roi, qui la mit sur la tête de M. le cardinal d'Auvergne. Après la messe du Roi, M. le cardinal d'Auvergne retourna dans la salle des ambassadeurs, d'où M. de Verneuil vint prendre l'ordre du Roi et alla ensuite avertir M. le cardinal d'Auvergne, qu'il conduisit à l'audience de S. M. Le Roi étoit dans son cabinet, debout, sans chapeau et sans gants. M. le cardinal d'Auvergne fit un compliment ou plutôt un remerciment à S. M., dont il m'a paru qu'on avoit été assez content. Ce discours fini, il se retira avec les révérences ordinaires. De là, il fut conduit à l'audience de la Reine. La Reine étoit dans le grand cabinet avant sa chambre. Mme de Luynes, avertie par M. de Verneuil, sortit en dehors de la porte dudit cabinet au-devant de M. le cardinal d'Auvergne, qui la salua et la baisa, même des deux côtés. Ensuite, Mme de Luynes marchant à droite et M. de Verneuil à gauche, ils entrèrent l'une et l'autre un peu devant le cardinal, lequel fit les trois révérences ordinaires, et s'étant avancé auprès de la Reine lui fit un compliment en françois. Pendant ce temps, Mme de Luynes étoit retournée à sa place derrière la Reine. Le compliment fut assez long, et on remarqua qu'il s'étoit beaucoup plus adressé à M. le cardinal de Fleury qu'à la Reine. S. M. dit à cette occasion qu'elle avoit fait même la conversation avec les dames qui étoient présentes, voyant que ce n'étoit point à elle à qui M. le cardinal d'Auvergne parloit. Pendant le discours, Mme de Luynes avoit fait approcher un pliant à M. le cardinal d'Auvergne, lequel s'assit aussitôt après et ne se couvrit point; elle avoit fait approcher aussi un pliant à M. le cardinal de Fleury; les dames s'assirent, mais M. le cardinal de Fleury ne s'assit point, parce qu'étant attaché à la Reine, il crut ne pouvoir pas jouir dans ces occasions des droits de sa dignité. Ce même jour M. le cardinal de Fleury étoit venu à la toilette de la Reine et s'y étoit assis suivant l'usage ; il étoit même au-dessus de Mme de Luynes. M. le cardinal de Polignac entra peu de temps après, et on lui apporta un pliant à gauche de Mme de Luynes; mais M. le duc de Chartres étant entré, MM. les cardinaux se levèrent. M. le prince de Lichtenstein vint quelque temps après ; M. le cardinal de Fleury, ne voulant s'asseoir en présence ni de l'un ni de l'autre, entra dans les cabinets de la Reine en attendant l'audience, et M. le cardinal de Polignac resta jusqu'au moment de l'audience, avant laquelle il s'en alla. La distinction d'avoir un tabouret devant la Reine est un effet de la faveur du cardinal, Mazarin auprès de la Reine mère. Ce cardinal, qui avoit tout crédit sur son esprit, et même, à ce que l'on prétend, sur son cœur, obtint facilement le droit de s'asseoir à titre de familiarité. C'est aussi à titre de familiarité que la chancelière obtint d'être assise devant la Reine, mais seulement à sa toilette. Il est vrai que la toilette n'étoit point alors un temps de représentation comme aujourd'hui, mais une heure de privance, suivant la façon de parler de ce temps-là. Les princes du sang ont toujours été jaloux de cette prérogative (1) des cardinaux, et M. le Duc, pendant son ministère, voulut établir le même privilége pour les princes du sang. Lorsque M. le duc d'Orléans alla épouser la Reine au nom du Roi en 1725, il s'assit devant la Reine à Strasbourg. Cependant, trouvant cette démarche insoutenable, il discontinua de s'asseoir. M. le Duc en fut très-piqué et écrivit une lettre forte à M. le duc d'Orléans pour l'engager à continuer à s'asseoir; en conséquence, M. le duc d'Orléans s'assit encore une ou deux fois pendant le voyage, et dès le moment que S. M. fut arrivée, M. le Duc s'assit une fois devant elle, toujours contre l'avis de M. le duc d'Orléans; tous les ambassadeurs s'opposèrent unanimement à cette innovation. Le nonce en fit ses plaintes au nom du Pape, et ce qu'il y eut de particulier c'est que l'ambasadeur de Hollande se joignit au nonce aussi vivement que les autres. Enfin M. le Duc, pressé par les plus fortes représentations, fut obligé d'écrire une lettre aux ambassadeurs portant

---

(1) Cet usage de s'asseoir dans une audience publique paroît une extension de droit venue peu à peu. La grande autorité du cardinal Mazarin et son grand crédit sur l'esprit de la Reine mère, autorisèrent, comme il est dit ci-dessus, le droit de s'asseoir, à titre de familiarité et dans un temps où il n'étoit pas question de cérémonial, puisque c'étoit heure de privance. De là, non-seulement les cardinaux ont continué d'user de ce droit lorsque la toilette est devenue heure de cour et de cérémonie, mais ils l'ont étendu même jusqu'au dîner de la Reine et aux audiences publiques, s'asseyant même au-dessus des dames assises, comme il arriva à MM. les cardinaux de Bissy et de Polignac, il y a quelques années, à une audience publique chez la Reine. A plus forte raison ils se sont assis chez M. le Dauphin et chez Mesdames. Ce qui prouve le plus que cet usage est une extension de droit, c'est qu'un cardinal assis devant la Reine à son dîner seroit obligé non-seulement de se lever, mais de faire ôter son pliant si le Roi arrivoit pour dîner avec la Reine. (*Note du duc de Luynes.*)

en quelque manière excuse de ce qui s'étoit passé, et il fut convenu, pour annuler cette prétention des princes du sang, que M. le comte de Clermont seroit présent et debout lorsque MM. les cardinaux de Bissy et de Rohan s'assiéroient devant la Reine. M. le comte de Clermont pria M. de Gesvres d'y aller avec lui, et M. de Gesvres y alla ; et c'est de M. de Gesvres que je sais tout ce détail. M. de Gesvres, voyant que la dignité ne pouvoit être intéressée, alla avec M. le comte de Clermont; c'étoit à Fontainebleau. La toilette de la Reine étoit alors dans le cabinet avant sa chambre. M. le comte de Clermont debout auprès de la cheminée, M. le cardinal de Bissy s'étant assis, son tabouret se trouva si près de M. le comte de Clermont qu'il l'obligea à se ranger de sa place. M. le Prince s'étoit trouvé dans une circonstance semblable avec M. le cardinal de Bouillon; mais on sait que, suivant les mouvements de son impatience naturelle, il poussa le tabouret avec force et le jeta par terre.

A l'audience de M. le cardinal d'Auvergne, M. de Nangis étoit seul derrière le fauteuil de la Reine; il ne fut point question d'officiers des gardes. M. de Verneuil me dit que dans les mémoires qu'il a de M. de Sainctot il étoit marqué que le cardinal, quoique sujet du Roi, devoit se couvrir à son audience un moment; il me montra l'extrait qu'il avoit fait desdits mémoires, et ayant envoyé quérir le livre à Paris pour confronter avec son extrait, il trouva l'un et l'autre conforme. Cependant dans les mémoires que j'ai aussi de M. de Sainctot, il est dit que le cardinal ne se couvre point. Les mémoires sont ceux qui sont au dépôt du Roi; M. Chauvelin, alors garde des sceaux, me les a prêtés; je les ai fait copier, et les ai collationnés moi-même exactement (1). Ce qui est certain, c'est que la décision a été qu'il ne se couvriroit point, et qu'il ne s'est point couvert.

---

(1) Cette copie des mémoires de Sainctot est conservée au château de Dampierre.

Le 19, la Reine alla à Saint-Cloud se promener. Mme d'Armentières avec Mme de Faudoas, sa fille, et Mme d'Armentières, sa belle-fille, montèrent pour la première fois dans les carrosses de la Reine, et payèrent chacune dix louis pour cette entrée; cependant Mme de Faudoas avoit déjà payé la même somme pour être entrée dans les calèches du Roi à Rambouillet.

M. le duc d'Antin et M. son frère sont actuellement en grand deuil d'un parent assez éloigné que l'on appeloit le marquis de Gondrin, qui est mort, je crois, en Provence, et qui les a laissés ses héritiers; il leur laisse à chacun 5,000 livres de rente, et à chacun aussi un château bien bâti et meublé. Ce M. de Gondrin avoit été marié deux fois, et n'avoit point d'enfants; il avoit épousé en première noce une Poyanne, et en seconde noce une Montalais.

Je crois avoir marqué que M. le marquis d'Antin fut fait vice-amiral en 1731, mais ce fut à condition qu'il serviroit quatre ans de capitaine de vaisseau, trois ans de chef d'escadre et trois ans de lieutenant général; ainsi il doit être chef d'escadre cette année. Comme il y a deux vice-amiraux, cet arrangement n'empêche pas que si l'autre vice-amiral mouroit, le plus ancien lieutenant général n'eût par droit d'ancienneté la vice-amirauté et ne prît rang avant M. d'Antin.

Mme la comtesse de Tresmes, fille de M. le maréchal de Montmorency, a la petite vérole depuis quelques jours.

Du 28. — Le 23 et le 24, il y eut une difficulté au sujet des Cent-Suisses. M. Danjony, chef de brigade des gardes du corps, étoit de semaine auprès de la Reine. S. M. l'envoya chez Mesdames, de sorte qu'il n'étoit point derrière la Reine quand elle rentra dans son appartement. La Reine s'étant retournée pour donner l'ordre, et ayant vu un officier avec un bâton derrière elle, lui dit : « A telle heure » ou bien : « Je ne sortirai point ». C'étoit un officier des Cent-Suisses. Le lendemain, la Reine étant à dîner, et les trois officiers s'étant présentés à l'ordinaire pour recevoir l'ordre de la Reine, S. M. dit à Mᵐᵉ de Luynes que l'officier des Cent-Suisses ne devoit pas y être; cette observation de la Reine a donné occasion à une contestation qui n'est point encore jugée. Les Cent-Suisses disent que la reine Marie-Thérèse avoit des Cent-Suisses et n'avoit point d'officiers; qu'au mariage du Roi, M. de Courtenvaux ayant demandé à M. le Duc s'il mettroit un officier auprès de la Reine, M. le Duc le jugea à propos, [pensant] que ce qui se pratiquoit du temps de Marie-Thérèse ne pouvoit être une règle aujourd'hui. Ils ajoutent que si l'on juge par ce qui se passe chez le Roi, que leurs officiers ne reçoivent l'ordre que du capitaine des gardes du corps, en l'absence de celui des Cent-Suisses ; encore même que ce n'est pas leur donner l'ordre, que c'est leur faire entendre, n'étant jamais le jour aux ordres du capitaine des gardes du corps, mais la nuit seulement, pendant laquelle les Cent-Suisses de garde étant sans officier doivent obéir à ceux des gardes du corps. Sur ce principe, leur raisonnement est de dire que si le chef de brigade qui est chez la Reine ne représente pas le capitaine des gardes du Roi, il n'a point de droit de leur faire entendre l'ordre ; que si au contraire il le représente, ce qui est plus vraisemblable, l'officier qu'ils ont mis chez la Reine depuis le mariage du Roi, représente aussi leur capitaine, et qu'ainsi ils doivent entendre l'ordre de la bouche de la Reine comme l'officier des gardes et comme l'écuyer de main. Il y a longtemps que les officiers des gardes sont jaloux de voir ceux des Cent-Suisses suivre la Reine. Il y eut même une occasion où celui des gardes voulut faire quitter le bâton à celui des Cent-Suisses à la chapelle; il fallut que M. de Courtenvaux montrât un règlement fait en 1610, par lequel cette question est décidée. Les Cent-Suisses allèguent encore que depuis que la Reine est en France, ils ont toujours servi avec assiduité et ont toujours entendu l'ordre de S. M. même.

A toutes ces raisons des Cent-Suisses, M. de Maurepas,

à qui Mme de Luynes en parla il y a quelques jours, répond que les Cent-Suisses ne devroient point être regardés comme troupes, mais comme domestiques ; que le Roi à la vérité reconnoît un capitaine des Cent-Suisses, mais que c'est le seul officier qui ait le droit de jouir de ces priviléges ; que les officiers inférieurs sont de nouveaux établissements et qu'ils ne peuvent jamais représenter le capitaine.

Avant-hier 26, les gens du Roi vinrent à Versailles faire leurs représentations à S. M. au sujet de M. de Montgeron. M. de Montgeron, dont j'ai marqué l'histoire ci-dessus, est exilé à Viviers. Ayant voulu communier à Pâques, il n'a pas jugé à propos de s'adresser à un des confesseurs approuvés par M. l'évêque (1), et c'est ce qui fait qu'on lui a refusé la communion. Le Parlement, où les esprits s'échauffent aisément sur de pareilles matières, croit avoir reçu un affront dans un de ses membres, et MM. les gens du Roi sont venus en parler à M. le Cardinal. Le fait est que M. de Montgeron n'a pas voulu se confesser à aucun des prêtres approuvés par M. de Viviers.

Vendredi dernier, je demandai au Roi son agrément pour le mariage de mon fils avec Mlle d'Egmont. M. d'Egmont étant absent, M. de Duras, oncle de Mme d'Egmont, vint avec moi aussi demander l'agrément de S. M. pour sa nièce. Il n'est point d'usage que les femmes aillent demander l'agrément du Roi ; mais Mme d'Egmont fut chez la Reine, chez Mesdames, et a donné part à tous les princes et princesses. M. de Duras prétendoit que mon fils ne devoit pas aller chez le Roi avec moi, et citoit pour exemple M. de Durfort, son fils, qui a été marié deux fois et qui n'a jamais été demander l'agrément du Roi avec M. son père ; cependant j'ai cru plus convenable que mon fils y vînt avec moi ; il est venu chez le Roi et chez la Reine. Hier

---

(1) François-Renaud de Villeneuve.

dimanche, nous portâmes le contrat de mariage à signer au Roi et à la Reine, etc., et j'allai ensuite à Paris signer ledit contrat chez Mme d'Egmont, mais sans qu'il y eût aucuns parents. La règle est que c'est un secrétaire d'État qui présente au Roi les contrats de mariage et la plume pour les signer; il les présente aussi à M. le Dauphin et à Mesdames. M. de Maurepas avoit fait signer le premier contrat de mariage de mon fils, mais M. d'Angervilliers en parut alors peu satisfait, d'autant plus qu'étant secrétaire d'État de la guerre et mon fils étant dans le service, il comptoit mériter la préférence. C'est ce qui m'a déterminé dans cette occasion-ci à m'adresser à M. d'Angervilliers. Dans le temps de mon second mariage, je m'étois adressé à M. de Maurepas, quoiqu'étant dans le service; mais c'étoit par la raison que M. de Maurepas est parent de Mme de Luynes. On prétendoit que M. de Maurepas étant secrétaire d'État de la maison du Roi, il étoit raisonnable que tous les ducs, comme grands officiers de la couronne, s'adressassent à lui; mais ce raisonnement ne paroît pas fondé. M. de Maurepas, à qui j'en ai parlé depuis, dit que c'est un usage constant que tous les ducs s'adressent à lui, et que même à titre de parenté, étant cousin issu de germain de Mlle d'Egmont, il croyoit qu'on lui porteroit le contrat. M. d'Egmont est Pignatelli; il n'a pris le nom d'Egmont qu'à cause de sa mère, qui étoit héritière de cette maison; il prend la qualité de très-haut et puissant prince, et celle de : par la grâce de Dieu, duc de Gueldres et de Juliers. Ces qualités me parurent singulières et devoir faire difficulté d'être passées par le Roi et même par rapport aux ducs. Je consultai M. de Saint-Simon sur ce qui regardoit les ducs; il me dit que ces qualités n'emportant aucun rang, ni aucune prétention de rang, il ne faisoit aucune difficulté de signer ces sortes de contrats, et que c'étoit ce principe qui l'avoit déterminé à signer celui de Mme d'Egmont. M. d'Angervilliers, à qui je m'adressai pour le contrat, l'ayant examiné la veille et en ayant rendu compte à M. le Cardinal, fit beaucoup de difficultés et demandoit que les qualités fussent rayées ; cependant il consentit à porter le contrat au Roi le lendemain, à condition qu'il seroit fait une note et que M. d'Egmont seroit tenu de justifier des titres en vertu desquels il prétendoit la qualité de très-haut et très-puissant prince et celle de par la grâce de Dieu, duc de Gueldres et de Juliers, prince de Gâvre et du saint-Empire, qualités que M. le duc de Bizache, son père, n'avoit jamais prises, comme on voit par le contrat de mariage de M. d'Egmont, en 1707. M. d'Angervilliers fit aussi quelques difficultés sur le titre que mon fils prend, et que j'ai toujours pris, de prince de Neufchâtel et de Valengin (1). Il me lut même l'article du traité de paix fait avec le roi de Prusse en 1713, où le Roi le reconnoît pour souverain de Neufchâtel et de Valengin, et promet ne point le troubler dans la possession de cet État. Cette difficulté ne fut pourtant pas de longue durée ; les droits de mon fils sont bien acquis, puisque Mme de Nemours étoit réellement souveraine de Neufchâtel et de Valengin, et qu'elle pouvoit valablement donner ses droits de cette souveraineté à M. de Neufchâtel. D'ailleurs, le Roi en signant un contrat de mariage ne déroge point aux traités, et il y a bien des exemples que le Roi reconnoît souvent deux souverains à une même souveraineté. Nous avons vu le roi d'Angleterre à Saint-Germain et le roi d'Angleterre à Londres, tous deux reconnus par le Roi. Nous voyons encore aujourd'hui deux rois de Pologne, et qui plus est l'Empereur qui prend avec nous le titre de roi d'Espagne.

La grandesse dont M. d'Egmont a hérité par sa mère, est de la création de Charles-Quint. A l'égard du titre de prince, MM. de Bouillon le prennent aussi, et même : prince par la grâce de Dieu. Ils donnent pour raison que

---

(1) Voir l'introduction, page 2.

ce fut une des principales grâces que M. de Turenne demanda dans le traité de Nimègue, et que cette qualité y fut passée. Ils ajoutent qu'en 1688, le Roi ayant déclaré la guerre à l'Empereur, et M. de Louvois ayant jugé à propos que cette déclaration fût faite promptement, il fut convenu que M. de Bouillon, souverain de Bouillon, en cette qualité déclareroit la guerre à l'empereur par mer et par terre. En conséquence les placards de cette déclaration furent affichés dans Paris, et le Roi ayant résolu d'envoyer des troupes prendre possession de Bouillon, il voulut qu'elles n'y allassent que comme troupes auxiliaires, et le maréchal de camp s'y étant rendu avec l'intendant, fit prêter serment aux habitants de Bouillon au nom de M. de Bouillon.

MM. les secrétaires d'État ont grande raison de faire difficulté sur les titres, parce que c'est l'occasion des prétentions, soit par ceux qui les prennent, soit par leur postérité. M. de Maurepas me disoit il y a quelques jours que dans le temps du mariage de M. d'Antin, M. le comte de Toulouse ayant pris le titre de très-haut, très-puissant et très-excellent prince, le titre de très-excellent fut rayé, et M. le comte de Toulouse convint lui-même que la difficulté que lui avoit faite M. de Maurepas étoit fondée.

M. de Gesvres me contoit il y a quelque temps une difficulté qu'il eut, il y a déjà plusieurs années, avec M. le comte de Toulouse, à Rambouillet. M. de Vendôme, grand prieur de France, y étoit alors, et M. le comte de Toulouse avoit résolu de le faire manger avec le Roi et de le faire mettre au-dessus de tous les gens titrés; c'étoit pendant le ministère de M. le Duc, lequel n'étoit pas encore arrivé à Rambouillet. La question fut agitée peu de temps avant le souper du Roi. M. de Gesvres ne voulut céder en aucune manière, et soutint toujours que MM. de Vendôme n'avoient point de rang, et malgré les représentations les plus vives de M. le comte de Toulouse, M. de Vendôme ne soupa point avec le Roi.

Il y a déjà plusieurs jours que M. de Scedorff, major des gardes suisses, remercia le Roi à Versailles pour le régiment de Brendlé dont S. M. lui a donné le commandement. M. le prince de Dombes le mena, le 20, à la porte du cabinet du Roi, où il fit son remercîment.

MAI.

Le Roi à Marly. — Santé du cardinal. — Le duc d'Orléans exerce la charge de gouverneur de Bretagne. — Revue du Roi dans la plaine des Sablons. — Histoire de la disgrâce de la princesse des Ursins. — Gouvernement de Schelestadt donné à M. d'Arbouville. — Mort de M. de Collandre. — L'évêque de Saint-Papoul à l'évêché de Montpellier. — Mort du maréchal de Roquelaure. — Les salonistes ou polissons à Marly. — M. de la Mina reçoit la Toison d'Or. — Grandesse des fils de MM. de Tessé et de Saint-Simon. — Retour de Marly à Versailles par la Meutte. — Rebelles de Corse. — Mort du prince Maximilien de Bavière. — Enterrement et succession du maréchal de Roquelaure. — Mort du petit comte de Tallard. — Le mont Vésuve. — Le royaume de Suède ; alliance conclue entre la France et la Suède au début de la guerre de la succession de Pologne ; pourquoi elle n'a pas de suite. — Voyages du Roi. — Élection de l'abbesse de Remiremont. — Départ de Mesdames réglé. — Salut des gendarmes et chevau-légers. — Règlement des limites du Nord. — Nouveau détail sur Mme des Ursins. — Rang de l'abbesse de Fontevrault devant Mesdames. — Composition de la compagnie des chevau-légers. — Changement dans les postes. — Départ de M. de Fénelon. — Mlle Rotissée, musicienne. — Le comte de Tarlo. — Mort de M. d'Avéjan ; son remplacement aux mousquetaires par M. de Jumilhac. — Tapisserie d'après Oudry. — Toison d'Or accordée au duc de Penthièvre. — M. du Châtelet a les entrées de la chambre. — Règlement pour le service de la gendarmerie. — Sermon du P. Jouvenet. — Eaux de Versailles ; carioles pour les dames. — Maisons de Compiègne ; bâties sur des souterrains. — Présent du roi d'Espagne à M. de Vaulgrenant ; détails sur la cour d'Espagne.

Du jeudi 1er *mai, Marly*. — Le Roi est ici depuis dimanche, et ne doit retourner que le 9 ou le 10 à Versailles. Les ambassadeurs d'Espagne et de Naples sont du voyage, et sont logés ici à la Perspective ; ce sont les seuls qui aient ce privilége comme ambassadeurs de famille. Le salon commence à six heures, soit pour le jeu, soit pour la musique ; il y a musique trois fois la semaine : lundi, mercredi et samedi ; et chacun de ces jours, la répétition se fait dans la salle du grand maître. Le Roi et la Reine, suivant l'usage ordinaire de Marly, soupent tous les jours avec des dames. Toutes les princesses du sang sont toujours sur la liste, à moins qu'elles ne demandent à n'y pas être. La dame d'honneur de la Reine a ce même droit. Le premier jour qu'il y eut musique, qui étoit lundi, on vint ici prendre l'ordre de Mme de Luynes ; c'est l'usage et cela s'est toujours pratiqué du temps de Mme la maréchale de Boufflers ; mais Mlle de Clermont étant ici, Mme de Luynes renvoya à elle comme sur-intendante.

Du samedi 3, *Marly*. — M. le Cardinal continue à se mieux porter ; cependant il a toujours l'air un peu abattu ; il a même encore de temps en temps quelque ressentiment de dévoiement, et toutes les nuits ne sont pas également bonnes.

M. de Fénelon, notre ambassadeur à la Haye, et M. Vanhoey, ambassadeur de Hollande, étoient ici hier matin ; on n'en dit pas la raison. C'est le premier ministre étranger qui soit venu à Marly de ce voyage, excepté ceux d'Espagne et de Naples, qui y ont des logements, comme je l'ai déjà dit.

Le Roi commence toujours à jouer dans le salon avant le souper ; c'est M. le comte de Noailles qui présente les cartes au Roi pour le jeu, et le Roi donne lui-même à tirer à ceux à qui il veut faire l'honneur de les faire jouer avec lui ; c'est le droit du gouverneur de Marly de présenter les cartes dans le salon.

J'appris hier que le Roi a donné à M. le duc d'Orléans l'exercice de la charge de gouverneur de Bretagne, comme M. le prince de Dombes exerce celle de grand veneur, l'une et l'autre à cause de l'âge de M. le duc de Penthièvre ; cependant il est dit dans la commission : « Tant qu'il nous plaira ». Il y a déjà huit ou dix jours que cela est accordé ; mais cela n'est signé que de jeudi dernier. Cet arrangement est fort avantageux à M. le duc de Penthièvre, et fait aussi, à ce que j'ai ouï dire, beaucoup de plaisir à la province. La grande amitié du Roi pour M. le comte de Toulouse faisoit qu'il l'avoit laissé jouir de toutes les prérogatives attachées à la charge de gouverneur, préférablement aux droits ou prétentions que le secrétaire d'État de la province pouvoit avoir; mais dans la circonstance présente, les prétentions du secrétaire d'État pouvoient se renouveler. C'est ce motif qui a donné occasion de demander au Roi l'arrangement dont je viens de parler.

Le Roi fit hier la revue des gardes françoises et suisses dans la plaine des Sablons suivant l'usage; il vit d'abord les recrues, ensuite faire l'exercice, puis défiler. La Reine fut aussi à la revue avec quatre carrosses, y compris celui des écuyers. A côté de S. M. étoit Mme la Duchesse la jeune, sur le devant Mademoiselle et Mlle de Clermont, à la portière du côté de la Reine Mlle de la Roche-sur-Yon, à l'autre portière Mme de Luynes. Après la revue, la Reine permit à Mademoiselle et à Mlle de Clermont de descendre et de monter dans leurs carrosses pour aller à l'Opéra. Mlle de la Roche-sur-Yon et Mme de Luynes se mirent sur le devant pour revenir. Le Roi alla dans sa gondole. M. de Béthune, qui est de quartier, et M. le Premier montèrent sans être appelés. Le Roi appela six autres personnes, entre autres M. de Chalais et moi

Au retour, le Roi ayant parlé de l'autorité de la reine d'Espagne sur l'esprit de son mari, cela donna occasion de parler du renvoi de Mme des Ursins, dont l'histoire est si singulière que l'on ne peut presque pas la croire. Je fis beaucoup de questions sur cela à M. de Chalais (1), et voici le précis de ce qu'il dit dans le carrosse du Roi, et de ce qu'il m'a dit encore depuis (2).

---

(1) Neveu de la princesse des Ursins.
(2) Ce récit de la disgrâce de Mme des Ursins se trouve dans les Mémoires du duc de Luynes, mais tellement surchargé de notes que l'auteur en a fait,

M. de Chalais étoit exempt des gardes du corps du roi d'Espagne, lorsque le mariage du roi d'Espagne avec la princesse de Parme fut conclu en 1714. M. de Chalais étoit au siége de Barcelone. On sait que cette ville, défendue par les rebelles de Catalogne, fut prise en 1714, le 12 septembre, après soixante et un jours de tranchée ouverte, par M. le maréchal de Berwick, commandant les troupes de France combinées avec celles d'Espagne. Le siége n'étoit pas encore fort avancé, et M. de Berwick, même n'y étoit pas encore arrivé, lorsque M. de Chalais reçut ordre du roi d'Espagne de se rendre à Madrid. Il partit aussitôt, et fit le chemin en quatre ou cinq jours, ce qui n'étoit pas une grande diligence; il descendit chez Mme des Ursins, qui venoit de sortir de table et qui étoit dans son cabinet, où elle avoit tout fait fermer, suivant son usage, pour se reposer les yeux, à ce qu'elle disoit. Mme des Ursins lui dit qu'elle le mèneroit chez le Roi quand il en seroit temps, sans lui donner l'idée du sujet pour lequel on l'avoit mandé. Après une demi-heure ou trois quarts d'heure de conversation, Mme des Ursins lui dit qu'il étoit temps d'aller chez le Roi et l'y mena. Le Roi, étoit seul dans son cabinet; il dit à M. de Chalais, d'une voix lente, qui étoit sa voix ordinaire : « Vous êtes arrivé bien vite. » M. de Chalais lui dit que l'empressement à exécuter ses ordres lui auroit fait désirer d'être moins longtemps en chemin, que cependant il n'avoit pas fait grande diligence, et en conta les raisons au Roi. De là, la conversation tomba, le Roi gardant un profond silence. La vivacité de Mme des Ursins ne put pas y tenir longtemps; elle prit la parole. Le Roi avoit l'air rêveur et embarrassé. Mme des Ursins dit à M. de Chalais que le Roi vouloit se remarier, que son intention étoit qu'il allât à la cour de

---

quatorze ans après l'objet d'un travail séparé dans lequel toutes ses notes et toutes ses rectifications ont été refondues. Nous avons cru devoir substituer ce dernier travail, plus clair et plus complet, au texte des Mémoires.

France, pour s'informer des princesses qui pourroient convenir davantage au Roi et lui en rendre compte pour fixer son choix. Telle fut la seule et unique commission dont M. de Chalais fut chargé. C'est de lui que je sais ce détail, ainsi que ce que je mettrai ci-après. Peu de jours après que M. de Chalais fut parti, on dépêcha un courrier après lui, qui lui portoit ordre de s'arrêter où le courrier le trouveroit, et en cas que le courrier ne le joignît qu'à Paris, il lui étoit défendu de communiquer à personne les premiers ordres qu'il avoit reçus et le sujet de son voyage. M. de Chalais dit qu'il ne comprend pas comment le courrier ne le joignit pas. Le courrier arriva à Paris et alla descendre chez feu Mme la comtesse d'Egmont, grande d'Espagne ; il demanda où étoit M. de Chalais. Mme d'Egmont n'en avoit nulle nouvelle, et ne savoit même pas qu'il fût parti d'Espagne, ni qu'il en dût partir. Ce courrier remit ses paquets à Mme d'Egmont. M. de Chalais arriva deux jours après. Les nouveaux ordres du roi d'Espagne rendoient sa situation fort embarrassante ; il prit le parti de dire qu'il étoit venu ici pour quelques affaires particulières ; ce fut la réponse qu'il fit à M. de Bonac, qu'il connoissoit et qui vint le voir le lendemain de son arrivée. M. de Bonac ne parut pas ajouter grande foi au propos de M. de Chalais, et lui dit qu'il ne pouvoit se dispenser de voir M. de Torcy, alors secrétaire d'État des affaires étrangères ; que ce ministre sachant qu'il étoit en France seroit surpris de ne point entendre parler de lui. M. de Chalais y alla le lendemain, et répondit aux questions de M. de Torcy comme il l'avoit fait à celles de M. de Bonac. M. de Torcy dit que malgré cela il croyoit indispensable qu'il se présentât devant le Roi. M. de Chalais vint donc à Versailles, et parut devant le Roi, qui ne lui dit rien. Il continuoit à voir M. de Torcy de temps en temps. Ce ministre, qui vouloit absolument savoir quelque chose du sujet de la mission de M. de Chalais, lui dit un jour que la raison qu'il donnoit d'être venu pour ses affaires particulières paroissoit incompréhensible, puisque l'on savoit positivement que le roi d'Espagne lui avoit envoyé ordre, au siége de Barcelone, de le venir trouver à Madrid. Ce raisonnement étoit fort et pressant. M. de Chalais lui répondit qu'il se pouvoit bien faire qu'il eût eu quelques ordres, mais qu'il n'en avoit aucuns pour le présent. Quelques jours après il vint à Versailles voir ce ministre; ce fut alors que M. de Torcy lui parla plus fortement, et lui dit que puisqu'il ne vouloit rien déclarer du sujet de sa mission, il falloit apparemment qu'il vînt ici comme espion. M. de Chalais ne put résister à ce propos, et parla très-vivement à M. de Torcy, après quoi il le quitta assez brusquement. En passant ici dans la grande cour, M. de Chalais trouva M. le maréchal de Tessé, qu'il connoissoit depuis longtemps, et qui, le voyant extrêmement échauffé, ne put s'empêcher de lui en demander le sujet. M. de Chalais lui conta la scène qu'il venoit d'avoir avec M. de Torcy, et M. de Tessé lui conseilla d'écrire sur-le-champ à ce ministre. Ce conseil fut suivi au plus tôt; M. de Chalais écrivit dans la chambre de M. de Tessé, et manda à M. de Torcy qu'il le prioit de demander pour lui au Roi un moment d'audience. M. de Torcy fit réponse dans le moment, et marqua à M. de Chalais de se rendre chez lui le lendemain à telle heure. M. de Chalais s'y rendit; M. de Torcy le mena chez le Roi et ressortit du cabinet, le laissant tête à tête avec S. M., Le Roi lui dit que son arrivée faisoit du bruit depuis plusieurs jours. M. de Chalais lui répondit qu'il étoit bien affligé de ne pouvoir rien dire à S. M.; cependant, si le Roi lui ordonnoit absolument de parler, son profond respect et son attachement le détermineroient à lui confier le secret dont il étoit chargé; qu'il croyoit ne point manquer à son devoir quand il obéiroit, mais qu'il avoit besoin d'un ordre absolu. Le Roi balança quelque temps à lui donner cet ordre; enfin il lui dit que puisqu'il le vouloit absolument il lui ordonnoit de parler. M. le prince de

Chalais lui rendit compte alors du premier sujet de sa commission, en conséquence duquel il étoit parti, et des ordres qu'il avoit trouvés en arrivant ici. Le Roi fut fort étonné d'un second mariage aussi promptement. M. de Chalais lui expliqua les raisons qui déterminoient le roi d'Espagne, dont la principale étoit que le repos de sa conscience le demandoit. Cette explication surprit encore davantage le Roi; enfin il dit à M. de Chalais qu'il pouvoit demeurer tranquille jusqu'à ce qu'il eût reçu de nouveaux ordres du roi d'Espagne. Ces ordres arrivèrent quelques jours après; ils étoient fort différents des premiers; il n'étoit plus question de mariage en général, mais de la princesse de Parme en particulier, ce qui déplut beaucoup au Roi.

Au retour de ce voyage, M. de Chalais trouva la cour d'Espagne au Pardo, qui est peu éloigné de Madrid; quoiqu'il n'y eût guère de logement dans ce lieu, Mme des Ursins en obtint un pour M. de Chalais. M. de Chalais continuoit à faire sa cour au Roi comme auparavant, c'est-à-dire aux heures publiques, n'ayant aucune entrée; par conséquent il n'alloit jamais au dîner du Roi; il n'y avoit que les entrées qui eussent permission d'y entrer. Un jour qu'il étoit tranquillement dans sa chambre, un secrétaire de Mme des Ursins, qui avoit toute sa confiance, vint le voir, et lui demanda par quel hasard il ne montoit pas au dîner du Roi. M. de Chalais lui en dit les raisons, et ajouta même qu'il croiroit déplaire beaucoup à Mme des Ursins s'il faisoit autrement, sachant positivement qu'elle ne vouloit point qu'il entrât personne chez le Roi dans ces moments, que ceux qui en avoient le droit. Le secrétaire le pressa si fort d'aller chez le Roi, le rassurant contre tous les inconvénients qu'il prévoyoit, qu'enfin M. de Chalais se détermina à aller au dîner. Le Roi ne lui dit rien pendant tout le dîner : M. de Chalais étoit derrière le fauteuil; peut-être le Roi ne l'apercevoit-il pas. A la fin du dîner, le Roi en se levant dit à M. de

Chalais : « Prince de Chalais, je vous fais grand d'Es-
« pagne de la première classe. » M. de Chalais baisa aussitôt la main du Roi avec respect et reconnoissance, et reçut, comme on peut croire, des compliments de toutes parts. Il s'en alla dans le moment chez Mme des Ursins, qui lui demanda s'il n'y avoit rien de nouveau. M. de Chalais lui dit qu'il n'imaginoit pas qu'elle pût ignorer ce qui le regardoit. Mme des Ursins marqua le plus grand empressement et la plus grande curiosité d'en être instruite, et dit à M. de Chalais et à tout ce qui vint chez elle qu'elle en étoit d'autant plus flattée qu'elle n'y avoit aucune part et qu'elle n'en avoit jamais parlé au Roi.

Enfin, M. de Chalais, avant son retour de France en Espagne, avoit demandé à Louis XIV son agrément pour le mariage du roi d'Espagne avec la princesse de Parme. S. M. ne donna son consentement que d'une manière à prouver que c'étoit contre son avis : « Eh bien! Monsieur, qu'il se marie donc puisqu'il le veut, » dit-il à M. de Chalais. Mme la princesse des Ursins avoit alors tout crédit sur l'esprit du roi d'Espagne, qui ne l'appeloit même souvent que la Princesse, tout court.

La reine d'Espagne, en venant de Parme, passa au travers d'une partie de la France, où on lui rendit, par ordre du Roi, tous les honneurs dus à son rang. M. de Harlay, qui est aujourd'hui intendant de Paris et qui l'étoit alors de Béarn, la reçut à Pau le plus magnifiquement qu'il lui fut possible. Il m'a dit que dès le moment de son passage à Pau il crut avoir pénétré assez dans les desseins qu'avoit la reine d'Espagne, pour mander ici à la Cour que, quelque incroyable que pût être sa prédiction, il étoit persuadé que Mme des Ursins seroit bientôt renvoyée d'Espagne. On lui fit réponse que sa prédiction étoit sans fondement et ne méritoit pas la moindre attention; cette réponse lui arriva avant qu'il eût été instruit d'Espagne de ce qui s'y étoit passé. Il paroît aujourd'hui incroyable que M. de Harlay ait pu prévoir dès lors cet événement. La reine d'Espagne avoit encore la maison qu'elle avoit amenée de Parme; elle ne connoissoit point l'abbé Albéroni, aujourd'hui cardinal; celui-ci étoit en Espagne, et elle le croyoit extrêmement lié avec la princesse des Ursins. Albéroni étoit venu au-devant de la Reine avec le cortége que le roi d'Espagne y envoyoit; s'étant présenté à la Reine, le traitement qu'il en reçut est des plus extraordinaires, car le premier discours qu'elle lui tint fut qu'elle avoit ouï dire qu'il étoit un grand fripon. Albéroni fut surpris d'un pareil propos, et jugea que le parti le plus convenable à prendre étoit de ne rien répondre pour ne pas manquer au respect qu'il devoit à la Reine. Un ou deux jours après ce traitement, la Reine étant occupée de renvoyer les personnes qui étoient avec elle, l'abbé Albéroni sut qu'elle pouvoit avoir besoin d'argent et qu'elle en faisoit chercher; il fit dire à la Reine qu'il avoit 5 ou 600 pistolles dont elle pouvoit disposer. Cette offre ne fut pas mieux reçue qu'il l'avoit été lui-même d'abord, et s'étant présenté devant la Reine, elle lui dit que cela la confirmoit encore dans l'idée qu'elle avoit de lui que c'étoit un grand fripon. Albéroni crut alors devoir demander une audience à la Reine, et y ayant été admis, il lui dit la surprise et la douleur où il étoit des préventions que l'on avoit données à la Reine contre lui, et que si elle vouloit lui permettre de lui donner quelques conseils, le principal et le plus essentiel étoit de l'avertir qu'elle n'auroit jamais sur l'esprit du roi d'Espagne le crédit qu'elle désiroit, si Mme des Ursins restoit en Espagne, et qu'elle ne pouvoit être renvoyée trop promptement. Pendant ce temps-là, le roi d'Espagne s'avançoit au-devant de la Reine; l'entrevue et le mariage se devoient faire à Guadalaxara. La princesse des Ursins s'étoit avancée au devant de la Reine, et elle l'avoit jointe à Jadraque, qui n'est qu'à quatre lieues de Guadalaxara; c'étoit dans le mois de décembre et fort près de Noël. A huit heures du soir la reine d'Espagne n'étant pas encore arrivée, Mme des Ursins se mit à table, et peu après ayant été avertie que la Reine arrivoit, elle descendit au bas de l'escalier, se jetta à genoux, suivant l'usage d'Espagne, et baisa la main de la Reine; la Reine la releva et l'embrassa. La camaréra-major qui donnoit la main à la Reine à droite, voyant Mme des Ursins, passa à gauche, et la Reine monta l'escalier appuyée sur elles deux. La Reine arrivée dans sa chambre, Mme des Ursins voulut lui faire un compliment et marquer l'impatience du Roi de son arrivée. La Reine ne répondit au compliment qu'en disant à Mme des Ursins qu'il y avoit longtemps qu'elle savoit quelle étoit son impertinence. Mme des Ursins, malgré sa surprise extrême, ayant su se contenir et ayant voulu parler avec respect à la Reine, la Reine se retourna à l'officier des gardes qui la suivoit et qui commandoit le détachement, et lui donna ordre d'arrêter sur-le-champ Mme des Ursins et de prendre un carrosse et cinquante gardes pour la conduire en France. L'officier balança à obéir à cet ordre, et représenta à la Reine l'embarras où il se trouvoit, et qu'il ne pouvoit exécuter ses volontés sans un ordre par écrit. La Reine, tout debout, ayant demandé une plume, écrivit sur son genou l'ordre qu'elle venoit de donner verbalement, et y marqua expressément de ne laisser parler Mme des Ursins à qui que ce soit. En conséquence de cet ordre, Mme des Ursins fut arrêtée dès l'instant même. Aucun de ses domestiques n'eut permission de la suivre, seulement une femme de chambre, qui monta dans son carrosse avec l'officier des gardes. Cet officier en s'asseyant dans le carrosse cassa une glace, qui ne fut point raccommodée pendant tout le voyage. La terre étoit couverte de neige; il faisoit un froid si horrible que le cocher qui mena Mme des Ursins eut un bras gelé qu'il fallut lui couper.

Pendant que Mme des Ursins voyageoit ainsi du côté de la France, le roi d'Espagne étoit à Alcala, à six lieues de

Madrid; M. de Chalais étoit avec lui. Le Roi étoit en peine de n'avoir point de nouvelles de Mme des Ursins, dont il attendoit un courrier, et ne cessoit de parler de son étonnement de ce que ce courrier n'arrivoit point. A sept heures du soir, il se mit à jouer à l'hombre avec M. de Chalais et un autre de ses courtisans. Depuis la mort de la reine d'Espagne (Savoie), le roi d'Espagne étoit dans une si grande douleur, qui fut suivie d'une mélancolie extrême, que l'on craignit que cet état ne fît tort à sa santé. Mme des Ursins sentit la nécessité indispensable qu'il ne fût jamais seul; elle obtint donc de lui qu'il nommât neuf des principaux seigneurs de sa cour pour lui tenir compagnie, afin qu'il en eût toujours trois auprès de sa personne, ce qui dura jusqu'à son second mariage. Plusieurs de ces neuf personnes étoient peu assidues; pour M. de Chalais, [il] y étoit toujours; et on sait qu'il est extrêmement vrai, ce qui doit donner plus de foi aux faits dont il s'agit.

Sur les huit heures, le Roi, n'ayant point de nouvelles, demanda à souper, et dit à M. de Chalais et au tiers d'aller manger un morceau et de revenir achever la partie. Étant revenus, il leur parla encore de son étonnement de n'avoir point de nouvelles. Pendant ce temps, les officiers qui étoient occupés à préparer le lit du Roi trouvèrent qu'il n'y avoit point de draps; on les avoit emportés à quatre lieues de là. Il y eut un grand d'Espagne qui offrit ses draps au Roi dans cette pressante nécessité. Le Roi les refusa et aima mieux attendre jusqu'à une heure après minuit que les siens fussent arrivés. Il dit à M. de Chalais : « Croyez-vous que je voulusse coucher dans les draps de cet homme-là ? » Il fallut envoyer un courrier les rechercher, et pendant ce temps le Roi continua à jouer jusqu'à une heure que les draps arrivèrent. M. de Chalais revint le lendemain, de très-grand matin, au lever du Roi, lequel n'avoit point encore de nouvelles de Mme des Ursins et étoit également surpris; s'étant habillé, il alla à la messe, et partit tout de suite pour Guadalaxara. M. de Chalais, à son arrivée, étant allé chercher son logement, trouva un des domestiques de Mme des Ursins tout en pleurs qui lui conta ce qui venoit de se passer à Jadraque. M. de Chalais ne pouvoit le croire ni le comprendre; cependant les domestiques lui ayant assuré qu'il n'avançoit rien que de très-vrai, M. de Chalais alla sur-le-champ chez M. Orry, père du contrôleur général. M. Orry ne put ajouter foi à ce discours; il fallut que M. de Chalais allât lui chercher ce même domestique. M. Orry prit alors le parti d'aller en rendre compte au Roi, et M. de Chalais le pria de demander pour lui et pour le prince de Lanti, tous deux neveux de la princesse des Ursins, la permission de l'aller joindre. Après que M. Orry eut parlé au Roi, S. M. envoya quérir M. de Grimaldo, secrétaire d'État des affaires étrangères, à qui il dit de parler à M. de Chalais et de lui remettre un paquet pour Mme des Ursins. M. de Grimaldo envoya quérir M. de Chalais, et lui remit le paquet, en lui disant qu'il y avoit dans ce paquet une lettre pour Mme des Ursins, portant ordre à elle de rester dans le lieu où M. de Chalais la trouveroit, s'il lui étoit commode, sinon de gagner le gîte le plus prochain où elle seroit mieux; qu'il y avoit outre cela une donation que le Roi lui faisoit de la principauté de Roses (1). M. de Chalais m'a dit qu'il avoit vu et lu cette donation. Cependant l'abbé Albéroni étoit déjà arrivé et avoit eu audience du Roi. J'oublie de marquer une circonstance essentielle, c'est que M. de Grimaldo recommanda de la part du Roi à M. de Chalais de ne point partir que la Reine ne fût arrivée, de peur qu'elle ne le fît arrêter en chemin. La Reine effectivement arriva sur les huit heures ou huit heures et demie du soir. Il n'y avoit pas encore un quart d'heure qu'elle étoit arrivée, que M. de

---

(1) Ville de Catalogne, sur la Méditerranée et près de la frontière de France

Grimaldo, ayant eu ordre de venir parler au Roi et étant ensuite retourné chez lui, envoya querir M. de Chalais, et lui redemanda le paquet qu'il lui avoit remis peu d'heures auparavant. (Je crois que le paquet n'avoit pas été remis à M. de Chalais; il ne devoit le prendre qu'au moment de son départ. La différence est peu importante; ce qui est certain, c'est que la donation de Roses en fut ôtée.) M. de Chalais n'a jamais revu depuis ce paquet; et à la place on lui remit seulement une lettre du Roi pour Mme des Ursins, portant le même ordre que la première, de rester où M. de Chalais la trouveroit.

M. de Chalais partit aussitôt, et ayant couru toute la nuit, joignit Mme des Ursins la troisième fête de Noël, à cinq heures du matin; il la trouva qui entendoit la messe dans une chambre auprès de la sienne; c'étoit la première fois depuis son départ qu'elle l'entendoit, parce qu'il y avoit une chapelle dans la maison où elle logeoit ce jour-là, et qu'on ne lui avoit pas permis d'aller à l'église, de peur qu'elle ne se servît du droit de sauvegarde qui est dans les églises en Espagne. Mme des Ursins, ayant aperçu M. de Chalais, lui demanda s'il avoit permission de lui parler; M. de Chalais lui ayant dit qu'il avoit cette permission, elle voulut, avant tout, achever d'entendre la messe, après laquelle, étant rentrée dans sa chambre, elle dit à M. de Chalais et à M. de Lanti, qui étoit avec lui, que s'ils vouloient conserver l'air de douleur avec lequel ils l'avoient abordée, ils n'avoient qu'à s'en retourner; que, pour elle, elle n'avoit rien à se reprocher, et qu'elle ne voyoit nul sujet d'affliction. Après quelques moments de conversation, M. de Chalais voulut sortir pour dépêcher un courrier au roi d'Espagne et chercher un logement; mais, quoiqu'il eût remis à Mme des Ursins une lettre de S. M. Catholique, il trouva qu'il étoit consigné à la porte, et ne put sortir de la maison; il fut obligé même de coucher dans l'antichambre de Mme des Ursins. Il eut beau faire souvenir le garde qui étoit à la porte qu'il étoit lui-même officier des gardes, le garde lui dit qu'il le connoissoit bien, mais qu'il étoit obligé d'exécuter les ordres qu'on lui avoit donnés. M. de Lanti, à qui la même aventure arriva, voulût se fâcher et faire du bruit, mais Mme des Ursins l'en empêcha. Cependant M. de Chalais dépêcha son courrier au roi d'Espagne; ce courrier lui rapporta un ordre du roi d'Espagne portant que des cinquante gardes qui accompagnoient Mme des Ursins, il en renvoyât trente et en gardât seulement vingt, avec un brigadier et un sous-brigadier; qu'avec ces vingt gardes il conduisît Mme des Ursins sur les terres de France; qu'aussitôt qu'elle y seroit arrivée, il renvoyât les vingt gardes et demeurât avec Mme des Ursins pour la conduire en France, où elle jugeroit à propos; après quoi il reviendroit en Espagne. M. de Chalais ne songea plus qu'à exécuter cet ordre; mais Mme des Ursins n'avoit point du tout d'argent. M. de Lanti avoit peut-être environ 30 pistoles, et M. de Chalais 12 ou 15; ils se mirent en marche dans cette situation, et à quelques journées l'hôte où logeoit Mme des Ursins, et qui lui avoit beaucoup d'obligation, vint trouver M. de Chalais et lui dit qu'il s'imaginoit que Mme des Ursins pouvoit avoir besoin d'argent et qu'il venoit lui offrir 500 pistoles. Pendant ce temps, on avoit donné la liberté aux gens de Mme des Ursins, qui avoient été arrêtés d'abord; un d'eux arriva avec 150 pistoles qu'il apportoit. M. de Chalais rendit compte de ces deux nouvelles à Mme des Ursins; elle s'étoit déjà déterminée à refuser les 500 pistoles et à se contenter de ce qu'ils avoient, joint avec ce que son domestique lui apportoit. Dans ce même temps, M. de Chalais entendit arriver un courrier; il vit que c'étoit un courrier du cabinet qu'il connoissoit; M. de Chalais l'ayant fait entrer, le courrier lui parut [avoir] un air mystérieux et embarrassé; il dit qu'il avoit un paquet à remettre à la princesse, mais qu'il vouloit lui parler en particulier. C'étoit 2,000 pistoles que le Roi envoyoit à Mme des Ursins, mais il ne vouloit pas que personne en fût instruit. Avec ce secours ils continuèrent leur voyage. M. de Chalais exécuta à la lettre les ordres qu'il avoit; il renvoya les gardes sur la frontière d'Espagne; il conduisit Mme des Ursins jusqu'à six lieues de Paris, et revint à Chalais pour repasser en Espagne. Ils ne manquèrent pas d'argent quand ils furent en France; on en offroit de toutes parts à Mme des Ursins.

M. de Chalais reçut ordre de ne point retourner en Espagne jusqu'à nouvel ordre. On avoit réformé la compagnie des gardes dans laquelle il étoit, et de quatre on n'en avoit fait que deux. Depuis ce temps on en a fait une troisième, et il y a à présent les Espagnols, les Italiens et les Flamands. M. de Chalais ne retourna en Espagne qu'après dix huit mois, et en y arrivant il reçut ordre d'aller s'embarquer à Cadix.

M. de Chalais m'a ajouté que, lorsqu'il retourna en Espagne, la Reine le reçut bien, mais assez froidement; il en marqua en plusieurs occasions sa peine et ses inquiétudes au roi d'Espagne, dont il étoit toujours traité avec la même bonté. Le Roi en parla à la Reine, et la Reine dit à M. de Chalais fort obligeamment qu'elle ne savoit pas pourquoi il croyoit qu'elle eût du froid pour lui, que cela seroit bien injuste puisqu'il n'avoit aucun tort; et effectivement elle commença de ce moment à le très-bien traiter. Quelque temps après il prit congé de LL. MM. pour venir en France; la Reine lui dit que vraisemblablement il se marieroit dans ce voyage, et que si la femme qu'il prendroit vouloit aller en Espagne, elle lui promettoit une place de dame du palais pour elle. M. de Chalais après son mariage retourna en Espagne faire son service, qui est sur un pied fort différent de celui de France. C'étoit à peu près dans le temps que le mariage de l'Infante fut arrêté. La reine d'Espagne, à qui il avoit déjà parlé avec respect et ménagement des bruits qui se répandoient du renvoi de l'Infante, lui avoit dit dans un mouvement de colère, qu'il est aisé de comprendre :

« S'ils le font, ils s'en repentiront. » Lorsque la nouvelle fut reçue en Espagne, elle dit à M. de Chalais : « Savez-vous quelle est la cause de ce qui nous arrive? C'est parce que le Roi n'a pas voulu faire grande d'Espagne la maîtresse de M. le Duc (1). »

M. de Chalais, qui m'avoit conté tout le premier détail en 1738, comme je l'ai dit, m'a conté en 1751 cette dernière réponse de la reine d'Espagne. Je crois que le terme de maîtresse est trop doux, et que la reine d'Espagne, dans la fureur où elle étoit, se servit d'un mot plus expressif.

On peut dire que l'affaire auroit pu être traitée avec plus de ménagement; on connoissoit la piété du roi d'Espagne, la tendre amitié qu'il avoit pour le Roi son neveu, et l'intérêt qu'il prenoit à sa maison. Ces raisons auroient dû déterminer à lui représenter les inconvénients de la disproportion d'âge du Roi à l'Infante, tant par rapport à la personne du Roi que pour la France. Le maréchal de Tessé, qui dans ce temps étoit prêt à revenir de Madrid, où il étoit ambassadeur, ayant obtenu son rappel, écrivit à M. le Duc sur les bruits qui se répandoient; il lui demandoit des ordres; il offrit de prévenir le roi d'Espagne, et marquoit qu'il croyoit pouvoir se flatter de réussir. M. le Duc lui manda que rien n'étoit plus faux que ces bruits; ainsi il trompa l'ambassadeur du Roi sur une affaire d'un aussi grand éclat qui devoit être exécutée fort peu de temps après (2). Ce fut l'abbé de Livry qui fut chargé des affaires après le maréchal de Tessé. Il revenoit de Portugal, où il étoit ambassadeur; il eut ordre de rester à Madrid; il n'y eut pas le succès que l'on auroit pu désirer, mais il faut convenir que les circonstances n'étoient pas heureuses.

---

(1) La marquise de Prie, morte à vingt-neuf ans, en 1727. Voy. les *Mémoires du marquis d'Argenson*, t. I, p. 202.

(2) Voy. aussi les *Mémoires* du président Hénault, p. 143 et suivantes.

Tout ce détail est exactement ce que M. de Chalais m'a conté ; mais quoiqu'il ait dû être instruit par Mme des Ursins sur tout ce qu'elle pouvoit juger de cette affaire, le traitement fait par la Reine à l'abbé Albéroni la première fois qu'elle le voit, et à Mme des Ursins au premier mot qu'elle lui dit, paroîtroit toujours inconcevable. On ne peut pas se persuader qu'il n'y ait pas eu un jeu joué entre la Reine et Albéroni, ni même presque croire que le Roi ne fût pas prévenu de ce que la Reine devoit faire.

Il est parlé dans quelqu'un de mes journaux (1) (mais je ne sais pas l'année) de l'événement singulier du renvoi de Mme des Ursins. J'ai mis deux détails différents sur cet événement qui m'ont été racontés, l'un par M. le prince de Chalais, l'autre par Mme la duchesse de Saint-Pierre (2). L'un tend à prouver que le roi d'Espagne ne savoit rien de ce renvoi, l'autre qu'il ne se fit que du consentement du roi d'Espagne. On m'a conté aujourd'hui, 17 janvier 1752, une circonstance qui confirmeroit le sentiment que le roi d'Espagne n'en savoit rien ; c'est que la reine d'Espagne, étant arrivée dans le lieu où le Roi l'attendoit, et sachant combien les femmes avoient de pouvoir sur l'esprit de ce prince, ne voulut point se déshabiller que le roi d'Espagne n'eût confirmé tout ce qui avoit été fait par rapport à Mme des Ursins ; le secrétaire d'Etat eut ordre d'apporter un papier que le Roi signa, et alors la Reine se déshabilla.

Il faut mettre cette anecdote à côté de l'article et la dater d'aujourd'hui. Il faut y ajouter ces mots : La même personne qui m'a raconté cette anecdote et qui a une mémoire très-sûre et très-exacte étoit en Provence lorsque la reine d'Espagne y passa, et la reine d'Espagne logea chez elle ; elle m'a dit que la façon dont la reine d'Espagne étoit servie paroissoit fort singulière. Pour sa nourriture personnelle, elle étoit fournie par des officiers du roi d'Espagne, mais qui paroissoient ou peu fidèles ou peu entendus, car on lui faisoit mauvaise chère. Lorsqu'elle mangeoit, elle étoit servie à genoux, suivant l'usage d'Espagne, et la princesse de Piombino, qui étoit venue avec elle, mangeoit aussi

---

(1) Cette note est écrite sur une feuille détachée, et datée du 17 janvier 1752.

(2) Les détails donnés au duc de Luynes par la duchesse de Saint-Pierre sont rapportés plus loin, p. 155. Il en parle aussi dans une de ses notes du Journal de Dangeau, à la date du 18 janvier 1715 (t. XV, p. 344).

avec elle, mais au bout de la table. Toute sa maison étoit servie par étapes; les communautés avoient ordre de fournir une certaine quantité de vivres, et les cámeristes avoient leur argent à dépenser. La Reine, qui étoit fort maigre alors, avoit un visage fort rouge et fort marqué de petite vérole. Elle étoit venue de Gênes en France dans une chaise à bras par le chemin étroit, le long de la mer, que l'on appelle la Corniche; et on prétend que c'est par cette raison qu'elle a voulu que l'armée espagnole passât par ce même chemin dans la dernière guerre, disant que puisqu'une femme y avoit bien passé, des hommes, et surtout des militaires, ne devoient pas y trouver d'impossibilité; mais ceci n'est qu'une opinion dont je n'assure point la vérité. Elle devoit passer par mer en Espagne, mais elle se décida à aller par terre, disant que ce n'étoit pas une reine morte que l'on vouloit en Espagne, mais une vivante. Comme on avoit compté sur le transport par mer, rien n'étoit prêt pour la route par terre; il fallut acheter, louer, emprunter. On emmena une chaise de poste que M. l'évêque de Marseille prêta et qu'on ne lui a jamais rendue.

Suite du 3 mai 1738. — Hier la revue fut plus courte qu'elle n'auroit été, parce qu'il faisoit un froid extrême et le plus vilain temps du monde. Le Roi appela pendant la revue M. d'Arbouville, ancien capitaine aux gardes, présentement capitaine de grenadiers et maréchal de camp; il lui dit avec bonté qu'il lui donnoit le gouvernement de Schélestadt. Ce gouvernement est vacant depuis peu par la mort de M. de Saint-Pater, lieutenant général, et vaut en tout 14,000 livres de rente. Le Roi appela aussi M. de Champigny, et lui dit qu'il lui donnoit la compagnie de M. d'Arbouville. Par ce changement, M. de Vaudreuil, aide-major, a eu la compagnie de M. de Champigny et M. de Villars a été fait aide-major.

Du 6, Marly. — Il y a cinq ou six jours que l'on apprit ici la mort de M. de Collandre (1), maréchal de camp.

J'avois oublié de marquer qu'avant le voyage de Marly, le Roi avoit nommé à l'évêché de Montpellier, qui vaut

---

(1) Son nom étoit Le Gendre; il étoit frère de M. de Berville. (*Note du duc de Luynes.*)

32,000 livres de rente, M. l'évêque de Saint-Papoul. Il s'appelle Charency (1), et je l'ai vu grand vicaire à Meaux ; il n'y a pas longtemps qu'il est évêque; j'ai ouï dire qu'il étoit d'un esprit doux, sage et capable d'affaires.

M. le maréchal de Roquelaure est à la dernière extrémité, conservant cependant sa connoissance entière (2). Il doit avoir quatre-vingt deux ans ; il fut fait colonel en 1674 ; il y avoit deux ans qu'il étoit capitaine. On dit que Mesdames partiront le 15 de juin, et qu'avant leur départ elles seront baptisées et M. le Dauphin confirmé. Elles seront nourries aux dépens de l'abbaye, et le Roi donne 15,000 livres de pension pour chacune.

Le voyage est avancé d'un jour. Le Roi déclara hier qu'il s'en iroit jeudi. Il y a eu beaucoup de monde, et je crois que la liste étoit de cent vingt-huit personnes; outre cela beaucoup de gens ont eu permission d'y venir faire leur cour. Il y eut avant le voyage une liste faite de ceux que l'on appelle salonistes ou polissons, c'est-à-dire ceux qui avoient permission de venir au salon quoique n'étant pas du voyage. Cela étoit d'usage dans les autres voyages, mais dans celui-ci il y a eu une chose particulière, c'est qu'il y avoit des croix à côté des noms, aux uns une croix simple +, et aux autres une double ✣, et cela pour distinguer ceux qui pouvoient venir une fois ou plusieurs.

Le Roi continue à se bien porter, cependant il n'engraisse point, va à la chasse trois fois la semaine, comme avant sa maladie et presque aussi vite ; il est certain que dès le carême il avoit maigri, et qu'un habit qu'on venoit de lui faire se trouva trop large à Pâques.

Je ne sais si j'ai marqué ci-dessus que M. de la Mina a obtenu depuis peu l'ordre de la Toison ; il n'est pas en-

---

(1) Georges-Lazare Berger de Charency, sacré évêque de Saint-Papoul le 25 septembre 1735.

(2) Il mourut ce jour-là. (*Note du duc de Luynes.*)

core reçu, et c'est M. le Duc qui aura la commission de le recevoir. L'usage est que l'on envoie d'Espagne une formule de toute la cérémonie. Les chevaliers de la Toison qui se trouvent ici sont invités de s'y rendre; celui qui reçoit nomme quelqu'un pour faire la fonction de chancelier de l'ordre et pour lire les patentes. Le chevalier que l'on reçoit est ensuite admis et conduit par le parrain qu'il a choisi, qui est un des chevaliers; il prête ensuite serment sur les saints Évangiles, reçoit l'accolade et va embrasser tous les chevaliers qui sont présents. En Espagne, après cette cérémonie, on tient un chapitre où l'on traite quelques unes des affaires de l'ordre. M. de la Mina est déjà chevalier de Calatrava et a dans cet ordre une commanderie qui vaut 1,000 pistoles d'Espagne, c'est-à-dire 16,000 livres. Cet ordre est incompatible avec celui de la Toison, il faut une grâce du roi d'Espagne pour posséder l'une et l'autre.

J'ai marqué ci-dessus le temps que M. de Tessé a été fait grand d'Espagne; cette grâce s'accorde fort rarement de faire passer une grandesse du père au fils, et que l'un et l'autre en conservent les honneurs. Nous en avons vu cependant un exemple en M. de Saint-Simon, qui fut fait grand en Espagne et qui obtint en même temps que la grandesse passât sur son second fils, le marquis de Ruffec; et ils furent couverts l'un et l'autre devant le roi d'Espagne; mais la demande de l'Infante étoit une circonstance favorable. M. le maréchal de Villars avoit inutilement tenté d'obtenir la même grâce, et le roi d'Espagne aima mieux créer une nouvelle grandesse en faveur de M. le marquis de Villars, aujourd'hui duc. Les substitutions des grandesses sont plus étendues que celles des duchés; non-seulement tous les parents y sont appelés, mais même quelquefois les amis, ce qui est pourtant rare. La veuve et le fils jouissent en même temps des honneurs de la grandesse, mais non pas le père et le fils; c'est ce qui fait que quoiqu'il y ait autant de grands d'Espagne que de ducs, le nombre des ducs est plus considérable, parce que quelquefois un seul duché fait deux et trois ducs, comme par exemple Villeroy et Charost, au lieu que quelquefois un grand réunit en sa personne deux ou trois grandesses. Les grands ont non-seulement l'honneur de se couvrir devant le roi d'Espagne, mais ils ont même des entrées et font un corps.

Du 13, Versailles. — Le Roi partit jeudi 8 de ce mois de Marly, et alla coucher à la Meutte; il visita en arrivant les bâtiments neufs qu'il y a fait faire; toute la face du côté de la cour est doublée, ce qui forme un vestibule, au-dessus duquel est un appartement pour le Roi, et dans les souterrains plusieurs pièces pour la commodité du service. Il y avoit vingt-sept à vingt-huit personnes à la Meutte avec le Roi, dont plusieurs à qui S. M. avoit permis de s'y rendre dans leurs voitures. Le Roi y dîna encore le lendemain, et n'en partit qu'à sept heures pour revenir à Versailles. La Reine étoit revenue dès le jeudi. M. le Cardinal resta jusqu'au samedi matin à Marly. La santé de S. Ém. est toujours dans le même état, assez bien, mais ne revenant pas comme on le désireroit. Il paroît par les nouvelles de l'île de Corse que les rebelles y sont fort contents de nous et nous traitent fort bien, mais ils persistent dans les mêmes sentiments contre les Génois; ils offrent même de se donner à telle puissance que le roi de France voudra, pourvu que ce ne soit pas à la république de Gênes. M. de Boissieux, qui commande nos troupes, a beaucoup d'égards pour les rebelles, qui lui envoient toutes les provisions dont nous pouvons avoir besoin.

Le 8 ou le 9 de ce mois, l'on reçut ici nouvelle de la mort du fils du duc Ferdinand de Bavière. Le duc Ferdinand est frère de l'électeur d'à présent et a épousé une princesse de Neubourg, nièce de l'électeur palatin. Son fils, qui s'appeloit Maximilien-Marie, avoit dix-huit ans; il étoit bien fait et d'une jolie figure; il est mort de la petite vérole; il étoit cousin issu de germain du Roi; on n'en a point encore donné part.

L'enterrement de M. le maréchal de Roquelaure s'est fait sans aucune cérémonie; les maréchaux de France n'y ont point été; il n'y avoit même que le détachement ordinaire des gardes de la connétablie qui reste auprès du doyen. Outre les 800,000 francs qui reviennent à Mme la princesse de Léon, et qui lui étoient substitués, elle partage encore par moitié, avec Mme la princesse de Pons, la succession. On prétend que Mme la princesse de Léon aura en tout de la succession de père et de mère 80,000 livres de rente, et Mme la princesse de Pons 70,000. L'hôtel de Roquelaure à Paris avoit été estimé 400,000 francs après la mort de Mme la maréchale de Roquelaure; on croit qu'il pourra être porté à 100,000 francs de plus.

J'appris hier, en revenant de Paris, la mort du fils de M. d'Hostun, qui avoit été enterré ce même jour; il s'appeloit le comte de Tallard; il n'avoit pas encore un an. Mme d'Hostun, sa mère, est toujours fort mal, quoique le médecin suisse ou des urines (1), entre les mains duquel elle est, paroît en espérer. Sa mort fera perdre à la maison de Tallard plus de 60,000 livres de rente qu'elle y avoit apportées.

M. d'Egmont est revenu de Naples, depuis trois ou quatre jours, à Paris; je lui ai fait beaucoup de questions sur le mont Vésuve, lequel jeta, l'année passée, au mois de mai, beaucoup de flammes, et voici ce qu'il m'en a dit. Le mont Vésuve est à trois lieues de Naples, par le droit chemin, mais à quatre par le détour que l'on est obligé de faire; il y a environ une lieue et demie pour arriver au sommet de la montagne. Il y a dix-huit ou dix-neuf ans que M. d'Egmont avoit été en haut et avoit vu l'embouchure, dont il ne sortoit alors que peu de fumée; l'année passée il voulut retourner au même endroit, dans

---

(1) Voir plus loin, p. 169.

le mois de janvier ou février, mais étant arrivé en haut, il trouva autour de l'ouverture de la montagne une croûte bitumineuse élevée de deux à trois cents pieds de hauteur, et dès lors il sortoit par cette ouverture des matières et pierres enflammées, ce qui empêcha M. d'Egmont de s'éclaircir davantage. Le 20 de mai de la même année, le sommet de la montagne parut tout blanc, comme s'il eût été couvert de neige, et le lendemain ou surlendemain il commença à jeter une prodigieuse quantité de fumée et de flammes; mais le jour il n'y avoit que la fumée qui paroissoit. Cette fumée, autant que l'on a pu estimer sa hauteur, paroissoit cinq fois celle de la montagne, et la flamme ne paroissoit avoir qu'une fois et demie la même hauteur de la montagne. Les nuages blancs que l'on voit extrêmement élevés dans le beau temps n'étoient qu'à la moitié de la hauteur de cette fumée; elle les attiroit et ils étoient absorbés dans le moment. Le bruit étoit assez considérable pour être entendu de Rome, qui en est à cinquante lieues. La fumée n'est autre chose qu'un amas de cendres imperceptibles, qui par l'excessive hauteur est portée jusqu'à cinquante ou soixante lieues; il en tomba dans ce même temps une assez grande quantité dans des terres que M. le comte d'Egmont a sur le bord de la mer, à la distance que je viens de dire du mont Vésuve. Cette cendre quoiqu'extrêmement fine pèse beaucoup, et ce qui en peut tenir dans la forme d'un chapeau pèse quatorze et quinze livres. Cette fureur de la montagne dura huit jours, et fut accompagnée d'un spectacle curieux et effrayant; c'étoit une rivière de feu, fort large, qui tomboit du sommet de la montagne dans la mer. Pendant ces huit jours, dans la partie de Naples qui regarde le mont Vésuve, on y voyoit clair la nuit à pouvoir lire la plus petite écriture. Pendant les premiers jours il y eut des moments où l'ébranlement fut si grand dans cette partie de Naples, que toutes les fenêtres les mieux fermées furent ouvertes dans un moment. On a fort recherché la cause de ces agitations violentes de la montagne, et l'on croit que c'est lorsqu'il s'y introduit quelque partie de l'eau de la mer; il paroît cependant inconcevable que cette eau en soit rejetée avec autant de violence et soit aussi longtemps sans se faire de nouveaux passages, car il y avoit cent ans que l'on n'avoit vu un pareil événement. L'on croit depuis longtemps que le mont Vésuve et le mont Etna ou mont Gibel, qui est en Sicile, ont communication ensemble. Cependant la fureur de l'un n'est point une suite de l'autre; mais ce qui peut contribuer à le faire croire, c'est qu'il y a entre les deux, dans la mer, deux autres montagnes dans des îles, l'une nommée Stromboli et l'autre Volcano, qui jettent du feu continuellement. Ces deux îles sont inhabitées; il y a seulement un ermite et quelques pêcheurs qui demeurent dans celle de Stromboli.

Du 16. — M. de Castéja, qui a été ambassadeur en Suède pendant vingt ans, vint me voir il y a quelques jours; je lui fis plusieurs questions sur ce royaume, et voici ce qu'il me dit. Le roi de Suède (1), qui est Hesse-Cassel, a environ soixante-trois ans; il ne se mêle de rien du tout dans l'État; il ne travaille jamais, ce qui fait qu'il a peu de considération. Il ne dispose d'aucune charge hors de celles de sa maison. C'est le sénat qui gouverne et qui lui présente pour chaque charge trois sujets dont il en choisit un. Il donne de la même manière les places de sénateurs. Il y a seize sénateurs. Il y a outre cela la chancellerie, qui est composée de neuf en comptant trois secrétaires d'État. C'est avec la chancellerie que se traitent les affaires étrangères. Les ministres étrangers présentent des mémoires au chancelier, même des plus petites affaires; il en rend compte au sénat, et le chancelier rapporte aux ministres la délibération du sénat. Ce sont les plus grands seigneurs, gouverneurs,

---

(1) Frédéric.

généraux, etc., qui composent le sénat. Le Roi entre dans le sénat, et lorsque les voix sont partagées, le parti qui est du côté du Roi, quoiqu'égal en nombre (1), l'emporte sur l'autre. C'est le sénat qui ordonne tout ce qui est nécessaire pour la dépense du Roi et de la Reine, le payement des troupes, entretien des maisons royales et généralement tout ce qui regarde l'État. Le Roi a seulement 50,000 écus par an, et la Reine autant, pour leur entretien personnel et leur amusement. Les troupes sont au nombre de quarante cinq mille hommes; Il n'y a sur cela que dix mille hommes de payés, dont dix huit cents ou trois bataillons employés pour la garde ordinaire du Roi. Le Roi a outre cela des gardes du corps, mais ils n'ont point de chevaux et ne sortent jamais avec lui. Les officiers seulement suivent la Reine et prennent alors des chevaux dans l'écurie du Roi. Les trente-cinq mille hommes qui ne sont pas payés sont pourtant entretenus aux dépens de l'État. Les officiers et soldats ont, à proportion de leur grade, des biens, terres, maisons etc., dans les domaines du Roi ; ils cultivent ces terres et y demeurent avec leurs familles (2) ; chaque semaine les caporaux, sergents, etc., rassemblent les troupes qui sont sous leurs ordres et leur font faire l'exercice. Les compagnies s'assemblent tous les mois et les régiments tous les ans. Toutes les troupes sont habillées de bleu, quelques-unes avec des agréments blancs. La monnoie du pays est en or et argent et la plus grande partie de la monnoie [est] de cuivre ; et comme cette monnoie seroit fort incommode dans le commerce journalier, cette monnoie reste en dépôt dans une espèce de banque, et l'on se sert de billets pour le commerce. La Suède est

---

(1) C'est ce que l'on appelle ici voix prépondérante. (*Note du duc de Luynes.*)

(2) Cette organisation existe encore en Suède ; l'*Indelt*, ou troupes cantonnées sur les domaines (*torp*) de l'État, compte 33,000 hommes. En temps de guerre ces troupes sont soldées.

presque remplie de rochers, de montagnes et de bois. Il y a seulement d'espace en espace quelque partie de ces bois qui ont été défrichés et où l'on a cultivé la terre. Les chemins y sont parfaitement beaux et entretenus avec grand soin. Ils sont divisés exactement par des poteaux qui marquent le chemin que l'on fait, et outre cela il est marqué aussi quelle est la communauté qui doit entretenir telle partie du chemin. L'amusement ordinaire du Roi est la chasse, mais la plus ordinaire est la chasse aux ours et aux élans; il n'y a ni cerfs, ni biches, ni sangliers. Il y a seulement une île à quatre lieues en mer et qui en a huit ou dix de long, où le Roi de Suède a fait mettre des sangliers, qui y sont en assez grande quantité. La chasse des ours et élans se fait par battues. On embrasse un grand pays et l'on amène peu à peu les animaux jusqu'à l'endroit où est le Roi; il permet que l'on tire à ces chasses; mais ceux à qui il donne cette permission ont l'attention de ne point tirer d'ours, parce que c'est son amusement. Il en tue quelquefois trois ou quatre dans une chasse. Il n'y a point de lapins, mais des lièvres. M. de Castéja m'a assuré que ces lièvres devenoient blancs à l'entrée de l'hiver et qu'il ne leur restoit de gris que la pointe des oreilles. Ils reprennent leur poil gris dans le commencement du printemps.

Les États généraux s'assemblent tous les trois ans à Stockholm. Il y a quatre ordres différents dans le royaume; les paysans font le quatrième. La ville est grande et à presque autant d'étendue que Paris, mais elle n'est ni aussi bâtie ni aussi peuplée. Il y a au milieu de la ville, c'est-à-dire entre la ville et les faubourgs, un lac qui s'étend bien avant dans les terres et sur lequel on a construit deux ponts. Le jour que les États sont assemblés, l'autorité du sénat cesse; c'est le temps où il y a le plus de brigues et de cabales. Lorsque l'affaire de Pologne en dernier lieu fut résolue (1), M. de Castéja eut ordre de la Cour de demander des troupes à la Suède, je crois que c'étoit huit ou dix mille hommes, et d'offrir pour cela un subside qui devoit, je crois, durer trois ans; l'affaire fut portée à la chancellerie et au sénat, mais comme elle étoit de la dernière importance, le sénat demanda l'assemblée des États. Ce que le Roi désiroit fut accordé; cependant par l'événement, les troupes n'ont point été fournies, et après la séparation des États le sénat prit d'autres engagements, ce qui vraisemblablement sera traité dans les États que l'on va tenir incessamment et donnera peut-être lieu à de sévères punitions. J'ai marqué que le Roi ne disposoit d'aucunes charges hors celles de sa maison, mais celles même qu'il donne il ne peut pas les ôter. Il faut faire le procès à tous ses domestiques, même aux moindres desdits domestiques; c'est-à-dire les fautes qu'ils ont faites sont portées à un tribunal qui n'est que pour les faits de cour.

Le départ du Roi pour Compiègne, qui avoit été fixé d'abord au 15 juillet, a été depuis avancé au 7 et depuis encore au 1er, et sera d'environ un mois.

Mme la comtesse de Toulouse retourne pour la première fois mardi prochain, 20 de ce mois, à Rambouillet, et le Roi déclara avant-hier qu'il iroit mardi 27, pour jusqu'au vendredi. Ce sera le Roi qui nommera les hommes et les dames pour ce voyage. La dépense y sera faite par le contrôleur de Mme la comtesse de Toulouse, comme cela se pratiquoit du vivant de M. le comte de Toulouse. Il paroît certain qu'outre ce voyage, le Roi en fera encore trois autres avant le voyage de Compiègne (2).

---

(1) La guerre de la succession de Pologne.
(2) « Le Roi a indiqué quatre voyages à Rambouillet, chez Mme la comtesse de Toulouse que le Roi aime beaucoup. » (*Journal de Barbier*, t. III, p. 132.) — On trouve aussi dans les *Fastes de Louis XV* une explication de ces fréquents voyages à Rambouillet. « Cette Thébaïde délicieuse lui plai-

Avant-hier, on eut nouvelle que la princesse Charlotte de Lorraine avait été élue abbesse de Remiremont. La fille de M. le prince de Pons, Mlle de Marsan, avoit aussi été reçue chanoinesse avant ladite élection ; il paroît que Mme la duchesse de Lorraine est extrêmement contente du roi de Pologne sur tout ce qui s'est passé à l'occasion de cette élection.

J'ai marqué la mort du prince Maximilien, fils du duc Ferdinand ; c'est M. le prince de Grimberghen (1) qui a donné part au Roi par une lettre qu'il a écrite à M. Amelot, et je fus témoin hier que M. le comte Torring, étant au dîner du Roi, S. M. l'appela et lui dit qu'il le prioit de mander à l'électeur qu'il étoit très-sensible à la perte qu'il avoit faite.

Du dimanche 18. — Il n'y a rien de changé pour le départ de Mesdames ; mais on a réglé leur suite. M. le Cardinal vouloit qu'elles ne fussent accompagnées que par huit gardes du corps ; M. le duc de Béthune (2) a obtenu avec bien de la peine qu'il y en auroit douze. Il ne marchera point de Cent-Suisses à ce voyage ; les Cent-Suisses prétendent cependant qu'il est d'usage qu'ils marchent en pareille occasion et qu'ils ont été envoyés non-seulement au-devant de la reine d'Espagne, fille de M. le duc d'Orléans, à son retour, mais qu'ils ont même accompagné Mme de Modène, ce qui est encore plus singulier puisqu'elle n'avoit point droit d'avoir ni gardes du corps ni Suisses. Cependant ce ne peut pas être la raison de la dépense qui en empêche, puisque l'extraordinaire qu'il en coûteroit ne va qu'à dix sous par jour pour chaque

---

soit pour s'y délasser des fatigues d'une cour importune.... pour n'y être plus monarque. Là régnoit la plus grande familiarité. » T. I, p. 125. (*Les Fastes de Louis XV, de ses ministres, maîtresses, généraux,* etc., à Villefranche, chez la veuve Liberté, 1782, 2 vol. in-12.)

(1) Louis-Joseph d'Albert de Luynes, prince de Grimberghen et du Saint-Empire, grand-oncle du duc de Luynes, auteur des Mémoires.

(2) L'un des quatre capitaines des gardes du corps.

Suisse et cinq livres pour l'officier qui les commande. Les gardes du corps seront commandés par M. d'Autichamp, exempt.

Il est question ici d'une nouvelle difficulté au sujet du salut des gendarmes et chevau-légers. J'ai marqué dans ces Mémoires ce qui se passa l'année dernière au sujet de ce salut, et que MM. de Rohan et de Chaulnes eurent un ordre signé du Roi pour suivre les anciens usages. Cependant M. de Châtillon, continuant de voir avec peine que ces deux compagnies soient les seules qui ne saluent pas M. le Dauphin, a renouvelé ses représentations. D'autre côté, les princes du sang sont blessés de n'être pas salués par ces deux compagnies, et se sont réunis pour demander cet honneur; ils prétendent qu'étant salués à l'armée, ils le doivent être ici; ils ajoutent que même ici, étant salués par la droite, qui comprend les grenadiers à cheval et les gardes du corps, la gauche doit toujours faire ce que fait la droite; que même il est arrivé que du temps du feu Roi, M. de Nonant, lieutenant des gendarmes, ayant refusé de saluer à l'armée dans une occasion où il croyoit ne le devoir pas faire, Louis XIV approuva à la vérité les raisons de M. de Nonant, mais il dit qu'il devoit suivre ce qu'avoit fait sa droite. On répète encore ce qu'on disoit l'année passée : qu'il est insoutenable que M. le Dauphin ne reçoive pas de ces deux compagnies ce qu'il reçoit des autres; et l'on ajoute pour les princes du sang, qu'ils avoient obtenu cet honneur du temps de la régence de M. le duc d'Orléans. Les chevau-légers et gendarmes répondent, de leur côté, que ce qui se passe à l'armée n'est point une règle, que leur compagnie ne quitte jamais la personne du Roi, et que ce n'est qu'un détachement qui va en campagne; que même leurs timbales devroient toujours rester auprès du Roi, et que ce n'est que par bonté et permission particulière de S. M., et pour la commodité du service, qu'elles marchent avec le détachement. Ils ajoutent qu'ils respectent plus que personne M. le Dauphin, mais qu'ils croiroient qu'étant héritier présomptif de la couronne il est intéressé plus qu'un autre à soutenir les honneurs qui ne sont dus qu'à la couronne. Ils ajoutent enfin que cette question a été déjà portée au moins trois fois devant le Roi depuis sa majorité, et qu'à chaque fois ils ont eu un ordre signé de S. M. de suivre les anciens usages; qu'à l'égard des princes du sang, ils ont peu ou même point joui de l'honneur du salut, parce qu'il étoit insoutenable. (On sait assez que cette décision en faveur des princes du sang fut un effet de la politique de M. le duc d'Orléans). Les gendarmes et chevau-légers disent encore qu'il paroîtra toujours singulier qu'il n'y ait nulle différence dans les honneurs militaires, non-seulement entre le Roi et M. le Dauphin, mais même entre M. le Dauphin et M. le duc de Penthièvre. Les raisons de part et d'autres ont été données à M. d'Angervilliers, et la décision se fera à son travail avec le Roi.

MM. de la Granville et de Seychelles, intendants de Flandre et de Hainaut, sont ici; ils sont venus recevoir leurs instructions, devant s'assembler le mois prochain à Lille avec des commissaires de l'empereur pour les règlements des limites. Dans le temps de la paix de Rastadt, en 1714, il fut dit que le règlement de ces limites se feroit par des commissaires; depuis ce temps, il n'y a eu aucun règlement de fait; mais en 1718 il fut établi par l'empereur des bureaux dans des pays que nous prétendons nous appartenir, ou du moins être neutres. M. de Lichtenstein dit que ces bureaux font un objet considérable pour l'empereur, puisqu'ils valent 500,000 florins de rente, mais cela ne sert qu'à prouver davantage l'intérêt que nous avons qu'il ne soit pas fait sans droit un aussi grand tort à notre commerce. C'est de M. de Seychelles même que je sais tout ce détail.

J'ai marqué ci-dessus un grand détail sur Mme des Ursins. Mme de Luynes en parla il y a quelques jours à

Mme la duchesse de Saint-Pierre (1), pour qui la reine d'Espagne avoit beaucoup d'amitié. Mme de Saint-Pierre dit à Mme de Luynes qu'elle avoit beaucoup questionné la reine d'Espagne sur cette aventure, et que la Reine lui avoit assuré qu'elle n'avoit agi dans cette affaire que sur un billet du roi d'Espagne; que le roi d'Espagne étoit persuadé que Mme des Ursins avoit fait tout ce qui avoit dépendu d'elle pour l'engager à l'épouser, et qu'il avoit écrit à la Reine qu'elle fît en sorte d'éloigner Mme des Ursins; qu'elle les empêcheroit sûrement de vivre dans l'union où ils devoient être. La reine d'Espagne ajouta que lorsqu'elle rencontra l'abbé Albéroni, elle essaya d'abord à l'engager de la servir dans ce dessein, mais que n'ayant pu le déterminer elle fut obligée de lui montrer le billet du roi d'Espagne, ce qui mit totalement l'abbé Albéroni dans ses intérêts. La reine d'Espagne convient qu'elle prit même l'apparence d'un prétexte dans la crainte de manquer le moment. Mme de Saint-Pierre a demandé à Mme de Luynes le secret sur cette anecdote.

Je questionnai il y a quelques jours M. de Maurepas sur le rang qu'auroit Mme de Fontevrault devant Mesdames. Il me dit qu'il ne falloit point de titre; que celui d'abbesse auroit été suffisant même du temps du feu Roi; que d'ailleurs il y avoit en quelque manière celui de gouvernante, et que Mme de Lansac en cette qualité de gouvernante avoit été assise sans être titrée.

Du 24, veille de la Pentecôte. — Il n'y a encore rien de décidé sur l'affaire des gendarmes et chevau-légers pour le salut. M. de Chaulnes, à qui je parlois il y a quelques jours du détail de cette affaire, me conta ce qui lui étoit arrivé en 1706 et en 1709 par rapport à la compagnie. Les chevau-légers étoient en 1706 à la bataille de Ramillies; ils poussèrent les troupes qui étoient devant eux, de

---

(1) La duchesse de Saint-Pierre avait été dame du palais de la reine d'Espagne.

manière même que M. de Coëtenfao, qui étoit à leur tête, crut la bataille gagnée ne voyant plus d'ennemis à combattre ; mais jetant les yeux sur la gauche, il vit un spectacle bien différent. Il fut donc question de se faire jour au travers de plusieurs lignes des ennemis ; les chevau-légers en vinrent à bout, mais ayant rencontré le marais, il y périt un tiers de la compagnie. Le Roi, qui étoit instruit de la façon dont elle s'étoit comportée, fut fort en peine de savoir comment M. de Chaulnes feroit pour la rendre complète. La perte considérable qu'avoient faite toutes nos troupes avoit déterminé le Roi de recruter les gardes du corps dans la cavalerie ; les mousquetaires avoient été obligés de chercher dans les provinces des sujets pour réparer leurs pertes. Le Roi ayant fait plusieurs questions à M. de Chaulnes sur ce qu'il comptoit faire, M. de Chaulnes lui répondit qu'il savoit un moyen qui étoit : que le Roi trouvât bon qu'il mandât par tout le royaume, dans toutes les provinces, que l'intention de S. M. étoit qu'il ne fût plus reçu dorénavant dans la compagnie que des gentilshommes. Cet expédient parut au Roi plus propre à ruiner la compagnie qu'à la rétablir, et après y avoir résisté pendant trois ou quatre mois il n'y consentit que par complaisance pour M. de Chaulnes et sur l'assurance qu'il lui donna qu'il connoissoit l'esprit du corps, qui seroit toujours plus aisément mené par les motifs d'honneur et de distinction et par les marques de bonté de S.M. M. de Chaulnes écrivit en conséquence de l'ordre du Roi, et à la revue la compagnie se trouva complète, et M. de Chaulnes présenta au Roi trente-cinq surnuméraires. Le Roi en fut extrêmement étonné, et donna toutes sortes de marques de bonté et de satisfaction à M. de Chaulnes. La compagnie ayant encore beaucoup perdu à la bataille de Malplaquet, le Roi fut d'autant plus en peine des moyens de la remettre que l'expédient dont M. de Chaulnes s'étoit servi ne lui paroissoit plus praticable. M. de Chaulnes représenta au Roi que cet expédient n'avoit eu son effet qu'en partie, qu'il falloit pour lui donner sa perfection que S. M. lui ordonnât de ne recevoir dorénavant que des gentilshommes nobles de race et non par anoblissement. Le Roi, persuadé par l'expérience du passé, y consentit, et à la revue M. de Chaulnes lui présenta vingt surnuméraires.

Le 21 de ce mois, nous apprîmes ici le changement qui avoit été fait dans les postes (1). La ferme des postes étoit depuis soixante ou soixante-dix ans entre les mains de MM. Pajot. MM. Rouillé y avoient été intéressés. Ils rendoient au Roi 3,900,000 livres, et l'on n'avoit jamais pu augmenter ce bail parce qu'on n'avoit jamais pu en connoître la véritable valeur. Toute la famille des Rouillé et des Pajot avoit des parts différentes dans le bénéfice qui en revenoit. Les filles même étoient mariées avec ces parts pour dot; mais tous les intéressés recevoient leur décompte sans avoir la liberté de le vérifier. On prétend que tous les quinze jours les comptes particuliers étoient brûlés. On ajoute que MM. Pajot et Rouillé faisoient pour 400,000 livres de pensions; ce qui est certain c'est que l'on n'avoit jamais vu clair dans le profit. M. le chancelier de Pontchartrain, du temps du feu Roi, avoit voulu le déterminer à faire quelque changement, mais les sieurs Pajot ayant été avertis trouvèrent protections considérables auprès du Roi, et remirent alors une très-grosse somme au Roi, qui en avoit grand besoin pour ses bâtiments; de sorte que le projet s'évanouit. M. le duc d'Orléans avoit eu le même projet mais sans exécution. Il y a quatre mois que M. le cardinal de Fleury parut avoir la même idée; cependant il sembloit que S. Ém. n'y songeoit plus. Le 19, il envoya quérir M. Amelot, et lui dit que son parti étoit pris, qu'il avoit choisi pour mettre à la place de MM. Pajot, MM. Thiroux et Grimod. MM. Thiroux sont deux frères et MM. Grimod aussi, et portent d'autres noms que

---

(1) Cf. le Journal de Barbier sur cette affaire, t. III, p. 133.

ceux-ci, qui sont de familles. M. le Cardinal dit à M. Amelot d'envoyer chercher ces messieurs le lendemain. M. Amelot agit en conséquence. MM. Thiroux et Grimod furent longtemps à comprendre ce que vouloit leur dire M. Amelot, ignorant absolument qu'on voulût ôter MM. Pajot et Rouillé. Ils croyoient que l'on vouloit les associer à eux. C'est de M. Amelot même que je sais ce détail. Ils représentèrent qu'ils n'avoient nulle connoissance de ce qui regarde les postes; mais l'ordre étoit expédié, il falloit obéir. M. Amelot leur déclara que le Roi leur donnoit la ferme au même prix de 3,900,000 livres, mais que l'intention de S. M. étoit qu'ils tinssent un registre exact qui seroit vérifié tous les quinze jours, et qu'ils rapportassent tous les registres des provinces, et que lorsqu'ils seroient remplis des 3,900,000 livres, ils eussent sur le surplus : premièrement 100,000 livres de profit, et ensuite un tiers sur ce qui se trouveroit par delà. M. le Cardinal avoit chargé M. Amelot d'une lettre pour M. Pajot de Villers, par laquelle S. Ém. lui marquoit que l'intention du Roi étoit qu'il restât dans la ferme des postes avec le même intérêt qu'il y avoit. M. Amelot envoya un homme à cheval porter cette lettre, et manda en même temps à MM. Rouillé et Pajot-d'Ons-en Bray d'être le lendemain matin à six heures à la poste. L'homme de M. Amelot n'ayant point trouvé M. Pajot de Villers, et ayant laissé la lettre à M. Pajot-d'Ons-en Bray, son frère, celui-ci l'ouvrit suivant leur usage. M. Amelot leur déclara, que le Roi avoit supprimé toutes leurs charges et résilié le bail, qu'il supprimoit aussi tous les commis qui avoient intérêt dans la ferme et laissoit tous les autres. M. Amelot trouva un registre de l'année 1738 qu'il visa et parapha, et après avoir examiné les papiers dans le cabinet, qui est le lieu où l'on ouvre les dépêches et où sont les papiers importants, et travaillé pendant trois heures en présence des nouveaux fermiers qu'il avoit mandés, il les laissa ensemble continuer l'ouvrage. M. Rouillé dit à M. Amelot qu'il n'avoit plus d'intérêt dans la ferme. Ce M. Rouillé est le même qui a une terre ici aux environs de Versailles qui se nomme Jouy, où M. Chauvelin, ci-devant garde des sceaux, alloit souvent. M. Rouillé avoit aussi la librairie ou inspection sur tous les livres qui s'impriment. Bien des gens ont cru que le changement dans les postes est une suite de la disgrâce de M. Chauvelin ; que l'on a trouvé ou soupçonné quelque commerce de lettres, peut-être quelques secours d'argent, ou que l'on a cru que des amis de M. Chauvelin aussi riches par eux-mêmes et ayant annuellement un profit aussi considérable étoient à portée de lui ménager toujours dans ce pays-ci un parti considérable. On ne peut dire s'il y a la moindre partie de ces bruits qui ait quelque fondement. Ce qui est certain, c'est que l'on vouloit connoître le véritable prix de la ferme des postes (1).

Il y a déjà plusieurs jours que l'on sait qu'il n'y aura point de chevaliers de l'Ordre à la Pentecôte.

M. de Fénelon repart ces jours-ci pour la Hollande ; il y a lieu de croire que s'il avoit voulu demander à être fait lieutenant général on lui auroit accordé volontiers ce grade ; mais comme il ne l'a pas obtenu dans le temps qu'il auroit pu en être plus flatté, et qu'il désire beaucoup d'avantage d'être fait chevalier de l'Ordre, il n'a voulu rien demander, et attendre que le Roi juge à propos d'en faire. Il paroît certain que nous avons dans ce moment-ci quelques négociations importantes et pressées à faire avec la Hollande, autres que ce qui regarde le commerce ; car M. de Fénelon n'est point chargé de cet article de commerce, à ce qu'il m'a dit lui-même il y a deux ou trois jours, et c'est ici que se font ces négociations avec M. le Cardinal.

---

(1) « Le public, tant grand que petit, n'approuve pas ce changement. On étoit fort content de leur exploitation. » (*Journal de Barbier*, t. III.)

MAI 1738.

Le Roi déclara il y a quelques jours qu'il feroit six voyages de Rambouillet; c'est S. M. qui nomme les hommes et les femmes pour ces voyages.

J'ai parlé ci-dessus de la difficulté qu'il y avoit eu par rapport aux Suisses pour prendre ou entendre l'ordre chez la Reine. M. de Courtenvaux, comme prenant toujours intérêt à cette compagnie, raisonna il y a quelques jours sur cette affaire avec M. de Maurepas, et il fut conclu que les choses demeureroient au même état; que les Cent-Suisses serviroient assidûment chez la Reine, et qu'ils entendroient l'ordre de S. M.

M. de Chaulnes fut avant-hier près d'une heure chez le Roi; il avoit demandé à M. le Cardinal qu'il pût rendre compte à S. M. des usages anciens des chevau-légers par rapport au salut dont il est question, et après avoir expliqué en détail tous les moyens sur lesquels est fondé le droit de la compagnie, il n'eut d'autre réponse sinon qu'il falloit qu'il en instruisît M. D'Angervilliers.

Il y a quelques jours que l'on reçut à la musique une fille nommée Rotissée, qui a une très-belle voix. M. d'Aumont (1) en attend encore une de Lyon dont la voix est supérieure à celle-là.

M. le comte Tarlo, palatin de Lublin, est ici depuis quelques jours; c'est un homme assez jeune et fort estimé. Il avoit montré beaucoup d'attachement au parti du roi Stanislas, et cependant il conserve une grande considération auprès du roi de Pologne, tant par l'importance de son palatinat de Lublin que par la réputation personnelle qu'il a acquise.

Du 25. — Le 23 de ce mois, M. d'Avéjan, commandant des mousquetaires gris, mourut à Paris; il étoit malade depuis environ quinze jours ou trois semaines. Plusieurs personnes ont demandé cette charge, entre autres, à ce que l'on dit, M. le maréchal de Coigny et M. le maré-

---

(1) Premier gentilhomme de la chambre.

chal de Broglie ; on disoit aussi M. de Richelieu. Hier, M. d'Angervilliers allant travailler avec le Roi, S. M. donna la charge à M. de Jumilhac, premier sous-lieutenant de cette compagnie. Tous les officiers de la compagnie montent suivant l'usage, et la cornette qui se trouve vacante fut donnée aussi hier à M. de Champignel. M. de Champignel sert depuis longtemps et avoit demandé avec instance un régiment à la promotion. Il y avoit 100,000 livres de brevet de retenue sur la charge. M. de Jumilhac paye les 100,000 livres, et M. de Champignel paye 70,000 livres, savoir : 40,000 livres à M. de Jumilhac, à qui il n'en coûtera que 20,000 écus, et les 10,000 écus restant sont pour le premier maréchal des logis, qui devroit monter et qui se retire. C'est l'usage dans les mousquetaires, et que même le Roi donne 1,500 livres de retraite au maréchal des logis. M. d'Avéjan a laissé un fils qui n'a que vingt ou vingt et un ans ; il étoit cornette dans la compagnie, et augmente de grade à l'occasion du mouvement général.

Il y a cinq ou six jours que l'on apporta ici une tapisserie pour le Roi faite aux Gobelins sur un tableau d'Oudry qui représente une vue de Compiègne et une chasse. La figure du Roi, celle de M. le comte de Toulouse et plusieurs autres sont assez ressemblantes (1).

Il y a quelques jours aussi que nous apprîmes que le roi d'Espagne avoit accordé à M. le duc de Penthièvre la toison qu'avoit M. le comte de Toulouse.

J'appris hier par M. du Châtelet, major de la gendarmerie, que le Roi lui avoit permis de jouir en cette qualité des entrées de la chambre. Cette grâce est fondée sur ce que le major de la gendarmerie a l'honneur de travailler directement avec le Roi. M. d'Aumont, qui a de-

---

(1) « Le 18 du mois dernier, il fut présenté au Roi une pièce de tapisserie faite aux Gobelins par le Sr Audran d'après le tableau du Sr Oudry, qui représente la mort du cerf aux étangs de Saint-Jean-aux-Bois. Sa Majesté a été très-contente. » (*Mercure* de juin, page 1397.)

mandé cette grâce au Roi pour M. du Châtelet, lui a dit qu'une autre raison étoit que les majors de ce corps en jouissoient du temps du feu Roi. Depuis Louis XV, il n'y avoit point eu d'autre major que M. le marquis du Châtelet, qui avoit ignoré cette prérogative, et qui a demandé à en jouir dès qu'il en a été instruit. M. du Châtelet me conta en détail le règlement qui a été fait depuis peu pour le service de la gendarmerie. Les capitaines étoient en usage depuis longtemps de ne jamais aller à leurs troupes; les autres officiers y alloient seulement un mois, de temps en temps. Pendant la guerre, les capitaines avoient tous les ans occasion d'être avec leurs troupes, mais une longue paix avoit rendu cet arrangement sujet à de grands inconvénients; c'est ce qui a déterminé à l'arrangement qui vient d'être fait pour cette année. Il y a soixante-quatre officiers dans la gendarmerie, seize capitaines, autant de sous-lieutenants, de cornettes et de guidons. En quatre mois, à commencer du 5 juin prochain, tous ces officiers se rendront à Arras, où est la gendarmerie, et y resteront les uns un mois, les autres deux. Les capitaines ne serviront qu'un mois, et ceux qui commandent les quatre premières compagnies commanderont le corps chacun pendant leur mois de service. Il n'y a point eu d'ordonnance d'expédiée pour cet arrangement. Le Roi a seulement écrit une lettre à M. du Châtelet pour lui déclarer ses intentions et le charger d'en instruire les officiers. M. du Châtelet leur a écrit en conséquence de cet ordre. Le capitaine qui commande le corps sera averti de la part du Roi de rendre compte des officiers qui ne seront pas arrivés à temps et conformément à l'ordre de S. M. M. d'Angervilliers écrit à ces quatre premiers capitaines seulement. Pendant l'espace de ces quatre mois, M. du Châtelet, qui fait les fonctions d'inspecteur de la gendarmerie en qualité de major, ira faire sa revue. Il y a quatre commissaires attachés à ce corps qui servent par quartier et qui font les revues.

Du 25. — Le Roi entendit hier les premières vêpres en haut, et les vêpres étoient chantées aussi en haut par les chantres de la musique; c'est ce qui arrive très-rarement. Le Roi est ordinairement en bas quand on chante les vêpres en haut, ou en haut lorsqu'on chante l'office en bas.

Aujourd'hui le Roi a été à la cérémonie des chevaliers, où il n'y a rien eu d'extraordinaire; seulement M. de Breteuil, qui doit conduire tout ce que l'on présente au Roi, a oublié de conduire le pain bénit.

Mme de Mailly a quêté le matin, et l'après-dînée il y a eu, à trois heures avant vêpres, un sermon assez médiocre, par un cordelier nommé le P. Jouvenet. Il a fait à la fin de son sermon, suivant l'usage, un compliment fort médiocre au Roi. Le tremblement lui a pris dans le temps du compliment; il s'est même trouvé mal et a vomi deux fois, de manière que la jupe de Mme d'Armentières la jeune, qui étoit sous la chaire, s'en est un peu sentie.

Du 28. — Le 25 et le 26, le Roi dîna à son grand couvert avec la Reine, dans l'antichambre de la Reine. Le 26 et le 27, le Roi entendit la messe à l'ordinaire en haut, et ces deux jours il fut à vêpres et à complies, aussi en haut. Ces jours-là les eaux ont joué suivant l'usage, et il y avoit un grand nombre de carrioles, le jour de la Pentecôte, pour les dames. Ces carrioles, avec des Suisses pour les mener, se donnent sur des billets de M. le maréchal de Noailles ou de M. Lebel.

Il a été décidé, malgré les représentations de M. de Montmirel, qu'il n'y auroit point de Cent-Suisses au voyage de Mesdames, mais que le Roi écriroit une lettre à M. de Montmirel portant que cet exemple ne tireroit point à conséquence.

Les maisons des ministres à Compiègne ne seront encore habitées cette année que pendant la journée. M. Gabriel me disoit, il y a quelques jours, que ces maisons reviennent au Roi à environ 1,200 livres la toise de superficie; c'est une façon de compter des architectes. A proportion de l'élévation des bâtiments et des ornements que l'on met dans les dedans et de la profondeur des fondations, ils évaluent à quoi peut revenir la toise de superficie. Les bâtiments coûtent plus à Compiègne qu'ailleurs par la quantité prodigieuse de souterrains sur lesquels la ville est bâtie. Il y a environ six mois que la cour de la maison où logeoit M. l'évêque de Soissons à Compiègne s'enfonça de dix ou douze pieds; cette cour étoit pavée; les charrettes et les carrosses y entroient; elle n'étoit cependant fondée que sur une voûte de terre soutenue par des fagots. Quelqu'un qui se trouva dans les souterrains, ayant voulu tirer des fagots avec un crochet, cette partie de la cour tomba; c'est ainsi que je l'ai entendu dire à M. l'évêque de Soissons (1).

Le Roi est à Rambouillet d'hier, et il revient demain.

On a quitté aujourd'hui le deuil du prince Maximilien, que l'on avoit pris le 18.

M. de Vaulgrenant (2) nous a montré ici le présent que le roi d'Espagne lui a fait à son départ; c'est le portrait de S. M. Catholique enrichi de diamants. Ce portrait a coûté au roi d'Espagne, à ce que m'a dit M. de Vaulgrenant, 43,000 livres de notre monnoie. M. de Vaulgrenant m'apprit aussi quelques détails que je vais marquer.

Les gardes espagnoles et wallones n'ont point de colonels; le roi d'Espagne n'a point rempli ces deux charges; on croit qu'il garde l'une pour le fils du duc d'Ossonne, et l'autre pour le fils de la marquise de Lède. Les lieutenants-colonels de ces deux troupes sont d'anciens officiers. Les colonels travaillent directement avec le Roi, comme ici, mais les lieutenants-colonels travaillent avec le premier commis de M. de Montemar, ministre de la guerre. Le roi d'Espagne n'a que six cents

---

(1) Charles-François Lefebvre de Laubrière.
(2) Ambassadeur extraordinaire de France en Espagne.

carabiniers qui recrutent, comme ici, dans la cavalerie. Ce corps est d'une grande distinction pour les hommes et pour les chevaux; c'étoit un M. de la Vieuville qui les commandoit, qui a eu quelques démêlés avec M. de Montemar, et en conséquence desquels il a pris le parti de se retirer auprès du roi de Naples; cela s'est fait avec l'agrément du roi d'Espagne, qui lui a donné 1,000 pistoles d'Espagne de pension, et le roi des Deux-Siciles l'a fait lieutenant général.

Le roi d'Espagne dîne et soupe à des heures fort extraordinaires; quelquefois il ne soupe qu'à deux heures après minuit; il mange et couche toujours avec la Reine. On avoit dit ici que cet usage ne subsistoit plus, et M. le Cardinal le croyoit; M. de Vaulgrenant l'a assuré du contraire. On parle toujours au Roi et à la Reine ensemble, et quand même par hasard un ministre veut dire un mot plus bas à la Reine, le roi d'Espagne demande avec curiosité ce que l'on a dit, et il le demande plusieurs fois. Le roi d'Espagne n'entend la messe tous les jours, même les dimanches, qu'à deux heures et toujours dans sa chambre; il communie à toutes les grandes fêtes et à celle de la Vierge. Depuis la grande maladie qu'il a eue il ne se met plus à genoux, pas même pendant l'élévation; il entend la messe dans son fauteuil. Il y a trois jours dans la semaine sainte que l'on fait des processions à Madrid dans lesquelles on porte des reliques de saints et de saintes et des instruments de la Passion. Le roi d'Espagne est pendant ce temps-là au Retiro. Les processions passent devant sa fenêtre; il paroît sur son balcon, et se met alors à genoux, parce que c'est en public.

La princesse des Asturies (1) est fort aimable; son visage auroit été assez beau sans la petite vérole dont elle est fort marquée. La reine d'Espagne vit fort bien avec

---

(1) Marie-Madeleine-Josèphe-Thérèse-Barbe, née le 4 décembre 1711, fille du roi de Portugal.

elle, quoiqu'elle aime peu tout ce qui est portugais.

Le Roi depuis sa maladie n'avoit point couché dans le lit de la Reine; il y a couché l'avant-dernière nuit.

JUIN.

Reliques de saint Onézime. — Mort du prince de Bade-Dourlach. — Le Roi soupe dans ses cabinets. — Chandelier de cristal de roche. — Mort de Mme de Lanmary. — Mariages de M. de Sauroy, de Mlle de Villeneuve et de M. d'Hautefort. — Nouvelles de Hongrie et des grandes Indes. — Mlle Agnette, musicienne. — Statue du Roi par Le Moyne. — Départ de Mesdames. — Maladie de Mme d'Hostun. — Bruits sur les imprimeurs de Paris et sur M. de Chauvelin. — Le cardinal de Fleury à Vaucresson. — Voyages de Rambouillet. — Remontrances et arrêté du Parlement. — Gouvernement de Charlemont donné à M. de Silly. — Mariage du duc de Chevreuse et présentation de la duchesse de Chevreuse. — Mort de M. Crozat. — Combat entre la livrée du prince de Conty et celle du prince de Carignan. — Dispute de Mme de Brunswick et de Mme de Bouillon. — Le pot royal. — Mort du duc de Liria. — Promenade de la Reine à Marly.

Versailles 1er *juin, dimanche.* — Il y a déjà deux mois ou environ que l'on apporta ici à la Reine, de la part du Pape, des reliques de saint Onézime, disciple de saint Paul; ces reliques sont dans une châsse assez simple qui a resté pendant quelque temps dans la sacristie de la chapelle; on l'a portée depuis dans la sacristie de la paroisse Notre-Dame, d'où elle doit être transférée ici dans la chapelle Saint-Louis, que l'on accommodera à cet effet. La Reine fait faire une petite tribune dont le modèle est posé depuis quelque temps.

On apprit ici, le 27 du mois dernier, la mort du prince de Bade-Dourlach.

Le 29, le Roi revenant de Rambouillet soupa dans ses cabinets, et s'étant mis tard à table, y resta peu de temps, à cause du jeûne du lendemain.

Ce même jour on avoit mis dans la chambre du Roi un chandelier de cristal de roche d'une grande beauté et que l'on estime au moins 100,000 livres.

Nous apprîmes ici, le même jour, la mort de Mme de Lanmary; elle étoit fille de Mme de la Rayoye, sœur de Mme de Belâbre. Son mari, qui étoit capitaine de gendarmerie, a été fait maréchal de camp à la dernière promotion.

Il y a plusieurs jours que le fils de M. de Sauroy, qu'on appeloit M. de Martiny, a épousé Mlle de Goësbriant. M. de Sauroy, qui est fils du trésorier de l'extraordinaire des guerres, s'appelle aujourd'hui M. du Terrail, ayant acheté la terre de ce nom. Ce mariage a été fort caché et fait promptement, dans la crainte des oppositions du grand-père, lequel, comme j'ai marqué ci-dessus, désire depuis longtemps épouser Mlle de Sully, et n'a pu encore y parvenir à cause des oppositions de son fils.

On parle ici du mariage de Mlle de Villeneuve avec un capitaine de dragons du régiment du Roi, nommé M. de la Prune ou de Cardonnac. Mlle de Villeneuve est une fille d'une grande condition, attachée depuis longtemps à Mlle de Clermont et sans aucun bien.

M. d'Hautefort et M. d'Harcourt demandèrent hier au Roi son agrément pour le mariage de M. d'Hautefort avec la fille aînée de M. le duc d'Harcourt, qui a vingt-deux ans. M. d'Harcourt a trois filles qui ont chacune 25 à 26,000 livres de rente; celle-ci en a actuellement 21 à 22, le surplus étant chargé de pensions.

On a eu ces jours-ci des nouvelles de Hongrie, par lesquelles on apprend que les Turcs ont remporté une grande victoire contre les troupes de l'empereur.

On a eu aussi nouvelles des grandes Indes par lesquelles on apprend que le Gange se déborda, dans le mois d'octobre dernier, dans l'espace de plus de soixante lieues; l'on compte qu'il y a eu trois cent mille personnes de noyées; ce sont les nouvelles que l'on a mandées à M. le Cardinal. Il y a eu outre cela grand nombre de bestiaux qui ont péri; on a trouvé même des tigres de noyés.

Il parut hier au concert de la Reine une fille que l'on appelle Agnette, que M. d'Aumont a fait venir de Lyon, qui a une parfaitement belle voix, et elle doit être reçue à la musique.

Du 3, mardi. — La ville de Bordeaux fait faire une statue équestre de bronze de Louis XV par le S^r Le Moyne, sculpteur et fondeur. Il y a sept ans que le S^r Le Moyne y travaille à Paris. Le prix en est fait à 120,000 livres; il doit y entrer 55 milliers de matières; il faut par conséquent employer dans les creux du moule environ dix milliers de cire. C'est avec de la cire que l'on remplit les creux, et il faut que cette cire soit toute fondue avant que l'on y mette la matière. On compte à peu près 5 livres de matière pour une de cire; c'est un détail immense que les opérations qu'il faut faire pour réussir à un ouvrage de fonte de cette espèce, et le danger est fort grand pour les fondeurs lorsqu'ils coulent la matière, parce que la moindre humidité dans le moule le feroit sauter aussi bien que toute la maison et ceux qui seroient dedans. Il est vraisemblable que la ville de Bordeaux, qui fait faire cet ouvrage à ses dépens, accordera au S^r Le Moyne une gratification au delà des 120,000 livres. Ce sculpteur n'a que trente et un ans et est déjà fort estimé.

Le départ de Mesdames est remis au 16, le 15 étant un dimanche. Elles iront toutes quatre dans un carrosse; les deux aînées dans le fond, Mme de La Lande sur le devant avec une princesse sur ses genoux, et une femme à côté d'elle avec une autre princesse sur ses genoux, et deux autres femmes aux portières. Mme de La Lande ne couchera point à Fontevrault; elle reviendra coucher à deux ou trois lieues de là, et le lendemain prendra la poste pour revenir ici. Il reste avec Mesdames deux femmes pour chacune, et une première femme de chambre pour deux, un détachement de la bouche et quatre valets de pieds.

Mme d'Hostun, qui est toujours fort mal, est depuis quinze jours ou trois semaines entre les mains du médecin des gardes suisses, encore plus connu par sa grande science à connoître les urines. On fait plusieurs histoires sur cette connoissance qui ressemblent beaucoup plus à la fable qu'à la vérité. On prétend que lorsque M. de la Tour, dont j'ai mis l'aventure ci-dessus, tomba dans un puits, le médecin suisse jugea par son urine seule qu'il avoit eu une grande frayeur et qu'il s'étoit tenu longtemps dans une posture contrainte et extraordinaire. D'autres disent qu'il juge par l'urine du nombre de saignées. Mme de Dreux s'est mise entre ses mains pour un cancer, et Mme d'Hostun pour la poitrine.

Il y a déjà quelque temps que l'on fait travailler à Paris des imprimeurs; l'on a dit ici qu'on les gardoit avec tant de soin qu'ils n'avoient pas même permission de sortir pour aller à la messe. Sur cela l'on a fait la nouvelle que le Roi vouloit retirer toutes les actions, en donnant pour chaque action 100 livres de rente perpétuelle sur la Ville ou 200 livres de rente viagère. J'ai parlé de cette nouvelle ce matin à M. le contrôleur général, qui m'a dit qu'elle étoit sans aucun fondement. A l'égard des imprimeurs, je sais d'ailleurs que l'on fait réimprimer le Nouveau Testament d'Amelot, que les Jansénistes avoient falsifié. C'est vraisemblablement à cet ouvrage que les imprimeurs ont été employés, et on les garde pour qu'ils travaillent plus promptement et plus sûrement.

On avoit fait courre le bruit aussi que M. Chauvelin avoit été transféré de Bourges à Saumur; cette nouvelle ne se confirme pas. Le changement des postes y avoit donné lieu; mais il n'est pas vraisemblable que s'il y eût eu quelqu'un de coupable dans les postes il n'eût pas été arrêté, et on sait que personne ne l'a été.

M. le Cardinal a été pendant les absences du Roi à Vaucresson, maison près de Versailles, qui appartenoit autrefois à M. de Beauvilliers et aujourd'hui à M. Hérault. M. ni Mme Hérault n'y étoient pas aux derniers voyages, M. Hérault étant allé en Normandie. On disoit ici que son absence n'étoit point pour aller en Normandie, mais pour aller exécuter les ordres du Roi à l'égard de M. Chauvelin.

On a parlé aussi ces jours-ci de l'exil d'une dame du palais, mais cela paroît sans aucun fondement ni vraisemblance.

Il n'y a encore eu que deux voyages de Rambouillet, et il n'y en aura plus que trois au lieu de quatre qui avoient d'abord été arrangés. Au premier voyage, Mme la comtesse de Toulouse vint au-devant du Roi, mais dès qu'elle le vit elle fondit en larmes et se trouva mal. M. le duc de Béthune, à qui j'ai entendu conter ce qui s'étoit passé alors, m'a répété ce qu'il avoit entendu dire au Roi en pareilles occasions : qu'il étoit peu propre à donner de la consolation, parce qu'il étoit interdit et saisi lui-même lorsqu'il voyoit des gens dans une extrême affliction. Dans les deux voyages de Rambouillet, le Roi a été en calèche au rendez-vous avec toutes les dames qui étoient à Rambouillet, hors Mme la comtesse de Toulouse, et leur a fait donner ensuite des calèches pour qu'elles suivissent la chasse.

J'ai oublié de marquer ci-dessus que le jour de la Trinité le Roi entendit en haut les vêpres des missionnaires ; il ne resta point à complies, et revint au salut.

M. de Nangis (1) partit hier pour ses revues, et la Reine, qui a beaucoup de bontés pour lui et qui connoît son attachement pour elle, ne le voit point partir sans être affligée.

Le départ pour Compiègne est retardé d'un jour ; le roi de Pologne doit venir ici la veille du départ du Roi et y rester plusieurs jours pour voir la Reine.

M. de Chaulnes m'a dit aujourd'hui que le 30 ou le

---

(1) Le marquis de Nangis, lieutenant général, chevalier d'honneur de la Reine.

31 du mois dernier, l'affaire du salut des gendarmes et chevau-légers avoit été décidée, et qu'il étoit réglé que ces deux compagnies non-seulement salueroient M. le Dauphin, mais même M. le duc de Penthièvre, comme elles saluent le Roi. Dans l'ordonnance il n'est point parlé des princesses du sang ni même des filles ni petites-filles de France.

Aujourd'hui le Parlement est venu faire des remontrances au sujet de M. de Montgeron et sur ce que la communion lui avoit encore été refusée dans l'évêché de Viviers, à la Pentecôte. Quatorze de Messieurs du Parlement, tant présidents que conseillers, M. le premier président à la tête, suivis de MM. les gens du Roi, au nombre de quatre, sont entrés dans le cabinet du Roi au retour de la messe, ayant été avertis par M. de Maurepas et par M. de Brézé, grand maître des cérémonies. M. le premier président a parlé pendant environ un demi-quart d'heure et a représenté au Roi la dureté des traitements faits à leur confrère. Je n'étois point dans le cabinet, mais j'ai attendu M. le duc de Charost et M. le duc de Béthune au sortir de chez le Roi. Ils m'ont répété l'un et l'autre la réponse de S. M. à peu près dans ces termes : « Je me suis fait informer des faits que vous alléguez, dont la plupart sont altérés ; je saurai prendre les mesures convenables pour assurer le repos et la tranquillité de mon royaume, et je suis étonné que mon parlement veuille me faire sur pareils sujets des représentations qui me fatiguent et m'importunent. »

Le Roi commença cette réponse d'un ton piqué et haut, mais la fin fut plus basse, au point même que les députés disoient ne l'avoir point entendue, et sur ce prétexte ils prièrent M. le Cardinal de la leur faire avoir par écrit. S. Em. leur répondit qu'il en parleroit au Roi. J'ai appris hier que M. le Cardinal avoit mandé à M. le premier président que le Roi n'avoit d'autre réponse à leur faire que celle qu'ils avoient entendue verbalement de la bouche de S. M., et qu'il ne vouloit point la donner par écrit.

ARRÊTÉ DU PARLEMENT.

La Cour a arrêté qu'il seroit mis sur les registres le discours que M. le premier président a fait au Roi et le compte que M. le premier président a rendu à la Compagnie de la réponse du Roi, et qu'aux remontrances ordonnées par le Parlement, il y a quelques mois, il seroit joint un article sur les faits arrivés à M. de Montgeron à Pâques dernier et renouvelés dans les dernières fêtes de la Pentecôte, et qu'en icelles il seroit insisté le plus fortement sur la nécessité indispensable de réprimer de tels excès qui intéressent autant la Religion et l'Etat, et sur la conséquence extrême dont il est que le Parlement continue de représenter au Roi en toutes occasions ce qu'il croit être du bien de son service et pour arrêter un scandale aussi dangereux, et que le Roi seroit très-humblement supplié de vouloir bien accorder à son Parlement M. de Montgeron.

Versailles, vendredi 13. — J'appris le 7 que M. de Leuville, lieutenant général, avoit eu le gouvernement de Givet et de Charlemont, vacant par la mort de M. de Silly. Il vaquoit aussi par cette mort une grande croix de l'ordre de Saint-Louis, qui a été donnée à M. de la Billarderie, major des gardes du corps, et le cordon rouge qu'avoit M. de la Billarderie a été donné à M. de Varennes, des gardes françoises.

M. le marquis d'Hautefort, qui perdit, il y a environ neuf mois, sa femme, fille de M. de Duras, épouse la fille aînée de M. le duc d'Harcourt, qui a environ vingt-deux ans. Ce mariage doit se faire pendant le voyage de Compiègne. Mlle d'Harcourt a 25 ou 30,000 livres de rente; elle a encore deux sœurs à marier qui ont le même bien.

Le 9, se fit le mariage de mon fils avec Mlle d'Egmont à l'hôtel d'Egmont, dans une chapelle bâtie à cette occasion. Le lendemain, la noce fut chez moi, et le mercredi 11, nous revînmes ici pour la présentation, qui fut faite hier. Ce fut Mme de Luynes qui la présenta. Elles étoient en tout dix dames assises. Le tabouret que l'on prend chez le Roi se paye aux valets de chambre de la Reine. L'on donna, suivant l'usage, 1440 livres.

Le Roi envoya, le mercredi matin, M. Loiseau, gentilhomme ordinaire, à l'hôtel de Luynes, faire compliment à ma belle-fille. Ce compliment se fait ordinairement à la toilette; cependant M. d'Aumont a cru qu'il valoit mieux attendre que Mme de Chevreuse fût à l'hôtel de Luynes pour y envoyer. Le Roi n'envoie qu'aux personnes titrées, duchesses ou grandes d'Espagne. Il paroît d'abord singulier que le Roi envoie chez une femme qui ne lui a pas encore été présentée; mais comme le mariage ne se fait qu'avec son agrément, l'usage est que le Roi fasse cet honneur aussitôt que le mariage est fait. Le Roi nous avoit fait le même honneur, et à M. et à Mme d'Egmont avant le mariage. Après la présentation faite au Roi, Mme de Luynes fut chez la Reine, chez M. le Dauphin et chez Mesdames. L'usage est que le Roi salue toutes les femmes titrées ou non, et de même M. le Dauphin; toutes baisent le bas de la robe de la Reine, et il n'y a que celles qui sont titrées qui aient l'honneur de saluer Mesdames. Mme de Tallard dit à Mme de Luynes, après la présentation, que l'on devoit baiser le bas de la robe de Mesdames, et que l'on en usoit de même pour Mme la duchesse de Bourgogne. Mme de Luynes lui répondit que cela étoit vrai, mais que la raison étoit qu'il n'y avoit point alors de Reine. Mme de Tallard répondit à Mme de Luynes qu'on la baisoit aussi à Madame. Mme de Luynes lui dit que Madame vouloit avoir les mêmes honneurs que Mme de Bourgogne, mais que tout cela ne se rendoit que parce qu'il n'y avoit point de Reine en France, parce que cet honneur n'est dû qu'à la souveraineté ou à la personne qui représente la souveraine, comme étoit Mme la duchesse de Bourgogne quand il n'y avoit point de reine. C'est par cette seule raison que l'on détermina, il y a deux ans, la République de Venise à consentir que Mme Zéno, ambassadrice, baisât le bas de la robe de la Reine, à quoi on eut beaucoup de peine à les résoudre. L'usage est présentement de mener les mariées non-seulement chez les princesses, mais encore chez les princes du sang. Cet usage est fort nouveau et s'est établi pendant le gouvernement de M. le Duc. Comme premier ministre, on ne pouvoit se dispenser d'aller chez lui, et l'on croyoit aussi ne pouvoir se dispenser d'aller chez M. le duc d'Orléans, premier prince du sang. C'est ce qui a introduit peu à peu l'usage de ces présentations. Elles se font en grand habit. A l'égard des princesses, on a toujours été chez elles en grand habit dans ces occasions. Autrefois les mariées, le lendemain de leur mariage, recevoient les visites sur leur lit tout habillées, et feue Mme de Luynes les reçut de même en 1710. L'usage étoit aussi que non-seulement les princes et princesses venoient dans ces occasions rendre visite, mais même les fils et petits-fils de France. M. le duc de Bourgogne et M. le duc de Berry vinrent chez Mme la duchesse de Duras le lendemain de son mariage; M. le duc de Berry fit même attendre la compagnie jusqu'à neuf heures du soir parce qu'il étoit allé à la chasse. La Reine alloit autrefois voir les femmes titrées en couches; elle alloit même de Saint-Germain à Paris exprès pour cela. Le nombre des duchesses s'étant extrêmement multiplié, le Roi ne voulut plus qu'elle y allât. Mme la duchesse de Bourgogne continuoit cependant à aller aux couches; la première fois qu'elle ait discontinué cet usage, ce fut à Mme la duchesse de Rohan.

Mme la duchesse d'Orléans alloit aussi aux couches. Les premiers exemples de l'usage contraire furent à Mme la duchesse de Duras, de qui je tiens ce détail, à Mme la maréchale de Boufflers et à Mme la duchesse aujourd'hui maréchale de Gramont.

J'ai oublié de marquer la mort de M. Crozat, arrivée il y a peu de jours; il y avoit longtemps qu'il étoit en enfance.

Hier, jour de la petite Fête-Dieu, le Roi fut à la procession à la paroisse, et ensuite à la grande messe. L'après-dînée le Roi et la Reine entendirent dans la tribune les vêpres des missionnaires et les complies, et revinrent au salut.

Je viens d'apprendre dans le moment qu'il y avoit eu aujourd'hui à Paris, vis-à-vis l'hôtel de Soissons, un grand combat entre la livrée de M. le prince de Conty et celle de M. le prince de Carignan. Un embarras s'étant trouvé dans la rue, vis-à-vis l'hôtel de Soissons, et un surtout de M. le prince de Conty dans cet embarras, il y a eu quelques paroles et peut-être quelques coups de donnés. Les gens de M. le prince de Conty s'étant crus insultés, ont été quérir du secours à l'hôtel de Conty et chez Mlle de la Roche-sur-Yon, et ont été en bataille auprès de l'hôtel de Soissons. La livrée de M. de Carignan est sortie en grand nombre, et les deux partis ennemis se sont battus avec grand acharnement et beaucoup de blessés de part et d'autre.

Une aventure à peu près semblable a été cause du mariage de l'impératrice Amélie. Mme de Brunswick étoit à Paris avec ses deux filles, et désiroit extrêmement de marier son aînée avec M. le duc du Maine; passant sur le Pont-Neuf, elle fut insultée par les gens de Mme de Bouillon. Elle s'en plaignit, et demanda que Mme de Bouillon vînt lui faire des excuses; Mme de Bouillon ne voulut point y aller ni aucuns de MM. de Bouillon. Mme de Brunswick en fut si piquée qu'elle prit le parti de sortir de France; elle s'en alla à Vienne, où elle fit le mariage de sa fille avec l'empereur.

Dampierre, dimanche 22. — Le lundi 16 de ce mois, le Roi étant à Rambouillet et revenant de la chasse, M. le Cardinal lui apporta la lettre de Mme de Tallard, qui lui marquoit le départ de Mesdames, parties ce même jour.

Le 18, Mme de Luynes, en venant ici, parla à Mme de Tallard par rapport à ce qui s'étoit passé à la présentation de Mme de Chevreuse, et Mme de Tallard lui dit qu'elle avoit rendu compte au Roi de cette affaire, et que le Roi avoit ordonné qu'à toutes les présentations on baiseroit la robe à Mesdames.

Les voyages de Rambouillet, dont j'arrivai mercredi matin, m'ont paru être de même qu'ils étoient avant la mort de M. le comte de Toulouse. C'est le Roi qui paye la dépense pour tout ce qui est nourri à Rambouillet pendant le temps de chaque séjour, et c'est M. le duc de Penthièvre qui fait les avances de cette dépense. C'est Saint-Quentin, le même contrôleur qu'avoit M. le comte de Toulouse, qui est chargé de faire cette dépense, et dans tous les intervalles de chaque voyage, quoiqu'il reste un grand nombre d'officiers extraordinaires, toute la dépense alors est aux frais de M. de Penthièvre. Saint-Quentin me disoit, il y a quelques jours, qu'il croyoit que le voyage du Roi du dimanche au mercredi iroit à plus de 12,000 livres de dépense, parce qu'il y avoit plus de cinq cents personnes à nourrir. La table du Roi étoit de vingt et un couverts en comptant S. M.; toutes les dames y mangent, et les autres places sont remplies par des hommes. Il y avoit en même temps une autre table pour ceux qui ne mangeoient point avec le Roi. M. d'Aumont étoit à ce voyage; mais ce n'est pas le premier gentilhomme de la chambre qui fait la liste du souper, c'est M. le duc de Penthièvre qui fait cette liste tous les jours et la présente au Roi, et c'est un de ses gens, qui a le titre d'huissier de la chambre, qui avertit ceux qui sont du souper. C'est M. de Penthièvre qui avertit aussi le Roi pour souper, qui lui présente les cartes pour tirer les places pour le jeu, et qui sert à table, et, en l'absence de M. de Penthièvre, c'est M. d'Hautefort, son premier écuyer, qui sert le Roi.

Le mardi le Roi n'alla point à la chasse, et il y eut ce qu'on appelle le pot royal, mais seulement le petit pot royal. Je n'ai point encore marqué, je crois, ce que c'est que ce nom de plaisanterie. C'est un déjeuner que l'on met sur plusieurs tables de quadrille et de piquet, qui se prolonge quelquefois trois et quatre heures ; lorsque c'est le grand pot royal, il n'y a point de liste. Toutes les dames et tous les hommes qui désirent de manger se présentent, et le Roi leur ordonne de se mettre à table.

Pendant le voyage de Rambouillet, il vint un homme de chez M. le Duc pour s'informer de quelle façon se faisoit la dépense, M. le Cardinal ayant écrit à M. le Duc que l'intention de S. M. étoit de payer la dépense à Chantilly, comme à Rambouillet.

Nous apprîmes ici hier la mort du duc de Liria, fils du duc de Berwick, ambassadeur du roi d'Espagne auprès du roi des Deux-Siciles ; il est mort de la poitrine, la nuit du 11 au 12, à Naples. On dit aussi la mort du cardinal Albéroni, à Rome.

Jeudi ou vendredi dernier, la Reine alla se promener à Marly, et y fit collation ; elle permit à toutes les dames titrées, et même non titrées, de s'asseoir sur le même banc où elle étoit assise ; elle n'a pas coutume de donner ces permissions, surtout aux dames qui ne sont pas titrées. La Reine, à ses promenades, marche toujours toute seule entre son chevalier d'honneur et son premier écuyer ou ses écuyers de quartier, sans aucune dame auprès d'elle. Madame la Dauphine faisoit marcher à côté d'elle les dames qui la suivoient et même en prenoit quelquefois par-dessous le bras.

JUILLET.

M. de Montgeron transféré dans le diocèse de Valence. — Difficulté sur les audiences du Parlement. — Soupers dans les cabinets chez Mademoiselle et à la Meutte. — La faveur de Mme de Mailly commence à devenir publique — Départ du Roi pour Compiègne. — Discours sur le voyage de Chantilly. — Revues du Roi. — Accouchement de Mme d'Ancenis ; baptême de son fils. — Observations du Roi au maréchal de Noailles et à M. d'Aumont. — Anecdotes sur la valeur française et sur la Régence. — Arrivée de Mesdames à Fontevrault. — Intendances données. — Nouveaux cardinaux. — Mme la

Duchesse à Compiègne. — Lettres du Roi, de la Reine et du Dauphin; comment cachetées. — Mme de Chevreuse à la promenade de la Reine; la Reine dîne à Saint-Cyr, soupe à Montretout; difficultés pour le service de la Reine. — Protocole pour les actes signés par le Roi. — Jugement de M. de Courbon. — Passage du Roi à Chantilly. — Place dans les carrosses de la Reine. — Travaux des bâtiments de Compiègne; appartement du Roi. — Les femmes sont sans paniers dans les calèches du Roi. — Rangs des fils des princes légitimés. — Victoire de l'empereur sur les Turcs. — Fête de Saint-Jacques à Compiègne. — Indisposition du Cardinal. — Arrivée du roi de Pologne.

Dampierre, lundi 7. — Depuis près de trois semaines que je suis ici je n'ai point écrit, étant moins à portée des nouvelles journalières; cependant voici à peu près ce qui s'est passé.

Il y a un mois ou six semaines au moins que M. de Montgeron, qui a donné occasion aux remontrances dont j'ai parlé ci-dessus, a été transféré du diocèse de Viviers dans celui de Valence.

J'appris, le 22 juin, qu'il y avoit eu une difficulté faite par M. le Duc sur les requêtes présentées en son nom au premier président pour avoir des audiences. M. le Duc n'a point voulu que l'on mît « Monseigneur » au premier président dans ces requêtes. L'affaire a été portée devant le Roi et a été décidée en faveur de M. le Duc.

Le 26, le Roi courut le cerf en revenant de Rambouillet, et soupa dans ses cabinets au retour de la chasse; il avoit mené des dames à cette chasse comme il a fait dans les autres voyages, ainsi que je l'ai marqué. Mademoiselle y étoit, Mmes de Chalais, de Rochechouart, d'Épernon et de Mailly et Mme de Beuvron; après la chasse, le Roi remonta dans sa calèche avec les dames pour revenir à Versailles. Quand S. M. fut entrée dans le petit parc, elle fit arrêter vers la Ménagerie; on envoya querir à toutes jambes la voiture de Mademoiselle, qui étoit un peu loin derrière; mais quand elle fut arrivée près de la gondole du Roi, S. M. jugea à propos de continuer son chemin sans faire aucun changement; il y avoit dans la même voiture le capitaine des gardes et quelques autres hommes.

Après que le Roi fut arrivé, il envoya proposer à Mademoiselle de venir souper dans ses cabinets. Mᵐᵉ de Chalais, qui ne comptôit point avoir l'honneur de souper avec le Roi, devoit donner à souper à Mᵐᵉ de la Châtre, qui avoit été à ce voyage de Rambouillet et en étoit revenue le même jour que le Roi. Mᵐᵉ de Chalais s'étoit trouvée un peu incommodée après la chasse. Le Roi demanda à M. de Chalais ce que c'étoit que l'incommodité de Mᵐᵉ de Chalais, et M. de Chalais lui ayant dit que ce n'étoit rien, S. M. lui demanda si elle seroit en état de venir souper dans ses cabinets, et qu'elle y amenât Mᵐᵉ de Rochechouart. Le Roi avoit mandé aussi à Mᵐᵉ d'Épernon, à Mᵐᵉ de Beuvron et à Mᵐᵉ de Mailly d'y venir souper. Quelques gens ont voulu être étonnés que Mᵐᵉ de la Châtre ne fût point de ce souper, venant de passer deux ou trois jours avec le Roi à Rambouillet. Rien n'est pourtant plus simple; le Roi connoît peu Mᵐᵉ de la Châtre, et il ne vouloit avoir que des personnes auxquelles il fût accoutumé. Il y avoit plusieurs hommes à ce souper de ceux qui ont coutume de suivre le Roi plus souvent. Le souper ne fut point fort gai, mais assez long; le Roi y but un peu de vin de Champagne. Je ne sais pas précisément jusqu'à quelle heure il resta à table, mais il ne se coucha qu'à six heures du matin, après avoir entendu la messe, et resta ensuite dans son lit jusqu'à quatre heures après midi. Le Roi devoit coucher chez la Reine; il manda à deux heures qu'il n'y coucheroit point.

Le jeudi 3 de ce mois, le Roi alla courre le lièvre, et avant que de partir demanda à souper dans ses cabinets pour quatre personnes; cet ordre, avec celui qui avoit été donné d'autre part aux officiers de Mademoiselle et de Mˡˡᵉ de Clermont de travailler dans la cuisine de Mˡˡᵉ de Clermont, qui est à Chantilly, faisoit juger que le Roi devoit souper chez Mademoiselle. Cependant c'étoit un mystère pour plusieurs personnes. M. le prince de Dombes, qui étoit du souper, étoit dans le secret et avoit fait dire à M. le duc de Fleury où il pourroit lui parler. M. du Bordage étoit averti, et vint de Paris exprès. M. de Soubise, M. de Coigny et M. de Chalais en étoient; M⁽ᵐᵉˢ⁾ de Beuvron, de Mailly et d'Antin. M⁽ᵐᵉ⁾ de Mailly (1), qui étoit de semaine, resta au souper de la Reine, quoique la Reine, par bonté, eût voulu bien des fois la renvoyer pour ne la pas faire rester si longtemps debout. M⁽ᵐᵉ⁾ de Mailly n'arriva au souper que trois quarts d'heure après qu'on se fut mis à table. Tout étoit éclairé dans les cabinets du Roi, et S. M. dit en sortant, à Dampierre, Bachelier et quelques autres, de manger le souper qu'il avoit ordonné. Tout étoit fermé chez Mademoiselle (2), et on disoit qu'elle étoit sortie. Le souper ne fut point en bas dans son appartement, mais dans ses entre-sols (3). Il y eut beaucoup plus de gaieté qu'au premier; le Roi y but aussi du vin de

---

(1) M⁽ᵐᵉ⁾ de Mailly était l'une des douze dames du palais de la Reine. Sa *faveur* est évidente dès ce moment dans les Mémoires; elle est indiquée aussi par Barbier. « Quoiqu'elle ne soit pas maîtresse déclarée, la chose est publique. » (T. III, p. 138.)

(2) M⁽ˡˡᵉ⁾ de Charolais était désignée sous le titre de Mademoiselle. D'Argenson (t. II, p. 100) en trace un portrait peu flatteur : « Mademoiselle acquiert une grande autorité sur le Roi, non par amour, mais par l'espèce d'ascendant qu'elle exerce sur lui. Elle a beaucoup d'esprit, dit-on, et avec cela une ambition démesurée. Ce n'est pas que le Roi ne la connoisse et ne sache qu'elle n'a ni principes, ni respect pour l'ordre et les convenances. Elle a toute la hauteur de la maison de Condé, à quoi s'est joint par bâtardise la folie des Mortemart. Mademoiselle eût été receleuse, voleuse ou bouquetière, si elle étoit née parmi le peuple. »

(3) L'appartement de M⁽ˡˡᵉ⁾ de Charolais se trouvait au rez-de-chaussée de l'aile du midi ou des princes, dans l'emplacement des deux salles qui sont consacrées aujourd'hui à des tableaux de l'époque de l'Empire (années 1804 et 1805). Voir dans l'*Architecture françoise* de Blondel, tome IV, les planches 2 et 4 du livre VII, où l'appartement de Mademoiselle est indiqué par la lettre C.

Si l'on en croit Mouffle d'Angerville, l'auteur de la vie privée de Louis XV (4 vol. in-12; Londres, 1781), ordinairement bien renseigné, ce seraient Mademoiselle (de Charolais) et la comtesse de Toulouse qui auraient imaginé les *petits soupers* que l'on faisait dans les cabinets des entre-sols, qui prirent dès lors le nom de *petits appartements*, et que l'on rendit aussi commodes, aussi secrets, aussi élégants que l'art raffiné de ce temps pouvait le permettre.

Champagne et fut à table jusqu'à cinq heures du matin. De là, il revint chez lui avec les hommes qui étoient du souper. S. M. joua au trictrac avec M. du Bordage jusqu'à six heures, alla ensuite entendre la messe, revint se coucher, et ne se leva qu'à cinq heures du soir. Ces deux soupers ont donné occasion de renouveler les discours qui se tiennent depuis longtemps. On a dit que Mademoiselle avoit voulu faire une batterie contraire à ce que l'on prétend qui existe. On a peine à concilier ces idées avec ce que nous voyons de piété, régularité et attentions édifiantes. Il faut un peu plus de temps pour juger si ces discours ont quelque fondement. Quelques gens ont remarqué que l'on ne pouvoit pas nommer le nom de la personne de qui il est question (1) devant le Roi, sans qu'il rougît, et l'on dit qu'aujourd'hui le Roi la nomme lui-même sans embarras.

Le Roi partit hier après le salut pour aller souper à la Meutte dans une calèche à six. Le Roi et M. le duc de Villeroy sur le banc du milieu, M. de Soubise et M. de Richelieu sur le devant, M. de Chalais et M. de Léon dans le fond. On prétend que Mademoiselle a dû aller souper aussi hier à Madrid, et l'on a jugé que peut-être les deux soupers se réuniroient.

Le Roi doit partir aujourd'hui pour Compiègne. En passant pour la messe, après avoir donné l'ordre, comme à l'ordinaire, dans la pièce avant le grand salon, il dit à M. de Jumilhac, qui l'attendoit avec M. de Montboissier dans le salon : « A deux heures. » Les mousquetaires gris devoient le prendre à Saint-Denis. Cet ordre de deux heures n'est pas l'heure qu'il doit arriver à Saint-Denis, mais l'heure qu'il doit partir de la Meutte.

On a tenu plusieurs discours par rapport au voyage de Chantilly; on prétend qu'il y a une dame qui a fait ce qu'elle a pu pour y aller, et qu'elle a été refusée par

---

(1) Mme de Mailly.

M. le Duc; que cette négociation avoit passé par Mme la Duchesse, qui traite fort bien cette dame et lui marque de l'amitié. Mme la Duchesse, étant dans l'usage de faire la liste de celles qui peuvent convenir pour le voyage de Chantilly, envoya à M. le Duc une lettre où le nom de la personne en question étoit, et ce nom fut rayé par M. le Duc; et pour prouver que c'est en conséquence d'une négociation que Mme la Duchesse l'avoit mise sur la liste, l'on prétend avoir remarqué que cette dame, quelques jours auparavant, avoit été à l'inventaire de M. le maréchal d'Estrées, que de là elle entra chez Mme la Maréchale, qu'on voulut l'y retenir, et qu'elle répondit qu'elle ne pouvoit pas, qu'on lui avoit prêté un carrosse pour aller chez Mme la Duchesse, où elle avoit un rendez-vous. On ajoute qu'étant arrivée chez Mme la Duchesse, elle eut avec elle une conversation de trois quarts d'heure sur sa terrasse.

A l'égard du refus de M. le Duc, quelques personnes le blâment; cependant il paroît qu'il y a de quoi le justifier, la personne dont il est question ne lui ayant jamais rendu de devoirs, n'ayant jamais été à Chantilly, et n'étant nullement liée avec lui, quoiqu'il fût ami de sa mère, et M. le Duc ne devant point ajouter foi aux discours du public, ni, quand il y ajouteroit foi, les regarder comme une raison pour prier de venir chez lui une personne qu'il connoît peu.

Cette dame doit aller à Compiègne y passer huit jours (1).

Le 28 du mois passé, se fit la revue des gardes du corps au champ de Mars (2) suivant l'usage ordinaire.

---

(1) « Le départ du Roi de Paris avoit été différé de trois jours, parce que Mme de Mailly avoit sa semaine à achever auprès de la Reine, comme dame du palais. On dit même qu'en allant prendre congé de la Reine, pour lui demander permission d'aller à Compiègne, la Reine lui répondit : « Vous êtes la maîtresse. » Mot à double entente, qui a été remarqué. » (*Barbier*, t. III, p. 138.)

(2) Près du château de Marly.

Le 1ᵉʳ de ce mois, le Roi vit les mousquetaires dans la cour du château ; S. M. fit recevoir M. de Jumilhac capitaine lieutenant des mousquetaires gris.

Le 1ᵉʳ dudit mois, Mᵐᵉ d'Ancenis accoucha d'un garçon. Rien n'a été plus singulier que cette grossesse ; plusieurs mois se sont passés qu'il y avoit lieu de croire qu'elle étoit grosse et personne ne s'en doutoit, et l'on n'imaginoit pas de prendre aucune mesure, ou pour sa santé en cas que ce fût maladie, ou celles que l'on doit prendre pour une grossesse. Elle a été jusqu'à sept mois ou environ dans cet état ; elle sentoit remuer son enfant sans oser le dire ni même le croire, fort embarrassée sur les questions qu'on lui faisoit, et persuadée que parce qu'elle se portoit bien elle ne pouvoit pas être grosse. La veille même qu'elle accoucha, elle étoit de semaine chez la Reine tout habillée. Dans les premières douleurs qu'elle sentit, elle croyoit que c'étoit une colique qu'elle feroit passer en prenant du thé, et dans les grandes douleurs elle ne croyoit pas encore que ce fussent celles pour accoucher, de sorte qu'elle n'a eu ni accoucheur, ni sage-femme ; que M. le duc de Béthune, malade dans l'appartement de quartier, ne fut pas averti qu'elle étoit en travail. Enfin le Roi fait lui-même la plaisanterie qu'elle n'a été grosse que neuf jours, parce qu'il n'y avoit guère que cela que l'on parloit de sa grossesse. A l'occasion de cet événement, les gens de M. le duc de Charost, non-seulement ont fait tirer un feu d'artifice dans une petite cour où sont les cuisines de M. le duc de Charost, mais ils ont été demander à M. l'archevêque la permission de faire chanter le *Te Deum* à la paroisse après le baptême. M. de Charost, averti par M. le curé de la permission qu'avoit accordée M. l'archevêque, alla sur-le-champ rendre compte au Roi de ce que ses gens avoient fait à son insu, et lui demander s'il permettoit que l'on chantât le *Te Deum*. Le Roi l'écouta attentivement et lui en donna la permission. Il y avoit déjà eu un exemple de pareille cérémonie à la guérison de Mᵐᵉ de

Ventadour, pour laquelle on chanta le *Te Deum* dans les deux paroisses. Lorsque Mme de Châtillon accoucha d'un garçon il n'y eut ni fête ni *Te Deum;* mais les circonstances étoient différentes. La Reine venoit d'accoucher d'une fille, qui est Madame septième, et M. de Châtillon défendit toutes réjouissances publiques par un motif de respect et de prudence. Peut-être n'y auroit-il point eu de *Te Deum;* ce qui est certain, c'est qu'il n'en fut pas question.

Le fils de Mme d'Ancenis a été tenu par M. de Charost et par Mme de Tessé pour Mme Huguet, grande mère de Mme d'Ancenis. Il y a eu une difficulté à ce baptême. L'usage est de mettre dans les registres les qualités du parrain et de la marraine, lesquels signent après qu'on leur en a fait la lecture. On ne donnoit à M. le duc de Charost que la qualité de haut et puissant seigneur, Armand, etc. M. le curé dit à M. de Charost que c'étoit un protocole qui lui avoit été donné par M. de Dreux (1), lequel disoit qu'il n'y avoit qu'aux princes du sang que l'on devoit donner le très-haut et très-puissant; cependant M. le curé offrit à M. de Charost de changer ses qualités. Ce changement ne put souffrir la moindre difficulté. Les registres de la paroisse de Versailles ne peuvent être plus respectables que les registres des autres paroisses que par rapport à la présence du Roi, et dans tous nos contrats de mariage que le Roi nous fait l'honneur de signer, et qui sont auparavant vus par un secrétaire d'État, nous prenons toujours sans difficulté le « très-haut et très-puissant seigneur, monseigneur. »

M. le maréchal de Noailles vint samedi matin au lever du Roi. Le Roi lui dit : « M. le Maréchal, par quel hasard venez-vous ici aujourd'hui, on ne vous y voit jamais? » M. le Maréchal répondit respectueusement et convenablement. Cette attention du Roi cependant est remarquable.

---

(1) Voyez ci-après, p. 191.

Ce même jour le Roi dîna au grand couvert avec la Reine. M. d'Aumont étoit derrière son fauteuil; le Roi lui demanda pourquoi il n'étoit pas venu à son lever. M. d'Aumont lui dit : « Sire, M. de la Trémoille y étoit. » Le Roi lui répondit : « Mais vous auriez pu y être sans vous fatiguer, car je me suis levé tard. » M. d'Aumont étant d'année, il est certain que du temps du feu Roi, le premier gentilhomme de la chambre n'auroit pas cédé son service à un autre sans en demander la permission.

Versailles, jeudi 17. — J'ai oublié de marquer ci-dessus qu'à Rambouillet, lorsque le Roi y est, il n'y a point d'entrées au débotté comme ici.

Il y a quelque temps qu'en parlant de la valeur naturelle aux François, on me contoit ce qui étoit arrivé à un grenadier à Philipsbourg, en 1735, et qui fut alors au vu et au su de toute l'armée. Ce grenadier étoit de tranchée; quelques officiers le trouvèrent qui quittoit son poste et s'en alloit; ils lui demandèrent avec étonnement où il alloit : « Et où peut aller un grenadier qui quitte son poste? je vais mourir. » Il étoit effectivement blessé à mort.

A Ramillies, un cornette des chevau-légers se trouvant engagé dans le marais et voyant qu'il y alloit périr, n'oublia pas qu'il portoit un des étendards de la compagnie, et, se tournant du côté de ceux qui étoient sur le bord dudit marais, le leur jeta le plus loin qu'il put, en leur criant : « Sauvez l'honneur de la compagnie. »

J'appris il y a quelque temps deux anecdotes de la régence de M. le duc d'Orléans. La première au sujet du cardinal Dubois. M. le duc d'Orléans, l'ayant fait archevêque de Cambray, prit la résolution, pour lui donner une marque de bonté encore plus grande, d'assister à son sacre. M. le duc de Saint-Simon, de qui je tiens ceci et qui étoit fort bien avec M. le duc d'Orléans, lui représenta qu'après l'extrême foiblesse qu'il avoit eue de faire un homme tel que M. Dubois archevêque de Cambray, il étoit peu convenable d'y ajouter encore l'honneur d'assister à cette cérémonie. C'étoit la veille du sacre, et M. le duc d'Orléans promit positivement à M. le duc de Saint-Simon qu'il n'iroit pas, mais les choses changèrent beaucoup de là au lendemain. M. le duc d'Orléans avoit pour lors une maîtresse que je ne nommerai point parce qu'elle vit encore (1); cette dame, instruite de la résolution de M. le duc d'Orléans, lui représenta que ce seroit la brouiller encore plus qu'elle ne l'étoit avec l'abbé Dubois; que l'on savoit qu'ils étoient mal ensemble, et qu'on ne douteroit pas que ce ne fût elle qui eût empêché M. le duc d'Orléans d'assister à cette cérémonie. Cette raison eut tout l'effet que cette dame pouvoit désirer, et M. le duc d'Orléans assista au sacre.

La seconde anecdote est au sujet du lit de justice pour la majorité. L'on sait que le Roi parla en peu de mots, mais fort bien. M. le duc d'Orléans parla aussi, et son discours fut fort approuvé. Il étoit tendre et précis. M. le garde des sceaux d'Armenonville fit un discours justificatif de toute l'administration de M. le duc d'Orléans. M. de Mesmes, qui étoit premier président, fit un discours très-fort, très-éloquent et conforme à l'esprit de sa Compagnie. Ces quatre discours avoient été faits par M. le président Hénault, de qui je tiens ceci. Comme il étoit fort ami de M. d'Argenson, en qui le cardinal Dubois avoit une grande confiance, M. d'Argenson, que ce cardinal avoit consulté pour savoir qui on chargeroit de composer ces discours, lui dit qu'il prieroit M. le président Hénault d'en prendre la peine, tandis que d'un autre côté M. de Mesmes, aussi ami du président Hénault, l'avoit engagé à travailler pour lui; en sorte que dans une même séance, ce que l'on peut appeler les deux partis contraires, la Cour et le Parlement, se trouvèrent parler chacun leur langage par le ministère d'un seul homme, chose assez rare pour

---

(1) Mme de Parabère, « qui lors étoit la régnante. » (*Saint-Simon.*)

devoir être remarquée. Ce qu'il y eut encore de singulier, c'est que M. le duc d'Orléans n'a jamais su à qui il avoit l'obligation de son discours, non plus que M. d'Armenonville, qui voulut bien donner une marque de confiance au président Hénault en le lui montrant la veille du lit justice.

Je n'ai point encore parlé de l'arrivée de Mesdames à Fontevrault; elles ont été treize jours en chemin, et Mme de la Lande est revenue en poste comme cela avoit été arrangé. D'abord elle devoit revenir coucher à deux ou trois lieues de Fontevrault, mais elle a couché dans le couvent; ce fut même elle qui servit Mesdames le premier jour. Mme de Fontevrault (1) vint seule avec Mme de Lesdiguières, sa sœur; elle ne voulut être accompagnée d'aucune de ses religieuses, ni même mettre son grand habit, pour ne point leur présenter un appareil qui auroit pu les effrayer. Le lendemain, Mme de Fontevrault commença à les servir à dîner. Ce que le Roi payera pour la nourriture de Mesdames ne sera réglé qu'au bout de trois mois (2). Il y a un écuyer de la bouche qui y est demeuré pour le service de Mesdames; mais c'est un maître d'hôtel ou contrôleur, nommé par Mme de Fontevrault, qui est chargé de faire la dépense. Il n'est resté aucun valet de pied ni aucun autre homme que l'écuyer dont je viens de parler.

J'ai déjà parlé de M. Poulletier, intendant de Lyon, qui a été fait conseiller d'État. Le Roi vient depuis peu de jours de nommer à son intendance M. Pallu, intendant du Bourbonnais, et celle de M. Pallu a été donnée à M. Berthier de Sauvigny, fils de la sœur de M. le contrôleur général. L'intendance de Lyon n'est pas la plus considérable

---

(1) Mortemart.
(2) On avoit d'abord dit que le Roi donneroit 15,000 livres par an pour chacune. (*Note du duc de Luynes.*)

de toutes, parce qu'elle ne donne pas l'autorité dans la ville, à cause du prévôt des marchands.

Il y a quelques jours que la Reine reçut des lettres de M. Delci et de M. Rezzonico, qui ont été faits cardinaux. Ce M. Delci est celui qui a été nonce ici. Le Pape donne au nonce de France 12,000 écus romains par an. L'écu romain vaut environ 5 livres 10 sols de notre monnoie. Le grand-duc donnoit autrefois aussi quelque chose au nonce de France; vraisemblablement cet usage ne subsistera plus.

Mme la Duchesse est à Compiègne depuis plusieurs jours. Elle représenta ici au Roi que M. d'Antin lui manqueroit beaucoup à Compiègne, parce qu'elle mangeoit toujours chez lui, ne menant pas ses gens avec elle. Le Roi lui dit qu'elle pouvoit n'en être pas embarrassée, qu'il y suppléeroit et qu'elle seroit servie de sa bouche. J'ai appris ici que depuis qu'il y avoit des dames à Compiègne, S. M. en menoit toujours quelques-unes à la chasse dans ses calèches, et que celles qui avoient l'honneur de le suivre soupoient avec lui.

Avant-hier la Reine reçut une lettre du Roi et une de M. le Cardinal. Il y avoit sept ou huit articles à celle de M. le Cardinal, mais elle n'en dit pas le contenu. Les lettres du Roi et de M. le Dauphin sont cachetées avec de la soie bleue et celles de la Reine avec de la soie rouge.

Ma belle-fille eut l'honneur avant-hier de suivre la Reine pour la première fois à la promenade; mais c'étoit dans les calèches du Roi. La Reine et Mlle de Clermont étoient dans le fond, et Mme de Luynes et Mme de Chevreuse sur le devant. La Reine fut hier dîner à Saint-Cyr; elle dîna dans la chambre où couchoit la reine de Pologne (1). Sa dame d'honneur, ses quatre dames du palais et Mme d'A-

---

(1) La reine de Pologne, mère de Marie Leczinska, avait demeuré à Saint-Cyr pendant que Stanislas était allé en Pologne revendiquer la couronne de ce pays (1735).

lincourt eurent l'honneur de dîner avec S. M. Mme de Boufflers (1), supérieure, plusieurs autres religieuses et pensionnaires assistèrent debout à ce dîner. C'étoit de la bouche de la Reine, et ce fut M. de Chalmazel qui lui présenta la serviette et la servit.

Aujourd'hui après le salut, la Reine a été à Montretout, petite maison au haut de la montagne de Saint-Cloud appartenant à un M. Dupin, lequel l'a prêtée à Mme de Mazarin (2). La Reine y va souper. Mme de Chevreuse a l'honneur de la suivre et a monté dans le second carrosse. Je croyois que la règle étoit, lorsqu'on avoit l'honneur de monter pour la première fois dans les carrosses du Roi ou de la Reine, quoiqu'ils soient également carrosses du corps, qu'il falloit avoir monté au moins cette première fois dans celui où est le Roi ou la Reine. Cependant Mme d'Hostun la première fois qu'elle a monté dans les carrosses de la Reine monta dans le second carrosse, et Mme de Sourches aussi.

Il y a quelques jours que Mme la marquise de la Châtre étant venue ici faire sa cour à la Reine, la Reine lui dit de la suivre à une promenade (c'étoit pendant que nous étions à Dampierre Mme de Luynes et moi). La Reine étant montée dans son carrosse appela Mme de Léon, Mme de la Châtre et Mme de Montauban. Mme de Léon se mit sur le fond de devant et Mme de la Châtre aussi, de sorte que Mme la duchesse d'Antin, qui à la vérité n'avoit été appelée qu'après, n'eût point d'autre place que la portière; cela fut remarqué, parce que Mme de la Châtre devoit faire le tour du carrosse pour aller se mettre à l'autre portière, celle du côté par où la Reine étoit montée étant déjà remplie. Ce qui a donné occasion à cette remarque, c'est que Mme de Mailly, mère de Mme de Mazarin et dame d'atours avant elle, n'a jamais été dans le carrosse de la

---

(1) Jeanne-Geneviève de Boufflers, supérieure de 1735 à 1741.
(2) Dame d'atours de la Reine.

Reine dans le fond de devant lorsqu'il y a eu des femmes titrées, elle prétendit même comme étant dame d'atours qu'elle devoit avoir sa place sur le fond de devant, et il fut décidé que les femmes titrées auroient la préférence. C'est de Mme de Mazarin que je sais cette circonstance.

Du 19, Versailles. — Il n'y eut rien de particulier au souper de la Reine à Montretout; il y eut seulement une dispute d'un moment pour le service de la Reine. Comme Mme de Mazarin n'avoit ni frère ni enfant qui pussent avoir l'honneur de servir la Reine, elle avoit compté que son écuyer auroit l'honneur de servir S. M. Cela fit un moment de contestation; on prétendit que la Reine devoit être servie par ses officiers; mais la difficulté ayant été proposée à la Reine, elle décida que l'écuyer de Mme de Mazarin auroit cet honneur-là. A l'égard du service, en se mettant à table, on apporta la serviette à Mme de Mazarin qui la fit porter à Mme de Luynes; Mme de Luynes pria Mme de Mazarin de vouloir bien la présenter elle-même à la Reine, et insista, et ce fut Mme de Mazarin qui donna la serviette en entrant à table et en sortant, la même politesse s'étant faite au sortir du souper comme en entrant. Mme de Luynes, n'ayant point oublié ce que la Reine lui avoit dit à l'occasion de Mme de Tallard et que j'ai marqué plus haut, qu'elle ne devoit céder son service à personne, a prévenu la Reine sur ce qu'elle comptoit faire par rapport à Mme de Mazarin, et la Reine l'avoit approuvée.

J'ai parlé ci-dessus de ce qui s'étoit passé à l'occasion du petit-fils de M. de Béthune. Je trouvai avant-hier M. de Brézé, fils de M. de Dreux, grand maître des cérémonies et reçu à survivance. Je lui demandai si c'étoit M. son père qui avoit donné le protocole à M. le curé de Notre-Dame; il me dit qu'il n'en avoit pas été question, qu'ils ne se mêloient que des actes qu'ils étoient chargés de présenter au Roi, comme des baptêmes où le Roi étoit parrain; qu'à la vérité ils avoient un protocole ancien par lequel les petits-fils de France même n'avoient d'autres titres que celui de très-haut et puissant prince, et qu'à l'enterrement de M. le duc d'Orléans régent, on n'avoit point mis d'autre titre que celui-là. Je lui demandai ce qui s'étoit passé au baptême du fils de M. le duc de Châtillon, tenu par M. le Dauphin; il me dit que les officiers des cérémonies n'y avoient point été appelés. Il est aisé de voir par ce détail que M. le curé de Notre-Dame a fait une application peu juste d'un protocole ancien dont ce n'étoit point là l'espèce. On pourroit même ajouter plusieurs observations sur ledit protocole.

Versailles, dimanche 27. — Le 17, on eut nouvelle du jugement de M. de Courbon, qui a été à la plus grande rigueur. M. de Courbon a été condamné à avoir la tête tranchée, la femme de chambre de Mlle de Moras à être pendue, et la mère de M. de Courbon bannie pendant neuf ans. Il y a appel de cette sentence, suivant l'usage ordinaire, et présentement M. de Courbon a présenté une requête pour demander que ceux qui ont été enlever Mlle de Moras soient condamnés à être pendus. Cette demande ne paroît pas soutenable, quoiqu'il prétende qu'on n'a pas pu lui enlever sa femme; mais on sait assez que ce ne fut qu'en vertu d'une lettre de cachet.

Je n'ai point encore parlé du voyage du Roi à Chantilly en allant à Compiègne. Il y avoit quatorze dames en comptant les princesses. Ce grand nombre donna occasion à un arrangement pour le souper du Roi. Si toutes les quatorze avoient eu l'honneur de souper chaque jour à la table du Roi, aucun homme n'auroit pu avoir le même honneur. C'étoit cependant un embarras de faire manger quelques-unes de ces dames à une autre table; c'est ce qui détermina Mme la Duchesse à proposer que l'on mît deux tables dans la même pièce, ce qui fut exécuté. Le premier soir, Mlle de Clermont et M. le comte de Clermont se mirent à la seconde table avec six dames et plusieurs hommes, et le lendemain Mlle de Sens tint cette même table encore avec M. le comte de Clermont et d'autres dames. Mme la

Duchesse soupa les deux jours avec le Roi et M. le Duc, et les dames et les hommes soupèrent avec le Roi, une partie un jour et les autres l'autre jour.

J'ai marqué ci-dessus ce qui étoit arrivé à Mme de La Châtre pour une place dans les carrosses de la Reine. Je remarquai il y a quelques jours, lorsque la Reine alla souper à Lucienne chez Mlle de Clermont, que Mme d'Ancezune, qui avoit l'honneur de suivre la Reine, fit le tour pour aller se mettre à la portière.

Lorsque la Reine est montée, la dame d'honneur monte sans être appelée, comme je l'ai déjà marqué plus haut, et c'est la dame d'honneur qui appelle les dames nommées par la Reine pour monter dans le carrosse où est S. M.; ensuite la Reine nomme pour son carrosse celles qu'elle juge à propos d'y faire monter; mais S. M. ne nomme point pour le second carrosse, parce que l'arrangement est déjà fait avant que la Reine sorte, ayant déjà fait avertir les dames qui doivent avoir l'honneur de la suivre.

J'allai lundi 21 à Compiègne. J'y trouvai M. le comte de Biron, qui me dit que le nouvel établissement dans le régiment du Roi se faisoit avec beaucoup de succès. Il n'en coûte présentement au Roi que 9,000 livres, qui sont payées par le trésor royal, et il y a sur cela trois maîtres entretenus : un maître de mathématiques, un de dessin, qui sait aussi les mathématiques, et un maître en fait d'armes.

On finit à Compiègne les bâtiments dont j'ai parlé ci-dessus. La dépense de ces bâtiments est très-considérable. M. le Cardinal me dit que M. d'Antin lui avoit annoncé cette dépense comme devant monter à 1,500,000 livres et qu'elle étoit déjà actuellement à trois millions; je crois même que cela passe et que le quatrième est commencé. Les maisons des ministres, de M. le chancelier et de M. le contrôleur général sont parfaitement belles et même trop magnifiques. Ce n'est pas cependant par la dorure ni la sculpture : il n'y a de dorure nulle part, pas même chez le Roi, ni chez la Reine; mais dans les maisons dont je parle, les pièces sont beaucoup trop grandes et trop élevées; et ces maisons étant les unes auprès des autres et sur la rue, il n'y a nulle vue et peu d'air. L'appartement qu'avoit le Roi a été accommodé pour la Reine; il est grand et commode. De la chambre à l'alcôve du Roi on a fait un cabinet très-grand pour la Reine, et derrière, une chambre à coucher avec un petit cabinet à côté, et un autre cabinet et des bains. Le Roi a pris pour lui l'appartement destiné pour la Reine, qui est composé d'une seconde antichambre (1), d'une grande chambre à coucher, un grand cabinet pour le conseil, un autre grand cabinet par delà où l'on joue, et plus loin une très-grande salle à manger où le Roi mange quand il soupe dans ce que l'on appelle les cabinets. Ces soupers sont tous les jours de chasse du cerf, c'est-à-dire six fois en quinze jours. Mᵐᵉ la Duchesse et Mademoiselle, qui y sont depuis le commencement du voyage, choisissent les dames qu'elles veulent mener à la chasse et leur proposent. Il y a pour chaque chasse deux calèches du Roi à quatre places, chacune avec des relais, et Mme la Duchesse monte dans une de ces calèches avec les dames qu'elle a priées, et Mademoiselle avec celles à qui elle a proposé de venir à la chasse. Mlle de la Roche-sur-Yon alloit avec Mademoiselle. Le Roi mène toujours les dames avec lui dans la gondole à l'assemblée et reviennent en calèche. Le Roi fait monter aussi des hommes dans la même gondole, car les femmes y sont sans paniers. A l'heure que le Roi doit souper, Mme la Duchesse, les princesses, et les dames qui les ont suivies, toutes en robes rabattues avec des paniers, se rendent dans la seconde antichambre dont j'ai parlé;

---

(1) La salle des gardes et la première antichambre sont communes aux deux appartements, et c'est dans cette antichambre que le Roi soupe avec des hommes lorsqu'il ne mange point dans ses cabinets. (*Note du duc de Luynes.*)

on ouvre aussitôt la porte et elles entrent dans la grande chambre et dans le cabinet d'après celui du conseil; ensuite le Roi nomme ceux qui doivent souper, comme cela se fait ici, et on se met à table sur-le-champ. Pendant que j'y ai été, Mme la Duchesse étoit au milieu de la table, ayant M. le Duc à sa droite et le Roi à sa gauche, Mademoiselle à gauche du Roi et Mlle de la Roche-sur-Yon à la droite de M. le Duc. Tout le monde, le Roi même, est servi par des garçons bleus ou garçons du château; mais le service est facile, car chacun a son verre dans un seau devant soi, et l'eau et le vin sont sur la table. Le Sr Lazure, qui a soin ici des cabinets (1), sert sur table comme il fait à Versailles.

Dans les hauts du château de Compiègne on a fait un grand corridor avec plusieurs logements, tous numérotés; il n'y a qu'une seule porte sans numéro, et cela a été remarqué. J'oubliois de marquer qu'après le souper du Roi avec les dames, qui dure environ deux heures ou deux heures et demie, il y a toujours un cavagnole à dix tableaux qui dure environ une heure et demie ou deux heures. Lorsqu'il y a des dames qui ne jouent point à cavagnole, titrées ou non, elles s'assoient; et lorsqu'il y a des hommes qui parient sans jouer, le Roi les fait asseoir aussi.

On continue à Compiègne les mêmes propos que l'on a tenus ici sur la même personne (2).

J'y ai appris aussi que l'on parle beaucoup des vives sollicitations de Mademoiselle et de tous les légitimés

---

(1) *Cabinet* est aussi un buffet où il y a plusieurs volets et tiroirs pour y enfermer les choses les plus précieuses ou pour servir simplement d'ornement dans une chambre, dans une galerie. (*Dict. de Trévoux.*)

(2) Dans une note placée dans ses Mémoires, au 8 décembre 1744, le duc de Luynes dit : « J'ai appris depuis quelques jours seulement que le commerce du Roi avec Mme de Mailly a commencé dès 1733 et je le sais d'une manière à n'en pouvoir douter, et personne n'en avoit aucun soupçon dans ce temps-là. » En effet, d'Argenson fixe le commencement de ce commerce aux premiers mois de 1736 (t. II, p. 37).

pour obtenir un rang intermédiaire pour les enfants à naître de MM. de Dombes, d'Eu et de Penthièvre. Tous les princes et toutes les princesses du sang, ou le demandent conjointement, ou du moins y consentent, hors Mme la Duchesse et M. le Duc, et je crois Mlle de Clermont ; mais M. le Duc paroît vouloir s'y opposer aussi fortement qu'il sera possible. On m'a assuré cependant que M. le Duc en avoit parlé à M. le Cardinal et qu'il lui avoit répondu qu'il n'en étoit pas question.

Je m'étois trompé lorsque j'ai remarqué plus haut que l'affaire de M. le Duc pour le Monseigneur au premier président étoit finie ; M. le Cardinal n'a point voulu encore donner de décision. M. le premier président demandoit que les chambres fussent assemblées, et le Roi leur a seulement fait défendre de s'assembler, et M. le premier président a renvoyé à M. le Duc tous les placets où il n'y avoit que « Monsieur. »

Le lendemain que j'arrivai à Compiègne, le Roi reçut une première nouvelle, confirmée depuis, de la victoire remportée par les troupes de l'empereur contre les Turcs auprès de Mehadia et d'Orsova. On ne sait pas encore précisément le détail de cette action ; il paroît seulement que les Turcs, après avoir pris Mehadia, faisoient le siége d'Orsova ; ils apprirent que le grand-duc et le maréchal de Konigseck venoient à eux ; ils levèrent aussitôt le siége d'Orsova [et] allèrent au-devant des Impériaux ; ils les attaquèrent le 4 ou le 5 de ce mois, les enfoncèrent par le centre et allèrent jusqu'au camp des Impériaux ; ils furent ensuite repoussés. Les Impériaux sont demeurés maîtres du champ de bataille ; ils ont repris Mehadia, que le gouverneur a rendu à la première sommation ; les Turcs ont décampé dès le lendemain. On ne sait pas encore la perte d'un côté ni de l'autre. On dit que celle des Impériaux est de huit ou dix mille hommes.

Vendredi 25 de ce mois étoit la grande fête, à Compiègne, de saint Jacques, patron de la paroisse. Le Roi fut ce jour-là à la grande messe, à vêpres et au salut, à la paroisse. M. le Cardinal s'y rendit aussi le matin et l'après-dînée. Le Roi étoit à la première stalle à droite en entrant, et M. le Cardinal auprès des marches du chœur sur un pliant avec un carreau devant lui. Je remarquai une chose singulière qui est en usage dans le diocèse de Soissons. M. de Soissons officioit. Premièrement, il commença la messe presqu'au milieu du chœur, et immédiatement avant l'*Agnus Dei* il se retourna, lut quelques oraisons et donna la bénédiction, et n'en donna point à la fin de la messe.

Ce jour, M. le Cardinal ayant dîné en maigre, à son ordinaire, et mangé des haricots, S. Ém. se trouva mal pendant le salut; ayant voulu différer de s'asseoir, il perdit connoissance dans le temps de la bénédiction, et tomba assez rudement pour se faire une bosse à la tête. Le Roi sortit de sa place et courut à lui avec empressement. M. le Cardinal vomit les haricots qu'il avoit mangés, après avoir bu de l'eau des Carmes et un verre d'eau. Il fut près d'un quart d'heure sans connoissance. Cependant étant revenu à lui, il traversa le chœur sans être même soutenu. J'étois présent lorsqu'il se trouva mal. Cette aventure n'a eu aucune suite; hier il prit son chocolat comme à l'ordinaire, travailla, alla à la messe du Roi et voir jouer à la paume l'après-dînée.

Le roi de Pologne arriva ici jeudi 24, sans y être attendu; la Reine même n'en savoit rien. Le Roi nous l'apprit vendredi à Compiègne et nous dit que ç'avoit été un secret.

AOUT.

Intrigues d'une dame à Chantilly, à Rambouillet et à Compiègne; le jeu du papillon; M. de Maurepas. — Retour du Roi. — Le roi de Pologne à Compiègne. — Le comte de Tarlo; détails sur les palatins. — Mort de M. de Louvain. — Usage de garder son chapeau en mangeant avec le Roi. — Procès de M. de Joyeuse. — Soupers de Compiègne. — Maladie du Cardinal. — Chasse du Roi; ordre de ne pas laisser sortir les dames du château. —

Lettre de cachet à Mme d'Antin pour l'obliger à aller à Compiègne. — Mort de la duchesse d'Hostun. — Plusieurs personnes mordues par une petite chienne enragée. — Particularités sur la Russie. — Mort du prince de Léon. — Médaille de la place des Victoires. — M. de la Coste fait brigadier. — Visite du Roi au roi de Pologne. — Audience des envoyés de Genève. — Vœu de Louis XIII. — Retour de M. de Lauzun. — Voyage de Chantilly. — Buste et médailles antiques acquis par le Roi. — Gourmandise du prince de Léon. — Refonte des pièces de 2 sous. — Remarques sur le roi de Pologne. — Mme de Mailly. — Circulaire du Roi aux Évêques. — Droit des Ducs pour les carreaux. — Audiences du Corps de Ville et des États de Languedoc. — Réponses des ducs de Villars et de Gramont au Roi. — Droits des Ducs. — Le musicien Philidor. — Soupers à la Meutte. — Conversation du Roi avec la comtesse de Toulouse. — Anecdote sur la cour de Sicile. — Droit du confesseur de la Reine. — Liste pour les voyages de la Meutte; droit du capitaine des gardes. — Mariage de M. de Goësbriant. — Mort de M. de Belle-Isle. — Mauvaise volonté du Roi pour M. d'Arquien. — Souper de Mesdames à Trianon. — Mariage du prince de Sulzbach. — Mort de M. de Saumery.

Vendredi 1er août, Versailles. — J'ai parlé ci-dessus des démarches qui avoient été faites au sujet d'une dame qui désiroit d'aller à Chantilly au premier voyage; il en a été question encore à l'occasion du retour du Roi. J'ai ouï dire que M. le Duc ne s'opposoit point à ce que Mme la Duchesse, sa mère, menât cette dame avec elle, et qu'il l'avoit dit dès le premier voyage, mais que cette dame vouloit être priée nommément par M. le Duc et qu'il ne le vouloit pas. On a remarqué plusieurs propos de cette même personne, entre autres à un des soupers du Roi, au retour de Rambouillet, dans les cabinets. Il y avoit ce jour-là une autre dame fort amie de Mademoiselle, et les gens qui veulent raisonner prétendoient qu'il y avoit quelques projets que cette dame plût au Roi. Elle fut effectivement assez gaie pendant le souper; le Roi avoit bu assez de vin de Champagne à ce souper, ce qui lui arrive fort peu depuis sa maladie; et comme le Roi lui avoit entendu dire qu'elle jouoit au papillon (1), S. M. proposa

---

(1) Jeu de cartes auquel, dit l'*Academie des Jeux*, on peut jouer au moins trois et au plus quatre.

après le souper, par complaisance pour elle, que l'on fît un papillon. Cette complaisance parut déplaire à celle dont je veux parler ; elle se mit au jeu cependant. M. le duc de Duras jouoit à cette partie ; elle affecta de baiser la main à M. de Duras et de ne la point baiser au Roi, au point qu'à la troisième fois qu'elle donna, le Roi dit en badinant : « Que diriez-vous de Mme.......... qui baise la main au gros bonhomme (c'est ainsi que le Roi l'appelle) et qui ne me fait pas la moindre honnêteté ? » Le Roi parioit au papillon à rouge ou noir comme c'est l'usage ; cette dame jetoit au Roi un louis ou deux, on m'a dit même un écu, d'un air assez peu respectueux, en disant : « Tenez, j'en suis d'avec vous. » Je ne sais point ces faits de M. de Duras, mais d'une personne vraie qui étoit présente.

On a fort remarqué aussi à Compiègne que cette même dame, que l'on avoit toujours cru avoir conservé de l'attachement pour les intérêts de M. Chauvelin, paroissoit les avoir abandonnés, s'étant raccommodée avec M. de Maurepas. On a remarqué que M. de Maurepas est le seul ministre qui ait soupé dans les cabinets à Compiègne ; il est vrai qu'il avoit été à la chasse. On ajoute une autre observation, c'est que le jour que Mme de Maurepas y soupa, à Compiègne, la personne dont je veux parler étoit présente, qu'elle étoit fort aise d'y voir Mme de Maurepas, qu'elles s'embrassèrent et se parlèrent beaucoup ; et le lendemain cette même personne alla dîner chez M. de Maurepas, où il y avoit beaucoup de monde. On a observé encore que le jour que M. de Maurepas soupa dans les cabinets, il eut une conversation d'environ une demi-heure dans un cabinet de derrière, que le Roi même demanda une bougie, et qu'après cela il envoya M. de Maurepas se coucher.

On a été plusieurs jours incertain du jour du retour du Roi ; enfin il a été décidé, il y a six ou sept jours, que ce seroit pour lundi 4 de ce mois. S. M., après avoir couru à Compiègne va souper à Chantilly, y demeure mardi et mercredi, et revient ici jeudi 7.

Le vendredi 25, étant au souper du Roi à Compiègne, S. M. me fit l'honneur de me dire que je trouverois un nouveau arrivé ici, qui étoit le roi de Pologne. Le roi de Pologne étoit arrivé effectivement le jeudi au soir 24, mais sans y être attendu et ayant dit en partant de Lunéville qu'il alloit à la Malgrange; la Reine même ne s'en doutoit point et étoit ce même jour dans ses cabinets lorsque l'huissier vint lui dire que M. le duc Ossolinski étoit dans sa chambre; elle crut toujours que l'huissier se trompoit et avoit pris M. le comte Tarlo pour M. le duc Ossolinski. Le roi de Pologne loge dans l'appartement de M. le cardinal de Rohan et mange seul et en particulier dans l'appartement de M. de Belle-Ile, qui l'a prêté à M. le duc Ossolinski. S. M. Polonoise est servie par les officiers de la Reine et ne soupe point. Il a été depuis le jeudi 24 jusqu'à hier midi sans avoir aucune garde à son appartement; enfin hier on lui envoya un chef de brigade, un exempt, douze gardes et six Cent-Suisses.

M. le comte Tarlo, dont j'ai déjà parlé ci-dessus, est comme je l'ai dit, palatin de Lublin; son oncle avoit avant lui ce palatinat, et quoi qu'ils aient été l'un et l'autre fort attachés au roi Stanislas, cependant le roi de Pologne les traite fort bien. C'est lui qui lui a donné le palatinat de Lublin et qui a donné à son oncle celui de Sandomir. Cet oncle de M. le comte de Tarlo est un homme fort considéré dans la République, et ce fut même par considération particulière pour lui et pour son neveu, que ce neveu, qui est celui dont je parle, à l'âge de dix-neuf ans, fut fait maréchal de la Confédération. C'est en quelque manière l'administrateur du royaume ou le régent pendant le temps de l'élection. Il a actuellement vingt-cinq ou vingt-six ans; il doit s'en retourner incessamment en Pologne. Les palatins sont en quelque manière comme les gouverneurs des provinces, excepté que comme principaux dans la République ils ont plus de considération que nos gouverneurs. Il y a trente-six palatinats et outre cela plusieurs castelans ou en quelque manière gouverneurs de châteaux. Les palatinats sont plus considérables par la considération qu'ils donnent que par le revenu; celui de Lublin par exemple ne vaut que 7 à 8,000 livres de rente, à ce que m'a dit M. de Tarlo, mais le Roi leur donne ordinairement des starosties. Les starosties sont en quelque manière comme des biens du domaine, mais cependant le Roi ne peut jamais les garder entre ses mains; ils passent non-seulement aux enfants, mais même aux collatéraux; mais c'est toujours par une nouvelle grâce du Roi, et le Roi refuse quelquefois ces sortes de grâces.

Le 27 ou le 28 du mois passé, j'ai appris la mort de M. de Louvain, premier écuyer de la petite écurie.

On sait qu'il y a longtemps qu'il est en usage, lorsqu'on a l'honneur de manger avec le Roi, d'ôter son chapeau; ce n'étoit pas autrefois le respect, et Mme la maréchale de Villars m'a dit que dans le temps qu'elle suivoit M. le maréchal dans ses campagnes, les officiers qui mangeoient avec elle et M. le maréchal, même les ordonnances de la maison du Roi, le gendarme, le chevau-léger, etc., qui ont toujours l'honneur de manger avec le général, y mangeoient avec leurs chapeaux sur la tête. J'ai vu aussi cet usage, et il n'y a pas grand nombre d'années qu'il est supprimé. Cependant il faut qu'il ait varié, car M. de Polastron m'a dit qu'à une des campagnes de M. le duc de Bourgogne, à la table de M. le duc de Bourgogne on mangeoit sans chapeau, et quand quelqu'un ignorant cet usage gardoit son chapeau on l'en avertissoit; et M. le maréchal de Boufflers, dans la même campagne, disoit à ceux qui dînoient chez lui d'ôter leurs chapeaux parce qu'il faisoit chaud, ce qui prouveroit que la règle étoit de l'avoir.

Le grand procès qui duroit depuis longtemps entre M. de Joyeuse, Mme de Mézières et M. de Montauban est enfin terminé par accommodement. M. de Joyeuse donne 156,000 livres d'argent comptant; M. et Mme de Montauban avoient donné leur blanc-seing pour terminer cet accommodement, mais à deux conditions : l'une, que tous les arrêts rendus en leur faveur subsisteroient en leur entier; et l'autre, que la somme qui seroit réglée seroit payée argent comptant.

Versailles, dimanche 10. — J'ai déjà parlé du voyage de Compiègne et des soupers dans les cabinets. Le 30 juillet, Mme la Duchesse étant partie pour Chantilly, il ne devoit plus y avoir de dames à ces soupers; Mademoiselle, qui étoit restée, devoit aller souper chez M. d'Humières et Melle de Clermont; les autres dames étoient priées chez M. de la Mina. Le Roi avoit couru le sanglier, où les dames n'avoient point été, et devoit souper dans ses cabinets avec des hommes seulement. Cependant comme il avoit été, auparavant cela, dit en plaisanterie que Mademoiselle accommodoit fort bien les salades, Mademoiselle s'étant promenée sur la terrasse avec Mlle de Clermont et les autres dames, on parla de nouveau des salades, et le Roi proposa à Mademoiselle d'en venir accommoder une, et en même temps de souper dans les cabinets avec Mlle de Clermont et deux dames qui étoient avec elle. Le Roi leur fit des excuses de ce que le souper n'étoit pas plus grand; et après le souper S. M. se promena sur la terrasse. Il n'y eut point de jeu.

Ce même jour, M. le chevalier d'Apchier, sous-lieutenant des gendarmes, soupa dans les cabinets. Pour entendre la raison pour laquelle je mets ce fait, il faut remonter un peu plus haut. On prétendoit que les officiers inférieurs des gendarmes, chevau-légers, gardes du corps et mousquetaires ne devoient point monter dans les carrosses du Roi, et on regardoit l'honneur de souper dans les cabinets comme égal à celui de monter dans les carrosses. Lorsque

M. le chevalier d'Aydie fut fait chef de brigade, étant par sa naissance bien digne de tous ces honneurs, la question fut agitée. M. le chevalier d'Aydie se plaignit fort de ce qu'une charge qui l'approchoit du Roi l'éloignoit en même temps de ces autres priviléges ; on lui donna espérance qu'il n'en seroit point privé. Je ne sais s'il y a eu des paroles, mais il n'y a eu nul effet. M. le chevalier d'Apchier, sous-lieutenant des gendarmes, fit aussi des représentations, auxquelles il fut répondu qu'on ne pouvoit citer d'exemples du feu Roi puisqu'il alloit tout seul dans sa calèche; il cita les exemples des carrosses de M. le Dauphin, qui devoient être réputés de même puisque ce sont ceux du Roi, et dans lesquels montoient sans difficulté M. le prince Maximilien, frère de M. de Rohan, MM. de Vertus, de Volvire, etc., tous noms à y être admis, mais tous officiers des gendarmes comme lui. Ayant senti que ces exemples ne faisoient pas assez d'impression pour qu'il pût espérer de réussir, il ne s'étoit présenté ni aux carrosses ni aux cabinets. C'est de lui même que je sais tout ce détail. Il se contentoit d'avoir l'honneur de manger avec le Roi, lorsque ce n'étoit point dans les cabinets, et d'ailleurs venoit les autres jours, lorsqu'il étoit de quartier, prendre l'ordre. On sait que c'est après avoir donné l'ordre que le Roi fait faire la liste pour les cabinets. Le mercredi 30, M. d'Apchier ayant pris l'ordre, le Roi s'approcha de lui, lui fit plusieurs questions : où il soupoit, s'il avoit beaucoup dîné. S. M. étant rentrée, M. d'Apchier, qui étoit prié à souper chez M. de la Mina, s'en alla; il étoit déjà descendu et pas encore sorti de la cour, lorsqu'on le vint chercher de la part du Roi; il entra dans les cabinets, et le Roi lui demanda en entrant si M. de la Mina ne seroit point fâché de ne le point avoir à souper et si lui-même n'y avoit point de regret. Il se mit à table; il n'y eut point de jeu après souper comme je l'ai remarqué; cette observation n'est pas même inutile, M. d'Apchier étant accoutumé à jouer gros jeu avec le Roi, auroit pû être admis comme joueur. Mais une réflexion qui paroit naturelle, c'est que les cabinets ne doivent point entraîner l'entrée dans les carrosses. L'un est un honneur sur lequel il doit y avoir des étiquettes réglées, et l'autre est une espèce d'entrées familières pour ce moment. J'oubliois une circonstance ; ce fut en 1735 que M. d'Apchier fit les tentatives qui ne lui réussirent pas. Depuis M. de Brisay (Dénonville), sous-lieutenant des chevau-légers, avoit demandé à souper dans les cabinets et avoit été refusé, malgré l'exemple de M. de Sourches, cornette des chevau-légers, qui y soupe tous les jours ; mais la raison de faire sa cour régulièrement au Roi et d'aller à la chasse toujours avec S. M. a fait faire une exception en sa faveur, puisque non-seulement il soupe dans les cabinets, mais qu'il monte dans les carrosses. M. de Champignelles étant devenu cornette des mousquetaires avoit fait aussi les mêmes tentatives pour les cabinets, et M. l'évêque de Soissons, son beau-père (1), en avoit parlé fortement mais sans aucun succès. Le mercredi 30, M. d'Apchier, dont je viens de parler, avoit été à la chasse avec le Roi.

Ce même jour, M. le Cardinal, qui s'étoit déjà trouvé mal le lundi d'auparavant à la messe du Roi, mais peu, se trouva mal encore ledit jour 30. Il but le soir un verre d'orgeat, on dit même plusieurs, ce qui lui donna dans la nuit et le lendemain un dévoiement très-considérable ; il alla jusqu'à 25 fois dans la journée, ce qui le mit dans un abattement affreux et qui faisoit tout craindre. Le vendredi 31, il se mit dans son lit l'après-dînée, le dévoiement continuant toujours, quoiqu'avec beaucoup moins de force. Le samedi, il vouloit partir pour venir coucher

---

(1) Charles-François Le Febvre de Laubrière, conseiller au parlement de Paris, étant resté veuf en 1718, avait embrassé l'état ecclésiastique et fut nommé en 1731 à l'évêché de Soissons. Sa fille Jeanne-Henriette Le Febvre de Laubrière avait épousé en 1737 Louis-Charles de Rogres, marquis de Champignelles.

à Mont-l'Évêque; mais il fut obligé de remettre au dimanche Ce jour, il descendit de chez lui sans être appuyé et monta sans aide dans son carrosse; il repartit mardi de Mont-l'Évêque pour revenir à Issy. Le vendredi 8, M. le Cardinal a rendu beaucoup de visites ici en arrivant; cependant il y a lieu de croire que le dévoiement subsiste; il est fort maigri et l'on ne doute pas que lorsqu'il veut sortir de chez lui ou paroître, il ne prenne une plus grande quantité d'élixir stomacal, de gouttes du général La Motte, ou de garus, qu'à l'ordinaire; il fut encore vendredi au soir dans un abattement extrême, et le dégoût subsiste.

Le lendemain que M. d'Apchier eut soupé dans les cabinets il vint en rendre compte à M. le Cardinal; il en fut fort bien reçu, mais il parut que S. Ém. ignoroit ce qui s'étoit passé.

Le jeudi 31, le Roi après avoir couru le cerf soupa dans ses cabinets avec les mêmes dames que le mercredi. Il fut question à ce souper d'aller au bois; une des dames qui y étoit dit qu'elle avoit grande envie d'y aller; cela fut poussé assez loin pour que l'on crût que cela s'exécuteroit réellement à la première chasse. De sorte que le Roi, voulant aller au bois le samedi et voulant y aller seul, lorsque tout le monde fut retiré, envoya quérir M. le duc de Villeroy pour qu'il donnât ordre aux gardes du corps, comme il le fit, de ne laisser sortir aucune femme du château. L'exécution de cet ordre pensa tomber sur Mme de Maurepas, qui devoit souper ce jour-là chez M. d'Humières, et tomba en effet sur Mme Henriette, laquelle ne pouvant sortir du château, on fut obligé d'aller éveiller M. le duc de Villeroy pour qu'elle eût la liberté d'aller se coucher. Le Roi fut au bois le samedi 2; mais S. M. partit en calèche avant les dames, lesquelles ne vinrent qu'une heure après. La chasse se fit tout de suite, après laquelle le Roi vint se coucher. Le dimanche il y eut encore souper dans les cabinets; les mêmes dames y soupèrent et M. d'Apchier aussi ; il y eut après souper un cavagnole, mais il dura fort peu (1).

Mme d'Antin fut le mardi 29 à Compiègne ; elle ne devoit point y aller. Mademoiselle avoit écrit plusieurs lettres à Mme la comtesse de Toulouse pour qu'elle déterminât Mme d'Antin, et dans la dernière lettre elle mandoit que le Roi le désiroit et que même il enverroit si cela étoit nécessaire une lettre de cachet pour obliger Mme d'Antin à venir, et qu'elle étoit expédiée. Lorsque Mme d'Antin fut arrivée, on reparla de la letttre de cachet, et Mademoiselle dit au Roi qu'il étoit nécessaire pour sa propre justification à elle que S. M. donnât la lettre de cachet ; effectivement le Roi, à souper, la donna à Mme d'Antin qui l'a encore. Cette lettre est signée de M. de Maurepas ; et c'est à cette occasion que le Roi s'étoit enfermé après souper dans son cabinet avec M. de Maurepas et avoit demandé une bougie, comme je l'ai marqué ci-dessus (p. 199).

Versailles, mardi 12. — Le 3 de ce mois, mourut Mme la duchesse d'Hostun, à onze heures et demie ou midi ; elle étoit fille unique de M. le marquis de Prie et belle-fille de M. de Tallard. J'ai parlé ci-dessus de sa maladie qui duroit depuis bien longtemps. Elle avoit un grand nombre d'amis, elle a été fort regrettée. M. et Mme de Tallard n'ont jamais voulu qu'on lui apprît la mort de son fils, et en mourant elle le recommanda encore à M. de Tallard.

M. le Dauphin tomba malade le 2, et on craignoit même une maladie de venin, parce qu'il y avoit eu un peu de vomissement deux jours de suite. Il a eu un peu de fièvre et beaucoup de boutons sur le corps ; présentement il se porte bien.

---

(1) Il y a là deux dates sur lesquelles je peux bien me tromper d'un jour : celle de la maladie de M. le Cardinal, et celle de ne point laisser sortir les femmes du château. (*Note du duc de Luynes.*)

Il s'étoit répandu depuis plusieurs jours une nouvelle ici, que nous donnions à l'empereur 400,000 louis, et l'on disoit que c'étoit apparemment pour avoir Luxembourg ; on m'assura hier que cette nouvelle étoit fausse.

Dimanche 3 de ce mois, il y eut une petite aventure ici qui donna de l'inquiétude à plusieurs personnes. Mme de la Tournelle avoit une petite chienne qu'elle portoit ordinairement sous son bras ; cette petite chienne est devenue enragée, à ce que l'on prétend, et avoit mordu au sang Mme de la Tournelle, M. de Montesson, M. le chevalier d'Aydie et M. le comte Tarlo. Mlle de Mailly, Mme de Châtellerault et Mme de Luxembourg ont cru aussi avoir été mordues ou léchées. Mmes de la Tournelle, de Luxembourg, de Châtellerault et Mlle de Mailly (1) ont été à la mer (2), et M. le comte Tarlo aussi, et ont pris des remèdes d'un homme de Viroflay (3). M. de Montesson a pris aussi des remèdes; et M. le chevalier d'Aydie n'a rien fait.

Gérauldy qui avoit été envoyé en Russie pour les dents de la czarine (4) revint ici il y a quelques jours. Il m'a dit quelques particularités de cet empire. Il y a en Russie cent soixante ou cent soixante-dix mille hommes de troupes réglées et payées partie en argent et partie en riz et autres denrées. L'enceinte de la ville de Pétersbourg, où demeure la czarine, est aussi grande au moins que celle de Paris, mais pas si peuplée à beaucoup près ; il y a de grands jardins, des rues fort larges, et quelques-unes même avec des arbres aux deux côtés. La czarine mange ordinairement avec le duc et la duchesse de Courlande

---

(1) Mlle de Mailly est née au mois de février 1715. Mme de la Tournelle est sa cadette. (*Note du duc de Luynes*.)

(2) Parmi les divers traitements de la rage, l'un était de faire baigner le malade dans la mer, et après on employait les frictions mercurielles.

(3) Cet homme s'appelait *Mouffe* ; ses descendants existent encore à Viroflay et ont conservé ses remèdes, bons ou mauvais. Il est question de lui en détail dans : *Histoire et mémoires de la société royale de médecine*.

(4) Anne Ivanovna, née le 7 juin 1693.

et leurs trois enfants. Le duc de Courlande est le comte de Biron; MM. de Biron ne le reconnoissent point pour parent, du moins ils en ignorent la parenté. Les jours de gala, c'est-à-dire de grande cérémonie, la czarine mange sur un trône avec la princesse Anne et la princesse Élisabeth qui sont toutes deux assises à la même hauteur que la czarine. Le trône est assez élevé. Dans ces occasions, le duc de Courlande sert la czarine pendant le commencement du repas. Il n'y a que les jours de gala que ces princesses mangent avec la czarine; les autres jours, comme je l'ai dit, elle mange avec le duc de Courlande.

Le 10 de ce mois, M. le prince de Léon, qui étoit malade depuis plusieurs jours d'une colique néphrétique qui avoit causé inflammation, mourut à Paris à onze heures et demie du matin. Il faisoit usage depuis longtemps de ratafia du commandeur de Caumartin, dont on ne doit prendre que deux ou trois fois par mois suivant la règle. M. de Léon, qui avoit été extrêmement gourmand toute sa vie et qui vouloit tous les jours souper beaucoup sans en être incommodé, prenoit aussi tous les jours de ce ratafia; on croit que c'est ce qui a été cause de sa mort, et outre cela parce qu'il ne vouloit point faire les remèdes que Dumoulin lui ordonnoit. M. de Léon avoit cinquante-neuf ans, étant né en 1679, (M. de Chalais qui est de 1678 m'a dit qu'il avoit un an de plus que M. de Léon). Il est mort dans l'appartement de M. de Lorges à Saint-Joseph. Il n'avoit point voulu prendre l'hôtel de Roquelaure parce qu'il est estimé trop cher; il avoit loué l'hôtel de Mazarin, et en attendant qu'il put y loger il avoit pris l'appartement de M. de Lorges. Il avoit aussi été marié chez M. de Lorges, non pas à Paris mais aux Bruyères, qu'il avoit empruntées dans le temps qu'il enleva Mlle de Roquelaure (1). L'appartement qu'avoit ici M. de

---

(1) *Voy.* les Mém. du président Hénault sur le prince et la princesse de Léon, sur leur manière de vivre singulière, p. 106.

Léon dans la galerie des princes fut donné le même jour à M. et à Mme de Fleury.

Mme de la Feuillade, fille de M. le maréchal de Bezons, dont le mari, colonel du régiment Royal-Piémont, fut tué il y a trois ans en Italie, vint ici avant-hier pour amener son fils aîné, qui a neuf ans. Elle a trois garçons et une fille, et son fils présenta hier la médaille au Roi, que MM. de la Feuillade ont droit de présenter tous les cinq ans depuis que la place des Victoires est faite (1).

J'ai appris avant-hier que M. de la Coste, officier des chevau-légers, avoit été fait brigadier. Cette distinction a fait beaucoup de peine aux officiers des gardes qui se croyoient en droit de l'espérer.

Samedi, le Roi après la messe alla rendre visite au roi de Pologne dans l'appartement du cardinal de Rohan. Le roi de Pologne, qui avoit vu le Roi à son arrivée de Chantilly, vint encore le revoir avant-hier, et partit le soir même pour s'en retourner à Lunéville. S. M. Polonoise a toujours eu ici la même garde que j'ai déjà marqué, même depuis le retour du Roi.

Les envoyés de Genève, qui avoient eu audience du Roi à Compiègne pour remercier S.M. de ses bons offices, ont eu aujourd'hui audience de la Reine. C'étoit audience publique dans le cabinet avant la chambre. Malgré la décision que j'ai marquée ci-dessus, par rapport à l'officier des gardes, M. de Chabannes étoit derrière le fauteuil de la Reine à côté de M. de Nangis, et M. de Nangis, qui vient d'arriver depuis peu de jours, n'a pas jugé à propos de dire à M. de Chabannes que ce n'étoit point là sa place.

On avoit dit ici que le Roi et la Reine devoient aller

---

(1) Le maréchal de la Feuillade avait fait élever sur la place des Victoires un monument à la gloire de Louis XIV, qui fut inauguré le 28 mars 1686, et la famille de la Feuillade avait conservé le droit de présenter tous les cinq ans au Roi une médaille commémorative de ce fait.

vendredi à Paris pour renouveler à Notre-Dame le vœu de Louis XIII. Il y a précisément cent ans qu'il mit sa personne et son royaume sous la protection de la sainte Vierge ; mais le Roi s'est contenté d'écrire une lettre circulaire aux évêques pour que la solennité soit plus grande que les autres années.

M. de Lauzun qui étoit absent depuis longtemps, comme j'ai marqué ci-dessus, revint avant-hier (1).

J'oubliois de parler du voyage de Chantilly. Le Roi avoit couru le même jour dans la forêt de Compiègne. Il avoit une calèche à la chasse avec quatre dames dont deux princesses. Après la chasse, le Roi prit dans sa gondole, à la croix d'Alate, deux de ces dames, et les deux autres s'en allèrent à Paris.

Mmes les Duchesses et M. le Duc se trouvèrent à la descente du Roi dans la cour. Le Roi monta en arrivant dans son appartement, et soupa dans la salle qui est après la salle des gardes. Il y avoit deux tables, une de vingt-deux couverts et une autre de dix-huit. Il y avoit encore en bas deux autres tables qui étoient servies aussi en même temps. Le Roi y a fait trois soupers, et a été servi alternativement par M. de Magdanel et par M. le chevalier de la Marck. Tous ces trois jours, Mmes les Duchesses et M. le Duc ont soupé à la table du Roi. Il y avoit outre cela Mlle de Clermont et Mlle de la Roche-sur-Yon, qui tinrent alternativement la seconde table ; Mlle de Clermont l'a tenue le premier jour et le dernier. Il y avoit en tout cinquante ou cinquante et une personnes qui devoient avoir l'honneur de manger avec le Roi. On faisoit chaque jour la liste, et un valet de chambre de M. le Duc alloit avertir seulement pour la table du Roi. Le premier jour, le Roi joua à cavagnole après souper, le second au petit paquet, et le troisième partit à minuit, escorté par les troupes, et arriva ici à six heures du matin avec six relais et deux

---

(1) Il avait été exilé pour des chansons (Voy. T. 1, p. 387-388).

gondoles. Le mardi 5, le Roi ne voulut point aller à la chasse, tant à cause de l'excessive chaleur, que parce que quelques jours auparavant il s'étoit coupé à la main, dont il y avoit trois doigts, surtout deux, coupés assez considérablement, ce qui l'auroit empêché de porter un fusil à la chasse du sanglier. Ce mardi que la chaleur étoit excessive, et surtout dans la cour de Chantilly, le Roi sur les neuf heures alla se promener du côté du Connétable (1), et s'assit sur l'escalier avec les dames, où l'on chanta en chœur plusieurs airs d'opéra. Mme la Duchesse avoit proposé au Roi d'aller le mercredi souper à la Ménagerie, ce qui ne parut pas être goûté par le Roi ; elle proposa la galerie des cerfs, cela fut exécuté. La table du Roi étoit dans le salon à droite de la galerie en venant du château, celle de Mlle de Clermont dans la galerie, et une petite table pour ceux qui n'avoient pas pu tenir aux deux autres. Les dames ont toujours mangé alternativement ou à l'une ou à l'autre des deux tables. Dans les cinquante et une personnes que j'ai marquées ci-dessus, M. le Duc n'a compté que ses deux grands officiers, M. le chevalier de la Marck et M. de Magdanel.

Versailles, samedi 16. — On a ouvert M. de Léon et on a trouvé à peu près les mêmes causes de mort qu'à M. le comte de Toulouse, une pierre dans les reins qui avoit causé un abcès.

Le Roi a acheté à l'inventaire de M. le maréchal d'Estrées un buste d'Alexandre et une suite de médailles et médaillons. Le total de l'estimation a été fait à 60,000 livres, et les héritiers ont consenti à donner le tout pour

---

(1) « On trouve au bout de la route du Connétable une grande demi-lune qui précède l'avant-cour du château. Le fer à cheval se présente ensuite, et l'on monte sur une terrasse au milieu de laquelle est une statue équestre du dernier connétable de Montmorency. » (*Voyage pittoresque des environs de Paris* par d'Argenville, 1779, in-12, page 409.)

cette somme. Ce buste d'Alexandre est extrêmement fameux; on prétend qu'il est de Praxitèle, parce qu'il n'y avait que Praxitèle à qui Alexandre eût permis de le représenter; il est de porphyre. Le cardinal de Richelieu le fit venir de Grèce pour lui, mais le buste n'arriva qu'après sa mort; sa nièce, Mme d'Aiguillon, ayant fait faire son mausolée par Girardon, fut si contente de cet ouvrage qu'elle voulut, outre le prix convenu, donner une gratification à l'artiste; elle dit donc à Girardon qu'elle avoit chez elle plusieurs bustes, qu'il devoit y en avoir de beaux, qu'il les examinât et qu'il choisît. Girardon ne balança point dans son choix, il loua beaucoup le buste d'Alexandre et Mme la duchesse d'Aiguillon lui en fit présent. C'est à la mort de Girardon que M. le maréchal d'Estrées acheta ce buste 15,000 livres. Girardon y a mis une armure; il en essaya trois différentes et ne fut point content des deux premières; les connoisseurs même prétendent que la troisième n'y fait pas bien. Dix ou douze ans après que M. le maréchal d'Estrées eut acheté cette figure, ayant entièrement oublié qu'il en étoit possesseur, il chargea un curieux de lui découvrir où pouvoit être ce buste; il lui en coûta 100 écus de frais, et après une infinité de soins et avoir suivi le chemin qu'il avoit fait en différentes mains, on lui apprit qu'il étoit dans sa maison. Ce buste a été estimé pour le Roi 18,000 livres. Outre cela, S. M. a acheté une grande quantité de médailles d'empereurs grecs et villes grecques qui avoient coûté 60,000 livres, en billets de banque à la vérité, au maréchal d'Estrées, et cinq cents médaillons qu'il avoit payés 40,000 francs. Ces deux articles n'ont été portés dans l'estimation qu'à 42,000 livres (1).

Le 15, M. le prince de Pons, M. le duc de Rohan, le vicomte son frère, M. de Chabot et M. le comte de la Marck

---

(1) Le buste d'Alexandre se trouve aujourd'hui au musée du Louvre, et les médailles et médaillons à la Bibliothèque impériale.

vinrent saluer le Roi. Ils avoient été chez M. d'Aumont qui leur avoit dit qu'ils ne pouvoient voir le Roi que lorsqu'il passeroit pour aller souper chez la Reine ; ils allèrent chez M. le Cardinal, qui leur dit de se trouver chez le Roi à l'heure du travail. Ils y vinrent sans manteaux, à six heures et un quart. Le Roi venoit de rentrer du salut ; M. le Dauphin étoit dans le cabinet ; Mesdames vinrent voir le Roi. S. M. fit dire à MM. de Rohan d'entrer ; ils entrèrent dans le cabinet tous cinq et y firent leurs révérences. M. le Cardinal ne vint chez le Roi qu'une demi-heure après. J'étois à la porte du cabinet et la porte étoit ouverte. Il n'y avoit point de premier gentilhomme de la chambre dans ce moment ; ce n'est pas la règle de faire la révérence au Roi dans son cabinet, mais dans la chambre du lit ; il y a pourtant quelques exemples. M. de Gesvres m'en contoit un hier. Il y a quelques années que M. de Berville le fils, peu connu de M. de Gesvres, lui demanda l'après-dînée à quelle heure il pourroit faire sa révérence. M. de Gesvres lui dit que ce ne pourroit être que lorsque S. M. passeroit pour le souper. M. de Berville, qui avoit envie d'aller souper à Paris, alla trouver M. le Cardinal ; S. Ém. étant venue au travail, le fit entrer dans le cabinet, où il fit sa révérence. M. de Gesvres y étoit, qui en fut même fort étonné.

Le Roi dit à M. le vicomte de Rohan : « M. de Léon s'est-il bien trouvé de son ratafia ? » J'ai déjà marqué qu'il prenoit tous les jours du ratafia du commandeur de Caumartin. On prétend qu'il ne rendoit plus de gravier depuis quelque temps, et que ce peut être ce qui a formé la pierre dont il est mort. D'autres gens disent que l'aventure de Compiègne a pu contribuer à sa mort. Cette aventure étoit arrivée avant que j'allasse à Compiègne. C'est M. de Gesvres qui me l'a contée. M. de Léon, qui étoit fort gourmand (1), ayant grand désir de manger du

---

(1) Voir les Mémoires du président Hénault, *loc. cit.*

poisson, avoit prévenu M. d'Aumont, dès le mardi ou le mercredi, pour le mettre sur la liste du petit souper du Roi le vendredi suivant. Ce jour précisément, il se trouva que c'étoit M. de Gesvres qui avoit fait la liste, et n'étant point prévenu n'y avoit pas mis M. de Léon. M. de Léon l'ayant su fut fort affligé, parla plusieurs fois à M. de Gesvres, lui proposa tous les expédients imaginables; enfin M. de Gesvres lui dit que dans les onze qui étoient sur la liste M. de Lautrec qui n'avoit encore jamais mangé avec le Roi y étoit, qu'on le cherchoit partout, qu'on ne l'avoit point encore trouvé, que s'il n'arrivoit pas, M. de Léon n'avoit qu'à se mettre à table, qu'il le diroit au Roi. Le Roi étoit servi; M. de Léon s'approche de la table, M. de Lautrec arrive. M. de Gesvres avertit M. de Léon; M. de Léon sans s'en mettre en peine se met à table; ainsi les douze places étoient remplies. M. de Chalais arrive le dernier; il étoit sur la liste; il ne trouve point de couvert; il tourne autour de la table pour en chercher un, enfin on apporte un treizième couvert. M. de Gesvres étoit derrière le fauteuil du Roi. Le Roi se retourna et lui dit : « Nous sommes treize, il y a ici quelqu'un de trop; ce n'est pas, dit-il, Coigny, Croissy, etc. (il en nomma trois ou quatre), car j'ai vu leur nom sur la liste; je crois, dit S. M., que c'est M. de Léon, » et demanda à M. de Gesvres de lui apporter la liste. C'étoit Duport, huissier, qui avoit cette liste; M. de Gesvres quitta le fauteuil du Roi, et alla du côté où Duport n'étoit pas. Le Roi le voyant revenir lui dit: « Hé bien, n'avois-je pas raison ? » M. de Gesvres lui dit qu'il n'avoit pas trouvé Duport. « Je le crois bien, dit le Roi, car vous avez pris à gauche et il est à droite ; allez me chercher la liste. » M. de Gesvres, dans le plus grand embarras, alla du côté où étoit Duport, et apporta la liste au Roi. M. de Léon effectivement n'étoit pas sur la liste, comme je l'ai déjà marqué; cependant il resta à table. Le Roi ne se tourna pas seulement de son côté pendant tout le souper, ne lui dit pas un mot, et ne lui offrit de rien; il affecta même, à un plat de rougets-barbets, de faire faire le tour par la droite afin qu'il n'en revînt rien à M. de Léon, ce qui arriva.

Le 14, il y a eu une diminution sur les pièces de deux sols pour payer les frais d'une nouvelle refonte de cette monnoie. Cette refonte est pour ôter toutes les pièces étrangères qui s'étoient glissées dans le royaume. J'ai ouï conter à cette occasion qu'il y avoit vingt-huit millions de petite monnoie en France.

On a remarqué que le roi de Pologne pendant son séjour ici n'a vu aucun ministre, ni personne en particulier, hors M. Dumesnil; j'en dirai la raison. En partant de Lunéville il mit un petit papier dans sa poche, et dit devant trois ou quatre personnes de confiance qu'il n'avoit ici d'autres affaires que quatre choses contenues dans ce papier. L'une étoit une augmentation de deux compagnies d'invalides pour ajouter aux trois qu'il a déjà; on lui en a accordé une d'augmentation. Deux autres étoient pour M. le comte Tarlo : pour que le Roi le fît chevalier de l'Ordre, ou au moins lui donnât une gratification; il a été refusé sur ces deux articles. La quatrième enfin étoit pour demander l'établissement d'un jeu à Lunéville, comme celui de l'hôtel de Gesvres (1); on croit que cet article lui a été accordé, et que M. Dumesnil a intérêt dans l'établissement de ce jeu; ce qui a donné lieu à ses conférences avec le roi de Pologne.

On a remarqué que toutes les dames ont été non-seulement avec la Reine, mais en particulier chez le roi de Pologne, hors une seule, qui est celle dont on parle depuis si longtemps, qui n'y a été qu'à la suite de la Reine. Cette même dame soupoit le 13 chez Mademoiselle, ou au moins y passoit la soirée; le Roi soupoit dans ses cabinets et s'alla promener sur la terrasse du côté de l'orangerie, où se trouva cette dame avec Mademoiselle. La pro-

---

(1) Voir les Mémoires de d'Argenson, tome II, page 81.

menade continua quelque temps avec les dames; le Roi reconduisit Mademoiselle, entra chez elle, où il fut un moment; il se retira chez lui à une heure, et ne se coucha pas avant deux heures. Cette même dame dîna le 14 chez M. de Châtillon, et y étant arrivée par la cour de marbre (1), elle resta assise dans ladite cour à la fenêtre de Mme de Châtillon jusqu'à ce que le Roi fût parti pour la chasse. Cependant S. M. ne parut pas y faire fort grande attention. On a cru remarquer aussi, par distraction ou autrement, une impolitesse et une humeur assez fréquente. La dernière fois que le Roi soupa dans ses cabinets, cette même dame quitta le lieu où elle étoit, à une heure précise au château, et s'en alla chez elle. Le Roi, qui s'étoit retiré environ à une heure, ne se coucha qu'entre deux et trois.

J'ai marqué ci-dessus que la Reine avoit été chez Mme d'Ancenis. M. le Dauphin et Mesdames y ont été aussi pendant ses couches; elle alla hier chez M. le Dauphin et chez Mesdames pour les remercier.

Le 14, il n'y eut point de premières vêpres, et le Roi ne fit point ses dévotions. Le 15, le Roi alla à la grande messe à la paroisse, à cause du renouvellement du vœu que Louis XIII fit en 1638 au mois de février (2).

---

(1) L'appartement de M. de Châtillon se trouvait sur l'emplacement occupé aujourd'hui par la salle des Rois de France.

(2) L'après-dînée le Roi entendit les vêpres en bas à la chapelle; après les vêpres, le Roi sortit à la suite de la procession. Ordinairement la procession ne va que dans la cour du château; mais comme c'étoit la fin du siècle, la procession fit le tour de la grande place. C'étoit M. l'archevêque de Rouen qui officioit; ordinairement, c'est un des prélats qui se trouvent ici que l'on prie d'officier les jours de grandes fêtes, et la procession ne sortant comme je viens de le dire que dans la cour intérieure, cela ne fait jamais de difficulté; mais la procession faisant le tour de la grande place se trouvoit sur la paroisse Notre-Dame. M. l'archevêque en fit ses plaintes, et écrivit une lettre à M. le Cardinal sur ce sujet. M. le Cardinal en parla à M. l'archevêque de Rouen, lequel écrivit à M. l'archevêque et lui fit des excuses de ce qui s'était passé.(*Note du duc de Luynes.*)

Je joins ici la lettre que le Roi a écrite aux évêques.

Le Roi alla à huit chevaux à la paroisse à deux carrosses. Il n'y a qu'aux deux fêtes du Saint-Sacrement et aux pâques du Roi à la paroisse qu'il soit d'étiquette que le Roi aille à deux chevaux.

LETTRE CIRCULAIRE DU ROI AUX ÉVÊQUES.

Monsieur l'évêque de......,

Comme le premier et le plus essentiel devoir des souverains est de faire régner dans leurs États l'Être suprême, par qui règnent tous les rois de la terre, ils ne peuvent donner des marques trop publiques et trop éclatantes de leur parfaite soumission à la divine majesté ; et comme c'est d'elle seule qu'ils tiennent toute leur autorité, ils ne doivent pas se contenter des hommages qu'ils lui rendent en personne, ils doivent encore encourager leurs sujets à concourir avec eux pour lui marquer leur reconnoissance des bienfaits continuels qu'ils reçoivent de sa bonté. Pénétré de ces principes, je n'ai rien plus à cœur, depuis mon avénement à la couronne, que de maintenir dans toute leur étendue les établissements formés par la piété de mes ancêtres. Il n'en est guère de plus respectable que le vœu solennel de Louis XIII, de glorieuse mémoire ; ce prince rempli des sentiments de la plus solide dévotion, avoit éprouvé tant de fois le secours visible du ciel, soit dans le temps que son royaume fut agité par les troubles que l'hérésie entraîne nécessairement avec elle, soit dans les guerres suscitées par la jalousie de ses voisins, qu'il crut ne pouvoir donner un témoignage plus authentique de sa reconnoissance et de sa vénération pour la très-sainte Vierge, qu'en mettant son royaume sous sa protection. Louis XIV, de glorieuse mémoire, mon très-honoré seigneur et bisaïeul, a suivi les mêmes principes et a ressenti pendant le cours de son règne des effets signalés de cette puissante protection, et comme je ne puis suivre de plus grands exemples que ceux de ces deux illustres prédécesseurs, je veux que cette année, qui est la centenaire depuis que mon royaume reconnoît la mère de Dieu pour sa patronne spéciale, soit en même temps l'époque d'un renouvellement que je fais de ce même établissement. C'est pourquoi je vous fais cette lettre pour vous dire que mon intention est que, le matin du dimanche qui précédera le 15 août prochain, jour de l'Assomption de la très-sainte Vierge, vous fassiez faire commémoration de la déclaration de Louis XIII du 10 février 1638 dans votre église cathédrale, et qu'après les vêpres du jour de l'Assomption, il soit fait une procession avec toute la splendeur qu'il se pourra, à laquelle assisteront toutes les compagnies supérieures et les corps de ville, avec pareilles cérémonies que celles qui s'observent aux processions générales les plus solennelles. Ce que je veux être fait en toutes les églises, tant paroissiales que des monastères, des villes, bourgs et villages de mon royaume, ainsi qu'il est plus particulièrement expliqué dans ladite déclaration, que je veux être observée exactement. Et n'étant la présente à autre fin, je prie Dieu qu'il vous ait, M. l'évêque de......... en sa sainte garde. Écrit à Compiègne le 23 de juillet 1738. *Signé* LOUIS, et plus bas AMELOT. Et au dos est écrit : *à M. l'évêque de......... et en son absence à ses grands vicaires.*

Versailles, mercredi 20. — Vendredi dernier, jour de l'Assomption, le Roi devant aller, après les vêpres, à la grande procession pour le renouvellement du vœu de Louis XIII, je crus convenable d'y suivre S. M. J'allai donc en bas à la chapelle; je fis porter un carreau; j'attendis que le Roi fût entré et je fis mettre mon carreau auprès du premier banc à droite en entrant; j'étois le dernier sur ce banc du côté de la porte, par conséquent très-derrière le Roi et aussi loin qu'il étoit possible. M. le duc de Villeroy étoit derrière le Roi, étant en quartier, et auprès de lui M. le duc de Bouillon, chacun avec leur carreau. Au milieu des vêpres, je vis M. le duc de Villeroy appeler l'aide-major des gardes et lui dire quelque chose que je ne m'imaginai pas qui pût me regarder; l'aide-major vint à moi et me dit en propres termes tout bas : « Monsieur, M. le duc de Villeroy vous mande d'ôter votre carreau. » Cela me parut plutôt un avis qu'un ordre, et je pensai que M. le duc de Villeroy pouvoit, me croyant en faute, avoir l'attention de me faire avertir; mais je sentois que je n'étois point en faute et que c'étoit un esclandre de jeter le carreau sur-le-champ; je le poussai, et voulus essayer de le ranger insensiblement. M. le duc de Villeroy fit un second signe à l'aide-major; je le vis et lui fis signe que j'allois l'ôter, comprenant que c'étoit la suite du même avis et qu'il pouvoit s'exécuter une ou deux minutes plus tard; il me renvoya dire une troisième fois de l'ôter; je le levai et l'ôtai tout à fait le moment d'après. Lorsque les vêpres furent finies, j'ignorois si parfaitement que ce fût un ordre du Roi, que je le demandai à ce même aide-major, qui me dit qu'il croyoit que c'étoit un ordre de S. M. Je le demandai à M. le maréchal de Noailles, qui étoit présent, et qui me parut fort étonné de ce qui s'étoit passé et ignorant que ce fût un ordre du Roi. MM. de Noailles et de Fleury et encore un autre duc étoient sans carreaux à ces mêmes vêpres; mais ils étoient devant le Roi, et moi j'étois en arrière, suivant la règle. D'ailleurs il n'est pas nécessaire que tous en aient, puisqu'au mariage, que je citerai ci-après, de M. le prince de Conty, plusieurs de nous n'en avoient point. Me sentant donc innocent en tous points et ne pouvant reconnoître le Roi à un pareil ordre, j'avois raison de douter qu'il vînt de sa part; mon premier soin fut d'en aller parler à M. le Cardinal et lui expliquer ce qui m'avoit fait différer l'exécution d'un ordre qui réellement venoit directement du Roi. M. le Cardinal en parla sur-le-champ au Roi, avec lequel il alloit travailler, et me dit au sortir du travail que le Roi n'étoit point fâché et avoit bien compris que je n'avois pas cru que cet ordre venoit de lui; et le Roi, à son souper avec la Reine, me parla beaucoup et à mon fils aussi avec bonté, et a toujours continué à m'en donner les mêmes marques qu'à l'ordinaire. MM. les Ducs me paroissent désirer que le Roi fasse un règlement sur ledit carreau, où, en quelle occasion et en quelle place il veut que nous ayons des carreaux; et M. le Cardinal a déjà assuré ceux qui lui ont parlé que l'intention du Roi n'étoit point d'ôter lesdits carreaux.

Ce droit que les Ducs ont d'avoir des carreaux, non pas devant le Roi mais en arrière, n'est pas nouveau; il est constant depuis longues années. On veut en attribuer l'origine à M. le maréchal de Duras; j'ignore cette époque, mais c'est un fait constant que l'on en avoit du temps du feu Roi, et que c'est la dignité et non les charges qui le donne. MM. de Béthune, de Gesvres et d'Ayen étoient en charge et sans carreaux, et ne les ont eus que depuis qu'ils ont été faits ducs. M. le duc de Charost certifiera qu'à Marly, dans la chapelle, sous le règne du feu Roi, sans être en quartier, il prenoit un carreau et se mettoit à genoux dessus; M. de Richelieu certifiera qu'à ce même Marly, à la paroisse, il fut cinq ou six fois au salut avec le feu Roi, dans une octave du Saint-Sacrement, et eut toujours un carreau (c'étoit en 1714). M. de Lauzun en portoit toujours, et la plaisanterie du temps étoit qu'il donnoit la moitié de son carreau à Mme de Châteauthiers, fille d'honneur de Madame, qui ne pouvoit en avoir un à elle. Sous Louis XV nous en avons toujours eu; au mariage de M. le prince de Conty, plusieurs de nous en eurent publiquement et sans contradiction. A la chapelle ici, au baptême de M. le Dauphin, nous étions dix ou douze qui en avions, au vu et au su du Roi et de M. le Cardinal et de M. de Dreux, grand maître des cérémonies. Moi même j'en ai fait porter plusieurs fois, tant à la paroisse ici avec le Roi, qu'au reposoir de la procession du Saint-Sacrement, et ici à la chapelle. Tous ces faits sont certains. Je n'ai point cependant affecté d'aller toujours à vêpres avec le Roi en bas; au contraire, le plus souvent je remontois en haut après le sermon.

J'ajouterai à ce qui est marqué ci-dessus que du temps du feu Roi, M. de Gesvres et M. de Villequier, tous deux de même âge que M. de Richelieu, regardoient avec jalousie que M. de Richelieu eût un carreau derrière le Roi et qu'ils n'eussent pas droit d'en avoir; M. de Gesvres le certifie. M. de Gesvres m'a dit aussi que feu M. de Beauvilliers lui avoit offert quelquefois dans l'ancienne chapelle ici la moitié de son carreau, ce qui prouve le droit constant. M. de Luxembourg m'a dit aussi que dans l'enfance du Roi, M. le maréchal de Villeroy en faisoit donner du garde-meuble aux Ducs, à la tribune, ici à la chapelle. Ce fut M. le Duc qui fit changer cet usage. Il n'est pas douteux que tous ces honneurs et distinctions dépendent du Roi ; mais peut-être jugera-t-on qu'il est en quelque manière de l'intérêt du Roi de soutenir les distinctions et les priviléges, puisque c'est cela seul qui fait l'émulation, et que ceux même qui disputent ces honneurs, je veux dire les gens non titrés, n'ont point de plus grande passion que d'y parvenir.

Il est encore constant qu'à Notre-Dame au *Te Deum*, à Saint-Denis au service du feu Roi, les Ducs avoient des carreaux. Tous les faits réunis paroissent prouver une possession et que ce n'est point les charges ni l'occasion seule des cérémonies, mais en tous lieux, pourvu que ce soit derrière le Roi.

Versailles, jeudi 21. — Ce qui se passa vendredi dernier à l'égard des carreaux n'est pas le premier exemple que le Roi ait remarqué et désapprouvé ceux qui ont l'honneur de lui faire leur cour; mais la façon de leur faire sentir qu'ils lui avoient déplu avoit été différente. En 1737, M. de Nangis, étant ici à la chapelle derrière la Reine, s'assit sur un pliant qui étoit derrière lui. Le Roi le remarqua; mais ce ne fut qu'après les vêpres qu'il fit dire à M. de Nangis qu'il ne vouloit pas qu'il eût de pliant, mais seulement un tabouret.

M. de Gesvres me contoit aujourd'hui une aventure encore plus marquée. M. de Maillebois, le fils, maître de la garde-robe, ayant suivi le Roi au sermon, ne trouvant point de siége pour lui derrière le Roi, ayant su que M. le cardinal de Fleury ne devoit point venir, quoique son pliant fût placé, il alla prendre ledit pliant et le mit derrière le Roi. Au retour du sermon, le Roi dit à M. de Gesvres d'aller dire sur-le-champ à M. de Maillebois qu'il avoit fait une sottise, d'autant plus qu'il ne devoit point avoir de place derrière le fauteuil.

Dimanche dernier, 17 de ce mois, la Ville eut audience du Roi, de la Reine, de M. le Dauphin et de Mesdames, pour rendre compte du scrutin de l'élection des échevins (1); c'est l'usage tous les trois ans. M. le prévôt des marchands (2), conduit par M. de Gesvres (3), harangua à genoux le Roi et la Reine seulement. La veille de cette audience, M. de Maurepas ayant été parler à la Reine sur la place derrière le fauteuil de S. M., la Reine dit à Mme de Luynes de dire au chef de brigade qu'il ne devoit point être derrière le fauteuil, et en conséquence il n'y eut que M. de Nangis seul ledit jour.

Aujourd'hui les États de Languedoc ont eu audience. C'est M. l'évêque de Lodève (4) qui a porté la parole. M. de Nangis étoit encore seul derrière le fauteuil de la Reine. M. le cardinal de Polignac étoit aussi à cette audience, et ne s'est point assis. L'une et l'autre audience étoient dans le cabinet avant la chambre de la Reine. MM. les officiers des gardes prétendent que cette pièce ne peut être réputée le cabinet, puisqu'ils conduisent la Reine jusqu'à la porte de la chambre du lit avec leurs bâtons. Mais ils conduisent de même LL. MM. de l'autre côté jusqu'à la porte de la chambre du lit avec leurs bâtons, et cependant le salon du bout de la galerie du côté de la Reine (5) est sans contredit le cabinet de la Reine. Chez le Roi, ils conduisent S. M. jusqu'à la porte de la chambre du lit, et cependant dans la chambre du lit, en dehors du balustre, aux audiences du Parlement et de la Ville, le capitaine partage le fauteuil. Ces exemples font voir que la conduite avec le bâton ne prouve rien.

---

(1) Tous les ans, le jour de Saint-Roch, dit l'almanach Royal, MM. le prévôt des marchands et échevins, les conseillers de ville et quartiniers, avec deux notables bourgeois mandés de chaque quartier, s'assemblent dans la grande salle de l'hôtel de ville et font élection de deux nouveaux échevins, qui prennent la place de deux anciens qui sortent (il y en avait en tout quatre). — Le prévôt des marchands était nommé par le Roi pour deux ans et ordinairement continué pendant huit ans.

(2) Michel-Étienne Turgot.

(3) Gouverneur de Paris.

(4) Jean-Georges de Souillac.

(5) Le salon de la Paix.

J'appris il y a quelques jours que dans le renouvellement du bail des postes on avoit fait quelques changements. Les Carmes déchaux, les Frères de la charité et les Petits Pères avoient leurs lettres franches de tous droits; on a ôté ce privilège à ces trois communautés.

J'ai parlé ci-dessus du baptême de M. le Dauphin. Comme plusieurs pauvres demandoient à cette occasion le secours des aumônes de M. le Dauphin, le Roi fit remettre 400 livres à M. de Châtillon pour distribuer en aumônes.

Il ne sera pas inutile de mettre ici une réponse de M. le maréchal de Villars au Roi, qui mérite d'être remarquée. M. de Villars faisant sa cour au Roi, S. M. lui dit : « M. le maréchal, combien gagnerai-je à votre mort? » M. le maréchal lui répondit : « Sire, je ne sais pas ce que V. M. y gagnera, mais le feu Roi auroit cru y perdre. »

Il y a aussi une réponse de M. le duc de Gramont, mais moins remarquable que celle de M. de Villars. Au sacre, il y a deux cérémonies; un jour celle du sacre, et le lendemain S. M. reçoit le cordon de l'ordre du Saint-Esprit. A chacune de ces cérémonies, le manteau royal est porté par un homme de condition, non titré. M. le comte de Gramont et M. de Nesle furent les deux qui eurent cet honneur, lequel entraîne celui d'être fait chevalier de l'Ordre à la première promotion; aussi le furent-ils l'un et l'autre à la grande promotion de 1724. M. le duc de Gramont étant dans le cabinet du Roi, le Roi lui dit : « Auriez-vous parié que votre frère eût été chevalier de l'Ordre avant vous? » « J'aurois pû parier, Sire, et j'aurois perdu, mais à beau jeu. »

On a remarqué que le 5 de ce mois il fit une chaleur si excessive, que le thermomètre étoit à un demi-degré de moins qu'en 1706 et 1707.

J'appris il y a quelques jours par quelqu'un d'instruit que M. le Cardinal avoit renvoyé à M. de Saint-Aignan à Rome une lettre où M. de Saint-Aignan lui écrivoit :

« Monsieur », et que même il n'étoit pas satisfait de la façon dont les Ducs lui écrivent en tierce personne et le dessus en Italien. M. de Richelieu, à qui l'on disoit comme à moi cette peine de M. le Cardinal, dit qu'il chercheroit l'occasion de lui en parler, et qu'il lui montreroit des lettres originales de M. d'Épernon et de M. de Montmorency à M. le cardinal de Richelieu, où il n'y a que : « Monsieur », et finissant par « votre très-affectionné serviteur. »

M. de Richelieu m'a appris un droit dont jouissent les Ducs, mais dont ils font peu d'usage; c'est au grand conseil. M. de Richelieu a ses causes commises à ce tribunal; lorsqu'il y va comme client, il a un fauteuil, et son avocat plaide de derrière lui; lorsqu'il y prend séance, il passe, en allant et en revenant de la buvette (1), devant le premier président, il coupe le parquet, et le premier président lui ôte le bonnet en prenant sa voix.

M. de Fulvy (2) me dit ici il y a quelques jours que l'on comptoit à Pondichéry présentement quatre-vingt mille habitants (3).

Quelques jours auparavant, le Roi avoit entendu un motet d'un petit page de la musique nommé Philidor. Ce nom est connu dans la musique; cet enfant n'a que treize ans et a déjà fait trois motets; celui-ci a été trouvé bon, et a été exécuté à la chapelle deux jours de suite. Le Roi lui fit donner 5 louis. On m'a dit même que S. M. lui avoit promis 2 louis d'augmentation à chaque motet qu'il feroit.

Le 18, Le Roi alla souper à la Meutte. Mademoiselle et

---

(1) *Buvette*, lieu établi dans toutes les Cours et Juridictions, où les Conseillers vont prendre un doigt de vin quand ils sont trop longtemps en l'exercice de leurs charges, et où ils parlent aussi de leurs affaires communes. (*Dict. de Trévoux.*)

(2) Orry de Fulvy, intendant des finances, conseiller d'État et directeur de la compagnie des Indes, était le frère consanguin d'Orry, contrôleur général. (*Voy.* sur ce personnage : *d'Argenson*, t. II, p. 64.)

(2) Aujourd'hui Pondichéry a encore 55,000 habitants dont 7 à 800 blancs, le reste Indiens.

Mme de... étoient allées à Madrid. Mademoiselle envoya proposer à Mme d'Aumont, à Mme d'Antin et à Mme d'Ancezune de venir chez elle à Madrid ; je ne sais si on dit pour souper à la Meutte ; ce qui est certain c'est que toutes trois refusèrent, et à quatre heures après midi le Roi manda à Mme de Chalais, qui étoit ici, d'aller à la Meutte avec Mme de Talleyrand. Cet ordre fut si précipité que Mme de Chalais (1) n'eut pas le temps d'aller demander la permission à la Reine ; elle envoya en montant en carrosse prier Mme de Luynes de demander cette permission. Mme de Chalais oublia aussi de faire dire quelque chose à Mme la duchesse de Rochechouart, et la laissa ici ignorant où elle étoit allée voyager. Mademoiselle arriva sur les six heures à la Meutte dans une calèche avec Mme de............, Mmes de Chalais et de Talleyrand et Mme de Ségur. Mme de Ségur est fille de M. le duc d'Orléans, comme M. le grand prieur ; elle est peu connue du Roi, mais beaucoup de Mademoiselle. Les cinq dames retournèrent coucher à Madrid.

Le Roi alla, le mardi 19, tirer dans la plaine de Saint-Denis. S. M. ne tua que quatre-vingt-dix pièces ; mais comme elle avoit permis de tirer à tous ceux qui avoient eu l'honneur de le suivre, il y eut mille sept pièces de gibier rapportées. Le Roi soupa ce jour à la Meutte, seulement avec des hommes ; et le mercredi 20, S. M. alla courre le cerf, et vint prendre, à Madrid, Mademoiselle et les trois dames, car Mme de Talleyrand, qui est grosse, ne fut point à la chasse. Le Roi mena les dames avec lui à l'assemblée ; elles firent la chasse en calèche, et revinrent ici dans la gondole du Roi descendre à la cour de marbre ; elles soupèrent ce même jour dans les cabinets, et Mme de Talleyrand y soupa aussi.

Versailles, dimanche 24. — Le Roi retourne encore

---

(1) La princesse de Chalais était dame du palais de la Reine.

mardi 26 à la Meutte, et on ne doute point qu'il n'y ait des dames.

S. M. doit tirer le mercredi, et revenir ici jeudi pour aller de suite à Marly. Le voyage a été retardé jusqu'à ce jour, et ne doit durer que jusqu'au 7 septembre, suivant le premier arrangement. Comme il se présente un grand nombre de courtisans pour ces voyages de la Meutte, et qu'il faut être averti pour faire porter des fusils, le Roi a ordonné que l'on se feroit écrire chez M. le duc d'Aumont, et la liste paroît la veille.

La liste de Marly paroît depuis hier; elle étoit même faite dès jeudi au soir.

Le 21, Mme la comtesse de Toulouse vint l'après-dînée chez le Roi, et, après avoir parlé quelque temps d'un petit cabinet que le Roi l'a chargé de faire accommoder auprès de la nouvelle chambre à coucher de S. M. à Rambouillet, elle pria le Roi de s'avancer à la fenêtre, où elle eût avec S. M. une conversation d'une demi-heure; ce fait est certain.

J'ai oublié de marquer qu'au retour de Compiègne les 24 violons donnèrent un concert au Roi à son dîner. C'est l'usage au retour des voyages du Roi.

Le Roi a été aujourd'hui en haut à vêpres. S. M. n'y va pas ordinairement les dimanches; mais c'est à cause de la veille de Saint-Louis. M. le duc de Villeroy n'a point pris de carreau à vêpres, mais il ne s'est pas mis à genoux; et au salut il avoit un carreau à l'ordinaire.

J'appris ici le 18 que M. de Saint-Estevan, qui a été gouverneur du roi des Deux-Siciles, qui avoit toujours conservé un grand crédit dans ce royaume, s'étoit retiré. La jeune Reine, qui n'a que quatorze ans (1), étant le soir avec le Roi et le prince de Pologne son frère,

---

(1) Marie-Amélie, fille de Frédéric-Auguste, électeur de Saxe, roi de Pologne, née le 24 novembre 1724, mariée le 9 mai 1738 à don Carlos, infant d'Espagne, roi des Deux-Siciles.

M. de Saint-Estevan, accoutumé à entrer familièrement chez le Roi, voulut y entrer à son ordinaire. La Reine lui demanda pourquoi il entroit lorsqu'ils étoient en particulier. M. de Saint-Estevan dit qu'il venoit représenter au Roi qu'il étoit temps qu'il se couchât; la Reine lui dit qu'ils se coucheroient quand ils voudroient. Dès le lendemain M. de Saint-Estevan se prépara à partir. La Reine, peu de jours après son arrivée, dit qu'elle vouloit aller à la chasse en amazone avec le Roi; qu'elle aimoit à tirer. On eut beau lui représenter que ce n'étoit point l'usage des reines d'Espagne de s'habiller en amazone, elle dit qu'elle alloit demander la permission au Roi; elle la demanda, et s'habilla en amazone. M. de Saint-Estevan étoit peu aimé dans le royaume de Naples; il se retire d'une façon honorable. Il a eu la place de grand écuyer du roi d'Espagne à la mort du duc del Arco, et il vient d'être nommé ministre.

Mardi 26, Versailles. — J'appris il y a quelques jours un détail par rapport au confesseur de la Reine par M. de Tessé. Le confesseur de la Reine a droit d'avoir deux chevaux dans l'écurie de la Reine pour son usage; il ne peut cependant en disposer que par l'ordre de M. de Tessé ou de celui qui en son absence commande l'écurie. Le confesseur du Roi a quatre chevaux pour son usage; mais il en dispose comme il veut. Ils ne sont point dans la petite écurie. C'est lui qui les nourrit, et le Roi lui en paye la nourriture sur un certain pied qui est fixé.

J'ai déjà marqué que l'on faisoit présentement une liste pour les voyages de la Meutte. Cet usage est nouveau, et ce n'est pas seulement à cause de la chasse à tirer. Je crois que cela se pratiquoit même avant le dernier voyage de Compiègne, et cela s'est pratiqué encore de même à ce voyage-ci, où le Roi est allé aujourd'hui après avoir couru le cerf, et d'où S. M. revient demain souper ici dans ses cabinets, après avoir couru avec le petit équipage. Il y a quelque temps que le Roi dit dans son cabinet qu'il vouloit que tous ceux qui demandoient à aller à la Meutte se fissent écrire chez M. d'Aumont. M. de Bouillon (1) étoit présent ; c'est lui qui me l'a conté. Le Roi parut le regarder ; M. de Bouillon lui dit : « Sire, chez le premier gentilhomme de la chambre ? » Le Roi remarqua la peine que cela faisoit à M. de Bouillon à cause de la prééminence de la charge ; S. M. eut la bonté de lui dire : « Mais mon grand chambellan dira quand il voudra me suivre à ces voyages. »

Le grand chambellan a le droit de monter dans le carrosse du Roi sans être appelé ; il y monte même avant le capitaine des gardes. Mais le grand écuyer ou le premier écuyer ont droit d'y monter avant le grand chambellan. Ils n'ont pas tous deux ce droit ; ce n'est que l'un d'eux. Le cas n'est pas encore arrivé qu'ils se trouvassent tous deux avec le grand chambellan et qu'il n'y eût que deux places.

Le capitaine des gardes a droit d'être toujours dans le carrosse où est le Roi. Cependant lorsque le carrosse est rempli par les princes du sang, le capitaine des gardes monte dans le second carrosse ; cela arriva en 1729, à la naissance de M. le Dauphin, et à celle de M. le duc d'Anjou lorsque le Roi alla à Paris. M. de Bouillon étoit dans le second carrosse dans le fond de derrière avec le prince Charles. Le premier gentilhomme de la chambre étoit au fond de devant avec M. le Premier, et entre eux deux M. de Souvray, maître de la garde-robe. M. de la Rochefoucauld, grand maître de la garde-robe, étoit à une portière, et à l'autre étoit M. le duc de Villeroy, capitaine des gardes en quartier, avec son habit uniforme, qui avoit devant lui un sac d'argent et qui en jetoit au peuple.

Hier 25, jour de la Saint-Louis, le Roi entendit une messe basse à la chapelle. Il avoit été avant-hier à vê-

---

(1) Grand chambellan.

pres; mais c'étoit une fête d'apôtre, et S. M. y va ordinairement à ces fêtes. Hier le Roi entendit vêpres et complies en haut, et retourna ensuite au salut. Après la messe, suivant l'usage, les tambours des gardes suisses et françoises vinrent battre dans la cour de marbre, et les vingt-quatre jouèrent pendant le dîner du Roi.

Le 20 de ce mois, se fit le mariage de Mlle de Sully avec M. de Goësbriant, le père. J'ai déjà parlé de cette affaire, qui dure depuis longtemps à cause des oppositions du fils. Mlle de Sully étoit pendant ce temps-là à Belle-chasse. Enfin tout a été terminé; c'est même M. de Goësbriant, le fils, qui a été demander à M. l'archevêque la dispense des trois bans; ce qui a été accordé, parce qu'on craignoit de nouveaux obstacles de la part de M. le duc de Sully. Le mariage se fit à la paroisse Saint-Christophe, et la noce chez Mme la duchesse de Mortemart douairière (1).

Hier 25, mourut M. de Belle-Isle, le père, âgé de soixante-dix-huit ans. C'étoit un bonhomme et un honnête homme, qui menoit une vie singulière depuis plusieurs années; il se levoit tous les jours à minuit, une ou deux heures, et travailloit beaucoup dans son cabinet.

J'appris aussi hier la mort de Mlle de Moras (2) dont l'histoire a fait tant de bruit; elle est morte de la petite vérole dans le couvent où elle étoit, mais le procès de M. de Courbon n'est pas fini.

Versailles, 27. — Je vis hier un homme de grand nom qui est bien affligé de n'avoir pas été fait chef d'escadre. C'est M. le comte d'Arquien, capitaine de vaisseau depuis trente-deux ans, et qui a, à ce qu'il m'a dit, quarante-huit ans de service. La mort de M. le Bailly de Vatan, chef d'escadre, lui faisoit espérer qu'étant le premier à monter il ne seroit pas oublié; il avoit parlé à M. de Maurepas, dont il avoit été bien

---

(1) Colbert. (*Note du duc de Luynes.*)
(2) Elle a été fort mal seulement. (*Note du duc de Luynes.*)

reçu, ainsi que de M. le Cardinal. Samedi, M. de Maurepas, ayant travaillé avec le Roi, a nommé M. le comte d'Arquien (M. le Cardinal étoit à ce travail); le Roi nomma pour cette place celui qui suit M. d'Arquien, qui s'appelle M. de Radoué. M. le Cardinal ne dit pas un mot. M. de Maurepas demanda au Roi s'il trouvoit bon qu'il dît à M. d'Arquien que c'étoit S. M. qui l'avoit ainsi ordonné. Le roi dit : « Il n'y a qu'à lui dire. » M. d'Arquien ayant su cette nouvelle alla chez M. de Maurepas, qui lui dit : « Monsieur, je ne vous aurois pas dit cette aventure hier; il faut que ce soit l'effet de quelques préventions qui viennent de M. le comte de Toulouse. » M. d'Arquien alla trouver M. le Cardinal, comme il alloit chez le Roi. M. le Cardinal lui dit tout haut devant plusieurs personnes : « Je vous assure, Monsieur, que ce n'est pas ma faute, et d'un ton plus bas, ni même celle de M. de Maurepas. » C'est M. le comte d'Arquien qui m'a fait ce détail (1).

Le Roi alla hier courre le cerf après le conseil de finances. S. M. partit dans sa gondole avec des hommes à l'ordinaire; il y eut des dames qui furent en calèche à la chasse, et qui partirent un peu après le Roi. Ces dames allèrent ensuite souper à la Meutte et coucher à Madrid. Le Roi les a menées aujourd'hui à la chasse dans sa gondole. Elles ont fait la chasse du cerf aujourd'hui avec le petit équipage; le Roi les a ramenées ici dans sa gondole. Elles soupent actuellement avec S. M. dans les cabinets. Ces dames sont Mademoiselle, Mlle de Clermont, Mme d'Aumont, Mme de Mailly et Mme de Ségur. On avoit proposé à Mme d'Ancezune, qui est à Croissy, de venir à la Meutte; mais elle a refusé.

J'ai marqué ci-dessus qu'il y avoit eu trois dames qui avoient refusé le dernier voyage de la Meutte; elles n'étoient point averties de la part du Roi, ni pour la

---

(1) J'ai appris qu'il eut peu de temps après un brevet de chef de brigade; il est mort depuis. (*Addition du duc de Luynes*, datée du 18 décembre 1751.)

Meutte. Mademoiselle avoit mandé à Mme d'Antin de venir à Madrid à cinq heures du soir et d'amener Mme d'Aumont et Mme d'Ancezune, et à ces deux-ci de se trouver chez Mme d'Antin à cinq heures.

Le Roi part demain pour Marly, et n'y restera que jusqu'au vendredi 5 septembre. Le voyage devoit commencer dès avant hier 25 et durer jusqu'au 7 ; il a été retardé d'abord de deux jours et ensuite abrégé de deux autres.

On a remarqué que lorsque Mademoiselle est ici elle va presque tous les jours chez M. le Cardinal et y reste même assez longtemps ; on dit même que Mme de..... y a été plusieurs fois.

Mesdames furent hier souper à sept heures à Trianon ; ce fut Mme de Tallard qui leur donna à souper. C'est un usage que Mme de Tallard a établi de donner une espèce de petite fête à Mesdames dans l'octave de Saint-Louis ; il y eut promenade, jeu de cavagnole et un petit bal. Mesdames ne revinrent qu'à onze heures du soir ; il n'y avoit d'hommes que M. le duc de Chartres ; il présenta la serviette à Mesdames, à toutes trois, et eut l'honneur de souper avec elles. Ce n'est pas chose nouvelle ; Mme la duchesse de Berry, qui avoit le rang de fille de France et qui passoit avant Mesdames, soupoit avec des hommes dans des occasions de fêtes.

On dit ici comme sûr le mariage du petit prince de Sulzbach avec la princesse de Sulzbach. Ils sont l'un et l'autre à la cour de l'électeur palatin. Le prince de Sulzbach est héritier présomptif de l'électorat et la princesse est sa cousine germaine. Ils sont enfants des deux frères ; l'un avoit épousé Mlle d'Auvergne ; c'est le père du prince de Sulzbach, et l'autre avoit épousé la fille de l'électeur palatin dont il a eu trois filles. C'est l'aînée qui doit se marier le carême prochain.

M. de Saumery est mort ce matin. Il avoit été premier maître d'hôtel de Mme la duchesse de Berry ; il étoit gouverneur de Salins ; il étoit âgé de soixante-treize ans ; il étoit frère du gouverneur de Chambord, qui avoit été sous-gouverneur de M. le duc de Bourgogne. Le fils de celui-ci a été aussi sous-gouverneur, et ambassadeur à Munich; celui-ci avoit épousé Mme de Villatte-Chamillart, qui avoit déjà deux filles de son premier mariage, dont l'une a épousé M. de Guitaut, et l'autre M. de Brienne. M. de Saumery eut de ce mariage une fille, qui est mariée depuis peu à M. de Coëtlogon, frère de celui qui est colonel du régiment de Toulouse. M. de Saumery qui vient de mourir, oncle de l'ambassadeur de Bavière, laisse trois fils et deux filles, qui ne sont point mariés et vivent tous cinq ensemble. Il avoit eu un plus grand nombre d'enfants.

SEPTEMBRE.

Le précepteur du Dauphin entre avec lui chez le Roi. — Famille du comte de Saumery. — Contestation chez la Reine. — Le duc de Villars obtient pour la noblesse de Provence d'entrer au parlement d'Aix avec l'épée. — Affaire entre MM. du Laurent et de Versalieu. — Groupe et bas-relief de Coustou. — Service de Louis XIV à Saint-Denis. — Le Roi soupe pour la première fois dans les cabinets à Marly. — Mort de M. de Bonac. — Chasse dans le parc de Versailles. — Entrée et place dans les carrosses de la Reine, réglée par le Roi pour Mme de Mailly. — Retraite du cardinal de Fleury à Issy. — Familiarité des soupers de Louis XIV à Marly. — Ambassade de Russie. — Affaire de MM. de Saumery. — Service des aumôniers. — Conseil de dépêches. — Femme âgée de cent trente-neuf ans. — Voyage de Fontainebleau. — Mariage de M. de Mirepoix. — Santé du cardinal.

Du lundi 1er septembre, Marly. — Le 25 ou le 26 du mois dernier, M. le Dauphin ayant été le matin chez le Roi, M. l'évêque de Mirepoix le suivit et entra avec lui. C'étoit le moment où il n'y a que les entrées familières. Le premier gentilhomme de la chambre n'étoit pas encore entré. M. de Mirepoix avoit demandé à M. le Cardinal s'il devoit entrer avec M. le Dauphin, et S. Ém. lui dit qu'il avoit droit d'entrer. Le Roi parla à M. de Mirepoix. Cependant dans la chambre même du Roi, un huissier vint lui dire tout bas qu'il n'avoit point ces entrées-là (1). M. de Mirepoix fut assez embarrassé; il resta, sur ce que M. le Cardinal lui avoit dit, et comme il s'en alloit dans le temps qu'il avoit compté naturellement sortir, Bachelier, premier valet de chambre, instruit de ce qui s'étoit passé, courut après lui et lui fit des excuses de ce que l'huissier lui avoit dit mal à propos. M. de Mirepoix, le même jour ou le lendemain, étant allé voir M. le Cardinal, lui rendit compte de ce qui s'étoit passé. M. le Cardinal, lui redit encore qu'il n'avoit point fait de faute, qu'il étoit en règle étant avec M. le Dauphin; et comme il sortoit de chez S. Ém., il trouva Bachelier, qui lui dit qu'il venoit de gronder fortement l'huissier qui avoit fait une faute. M. de Mirepoix offrit d'en aller parler à M. le duc d'Aumont, mais Bachelier lui dit que cette affaire ne regardoit point M. le duc d'Aumont; que MM. les premiers gentilshommes de la chambre n'ont rien à voir à ces entrées, puisque c'est le temps où eux-mêmes n'entrent pas encore. C'est de M. l'évêque de Mirepoix même que je sais tout ce détail.

Je parlai il y a quelques jours de la diminution sur les pièces de 2 sols. Le Roi dit qu'il a perdu à Paris seulement 25,000 écus à cette diminution.

J'ai marqué la mort du comte de Saumery, ci-devant premier maître d'hôtel de Mme la duchesse de Berry, frère du gouverneur de Chambord, lequel avoit été sous-gouverneur du Roi. Le comte de Saumery étoit gouverneur de Salins; il avoit eu vingt-deux ou vingt-trois enfants, et avoit peu de biens; il avoit acheté du bien de sa femme ce gouvernement qui vaut environ 12,000 livres de rente. Il reste encore trois garçons (il y en avoit eu un

---

(1) Le fait est vrai sûrement; peut-être ne fut-ce pas l'huissier qui parla à M. de Mirepoix ou bien il lui parla en sortant de la chambre, car l'huissier ne doit pas être dans la chambre dans ce moment. (*Note du duc de Luynes.*)

aumônier du Roi, qui est mort); un des trois est depuis trente-deux ans exempt des gardes du corps; il y a encore deux filles point mariées, sans compter quatre religieuses. Ces cinq enfants vivent et logent ensemble à Paris et ont toujours été dans une grande union. Ils demandent le gouvernement de Salins pour le chevalier de Saumery, qui est dans les gardes du corps, et dessus ce gouvernement une pension de 2,000 écus. Cette pension leur avoit été accordée du temps de M. Le Blanc. Ils la refusèrent alors, et même on étoit près d'en expédier le brevet. Ils étoient en procès avec leur père, et craignoient que cette affaire ne l'aigrît encore davantage contre eux. Ce fait est connu. Il y a peu d'exemple d'exempts à qui l'on ait donné des gouvernements; ils en rapportent cependant cinq. M. de Chazeron, le père, n'étant encore qu'exempt, eut le gouvernement de Brest, qui vaut 12,000 livres. M. de Chazeron, le fils, à la mort de son père, eût le même gouvernement et la brigade. M. de Neufchelles eut un gouvernement de 8,000 livres de rente n'étant qu'exempt; je ne sais plus lequel. M. de Givry, étant exempt, eut le gouvernement de la tour de la Rochelle valant 12,000 livres avec la lieutenance générale. M. de Busca, à la mort de son père, n'étoit qu'exempt; il eut cependant le gouvernement d'Aigues-Mortes, qui vaut 25,000 livres. Il n'y a encore rien de décidé sur l'affaire de M. de Saumery.

Il arriva il y a quelques jours une petite contestation chez la Reine, qui n'est pas encore décidée. M. le Dauphin étoit chez la Reine, à Versailles, et n'avoit point encore soupé. Son souper étant servi, le maître d'hôtel du Roi en quartier chez M. le Dauphin, vint chez la reine pour avertir M. le Dauphin qu'il étoit servi. L'huissier de la Reine ne voulut pas le laisser entrer. Voilà le sujet de la question. Doit-on avertir M. le Dauphin chez la Reine, c'est-à-dire, le maître d'hôtel doit-il entrer ou bien faire dire à M. de Châtillon seulement? Mme de Luynes en parla à la Reine, qui lui dit que si elle étoit chez le Roi, elle ne voudroit pas que son maître d'hôtel vînt l'avertir, quoique les honneurs soient égaux entre LL. MM. On répond que c'est un maître d'hôtel du Roi; M. de Châtillon demande que cela soit réglé. Les exemples de chez le Roi auroient décidé, mais le cas présent se trouve rarement; je ne crois pas même qu'il soit encore arrivé chez le Roi.

Du 2, [Marly]. — M. le duc de Villars part la semaine prochaine pour la Provence, dont il est gouverneur; il compte y passer au moins l'hiver. Il me parloit ici, il y a quelques jours, d'une occasion qu'il a eue de faire plaisir à la noblesse. Dans les parlements d'Aix, de Toulouse et de Bordeaux, la noblesse n'entre point avec son épée; l'usage est de la laisser à la porte; il n'y a que les ducs et pairs qui entrent avec leur épée. M. de Villars proposa au parlement d'Aix de changer cet usage, seulement lorsque le gouverneur iroit au Parlement, et que la noblesse qui l'accompagneroit y entrât avec leurs épées. Cela est accordé, à une condition à la vérité, mais qui ne regarde que le gouverneur. Lorsque le gouverneur arrive à Aix, le Parlement en corps vient chez lui; le gouverneur doit sortir de sa maison, et aller recevoir le Parlement au bas de l'escalier par où l'on arrive chez lui. Il y a deux escaliers, un de quinze ou dix-huit marches du côté de la grande rue, et un autre de dix ou douze marches du côté d'une petite rue. Le gouverneur s'avançoit de ce dernier côté pour avoir moins de marches à descendre; il a été réglé à cette occasion-ci qu'il iroit recevoir le Parlement au bas du plus grand degré et du côté de la grande rue. Le gouverneur reçoit de même la chambre des comptes. M. de Villars a cru devoir faire aussi le même traitement à la noblesse. M. de Villars doit faire son entrée dans la ville d'Arles. A son dernier voyage il la fit à Aix. Cette entrée est à cheval dans les villes où il y a un Parlement, parce qu'il vient une députation à cheval du Parlement hors la ville au-devant du gouverneur.

Il arriva il y a quelques jours une affaire chez M. Bernard entre M. du Laurent et M. de Versalieu. Celui-ci est président à mortier du parlement de Dijon ; il aime beaucoup le jeu, et va souvent chez Mme de Montbazon ; il y avoit fait connoissance avec M. du Laurent, qui est un gentilhomme, on dit même homme de condition, qui joue aussi beaucoup, et toute sorte de jeux, taille même au pharaon et au beriby, et qui est toujours chez Mme de Modène. M. de Versalieu, trois jours avant celui dont il s'agit, avoit mené dans son carrosse M. du Laurent souper chez Mme de Fontaine avec M. Bernard, à Passy. M. du Laurent, ayant commencé à tailler après le souper, M. de Versalieu, qui avoit affaire le lendemain de bonne heure, se trouva embarrassé de ne pouvoir partir à cause de M. du Laurent ; il confia sa peine à Mme de Fontaine, qui lui dit de ne s'en point embarrasser, qu'elle se chargeoit de ramener M. du Laurent. M. de Versalieu s'en alla, et M. du Laurent n'ayant pas voulu donner à Mme de Fontaine la peine de le ramener, trouva quelqu'un qui le ramena ; mais il fut piqué contre M. de Versalieu, et l'ayant trouvé trois jours après dans la même maison, il y eut quelques propos avant souper que l'on apaisa. La dispute s'échauffa de nouveau en sortant de table, au point que M. du Laurent mit l'épée à la main pour la passer au travers du corps de M. de Versalieu. M. de Versalieu se sentant un peu blessé au bras en voulant parer le coup, prit la lame avec force et la cassa ; on les sépara ; on emmena M. du Laurent, et M. de Versalieu resta à jouer. M. Bernard écrivit sur-le-champ à M. le maréchal de Biron, doyen des maréchaux de France, lequel envoya dans le moment des gardes à l'un et à l'autre. M. de Versalieu dit que comme gentilhomme il reconnoissoit la justice des maréchaux de France, mais que comme membre d'un parlement il ne pouvoit y déférer. Sur cette réponse il n'eut point de gardes. M. le procureur général ayant été averti, je crois par M. le maréchal de Biron, vouloit informer juridiquement. Mais un des amis communs dit à M. de Versalieu qu'il lui amèneroit M. du Laurent lui faire des excuses. M. de Versalieu s'est contenté de cette démarche. Il a prié M. le procureur général de ne point informer, et il est parti pour Dijon. M. de Harlay, intendant de Paris, et M. de la Briffe, officier aux gardes, étoient présents chez M. Bernard et ont rendu témoignage que M. de Versalieu n'avoit point de tort; il paroît que tous les sentiments sont en sa faveur.

Il y a trois semaines ou environ que l'on posa ici (1), au haut de la rivière, deux figures de marbre dans un même morceau, représentant l'Océan et la Méditerranée qui se donnent la main, et c'est entre ces deux figures et à côté de chacune que passent trois tuyaux qui jettent de l'eau continuellement; cette jonction des deux mers est en mémoire du canal de Languedoc. C'est Coustou, fameux sculpteur, qui a fait cet ouvrage; il y a sept ans qu'il y travaille. M. d'Antin avoit fait venir le marbre d'Italie; il est beau, il y a cependant quelques taches, surtout à la joue droite et au bras de la Méditerranée. Il y a trois figures, car il y a un petit enfant à côté de la Méditerranée, qui tient un aviron. Coustou est neveu du fameux Coyzevox (2), si célèbre sous le règne de Louis XIV, et qui mourut il y a treize ou quatorze ans. Coustou avoit un frère, aussi fort habile, et qui a déjà fait ici plusieurs figures. Celui-ci n'a pas encore soixante ans; il estime cet ouvrage-ci 60,000 livres; il en a déjà reçu environ 34,000. Il travaille encore à une figure de Louis XIV sur le bord du Rhin, pour conserver le souvenir de cette action mémorable. Cette figure doit être placée dans le

---

(1) A Marly. Ce groupe a été depuis transporté dans le jardin des Tuileries.
(2) Le duc de Luynes écrit comme on prononçait alors : Coissevault.

salon du bout de la galerie de Versailles, du côté de la chapelle (1).

Hier se fit, suivant l'usage, le service du feu Roi à Saint-Denis ; ce fut M. l'évêque de Lescar (2) qui officia. C'est le premier des aumôniers de quartier qui prie un évêque, et il en rend compte au Roi et lui demande son agrément. J'étois chez M. le Cardinal lorsque M. l'abbé de la Fare lui dit : « Votre Éminence trouve-t-elle bon que je prie M. l'évêque de Lescar pour le service du feu Roi ? » MM. les princes de Dombes, comte d'Eu et duc de Penthièvre étoient à Saint-Denis, et plusieurs seigneurs. Il y eut un grand dîner chez M. de Tresmes à Saint-Ouen ; c'est la coutume. M. l'ambassadeur d'Espagne étoit aussi au service. Ce jour, qui étoit un lundi, quoique ce fût un jour de musique, il n'y en eut point. Le Roi alla courre le cerf, et soupa dans ses cabinets ; c'est la première fois que S. M. y ait soupé ici ; il n'y avoit que des hommes ; ils étoient dix et le Roi. S. M. vint au salon avant le souper, et s'assit un moment auprès de la Reine, qui jouoit au lansquenet. Après le souper le Roi vint jouer aux petits paquets.

J'ai appris aujourd'hui la mort de M. de Bonac, gendre de M. le maréchal de Biron ; il laisse onze enfants, dont l'aîné a vingt-sept ou vingt-huit ans. On dit qu'il y a peu de bien ; cependant M. de Bonac a été pendant plusieurs années employé dans deux ambassades qui ordinairement ne dérangent pas les affaires, celle de Constantinople et celle de Suisse. Dans la première, il y a un grand commerce à faire. Il est vrai que l'ambassadeur de France ne doit point être intéressé dans le commerce, mais cela ne s'exécute pas régulièrement. Il y a outre cela des présents considérables qu'il est d'usage que l'ambassadeur reçoive

---

(1) Ce bas-relief en marbre est placé actuellement dans le vestibule de la chapelle de Versailles, au rez-de-chaussée.

(2) Hardouin de Chaslon de Maison-Noble.

des commerçants, lorsque sa femme accouche à Constantinople de son premier garçon, et Mme de Bonac y est accouchée. A l'ambassade de Suisse, l'ambassadeur est toujours chargé de sommes très-considérables que le Roi fait distribuer, et desquelles ceux qui les reçoivent ne donnent point de quittance; mais cette sorte de profit ne seroit pas dans la règle. Ce qu'il y a à ces deux ambassades, c'est que la dépense n'en est pas considérable. M. de Bonac est mort d'apoplexie.

Du mercredi 3, *Marly*. — Le Roi fut hier tirer dans le parc de Versailles, et y tua environ 280 pièces. M. le Duc et M. le prince de Conty avoient suivi le Roi à la chasse, et grand nombre de courtisans. M. le Duc avoit fait porter des fusils, et tua 120 pièces. Le Roi avoit permis à M. de Courtenvaux et M. de Soubise de tirer à coups de pistolet. Ils tuèrent, l'un 26 ou 27 pièces, et l'autre une quinzaine. M. le prince de Conty n'eut point permission de tirer; il n'avoit point fait porter de fusils et le Roi ne lui en fit point donner. On prétend que ce qui a fait que le Roi n'a point permis de tirer à M. le prince de Conty, c'est à cause d'une chasse dans la plaine, je crois, de Gennevilliers, que M. le prince de Conty a faite avant que le Roi y fût, où il tua avec ceux qui l'accompagnoient 800 pièces de gibier. M. le Duc, à qui j'ai parlé de cette chasse, m'a dit que le Roi lui avoit dit, dès Chantilly, qu'il vouloit le mener dans le parc de Versailles; que sur cela il avoit fait apporter des fusils; que le Roi lui dit encore la même chose ici à son coucher, et lui demanda s'il avoit fait apporter des fusils, et qu'hier le Roi ayant commencé à tirer, il avoit attendu un nouvel ordre pour tirer; qu'il avoit son fusil sous son bras sans en faire usage; que le Roi lui avoit dit : « Tirez donc »; que quand il eut beaucoup tiré, ayant demandé combien il avoit tué et su qu'il avoit tué 80 pièces, il avoit dit au Roi : « Votre Majesté voudra bien me dire quand j'aurai assez tué », et que le Roi lui avoit répondu sur-le-champ : « Vous n'en pouvez tuer assez, » et un moment après : « Je ne trouverai que vous en avez assez tué que lorsque nous serons dans le salon de Marly. » Il n'y a ni droit, ni même usage, pour les princes du sang pour tirer avec le Roi. M. le Duc a été plusieurs fois avec le feu Roi et avec le Roi sans tirer.

L'affaire des placets des princes du sang au premier Président sans y mettre de Monseigneur n'est pas encore décidée, et embarrasse beaucoup M. le Cardinal; j'en ai parlé ci-dessus.

La question au sujet du maître d'hôtel de M. le Dauphin pour avertir chez la Reine a été décidée par le Roi lui-même; il a dit à M. d'Aumont que, dans nul cas, ni dans le temps même que tout le monde entroit, M. le Dauphin ne devoit être averti chez le Roi, par conséquent chez la Reine. Le maître d'hôtel dira à l'huissier d'avertir.

M. le Duc, à qui j'ai parlé de cette question, et qui peut y prendre intérêt comme grand maître (1), m'a dit que les maîtres d'hôtel ne lui avoient fait aucunes représentations sur cette affaire, et que c'étoit une preuve qu'ils n'en étoient point blessés, et que pour lui il ne croyoit point que cela dût être.

M. le Cardinal, qui mange toujours seul depuis longtemps, mangea hier au soir une panade au lieu d'un morceau de pain qu'il mange ordinairement; il a eu un dévoiement considérable cette nuit et des crampes ce matin; cependant il est bien présentement; il n'a pas été au conseil, mais il travaille ce soir avec le Roi.

On a remarqué que M. de la Trémoille est venu ici sans être sur aucune liste, ni du voyage, ni de ceux qui ont permission de venir au salon. M. le maréchal de Noailles en a été étonné et a demandé à M. de Gesvres si MM. les premiers gentilshommes de la chambre prétendoient avoir droit de venir ici sans être sur aucune liste. M. de

---

(1) De la maison du Roi.

Gesvres l'a assuré qu'ils n'avoient nullement cette prétention.

La liste pour venir au salon a été comme à l'autre voyage avec des croix pour distinguer ceux qui peuvent venir autant qu'ils veulent, et les autres rarement.

Marly, 4. — J'ai parlé plus haut de l'entrée et de la place dans les carrosses de la Reine. Mme d'Egmont, qui étoit au voyage de Strasbourg, m'a conté que Mme de Mailly, dame d'atours, avoit, en allant, voulu avoir place sur le devant, préférablement aux femmes titrées, ce qui avoit donné occasion à un règlement : que la dame d'atours auroit l'entrée de droit dans le carrosse, mais que lorsqu'il y auroit une femme titrée elle seroit sur le fond de devant à côté de la dame d'honneur, préférablement à la dame d'atours non titrée; que Mme de Mailly avoit voulu au retour éviter l'effet de cette décision, parce que la Reine étant montée, Mme de Mailly montoit des premières et se mettoit sur le fond de devant, ce qui faisoit que la femme titrée, ne trouvant plus de place, étoit obligée de se mettre à la portière; que d'autres fois Mme de Mailly avoit évité de se présenter et avoit été dans son carrosse; que la Reine étant allée de Versailles à Saint-Cyr et Mme la maréchale de Boufflers étant sur le fond de devant, Mme de Mailly avoit monté et s'étoit mise à côté de Mme la maréchale de Boufflers; que Mme d'Egmont, qui étoit dame du palais, ayant été obligée de se mettre à la portière, avoit eu attention au retour, et par le conseil de Mme de Boufflers, de monter la première et de se placer sur le fond de devant; que la Reine avoit paru n'en être pas contente, mais que Mme d'Egmont lui avoit dit qu'elle n'avoit point pris la place de Mme de Mailly, que c'étoit Mme de Mailly qui avoit pris la sienne puisque le Roi l'avoit réglé, et que la Reine n'avoit rien répondu.

Versailles, 8. — Le Roi ne revint que samedi 6 de Marly. Le même jour M. le Cardinal partit entre neuf et dix heures, vint à Versailles passer quelques heures et de là il alla à Issy, où il est encore. On savoit dès jeudi que M. le Cardinal devoit aller à Issy pour se reposer; mais le vendredi au soir on disoit dans le salon que c'étoit une retraite (1); qu'il avoit parlé au Roi pour lui représenter que sa santé ne lui permettoit plus de travailler. Le fait est que S. Ém. travailla ce vendredi le soir à l'ordinaire avec le Roi, quoique le dévoiement eût continué la nuit du jeudi au vendredi, à la vérité moins fort que la nuit précédente. Ce qui est encore constant, c'est que ce même jeudi, M. le curé de Saint-Roch, ci-devant de Sainte-Opportune, M. Brion, vint à Marly et fut enfermé avec M. le Cardinal. M. Brion est homme en réputation et estimé; il ne vient jamais à la Cour et M. le Cardinal a confiance en lui depuis longtemps. M. l'évêque de Mirepoix m'a conté que lorsqu'il fut fait précepteur, M. le Cardinal lui dit : « Le sous-précepteur et le lecteur ne sont pas encore choisis; on m'a proposé deux sujets que je ne connois point; » et en lui nommant l'abbé de Saint-Cyr, il lui dit : « M. le curé de Sainte-Opportune, en qui j'ai confiance, m'en a dit beaucoup de bien. » (M. Brion est intime ami de l'abbé de Saint-Cyr.) Soit que M. Brion eût été mandé par Barjac (2) ou par M. le Cardinal même, il vint sûrement le jeudi 4. Dumoulin, médecin, mandée crois par Barjac, vint le vendredi, et M. le Cardinal fut étonné même de le voir entrer. On prétend que Dumoulin parla fortement à S. Ém. sur la nécessité indispensable et pressante qu'il y avoit qu'il prît du repos pour rétablir son estomac. Ce même vendredi, Mademoiselle fut quelque temps dans le salon assise sur une table auprès de la table de brelan du Roi; ensuite elle fit quelques tours dans le salon, demeura des moments auprès d'un jeu de cavagnole, où jouoient Mme de Mailly, Mme d'Antin, etc., dit un mot

---

(1) Voy. Barbier, t. III, p. 141, et d'Argenson, t. II, p. 62.
(2) Valet de chambre du Cardinal.

tout bas à Mme de Mailly, et partit ensuite pour Versailles, où elle arriva à une ou deux heures après minuit. M. le Cardinal, en arrivant ici, demanda si Mme d'Ancezune étoit arrivée, et fut enfermé une heure ou une heure et demie avec elle. M. de Châtillon vint chez lui pendant ce temps; il lui dit: « Monsieur, c'est un rendez-vous. » Ce rendez-vous a fait faire des raisonnements, les uns sur M. de Torcy pour le faire entrer au conseil, les autres pour une place de dame du palais. On disoit que le Roi en vouloit ajouter quatre; on nommoit Mmes de Châtellerault, de Fleury et d'Ancezune. D'autres, avec plus de vraisemblance, croient que cette conversation pourroit regarder une affaire personnelle à Mme d'Ancezune, au sujet de ce que j'ai marqué ci-dessus, qu'elle avoit refusé deux fois Mademoiselle pour aller souper à la Meutte. Le souper n'étoit point annoncé, ni ce n'étoit point de la part du Roi, mais de Mademoiselle, et Mme d'Ancezune partoit pour Croissy ou y étoit déjà. Mme d'Ancezune est repartie et m'a dit qu'elle alloit avec M. d'Ancezune à une de ses terres nommée Sézanne pour six semaines ou deux mois. M. le Cardinal ne vit point ici samedi M. le Dauphin ni Mesdames. S. Ém. monta l'escalier pour arriver chez lui sans se faire aider, mais il étoit fatigué. Cependant après sa conversation avec Mme d'Ancezune il avoit bon visage; sa santé a été meilleure ces deux dernières nuits, et l'on compte qu'il reviendra vendredi ou samedi; il paroît que l'on ne doute pas présentement que ce ne soit son intention. Le samedi il écrivit d'Issy au Roi, et je crois qu'il lui écrivit encore hier.

Mme la maréchale d'Estrées fit hier sa révérence au Roi dans le cabinet après le salut. Mmes de Vaujour, d'Antin et de Villars étoient avec elle; il y a environ neuf mois que M. le maréchal d'Estrées est mort. Elle m'a dit ce matin que ce qui avoit été vendu à l'inventaire montoit déjà à 6 ou 700,000 livres; qu'il y avoit encore la bibliothèque, que l'on croyoit valoir 200,000 livres, pour 100,000 écus de places dans Paris, un diamant dont on lui avoit offert 70,000 livres et beaucoup d'autres effets. Mme la maréchale d'Estrées compte aller à Fontainebleau. Les logements sont faits il y a déjà plusieurs jours ; l'appartement qu'elle avoit dans la cour des Fontaines et qu'elle avoit prêté à Mme de Mailly est donné à Mme de Mailly, et on en donne un autre, je crois, dans la cour des Cuisines, à Mme la maréchale d'Estrées.

Madame la Duchesse, mère, me contoit à Marly, il y a quelques jours, que dans les soupers du feu Roi avec les princesses et des dames à Marly, il arrivoit quelquefois que le Roi, qui étoit fort adroit, se divertissoit à jeter des boules de pain aux dames et permettoit qu'elle lui en jetassent toutes. M. de Lassay, qui étoit fort jeune et n'avoit encore jamais vu ces soupers, m'a dit qu'il fut d'un étonnement extrême de voir jeter des boules de pain au Roi; non-seulement des boules, mais on se jetoit des pommes, des oranges. On prétend que Mlle de Viantais, fille d'honneur de Mme la princesse de Conty, fille du Roi, à qui le Roi avoit fait un peu de mal en lui jetant une boule, lui jeta une salade tout assaisonnée. Sous Louis XIV, les dames ne menoient point de porteurs de chaise ; tous les porteurs de chaise étoient au Roi, et lorsque les dames, en allant et venant, rencontroient le Roi, les porteurs avoient ordre de ne point arrêter; de sorte que les dames avoient beau crier aux porteurs d'arrêter, ils alloient toujours, ce qui donnoit occasion à des plaisanteries.

Le Roi fut avant-hier de Marly courre le cerf à Loti, et revint souper ici dans ses cabinets. Il n'y avoit point de dames. Le Roi étoit lui quatorzième.

On prétend que Mademoiselle a eu plusieurs conversations avec le Roi à Marly, dans ses cabinets, entre autres le mardi 3. La conversation dura deux heures, et S. M. n'envoya point avertir M. le Cardinal ce jour-là pour travailler.

J'appris hier que M. de Vaulgrenant alloit en ambassade en Russie, d'où l'on attend incessamment le prince de Cantimir, qui vient ici ambassadeur. C'est, je crois, la première fois que nous avons envoyé un ambassadeur à cette cour; ainsi il n'y a point encore de règle de faite pour les appointements. La dépense de cette ambassade est considérable; la cour de Russie aime la magnificence et la bonne chère; il faut que l'ambassadeur ait beaucoup de vin de toute espèce, et cet objet est considérable.

Du 10, Versailles. — L'affaire de MM. de Saumery est finie d'aujourd'hui. M. d'Angervilliers travailla hier à Issy avec M. le Cardinal, qui continue à se porter bien, et leur a dit ce matin que le Roi donnoit à M. le comte de la Mothe-Houdancourt, gouverneur de Mézières, le gouvernement de Salins, et que S. M. donnoit à M. le chevalier de Saumery, exempt des gardes du corps, le gouvernement de Mézières, qui vaut 10,000 livres de rente, et sur ce gouvernement 5,000 livres de pension pour le comte de Saumery, leur aîné. Ils ont remercié le Roi aujourd'hui, et remercieront demain la Reine; c'est l'usage de remercier la Reine lorsque le Roi accorde quelque grâce.

Le Roi soupa hier dans ses cabinets avec des hommes seulement. Au retour de la chasse, il fut avant le souper un moment chez la Reine; c'est son usage ordinaire quand il ne soupe ni ne couche chez la Reine. Mlle de Clermont y étoit; quoique surintendante, elle ne reconduit point le Roi.

Les princes et princesses du sang sont annoncés chez la Reine et reconduits par la dame d'honneur et en son absence par la dame d'atours. Mme de Luynes a trouvé cet usage établi; on prétend que c'est Mme la maréchale de Boufflers qui commença cet usage pour faire sa cour à M. le Duc. Ce qui est certain, c'est que si l'exemple de ce qui se passe chez le Roi doit décider chez la Reine, les princes ni les princesses n'y sont point annoncés, et le premier gentilhomme de la chambre ne les reconduit point; il reconduit à la vérité les princesses, mais il reconduit aussi les dames qui viennent faire leurs révérences, aux présentations, départs, arrivées, etc.

Ce matin le Roi, avant que d'aller à la messe, a donné à M. de Bouillon une tabatière d'or avec le portrait de S. M. La boîte est belle, elle est enrichie de diamants; il y en a deux assez beaux et plusieurs autres plus médiocres et beaucoup de carats; on estime à peu près 1,000 louis cette boîte. J'ai marqué ci-dessus que M. de Bouillon n'avoit demandé à S. M. d'autre pot-de-vin pour le marché de la vicomté de Turenne qu'une boîte avec son portrait. Le Roi en la donnant à M. de Bouillon lui a dit : « Les petits présents entretiennent l'amitié. »

Vendredi 12, *Versailles*. — Avant hier la Reine alla à la messe à son ordinaire, et il se trouva par hasard qu'elle n'avoit point d'aumônier. L'aumônier de quartier étoit absent, et l'aumônier ordinaire n'avoit point été averti. Le clerc de chapelle qui doit suppléer en pareil cas ne s'y trouva pas non plus. Comme MM. les aumôniers du Roi servent la Reine à Marly, parce qu'elle n'y a pas d'aumônier, M. l'abbé de la Fare crut devoir se présenter pour prendre les livres de la Reine, mais la Reine lui fit dire par Mme de Luynes qu'elle lui étoit bien obligée, mais que cela seroit contre l'usage et la règle ordinaire.

J'ai déjà marqué que non-seulement les aumôniers du Roi servent la Reine à Marly, mais encore dans les occasions où la Reine n'ayant pas sa maison, c'est le Roi qui lui donne à souper. C'est-à-dire l'aumônier du Roi dit le *benedicite* et les grâces à la droite du Roi, et cette prière est pour le Roi et pour la Reine; de même que, lorsque la Reine donne à souper au Roi, c'est l'aumônier de la Reine qui fait la prière du côté du Roi. Il y a quelques observations à faire sur cela. Lorsque la Reine donne à souper au Roi au grand couvert et que les gentilshommes servants sont en fonction, l'aumônier de la Reine dit le *benedicite* et les grâces, du côté droit, à la main droite du Roi. Lorsque la Reine donne à souper au Roi dans sa chambre, qui est ce qu'on appelle le petit couvert, l'aumônier de la Reine dit les prières entre le Roi et la Reine; et lorsque le Roi dîne ou soupe à son petit couvert dans sa chambre, son aumônier fait la prière à la gauche du Roi. Lorsque le Roi et la Reine soupent au grand couvert, servis chacun par leurs officiers, l'aumônier du Roi est à la droite du Roi et l'aumônier de la Reine à la gauche de la Reine. Je ne sais pas la raison de ces différents usages; mais on pourroit dire que dans la chambre du Roi l'aumônier est à gauche parce que c'est le côté du prie-Dieu du Roi, et qu'au grand couvert la place d'entre le Roi et la Reine est occupée par le grand maître, le premier maître d'hôtel ou le contrôleur; et que dans la chambre de la Reine, où il n'y a ni premier maître d'hôtel, ni contrôleur, l'aumônier fait la prière entre le Roi et la Reine pour être entendu plus facilement de l'un et de l'autre. Avant-hier ce fut M. de Nangis qui donna à la Reine ses livres. En l'absence du chevalier d'honneur, ce seroit à la dame d'honneur. On trouva le clerc de chapelle où il dînoit.

J'ai parlé de l'audience des députés de Genève. Je n'ai point marqué une circonstance que j'ai apprise depuis, c'est que leurs carrosses entrèrent dans la cour.

Du 13 septembre. — Le Roi tint hier conseil de dépêches; il l'avança d'un jour, car ce n'est ordinairement que le samedi. Comme ce conseil devoit être fort long et que le Roi vouloit aller tirer, S. M., après deux heures de travail, remit la séance au soir, et alla dans le petit parc, où il tua environ 400 pièces. L'affaire des avocats au conseil fut rapportée par M. le chancelier au conseil de dépêches. M. le chancelier ayant voulu faire un règlement pour abréger les procédures que l'on fait au conseil, ce règlement a excité des plaintes parmi les avocats; ils ont fait leurs représentations. On les a écoutées; mais comme ils ont vu qu'on n'y avoit pas l'égard qu'ils désiroient, ils ont déclaré qu'ils ne plaideroient plus. Sur cette révolte, on prit hier le parti de supprimer au conseil tous les avocats; il y en a 160. Le Roi en rétablira 60 seulement, ce qui est un nombre suffisant. Il y en a quelques-uns qui ont été plus sages et qui seront par conséquent du nombre de ceux qui seront rétablis; mais les 160 places sont toujours supprimées (1).

Du mercredi 17, *Versailles.* — M. de Vaulgrenant fut présenté hier au Roi par M. le Cardinal comme destiné à l'ambassade de Pétersbourg. M. de Vaulgrenant m'a dit qu'il n'y avoit encore rien de réglé pour ce qu'on lui donneroit; il a représenté que deux ambassadeurs de l'empereur s'y étoient endettés considérablement; un, M. de Rabuttin, qui y mourut au bout de deux ans, et qui se trouva y devoir 40,000 roubles. Le rouble vaut 5 livres. Il y eut ensuite M. de Wratislau, qui y fut apparemment plus longtemps, car il devoit 80,000 roubles; et M. le duc de Liria, ambassadeur d'Espagne à Pétersbourg, ayant été rappelé par le roi d'Espagne (je crois que c'étoit pour le mettre dans le conseil), se trouva endetté de 40,000 roubles; de sorte qu'il retardoit de jour à autre son départ. La czarine le sut, et eut la bonté et l'attention de faire payer cette somme de ses deniers.

On a remarqué que Mademoiselle, qui alla à Paris au commencement de la semaine dernière, n'est point encore revenue. En partant, elle avoit parlé d'une façon fort incertaine de son retour; mais cependant elle avoit dit

---

(1) Voyez les détails de cette affaire dans le *Journal de Barbier*, t. III, p. 138. Pour les nouvelles de cour, Barbier, qui est généralement bien informé, au moins du fait principal, est toujours en retard sur le duc de Luynes, et ce retard nous donne juste le temps que les bruits mettaient à arriver de la Cour à Paris. Pour l'affaire des avocats, au contraire, c'est le duc de Luynes qui est en retard sur Barbier.

qu'elle pourroit bien revenir samedi ou dimanche. On croyoit qu'il y auroit un voyage de la Meutte demain, mais cela est changé; le Roi prend médecine. S. M. part toujours lundi 22, et court le sanglier en arrivant. La Reine part le mercredi 24, et M. le Dauphin le 25.

Du lundi 22, *Versailles.* — Il y a quelques jours que le Roi dit à son souper que M. de Cambis, ambassadeur en Angleterre, lui mandoit qu'il y avoit dans ce pays-là une femme qui avoit 139 ans; qu'elle avoit le visage ridé et jaune, mais que d'ailleurs elle n'avoit aucune incommodité, marchant même sans bâton; que M. de Cambis avoit envoyé le portrait de cette femme à M. Amelot. Elle est cependant peinte avec un bâton.

Le Roi dit le même jour que le prince Ragotzki avoit été excommunié par le Pape. Il n'y a qu'environ deux mois que le roi d'Espagne lui donna la Toison d'Or qu'avoit le feu prince Ragotzki, son père.

J'appris avant-hier que M. le marquis de Fénelon avoit été fait conseiller d'État d'épée, à la place de feu M. de Bonac. Cette place vaut 5 à 6,000 livres d'appointements.

Le Roi est parti ce matin à huit heures et demie pour Fontainebleau; il chasse le sanglier en chemin. Les gendarmes étoient en bataille, le premier rang aligné au dernier des gardes françoises, et ils ont débouché entre les gardes françoises et la grille pour suivre le Roi. (Voir ce que j'ai déjà marqué plus haut pour ce débouché.)

Fontainebleau, vendredi 26. — Le 22, le Roi arriva ici comme j'ai déjà marqué. L'usage est que les chevau-légers fassent le dernier relai dans les voyages de S. M., de même que les gendarmes font le premier. J'ai déjà marqué que les chevau-légers marchent devant le carrosse au lieu que les gendarmes marchent derrière. Les cinquante maîtres de quartier doivent marcher immédiatement devant les chevaux du carrosse de S. M.; cela se pratique ainsi dans tous les voyages de grande cérémonie, comme les voyages de Paris; mais dans l'usage ordinaire il ne reste que quatre chevau-légers devant le carrosse, et le reste de la troupe est en avant. L'officier des chevau-légers qui commande le quartier se tient vis-à-vis la roue de devant, suivant le règlement. En 1725 ou 1726, M. de la Coste, sous-lieutenant des chevau-légers, ayant l'honneur de suivre le Roi dans un voyage, S. M. lui donna un ordre pour porter à la troupe. M. de la Coste n'ayant personne auprès de lui pour porter cet ordre, fut obligé de quitter son poste pour y aller lui-même. Cela parut un inconvénient que l'officier fût obligé de quitter son poste en pareil cas, et en conséquence on fit un arrangement qu'il y auroit un aide-major de brigade toujours à portée de l'officier, et que pour cela il se tiendroit à hauteur du postillon du Roi. Depuis 1725 ou 1726, cela s'est toujours pratiqué de même, et comme cette place à hauteur du postillon n'est occupée par personne, cela n'a souffert aucune difficulté. Lundi dernier, cet aide-major de brigade fut remarqué pour la première fois, et cet arrangement fut regardé par MM. les gardes du corps comme une innovation. M. de Picquigny, qui avoit monté à cheval pour recevoir le Roi, ayant été instruit de la nouvelle difficulté que l'on faisoit, prit le parti de faire deux mémoires, l'un pour M. le Cardinal, l'autre pour le Roi; il alla porter son mémoire à S. Ém., et lui rendit compte en détail de cette affaire, lui demandant permission de le suivre chez le Roi. Le Roi le fit entrer pendant le travail; il lut à S. M. le mémoire qu'il avoit fait, où il explique non-seulement la circonstance de M. de la Coste qui a déterminé à cet arrangement, mais la convenance que le commandant d'un corps ait auprès de lui un officier major pour porter les ordres à la troupe, et l'exemple même de ce qui se pratique dans les gardes du corps, le major ou aide major suivant toujours le Roi, quoique le capitaine soit derrière S. M. Le Roi écouta avec grande attention ce détail, fit plusieurs observations auxquelles M. de Picquigny répondit, et le Roi parut content de ses réponses.

M. le Cardinal arriva ici mercredi 24; il avoit couché chez M. le comte du Luc à Savigny; il y avoit même séjourné un jour. S. Ém. arriva ici sur le midi en fort bonne santé; il y avoit trois ou quatre jours qu'il n'avoit été à la garde-robe, mais la nuit du mercredi au jeudi il a été vingt-cinq fois à la garde-robe, et y a été encore dix ou douze fois cette nuit.

Le Roi soupa dans ses cabinets lundi et mardi, mais seulement avec des hommes; il paroît que son arrangement est d'aller quatre fois à la chasse par semaine et de souper deux fois dans ses cabinets. On ne croit point qu'il y ait de dames à ces soupers. Mme la princesse de Conty arriva ici le même jour que le Roi. Quoique ses fenêtres donnent dans le jardin de Diane, et que le Roi ait passé plusieurs fois devant en se promenant après souper, il n'est point entré chez elle.

Du dimanche 28, *Fontainebleau.* — On parle beaucoup depuis quelque temps du mariage de Mme la princesse de Lixin avec M. le marquis de Mirepoix; le public en est étonné, M. de Mirepoix n'ayant pas de rang; on ne dit pas même qu'on doive lui en donner à l'occasion du mariage. M. Bernard donne 20,000 livres de rente à M. de Mirepoix depuis la mort de sa femme, et il ne s'y est engagé qu'au cas qu'il ne se remariât pas (1). Mme de Lixin n'est pas riche. On dit cependant le mariage certain, et qu'elle est partie ou doit partir incessamment pour aller à Vienne.

M. le Cardinal alla travailler avec le Roi le même jour qu'il est arrivé. J'ai déjà marqué qu'il fut ce jour-là vingt-cinq fois à la garde-robe; il y fut encore dix ou douze

---

(1) Pierre-Louis de Lévis, marquis de Mirepoix, avait épousé en 1733 Anne-Gabrielle-Henriette Bernard, fille de Gabriel Bernard, dit le président de Rieux, et petite-fille du banquier Samuel Bernard. Elle était morte le 31 décembre 1736.

fois le jour suivant. Il s'est joint à ce dévoiement un vomissement qui fait beaucoup craindre; cependant il est mieux, ce matin, et a reçu N. S. Le vomissement a cessé, mais le dévoiement continue encore un peu; malgré cela, il a parlé d'affaires avec M. Amelot ce matin, et d'affaires importantes, à ce que m'a dit M. Amelot.

OCTOBRE.

L'archevêque de Bourges élu coadjuteur de Cluny. — Détails sur le séjour de la Cour à Fontainebleau. — Santé du Cardinal. — Siége de Belgrade. — Ambassade de Russie. — Mort de la duchesse d'Alincourt. — Présentation de l'évêque de Boulogne à la Reine. — Mort de M. de Bezenval. — Traitement de MM. de Brancas en Bretagne. — Musique de la Reine. — Travaux à Versailles et à Fontainebleau. — Mort du marquis de Choiseul.

Du mercredi 1ᵉʳ octobre, Fontainebleau. — On a reçu nouvelle ce matin, par un courrier de M. le cardinal d'Auvergne, que M. l'archevêque de Bourges (1) avoit été élu coadjuteur de Cluny. Ce n'est pas proprement ce qu'on appelle élection, c'est postulation. Les électeurs, c'est-à-dire les moines choisis de l'ordre de Cluny pour faire l'élection, n'ont point le droit d'élire un coadjuteur; il faut qu'ils demandent au Pape permission d'élire un tel pour coadjuteur, et on ne peut faire cette demande ou postulation que du consentement du titulaire. La différence qu'il y a de l'élection à la postulation, c'est que l'élection passe à la pluralité des voix, et il faut les deux tiers des voix pour la postulation. C'est M. l'archevêque de Sens (2) qui m'a expliqué aujourd'hui ce détail. M. le cardinal d'Auvergne a, je crois, représenté que sa santé ne lui permettoit plus de vaquer aux affaires de l'ordre de Cluny, et M. de la Briffe (3) avoit les ordres du Roi

---

(1) Frédéric-Jérôme de Royc de la Rochefoucauld.
(2) Jean-Joseph Languet de Gergy.
(3) Intendant de Bourgogne et conseiller d'État.

pour proposer M. l'archevêque de Bourges. M. le cardinal d'Auvergne est actuellement à Cluny, et M. de Bourges doit y être aujourd'hui ou demain. Cluny vaut environ 40,000 livres de rente, mais ce qui le rend plus considérable, c'est la prodigieuse quantité de collations. A l'égard du revenu, cela ne fera pas une grande augmentation à M. l'archevêque de Bourges, parce que le prieuré de la Charité qu'il a déjà est incompatible avec l'abbaye de Cluny; il faudra même une dispense pour garder ledit prieuré jusqu'à ce qu'il soit titulaire.

M. le Cardinal continue à aller un peu mieux; cependant le dévoiement n'est pas absolument cessé, et il y a encore des temps où le pouls n'est pas dans son état naturel; cependant il ne vit que de bouillon.

Du mardi 7, Fontainebleau. — La Reine fut le 2 à la chasse du Roi, et y fut encore hier. Le même arrangement subsiste ici comme l'année passée; mardi tragédie, jeudi comédie françoise, samedi italienne, lundi et mercredi musique, vendredi et dimanche jeux. La comédie et la musique commencent à six heures. Comme le Roi soupe ordinairement trois fois par semaine dans ses cabinets (j'avois marqué ci-dessus deux), ces jours-là la Reine ne s'habille point, et lorsqu'elle n'est point habillée elle entend la musique de dedans sa chambre; au lieu que les jours qu'elle est habillée, elle est dans son fauteuil en représentation dans la pièce où se font les concerts, qui est l'antichambre de la Reine.

Il y a quelques jours que le Père ministre des Mathurins me parla d'une difficulté qui lui avoit été faite l'année passée pour entrer à la toilette de la Reine; il ne s'y est pas présenté cette année; il prétend que ses prédécesseurs y entroient, et que comme desservant la chapelle il a en quelque sorte le titre d'aumônier du Roi; ils ont même je crois celui de chapelain, ou celui d'orateur perpétuel. Ils assistent à la messe du Roi en bas à genoux sur la dernière marche d'en bas de l'autel, et le ministre présente de l'eau bénite à LL. MM. à la tribune. Comme la toilette de la Reine se fait à présent dans sa chambre, au lieu qu'elle se faisoit auparavant dans le cabinet où S. M. dîne, soupe et joue, que la chambre de la Reine seroit trop petite, et que d'ailleurs l'heure de la toilette n'est guère convenable pour des religieux, il est vraisemblable que la Reine aimera mieux permettre que le Père ministre ait l'honneur de lui faire sa cour pendant son dîner.

M. de Tessé a été pendant quelques jours à la campagne chez M. Defarges, lequel commande à l'écurie de la Reine en l'absence du premier écuyer. La Reine n'est point sortie en carrosse pendant ce temps-là; mais s'il y avoit eu quelques ordres à donner pendant ce temps-là, ç'auroit été l'écuyer de quartier qui auroit pris l'ordre de la Reine et l'auroit donné au premier page. En l'absence de M. de Tessé et de M. Defarges, c'est le premier page qui commande à l'écurie, mais il ne prend pas l'ordre de la Reine.

M. le Cardinal est un peu mieux depuis quelques jours; il mange du potage mais point de viande; il se promène même depuis deux ou trois jours en carrosse, et doit partir demain pour aller à Issy, où il compte passer huit jours seulement et revenir à Fontainebleau. Cependant on doute un peu de l'exécution de ce projet de retour, d'autant plus que cette nuit dernière n'a pas été si bonne que les autres. On dit même comme certain qu'il y a eu un peu de dérangement d'estomac, et qu'il a pris des gouttes du général de la Motte (1).

J'entendis faire il y a quelques jours quelque détail de ce qui se passa le jour que M. le cardinal de Fleury reçut le viatique. La veille, non-seulement le dévoiement fut considérable, mais il avoit de la peine à cracher; une partie des médecins ne croyoient pas même qu'il passât la nuit; ils rendirent compte au Roi de son état, et S. M.

---

(1) Préparation spiritueuse dans laquelle entrait de l'or dissous dans de l'acide nitreux.

en fut extrêmement touchée et pleura. M. l'évêque de Mirepoix ayant parlé ce même jour à M. le Cardinal avec la liberté que donne un véritable attachement, S. Ém. se détermina volontiers à communier le lendemain; il n'auroit pu communier ce jour même à cause des vomissements, et d'ailleurs Dumoulin ne croyoit pas le danger si pressant que les médecins d'ici. Le lendemain, à six heures du matin, M. l'évêque de Mirepoix fut chez lui, et le vomissement étant arrêté et quoique la nuit eût été meilleure, S. Ém. résolut d'exécuter le projet de la veille; il s'étoit confessé au Père ministre, et croyoit que c'étoit lui qui devoit lui donner les sacrements, parce qu'effectivement les Mathurins sont curé primitif de Fontainebleau, parce qu'ils l'étoient d'Avon, et qu'anciennement Fontainebleau étoit de la paroisse d'Avon. Cependant, comme la plus grande convenance étoit que ce fût M. le curé, cela fut ainsi réglé. M. le Cardinal voulut que M. l'archevêque de Sens y fût présent, et dit que non-seulement il vouloit rendre ce devoir à l'évêque diocésain, mais en particulier à M. l'archevêque de Sens, pour qui il avoit estime et considération personnelle. Outre l'usage ordinaire de dire le *credo* avant que de recevoir N. S., il voulut faire une profession de foi tout haut; il étoit dans son lit, dans sa petite chambre, et malgré sa foiblesse on l'entendoit de dedans le cabinet qui est auparavant. Il dit donc qu'il avoit toujours été soumis à toutes les décisions de l'Église et à toutes ses constitutions contre Bayus, Jansenius et Quesnel, et nommément à la constitution *unigenitus*; qu'il mouroit dans les mêmes sentiments; que la pureté de sa foi et la droiture de son cœur lui faisoient espérer que Dieu le traiteroit avec miséricorde. C'est de M. l'évêque de Mirepoix que je sais ce détail. J'ai mis le sens des paroles plutôt que les paroles mêmes. Le Roi a été pendant cette maladie-ci, tous les jours deux fois chez M. le Cardinal; il paroît que S. M. lui marque plus d'amitié que jamais, et l'assemblage de plusieurs circonstances fait juger que les discours qui ont été tenus à Marly ne sont pas sans quelques fondements.

J'ai marqué ci-dessus que l'on parloit d'une conversationque Mademoiselle avoit eue avec le Roi ; personne ne sait le vrai de cette conversation, qui étoit tête à tête, mais voici ce qui a donné lieu aux réflexions présentes. Il est certain, comme je l'ai déjà marqué, que le 7 septembre (1), veille de la Vierge, le Roi eut une conversation, que l'on m'a dit même avoir été d'une heure et demie, avec le P. de Linières (2), lui ayant dit la veille qu'il ne se confesseroit pas mais qu'il l'enverroit querir, comme il fit. Il paroît que depuis la conversation avec Mademoiselle d'une part, et de l'autre avec le P. de Linières, indépendamment de ce qu'a pu dire M. le Cardinal dans le travail journalier, il y a eu plusieurs changements dans la façon de vivre du Roi. A Compiègne, le Roi soupoit tous les jours de chasse du cerf avec les dames, et leur donnoit des calèches pour aller à la chasse ; ici, il n'y a eu ni calèches, ni soupers qu'avec des hommes.

Du vivant de M. le comte de Toulouse, le Roi alloit souvent souper à la Rivière (3). Depuis sa mort, S. M. a retourné à Rambouillet, comme elle y avoit été de son vivant; cependant, il n'a été et n'est question d'aucun souper à la Rivière. Le Roi y a été une fois en revenant de la chasse du sanglier, tout botté et par occasion, le sanglier ayant été pris dans la Rivière. S. M. visita des changements que Mme la comtesse de Toulouse a fait faire dans son appartement. Mais quoique Mme la comtesse de Toulouse y soit établie sept ou huit jours après le Roi et qu'elle y donne à souper, quoiqu'il y ait trois jours dans la semaine que le Roi ne chasse point et où il seroit libre au Roi d'y aller, qu'elle soit venue ici exprès

---

(1) Dimanche, 7 septembre, veille de la Nativité de la Vierge.
(2) Son confesseur.
(3) Propriété du comte de Toulouse, près Fontainebleau.

avant-hier pour voir le Roi et la Reine, on ne parle point du tout que le Roi doive y retourner. Mme la princesse de Conty est établie ici du jour même que le Roi y est arrivé; Mademoiselle, sept ou huit jours après le Roi. L'appartement de l'une et de l'autre donne sur le jardin de Diane. Le Roi n'a été ni chez l'une ni chez l'autre après souper, pas même chez Mme la Duchesse (1). D'ailleurs, les différentes situations de la santé de M. le Cardinal se remarquent aisément sur le visage du Roi.

On eut hier des nouvelles de Hongrie. Les Turcs font actuellement le siége de Belgrade; ils ont en quelque manière surpris l'armée impériale, quoique M. de Lichtenstein n'en convienne pas; mais ce qui est certain c'est que les Impériaux ont été obligés de faire passer la Save à leur cavalerie fort promptement et de jeter leur infanterie dans Belgrade. L'armée impériale n'est point en bon état; elle manque de munitions, et cela parce que les entrepreneurs, qui sont des juifs, ne sont point payés. Les escadrons sont foibles et les bataillons encore plus, puisqu'au lieu d'être de 7 ou 800 hommes, ils ne sont pas de 150. Cet état justifie en quelque manière M. de Seckendorf, que l'on accusoit d'avoir fait périr l'armée par négligence et mauvaise foi. Il ne paroît pas que M. de Konigseck fasse beaucoup mieux cette année. Le général Walis est enfermé dans Belgrade.

Du mercredi 8, Fontainebleau. — M. le marquis de l'Hôpital, que l'on appeloit ci-devant marquis de Vitry, vient d'être nommé inspecteur de cavalerie.

M. le prince de Cantimir, envoyé plénipotentiaire de la czarine en cette cour, est arrivé ici aujourd'hui, et s'en retourne à Paris demain sans voir personne; l'on croit que c'est parce que M. le Cardinal n'y est pas. M. de Vaulgrenant, qui va en Russie, n'a de même que le titre

---

(1) Nous avons déjà dit quel était le rôle de ces princesses dans le commerce du Roi avec Mme de Mailly.

d'envoyé plénipotentiaire, quoique j'aie marqué qu'il ait le titre d'ambassadeur. On prétend que la raison qui fait que M. de Cantimir n'a pas le titre d'ambassadeur, et par conséquent M. de Vaulgrenant, c'est que le Roi ne reconnoît point la czarine pour impératrice de Russie, comme elle en prend le titre.

Du vendredi 10, *Fontainebleau.* — Le roi fut courre le cerf hier, et au retour de la chasse il vint se déshabiller, et repartit à six heures pour aller souper à la Rivière; c'est la première fois qu'il y ait été souper. S. M. n'avoit que deux calèches, à quatre personnes chacune; il y en avoit une où ils étoient cinq. Il n'y avoit point de dames avec le Roi; mais Mademoiselle étoit partie avant le Roi et avoit mené avec elle Mme de Mailly, Mme la comtesse de Gramont, M. du Bordage, M. le comte de Gramont et deux autres hommes. Il y eut un cavagnole avant le souper, qui recommença après souper, et qui ne fut pas long, car le Roi étoit rentré ici à une heure et demie après minuit; S. M. gagna 50 louis. A Compiègne, il en gagnoit autant presque toutes les fois qu'il jouoit à cavagnole. Il disoit ce matin qu'à Marly il n'avoit ni gagné ni perdu, pendant le voyage de Marly, que le dernier jour il gagnoit 200 louis; qu'il les avoit reperdus et avoit quitté aussitôt. Je ne mets cette circonstance que pour marquer la conduite du Roi au jeu.

Du dimanche 12. — Depuis le départ de M. le Cardinal, non-seulement le Roi a été souper à la Rivière, mais il a été chez Mademoiselle et chez Mme la princesse de Conty par le jardin; il y est resté peu de temps. Hier, S. M. ayant demandé à M. de Châtillon si M. le Dauphin iroit à la chasse du cerf, et M. de Châtillon lui ayant dit que M. le Dauphin n'iroit point, S. M. donna ordre sur-le-champ pour qu'il y eût une calèche et des relais pour Mademoiselle et Mme de Mailly, qui furent toutes deux à la chasse.

On croit que le prince Cantimir aura le titre d'ambassadeur, parce que, s'il n'avoit que celui d'envoyé plénipotentiaire, il n'auroit point d'audience particulière; par conséquent M. de Vaulgrenant aura le même titre. Quant à celui d'impératrice que prend la czarine, nous l'avons reconnu dans un traité fait en 1722, à ce que l'on m'a dit.

Du vendredi 17, *Fontainebleau.* — On vient d'apprendre la mort de Mme la duchesse d'Alincourt, qui est morte ce matin à sept heures; elle étoit fille de Mme la maréchale de Boufflers; elle avoit été dame du palais, et elle étoit depuis longtemps dans une grande piété; elle étoit fort gaie et fort aimable, et sera fort regrettée de ceux qui la connoissoient. Elle étoit boiteuse, et cependant d'une jolie figure; elle laisse un fils qui sera extrêmement riche, et qui doit hériter de tous les biens de la maison de Villeroy, M. le duc de Villeroy n'ayant point d'enfants, étant séparé d'avec sa femme depuis assez longtemps.

Le 15, M. le cardinal d'Auvergne et M. l'archevêque de Bourges arrivèrent ici de Cluny. J'ai déjà marqué quelque détail de ce qui s'étoit passé à Cluny, mais j'en ai appris depuis plus de circonstances.

Il y a trois manières différentes pour l'élection ou postulation d'un coadjuteur : l'élection unanime qui se fait en quelque manière par acclamation, le compromis et le scrutin. On sait ce que c'est que le scrutin; comme il pourroit être sujet à inconvénient, on prit le parti du compromis. Le chapitre nomme trois électeurs, lesquels en nomment dix autres, et celui qui a les deux tiers de ces treize voix est élu. On fait deux procès-verbaux de cette élection, l'un qui est envoyé à la Cour à M. de Saint-Florentin (1), et dans lequel il est dit que l'intendant a été présent, et un autre que l'on envoie à Rome, dans lequel il n'est pas dit un mot de l'intendant; ce seroit

---

(1) Secrétaire d'État qui avait la Bourgogne dans son département et l'expédition de la feuille des bénéfices.

même une nullité dans le procès-verbal s'il en étoit parlé. Le Pape peut refuser l'élection, mais cela n'arrive point ordinairement. On sait que l'abbaye de Cluny donne beaucoup de collations. L'évêque du Mans en a au moins autant, il nomme à presque toutes les cures de son diocèse; il a treize cents paroisses; il a outre cela sept à huit cents chapelles à donner.

Le 15, le Roi soupa dans ses cabinets au retour de la chasse; il y avoit dix-neuf couverts en comptant S. M. Mme la Duchesse y soupa. Le Roi avoit dit la veille à M. de Lassay de l'avertir et de lui dire qu'elle pouvoit amener avec elle cinq dames. Mme la Duchesse envoya aussitôt proposer ce souper à Mme de Mailly, qui répondit qu'étant de semaine elle ne pouvoit quitter le service de la Reine. Le lendemain Mme de Mailly fit ses excuses à Mme la Duchesse, qui parut un peu peinée du refus et lui dit qu'elle n'étoit pas glorieuse, qu'elle s'exposoit souvent à être refusée. Il fallut songer à la remplacer; Mme la Duchesse mena donc avec elle Mme la princesse de Conty, Mme d'Egmont, Mme de Châtillon, Mme de Boufflers et Mme de Fleury, M. le Duc, M. le prince de Conty, M. de Duras, M. d'Estissac, M. de la Rochefoucauld, M. le comte de Bavière, M. de Vaujour, etc.

C'est depuis quelque temps le nommé Moustier qui fait ces soupers; il étoit cuisinier de M. de Nevers avec des gages considérables et des conditions singulières de ne lui faire à souper que deux fois la semaine, d'avoir trois habits par an à son choix. Le Roi l'a voulu prendre; on l'a essayé à plusieurs soupers; il y a eu beaucoup de brigues de la part des officiers de la bouche du Roi, pour empêcher qu'il fût reçu, ne lui fournissant pas ce qui convenoit pour faire bonne chère. Les officiers de la bouche ne sont point nommés par le grand maître; mais par le premier maître d'hôtel.

Le souper fut assez gai. Le Roi but à la santé de toutes les dames, et trouvoit mauvais qu'on ne lui portât pas leurs santés. Le comte de Bavière (1), avec lequel il y a une ancienne plaisanterie de lui faire faire le baron allemand, ne fut point oublié. Le Roi voulut qu'il fît le baron, et l'attaqua de conversation; il lui dit : « M. le baron, vous n'étiez pas destiné pour la France, vous deviez aller en Espagne. » Effectivement la première intention de l'électeur étoit d'envoyer le comte de Bavière, alors chevalier de Bavière, en Espagne, avec un de ses enfants qui est mort. Le baron allemand répondit dans son baragouin, mais avec respect et attachement pour le maître et pour la nation. Le Roi lui dit : « Nous sommes bien aise d'avoir fait une aussi bonne acquisition. » Cette marque de bonté fut remarquée et mérite bien d'être écrite. Le Roi porta à Mme de Fleury la santé de M. le Cardinal. Après le souper, le Roi passa chez Mme la princesse de Conty, où il y eut un cavagnole qui dura une heure ou une heure et demie au plus. On croit que ce souper en annonce d'autres dans les cabinets, où les princesses seront avec d'autres dames, et que le Roi a voulu commencer par Mme la Duchesse.

Le 15, jour de Sainte-Thérèse, la Reine fut aux Loges entendre le salut; Mme la comtesse de Toulouse y vint de la Rivière; Mme de Mailly étoit à la suite de la Reine, et je m'y trouvai. Mme de Mailly s'approcha de Mme la comtesse de Toulouse, lui parla à l'oreille dans le jardin, où la Reine étoit allée se promener pour aller voir les recluses. Mme de Mailly reconduisit Mme la comtesse de Toulouse jusqu'à son carrosse dans la rue, lui baisa la main plusieurs fois et lui fit beaucoup d'amitié.

Du mercredi 22, Fontainebleau. — Le 15 de ce mois, M. l'évêque de Boulogne (2), qui est l'abbé de Devise, qui demeuroit à Cambrai et étoit fort attaché à M. de Fénelon, vint pour être présenté à la Reine; il avoit été présenté

---

(1) Lieutenant général en France, frère de l'électeur de Bavière.
(2) Augustin-César d'Hervilly de Devise; il avait été nommé évêque de Boulogne le 14 septembre précédent.

au Roi à Versailles dans le temps qu'il lui fit son remercîment, et cette présentation, suivant la règle et l'usage, avoit été faite en habit long. Je ne sais par quel hasard il n'avoit pas été présenté à la Reine en même temps; mais enfin il venoit pour être présenté, remercier et prendre congé en même temps. Il fut question de savoir si ce seroit en habit court ou en habit long. Comme présentation et remercîment, ce devoit être en habit long; comme prenant congé, ce devoit être en habit court, car tous les évêques, hors l'évêque diocésain, sont en habit court ici, et ne portent l'habit long que lorsqu'ils sont présentés comme évêques ou pour faire leur remercîment; enfin il fut décidé que M. de Boulogne étoit censé avoir fait son remercîment à la Reine dans le même temps qu'il avoit remercié le Roi, et il fut présenté en habit court.

J'ai marqué ci-dessus quelque détail de ce qui se passa lorsque M. le Cardinal reçut ici N. S. Il dit à M. de Mirepoix qu'il croyoit que dans des temps comme ceux-ci il convenoit qu'il fît une profession de foi plus étendue que celle que les évêques ont coutume de faire en pareil cas; il ajouta à voix haute qu'il regardoit la constitution *Unigenitus* comme règle de l'État ainsi que de l'Église, et qu'il mouroit comme le plus simple et le plus soumis des enfants de l'Église. Ceci n'est que pour ajouter à ce que j'ai déjà mis ci-dessus.

La santé de S. Ém. va très-bien depuis qu'il est à Issy. Le Roi lui écrivit lundi; on ne sait pas si c'est pour l'exhorter à ne point revenir ou pour satisfaire le désir qu'il en a; ce qui est certain, c'est qu'il compte d'être ici vendredi ou samedi.

Le 19 on apprit la nouvelle de la mort de M. de Bezenval (1), colonel des gardes suisses; ils étoient trois frères dont il étoit le dernier.

Le traitement que MM. de Brancas ont reçu en Bretagne

---

(1) On prononçait et on écrivait Beuzeval.

est des plus honorables. Mme de Rochefort, fille du marquis de Brancas, étoit partie après lui, mais devoit arriver avant lui à Rennes. Comme la femme du commandant ne va pas dans la ville faire des visites la première, mais seulement les rendre, les dames de la ville crurent que Mme de Rochefort suivroit le même usage, et ne voulant pas lui rendre les mêmes honneurs qu'à la femme du commandant elles résolurent d'aller toutes à leurs campagnes le jour de son arrivée. Mme de Rochefort en étant instruite, et, se doutant de l'embarras où seroit M. son père sur cette démarche de faire la première visite, elle résolut, avant l'arrivée de M. son père, d'aller chez toutes les dames. Cette attention de sa part réussit au mieux, toutes revinrent chez elles avec empressement; on lui envoya une députation du Parlement en conséquence d'une délibération où il fut dit que c'étoit contre la règle ordinaire et par considération personnelle. Ce fut un évêque qui porta la parole. Ce qui faisoit l'embarras de Mme de Rochefort, c'est que son mari est Breton, et qu'en qualité de membre des États, il ne lui est point dû d'honneurs. On envoya aussi une députation à MM. de Forcalquier et chevalier de Brancas pour les inviter à prendre séance dans une place honorable à l'assemblée des États; c'est encore contre la règle ordinaire, les étrangers n'y étant point admis.

Lundi 20, le Roi alla souper à la Rivière, après la chasse. S. M. avoit mené huit hommes avec lui, entre autres M. le duc de Duras et M. le comte de Gramont. Mademoiselle étoit partie devant avec Mlle de Clermont, Mmes d'Aumont, d'Antin, de Mailly et de Saint-Germain. Le Roi arriva tard; il fut environ trois heures à table. Il n'y eut point de jeu avant le souper; il y eut après souper un cavagnole, qui ne dura pas fort longtemps. M. le prince de Dombes et M. le comte d'Eu soupèrent avec le Roi. S. M. eut un peu d'indigestion la nuit et ne dîna point hier.

Du dimanche 26, Fontainebleau. — Le mercredi 22, Le Roi soupa dans ses cabinets au retour de la chasse. Mademoiselle, Mlle de Clermont, Mme de Mailly, Mme d'Antin avoient été en calèche à la chasse; elles soupèrent aussi dans les cabinets, et outre cela Mme de Saint-Germain et Mme la maréchale d'Estrées (1), quoique ces deux dernières n'eussent point été à la chasse. Après le souper, le Roi entra chez Mademoiselle, où il y eut un cavagnole qui ne dura pas bien longtemps.

On projette toujours un arrangement dans la musique de la Reine, mais il n'est pas encore exécuté. Cependant MM. les premiers gentilshommes de la chambre reçoivent les sujets qu'ils trouvent d'une certaine distinction; il y a déjà quelques mois qu'ils ont fait venir de Lyon Mlle Huquenot; elle est fille d'un peintre, et a une fort belle voix; elle a été reçue le 20 de ce mois à 3,000 livres d'appointements en tout. Je dis en tout parce que toutes les filles de la musique ont outre leurs appointements une gratification par concert; je crois que c'est 6 livres pour Marly y compris leur voiture, et 3 livres pour Fontainebleau, car à Versailles on ne donne point de ces gratifications; c'est-à-dire les musiciens de la chapelle qui n'ont point d'appointements pour la chambre ont pour Versailles les mêmes gratifications que pour Fontainebleau, et ceux qui ont des appointements pour la chambre n'ont de gratification qu'à Fontainebleau et à Marly. Ces appointements se donnent de deux façons différentes, ou c'est par brevet, et en ce cas c'est le secrétaire d'État de la maison du Roi que cela regarde; c'est-à-dire, le premier gentilhomme de la chambre ne peut les recevoir que du consentement du secrétaire d'État; au moins le secrétaire d'État le prétend ainsi, parce que c'est lui

---

(1) La maréchale d'Estrées servait aussi de complaisante au Roi : « Elle reçoit, dit d'Argenson, la Cour et Mme de Mailly à Bagatelle,... et s'en tient pour fort honorée. »

qui prend l'ordre du Roi et qui fait expédier les brevets ; ou bien le premier gentilhomme de la chambre fait un état des différentes gratifications pour les musiciens et musiciennes, et cet état est payé par le trésorier des Menus. L'usage n'est point que les filles soient de la musique de la chapelle, ni les ecclésiastiques de la musique de la chambre. Ainsi la fille du sieur de Caix, laquelle joue parfaitement bien la basse de viole, n'a pu être reçue à la chapelle et est à la chambre avec 1,000 livres sur l'état du premier gentilhomme de la chambre; et à l'égard du sieur Poirier, cette haute-contre dont j'ai parlé l'année passée, à qui M. de Rennes avoit fait prendre le petit collet et qui chantoit à la chapelle, sa voix s'étant trouvée assez belle pour être reçu à la chambre, on lui a fait quitter le petit collet.

L'on continue les ouvrages que l'on a entrepris à Versailles pour détourner les égouts qui se jetoient dans le canal. Le marché de ces ouvrages est fait à 600,000 livres, et il y a 3,600 toises d'aqueducs ; c'est de M. Gabriel que je le sais. Lorsqu'ils seront finis, l'on compte nettoyer le canal, et c'est dans ce temps que l'on croit que le Roi passera un temps plus long à Compiègne et à Fontainebleau ; mais il n'y a actuellement que 600 toises de faites de cet ouvrage.

Le Roi a arrêté depuis peu ici un projet auquel on travaillera immédiatement après le départ de S. M. ; c'est pour loger les chevaux de la grande écurie. Ils sont actuellement en un lieu nommé la Héronnière sur le bord du canal ; ce bâtiment est ancien et peu convenable ; le projet est de le jeter à bas ; mais comme le Roi veut bâtir dans la même place, il commence par faire faire tout à l'heure une aile du bâtiment projeté ; cette aile contiendra 150 chevaux, et on laissera subsister la Héronnière jusqu'à ce qu'on achève le projet. Il y avoit un autre projet qui étoit d'abattre la galerie d'Ulysse, qui est mauvaise et inutile, et qui donne sur la cour du Cheval blanc, et de rebâtir à la place, en s'étendant sur le jardin et augmentant par conséquent le logement qu'occupe M. le duc d'Orléans, qui est celui de la Reine mère. J'avois entendu dire au Roi qu'il ne songeroit à l'exécution de ce projet qu'après le bâtiment des écuries. Cependant M. le contrôleur général, ayant représenté que l'un et l'autre pouvoient se faire en même temps, on va commencer incessamment ce bâtiment. Il contiendra 43 logements; mais on ne fera dans cette année et la prochaine que les gros murs et cloisons, et d'une partie seulement. L'année d'ensuite, le Roi compte faire l'autre partie et les dedans de la première.

Vendredi 24, le Roi courut le cerf et soupa dans ses cabinets avec des hommes seulement.

Hier samedi M. le Cardinal arriva sur les cinq heures. Il avoit couché en chemin auprès de Corbeil chez un de ses secrétaires. Sa santé paroît bonne, et ses forces même assez bien revenues. Il mange tous les jours de la viande à dîner et s'en trouve bien. Il fut en arrivant chez la Reine, et étant rentré chez lui et s'étant déshabillé, le Roi y vint aussitôt qu'il fut prêt, au retour de la chasse, et resta enfermé environ trois quarts d'heure avec S. Ém.

On ne dit rien encore de certain sur le temps que durera le voyage, mais on commence à croire qu'il durera jusqu'au 28 de novembre.

Du mercredi 29, *Fontainebleau*. — Hier, M. le marquis de Choiseul, colonel d'un régiment d'infanterie, mourut ici. Il étoit fils de M. le marquis de Meuse et marié depuis quelques années avec la nièce de M. de Montmartel, dont il a deux garçons. La petite vérole lui prit dans l'appartement de M. de Bouillon; il fut transporté à la ville; il est mort dans son neuf. Comme M. de Meuse étoit chez lui en Lorraine, ses amis ont demandé le régiment pour le chevalier de Meuse, frère de M. de Choiseul, capitaine dans ledit régiment et chambellan du Roi de Pologne.

M. de Richelieu part ces jours-ci pour le Languedoc avec M"'° de Richelieu. Le traitement qu'elle doit faire aux femmes de la province et aux étrangères ne me paroît pas encore absolument décidé. M"'° la maréchale d'Estrées disoit hier au soir ici qu'en Bretagne elle n'avoit jamais donné la main à aucune femme de la province, qu'elle ne la donnoit pas même aux étrangères, ce qui est plus singulier; mais elle ajoute que c'étoit en les priant de vouloir bien permettre qu'elle en usât ainsi pour ne pas choquer les Bretonnes. M. de Richelieu ayant reçu une lettre de compliment du parlement de Toulouse, lui fit réponse, à ce que j'ai appris, dans ces termes : « Qu'il étoit avec un attachement inviolable, etc. » Le Parlement lui renvoya la lettre, et M. de Richelieu a été obligé d'en écrire une seconde, où il se sert du terme de respect.

M"'° la duchesse de Duras me contoit hier que lorsqu'elle fut en 1728 à Bruxelles, après la mort de son frère, M. le prince de Bournonville, sachant que l'usage étoit que toutes les femmes titrées ou non baisassent la main de l'archiduchesse, elle prit le parti de demander les ordres du Roi sur ce cérémonial avant son départ; elle alla trouver M. le Cardinal, et lui demanda quelles étoient les intentions de S. M., si la même personne qui avoit l'honneur de baiser la Dauphine (les femmes titrées ont cet honneur) devoit baiser la main de l'archiduchesse. M. le Cardinal lui dit que cela ne se pouvoit pas, et qu'elle pouvoit dire que c'étoit l'intention du Roi. M"'° de Duras se conforma à cette décision; elle en avertit la grande maîtresse, ainsi elle ne vit point l'archiduchesse.

J'ai marqué déjà l'attention que le Roi a à parler nonseulement aux courtisans, mais même aux étrangers; il parle souvent à M. de Lichtenstein. Il y a quelques jours que lui ayant demandé des nouvelles de M. le comte de Kinski, qui étoit ci-devant ambassadeur ici, il lui dit qu'on avoit été fort content de lui, mais qu'il ne pouvoit le regretter ayant un aussi digne successeur. Ce ne sont pas les termes, mais le sens seulement de cette preuve de bonté du Roi. Il avoit encore dit au même ambassadeur sur l'incertitude où il avoit été de venir en France, qu'il auroit été bien fâché que les arrangements de l'empereur eussent été différents, que nous y aurions perdu.

J'ai marqué aussi ci-dessus le jour que Mme la Duchesse a soupé dans les cabinets. M. le Duc me dit hier que ce fut M. le comte de Clermont qui fut chargé par le Roi d'avertir Mme la Duchesse de ce souper et de dire à M. le Duc de venir. M. le Duc n'étoit point dans l'usage de se présenter pour souper dans les cabinets. La première fois qu'il y soupa, ce fut à Compiègne cette année, où étant allé faire sa cour en arrivant de Chantilly, le Roi l'appela pour y souper. M. le Duc depuis s'y étoit présenté quelquefois, ne soutenant point la prétention que l'on dit que quelques princes du sang avoient d'avoir le droit de n'être point refusés. Mais à Fontainebleau M. le Duc n'y avoit jamais soupé; il dit donc au Roi qu'il se rendoit à ses ordres, qu'il n'avoit pas osé prendre cette liberté jusqu'à présent, qu'il se présenteroit quelquefois pour avoir cet honneur, puisque le Roi le trouvoit bon. Le Roi le reçut avec beaucoup de bonté, et lui dit qu'il avoit mal fait de ne pas se présenter plus tôt, et qu'il feroit bien d'y venir.

Du jeudi 30, *Fontainebleau.* — Hier le Roi, au retour de la chasse, alla souper à la Rivière. Mademoiselle, Mlle de Clermont, Mme la maréchale de Villars, Mme de Mailly et Mme de Chateaurenaud y allèrent avec Mademoiselle, qui les avoit fait avertir de la part du Roi. Mme la comtesse de Gramont étoit déjà à la Rivière. On a beaucoup raisonné sur ce que Mme de Villars étoit de ce nombre; il est certain que depuis le mariage de M. le comte de Toulouse elle n'avoit vu ni M. le comte ni Mme la comtesse de Toulouse; il y a même lieu de croire que c'étoit Mme la comtesse de Toulouse qui ne désiroit point la voir; cependant elle la vit à la mort de M. le comte de Toulouse, et il y avoit quelques jours que Mme la maréchale de Villars avoit été avec Mme sa belle-fille à la Rivière en visite. Malgré tout cela Mme la maréchale de Villars ne comptoit point être priée pour ce souper, et elle en fut étonnée elle-même. Le souper ne fut point extrêmement gai. Mme la comtesse de Toulouse ne se mit point à table; elle ne s'y est point encore mise depuis la mort de M. le comte, et elle a toujours l'air triste et affligée.

M. de Penthièvre servit le Roi dans le commencement du souper, et sur la fin ce fut Mme la comtesse de Toulouse qui le servit; elle lui présenta une assiette, des glaces et son verre. Il y eut un cavagnole après souper; c'est toujours la même personne qui est auprès du Roi pendant le cavagnole.

On croit avoir remarqué que le Roi va presque toutes les après-dînées chez Mademoiselle par le jardin de Diane; et c'est même dans une de ces petites visites qu'elle lui a parlé en faveur du chevalier de Meuse pour le régiment de son frère. Cela n'est pas encore déclaré.

Du vendredi 31. — Hier le Roi fut encore courre le cerf, ne voulant point le courre aujourd'hui à cause de la veille de la Toussaint. Il y eut souper dans les cabinets; c'étoit Mlle de Clermont qui prioit à ce souper, parce que le Roi lui avoit dit huit jours auparavant que c'étoit à elle à qui il vouloit donner à souper un tel jour. Mlle de Clermont pria donc Mademoiselle, Mme de Pizieux, Mme de Mailly, Mme d'Aumont et Mme de Chalais. Mme de Chalais étoit arrivée de la veille, un peu malade, et n'avoit pas encore vu la Reine; elle s'habilla exprès pour y aller, ne croyant pas convenable de débuter par un souper dans les cabinets.

Mme la maréchale d'Estrées me disoit, il y a quelques jours, que le jour qu'elle y soupa il avoit été question pendant le souper de la peine que l'on a naturellement à avouer ses fautes. Le Roi prit la parole et dit : « Pour

moi si j'en avois fait quelqu'une, je l'avouerois (1). »
Ce mot est d'autant plus remarquable qu'il est effectivement dans le caractère du Roi.

NOVEMBRE.

Affaire de M. de Mauriac. — Vol singulier. — Détails sur le séjour à Fontainebleau. — Indisposition du Roi. — Mort de l'abbesse de Jouarre. — Mme de Richelieu prend congé. — Les gimblettes pour les chiens. — Construction de Marly et de Trianon. — Départ de la Reine. — Démolition de la galerie d'Ulysse. — Arrivée du Roi à Versailles. — Lettre du Roi à Mme de Ventadour. — M. de la Trémoille et M. de Brancas.

Du samedi 1, Fontainebleau. — M. le Cardinal continue à se mieux porter depuis la mauvaise nuit qu'il a eue du 26 au 27 ; il a été se promener ces jours-ci, et même il fut avant-hier à la Rivière voir Mme la comtesse de Toulouse.

La Reine fit ses dévotions hier ; le Roi ne les fit pas, le P. de Linières n'étant arrivé qu'avant-hier au soir et même un peu malade. Cette raison même fit que M. le Dauphin ne se confessa point hier, car c'est le confesseur du Roi qui est celui de M. le Dauphin. Hier le Roi fut en bas aux premières vêpres. C'est M. l'archevêque de Bourges (2) qui y officioit ; il officiera encore aujourd'hui, et le P. Menou, Jésuite, prêchera ; c'est le premier sermon de l'Avent.

Du mercredi 5, Fontainebleau. — Samedi, 1er de ce mois et jour de la Toussaint, M. l'archevêque de Bourges officia.

_____

(1) Une dame qui étoit à ce souper soutint d'abord la thèse contraire, et dit que pour elle s'il lui arrivoit de faire quelque faute elle tâcheroit de la soutenir. Le Roi répondit aussitôt ce que je viens de marquer. Une des amies de cette dame lui ayant demandé pourquoi elle avoit soutenu une thèse aussi singulière, elle lui répondit qu'elle savoit bien ce qu'elle faisoit, qu'elle avoit été bien aise de donner occasion à une aussi belle réponse. Le fait est certain. (*Note du duc de Luynes*).

(2) Frédéric-Jérôme de Roye de la Rochefoucauld.

Le P. Menou prêcha et on fut fort content de son sermon et de son compliment qui furent courts l'un et l'autre et fort bons. Les vêpres en bas, à l'ordinaire. Il n'y eut point de vêpres des morts, la fête ayant été remise au lundi. Ce jour-là, le Roi déclara enfin l'arrangement du départ; M. le Dauphin partira le mercredi 19, la Reine le 20, et le Roi samedi 22 de ce mois.

On parle fort de l'aventure arrivée à Paris, il y a quelques jours; elle est d'un M. de Mauriac, gentilhomme de Franche-Comté, qui a assassiné sa maîtresse de plusieurs coups de couteau, et qui a été pris dans la chambre même auprès du corps mort (1). Il demeure ordinairement à Dole; il a eu un frère assassiné; il en a un autre qui est venu ici pour cette funeste aventure, et qui est un fort honnête homme. Leur père, qui étoit maréchal des logis de l'armée de M. de Vendôme, fut tué à Cassano en 1705. La mère est devenue folle de tous ces différents accidents.

Avant-hier lundi, l'on sut que le Roi avoit donné à M. de Montmorin le régiment qu'avoit M. de Choiseul (c'est un régiment d'infanterie de gentilhomme qui est de deux bataillons), et à M. le chevalier de Meuse le régiment de Forez qu'avoit M. de Montmorin, qui n'est que d'un bataillon.

On a fait un vol assez singulier à Paris; on a pris la fraise de la figure de Henri IV qui est sur le Pont-Neuf.

Il y eut dimanche doubles vêpres, et le Roi fut aux unes et aux autres.

La Saint-Hubert fut remise à hier, à cause des Morts; la Reine fut à la chasse et M. le Dauphin. Les trois dames du palais, Mmes de Chalais, d'Ancenis et de Mailly suivirent la Reine, et Mme la princesse de Rohan. Dans la calèche de la Reine étoient Mlles de Clermont et de la

---

(1) Voir le *Journal de Barbier*, tome III, page 147.

Roche-sur-Yon et Mme de Luynes. M. le duc de Penthièvre présenta au Roi le pied du second cerf.

Au retour de la chasse, le Roi soupa dans ses cabinets, mais il n'y avoit ni dames, ni princes du sang; il y avoit dix-neuf hommes sans compter le Roi. S. M. se coucha de fort bonne heure à son ordinaire; et cependant il se lève tard les jours qu'il ne va point à la chasse.

Du vendredi 7, Fontainebleau. — Hier le Roi devoit courre le cerf et souper dans ses cabinets. Mademoiselle devoit y souper avec Mlle de Clermont, Mme de Mailly, Mme d'Aumont, Mme la maréchale d'Estrées, Mme d'Antin et même, à ce que l'on croyoit, Mme de Saint-Germain. Je suis sûr des cinq premières. On croyoit même que ce souper pourroit bien être chez Mademoiselle, parce qu'en cas qu'il y eût quelque dame du palais de semaine, il seroit plus convenable qu'elles arrivassent chez Mademoiselle, le souper commencé, que dans les cabinets. Le Roi, qui avoit eu dès la veille un commencement d'indigestion eut même une espèce de bouffée de fièvre, ce qui l'empêcha de sortir; il prit du bouillon et du potage dans la journée. Comme les dames qui devoient être du souper n'étoient pas averties publiquement mais chacune en particulier, Mademoiselle leur manda seulement qu'elle soupoit chez elle, et qu'elle les prioit d'y venir. J'étois chez Mme d'Aumont quand on y vint de la part de Mademoiselle. Ce même jour, la Reine fut dès neuf heures du matin chez le Roi pour savoir de ses nouvelles. Mme de Luynes y fut à midi; le Roi étoit renfermé, et elle ne put le voir. J'y fus quelque temps après, et le Roi étant sorti dans sa chambre me fit l'honneur de me dire qu'il étoit venu pour voir Mme de Luynes et qu'il ne l'avoit plus trouvée. S. M. étoit de fort bonne humeur, malgré son incommodité; et comme il devoit aller chez la Reine, il dit à M. d'Harcourt qu'il falloit bien qu'il allât chez la Reine pour faire des excuses à Mme de Luynes, de ce que la dernière fois il ne s'étoit point retourné lorsque Mme de

Luynes le reconduisit, et de ce qu'il l'avoit laissée le suivre. Effectivement, en arrivant chez la Reine, ce fut la première chose qu'il dit à Mme de Luynes, qu'il lui demandoit bien pardon de ne s'être pas retourné pour l'empêcher de le suivre, que c'étoit une distraction; et lorsque Mme de Luynes le reconduisit, il se retourna sur-le-champ, en lui disant : « Madame, il ne faut pas faire la même faute qu'à la dernière fois. » Mme de Luynes crut devoir aller rendre compte de cette bonté du Roi à M. le Cardinal, lequel lui parla en même temps de la brouillerie qui est entre les princesses, et en parut fâché, disant en même temps que cela faisoit peu d'impression au Roi. L'année passée, Mme la princesse de Conty et Mademoiselle, qui naturellement ont du goût l'une pour l'autre, étoient assez unies. Cette année, Mademoiselle et Mlle de Clermont ne se quittent point. Mme la princesse de Conty et M. le Duc sont fort attachés à Mme la Duchesse et fort liés avec elle, aussi bien que Madame sa belle-fille. M. le comte de Clermont, qui est assez peu ici, voit aussi assez souvent Mme la Duchesse. Mlle de Sens n'est liée avec aucune, et Mlle de la Roche-sur-Yon est bien avec toutes. Il y a quelques jours qu'on lui proposa un souper dans les cabinets; elle demanda si c'étoit de la part du Roi, et comme c'est toujours de la part de Mademoiselle ou de Mlle de Clermont, elle s'excusa. Elle fut hier à la chasse avec Mme de Châtillon, Mme de Fleury et Mme de Montauban. Le Roi avoit chargé M. d'Aumont de le représenter dans sa calèche. M. d'Aumont effectivement monta dans la gondole du Roi sans nommer personne, comme de raison; les autres montèrent dans l'autre gondole, et le souper, qui étoit destiné pour les cabinets, fut porté à sept heures chez M. de Livry pour les chasseurs, à qui il proposa d'y venir.

Mlle de Clermont, qui avoit été jusqu'à présent fort liée avec M. le Duc, paroît n'y être plus si bien; il y a long-temps que Mademoiselle n'est pas bien avec M. son frère. L'attachement de Mademoiselle aux intérêts des légitimés l'a brouillée depuis longtemps avec Mᵐᵉ la Duchesse et M. le Duc.

Du 8, Fontainebleau. — L'incommodité du Roi n'a eu aucune suite ; il a couru le cerf aujourd'hui, et soupe dans ses cabinets. Il y a une table de quatorze couverts ; mais comme il fait gras, il n'a pas voulu se mettre à table. S. M. mange à une petite table seul, et a ordonné le souper le plus sain et le plus simple.

Du dimanche 9, Fontainebleau. — Mᵐᵉ l'abbesse de Jouarre mourut il y a huit ou dix jours; elle étoit Guémené, sœur de M. le prince de Montauban. Nous avons été quelques jours dans l'incertitude si on en prendroit le deuil ; ce n'étoit point l'avis de M. le prince de Rohan, qui a eu une sœur et une fille abbesses de la même maison, et dont on n'a point porté le deuil ; mais Mᵐᵉ de Montbazon a désiré qu'on le portât.

Du merdredi 12. — Avant-hier, le Roi, après avoir couru le cerf, soupa dans ses cabinets. Mademoiselle et Mˡˡᵉ de Clermont et Mᵐᵉ de Mailly allèrent toutes trois à la chasse dans une petite calèche fermée que le Roi vient de faire faire ; elles soupèrent ce même jour dans les cabinets, et outre cela Mᵐᵉ la maréchale d'Estrées, Mᵐᵉˢ d'Antin et de Saint-Germain. Il y eut un cavagnole chez Mademoiselle, devant et après le souper.

La Cour a été fort belle pendant tout le voyage. On a compté jusqu'à soixante-dix-sept dames en même temps ici, en comptant les dames d'honneur des princesses.

Du samedi 15, Fontainebleau. — Le 10, le Roi soupa dans ses cabinets, et il y avoit de dames Mademoiselle, Mˡˡᵉ de Clermont, Mᵐᵉ de Mailly, Mᵐᵉ la maréchale d'Estrées, Mᵐᵉ d'Antin et Mᵐᵉ de Saint-Germain. M. du Bordage y soupa aussi, il arriva même que la liste étoit faite ; le Roi le reçut avec beaucoup de marques de bonté et alla l'ajouter lui-même à la liste.

Le 13, le Roi, après la chasse, alla souper à la Rivière ; il joua à cavagnole devant et après souper. Les dames étoient Mademoiselle, Mlle de Clermont, Mme de Mailly, Mme de Montauban, Mme d'Antin, Mme de Chalais. Ce même jour, Mademoiselle, quoiqu'elle eût été saignée la veille, alla à la chasse, et y mena Mme de Mailly, Mme de Chalais et M. du Bordage. La Reine fut aussi à la chasse avec Mlle de Clermont, Mme la princesse de Conty et Mme de Luynes dans sa calèche, et dans la seconde Mmes de Montauban, de Boufflers, de Fleury et de la Vauguyon.

Le Roi continue toujours à aller presque toutes les après-dînées chez Mademoiselle; il y fut il y a quelques jours à quatre heures, avant le salut, et y resta près d'une heure; il y fut encore hier après midi, et y auroit même joué à cavagnole s'il s'étoit trouvé dans le moment des joueurs. Hier, Mademoiselle devoit souper chez Mlle de Clermont; elle arriva tout d'un coup à onze heures du soir chez Mme de Luynes, et y joua à cavagnole jusqu'à une heure. M. le Duc étoit venu souper chez Mlle de Clermont. Dans ce moment Mademoiselle partit avec Mme de Mailly et Mme de Saint-Germain, et entra chez Mme de Luynes. On continue à dire que M. le Duc n'est pas content de Mlle de Clermont parce qu'elle paroît d'une grande liaison avec Mademoiselle; cependant M. le Duc a été aujourd'hui chez Mademoiselle, où Mlle de Clermont étoit, et ce qui m'a paru de plus singulier, c'est que Mme de Mailly, qui y étoit aussi, a parlé à M. le Duc et même un peu sur le ton de plaisanterie.

M. le Cardinal continue à se bien porter; il s'en va lundi coucher en chemin, et de là à Issy. Je sais de quelqu'un d'extrêmement instruit que pendant l'absence de M. le Cardinal il a reçu des lettres du Roi remplies de la plus tendre amitié; c'étoit dans le temps que le Roi l'exhortoit à ne point revenir, par rapport à sa santé. M. le Cardinal même auroit montré ces lettres s'il n'y avoit pas eu quelques articles d'affaires particulières.

Du mardi 18, *Fontainebleau.* — Avant-hier, Mme de Richelieu prit congé, et partit le lendemain pour Montpellier; elle prit congé de la Reine avant de prendre congé du Roi. On avoit raisonné chez moi la veille sur ce qui étoit plus convenable de prendre congé du Roi avant la Reine ou de la Reine avant le Roi. On prétendoit que c'étoit un plus grand respect de prendre congé du Roi après la Reine, de même qu'en arrivant il convient de voir le Roi avant la Reine; cependant il me parut que tous les avis se réunissoient à commencer par le Roi dans toutes les marques de respect. Ce qu'il y eut de singulier quand Mme de Richelieu prit congé du Roi, c'est qu'il ne la salua point. Elle étoit avec Mme la maréchale d'Estrées, laquelle soutient que toutes les fois qu'elle est partie pour la Bretagne elle a toujours eu l'honneur de saluer le Roi. Mme de Richelieu attendoit toujours que le Roi fît quelque mouvement qui marquât que S. M. vouloit lui faire cet honneur, et elle crut ne devoir pas s'avancer dès que le Roi paroissoit ne vouloir pas la saluer. J'ai ouï dire que ceux qui étoient présents en furent surpris, qu'ils en raisonnèrent même sur-le-champ, et que le Roi s'étant approché d'eux voulut savoir de quoi ils parloient, et que lorsqu'on lui eut dit et qu'on lui eut cité l'exemple de Mme la maréchale d'Estrées, il dit qu'il étoit vrai qu'il l'avoit saluée, mais que c'étoit malgré lui.

Le dimanche 16, le Roi dîna à son petit couvert dans sa chambre suivant l'usage lorsqu'il ne va point à la chasse. Après le conseil, M. de la Trémoille s'étant trouvé dans le cabinet ovale qui est avant la chambre, et M. d'Aumont n'y étant pas encore, l'huissier appela M. de la Trémoille avant de laisser entrer personne; c'est l'usage ordinaire d'appeler avant personne le premier gentilhomme de la chambre en année, à son défaut celui qui s'y trouve, et toujours le grand chambellan de préférence lorsqu'il y est. Dimanche M. de Bouillon vint avant que le Roi se mît à table, et ce fut lui qui servit S. M. M. d'Aumont, qui arriva quelque temps après, se mit derrière le fauteuil; M. le Duc vint au milieu du dîner et ce fut lui qui donna la serviette à la fin du dîner ; tout cela est de règle ordinaire. La coutume est qu'au sortir du dîner, le premier maître d'hôtel qui entre dans le cabinet à la suite du Roi, donne à S. M. dans le dit cabinet deux cornets de gimblettes (1) pour les chiens. Lorsque le grand maître s'y trouve, le premier maître d'hôtel n'a rien à faire, et c'est le grand maître qui présente les gimblettes et qui prend l'ordre pour le souper ; et lorsqu'il n'y a ni grand maître ni premier maître d'hôtel, c'est le premier gentilhomme de la chambre ou le grand chambellan à qui les officiers de la bouche remettent les gimblettes pour les donner au Roi dans son cabinet. Dimanche, les officiers de la bouche donnèrent les gimblettes à M. le duc de Bouillon, sans faire attention que M. le Duc étoit là. M. de Bouillon les prit et les porta à M. le Duc, qui lui dit qu'il ne les vouloit point de sa main. M. de Bouillon le pressa avec politesse de les recevoir et M. le Duc les prit.

Hier le Roi courut le sanglier, et sur les six heures il entra chez Mademoiselle ; Mlle de Clermont, Mmes d'Antin, de Mailly et de Saint-Germain y étoient. Le Roi y joua à cavagnole jusqu'à neuf heures. Mademoiselle étoit à la gauche du Roi, Mme de Mailly étoit à sa droite et Mlle de Clermont vis-à-vis le Roi. Mme de Mailly quitta au bout de quelque temps, donna son tableau, et resta cependant à peu près à la même place où elle étoit. Mademoiselle quitta aussi quelque temps après, et Mme de Mailly reprit son tableau et sa place. Un peu avant neuf heures, M. d'Harcourt étant venu chez Mademoiselle, le Roi se leva, Mademoiselle passa devant le Roi et l'attendit à sa fenêtre en dehors. Le Roi s'approcha d'elle et lui parla tout bas un instant ; c'étoit pour un souper dans les cabinets pour aujourd'hui. J'étois présent pendant que le Roi

---

(1) *Gimblette* ou *Gimbelette*. Petite pâtisserie ronde, dure et sèche et ordinairement parfumée. (*Dictionnaire de Trévoux.*)

jouoit et lorsqu'il sortit. Il y a déjà plusieurs jours que le Roi a dit qu'il vouloit donner à souper à Mlle de Clermont, et en effet c'est elle qui envoie avertir pour le souper dans les cabinets. Les dames sont Mmes de Mailly, de Saint-Germain et Mme la maréchale d'Estrées; Mme d'Antin n'a pu y être parce qu'elle est de semaine.

Le Roi a déclaré ce matin qu'il avançoit son départ d'un jour. S. M. partira vendredi à dix heures du matin. Comme il vouloit être samedi à deux heures à Versailles, le grand froid (1) l'a apparemment déterminé à partir un jour plus tôt.

On commença à bâtir Marly en 1677 au mois de septembre. Le Roi chargea M. Mansart de lui chercher un endroit aux environs de Versailles où il trouvât de la vue, de l'eau et des bois. Le lieu où est situé le château parut favorable, et M. Mansart en rendit compte au Roi. Tout étoit bois; on prit un nombre prodigieux de paysans pour couper ces bois; on bâtit d'abord les douze pavillons tels qu'ils sont aujourd'hui, au moins pour le dehors; on éleva ensuite le pavillon du château, mais ce ne fut d'abord qu'une masse plus haute même qu'il n'est présentement, pour en voir l'effet. Marly fut continué les années suivantes. M. de Cotte (2), qui est contrôleur des bâtiments de Fontainebleau depuis quarante ans et qui l'est encore aujourd'hui, étoit alors à Marly avec son frère (3) et fut même pendant plusieurs années chargé des bâtiments; c'est de lui que je sais ce détail.

Trianon fut bâti en 1688; il y avoit un ancien château. Le Roi, ou plutôt M. Mansart, fit faire un grand salon ovale avec deux autres salons à côté, où est aujourd'hui le péri-

---

(1) « L'hiver a commencé ici de très-bonne heure; la gelée s'est fait sentir si vivement d'abord après la Saint-Martin (11 novembre) et si fort, que la plupart des glacières des particuliers autour de Paris ont été remplies avant la fin du mois. » (*Mercure* de novembre, page 2495.)

(2) Louis de Cotte, architecte, mort en 1742.

(3) Robert de Cotte, premier architecte du Roi, mort en 1735.

style ou galerie avec des colonnes; celui du milieu étoit un salon ovale; mais cette construction ne plaisoit point au Roi. M. Mansart alla dans ce temps-là aux eaux; pendant ce temps le Roi demanda à M. de Cotte (1) un dessin; M. de Cotte donna le dessin du péristyle tel qu'il est aujourd'hui (c'est de son frère qui est contrôleur de Fontainebleau que je sais ce détail). Le Roi ordonna à M. de Cotte de faire exécuter sur-le-champ ce dessin; M. de Cotte demanda au Roi permission de l'envoyer auparavant à M. Mansart; le Roi dit qu'il le vouloit bien, mais qu'il fît toujours travailler. M. Mansart manda au Roi que ce dessin ne valoit rien; mais son sentiment ni ses raisons ne firent aucune impression à S. M., et le dessin fut exécuté tel qu'il est aujourd'hui.

Du jeudi 20, *Fontainebleau.* — La Reine est partie ce matin, ayant dans son carrosse Mlle de Clermont à côté de S. M., Mme de Luynes vis-à-vis Mlle de Clermont, et Mme de Châtillon vis-à-vis la Reine, Mme de Mailly à la portière du côté de Mlle de Clermont, et Mme la princesse de Montauban à celle du côté de la Reine. Dès avant-hier, la Reine avoit permis que les dames qui devoient la suivre fussent en robe de chambre habillée.

Aujourd'hui le Roi a couru le cerf pour sa dernière chasse. J'appris hier, à l'occasion de la chasse, un usage que je n'avois jamais remarqué, et qui se pratique tous les jours; c'est que lorsque le Roi monte à cheval, en descendant de son carrosse, c'est le premier valet de pied du Roi en charge, et par conséquent de la grande écurie, qui tient l'étrier du Roi par droit de sa charge et préférablement à tout écuyer; au lieu que lorsque le Roi monte à cheval à un relai, ce sont les écuyers du Roi, ou à leur défaut un page, qui tiennent les étriers et la bride du cheval.

Hier le Roi dit qu'il iroit chez Mademoiselle à la nuit; effectivement, sur les cinq ou six heures il entra chez elle

---

(1) **Robert de Cotte**, neveu de Mansart.

et joua à cavagnole comme la veille, et le même arrangement pour les places ; cela dura jusqu'à neuf heures. Il y avoit pendant ce temps-là quatre autres tables de jeux chez Mademoiselle.

On a commencé dès hier la démolition de la galerie d'Ulysse (1).

Il paroît déjà certain qu'il n'y aura pas de voyage de Marly cet hiver, mais beaucoup de voyages de la Meutte. On parle même d'une nouvelle meute que le Roi tirera de plusieurs des siennes pour courre le daim dans le bois de Boulogne, et on dit que Mademoiselle et Mme de Mailly y monteront à cheval, et que les voyages seront de deux ou trois jours.

Du vendredi 28, *Versailles.* — Le Roi arriva ici vendredi 21 dans sa calèche neuve avec M. d'Harcourt, M. le Premier et M. de Coigny le fils ; il soupa au petit couvert avec la Reine ; Mme de Luynes resta pour servir LL. MM. Il n'a pas encore couché chez la Reine ; on croyait que ce seroit pour le retour de Fontainebleau ; on lui en avoit parlé au commencement de Fontainebleau, et il avoit résolu que ce ne seroit point pendant tout le voyage. M. le Cardinal étoit persuadé que ce seroit pour le retour.

S. M. courut avant-hier le daim dans Saint-Germain pour la première fois avec le nouvel équipage qu'il vient de composer tant de la meute du lièvre que de plusieurs autres. Les dames de semaine sont Mmes de Chalais, de Mailly et d'Ancenis ; il n'y avoit point de dames à cette chasse. Le Roi ne soupa qu'avec des hommes dans ses cabinets. J'avois vu la veille Mademoiselle à Paris, à l'hôtel de Toulouse, qui me dit qu'elle s'en venoit à Versailles pour s'en retourner le jeudi ; elle arriva effectivement ce jour-là, mais elle fut chez Mlle de Clérmont, où on étoit à table ; et pendant qu'elle soupoit sur

---

(1) La galerie d'Ulysse avoit été peinte par le Primatice et Niccolo del Abbate.

une petite table, le Roi arriva chez Mlle de Clermont, où il y eut un cavagnole qui dura environ une heure et demie ou deux heures.

C'est M. de Dampierre qui commande l'équipage du daim, parce que c'est lui qui commande l'équipage du lièvre, et ce sont les piqueurs de l'équipage du lièvre qui piquent à cette chasse avec l'uniforme vert, qui est celui du lièvre.

J'ai appris depuis quelques jours une circonstance du voyage de Fontainebleau. Dans le commencement du voyage, le Roi fut piqué étant à la chasse, d'une guêpe, dans la bouche. Cela n'eut d'autre suite qu'un peu d'enflure pendant quelques jours; mais c'en fut assez pour que Mme de Ventadour, qui est dans l'habitude d'écrire au Roi, lui marquât son inquiétude sur ce petit accident; et comme vraisemblablement dans cette lettre elle parloit de son âge, le Roi lui fit une réponse pleine d'amitié, dans laquelle il y avoit entre autres choses : « Il est fâcheux que de certaines gens vieillissent, » et : « Dieu merci, je n'ai pas un cœur pareil à ceux dont on nous accuse (1). »

---

(1) Copie d'une lettre du Roi à Mme la duchesse de Ventadour, de Fontainebleau le 11 octobre 1738. (C'est une réponse.)

« Dieu merci, maman, je n'ai eu que la peur de la mouche et fort peu de mal, car la douleur n'a pas duré un demi-quart d'heure, sans m'empêcher de courir comme si de rien n'étoit, et l'enflure n'a duré que quelques jours sans m'empêcher de manger, ce qu'à vous dire vrai je craignois beaucoup, devant ce jour-là essayer un cuisinier nouveau lequel est excellent. Pour le présent il n'y paroît plus du tout. Je me souviens fort bien de l'aventure de Mme de La Lande, mais l'endroit n'est pas si délicat, et de plus je suis un peu plus dur au mal qu'elle, peut-être même un peu trop à votre façon de penser, laquelle je ne désapprouve pas, connoissant le principe d'où cela part. Vous me connoissez parfaitement, chère maman, hé bien ! vous ne vous tromperez pas si vous êtes bien persuadée que ma reconnoissance ne s'effacera jamais de mon cœur, car, Dieu merci, je n'ai pas un cœur pareil à ceux dont on nous accuse.

« Nous avons eu une furieuse alarme pour le cardinal; heureusement elle est passée; il faut qu'il ait un tempérament d'airain. Dieu veuille présentement que par sa conduite il ne nous y fasse pas retomber sitôt; il est bien fâcheux que de certaines gens vieillissent. Les nouvelles que nous avons de lui depuis qu'il est retourné à Issy sont bonnes et m'ont fait grand plaisir, car il étoit fu-

M. de la Trémoille est revenu des États sur la fin du voyage de Fontainebleau, et M. de Forcalquier est arrivé ces jours-ci. Tout s'est passé avec grande politesse et même grande union entre eux. M. le marquis de Brancas a eu la gratification ordinaire de 10,000 écus; il n'en étoit dû aucune à Mme de Rochefort, sa fille, parce qu'il faut que ce soit la femme du commandant pour que les États donnent une gratification; et quand les États en donnent, elle ne doit jamais aller à 10,000 francs; cependant Mme de Rochefort en a eu une de 12,000 livres.

J'appris il y a quelques jours une circonstance à l'occasion de M. de Brancas. Il a été deux fois en Espagne; à son dernier voyage, la cour d'Espagne étant extrêmement contente de lui (c'étoit pendant la Régence), le roi et la reine d'Espagne écrivirent ici à M. l'évêque de Fréjus pour le prier d'engager le Roi à faire M. de Brancas duc. M. de Fréjus répondit au roi d'Espagne qu'il étoit impossible de faire ce qu'il désiroit, que M. le Duc sollicitoit la même grâce pour M. de Prie, que le Roi ne la vouloit point accorder et qu'il seroit embarrassé de donner cette préférence à M. de Brancas. Le roi d'Espagne fut extrêmement choqué de ce parallèle, et dicta une lettre fort vive, à la fin de laquelle on prétend qu'il mit de sa main ces mots : « Il n'y a que votre caducité qui puisse faire pardonner l'imbécillité de votre réponse. »

---

rieusement accablé quand il est parti par la quantité d'importuns qui l'étoient venus voir. Je vous charge d'embrasser mes enfants de ma part; elles m'ont écrit et je ne leur ai pas répondu; cela n'est pas trop bien à moi, mais j'ai autre chose à faire, et cela viendra avec le temps. Je vous embrasse, maman, de tout mon cœur, et attends le moment de vous revoir avec bien de l'impatience, quoiqu'à vous dire vrai je m'amuse beaucoup ici et m'y trouve par conséquent fort bien. Ma fille a été un peu incommodée, à ce que j'ai appris, mais Dieu merci cela n'a pas eu de suite. Le bon Dieu nous les conservera s'il lui plaît, puisqu'il nous les a envoyées. »

DÉCEMBRE.

Liaison du cardinal de Fleury et de Mme d'Ancezune. — Voyages à Madrid et à la Meutte. — Présentation de la duchesse de Beauvilliers. — Mariage de Mlle de Mancini. — Charge de premier aumônier du cardinal d'Auvergne. — Le Roi mange debout chez la Reine. — Le P. la Taste nommé évêque de Bethléem. — Mort du primat de Pologne. — Bal chez Mesdames. — Représentation d'*Andromaque*. — Usage de saluer la nef abandonné. — Retour du Cardinal à Versailles. — Exécution de M. de Mauriac. — Maladie de Samuel Bernard. — Mort du duc Ferdinand de Bavière. — Maladie de la princesse d'Auvergne. — Bal chez le Dauphin. — Entrée du prince de Lichtenstein; audience du Roi. — Audience du prince Cantimir. — Mme de Mailly et ses sœurs. — Fêtes de Noël. — Mort de l'évêque de Soissons. — Deux cent huit cerfs pris par le Roi. — Maladie de Madame septième. — Mort de M. Trudaine.

Du lundi 1er décembre, Versailles. — Le 28 novembre, le Roi soupa au grand couvert avec la Reine, et après souper il descendit chez Mademoiselle, et y joua à cavagnole jusqu'à une heure et demie; c'est ce qu'il n'avoit pas encore fait, n'allant jouer ordinairement que lorsqu'il a soupé dans ses cabinets.

Madame d'Ancezune, fille de M. de Torcy, a été pendant deux ou trois jours ici, pendant lesquels elle a eu plusieurs conversations avec M. le Cardinal. Elle en eut sûrement une jeudi ou vendredi dernier, qui dura même assez longtemps, et qui paroissoit plaire à M. le Cardinal. Elle a vu peu de monde pendant son séjour ici, et on croit que c'est S. Ém. qui a désiré qu'elle y vînt. J'ai déjà marqué ci-dessus qu'au retour de Marly, M. le Cardinal lui avoit donné rendez-vous ici en arrivant; il est certain qu'ils sont depuis longtemps en commerce de lettres ensemble. Dans le temps qu'elle étoit en Provence, M. le Cardinal lui écrivoit souvent, et des lettres fort remplies d'amitié. Lorsque M. Chauvelin fut renvoyé, M. le Cardinal lui manda que le Roi avoit été obligé de renvoyer un de ses amis (à elle); il y avoit ces termes : « Il s'en« nuyoit de ce que je vivois trop longtemps, c'est un « défaut dont je n'ai pas envie de me corriger sitôt. »

C'est quelqu'un de sûr qui a vu la lettre et qui l'a dit à Mme de Luynes. On raisonne ici sur cette grande liaison avec Mme d'Ancezune ; on a cru pendant quelque temps que c'étoit pour M. de Torcy pour une place dans le conseil ; d'autres gens ont pensé que c'étoit pour une place de dame du palais pour elle, et que Mme de Fleury le seroit en même temps. Il se peut faire sans toutes ces raisons que Mme d'Ancezune étant aimable et ayant de l'esprit, étant connue de M. le Cardinal par M. de Torcy et par Mme de Lévis, de qui elle étoit fort amie, sa conversation plaise à S. Ém., et qu'il cherche les occasions de la voir.

Le Roi a avancé d'un jour le conseil de finances et l'a tenu ce matin à huit heures et demie ; il est parti ensuite pour aller courre à Saint-Germain, d'où il va à la Meutte. Mademoiselle va à Madrid avec Mlle de Clermont, Mme de Beuvron, Mme de Mailly, Mme la maréchale d'Estrées et Mme la duchesse d'Antin. S. M. doit demain courre le daim dans le bois de Boulogne avec le nouvel équipage dont j'ai parlé, et revenir ici mercredi. M. d'Angervilliers, qui doit travailler ce jour avec le Roi, avoit dit à S. M. qu'il n'y avoit rien dans son travail de mercredi qui ne pût fort bien se remettre deux jours, mais le Roi a dit qu'il vouloit travailler mercredi ; on croit qu'il s'en retournera le même jour à la Meutte, et qu'il y restera jusqu'à vendredi. Ce qui est certain, c'est que M. le Cardinal est parti ce matin pour Issy et ne revient que vendredi.

Mme la duchesse de Beauvilliers, fille de M. de Creil et belle-fille de M. de Saint-Aignan (lequel s'est démis de son duché en faveur du mariage), fut présentée hier par Mme la duchesse de Rochechouart, nièce à la mode de Bretagne de son mari. Mme de Rochechouart est Beauvau et veuve du fils aîné de M. de Mortemart, lequel avoit épousé en première noce une des filles de M. le duc de Beauvilliers. Mme de Beauvilliers fit hier une faute par ignorance dans sa présentation ; après avoir fait sa révérence à la Reine, qui étoit debout, et baisé le bas de sa robe, la Reine s'étant assise, Mme de Beauvilliers s'assit à la première place auprès de la Reine et au-dessus de Mme de Luynes. La surintendante ou la dame d'honneur, ou la dame d'atours, lorsqu'elle a le droit d'être assise, doit toujours être à la première place dans la chambre de la Reine après les princesses du sang.

Du samedi 6, Versailles. — Le voyage de la Meutte a été tel qu'il est marqué ci-dessus. Les deux princesses étoient en calèche avec Mme de Beuvron et Mme de Mailly. Mme la maréchale d'Estrées et Mme d'Antin étoient dans un vis-à-vis. Les dames soupèrent avec le Roi le lundi et le mardi; après souper, cavagnole et ensuite papillon. Le mercredi, le Roi partit de la Meutte et n'arriva ici que sur les six heures; il avoit mandé qu'il souperoit au grand couvert; mais il ne soupa point, et travailla avec M. d'Angervilliers en arrivant. Le lendemain, S. M. fut courre le cerf à Verrières, et au retour soupa dans ses cabinets. Il se mit même à table une heure plus tôt qu'il n'avoit dit. Il y avoit à ce souper douze hommes et six dames, les deux princesses qui avoient été à la Meutte, Mme la marquise de Ruffec, Mme de Mailly, Mme de Chalais et Mme de Talleyrand.

J'ai oublié de marquer ci-dessus, dimanche 30 du mois passé, qu'au sermon du P. de Menou, Jésuite, prédicateur de l'avent, M. d'Harcourt, étant seul derrière le fauteuil du Roi, M. de Souvré, maître de la garde-robe, se mit à côté de lui.

Depuis deux jours, MM. les cardinaux de Rohan et d'Auvergne étant absents, et les deux aumôniers de quartier étant hors d'état de servir, l'un par maladie, l'autre par accident, un chapelain du Roi fait les fonctions d'aumônier. Hier matin au prie-Dieu ce fut M. le cardinal de Polignac qui les fit; il est ici depuis deux jours pour demander l'agrément du Roi et donner part du mariage de son neveu avec Mlle de Mancini. Une circonstance assez singulière dans ce mariage c'est que les pères et mères des deux côtés sont brouillés ensemble ; c'est-à-dire les maris avec les femmes, de sorte que c'est M. le cardinal de Polignac qui a été donner part à Mme de Mancini et M. de Mancini à Mme de Polignac. Mme de Mancini est sœur de M. le maréchal de Noailles; elle avoit épousé en premières noces, M. de Louvois. Elle a déclaré qu'elle ne signeroit point au contrat.

Hier on parloit beaucoup de la charge de premier aumônier de M. le cardinal d'Auvergne dont il a été en marché avec M. l'abbé de Fitz-James. Cette charge ne vaut que 7 à 8,000 livres, à ce que me dit hier M. de Bouillon ; on m'avoit dit 12,000. M. le cardinal d'Auvergne l'a achetée 100,000 écus, comme je l'ai, je crois, marqué ci-devant; il a un brevet de retenue de 200,000 livres. On donnoit le même brevet de retenue à M. l'abbé de Fitz-James, et il la payoit le même prix de 100,000 écus; tout étoit convenu entre eux; il ne s'agissoit que des fonctions de la charge que M. le cardinal d'Auvergne vouloit réserver sa vie durant. Le Roi n'a pas voulu permettre que tous deux pussent exercer, et M. le cardinal d'Auvergne n'a pas voulu renoncer à l'exercice dès ce moment.

Du jeudi 11, *Versailles.* — Dimanche 7, il n'y eut point de sermon, étant remis au lundi à cause de la fête de la Conception. Le lundi, le Roi après le sermon entendit en bas les vêpres chantées en haut par les chantres de sa musique; ce que l'on peut remarquer, c'est qu'il n'y avoit point d'évêque qui officiât, et que les aumôniers du Roi étoient en habit court : c'est l'usage en pareil cas; mais cela arrive rarement.

Hier le Roi, après avoir couru le cerf, revint ici et entra chez la Reine mangeant un morceau de pain. La Reine étoit à table au rôti, et il dit à la Reine qu'elle lui feroit plaisir de lui donner une aile de poulet. M. de Châlmazel voulut aller quérir un couvert, mais le Roi voulut manger debout, et s'en alla même en achevant ce petit repas. S. M. monta dans ses carrosses, et alla souper à Madrid chez Mademoiselle; elle y étoit dès la veille avec Mlle de Clermont et Mlle de la Roche-sur-Yon. Les dames sont Mme de Mailly, Mme de Beuvron et Mme la Maréchale d'Estrées. Il y a aujourd'hui dans le bois de Boulogne une grande chasse de daim, à laquelle ces dames sont en calèche.

Du samedi 13, Versailles. — Le Roi, après avoir dîné à la Meutte avec des hommes, revint ici sur les six heures, alla chez la Reine, tint conseil de dépêches, et S. M. ne soupa point. Aujourd'hui, après avoir couru le cerf, le Roi soupe dans ses cabinets, mais avec des hommes seulement.

Il y a environ quinze jours que le R. P. la Taste (1), Jésuite, a été nommé à l'évêché de Bethléem. C'est M. de Nevers qui nomme à cet évêché, mais il ne nomme que des sujets agréables au Roi.

Il y a environ un mois que l'on sait la mort du primat de Pologne; il n'a pas joui un an de l'abbaye de Cercamp, que le Roi lui avoit donnée en considération des grands services qu'il avoit rendus dans le temps de l'élection du roi Stanislas.

Du lundi 15, à Versailles. — Avant-hier le Roi, après avoir soupé dans ses cabinets alla chez Mademoiselle, où il joua au papillon jusqu'à trois heures et demie.

Hier il y eut sermon à l'ordinaire. M. d'Harcourt étoit seul derrière le Roi; M. de Charost se mit à côté de M. d'Harcourt; j'ai déjà marqué ci-dessus que c'est un ancien droit qu'il a conservé, mais dont il fait usage rarement.

Hier fut le second bal; c'étoit chez Mesdames; la Reine y fut sur les sept heures. On est toujours étonné de voir Mesdames portées dans leurs chaises jusqu'à la porte de la

---

(1) Louis La Taste.

chambre de la Reine où est son lit, et leurs chaises les attendent dans cette même pièce, qui est le cabinet de la Reine, pendant que la chaise de la Reine n'attend jamais S. M. qu'à la porte de ses cabinets, soit du côté de la galerie, soit du côté de l'antichambre de la Reine. La Reine passe toujours son cabinet ou son salon à pied pour monter dans sa chaise à la porte en dehors. La Reine alla au bal et en revint dans sa chaise; Mlle de Clermont vint chez Mesdames, et Mlle de la Roche-sur-Yon étoit déjà au bal. Au sortir du bal, ces deux princesses suivirent la Reine dans leurs chaises dans la galerie d'en haut qu'on appelle la galerie des Princes, où personne ne va en chaise que les enfants de France et leur gouvernante. Les deux chaises des princesses suivant immédiatement la chaise de la Reine, les dames de S. M. ne marchoient qu'après les porteurs de Mlle de la Roche-sur-Yon, et par conséquent le service de la Reine étoit coupé; cependant il est certain que l'usage est différent de la Reine par rapport au Roi, car lorsque le Roi vient dans la chambre de la Reine avant le souper, et qu'il passe ensuite pour s'aller mettre à table, la Reine, au lieu de suivre immédiatement la personne du Roi, ne passe elle-même qu'après le service du Roi, c'est-à-dire après le capitaine des gardes, le major, et même quelques charges ou courtisans qui accompagnent le Roi (1).

Il y avoit hier quatre fauteuils au bal pour M. le Dauphin et Mesdames. Dans le moment que la Reine arriva on ôta tous les fauteuils, et on n'en laissa qu'un pour S. M.; mais ce qui mérite d'être remarqué, c'est que, lorsque M. le Dauphin ou Mesdames dansoient les menuets ou les danses figurées, tout le monde se tenoit debout. Il est constant que le respect d'usage est de se tenir debout en pareil cas. Lorsque le feu Roi dansoit, ou la Reine, tout

---

(1) A l'égard des courtisans cela ne devroit pas être. (*Note du duc de Luynes.*)

le monde se tenoit debout ; nous voyons même dans les mémoires de M. de Dangeau que le Roi fit l'honneur à la reine d'Angleterre de se tenir debout lorsqu'elle dansoit ; mais lorsque le Roi ou la Reine étoient présents au bal et que Monsieur ou Madame, ou quelques fils, petits-fils, filles ou petites-filles de France dansoient, il n'y avoit que les officiers ou dames attachés à leurs personnes qui se tinssent debout. Suivant cette règle, M. le duc de Châtillon et ceux qui sont attachés à l'éducation de M. le Dauphin auroient dû se tenir debout lorsque M. le Dauphin dansoit, et ainsi de Mme de Tallard pour Mesdames. Dans les contre-danses, quoique M. le Dauphin et Mesdames dansassent, tout le monde demeuroit assis, mais c'est l'usage. Pour nommer les danseurs ou danseuses qui doivent alternativement danser, c'est M. de Châtillon, chez M. le Dauphin, et Mme de Tallard, chez Mesdames; et lorsque le Roi ou la Reine y sont, le gouverneur et la gouvernante, ainsi que je l'ai expliqué, prennent les ordres du Roi ou de la Reine à chaque danse, hors dans les contre-danses où le détail seroit trop long, et alors ils nomment eux-mêmes. L'usage ordinaire subsiste aussi qu'il n'y a que gens titrés qui dansent avec Mesdames les menuets ou danses figurées. Cependant, M. de Monaco, fils de M. de Valentinois, dansa un menuet avec Madame; quoique souverain, il n'a nul rang en France.

Du jeudi 17, Versailles. — Avant-hier le Roi après la chasse soupa dans ses cabinets; il y avoit douze hommes en comptant S. M. et six dames, Mademoiselle, Mme de Clermont, Mme d'Antin, Mme d'Aumont, Mme de Montauban et Mme de Ségur. Mme d'Antin et Mme de Montauban n'étoient point de semaine ; le Roi a l'attention pour la Reine de ne point déranger son service en donnant à souper aux dames du palais de semaine.

Hier on joua la tragédie d'*Andromaque*. Autrefois aux comédies, du temps de Mme la Dauphine, dans les entre-actes, les hommes qui pouvoient être vus de Mme la Dauphine se levoient presque toujours; cet usage de respect n'est plus suivi aujourd'hui.

Il y a encore un autre usage de respect, qui paroît s'oublier tous les jours; c'est les révérences des hommes au Roi et à la Reine, aux arrivées, départs et remercîments. Ces révérences se faisoient toujours par une inclination profonde et portant la main presque jusqu'à terre. Quelques anciens courtisans le pratiquent encore; j'ai vu l'usage ancien régulièrement observé, et tous les jours je vois les révérences surtout à la Reine n'être pas plus respectueuses, quelquefois même pas autant, qu'on les feroit à un premier ministre.

Il y a encore un autre usage aussi de respect, mais presque entièrement abandonné. Lorsque le Roi soupe au grand couvert, la nef (1) est dans la salle des gardes; actuellement c'est dans la salle des gardes de la Reine, parce que le Roi ne soupe au grand couvert dans les lieux où est la Reine que dans l'antichambre de la Reine (2). L'une et l'autre nef sont gardées par deux ou trois gardes du corps sous les armes; toutes les dames en passant devant la nef pour aller au souper du Roi faisoient une profonde révérence, et je l'ai vu faire encore aux dames de l'ancienne cour, mais cela ne se pratique plus (3).

M. le Cardinal ne revint ici que dimanche dernier. Sa santé paroît entièrement rétablie; il travaille comme à l'ordinaire, mange bien et n'a aucun ressentiment de ses incommodités. Il disoit aujourd'hui à son dîner qu'on lui avoit prédit qu'il vivroit jusqu'en 1750.

---

(1) La nef était une pièce d'orfèvrerie, ordinairement en vermeil, qui avait la forme d'un navire démâté; on y enfermait entre des coussins de senteur les serviettes du Roi et de la Reine.

(2) La nef du Roi est sur une table, et celle de la Reine sur une autre dans cette même salle. (*Note du duc de Luynes.*)

(3) On peut regarder encore comme une marque de respect la révérence que les dames faisoient au lit du Roi en passant par sa chambre à coucher, et même plus anciennement dans le grand appartement au lit de parade qui y étoit. (*Note du duc de Luynes.*)

J'ai parlé ci-dessus de l'affaire de M. de Mauriac; il fut condamné il y a quelques jours à avoir le col coupé, et il fut exécuté avant-hier.

Le chevalier Bernard, connu par ses grandes richesses, son grand crédit et les services qu'il a rendus à l'État et en dernier lieu dans l'affaire de Pologne, a été à la dernière extrémité; on espère cependant qu'il en reviendra; il a quatre-vingt-sept ou huit ans. On prétend que son bien monte à environ vingt-huit millions.

Du vendredi 19, *Versailles*. — J'ai appris aujourd'hui que le Roi avoit réglé que lorsque LL. MM. ne seroient point au bal et que M. le Dauphin y seroit, Mesdames mêmes en dansant lui rendroient le même honneur qu'elles rendent au Roi et à la Reine, qui est au premier tour des menuets ou danses figurées d'avoir l'attention de ne point tourner le dos.

Le Roi soupa hier dans ses cabinets avec des hommes seulement; après le souper il alla chez Mademoiselle, où il y eut un cavagnole et plusieurs autres jeux.

Du dimanche 21. — Nous apprîmes hier la mort du duc Ferdinand de Bavière, frère de l'électeur; on n'en a pas encore donné part.

Je viens d'apprendre que l'Université de Paris rétracte son appel et qu'elle a envoyé ici quatre députés pour en rendre compte au Roi.

Mme la princesse d'Auvergne, Mlle de Trente, veuve du prince d'Auvergne autrefois le chevalier de Bouillon, est à l'extrémité; elle est tante de M. le duc de Bouillon, grand chambellan; elle a toujours été fort attachée aux jansénistes. Le Roi a dit aujourd'hui au sortir du sermon qu'elle s'étoit rétractée de tous ses sentiments; S. M. a même dit en badinant qu'elle avoit fait abjuration.

Le bal a été aujourd'hui chez M. le Dauphin. Le Roi y est descendu et la Reine aussi. M. le Cardinal y a été aussi pendant quelque temps avec M. le cardinal de Rohan, mais ils étoient derrière tout le monde. Non-seulement la maison de M. le Dauphin et celle de Mesdames se sont tenues debout pendant qu'ils ont dansé, quoique le Roi fût présent, mais même Mademoiselle, qui y étoit.

Du lundi 22, *Versailles.* — M. le maréchal de Puységur est venu aujourd'hui au lever du Roi ; il accompagna hier M. le prince de Lichtenstein à son entrée. Le carrosse du Roi alla prendre M. de Puységur chez lui, et le mena à Picpus, où se trouvoit M. de Lichtenstein. Ils partirent hier à midi de Picpus, et M. de Lichtenstein étoit rentré chez lui à trois heures ; c'est chez lui, et non à l'hôtel des ambassadeurs, qu'il doit descendre. Cet ambassadeur donna un grand repas à huit heures du soir ; il reçut chez lui après dîner les compliments de LL. MM., M. d'Aumont, premier gentilhomme de la chambre, de la part du Roi, M. de Tessé, premier écuyer, de la part de la Reine. La règle est que l'ambassadeur vient recevoir à la descente du carrosse, donne la main partout et le fauteuil au-dessus du sien. Dans la chambre où l'ambassadeur reçoit celui qui vient de la part de LL. MM. est un dais sous lequel est le portrait du prince de la part duquel vient l'ambassadeur ; il y a sous ce dais un fauteuil qui a les bras tournés. Les compliments de félicitation sur l'arrivée de l'ambassadeur ne se font que dans la chambre du dais, et pendant le temps de la visite il ne reste personne dans ladite chambre. C'est là l'étiquette ; et M. de Tessé me dit hier au soir que cela s'étoit pratiqué ainsi. Demain M. de Lichtenstein fera son entrée à Versailles. C'est M. le prince de Pons qui doit l'accompagner ; ils viendront dans le carrosse du Roi, et les carrosses de l'ambassadeur qui viennent coucher ici ce soir se mettront à leur suite dans l'avenue entre les deux écuries.

Le retranchement dont nous avons parlé dans la musique de la Reine est déclaré ; on a retranché neuf filles de celles qui étoient ici et trois ou quatre de celles qui sont à l'Opéra ; on a retranché aussi Blavet, fameux joueur de flûtes qui avoit 1,500 livres d'appointement, et qui depuis un an n'y est venu que six fois.

Du mercredi 24, Versailles. — Hier M. de Lichtenstein fit son entrée ici ; ce fut sur les onze heures. Les gardes françoises et suisses rappelèrent quand il arriva et à son départ. Le premier carrosse qui entra dans la cour fut celui de l'introducteur des ambassadeurs ; ensuite celui de M. le prince de Pons, qui étoit nommé par le Roi pour accompagner l'ambassadeur ; le carrosse du Roi, qui est beau, dans lequel étoit M. de Lichtenstein, M. le prince de Pons et l'introducteur des ambassadeurs ; le carrosse de la Reine, qui est fort vilain (c'est le carrosse de ses écuyers) ; le carrosse de l'ambassadeur, qui est extraordinairement riche et chargé de beaucoup de bronzes, lesquels sont parfaitement bien travaillés, le dedans de velours cramoisi fort chargé de dorures, mais de bon goût, huit chevaux bais de grande taille ; j'oubliois les peintures des panneaux, qui sont fort recherchées ; un second carrosse à huit glaces garni de velours bleu en dedans avec beaucoup de crépines, et la cartisane d'argent, aussi à huit chevaux avec des harnois bleus fort chargés ; ceux du premier carrosse sont aussi fort magnifiques, peut-être même trop couverts (1) ; le troisième carrosse est une calèche garnie de velours vert en dedans et de fort bon goût ; le quatrième une berline avec des bronzes dorés ; ensuite étoit le carrosse de M. le prince de Ligne avec six chevaux pie. Ces neuf carrosses, précédés de plusieurs gentilshommes, d'écuyers, pages et palefreniers à cheval, et accompagnés de grand nombre de valets de pied fort magnifiquement vêtus, prirent à droite en entrant dans la cour, passèrent au pied des marches de la cour de marbre, et firent le tour par-dessous les fenêtres de M. le Cardinal, où ils descendirent pour entrer dans la salle des

---

(1) Voir la description détaillée de ces carrosses dans le *Mercure* de décembre, page 2702.

ambassadeurs. Ensuite, les carrosses du Roi et de la Reine s'en allèrent, et les autres se rangèrent dans le milieu de la cour faisant face à l'appartement du Roi. Celui de l'introducteur, qui n'avoit que des habits gris, étoit le premier, du côté de chez M. le Cardinal; ensuite celui de M. le prince de Pons; les quatre de l'ambassadeur et celui de M. de Ligne, le dernier du côté de la chapelle. L'audience du Roi ne fut qu'après la messe de S. M. M. de Lichtenstein eut l'honneur des armes, et fit son compliment au Roi en latin. Après la messe de la Reine, S. M. entra dans le grand cabinet avant sa chambre; il y avoit grand nombre de dames titrées assises, et quelques-unes non titrées debout. M. de Nangis seul derrière le fauteuil de la Reine, et Mme de Luynes à côté de lui. M. le Cardinal y étoit; il avoit un pliant derrière lui, mais il ne s'assit point. M. de Lichtenstein ne fit pas même le semblant de se couvrir chez la Reine, il fit son compliment à la Reine en françois, et de même chez M. le Dauphin et chez Mesdames. Je ne sais point quelle fut la réponse du Roi, mais voici celle de M. le Dauphin : « Je vous prie d'assurer l'empereur de mon amitié et de l'estime particulière que j'ai pour vous. » Ce sont les propres termes que M. de Polastron répéta hier au soir. Après que l'audience de la Reine fut finie, S. M. entra dans sa chambre, et se tint auprès de la table qui est entre les deux fenêtres. M. de Sainctot étant venu prendre l'ordre de la Reine pour l'audience particulière du prince Cantimir, ambassadeur plénipotentiaire de Russie, le prince Cantimir entra un moment après, sans aucune suite, et un habillement fort ordinaire; il ne nomma point dans son compliment sa maîtresse l'impératrice de Russie, mais la czarine; il venoit d'avoir son audience du Roi, dans laquelle même il avoit oublié une partie de son compliment; il l'avoua tout naturellement au Roi, et lui en demanda pardon.

Avant-hier le Roi après la chasse soupa dans ses cabinets avec Mademoiselle et Mme la maréchale d'Estrées, Mme de Mailly, Mme de Beuvron, Mme de Chalais, Mme de Talleyrand, et à peu près le même nombre d'hommes qu'à l'ordinaire. Il y en eut beaucoup de refusés, car il y en avoit trente-quatre à la chasse.

Vendredi 26, Versailles. — J'appris avant-hier que les États de Languedoc ont accordé un don gratuit de trois millions, outre 1,600,000 francs de capitation ; c'est M. l'archevêque de Narbonne qui l'a mandé à M. le duc de Charost.

Mlle de Nesle est ici depuis quelques jours ; c'est Mme de Mailly qui en prend soin. Mme de Mailly ne voit que Mlle de Nesle (1) de toutes ses sœurs ; les trois autres sont toujours chez Mme de Mazarin ; Mme de Mailly (2) aime beaucoup celle-ci et désireroit fort la marier. On m'a dit que Mlle de Nesle avoit dû souper dans les cabinets la dernière fois, qui étoit le 22, et que cela avoit été arrangé ainsi pendant deux heures de temps ; il ne devoit y avoir que cinq dames, Mademoiselle, Mme de Mailly, Mlle de Nesle, Mme la maréchale d'Estrées et Mme de Beuvron ; et qu'ensuite cet arrangement avoit été changé : qu'on avoit envoyé avertir Mme de Chalais et Mme de Talleyrand.

Le Roi devoit aller à la Meutte lundi, pour n'en revenir

---

(1) Depuis, marquise de Vintimille.

(2) Louise-Julie de Mailly-Nesle, née le 16 mars 1710, mariée, le 31 mai 1726, à Louis-Alexandre, comte de Mailly et seigneur de Rubempré, son cousin germain, morte le 5 mars 1751, avait quatre sœurs :

1° Pauline-Félicité, nommée *Mademoiselle de Nesle*, née en août 1712, mariée, le 28 septembre 1739, à Jean-Baptiste-Félix Hubert, marquis de Vintimille, comte du Luc, morte le 10 septembre 1741 ;

2° Diane-Adélaïde de Mailly-Nesle, née en mars 1714, mariée, le 19 janvier 1742, à Louis, duc de Brancas et de Lauraguais, morte le 30 novembre 1769 ;

3° Hortense-Félicité, nommée *Mademoiselle de Mailly*, née le 11 février 1715, mariée, le 21 janvier 1739, à François-Marie de Fouilleuse, marquis de Flavacourt ;

4° Marie-Anne de Mailly-Nesle, née en octobre 1717, mariée, le 19 juin 1734, à Jean-Louis, marquis de la Tournelle (mort le 23 novembre 1740), créée duchesse de Châteauroux en mars 1744, morte le 28 décembre 1744.

que mercredi ; cet arrangement a été changé aujourd'hui : on n'en dit point la raison.

Avant-hier 24, veille de Noël, le Roi ne fit point ses dévotions ; il partit à dix heures pour aller courre le cerf, et revint ici vers les deux heures ; il dîna à son petit couvert. S. M. alla ensuite à trois heures et demie aux premières vêpres, où M. l'évêque de Viviers officioit ; il est Villeneuve en son nom (1). C'est toujours le même qui officie la veille aux premières vêpres, et à la grande messe et aux vêpres du jour de la fête.

Il n'y eut point de souper ni de collation avant-hier. Le Roi et la Reine allèrent à dix heures à la chapelle entendre matines suivant l'usage, et ensuite les trois messes. LL. MM. étoient à la tribune en haut. Ce jour, la musique exécute toujours des noëls pendant la première messe, ensuite un motet, après quoi les noëls recommencent. Ce fut Guignon et Guillemain, les deux premiers violons, qui jouèrent ensemble. Le Roi ne fit point de repas après la messe. J'oubliois de marquer que la veille de Noël il étoit descendu en bas ; c'est l'usage lorsqu'un évêque officie, et quoique ce ne fût pas fête, les tambours des Cent-Suisses y étoient et battirent.

Hier 25, Mme la duchesse de Fleury quêta à la grande messe et à vêpres ; le Roi et la Reine furent à l'offrande, le Roi suivi de M. le comte d'Eu. M. le duc de Chartres est malade depuis quelques jours de la petite vérole ; M. le duc d'Orléans est enfermé avec M. de Chartres, et a outre cela la goutte bien fort. M. de Chartres a été transporté du château au pavillon d'Orléans dans la ville, auprès du château. Il n'y avoit point de princesse avec la Reine ; ce fut Mme de Luynes qui la suivit à l'offrande. Le Roi et la Reine ne donnent que deux louis chacun à l'offrande, et c'est un clerc de chapelle qui les apporte à celui et à celle

---

(1) François-Renaud de Villeneuve.

qui doivent suivre LL. MM.; ainsi ce fut M. le comte d'Eu et Mme de Luynes qui présentèrent les deux louis au Roi et à la Reine. Pour la quêteuse, c'est le grand, ou le premier aumônier, ou l'aumônier de quartier qui présente l'argent à Leurs Majestés.

Je crois avoir oublié une circonstance qui regarde Mme de Fleury, et qui se passa à Fontainebleau. La Reine désiroit fort que Mme de Fleury fût dame du palais; et voulant à Fontainebleau donner des preuves à M. le Cardinal qu'elle ne s'en tenoit pas au simple désir, elle envoya prier le Roi de vouloir bien passer dans son cabinet. Le Roi fut un peu étonné du message, cependant il y entra. La Reine lui dit le désir qu'elle avoit par rapport à Mme de Fleury. Le Roi ne répondit autre chose, sinon : « Je serois fort aise de faire plaisir à M. le Cardinal; mais je verrai. »

Le Roi dîna hier au grand couvert avec la Reine; il a dîné encore aujourd'hui. Il paroît que son projet est de dîner tous les jours qu'il n'ira point à la chasse, et de dîner au grand couvert.

S. M. a dit aujourd'hui que le général Kevenhuller, un des généraux de l'Empereur, étoit tombé en apoplexie; il étoit aux dernières campagnes en Italie. C'est un homme qui a aimé son plaisir, mais qui paroissoit ne devoir pas craindre l'apoplexie, étant fort maigre.

On a pris aujourd'hui le deuil du duc Ferdinand de Bavière pour quinze jours; on ne porte pas de bas blancs, et le Roi est en noir.

Le Roi entendit hier le sermon, qui fut beau; le P. de Menou fit son compliment suivant l'usage, mais la mémoire manqua à ce prédicateur et il eut peine à se retrouver.

Du dimanche 28, *Versailles.* — On apprit avant-hier la mort de M. l'évêque de Soissons (1); il avoit cinquante ans, et est mort à Soissons de la petite vérole; il avoit été

---

(1) Charles-François le Febvre de Laubrière.

conseiller au Parlement, et avoit été marié ; il lui reste deux ou trois enfants, dont l'un lui a donné beaucoup de chagrin, ce qui a été cause en partie de sa mort ; sa fille a épousé le fils aîné de M. de Champignelles, premier maître d'hôtel de feu M. le duc de Berry.

Hier, jour de Saint-Jean, le Roi fut à la chasse ; il a déjà pris cent dix cerfs avec une de ses meutes et quatre-vingt-dix-huit avec l'autre, avec laquelle il compte en prendre encore deux avant la fin de l'année. Au retour de la chasse il soupa dans ses cabinets ; il y avoit des dames, qui étoient Mademoiselle, Mme d'Antin, Mme de Mailly, Mme de Ségur, Mme de Chalais, Mme de Talleyrand ; il y eut après le souper un cavagnole, qui dura environ deux heures.

Madame septième étoit si mal à Fontevrault que l'on croyoit à tout moment apprendre sa mort ; elle étoit mieux hier, mais Madame cinquième est mal, et toutes les quatre sont malades.

M. de la Tour, intendant, premier président et commandant de Provence, qui est ici depuis quelque temps, et qui s'en retourne incessamment, me disoit hier que la Provence donne au Roi tous les ans 700,000 livres de don gratuit et autant de capitation. Il reste encore une forme d'États ; il n'y a pour le clergé que l'Archevêque et deux évêques, deux députés de la noblesse et environ quatre-vingt-dix députés du tiers état. Ils n'envoient point ici de députés porter les cahiers ; ils envoient cependant leurs cahiers, et le Roi y répond. La ville d'Aix ne contient guère que vingt mille âmes. L'Archevêque est presque le seul chargé de toutes les affaires de la province. M. le duc de Villars y est toujours, et y tient un grand état ; comme il est allé avec permission du Roi, il y exerce les fonctions de gouverneur et y commande les troupes par préférence à M. de la Tour.

En Dauphiné il n'y a plus du tout d'États depuis le cardinal de Richelieu, qui en avoit été mécontent et qui les supprima.

Ceux de Bretagne pensèrent être supprimés en 1716.

La taille en Provence est réelle ; elle n'est ni arbitraire ni proportionnelle ; elle est assignée sur les fonds. Un tel bien paye tant, et cela est écrit (1). Les terres nobles ne payent point de tailles, elles ne payent que la capitation.

Du dit jour 28. — Hier, M. de la Force et M. de Brassac vinrent ici demander au Roi l'agrément pour le mariage du fils de M. de Brassac avec Mlle de la Force. La mère de M. de Brassac étoit dame d'honneur de Mme la duchesse de Vendôme, et sa femme est Tourville.

Du mercredi 31, *Versailles.* — On apprit hier la mort de M. Trudaine; il étoit dans la gendarmerie, et fils de celui qui avoit eu la compagnie des gendarmes bourguignons. Son oncle est évêque de Senlis (2). M. Trudaine est le troisième de sa famille qui ait perdu par mort un emploi dans la gendarmerie ; il est mort de la petite vérole, à Meaux, en revenant de servir son mois à la gendarmerie.

Hier le Roi, au retour de la chasse, soupa dans ses cabinets ; il y avoit de dames, Mademoiselle, Mlle de Clermont, Mme de Chalais, Mme de Talleyrand, Mme de Beuvron et Mme de Mailly ; les hommes à l'ordinaire.

Le 29, le Roi avoit soupé au grand couvert ; la Reine à

---

(1) Il y avait deux espèces de tailles : la taille personnelle, soit arbitraire, soit proportionnelle, appliquée aux personnes, — et la taille réelle, appliquée aux choses (*res*). L'une et l'autre n'atteignait que la roture.

La taille réelle était assise ou assignée sur les fonds ou immeubles et fixée régulièrement d'après un cadastre, comme l'impôt foncier aujourd'hui. — La taille personnelle, au contraire, était assise avec plus ou moins d'arbitraire sur les personnes, d'après la proportion présumée de leurs ressources ou de leurs facultés.

La taille réelle existait dans les quatre grandes provinces du midi : Guyenne, Languedoc, Provence et Dauphiné. Colbert avait fait de grands et inutiles efforts pour l'établir dans tout le royaume.

(2) François-Firmin Trudaine.

midi comptoit encore que le Roi souperoit dans ses cabinets, parce qu'il étoit allé à la chasse, et elle n'étoit pas même habillée en grand habit, et elle s'habilla effectivement ; le souper pour les cabinets étoit commandé, cet ordre fut changé, et il n'en fut pas donné pour le souper du lendemain.

ANNÉE 1759.

JANVIER.

Cérémonie des chevaliers de l'Ordre. — Mort du chevalier de Soldeville. — L'abbé de Fitz-James nommé évêque de Soissons. — Projet de double mariage avec l'Espagne. — Promenades en traîneaux. — Ferte du Roi au jeu. — École de Mars. — Mort de M. Cochet de Saint-Vallier. — M. Gilbert de Voysins succède à son père. — Difficulté sur la garde de Mesdames. — Bal chez Mme de Rohan. — Remarque sur l'entrée de M. de Lichtenstein. — Maison de Conflans donnée à l'archevêché de Paris. — Faucons de Malte présentés au Roi. — Audiences du comte de Solar et de M. de Brignole-Sale. — Rhume du Dauphin. — Projet d'envoyer des troupes en Corse. — Difficulté sur la réception du duc de Penthièvre dans l'ordre de la Toison d'Or. — Affaires de l'université et des Carmélites. — Le Roi à l'Opéra. — Mort de M. d'Autichamp. — Mlle le Maure et Chassé refusent de chanter à l'Opéra devant le Roi. — Mariage de Mlle de Lambesc avec M. de Cadaval. — Détails sur la cour de l'Empereur. — Revenu de la duchesse d'Orléans. — Usage de servir le Roi avec la serviette sur l'épaule. — Maladie de Mme Adélaïde. — Mariage de Mlle de Mailly avec M. de Flavacourt. — Sampietro et Vannina. — Mariage de M. d'Artagnan. — Chanson sur M. Destouches *petit canon*. — Mort du maréchal du Bourg. — Voyage à la Meutte. — Préparatifs du bal dans le grand appartement de Versailles; billet d'invitation. — Aventure à un bal chez la duchesse de Bourgogne. — Mort du duc de Brancas. — Détails sur le carrousel de 1662. — Fête militaire donnée par le roi de Pologne. — Bal rangé dans le salon d'Hercule, et bal en masque dans le grand appartement. — Présentation du prince de Beverên. — Mort du marquis de Saint-Simon et du prince de Talmond. — Disgrâce de M. de Bonneval. — Dépenses des bals. — Affaires de Corse. — L'*Ode à la Postérité*.

Du jeudi 1er *janvier, Versailles.* — Ce matin, la cérémonie des chevaliers de l'Ordre s'est faite à l'ordinaire; il y aura encore demain une grande messe pour les chevaliers morts, suivant l'usage. Il n'y avoit ici aujourd'hui que vingt-cinq chevaliers, outre les charges; cependant il n'y a que vingt-deux places de vacantes, vingt de laïques et deux pour des prélats.

Ce matin, le chevalier de Soldeville est mort à Paris; il logeoit chez Mme la Duchesse; on l'a trouvé mort dans son lit; il étoit Aragonois, et avoit été capitaine de vaisseau au service du roi d'Espagne; il fut fort lié avec M. de Vendôme, en Espagne. Il étoit déjà venu en France avec M. Castel dos Rios. Pendant le temps que M. de Vendôme fut en Espagne, il arriva une affaire au chevalier de Soldeville; on dit que ce fut par rapport à une femme qu'il aimoit; il fut obligé de sortir d'Espagne. M. de Vendôme lui donna une lettre pour Mme de Vendôme, qu'il pria d'en avoir grand soin. Mme de Vendôme lui donna un logement, et il resta toujours chez elle; on prétendoit dans le temps qu'elle avoit pris du goût pour lui, et même qu'elle l'avoit épousé. Après sa mort il s'attacha à Mme la Duchesse, à qui il a toujours fait sa cour fort assidûment. M. de Soldeville avoit joué gros jeu; depuis une perte de plus de 100,000 francs, qu'il fit en deux fois, il avoit quitté le jeu. Il s'étoit mis dans la grande dévotion; il faisoit des retraites, il jeûnoit avec la plus grande austérité, et logeoit toujours chez Mme la Duchesse lorsqu'il venoit à Paris. On prétend que l'austérité de sa vie pendant le carême dernier a été la cause de sa mort; il l'avoit passé en retraite, et depuis son retour il étoit tombé dans une grande langueur; on croyoit qu'il n'y avoit plus que de la foiblesse et nul danger; on l'a trouvé mort ce matin.

Du samedi 3, Versailles. — Il y a déjà quelques jours que le Roi a nommé M. l'abbé de Fitz-James à l'évêché de Soissons; c'est l'aîné des enfants de M. le maréchal de Berwick, qui étoit déjà abbé de Saint-Victor.

On parle beaucoup depuis quelques jours d'un double mariage avec l'Espagne. M. le Dauphin avec l'Infante (1); et le prince Philippe (2) avec Madame (3). Il y a des gens

---

(1) Marie-Thérèse-Antoinette-Raphaelle, infante d'Espagne, fille de Philippe V. Ce mariage fut conclu en 1745.

(2) L'infant don Philippe, second fils de Philippe V et d'Élisabeth Farnèse, né le 15 mars 1720.

(3) Madame première, Louise-Élisabeth de France, née le 14 août 1727, morte le 6 décembre 1759.

qui vont même jusqu'à nommer la maison de Mme la Dauphine. On nomme Mme la duchesse de Châtillon pour sa dame d'honneur; cela est presque de droit pour la femme du gouverneur. On nomme Mme de Mailly pour dame d'atours, et on dit que Mme la duchesse de Fleury auroit en ce cas-là la place de dame du palais de Mme de Mailly. On dit M. le duc de Fleury chevalier d'honneur, M. de Narbonne premier écuyer, M. de Flamarens premier maître d'hôtel. Ce sont des bruits qui, excepté Mme de Châtillon, n'ont peut-être que la vraisemblance. On ajoute même que c'étoit M. le duc de Villeroy qui devoit aller faire la demande, mais que ce sera M. le duc de la Rochefoucauld; ce qui est certain, c'est que M. de la Mina paroît fort occupé de faire sa cour à Madame.

On dit que le prince Philippe est fort aimable et que l'Infante a beaucoup d'esprit, qu'elle est bien faite, et qu'elle a une jolie figure. M. de Vaulgrenant, qui a été quatre ans ambassadeur en Espagne, me disoit il y a quelques jours que le prince Philippe aime extrêmement les François, mais que le prince des Asturies (1), que l'on croyoit n'avoir pas les mêmes sentiments, avoit toute l'amitié possible pour le Roi; que dans toutes les occasions où il avoit vu M. de Vaulgrenant et où il avoit pu s'approcher de lui sans être aperçu, il lui répétoit sans cesse en lui serrant la main : « Monsieur, lorsque vous écrirez au Roi mon cousin ou que vous le verrez, assurez-le bien, je vous prie, de ma tendre amitié; et comment pourrois-je penser autrement pour lui? nous n'avons pas, lui et moi, une goutte de sang qui ne vienne de la même source. » M. de Vaulgrenant m'a dit qu'il lui avoit répété ces termes trois ou quatre cents fois [*sic*] pendant qu'il avoit été en Espagne.

La plus commune opinion est que la Reine (2) ne

---

(1) Ferdinand, né le 23 septembre 1713, roi d'Espagne en 1746, mort en 1759.

(2) Élisabeth Farnèse.

pense pas de même. On prétend que ce sentiment n'est pas fondé ; qu'il est vrai qu'elle n'a pas été contente dans les temps de ce que l'on n'avoit pas exécuté certains articles qu'elle comptoit lui avoir été promis, et que du côté de la France l'on avoit cru que du temps de M. de Castellar il avoit eu des instructions secrètes pour contribuer autant qu'il dépendroit de lui à un grand changement dans le ministère. La reine d'Espagne est fort blessée qu'on la croie éloignée de la France ; et M. de Vaulgrenant m'a dit qu'étant avec le roi et la reine d'Espagne, la Reine lui avoit adressé la parole et lui avoit dit : « Vous pourriez douter de mes sentiments par rapport aux François si j'étois la seule qui vous en assurât, mais vous ne douterez pas de ce que le Roi vous dira ; je le prends à témoin s'il m'a jamais vue dans d'autres sentiments que les siens par rapport à la France. »

Le Roi devoit aller hier courre le cerf ; le temps ne l'ayant pas permis, on ordonna des traîneaux, et sur les deux heures S. M. alla se promener dans les jardins et autour du canal ; il y avoit dix-sept traîneaux. Le Roi alla d'abord en traîneau descendre chez Mme la Duchesse, qui étoit à sa toilette et qui ne comptoit point sur cette promenade ; il la pressa de s'habiller, et l'attendit ; on m'a dit même qu'il l'avoit voulu mener, et qu'elle lui répondit qu'elle étoit trop vieille. Le Roi mena Mademoiselle ; M. de Villeroy mena Mme la Duchesse mère, laquelle arrêta devant les fenêtres de Mme sa belle-fille, qui étoit assez fâchée de n'être point de cette promenade. Mme la Duchesse lui dit qu'elle pouvoit venir, et qu'elle montât dans un traîneau avec Mme de Montauban. Ce fut Mme de Montauban qui mena : il n'y avoit point d'homme avec ce traîneau, pas même de cocher, car il tomba, et se blessa. M. le Duc mena Mlle de Clermont ; Mme de Courtenvaux Mme de Mailly. Mme de la Tournelle y fut aussi ; Mlle de Mailly, Mme de Rochechouart ; et les traîneaux qui ne furent point remplis par des femmes le furent par des hommes. J'oubliois M{}^{lle} de la Roche-sur-Yon, qui y fut aussi. M{}^{lle} de Sens étoit à Versailles et elle ne fut point de cette promenade. M. le duc d'Ayen, capitaine des gardes en quartier, suivoit le Roi, dans un traîneau avec un autre homme. Il y avoit trois relais pour chaque traîneau. Mme la Duchesse revint avant le Roi et dit à Mme sa belle-fille de la suivre. A six heures le Roi, soupa dans ses cabinets, mais seulement avec des hommes, à cause du maigre. Mademoiselle et Mme de Mailly soupèrent chez Mlle de Clermont. A minuit, le Roi alla chez Mademoiselle, et ne l'ayant point trouvée, entra chez Mme la Duchesse, qui jouoit à quadrille avec Mme de Busc, M. de Vaujour et M. de Courson. Mme la Duchesse proposa un cavagnole, mais le Roi dit qu'il venoit pour faire la partie de M. de Courson au brelan ; après le brelan le Roi alla chez Mlle de Clermont, où il resta peu et où il ne joua point.

Le Roi disoit ce matin à dîner qu'il avoit fait le décompte de son jeu pendant l'année dernière ; qu'il perdoit 1014 louis.

Hier, il y eut grande messe pour les chevaliers, pour ceux qui sont morts dans l'année dernière. MM. les cardinaux de Rohan et d'Auvergne étoient sur deux carreaux devant le prie-Dieu du Roi suivant l'usage. Pour M. le cardinal de Polignac, comme il n'a point de charge dans la maison du Roi, il avoit son carreau dans le chœur auprès de l'autel.

M. de Tressan, absent depuis longtemps, comme j'ai dit ci-dessus, est revenu ici faire son quartier.

Du 4, Versailles. — Les deux ou trois premiers jours de cette année, M. le chevalier de Lussan, ingénieur qui a établi depuis un an ou deux une espèce d'académie pour l'art militaire, amena ici quatre jeunes gens vêtus en uniforme rouge avec parements bleus et une petite tresse d'or. M. le duc de Gesvres les présenta au Roi ; ils furent aussi présentés à la Reine, à qui l'un deux fit un petit compliment, un à M. le Dauphin et un à M. le Cardinal. Cette académie s'appelle l'école de Mars. M. de Lussan a loué une maison à ses dépens, où il a plusieurs pensionnaires et des externes. Les pensionnaires donnent 500 écus par an, et ils ont aux dépens de M. de Lussan tous les maîtres qui peuvent convenir à un homme de guerre; on leur apprend même à danser, et ils sont nourris. On fait dans cette maison des exercices publics où l'on montre tout ce qui peut concerner l'attaque et la défense des places.

On a pu voir dans les nouvelles publiques la mort de M. Cochet de Saint-Vallier; il étoit conseiller honoraire au Parlement (1) et y étoit estimé; mais il étoit extrêmement avare; on prétend aussi qu'il étoit extrêmement occupé de faire valoir son argent. Il a fait ses légataires un des enfants de M. le président de Maupeou (2) et un des enfants de M. le procureur général (3); on prétend qu'ils ont chacun 15,000 livres de rente de cette succession. Cependant M. de Saint-Vallier fait pour 1,850,000 livres de legs pieux. C'est de M. le chancelier que je sais ce détail.

Il me disoit aussi hier que la charge de procureur général, qu'il a exercée pendant seize ans, vaut environ 34,000 livres de rente.

La belle-sœur de M. le procureur général Fleury (4), dont le mari étoit avocat général, vient de mourir; elle n'avoit que soixante-quatre ans.

Le Roi dîna encore hier au grand couvert avec la Reine.

M. Gilbert de Voysins (5) est venu ce matin présenter son fils, à qui il vient de remettre, avec l'agrément du Roi, sa charge d'avocat général; M. Gilbert a voulu se retirer

---

(1) Il est porté à l'almanach royal de 1739 comme président honoraire, ci-devant président de la seconde chambre des Requêtes, ayant séance à la Grand'-chambre.

(2) René-Charles de Maupeou.

(3) Joly de Fleury.

(4) Louise Béraut.

(5) Avocat général au Parlement.

dès à présent, quoiqu'il n'ait que cinquante-quatre ans. Son fils en a vingt-quatre. Les deux autres avocats généraux sont M. de Plimont, quatrième fils de M. le chancelier, et M. de Fleury, fils du procureur général, lequel se trouve aujourd'hui le plus ancien, quoiqu'il n'ait que vingt-neuf ans. L'usage ordinaire est de donner une place de conseiller d'État à un avocat général dont on est content et qui se retire. M. Gilbert n'a pas voulu attendre qu'il y ait de place vacante.

On parle de la maladie du roi Auguste (1) que l'on dit être considérable.

J'ai parlé ci-dessus de l'audience du prince Cantimir. La czarine avoit laissé à la volonté du Roi le titre qu'elle donneroit à celui qui seroit ici chargé de ses affaires; il a été convenu qu'il auroit le titre d'ambassadeur; cependant comme ses lettres n'étoient point arrivées, M. le Cardinal ne vouloit point qu'il eût d'audience. M. de Cantimir a représenté qu'il y avoit des exemples d'audiences données à des ministres plénipotentiaires; que M. le commandeur de Solar (2) en avoit eu une sans avoir encore d'autre qualité; que M. de Schmerling (3) en avoit eu une aussi. Enfin, M. le Cardinal s'est rendu au désir de M. de Cantimir, et il a eu audience particulière, comme je l'ai marqué ci-dessus.

J'ai oublié de marquer la mort de M. de Malan arrivée au mois de novembre dernier; il étoit exempt dans les gardes du corps; il avoit toujours servi dans la cavalerie. C'est M. de Balincourt qui l'a remplacé.

Du lundi 5, Versailles. — Hier le Roi alla en traîneau; il y avoit, comme la dernière fois, dix-sept traîneaux; le traîneau du Roi l'attendoit au bas de la terrasse du jardin vis-à-vis la cour de marbre; S. M. descendit sur la

---

(1) Roi de Pologne et électeur de Saxe.
(2) Ambassadeur du roi de Sardaigne.
(3) Ministre de l'Empereur.

terrasse, et au lieu de monter dans son traîneau, il s'en alla à pied chez Mme la Duchesse. Les traîneaux suivirent. Le Roi mena Mme la Duchesse et alla à la Ménagerie. M. de Talleyrand mena Mme la Duchesse la jeune et la versa même, en revenant, dessus le tapis de la grande allée du jardin qui va au canal; Mme la Duchesse se fit un peu de mal au bras, mais cela ne l'empêcha pas de danser. Mademoiselle ne fut point à la promenade; Mlle de Sens y fut. Mme de Chalais et Mme de Mailly n'y furent point, étant toutes deux de semaine. Mme de La Tournelle, Mlle de Mailly, Mme d'Egmont et Mme de Puysieux étoient en traîneau. M. le Premier avoit un traîneau et marchoit devant le Roi. Pendant ce temps-là, la Reine étoit à vêpres et au salut; le salut commençoit quand le Roi arriva; il alla remener Mme la Duchesse chez elle, et pour ne point perdre de temps il revint en traîneau descendre auprès de la chapelle. La Reine étoit dans la tribune sur le drap de pied, et tout étoit garni en haut parce que le Roi devoit venir dans la tribune; mais S. M. se détermina à entrer en bas; il fallut même frapper quelque temps pour faire ouvrir la porte. Le Roi n'avoit avec lui que deux ou trois officiers des gardes; on fit un peu ranger à droite et à gauche vis-à-vis le Roi, qui resta à l'entrée de la chapelle à genoux sur son manchon. Mesdames étoient en bas dans la lanterne à droite, comme à l'ordinaire, et avoient avec elles les gardes et Cent-Suisses de leur garde. L'officier qui les suivoit vint demander à Mme de Tallard ce qu'il devoit faire, le Roi étant là; Mme de Tallard lui dit qu'elle n'avoit rien à ordonner, qu'il en rendît compte à M. le duc d'Ayen, que la garde de Mesdames étoit au Roi, que c'étoit à S. M. à en disposer. L'officier alla parler à M. d'Ayen, et la garde de Mesdames resta comme si le Roi n'avoit point été présent. Comme le Roi avoit dîné au grand couvert, il n'y eut point de souper; mais sur les onze heures, S. M. descendit chez Mademoiselle. M. de Soubise soupoit chez moi avec Mmes les

Duchesses; on vint l'avertir. Le Roi joua à cavagnole jusqu'à une heure et demie. Ici après le souper il y eut un bal que Mme la princesse de Rohan avoit proposé la veille pour elle et Mme la Duchesse, parce que le rhume de M. le Dauphin, qui fut dans son lit toute la journée avec un peu de fièvre, avoit empêché qu'il n'y eût bal comme à l'ordinaire. A une heure et demie le Roi arriva au milieu même d'une contredanse que son arrivée n'interrompit qu'un moment. Mme de Mailly et Mme de Puysieux arrivèrent en même temps que le Roi; elles sortoient aussi de chez Mademoiselle. Le Roi se mit sur la première chaise qu'il trouva à la porte; on continua à danser; le moment d'après, le Roi avança un peu et s'assit au milieu de la chambre du côté de la porte. Mme la Duchesse mère, qui étoit à l'autre bout, vint s'asseoir auprès de lui. Le Roi, qui avoit grande envie de dormir depuis deux heures de temps, à ce qu'il dit en se couchant, resta cependant une heure au bal, et ne dansa point. Après qu'il se fut retiré, nous priâmes tous Mme la Duchesse la mère de vouloir bien danser un menuet, et elle le dansa avec M. le duc de la Trémoille.

Aujourd'hui le Roi a été tirer dans le petit parc, mais il n'a pu y rester longtemps à cause du froid. S. M. avoit permis à M. le duc de Villeroy, à M. le grand maréchal (1) de tirer avec des fusils; M. de Courtenvaux et M. de Soubise tiroient avec des pistolets. Au retour de la chasse le Roi a monté dans ses cabinets, où il doit jouer jusqu'au souper, qui sera à huit heures; il y aura des dames que je ne sais pas encore; Mademoiselle et Mlle de Clermont y seront sûrement, et doivent y aller à six heures et demie.

J'ai parlé ci-dessus de l'entrée de M. de Lichtenstein; on a fait une remarque à cette entrée, qui est que les

---

(1) Louis-Michel Chamillart, petit-fils du ministre, grand maréchal des logis de la maison du Roi.

carrosses des princes étoient seulement à six chevaux et ceux des princesses à huit. L'usage étoit à ces sortes d'entrées que le maréchal de France qui accompagnoit un ambassadeur avoit deux carrosses : un pour ses écuyers, l'autre pour sa personne, dans la supposition que s'il se trouvoit mal ou qu'il arrivât quelque accident au carrosse du Roi, dans lequel il est avec l'ambassadeur, il pourroit monter dans ses carrosses et en avoir toujours un pour ses gentilshommes. On m'a dit aujourd'hui qu'on avoit réglé que le maréchal de France n'auroit plus qu'un carrosse, parce qu'en cas d'accident au carrosse du Roi il monteroit avec l'ambassadeur dans le carrosse de la Reine, qui n'est point un carrosse du corps, mais des écuyers.

J'allai voir hier M. l'archevêque de Paris, à qui je demandai par où la maison de Conflans étoit devenue la maison de l'archevêché; il me dit que cette maison appartenoit anciennement à Nicolas, sire de Villeroy, secrétaire d'État; qu'elle avoit été vendue à M. le président de Verdun, depuis à M. le président Le Jay et ensuite à Mme de Senecey, dame d'honneur de la Reine; que M. de Richelieu, père de M. de Richelieu d'aujourd'hui, l'avoit achetée de la succession de Mme de Senecey, et qu'en 1695 le Roi ayant voulu acquérir les justices de Paris appartenant à l'archevêque, il avoit été question de lui donner un dédommagement; qu'on avoit proposé à M. de Harlay, alors archevêque, ou Meudon ou Conflans (Meudon n'étoit pas encore alors à M. de Louvois); que M. de Harlay avoit préféré Conflans et que le Roi l'avoit acheté de M. de Richelieu pour l'unir à l'archevêché. Ce fut cette même année 1695 que M. de Harlay mourut dans cette même maison de Conflans au commencement d'août (1). Le P. de La Chaise, à son premier travail avec le Roi, porta à S. M. la liste de ceux qui étoient propres à remplir cette

---

(1) Il fut remplacé par l'évêque de Châlons, depuis cardinal de Noailles, qui devint en effet, comme l'avait prédit le cardinal de Janson, chef de parti.

place. Le Roi ayant vu plusieurs noms de cardinaux à la tête de cette liste, lui dit : « Non, mon père, pour des cardinaux je n'en veux point ; je leur donnerois ma couronne qu'ils ne seroient pas contents. » Le P. de La Chaise répéta cette expression à M. l'archevêque, de qui je la tiens. Il y avoit vraisemblablement longtemps que l'on se doutoit à la Cour que cette place ne tomberoit point à d'autre que M. l'évêque de Châlons, car cinq ans auparavant, M. le cardinal de Janson allant à Rome dit à M. l'archevêque de Paris, alors archevêque d'Aix : « Vous pouvez compter que vous n'aurez point d'autre archevêque de Paris que M. l'évêque de Châlons. » Plusieurs années après, M. l'archevêque de Paris, étant devenu cardinal de Noailles, vint rendre visite à M. le cardinal de Janson à l'hôtel de Longueville. M. le cardinal de Janson dit à M. d'Aix : « M. le cardinal de Noailles sera un jour chef de parti, mais ce sera sans le vouloir ni le savoir. »

Du mardi 6, Versailles. — Les dames qui soupèrent hier dans les cabinets avec Mademoiselle et Mlle de Clermont étoient Mme la maréchale d'Estrées, Mmes d'Antin, de Mailly et de Talleyrand (1).

Ce matin M. le bailli de Mesmes, au sortir de la messe, a présenté à S. M. les faucons de Malte ; il n'y en avoit que six cette année ; cela se pratique ainsi tous les ans. Le grand maître envoie un chevalier pour les présenter au Roi ; celui qui avoit été chargé de cette commission est tombé malade en chemin et il y a eu un autre chevalier de nommé pour le remplacer.

Le Roi, avant la messe, a donné une audience particulière à M. le commandeur de Solar, ambassadeur du roi de Sardaigne ; cette audience a duré environ un quart d'heure ; c'étoit dans le cabinet des glaces. Tout le monde est sorti, même les entrées familières, et il n'est

---

(1) Voyez le 8 janvier.

resté dans le cabinet que M. le Cardinal et M. Amelot (1). S. M. a donné aussi ce matin audience publique à M. de Brignole-Sale, envoyé de Gênes; c'est audience de congé. Il a parlé en italien et fort bien, à ce que j'ai entendu dire à M. le Cardinal. Le Roi lui a répondu qu'il assurât la République de son amitié, et qu'il n'oublieroit rien pour la secourir contre la Corse; ce sont à peu près les termes. M. de Brignole a eu aussi audience de la Reine dans le grand cabinet avant la chambre; M. de Nangis étoit seul derrière le fauteuil; il a aussi parlé italien à la Reine.

M. le Dauphin est depuis deux ou trois jours fort enrhumé; il a eu de la fièvre et en a même encore un peu, et il garde son lit. M. le Cardinal, qui l'est venu voir, lui a fait plusieurs questions sur la fable qu'il apprend aujourd'hui; il y a répondu avec vivacité et esprit.

Le Roi ne dînera pas au grand couvert, mais y soupera. Le Roi va aujourd'hui à vêpres suivant l'usage.

On doit envoyer incessamment de nouvelles troupes en Corse. Partie des mécontents avoient accepté un traité par lequel ils se soumettoient à la république de Gênes à certaines conditions; mais depuis ce temps ils ont attaqué un de nos postes, qu'ils ont passé au fil de l'épée; ils ont traité de même les chefs de communautés qui avoient accepté le traité. Théodore (2) n'est point en Corse; il est en prison à Gaëte; ce Théodore est gentilhomme; il se nomme Neuhoff; il est de Westphalie.

M. de Maillebois, qui commandoit en Dauphiné, revient ici; il est destiné pour aller commander en Corse et doit repartir incessamment.

Du mercredi 7, *Versailles*. — Le roi est parti aujourd'hui pour aller à la Meutte; il y avoit quarante-six personnes qui se présentoient; S. M. n'en a mené que vingt-deux, dont il y en a même quelques-unes à qui il permet

---

(1) Secrétaire d'État au département des affaires étrangères.
(2) Roi de Corse.

d'aller dans leur chaise, et quelques autres qui viennent de Paris, comme par exemple M. Du Bordage. Mademoiselle est allée à Madrid avec Mlle de Clermont; Mme la duchesse d'Antin et Mme la maréchale d'Estrées doivent y aller aussi. Je ne sais point encore les deux autres. Mme de Chalais et Mme de Mailly ne sont point de ce voyage; elles sont toutes deux de semaine. On dit que le Roi ira vendredi à l'Opéra avant que de revenir ici; on a même donné quelques ordres aux Cent-Suisses au cas que ce projet s'exécute.

M. le duc de Penthièvre devoit aller aujourd'hui à Paris pour être reçu chevalier de la Toison d'or; son voyage est différé. On n'en dit pas la raison, mais on croit qu'il y a quelque difficulté sur le rang, parce qu'ici ayant le rang de prince du sang il passe avant tous les gens titrés, et que les grands d'Espagne peuvent bien ne pas penser de même. Il est certain que lorsque M. de Vendôme, étant en Espagne, fut reçu chevalier de la Toison, les Grands représentèrent que rien ne les avoit jamais séparés du Roi et de la famille royale, ce qui ne se pratiquoit pas de même en France par rapport aux Ducs. M. de Chalais me disoit aujourd'hui qu'il avoit fallu un ordre du roi d'Espagne, je ne sais pas même si ce ne fut pas un brevet de prince du sang. Il est vrai que M. de Vendôme n'étoit pas dans le même cas de M. de Penthièvre, il n'avoit que le rang intermédiaire. Il faut que les difficultés sur cette affaire soient survenues depuis bien peu de temps, car dimanche dernier M. de La Mina comptoit encore que ce seroit pour aujourd'hui (1).

---

(1) Cette affaire n'est pas encore terminée. J'avois déjà entendu dire, ces jours derniers, la véritable cause de la difficulté, et M. de La Mina, que j'ai vu aujourd'hui, m'a confirmé la même chose.

Lorsque l'on reçoit des chevaliers de la Toison, le cérémonial de leur réception est envoyé détaillé d'Espagne; mais en Espagne il n'est pas question de rang de prince du sang, parce qu'il n'y a point de prince du sang; et il est d'un usage si constant que tout chevalier de la Toison ne doit passer qu'à son

M. l'évêque de Die, qui est l'abbé de Cosnac (1), a vendu depuis peu de jours à M. l'abbé Duvigean sa charge de maître de l'Oratoire. Cette charge donne les entrées de la chambre; mais elle n'a nulle fonction.

Nous apprîmes hier la mort de M. de Cartigny; il étoit intendant général des galères; cette charge vaut 15 ou 16,000 livres de rente; il avoit été porte-manteau du Roi.

Nous vîmes ici hier un ancien lieutenant général qui n'y étoit pas venu depuis longtemps; c'est milord Galmoy; il a quatre-vingt-douze ans, et il se porte fort bien.

Du 8, Versailles. — Les deux dames que je n'avois pas marqué hier et qui sont à Madrid chez Mademoiselle sont Mme de Saint-Germain et Mme de Beuvron. Mme de Mailly n'y a point été à cause de sa semaine; elle soupa cependant lundi dans les cabinets, mais la Reine ne voyoit personne ce jour-là, parce qu'elle fit ses dévotions le len-

---

rang de réception, que pour faire passer le prince des Asturies, après sa réception, avant tous les autres chevaliers il faut un bref du Pape, et les Infants même le jour de leur réception ne passent point avant les autres. On peut faire sur cela une observation qui se présente d'abord; c'est qu'il y a eu plusieurs chevaliers de la Toison reçus en France; mais comme ils étoient reçus par des François (M. le duc de Berry par exemple en a reçu plusieurs) et que l'ambassadeur d'Espagne n'étoit point chargé de cette réception, ils étoient reçus suivant l'usage de France. Dans l'occasion présente, M. de La Mina, chargé de recevoir M. de Penthièvre, n'a pu se dispenser de se conformer aux usages d'Espagne ou de demander un ordre pour ne les pas suivre. C'est tout ce détail que l'on m'avoit conté et que j'ai rapporté à M. de La Mina ce matin. Il m'a paru en convenir, et m'a dit qu'on avoit envoyé un courrier; et je crois que ce courrier est envoyé par M. le duc de Penthièvre et non par l'ambassadeur d'Espagne; il est même étonnant qu'il ne soit pas revenu depuis le temps. On m'a ajouté une circonstance qui me paroît très-vraisemblable; c'est que M. de La Mina devant donner ce jour-là un grand dîner et désirant réellement aplanir les difficultés, avoit proposé de faire la cérémonie si tard qu'elle ne se trouvât finie que quand on auroit servi le dîner, de sorte que M. le duc de Penthièvre n'auroit pas eu le temps de prendre aucun rang, et qu'on auroit été se mettre à table tout de suite. On m'a dit en même temps que cette proposition n'avoit point été acceptée. Je n'ai point demandé ce détail à M. de La Mina. (*Note du duc de Luynes*, datée du 18 février.)

(1) Daniel-Joseph de Cosnac.

demain; et d'ailleurs M™° d'Ançenis étoit restée au souper et M™° de Chalais étoit allée la relever après le souper.

Lundi dernier la Reine fut enfermée longtemps avec son confesseur, et malgré cela le lendemain elle se confessa encore; et pendant la messe elle le rappela une troisième fois dans sa lanterne.

Du 9, Versailles. — J'ai marqué ci-dessus que l'Université de Paris avait rétracté son appel; cette affaire n'est pas encore terminée. Il y en a une dans ce même corps que l'on a dit que le Roi a évoquée à son conseil; c'est au sujet du choix d'un recteur. Le recteur doit être élu par quatre voix qu'on appelle électeurs. Lorsqu'il a été question de procéder à cette élection, quelques-uns des membres de l'Université se sont plaints que du nombre de ceux qui avoient été choisis pour électeurs il y en avoit deux ou trois qui n'avoient pas trente ans, et qu'ils avoient une loi qui ne leur permettoit pas d'avoir des électeurs au-dessous de trente ans. D'autres membres de l'Université ont représenté que dans le temps de l'appel fait par le corps de l'Université on avoit voulu faire valoir cette loi et que l'on avoit répondu alors qu'elle n'étoit plus en usage et qu'on ne devoit y avoir aucun égard. Sur cette contestation a été présentée requête au Parlement; et c'est cette affaire que le Roi a évoquée.

Une autre affaire qui fait encore du bruit est celle des Carmélites. Cet ordre prétend dépendre absolument du Pape. MM. de Troyes et de Montpellier étoient visiteurs pour le Pape. S. S. ayant jugé à propos de s'informer par d'autres que par ces prélats de ce qui se passoit dans ledit ordre, a envoyé au Roi un bref pour que chaque évêque dans le diocèse desquels il y a des Carmélites, en fît la visite et en dressât procès-verbal, et que ces procès-verbaux fussent envoyés à l'archevêque de Paris, qui les renverroit au Pape. Les Carmélites n'ont pas voulu reconnoître l'autorité des évêques diocésains, et le Parlement a fait difficulté sur ce que le bref n'étoit enregistré qu'au grand Conseil. Ils doivent demander à venir faire des remontrances.

Le Roi est allé aujourd'hui de la Meutte à l'Opéra (1).

Du samedi 10, *Versailles.* — Le Roi revint hier ici tout droit de l'Opéra; il arriva un peu avant dix heures, alla chez la Reine, ne soupa point, et se coucha de bonne heure. Le Roi à l'Opéra étoit dans sa loge, dans un fauteuil. M. le prince de Conty étoit sur un pliant à la droite du Roi, un peu sur le retour. Derrière le Roi il y a deux banquettes; sur celle qui est plus près du fauteuil étoient M. d'Ayen au milieu, M. de Bouillon à droite, et M. d'Aumont à gauche, et presque à côté de M. d'Aumont, à gauche, M. le prince Charles. Sur la seconde, M. de Maillebois, M. le Premier et M. de Montmirel.

Aujourd'hui le Roi a couru le cerf et soupe dans ses cabinets avec des hommes seulement; il n'y a que quatorze couverts.

Hier mourut M. d'Antichamp, chef de brigade; l'on ne doute point que cette brigade ne soit donnée à M. de Castellane, parent et de même nom que celui qui a épousé une petite nièce ou cousine de M. le cardinal de Fleury. M. de Castellane est major du régiment d'Anjou-cavalerie, et c'est actuellement le tour de la cavalerie. Il y a six ou sept mois qu'il a parole de M. le Cardinal pour la première brigade vacante dans les quatre compagnies, et cette parole est d'autant plus solennelle que le Roi a trouvé bon qu'il eût l'honneur de le remercier dans ce temps; il remercia aussi la Reine et M. le Dauphin. Cette circonstance sera malheureuse pour M. le chevalier de Mailly, frère de Mme de Mazarin, major du régiment de Vibraye-dragons; car j'ai ouï dire qu'il avoit parole de M. le duc de Villeroy pour la première [brigade] dans sa compagnie. Il est vraisemblable que les autres capitaines ont aussi des engagements.

---

(1) Voy. *Journal de Barbier*, t. III, p. 154.

Du lundi 12, *Versailles.* — On avoit offert à Mlle Le Maure de lui donner 100 louis si elle vouloit chanter à l'Opéra, le jour que le Roi y alla ; elle s'en excusa d'abord sur ce qu'elle ne savoit pas bien le rôle qu'elle avoit à jouer et qu'il lui faudroit le temps de l'étudier ; on dit que depuis, elle a pris le parti d'un refus absolu par les conseils de sa sœur, dans la crainte de perdre la protection de M. le duc d'Orléans et une pension de 800 livres qu'il lui fait à condition qu'elle ne remontera point sur le théâtre.

Chassé, fameuse voix de basse, dont j'ai parlé plus haut, ne voulut pas chanter non plus ; on sait qu'il a recouvré des titres de noblesse. Cette nouvelle, à ce qu'on prétend, avoit fort surpris son frère qui est avocat en Bretagne. Au sortir de l'Opéra, M. de Carignan demanda au Roi si S. M. en avoit été contente. Pendant les entr'actes, tous les hommes qui étoient à portée d'être vus du Roi se tinrent debout.

Avant-hier, le Roi après le souper joua à quadrille dans son cabinet en bas et n'alla nulle part. Le lendemain, qui étoit hier, le Roi dîna au grand couvert et ne soupa point.

Aujourd'hui le Roi a couru le cerf et soupe avec des hommes et des femmes dans ses cabinets.

Hier matin, M. le prince de Lambesc vint ici demander au Roi l'agrément pour le mariage de sa fille avec M. de Cadaval, Portugais ; c'est la troisième génération que ces deux familles s'allient ensemble. Ce fut M. le Cardinal qui mena M. de Lambesc chez le Roi et qui le fit entrer dans le cabinet ; M. de Gesvres ne fut point averti, non plus que d'une carte que l'on présenta au Roi. Ce fut M. le contrôleur général qui amena et qui fit entrer celui qui avoit fait ladite carte ; aussi M. de Gesvres dit-il au Roi qu'il prendroit le parti de s'en tenir au service manuel, et le Roi reçut cette plaisanterie en riant.

M. de Lambesc fut dans le grand cabinet de la Reine ;

il n'entra point dans la chambre, ne parla ni à Mme de Luynes ni à Mme de Mazarin ; et il n'a point demandé l'agrément de la Reine.

M. le marquis de Mirepoix arriva ici avant-hier au soir ou hier matin ; il vient de Lunéville, où il a épousé Mme de Lixin ; il s'en retourne incessamment la prendre et la mener avec lui à Vienne. M. le marquis de Mirepoix m'a beaucoup parlé des dévotions de l'Empereur (1). Il y a par an deux cent quarante chapelles qui se tiennent dans différentes églises. Les ambassadeurs assistent à ces chapelles ; leur habillement est à peu près comme celui des pairs au Parlement ; ils marchent en grand cortége à la suite de l'Empereur, trois carrosses à six chevaux, des pages et beaucoup de livrée. Ces chapelles durent trois ou quatre heures chacune ; outre cela il y a plusieurs jours où l'Empereur va prier Dieu dans des places de Vienne où il y a des colonnes élevées par différents empereurs. L'on construit dans ces places une espèce de loge ou lanterne où l'Empereur se met à couvert, et une vis-à-vis pour les ambassadeurs. Le Nonce marche toujours à la tête des ambassadeurs ; il a une juridiction particulière à la cour de l'Empereur ; il est comme l'évêque de la Cour ; il est en habit long les jours ordinaires et en rochet et camail les jours de grandes fêtes.

Il y a de certains jours où l'Empereur dîne en public, c'est-à-dire avec l'Impératrice (2) et la grande-duchesse (3). La séance est à peu près comme ici au grand couvert. Mme la grande-duchesse est au bout de la table

---

(1) Charles VI, second fils de l'empereur Léopold, né en 1685, empereur en 1711, mort en 1740.

(2) Élisabeth-Christine de Brunswick-Blankenbourg-Wolfenbuttel, née en 1691.

(3) Marie-Thérèse-Walpurge-Amélie-Christine, fille aînée de l'Empereur, née en 1717, mariée en 1736 au grand-duc de Toscane, François-Étienne de Lorraine, né en 1708.

sur le retour du côté de l'Empereur. L'Empereur est servi à genoux par ses chambellans; et l'usage est, lorsque l'on a l'honneur de lui être présenté, de lui baiser la main. M. de Mirepoix a cru qu'il n'étoit pas convenable que les François rendissent plus de respect à l'Empereur qu'ils n'en rendent ici au Roi, et leur a recommandé de ne point se mettre à genoux en baisant la main de l'Empereur et de lui faire la révérence à la françoise et non pas comme les Allemands, dont les révérences sont à peu près comme celles des chevaliers de l'Ordre. A ces dîners de représentation les ambassadeurs y assistent; ils sont debout vis-à-vis Mme la grande-duchesse. Lorsque l'Empereur est à table il salue les ambassadeurs, met son chapeau, et aussitôt les ambassadeurs se couvrent. L'Empereur mange ordinairement du potage, un grand morceau de bœuf et un grand morceau de cerf; après quoi il demande à boire; et aussitôt qu'il a bu, il ôte son chapeau, salue les ambassadeurs, lesquels se retirent. L'Impératrice et la grande-duchesse ne boivent point que l'Empereur n'ait bu. L'Empereur ne parle jamais en public aux ambassadeurs, mais seulement aux audiences. A ces dîners il ne parle qu'à l'Impératrice ou à ceux qui le servent. La garde de l'Empereur est composée de deux compagnies, celle des trabans et celle des archers. Leurs uniformes sont jaunes avec des galons noirs, qui est la livrée de l'Empereur. On regarde peu à la taille et à la figure, et ces compagnies sont très-peu nombreuses. Pour la garde à cheval il n'y en a d'autre que deux escadrons de cuirassiers et que l'on relève de temps en temps. Lorsque l'Empereur va tenir chapelle, il est toujours entre un traban et un archer. L'Impératrice ne va pas à toutes les chapelles; mais lorsqu'elle y suit l'Empereur, les quatre ambassadeurs, le Nonce, France, Portugal et Venise, qui sont les seuls ministres étrangers qui l'accompagnent, attendent l'Empereur à la porte de sa chambre et marchent devant l'Empereur, qui leur dit de se couvrir; ils arrivent à la porte de l'église, se mettent en haie et ôtent leur chapeau; et en sortant, la même chose est observée; ils ne se couvrent jamais que lorsque l'Empereur le leur a dit, mais il leur dit toujours dans le moment. La maison de l'Empereur est très-peu considérable; il est servi dans le particulier par ses chambellans, qui se relèvent tous les huit jours, car il y en a un grand nombre, et par conséquent ils sont peu accoutumés à le servir. M. de Mirepoix m'a dit que quand il avoit parlé à l'Empereur, il l'avoit toujours traité de Sire et de Votre Majesté Impériale. L'Empereur et l'Impératrice vivent parfaitement bien ensemble; le grand-duc et la grande-duchesse paroissent dans une grande union. Les ambassadeurs ne voient point le grand-duc à cause du cérémonial.

Les écuries de l'Empereur sont très-peu nombreuses; il peut avoir 5 ou 600 chevaux en tout, et lorsqu'il sort il a peut-être 40 ou 50 chevaux à sa suite. On ne connoît point d'autre chasse à Vienne que les battues à la grande bête, et l'Empereur ne monte guère à cheval que pour aller à ces chasses, seulement au rendez-vous, et les chevaux qu'il monte ne sont ni de taille ni d'espèce à courre. Il y a aussi la chasse du vol du héron, dans le temps; mais l'Empereur se tient à ces chasses dans une loge ou cabane faite exprès, et on l'avertit quand le héron passe.

M. de Mirepoix parle avec grand éloge de la valeur et de la conduite de quelques François qui ont été l'année dernière servir dans les troupes de l'Empereur contre les Turcs; il y en a eu quatre ou cinq, entre autres M. le chevalier de Mailly-d'Aucourt, M. d'Irquel, neveu de M. de Saint-André et M. de Mondragon, neveu de M. de Coulanges, lequel est contrôleur de la maison du Roi. M. de Mondragon, s'étant trouvé dans une occasion où le grand-duc étoit fort exposé, se mit sans affectation entre le grand-duc et les coups de fusils; c'est le grand-duc qui l'a conté à M. de Mirepoix; les deux autres ayant vu les régiments de Bareith et de Kevenhuller qui plioient, coururent à eux l'épée et le fouet à la main, quoique volontaires, et les firent revenir à la charge.

M. de Mirepoix me disoit hier que son entrée lui avoit coûté environ 100,000 écus; ce que le Roi lui donne par an est 20,000 écus de notre monnoie, qui lui valent là-bas un peu plus de 80,000 francs.

M. de Stainville a obtenu depuis peu une place de conseiller d'État; c'est un homme fort cher et fort multiplié. L'Empereur a environ deux cents conseillers d'État; il n'y a aucuns appointements attachés à cette charge, et il en coûte beaucoup pour l'expédition des provisions.

J'entendois parler hier du revenu de S. A. R. Mme la duchesse d'Orléans; elle jouit de 650,000 livres de rente en tout, dont 450,000 livres lui sont payées par le Roi et 200,000 livres par M. le duc d'Orléans.

Du mardi 13, Versailles. — Il n'y eut hier que cinq dames qui soupèrent dans les cabinets, Mademoiselle, Mlle de Clermont, Mme de Chalais, Mme de Mailly et Mme d'Antin.

Le Roi a dîné aujourd'hui au grand couvert avec la Reine..

C'étoit un usage constamment observé que les gentilshommes servissent avec la serviette sur l'épaule; cet usage s'abolit insensiblement; il n'y a plus que les anciens gentilshommes servants qui l'observent; cependant c'est la règle; et au festin royal, le grand panetier sert avec la serviette sur l'épaule. M. le duc de Brissac observa encore cet usage au mariage du Roi; son exemple même détermina quelques gentilshommes servants à porter la serviette, mais ils commencent à le négliger, et il n'y en avoit aujourd'hui qu'un qui l'eût, qui est un M. Bridou du Mignon, un ancien qui est du temps de Louis XIV. Il y a cinq gentilshommes servants à chaque grand couvert : un qui demeure auprès de la table où est la nef que l'on appelle la table du prêt; celui-là fait faire devant lui l'essai des viandes par l'officier de la bouche, il fait faire aussi l'essai du fruit, glaces, etc., par les officiers qui en sont chargés. Ce sont des mouillettes que l'on passe sur les mets qui doivent être servis et que les officiers sont obligés de manger devant le gentilhomme servant. Deux gentilshommes servants mettent sur la table, un autre donne à boire au Roi. Celui-là en présence du Roi, jette une goutte de la carafe de vin et une goutte de la carafe d'eau et secoue le verre du Roi dans une tasse qui est ensuite partagée en deux; le chef du gobelet-vin boit le premier, ensuite le gentilhomme servant, après quoi celui-ci rend sa tasse au chef du gobelet-vin et présente la soucoupe au Roi. Le cinquième gentilhomme servant est pour servir le Roi, lui présenter assiettes, cuillères, fourchettes, etc.

Du mercredi 14, Versailles. — Hier étoit le jour du conseil de finances, et ce fut le conseil de commerce. Ce conseil devoit se tenir tous les quinze jours; il y avoit trois ans qu'on n'en avoit tenu. Le chef du conseil des finances n'assiste point au conseil de commerce.

M. de Brassac qui épouse Mlle de La Force prend le nom de comte de Béarn.

Du 16, Versailles. — Avant-hier le Roi au retour de la chasse soupa dans ses cabinets; il n'y avoit que quatre dames : Mademoiselle, Mlle de Clermont, Mme de Mailly et Mme de Beuvron. Il devoit hier dîner au grand couvert; un peu de rhume l'en empêcha. S. M. est mieux aujourd'hui et a dîné au grand couvert.

Mme Adélaïde est malade depuis plusieurs jours; on croit que c'est ou la petite vérole ou la rougeole boutonnée. Ce qui est certain c'est que Mme de Tallard, qui voit Mme Adélaïde, ne voit point Mesdames et ne va pas chez M. le Dauphin; cependant elle reçoit tout le monde chez elle.

Mme de Mazarin a demandé aujourd'hui l'agrément du Roi pour le mariage de Mlle de Mailly, sœur de Mme de la Tournelle, avec M. le marquis de Flavacourt. Mlle de Mailly est belle-petite-fille et nièce à la mode de Bretagne de Mme de Mazarin. Elle est fille de Mme de Nesle, laquelle étoit fille de M. de Mazarin ; et du côté de M. de Nesle, le père de M. de Nesle étoit frère de M. de Mailly, lequel Mailly avoit épousé Mlle de Sainte-Hermine que nous avons vue dame d'atours de Mme la Dauphine. M. de Mailly eut six enfants, trois garçons, dont l'aîné a épousé une des filles de M. de Mazarin ; c'est Mme de Mailly, dame du palais. Le second s'appelle Rubempré, et a épousé Mlle d'Arbaleste de Melun, et le troisième est le chevalier de Mailly qui vient de servir en Hongrie. Les trois filles sont Mme de Listenay, Mme de la Vrillière (aujourd'hui Mme de Mazarin) et Mme de Polignac. Mme de la Vrillière a eu un garçon, qui est M. de Saint-Florentin, qui a épousé Mlle Platen, une fille morte à douze ou treize ans, une autre qui a épousé M. de Maurepas, et une autre qui a épousé M. de Plélo ; elle est morte. Mme de Polignac a eu deux ou trois garçons, dont l'aîné vient d'épouser Mlle de Mancini. M. de Nesle, fils de M. de Nesle dont je viens de parler, avoit épousé Mlle de Mazarin ; de ce mariage sont venus cinq filles : Mme de Mailly, dame du palais, dont je viens de parler, Mlle de Nesle et Mlle de Montcavrel, Mme de la Tournelle et Mlle de Mailly qui se marie aujourd'hui ; elle a environ vingt-trois ans. M. de Flavacourt a, à ce que l'on dit, 26,000 livres de rente, et Madame sa mère en a encore 22,000. Mme de Flavacourt est Grancey ; elle avoit une sœur qui s'appeloit Mme de Hautefeuille, toutes deux filles de Mme de Grancey qui avoit épousé en secondes noces M. le maréchal de Montrevel. M. de Nesle d'aujourd'hui a une sœur qu'on appelle Mme de Nassau, laquelle a un fils qu'elle a voulu faire présenter sous le nom de prince de Nassau, mais cela a souffert quelques difficultés.

Il paroît que les troupes que l'on destine pour la Corse ne sont pas encore sitôt prêtes à partir. M. de Maillebois est venu ici promptement, et on lui avoit annoncé qu'il n'auroit que huit jours à y rester ; actuellement il paroît de l'incertitude non-seulement sur son départ mais peut-être même sur cette expédition. Ce n'est pas la première fois que la Corse a donné de l'occupation aux Génois. Nous voyons dans M. de Thou (livre XLI, page 326), un nommé Sampiétro qui étoit de Bastelica dans cette île, homme de peu de naissance, mais d'un grand courage, qui avoit épousé Vannina, fille d'un des plus riches de l'île, qui résolut de s'affranchir de la domination des Génois lui et sa patrie; c'étoit en 1562. Il se fit un parti, alla chercher du secours de toutes parts, jusqu'à Constantinople; pendant son absence, les Génois trouvèrent moyen de persuader à Vannina de venir à Gênes; elle partit, mais elle fut arrêtée par un ami de Sampiétro auprès d'Antibes. Sampiétro en eut avis à son retour; il entra en fureur, tua un de ses domestiques parce qu'il lui dit qu'il étoit instruit de l'évasion de sa femme, vint à Marseille et de là à Aix, où Vannina avoit été amenée. Vannina consentit à retourner avec lui; il étoit accoutumé à lui parler avec respect, il lui parla donc avec le même respect, et ensuite il l'étrangla de sa main. Il vint après cela en France pour obtenir qu'on ne lui fît pas son procès, et il l'obtint en faveur des grands services qu'il avoit rendus à la France et de ses blessures. Sampiétro retourna en Corse, y fit la guerre pendant trois ans, et enfin y fut assassiné en 1565. Les Génois avoient mis sa tête à prix. Alphonse, son fils, auquel la France ne donnoit plus que des secours très-modiques, fut obligé en 1567 de sortir de l'île.

Du samedi 17, *Versailles*. — Le Roi devoit aller aujourd'hui à la chasse et souper dans ses cabinets. Le tout a été changé à cause du rhume qui continue toujours un peu; le voyage même de la Meutte est incertain; on a mandé aux ambassadeurs de ne pas venir mardi.

La maladie de Mme Adélaïde continue aussi, et l'on garde toujours le même silence sur l'espèce de cette maladie. Mme de Tallard ne voit ni le Roi ni la Reine, mais reçoit tous ceux qui vont chez elle. Jusqu'à ce moment il a dû y avoir bal chez Mesdames demain; j'apprends que cela vient d'être changé.

J'ai appris aussi aujourd'hui une circonstance du bal de dimanche dernier chez Mesdames. L'usage est qu'il y ait toujours une collation avant le bal, et cette collation se fait debout. La collation étant commencée, M. de La Mina arriva; dès que Madame l'aperçut, elle prit des tartelettes et petits choux qu'elle mit sur une assiette et courut à lui avec précipitation sans paroître même avoir vu un signe de Mme de Tallard; elle lui présenta l'assiette, et M. de La Mina lui dit qu'il croyoit devoir recevoir ce présent à la mode d'Espagne, et mit un genou en terre.

M. d'Artagnan épouse Mlle de Beaulieu, nièce de M. Amelot par sa première femme, laquelle étoit Bombarde, mère de Mme d'Armenonville. Ces Beaulieu sont Beaulieu-Bombarde; il y en a d'autres que l'on appeloit Beaulieu-Le Camus. MM. Destouches, de l'artillerie, étoient de cette famille. Le cadet de ces MM. Destouches s'étoit marié; l'aîné, qu'on appeloit Petit-Canon, n'avoit jamais voulu se marier; nous l'avons tous connu; il étoit assez aimable et avoit grand nombre d'amis; c'étoit sur lui qu'on avoit fait cette chanson dont il n'avoit jamais pu se consoler :

> Sans savoir ce qu'il dit,
> Destouches toujours cause.
> En savez-vous la cause?
> Chacun lui aplaudit,
> Sans savoir ce qu'il dit.

Du dimanche 18, Versailles. — On a appris aujourd'hui la mort de M. le maréchal du Bourg; il étoit gouverneur d'Alsace et chevalier de l'Ordre; il avoit quatre-vingt-quatre ou quatre-vingt-cinq ans; il sera extrêmement regretté. Il avoit épousé en secondes noces la veuve de M. d'Andelot, mère de MM. d'Andelot, dont l'aîné a épousé Mlle de Polastron, et un autre est aumônier du Roi.

M. le Cardinal continue à se bien porter ; on peut même regarder comme une preuve de sa bonne santé de n'avoir point entendu un coup de tonnerre très-considérable qu'il fit il y a trois jours à trois heures du matin.

Ce n'est que d'hier ou d'avant-hier que l'affaire de M. de Castellane pour la brigade est finie.

C'est à M. de Béthune, de même nom que M. le duc de Charost, qu'a été donné le guidon des gendarmes vacant par la mort de M. de Trudaine. Il a 24,000 livres à payer : savoir, 12,000 livres que le Roi a accordées à cette occasion à la sœur de M. de Trudaine, et 12,000 livres qui restoient à payer à M. de Saint-Jal pour parfaire la somme de 72,000 livres qui devoient lui revenir, suivant l'arrangement du corps.

M. le marquis de Mirepoix n'est point encore reparti ; on a remarqué une réponse qu'il fit hier au Roi. S. M. lui demanda s'il n'avoit pas tremblé lorsqu'il avoit harangué l'Empereur. M. de Mirepoix lui répondit qu'un François ne trembloit que devant son maître ; il dit qu'effectivement il eut plus de peur d'abord en parlant ici au Roi dans son cabinet, en présence de M. le Cardinal, qu'il n'en avoit eu en parlant à l'Empereur.

Du lundi 19, *Versailles.* — Il y eut hier ou avant-hier une petite difficulté chez la Reine au sujet de l'entrée du chef de brigade qui suit M. le Dauphin. Il étoit cinq heures et demie ; il étoit à la suite de M. le Dauphin et on lui refusa d'entrer chez la Reine. Mme de Luynes a dit à l'huissier que si le chef de brigade qui est de garde auprès de M. le Dauphin venoit chez la Reine, dans un temps qu'il n'y auroit que les entrées, ou qu'il vînt avec M. le Dauphin avant l'heure où les dames du palais entrent, et par conséquent les entrées de la chambre, il ne devoit pas le laisser entrer ; mais qu'étant à la suite de M. le Dauphin, étant plus de cinq heures, et les dames du palais y étant, ce n'étoit plus le cas de lui refuser d'entrer.

Le Roi qui avoit été quelques jours sans sortir, à cause de son rhume, a été aujourd'hui à la chasse.

Deux choses occupent ici beaucoup les esprits; on prétend que l'Empereur, à qui l'on étoit convenu de donner vingt millions et qui devoit nous livrer Luxembourg, a changé de sentiment; nous lui avions déjà payé neuf millions; on avoit retardé le payement des onze autres millions; l'Empereur ne veut point les recevoir, et on dit qu'il veut nous rendre les neuf. On dit aussi que les Hollandois lui prêtent trente millions.

L'autre affaire est le gouvernement d'Alsace. On prétend que M. le maréchal de Coigny a dit qu'il avoit parole de M. le Cardinal, et on ajoute que S. Ém. n'en convient pas. Il paroît qu'il faudroit quelqu'un qui eût autant de talent pour traiter avec les puissances au delà du Rhin, avec lesquelles on a affaire continuellement, que pour commander dans la province; il est nécessaire que ce soit quelqu'un qui y réside, et il est du bien de l'État qu'il agisse de concert avec M. de Belle-Isle. Tout cela prouve combien M. le maréchal du Bourg doit être regretté.

On a appris aujourd'hui la mort de M. Bernard (1).

Du mardi 20, *Versailles.* — J'avois oublié de marquer que le Roi ne fut point dimanche dernier au salut.

S. M. soupa hier au retour de la chasse dans ses cabinets avec Mademoiselle, Mlle de Clermont, Mmes de Beuvron, de Ségur, de Mailly et de Puysieux, et va demain à la Meutte pour jusqu'à vendredi. M. le Cardinal va demain à Issy jusqu'à dimanche qu'il reviendra pour le conseil.

Du samedi 24, *Versailles.* — Le mercredi 21, le Roi alla courre à Saint-Germain et de là à la Meutte. Mademoiselle

---

(1) Samuel Bernard, fameux banquier, mort à quatre-vingt-huit ans, riche de plus de cinquante millions.

fut à Madrid ce même jour avec Mlle de Clermont, Mmes de Ségur, de Beuvron, de Chalais et de Mailly; elles soupèrent à la Meutte le mercredi et le jeudi. On avoit dit ici que le Roi iroit au bal de l'Opéra le jeudi; mais il n'y fut point. S. M. fut le vendredi à l'opéra d'*Alceste*. Mme de Fleury, qui étoit ici jeudi au soir, reçut une lettre de M. le Premier qui lui écrivoit de la Meutte de la part de Mademoiselle pour lui proposer d'aller à l'Opéra avec le Roi en grand habit suivant la règle; il y avoit dans la lettre que si elle ne pouvoit pas y venir, qu'elle le mandât, parce que Mademoiselle le proposeroit à une autre dame. Mme la duchesse de Gramont reçut la même proposition, mais l'état où est Mme la maréchale de Boufflers (1) l'empêcha d'accepter. Mme d'Aumont et Mme de Sassenage, qui étoient à Paris toutes deux, reçurent aussi une lettre; elles se rendirent l'une et l'autre ainsi que Mme de Fleury à Madrid à deux heures. Le Roi dîna ce jour-là seulement avec des hommes. Les dames se rendirent à la Meutte au sortir de son dîner, et S. M. fut avec elles à l'Opéra. Le Roi étoit dans sa loge avec les deux princesses seulement et le service derrière. Au sortir de l'Opéra, S. M. remonta dans son carrosse, et laissa à Paris Mmes d'Aumont, de Fleury et de Sassenage, et ramena les autres ici; il arriva avant dix heures, alla chez la Reine un quart d'heure à l'ordinaire, et ne soupa point.

On parle beaucoup ici du bal de lundi; il y aura deux bals ce jour-là, bal rangé depuis six heures jusqu'à neuf, et ensuite bal en masque qui commencera à onze heures. Il est censé que c'est la Reine qui donne le bal rangé; c'est pourtant dans l'appartement du Roi. Apparemment que le Roi allant ce jour-là à la chasse et soupant dans ses cabinets ira quelque temps voir ce bal, mais n'y demeurera pas. C'est le premier gentilhomme de la chambre en année, par conséquent M. le duc de

---

(1) Tante du duc de Gramont.

Gesvres (1), qui est chargé de donner les ordres pour ces bals, et sous lui M. de Bonneval, intendant des Menus. On dansera au bal rangé dans le grand salon peint par Le Moyne auprès de la chapelle, et pour le bal en masque dans trois ou quatre pièces de l'appartement, la pièce du trône n'étant point propre pour la danse à cause du gradin, et celle du lit ne pouvant servir à cause de l'estrade; les autres étant destinées à des buffets de rafraîchissements. L'on dit qu'il y aura six cents instruments pour le bal en masque. M. de Livry a reçu les ordres aussi pour des rafraîchissements en abondance. M. le duc de la Trémoille a envoyé des billets à toutes les dames qui ont été présentées au Roi. Voici copie de celui qui a été envoyé à ma belle-fille.

Madame,

M. le duc de la Trémoille a reçu ordre du Roi de vous avertir, de sa part, qu'il y aura bal lundi, 26 janvier 1739, à six heures du soir, dans le grand appartement, à Versailles. S. M. compte que vous voudrez bien vous y trouver.

Et plus bas :

Les dames qui dansent seront coiffées en grandes boucles.

Mlles de Chalais, de Matignon et de Mérode ne seront point au bal rangé, quoiqu'elles dansent tous les jours chez M. le Dauphin et chez Mesdames, et qu'elles y aient même eu l'honneur de danser devant le Roi et la Reine; mais dans un bal de cérémonie comme celui-ci, il faut avoir été présentées. Ce ne seroit pas une chose nouvelle que de présenter des filles; Mlle de Mailly, aujourd'hui Mme de Flavacourt, a été présentée; Mlle de Villeneuve, qui est auprès de Mlle de Clermont, a été aussi présentée, et outre cela nous avons vu du temps du feu Roi, Mlles d'Épinoy, de

---

(1) M. le duc de Tresmes étant retombé malade dangereusement depuis quelques jours, M. de Gesvres a été obligé d'aller à Paris, et c'est M. de la Trémoille qui sert à sa place. (*Note du duc de Luynes.*)

Melun et de Tourbes, qui étoient continuellement à la Cour et avoient été présentées. Mme de Lévis, étant Mlle de Chevreuse, avoit aussi été présentée. Ceux qui seront en deuil le quitteront le jour du bal. Le Roi a paru désirer aussi que tout le monde eût des habits neufs, et on m'a dit aujourd'hui qu'un seul marchand de dorure avoit vendu en trois heures de temps trente-huit garnitures d'habit. La Reine sera en masque; c'est Mme de Luynes qui fait faire les habits de masque; on sait que c'est l'usage; ce détail regarde la dame d'honneur.

Nous n'avons point vu à la Cour de bal rangé depuis celui que M. le duc d'Orléans donna, en 1721, au Palais-Royal à l'occasion du mariage de la reine d'Espagne, sa fille. Il y a eu plusieurs bals en masque du temps de Mme la Dauphine où elle alloit toujours masquée, Monseigneur, M. le duc de Bourgogne masqués, et les officiers des gardes qui les suivoient étoient aussi masqués. Tout le monde étoit admis auxdits bals, pourvu que dans chaque troupe de masques un se démasquât et étant connu répondit de tous ceux de sa troupe. Il arriva à un de ces bals une aventure (1) assez plaisante que Mme de Ven-

---

(1) M. le bailli de Froulay me l'a contée un peu différemment, et m'a dit la savoir du cuisinier même. Il étoit fort bien masqué en don Quichotte; il étoit bien fait, avoit de l'esprit et parloit espagnol à merveille. Le Roi le remarqua et eut curiosité de savoir qui il étoit; il donna ordre au maréchal de Tessé de questionner cet homme. M. de Tessé alla à lui, et voyant qu'il parloit aussi bien espagnol, il crut que c'étoit un Espagnol effectivement. Le cuisinier, bien loin de chercher à le détromper, lui répondit toujours avec esprit et légèreté, lui dit qu'il avoit eu l'honneur de lui donner à dîner plusieurs fois en Espagne, lui cita même un tel jour où tels et tels étoient à dîner avec M. de Tessé, lui ajouta même que M. de Tessé, à Madrid, n'avoit guère fait de dîners sans lui. Le maréchal, plus persuadé que jamais, vint dire au Roi que c'étoit un seigneur espagnol vraisemblablement, mais qu'il ne le connoissoit pas. Le Roi eut curiosité de lui parler; le maréchal de Tessé l'amena; le cuisinier parla au Roi mauvais françois, le Roi lui trouva de l'esprit et dit à Mme la Dauphine de le prendre pour danser. Il ne fut ni démasqué ni connu. Un mois ou six semaines après, M. de Tessé étant prêt de se coucher et son cuisinier étant dans sa chambre dans ce moment, il lui demanda s'il ne pourroit donc point lui faire découvrir le seigneur espagnol à qui il avoit tant fait de questions.

tadour me contoit avant-hier. Un masque, que l'on avoit vu se tenir séparé des autres troupes, eut l'honneur de danser avec Mme la Dauphine; personne ne le connoissoit; on eut curiosité de savoir qui c'étoit. M. le maréchal de Tessé fut chargé de s'en informer; il alla à ce masque, lui fit plusieurs questions; le masque lui répondit toujours qu'il avoit l'honneur d'être connu de lui et qu'il l'avoit vu en Espagne; cette réponse excita encore davantage la curiosité de M. de Tessé, qui crut que c'étoit un Espagnol, et lui fit plusieurs questions en conséquence de cette idée. Le masque lui répondit qu'il avoit eu l'honneur de le voir ce même jour-là; nouveau sujet de curiosité; enfin, affaire approfondie, il se trouva que c'étoit le cuisinier de M. de Tessé qui avoit eu l'honneur de danser avec Mme la Dauphine.

J'appris hier une date sur l'âge de Mme de Ventadour; c'est qu'en 1721, lorsqu'elle partit pour aller au-devant de l'Infante, elle disoit alors avoir soixante-dix-huit-ans; il est vrai que Mme la duchesse de La Ferté lui disputoit cet âge et lui soutenoit qu'elle n'en avoit que soixante-treize. M. le duc de Tresmes n'est pas tout à fait aussi âgé; mais ce qu'il y a de singulier, c'est qu'ils sont encore cinq frères ou sœurs tous fort vieux, M. le cardinal de Gesvres, M. le chevalier de Gesvres, une vieille Mlle de Gesvres qui est fort riche et fait peu de dépense, et Mme de Revel.

M. le Dauphin dîna avant-hier chez M. le duc de Châtillon. C'est un usage que M. de Châtillon lui donne à dîner dans le temps des Rois. Sa maladie avoit retardé ce dîner. M. l'évêque de Mirepoix dîna aussi avec M. le Dauphin, M. de Polastron, M. son fils, MM. les gentilshommes de la manche. La table, au lieu d'être dans la chambre de

---

Le cuisinier lui dit qu'il pouvoit lui en dire des nouvelles, pourvu que cet Espagnol fût sûr de ne lui avoir pas déplu; mais qu'il falloit qu'il lui parlât en particulier. M. de Tessé fit sortir tous ses gens, et il lui avoua ce qu'il avoit fait. (*Addition du duc de Luynes.*)

M. de Châtillon, étoit dans le cabinet de glace d'auprès. M. le Dauphin étoit au bout de la table, sans avoir aucun couvert distingué, M. de Châtillon à sa droite, Mme de Ventadour à sa gauche.

Du dimanche 25, *Versailles.* — La Reine a été ce matin chez le Roi avant que la garde-robe fût entrée, et y a resté quelque temps; ordinairement à ces visites il reste ou les entrées familières ou quelqu'un de la Faculté. Je ne marque ici cette visite que parce qu'elles sont fort rares quand le Roi n'est point incommodé. La Reine y avoit déjà été il y a cinq ou six jours; c'étoit dans le temps que le Roi a été un peu enrhumé; elle fut pour savoir de ses nouvelles et y resta près d'une heure; il n'y avoit de tiers que M. le duc de Charost. La conversation fut assez vive et assez bien soutenue.

M. le duc et M. le vicomte de Rohan, fils de M. le prince de Léon, ont demandé aujourdhui l'agrément du Roi pour le mariage de Mlle leur sœur avec M. de Lautrec; c'est celui qui a été envoyé par le Roi à Genève; on dit qu'il a présentement 55,000 livres de rente et l'espérance de vingt-cinq ou trente.

M. le duc de Brancas, le père, mourut il y a deux ou trois jours à l'Institution (1). Mme de Clermont, fille de M. de Clermont, qu'il avoit épousée, comme j'ai marqué plus haut, quoiqu'elle porte le nom de duchesse de Brancas n'a pu encore obtenir les honneurs.

Mme la maréchale de Boufflers, qui avait été dame d'honneur de la Reine, mourut hier au soir à neuf heures.

Mme de Flavacourt a été présentée aujourd'hui par Mme de Mazarin.

Il paroît que l'intention de la Reine est que tous ceux de sa maison qui auront l'honneur de la suivre au bal soient en dominos et en masques. On compte qu'il y aura 24,000 bougies. M. le contrôleur général ne me paroît

---

(1) De l'Oratoire.

pas effrayé de la dépense de ce bal, que l'on estime cependant aller à environ 200,000 livres.

On me contoit aujourd'hui ce qui se passa dans le temps du grand carrousel que Louis XIV donna en [1662]. C'étoit M. de Louvois qui avoit proposé au Roi de donner ce carrousel ; la proposition auroit assez plu à Louis XIV sans la dépense, qu'il regardoit comme considérable et qu'il n'étoit pas en état de faire alors. M. de Louvois avoit compté embarrasser M. Colbert par cette idée ; le Roi en parla à M. Colbert, mais comme d'une chose impossible. M. Colbert répondit au Roi qu'il ne pouvoit assez approuver le conseil que M. de Louvois avoit donné à S. M. ; que c'étoit un projet digne d'un aussi grand Roi. Le Roi lui demanda à combien il estimoit qu'iroit la dépense, si ce seroit un objet de 3 ou 400,000 livres. M. Colbert dit au Roi qu'il ne falloit point le flatter sur cette dépense, qu'il falloit que la fête fût digne de celui qui la donneroit, et qu'elle coûteroit au moins un million. Le Roi crut alors la chose impossible, et demanda à M. Colbert comment il imaginoit pouvoir trouver cette somme. M. Colbert pria le Roi de ne se point mettre en peine de l'argent, et lui dit qu'il ne lui demandoit qu'une seule grâce, qui étoit de vouloir bien en garder le secret pendant huit jours. C'étoit dans le temps que l'on venoit de donner les fermes générales ; les fermiers craignoient fort qu'on ne leur retirât le domaine de Paris. M. Colbert les envoya querir aussitôt après la conversation qu'il eut avec le Roi, et leur demanda pour quel prix ils mettoient le domaine de Paris dans les fermes générales. Comme leur intérêt étoit d'y donner une moindre valeur, ils dirent à M. Colbert un prix fort au-dessous de ce qu'il savoit être la valeur réelle ; M. Colbert leur répondit qu'il étoit persuadé que le domaine de Paris rapportoit davantage, mais que pour en être plus certain le Roi le retiroit pour six mois ; il convint avec eux d'un prix dont le Roi leur tiendroit compte et dont ils furent contents ; même le prix étant plus fort que leur estimation, ils furent obligés de lui en faire des remercîments. M. Colbert alla rendre compte au Roi de ce qu'il venoit de faire, et lui dit que S. M. pouvoit déclarer le carrousel, qu'il étoit même convenable qu'il fût annoncé dans toutes les cours étrangères et indiqué pour dans trois ou quatre mois. Ce conseil fut suivi exactement; il vint de toutes parts un prodigieux nombre d'étrangers. Trois semaines ou un mois avant le jour destiné pour le carrousel, M. Colbert représenta au Roi que tout n'étant pas encore arrangé pour cette fête, il étoit plus convenable de la remettre pour quinze jours ou environ. Ce court intervalle ayant obligé ceux qui étoient venus de rester à Paris, la consommation extraordinaire que cette affluence attira dans la ville augmenta considérablement les revenus de S. M. par rapport aux entrées, et lorsque la fête eut été donnée avec toute la magnificence possible et que le Roi voulut savoir ce qu'elle lui coûtoit, M. Colbert lui montra que bien loin de lui avoir coûté elle lui avoit valu plus d'un million tous frais faits.

Le roi Auguste (1) donna, il y a environ dix ans, une fête militaire encore plus magnifique que celle dont je viens de parler; c'étoit un camp de paix, à Muhlberg, près de Dresde; ce camp lui coûta 33 millions; il y avoit plus de trente mille hommes de troupes. Les deux derniers jours, le Roi donna à manger à toute l'armée. Le roi de Prusse (2) y étoit, et fut fort étonné de la magnificence extraordinaire; il demanda au roi de Pologne comment il pouvoit faire. Le roi Auguste tira un ducat de sa poche et lui dit : « Si vous aviez ce ducat, vous le garderiez, et moi je le donne ; il me revient cinq ou six cents fois dans ma poche. »

Je viens d'apprendre dans le moment que S. M. vient de

---

(1) Auguste II, roi de Pologne et électeur de Saxe.
(2) Frédéric-Guillaume Ier.

donner à M. le maréchal de Coigny le gouvernement d'Alsace (1) qu'avoit M. du Bourg, et le commandement à M. le maréchal de Broglie (2). Le gouvernement de Belfort, qui se trouvoit aussi vacant par la mort de M. du Bourg, est donné à M. de Clermont-Tonnerre, mestre de camp de la cavalerie et lieutenant général. Celui de Sedan, qu'avoit M. de Coigny, a été donné à M. le duc d'Harcourt, et celui de Mont-Dauphin, qu'avoit M. de Clermont, a été donné à M. de Balincourt, qui revient d'Alsace où il commandoit sous M. le maréchal du Bourg. Il me semble que l'on compte que le commandement d'Alsace sans le gouvernement vaut environ 55,000 livres, à cause des places de fourrages, et le gouvernement sans le commandement, 40 à 50,000 livres. M. le maréchal de Coigny avoit grande envie que son gouvernement de Sedan passât à M. son fils, mais il n'a pu l'obtenir.

Du mardi 27. — Le bal rangé ne commença hier qu'à six heures et demie passées (3). Voici l'arrangement du salon: les fauteuils du Roi et de la Reine étoient vis-à-vis la cheminée, tournant le dos au grand tableau qui fait le fond du salon (4) ; la musique étoit sur des gradins dessus la cheminée, en face du Roi. Les ambassadeurs étoient

---

(1) Ce gouvernement vaut 52,000 livres d'appointements; il paroît que l'on ne doute pas que M. le Cardinal n'eût effectivement promis ce gouvernement à M. de Coigny, mais S. Ém. fut choquée de ce que tout le monde lui parloit de cette promesse, et de ce que M. de Coigny n'avoit pas été plus discret; cependant elle a eu son effet. (*Note du duc de Luynes.*)

(2) M. de Broglie a 36,000 livres d'appointements du Roi comme commandant, 36,000 livres de fourrages en argent et 6,000 livres que la ville de Strasbourg donne au commandant; outre cela, les fourrages en nature pour ses chevaux et ce que l'on appelle ustensiles, bois, bougie, chandelle, meubles de toutes espèces et linges; le tout passe 90,000 livres. Outre cela M. de Broglie a 22,000 livres du gouvernement de Bergues, 4,000 d'une ancienne pension, 12 ou 13,000 au moins comme maréchal de France et les 1,000 écus de l'Ordre. (*Note du duc de Luynes.*)

(3) Voir dans le *Mercure* de février, pages 379 et suivantes, l'article qui a pour titre : *Bal du Roi.*

(4) Ce tableau était celui de Paul Véronèse représentant le repas chez Simon le Pharisien et placé aujourd'hui dans le grand salon du Louvre.

sur des gradins, à droite; ils avoient été invités. Il y avoit des gradins dans toutes les fenêtres, à droite et à gauche. Le dernier rang de chaque gradin étoit couvert de girandoles; outre cela il y avoit un lustre au milieu (pas assez grand), deux lustres aux deux côtés de celui-là, mais plus élevés, et à chaque coin du salon un autre chandelier. Outre cela, aux deux côtés du gradin de la musique, les piliers entre la cheminée et la porte étoient éclairés jusqu'en haut, sans compter quelques girandoles dans les encoignures. On prétend que malgré cela on n'y voyoit pas encore assez clair; cependant le salon me parut aussi éclairé qu'il étoit possible. Derrière les fauteuils du Roi et de la Reine, le long du grand tableau, il y avoit un gradin fort long et assez avancé; à côté de celui-là, du côté de la porte et du côté de la fenêtre, il y avoit deux gradins beaucoup plus petits. M. de la Trémoille avoit dit que l'on ouvrît les portes à deux heures, et n'avoit pas apparemment fait assez d'attention au grand nombre de billets qu'il avoit envoyés. Il falloit qu'il crût que la plupart des dames ne viendroient pas, car dès quatre heures et demie le grand salon étoit tellement rempli d'hommes et de femmes peu connus, que les dames en grand habit, même les dames du palais de semaine, ne pouvant y trouver de place, furent obligées de rester fort longtemps debout dans les deux pièces devant le salon (on appelle le grand salon, le salon d'Hercule). Le Roi étoit revenu de la chasse de bonne heure, et demandoit à tout moment des nouvelles du salon, et on venoit toujours lui dire qu'il n'y avoit point de place; enfin cela fut au point que l'on crut qu'il ne seroit pas possible de danser. L'on proposa même de transporter le bal dans la galerie. J'entrai dans le salon à peu près dans ce temps-là; M. le maréchal de Noailles y vint; on venoit de faire sortir beaucoup de monde, et entre autres même des femmes de condition, auxquelles M. de la Trémoille avoit promis des places. Quelques-unes des dames de la cour entrèrent, mais elles n'avoient point de places. M. de Noailles demanda douze gardes (1), qui entrèrent avec leurs bandoulières et leurs armes; ils ne pouvoient cependant être regardés là que comme troupes auxiliaires, le salon n'étant pas de la juridiction du capitaine des gardes. Le Roi, ayant été instruit de l'embarras qu'il y avoit dans ce moment-là, vint lui-même sans chapeau dans le salon d'Hercule. S. M. avoit un habit de velours tout uni avec des boutons de diamants (2). Le Roi ayant vu le grand gradin entièrement rempli de personnes peu connues, leur ordonna lui-même de sortir; M. de la Trémoille, M. de Noailles et M. de Villeroy furent chargés de les faire sortir. Lorsque ce gradin fut vide, on y fit monter toutes les dames qui étoient en grand habit. Ce déplacement avoit fort affligé celles qui furent obligées de sortir; il y en eut même une qui parlementa en présence du Roi. Le Roi fit ranger encore du côté du jardin, et ordonna ensuite que toutes les danseuses formeroient le carré. Lorsque le Roi eut fait faire tout l'arrangement devant lui, il s'en alla chez la Reine l'avertir qu'il étoit temps de venir; il y avoit près d'une heure que la Reine attendoit avec Mesdames, les princesses et les danseuses dans sa chambre. Il n'y avoit que deux de Mesdames, Mme Adélaïde n'étant pas encore en état de

---

(1) Ce ne fut qu'après que M. le duc de la Trémoille eut essayé inutilement de faire sortir, qu'il eut ensuite été demander un ordre au Roi pour faire sortir indistinctement tout le monde, et que cette seconde tentative n'ayant pas mieux réussi, il pria M. le maréchal de Noailles de lui prêter la main. (*Note du duc de Luynes.*)

(2) L'habit que le Roi avoit au bal paré étoit de velours bleu ciselé, doublé de satin blanc, avec une garniture de boutons de diamants; le Saint-Esprit brodé en diamants; des parements de même velours et la veste d'une riche étoffe d'or.

« La Reine étoit en grand habit d'étoffe à fond blanc, avec des colonnes torses brodées en or, semées de fleurs nuées de soie; le corps de robe entièrement garni de pierreries, ayant un gros collier de diamants d'où pendoit le diamant en forme de poire nommé le *Sansi*. Le fameux diamant qui n'a pas son pareil en Europe, du poids de 547 grains, nommé *le Régent*, faisoit le principal ornement de la coiffure de S. M. » (*Mercure* de février, p. 385.)

sortir. De princesses, il y avoit Mme la Duchesse la mère (Mme sa fille est grosse (1), et l'on n'a pas voulu qu'elle vînt même voir le bal), Mme la princesse de Conty, Mademoiselle, Mlle de Clermont, Mlle de Sens, Mlle de la Roche-sur-Yon. Ces princesses s'étant ennuyées d'attendre aussi longtemps avoient demandé permission à la Reine d'aller voir ce qui se passoit; toutes étoient parties; il ne restoit que Mlle de Clermont. Lorsque le Roi eut averti la Reine, il s'en retourna sur-le-champ. La Reine avoit déjà appelé Madame et lui avoit dit que lorsqu'elle se mettroit en marche, elle ne la suivît point immédiatement et qu'elle laissât passer devant elle sa dame d'honneur et sa dame d'atours. La Reine a voulu se conformer en cela à ce qui se pratique tous les jours chez le Roi; le service nécessaire du Roi, comme le capitaine des gardes, le grand chambellan, le premier gentilhomme de la chambre passant tous les jours à la suite du Roi et avant la Reine. Effectivement, Madame ordonna à Mme de Luynes et à Mme de Mazarin de passer avant elle et de suivre la Reine (2). Mlle de Clermont, se trouvant obligée de marcher loin de la Reine, puisqu'elle ne pouvoit passer qu'après Mesdames, prit le parti de marcher comme surintendante et par conséquent immédiatement derrière la Reine. Ce qu'il y eut de singulier, c'est qu'en conséquence de l'usage que les princesses du sang ont établi, on portoit la robe à Mlle de Clermont dans la galerie, en présence de Mesdames et devant elles. En revenant, le même arrangement ne subsista pas, parce que M. le Dauphin (3), qui n'étoit pas allé avec la Reine, revint avec elle et coupa le service de S. M.

---

(1) C'étoit un soupçon de grossesse qui n'a pas eu de suite. (*Note du duc de Luynes.*)

(2) La Reine avoit réglé que les dames du palais, même de semaine, ne la suivroient pas, et qu'il n'y auroit que sa dame d'honneur, sa dame d'atours, Mmes les princesses et les danseuses. (*Note du duc de Luynes.*)

(3) Il n'y eut que M. le Dauphin et sa suite. Suivant la règle il devroit mar-

Lorsque le Roi et la Reine furent arrivés et assis, le bal commença. M. le Dauphin étoit à la droite du Roi, sur un pliant et sur la même ligne; Madame à la gauche de la Reine, M⁽ᵐᵉ⁾ Henriette à la droite de M. le Dauphin, toujours sur la même ligne. A la gauche de Madame, du côté de la Reine, étoit M⁽ᵐᵉ⁾ la Duchesse, mais non pas sur la même ligne; son pliant tournoit. M⁽ᵐᵉ⁾ la Princesse de Conty étoit à la droite de M⁽ᵐᵉ⁾ Henriette, son pliant tournant aussi. Mademoiselle, à la gauche de M⁽ᵐᵉ⁾ la Duchesse, continuant le carré; M⁽ˡˡᵉ⁾ de Clermont à la droite de M⁽ᵐᵉ⁾ la Princesse de Conty; M⁽ˡˡᵉ⁾ de Sens à la gauche de Mademoiselle; M⁽ˡˡᵉ⁾ de la Roche-sur-Yon à la droite de M⁽ˡˡᵉ⁾ de Clermont; et les danseuses de part et d'autre, tout de suite, sans aucun intervalle. M. de Penthièvre étoit d'abord du côté du Roi, aussi bien que M. le prince de Conty (1). M. le prince de Conty dit à M. de Penthièvre qu'il feroit bien de se mettre au rang des danseurs (lesquels faisoient le fond du carré en face du Roi); M. de Penthièvre y fut; mais on lui porta un siége et il ne se mit point sur la banquette. Pour l'arrangement derrière le Roi, il n'étoit pas absolument en règle, parce que l'espace manquoit et les tabourets. Il y avoit au premier rang: M. de la Trémoille, M. de Noailles, M. de Bouillon; et du côté de la Reine, M. de Gramont, chef de brigade, M. de Nangis, M⁽ᵐᵉ⁾ de Luynes, M⁽ᵐᵉ⁾ de Mazarin. Le second et le troisième rang n'étoient pas trop bien marqués; il y avoit M. de la Rochefoucault, M. de Maillebois le père, M. de Montmirel, M. le Premier, M. de Tessé.

M. le Dauphin et Madame ouvrirent le bal; ensuite M. le Dauphin alla prendre M⁽ᵐᵉ⁾ Henriette; elle prit M. de Penthièvre, il prit Madame; Madame M. le Dauphin, lui

---

cher devant la Reine comme il marche devant le Roi. (*Note du duc de Luynes.*)

(1) MM. les princes du sang n'ont point de places marquées aux bals et même n'en prétendent point. (*Note du duc de Luynes.*)

Mme Henriette, qui prit M. de Fitz-James. Il dansa avec Mme la princesse de Rohan, qui continua avec M. de Penthièvre, lui avec Mme Henriette; elle prit M. le Dauphin, qui prit Mme de Luxembourg, celle-ci M. de Choiseul, lui avec Mme de Soubise, avec elle M. de Nivernois, celui-ci Mme de Bellefons; elle prit M. d'Olonne, lui Mme de Rottembourg, qui prit M. de Turenne, avec lui Mme de Vaujour; elle dansa ensuite avec M. de Clermont d'Amboise. A chaque danse, on demandoit l'ordre du Roi. Le Roi dit toujours à ses enfants qui il vouloit qu'ils prissent; aux autres il avoit toujours dit : « Qui vous voudrez. » Lorsque M. de Clermont d'Amboise eut demandé l'ordre de S. M. et qu'il voulut ensuite prendre Mme de Beuzeville, le Roi lui dit d'en prendre une autre ou que l'on dansât des contredanses, et c'est ce dernier parti que l'on prit, car Mme de Beuzeville étoit déjà levée pour danser (Mme de Beuzeville est Blancmesnil). La raison de cette exception, c'est que Mme de Beuzeville n'a pas encore eu l'honneur de manger avec la Reine ni de monter dans ses carrosses; mais elle avoit eu un billet comme les autres; et, comme tous les billets étoient absolument pareils, on peut voir par la copie de celui que j'ai mis ci-dessus que ce n'est point le choix du Roi qui a choisi les danseuses; c'est la volonté de chacune, puisqu'aux termes des billets toutes celles qui vouloient danser pouvoient s'y présenter pourvu qu'elles eussent de grandes boucles. On dansa donc une contredanse; ensuite le Roi dit à M. de la Trémoille, qui étoit derrière lui, d'aller danser la mariée avec Mme de Luxembourg. Cette danse fut suivie d'une contredanse, après laquelle M. de Clermont d'Amboise et Mme la princesse de Rohan dansèrent une danse nouvelle, composée d'un menuet et d'un tambourin. Après cela, M. le Dauphin et Madame dansèrent la mariée; il y eut après une contredanse, et lorsqu'elle fut finie le Roi dit qu'on apportât la collation de M. le Dauphin. M. de Livry arriva à la tête de la collation;

il étoit alors près de neuf heures. M. de Livry servit M. le Dauphin et Mesdames. Ce fut dans ce temps-là que le Roi s'en alla souper dans ses cabinets. Mademoiselle, Mlle de Clermont, Mmes d'Antin, de Mailly, de Saint-Germain, de Ségur et de Beuvron eurent l'honneur de souper avec le Roi ; il y avoit deux tables. La Reine resta au bal, et on recommença à danser jusqu'à neuf heures et demie que la Reine s'en alla souper.

Il y a plusieurs choses qui méritent d'être remarquées sur ce bal. M. le prince de Beveren, qui est un jeune homme de seize ou dix-huit ans, neveu de l'Impératrice, dansa dans les contredanses. Il n'avoit point été présenté ; il ne l'a été que ce matin par M. de Lichtenstein ; mais le Roi l'avoit trouvé bon. Madame prit M. de Fitz-James par ordre du Roi. M. de Marsan et M. de Soubise étoient au bal. M. de Soubise et M. d'Hostun étoient en bourse ; c'étoient, je crois, les deux seuls. Cette coiffure ne fait pas bien dans un bal paré, mais le Roi l'avoit permis. Pendant tous les menuets que dansèrent M. le Dauphin et Mesdames, l'on se tint toujours debout. Cependant Mme la Duchesse, qui a vu grand nombre de bals, puisqu'elle a commencé à danser à l'âge de cinq ans et qu'elle a continué jusqu'à trente-six, m'a dit qu'elle n'avoit jamais vu que l'on se tînt debout pendant les menuets et danses ; en présence du Roi, à la vérité, tout le monde se levoit quand M. le Dauphin ou les princes ou princesses partoient pour aller danser, mais que l'on se rasseyoit pendant la danse. Le témoignage de Mme la Duchesse a été suspect, à cause du désir des princes du sang, en général, de s'égaler le plus qu'il peuvent aux fils et petit-fils de France. On a remarqué même que dans ce bal-ci, Mme la Duchesse, qui devoit être à droite, auprès de Mme Henriette, mais tout à fait sur le retour formant le carré, comme première princesse du sang, avoit eu grande attention de se mettre à gauche en continuation, comme étant immédiatement après

Mme Henriette, et qu'elle avoit même tourné son tabouret de façon qu'il n'étoit pas de niveau à celui de Madame, mais qu'il n'étoit pas non plus absolument sur le retour. Celui de Mme la Princesse de Conty étoit de même de l'autre côté. On prétend que Mme la Duchesse avoit outre cela, pendant que Madame dansoit, approché de la Reine le pliant de Madame pour pouvoir avancer le sien plus facilement. Je n'ai pas remarqué cette circonstance; ce qui est certain, c'est que Mme la maréchale de Villars dit la même chose que Mme la Duchesse sur l'usage de ne point demeurer debout en présence du Roi. D'un autre côté, Mme de Mazarin et M. de Nangis disent le contraire. Le premier sentiment paroît le plus fondé, d'autant plus qu'on peut dire que c'est le plus respectueux pour la personne du Roi. On peut soutenir aussi que c'est un respect pour S. M. que celui que l'on marque pour ses enfants. Mme la Duchesse m'a dit encore que la figure que l'on observe aujourd'hui dans le menuet n'étoit point en usage autrefois. Présentement, après avoir fait la révérence au Roi, ensuite à la dame avec laquelle on danse, l'homme danse toujours le chapeau à la main jusqu'à ce qu'il soit arrivé devant le Roi, et lorsqu'il est arrivé auprès du Roi, au lieu de tourner, il danse en face du Roi, toujours le chapeau bas, et il ne tourne le dos au Roi qu'au second tour. De même la dame, au premier tour, danse le visage tourné du côté du Roi; on en use de même pour la Reine, pour M. le Dauphin en l'absence de LL. MM., et pour Mesdames en l'absence de M. le Dauphin. Mme la Duchesse dit qu'elle a toujours vu que lorsque l'on avoit fait la révérence au Roi et à la dame, on remettoit son chapeau, qu'ensuite l'on venoit en dansant jusqu'auprès du Roi, après quoi l'on reculoit; que c'étoit là le seul cérémonial que l'on observoit, mais que l'on tournoit toujours le dos au Roi en passant devant lui. Cette nouvelle figure a été inventée par Lavalle, maître à danser de M. le Dauphin; et le petit prince de Turenne, qui a appris de Marcelle, fut fort étonné de voir ce changement et manqua la figure. Il est fils de M. de Boüillon et fut présenté avant hier à l'occasion du bal; il a onze ou douze ans.

Dès onze heures, les masques commencèrent à paroître. La Reine ne sortit cependant de chez elle qu'à minuit. S. M. étoit masquée et tous ceux et celles qui avoient l'honneur de la suivre; et comme elle marchoit sans appareil, elle ne fut pas trop reconnue dans le bal. Je n'ai point parlé des illuminations; il y en avoit dans les deux cours, le long des murailles et des grilles, double rang. La galerie étoit fort bien éclairée par trois rangs, de lustres ou chandeliers. Les autres pièces de l'appartement étoient aussi fort bien éclairées. Il n'y avoit que trois pièces où l'on dansoit; dans le grand salon et la petite pièce en deçà du salon, il n'y avoit ni danse ni rafraîchissements; dans la grande pièce d'après, qui est celle qui donne sur une partie du grand escalier de marbre, il y avoit un grand buffet de rafraîchissements; dans la pièce d'après, où sont les deux tribunes, il y avoit deux orchestres de violons, et on y dansoit; on dansoit aussi dans celle qui suit immédiatement celle-là. On ne dansoit point dans les deux autres pièces, ni dans la galerie; mais dans le salon qui est au bout de la galerie, du côté de l'aile neuve, il y avoit des rafraîchissements. Il y en avoit aussi à l'autre bout, du côté de l'appartement de la Reine, dans la galerie. Le nombre des masques fut prodigieux. Tout l'appartement étoit plein, au point même que l'on avoit peine à passer. Il y eut quelques personnes qui entrèrent dans le bal sans être masquées : M. d'Angervilliers, M. de Maurepas, M. de Châtillon, M. de Polastron et plusieurs autres dont j'étois. La Reine revint chez elle changer de domino, et retourna dans le bal. Sur les quatre heures, S. M. ayant changé d'habit alla par la cour entendre la messe à la chapelle. Le Roi n'entra au bal que sur les deux heures; il s'étoit masqué en chauve-souris (1); il resta au bal jusqu'à près de sept heures; il parut s'y amuser d'autant plus qu'il ne fut pas reconnu; il demandoit lui-même où étoit le Roi (2); il dansa avec un masque qu'il ne connoissoit point; il ne parla pourtant à personne. Mme la maréchale de Villars, qui étoit à visage découvert, m'a dit que depuis le bal le Roi lui avoit dit qu'il avoit été longtemps assis auprès d'elle et qu'il n'avoit jamais osé lui parler. On dit qu'il n'y aura plus ni bal rangé, ni bal en masque, et le Roi a ordonné que l'on défît tout.

Ce matin, M. de Lichtenstein a présenté le prince de Beveren; et le prince de Cantimir a eu audience comme ambassadeur de Russie; mais c'est audience particulière, semblable à celle qu'il avoit déjà eue comme plénipotentiaire. Il n'y aura point de comédie aujourd'hui à cause du bal en masque, qui a duré jusqu'à sept heures du matin.

Avant le bal paré, il se répandit ici une nouvelle que le mariage de Madame avec l'infant don Philippe étoit déclaré. On disoit que le Roi venoit de le mander à Mme de Ventadour pour le dire à Madame. Il y a eu des gens qui soutenoient avoir été présents quand Mme de Ventadour avoit reçu cette nouvelle, et l'on ajoutoit que dans le même temps que l'on dansoit ici, l'on dansoit aussi à Madrid. La moindre connoissance de la Cour et des usages des souverains suffisoit pour faire sentir la fausseté de ce bruit, la cour d'Espagne étant toujours dans ce temps-ci au Pardo, où les appartements ne sont pas assez grands pour y donner un bal, et d'ailleurs un tel mariage ne pouvant être fait sans qu'il vienne auparavant un ambassadeur extraordinaire pour faire la demande.

---

(1) Il s'étoit masqué en chauve-souris chez M. le duc d'Ayen et entra par le grand escalier de marbre. (*Note du duc de Luynes.*)

(2) Un garde du corps, qui se trouva à côté de S. M., lui soutint toujours que le Roi n'étoit point passé et lui donna même un coup de coude pour le faire ranger. (*Note du duc de Luynes.*)

Il paroît cependant que l'on ne doute pas que le mariage ne soit conclu, mais on ne sait pas encore quand il sera déclaré.

Du mercredi 28, Versailles. — Le Roi dîna hier à cinq heures, et sortit le soir sur les onze heures pour aller chez Mademoiselle, qui étoit dans son lit et soupoit. Mme la comtesse de Toulouse y étoit, Mme de Mailly, Mme de Saint-Germain, le bailli de Froulay et quelques autres hommes. Le Roi ne se mit point à table, mais mangea un morceau debout, et, après y avoir resté quelque temps, alla faire une visite chez Mlle de la Roche-sur-Yon, où étoit Mlle de Clermont. Le Roi revint se coucher de bonne heure.

S. M. n'a point été aujourd'hui à la chasse, et a dîné au grand couvert.

On a défait hier et aujourd'hui tout ce qui avoit servi pour le bal; il n'y en aura plus cette année. On estime que la dépense pourra aller à 100,000 écus.

On apprit avant-hier la mort du marquis de Saint-Simon; il est mort de la poitrine auprès de Montpellier; il étoit maréchal de camp. Ce sont les aînés de la maison de Saint-Simon. Celui-ci étoit fils du capitaine aux gardes. Son frère aîné mourut il y a quelques années de la même maladie; il est cadet de M. l'évêque de Metz et de M. le bailli de Saint-Simon. Il a plusieurs sœurs dont il y en a de religieuses, une mariée à M. de Laval-Montmorency et une autre mariée en Auvergne à M. de la Richardie. Il avoit épousé en Italie Mme la comtesse Botta, dont il n'a eu qu'une fille. Ce mariage avoit été fort désapprouvé dans sa famille, et l'avoit même brouillé avec son frère pendant quelque temps.

Nous venons d'apprendre la mort de M. le prince de Talmond, père de M. le duc de Châtellerault; il étoit gouverneur de Sarrelouis. Il est mort dans ses terres; on dit qu'il meurt ruiné.

Du 29, Versailles. — Le Roi soupe aujourd'hui au retour

de la chasse dans ses cabinets. Les dames sont : Mademoiselle, Mlle de Clermont, Mme la duchesse d'Antin, Mme de Saint-Germain, Mme la comtesse de Gramont et Mme de Puysieux.

Du vendredi 30, Versailles. — Il y eut un cavagnole hier après souper, et une partie de quadrille pour Mme la comtesse de Gramont. Mme de Mailly ne soupa point dans les cabinets; elle étoit de semaine; elle soupa chez Mme la comtesse de Toulouse, avec qui elle paroît être dans une grande liaison. Pendant leur souper, le Roi envoya à Mme la comtesse de Toulouse un entremets de truffes qu'il venoit de faire faire devant lui, et au souper du Roi on but la santé de Mme la comtesse de Toulouse et celle de Mme de Mailly.

Hier, le roi fit des compliments à M. le comte de Biron et à M. le comte de Gramont sur l'aventure de M. de Bonneval. Le Grand Seigneur l'a disgracié, et il est relégué en Asie avec une assez médiocre subsistance. Le Roi dit que c'est 500 aschres par jour, ce qui peut faire 12 ou 15 livres de notre monnoie.

Du 31, Versailles. — On me dit hier que M. le Cardinal avoit parlé au Roi sur ce qui s'étoit passé à l'égard de Mme de Beuzeville, et que le Roi avoit répondu qu'il n'avoit eu aucune intention d'empêcher Mme de Beuzeville de danser, mais qu'il avoit voulu que l'on dansât des contredanses, parce que l'heure s'avançoit. On croit qu'on a exagéré beaucoup sur la dépense du bal. On disoit que les étais seuls étoient un objet de 50 ou 60,000 livres, et cela ne va peut-être pas à 2,000 écus. On prétendoit que la dépense des rafraîchissements iroit à 80,000 livres; il y a grande apparence qu'elle ira au-dessous de 10,000 écus. Ce que j'ai ouï dire comme certain, c'est que le dernier bal que Mme la duchesse de Berry donna au Luxembourg, qui étoit fort magnifique et où il y avoit même un grand souper, ne coûta que 25,000 écus.

On a eu des nouvelles de Corse ces jours-ci; plusieurs

compagnies du régiment de Cambrésis ont échoué en passant pour aller en Corse; on ne savoit même ce qu'étoit devenu un des bâtiments, sur lequel il y avoit trois compagnies. Il paroît que les rebelles sont plus résolus que jamais de ne point se soumettre aux Génois, et qu'on est assez embarrassé des moyens dont on se servira pour les réduire. Le départ de M. de Maillebois est pourtant déterminé, et ce doit être incessamment; et lorsqu'il sera sur les lieux, il mandera le nombre de troupes dont il croit avoir besoin.

Il a paru depuis peu une ode adressée à la Postérité (1); cette ode est fort mauvaise, et on a dit à l'occasion de cette ode, qu'elle ne seroit jamais rendue à son adresse.

FÉVRIER.

Souper du Roi; le prince de Dombes y fait une fricassée de poulet. — Bal chez le Dauphin. — Promotion de neuf chevaliers de l'Ordre. — Le Roi va au bal de l'Opéra avec Mme de Mailly. — Mascarade des garçons de Versailles admise dans la cour du château. — Chasses et soupers du Roi. — Bal chez Mesdames. — L'archevêque d'Embrun proposé pour le chapeau; choix du nonce. — Circonstance du bal de l'Opéra; observation du Cardinal à ce sujet et réponse du Roi. — Mot du Roi à M. de Croissy. — Aversion du chevalier de Gesvres pour les Capucins : pourquoi. — Mort de Mme de Montmartel. — Présentation de Mme de Béarn. — Mariage de M. de Lesparre avec Mlle de Gramont. — Observations sur les bals du 26 janvier. — Note sur un bal donné aux Tuileries en 1722. — Le prince du Liban et son fils à Versailles. — Dépenses que doit faire un ambassadeur à la cour de Russie. — Déclaration du mariage de Madame avec l'infant don Philippe.

Du dimanche 1er — Le Roi fut hier à la chasse; on comptoit qu'il souperoit dans ses cabinets et qu'il n'y auroit point de dames; du moins Mademoiselle avoit

---

(1) C'est l'ode *à la Postérité* de J. B. Rousseau, dont Voltaire écrivait le 2 janvier 1739 au marquis d'Argens : « La postérité n'en saura rien; le siècle présent l'a déjà oubliée. »

dit la veille à M. le vidame de Vassé qu'il n'y auroit point de dames dans les cabinets, et que s'il soupoit avec le Roi et qu'il ne fût point utile à S. M., il vînt chez elle après le souper. C'est de M. le vidame de Vassé que je le sais; peut-être cela avoit-il été dit exprès. Le Roi revint assez tard de la chasse. Ordinairement il donne l'ordre et passe ensuite chez la Reine avant que de monter dans ses cabinets. La Reine étoit retirée et ne voyoit personne, devant faire ses dévotions le lendemain matin; mais on n'imaginoit pas que cela dût empêcher le Roi d'y aller. On avoit dit toute la journée que l'on croyoit que le Roi souperoit chez Mademoiselle; mais le Roi n'en avoit rien dit et n'avoit pas même parlé du souper pendant la chasse. J'étois dans la chambre de S. M. lorsqu'il vint donner l'ordre sur les sept heures; il sortit de son cabinet, sans chapeau, vint à la porte de sa chambre pour donner l'ordre, et rentra sur le champ. Quelques gens croyoient alors que ce ne seroit point chez Mademoiselle, mais chez M*me* la comtesse de Toulouse que seroit le souper; et cela étoit fondé sur ce que Mademoiselle étoit alors chez M*me* la comtesse de Toulouse. Elle avoit dit à M. de Vassé de l'y venir trouver; il se présenta à la porte; on lui dit que M*me* la comtesse ne voyoit personne, que cependant, s'il vouloit, on l'annonceroit puisque Mademoiselle lui avoit dit de venir; il ne voulut pas, et il alla chez Mademoiselle. Le Roi, pendant ce temps-là, étoit descendu sans chapeau chez M*me* la comtesse de Toulouse, suivi seulement de M. le duc d'Ayen et de M. le duc de Villeroy. Mademoiselle sortit un peu avant le Roi et retourna chez elle; tous ceux et celles qu'elle avoit fait avertir d'y venir s'y rendirent tous à peu près dans le même temps. Les dames étoient : M*me* de Saint-Germain et M*me* d'Antin; celle-ci même avoit été avertie fort tard; car à sept heures elle me dit qu'elle ne soupoit point avec le Roi et qu'elle viendroit souper chez moi. Les hommes étoient : M. le prince de Dombes (qui faisoit une fricassée de poulet pour le souper, ce qui fit attendre le Roi plus d'une demi-heure), M. de Soubise, M. de Coigny, M. le vidame de Vassé, M. de Sourches, M. de Ségur. Le Roi, à sept heures et demie, sortit de chez Mme la comtesse de Toulouse, prit le chapeau de M. d'Ayen, et s'en alla par les cours chez Mademoiselle, suivi seulement de MM. d'Ayen et de Villeroy. On ignoroit encore en haut où étoit le Roi, de manière que l'huissier, à huit heures, attendoit encore que le Roi remontât. On prétend même que Mme la comtesse de Toulouse, de chez qui le Roi sortoit, ne le savoit pas; ce qui n'est pas vraisemblable; mais elle fit semblant de l'ignorer, car elle alla chez Mademoiselle pendant le souper; elle ne vouloit point entrer quand on lui dit que le Roi y étoit; elle y entra pourtant un moment et ressortit sur-le-champ. Mme de Mailly, qui étoit encore hier de semaine, ne vint que pendant le souper. Le souper étoit fort petit; il dura jusqu'à une heure et demie; après cela, il y eut un cavagnole, qui ne fut pas long; il n'y avoit là de gros joueurs que M. de Soubise, qui parioit contre le Roi. Le cavagnole est à douze tableaux. M. de Coigny et M. de Villeroy ne jouèrent pas d'abord, et Mme de Mailly avoit deux tableaux. Le Roi rentra à deux heures et demie, et rentra par le jardin; mais il resta de la compagnie chez Mademoiselle. M. de Vassé m'a dit qu'il y étoit retourné et n'en étoit sorti qu'à six heures du matin.

Du lundi 2, Versailles. — Le Roi dîna hier à son grand couvert; et il n'y eut point de souper. Il y eut bal chez M. le Dauphin. Il y avoit trois fauteuils pour M. le Dauphin et pour Mesdames. Je remarquai avec étonnement que dans les menuets où M. le Dauphin ne dansoit point et qu'il étoit dans son fauteuil, non-seulement M. de Penthièvre et Mme Henriette ou Madame n'observèrent point le cérémonial nouveau, de danser le premier tour le visage tourné vers M. le Dauphin, mais que plusieurs autres ne l'observèrent pas plus, au moins les hommes; car pour les dames, elles y furent attentives. Mais M. le comte Tarlo, par le conseil de M. de la Trémoille, et M. de la Trémoille tournèrent tous comme si M. le Dauphin n'avoit pas été là. Le petit prince de Turenne dansa après M. de Penthièvre; ensuite M. le comte Tarlo et M. de la Trémoille. M. le duc d'Urs.... dansa aussi; mais il ne dansa pas avec Mesdames. Ce que l'on remarqua le plus, c'est que Mme de Beuzeville dansa hier au bal, et elle dansa un menuet; elle étoit retournée à Paris depuis le bal rangé, et, à cause de ce que j'ai marqué à l'occasion de ce bal, on avoit eu soin de l'avertir pour celui-ci.

Du mardi 3, Versailles. — Avant hier, on murmuroit sur la promotion des chevaliers de l'Ordre; mais personne n'en savoit rien; ce qui donnoit le plus de soupçon, c'est que quelques personnes parlant à M. le Cardinal, il n'avoit point répondu comme aux dernières fêtes qu'il n'y en auroit point. Hier matin, il y eut chapitre avant la messe, suivant l'usage. M. de Saint-Florentin lut la liste de ceux que le Roi avait nommés, qui sont : M. le maréchal de Puységur, M. de Savines, M. de Guerchy, M. d'Avaray, M. de la Luzerne, lieutenant-général de la marine (le plus jeune de ces cinq a environ soixante et quinze ans), M. d'Auxy, père de Mme de Fleury, et trois ambassadeurs : M. de Fénelon, M. de Cambis et M. de Mirepoix. Il est assez vraisemblable que ce qui a déterminé en partie la promotion a été un discours de M. le maréchal de Puységur à M. le Cardinal. M. de Puységur, qui a quatre-vingt-quatre ans, demandoit l'Ordre depuis longtemps; en ayant parlé fortement en dernier lieu à M. le Cardinal, M. le Cardinal lui dit : « Monsieur, il faut un peu attendre. — Hé, Monseigneur, lui répondit M. de Puységur, avons-nous tous deux le temps d'attendre? »

Le Roi a paru fort aise de voir que l'on ignoroit la promotion. On croit même qu'il pourroit y en avoir une de maréchaux de France. Il est certain qu'hier le Roi, en parlant de M. de la Luzerne, dit qu'il n'étoit pas le plus ancien, que c'étoit M. de Sainte-Maure, qui est vice-amiral, mais que M. de Sainte-Maure avoit d'autres vues, qu'il vouloit être maréchal de France. Le Roi ajouta : « Il faudra bien faire des maréchaux de France dans la marine. »

M. de Châtillon me dit hier, par rapport au bal, que M. de Penthièvre avoit observé avant-hier la figure de respect pour M. le Dauphin, lorsqu'il avoit dansé avec d'autres qu'avec Mesdames.

L'aventure de M. de Tarlo de n'avoir point observé la figure de respect, et cela par les conseils de M. de la Trémoille, a fait ici du bruit. M. de Châtillon commença par se plaindre à M. de la Trémoille de ce qu'il faisoit un arrangement pour le bal chez M. le Dauphin, chez lequel il ne doit y avoir d'ordres donnés que par le gouverneur. M. de la Trémoille chercha à se justifier et en fit beaucoup d'excuses le lendemain à M. de Châtillon. M. de Châtillon crut devoir aller plus loin et demander l'ordre du Roi, en ayant reçu un ordre contraire trois ou quatre jours auparavant à celui que M. de la Trémoille lui dit avant-hier. Mais cet éclaircissement n'a pas été nécessaire; M. de la Trémoille en a fait de nouvelles excuses à M. de Châtillon, et lui a dit que, quoique le Roi lui eût dit de ne point observer cette marque de respect, qu'il lui paroissoit que l'intention de S. M. présentement étoit que l'on observât ce respect.

On croyoit hier que le Roi iroit au bal à Paris; mais S. M. n'y a point été; elle a couru le cerf et soupe ce soir dans les cabinets. Il y a cinq dames : Mademoiselle, Mlle de Clermont, Mmes de Mailly, de Chalais et de Talleyrand. On croit assez que S. M. pourroit bien aller au bal masqué que les pages donnent à la grande écurie ce soir.

J'ai oublié de marquer, à l'occasion des deux bals de lundi 26 janvier, que tout le monde en général avoit loué extrêmement la politesse des officiers de la bouche pour servir sur-le-champ tous les rafraîchissements qu'on leur demandoit.

Du jeudi 5, Versailles. — Le Roi a été avant-hier au bal des pages; il sortit à une heure et demie dans une chaise bleue; il y resta jusque vers les trois heures.

M. le duc de Châtellerault a le gouvernement de Sarrelouis qu'avoit M. le prince de Talmond, son père.

Du vendredi 6, Versailles. — Le Roi fut hier à la chasse; il passa à six heures et demie chez la Reine et vint ensuite souper dans ses cabinets; il n'y avoit que quatre dames : Mademoiselle, Mlle de Clermont, Mme de Mailly et Mme de Ségur. On savoit avant le souper que les deux princesses iroient au bal de l'Opéra; mais, pour le Roi, l'ordre étoit donné qu'il n'y auroit rien. Cependant, après souper, le Roi envoya querir la gondole de M. de Chalais avec un des attelages de S. M.; il monta dans cette voiture avec M. le duc d'Ayen, M. le duc de Villeroy et M. de Courtenvaux, et alla au Pont-Tournant, où il y avoit un ou deux carosses de louage qui attendoient, et que M. de Croissy y avoit fait venir. Il y monta tout masqué et alla descendre au bal de l'Opéra, suivi de M. d'Ayen, qui étoit masqué en avocat ou commissaire. Il y avoit tant de monde au bal que le Roi fut assez longtemps sans entrer; il fit deux ou trois tours dans le parterre, mais fut presque tout le temps dans une loge, et fut si peu reconnu, qu'il y eut un masque qui ôta à M. d'Ayen son bonnet carré de dessus la tête et le mit sur la sienne. Le Roi est resté jusqu'à plus de six heures et n'est arrivé ici qu'à sept heures trois quarts, tout masqué. Mme de Mailly avoit été avec les deux princesses et Mme de Ségur, et est revenue en même temps que le Roi dans la chaise de poste de S. M., qui même a été lui donner la main, avec plusieurs de ceux qui l'accompagnoient, en descendant de la chaise de poste, et a chargé M. de Courtenvaux de la conduire chez elle. Le Roi est revenu sans aucun garde; il y avoit seulement un ou deux officiers des gardes et un écuyer qui sont revenus à cheval en même temps que S. M. Le Roi a entendu la messe à huit heures, avant que de se coucher, et s'est levé sur les quatre heures. Il avoit demandé à la bouche un petit dîner maigre pour sa personne seulement; il a donné ordre qu'on le portât dans ses cabinets.

M. le comte de Noailles étoit allé avec les princesses et elles avoient mené avec elles Mmes de Ségur et de Mailly; elles prirent à Paris Mme de Beuvron, Mme de Puysieux et Mme de Blénac; elles étoient toutes sept masquées en pèlerines; elles avoient avec elles sept hommes aussi habillés en pèlerins : M. de Coigny, M. le vidame de Vassé, M. de Ségur, M. de Rambures, milord Clare, M. de Soubise; j'ai oublié le septième. Le Roi avoit envoyé devant M. de Croissy; et, pour que l'on ne se doutât de rien, M. de Croissy s'étoit présenté comme les autres pour souper dans les cabinets. La liste faite, on appela tous ceux qui étoient pour y souper, et M. de Croissy ne fut point appelé; cela fit même une nouvelle dans le moment, parce qu'ordinairement il n'est point refusé. On crut même remarquer que lorsque tout le monde fut entré pour souper il resta encore, comme s'il croyoit que ce pouvoit être un oubli, et regarda pour savoir si on ne viendroit point l'appeler; mais l'arrangement du Roi étoit fait. M. de Croissy partit pour Paris chargé d'aller à l'Opéra retenir deux ou trois loges sans nommer le Roi, comme il est aisé de le croire; il avoit ordre aussi de faire avancer au Pont-Tournant deux carrosses de remise. M. le comte de Noailles avoit aussi son emploi; il étoit chargé de représenter le Roi, et M. de Sourches de représenter M. d'Ayen et de suivre M. le comte de Noailles; tout cela fut fort bien exécuté. Le Roi partit, le cocher et le postillon ayant des habits gris, et trois ou quatre personnes à cheval, comme l'écuyer de main, et deux ou trois officiers des gardes aussi en habit gris. Je crois même qu'ils ne suivirent pas bien exactement pour que l'on ne remarquât pas le cortége. Le Roi étoit masqué en chauve-souris et M. d'Ayen comme j'ai dit. Le carrosse arrêta auprès du Pont-Tournant; les masques allèrent joindre les carrosses de louage, et arrivèrent à l'Opéra. M. de Croissy n'avoit pu avoir qu'une loge; mais le plus grand embarras fut d'entrer. Le Roi fut repoussé plusieurs fois, et, du haut du degré, obligé de redescendre jusqu'en bas; c'est à lui-même à qui je l'ai entendu dire; enfin cela fut au point qu'il pensa s'en retourner sur-le-champ ayant demeuré près de trois quarts d'heure sans pouvoir entrer. Ayant enfin percé la foule, il fit deux ou trois tours dans le parterre, mais hors cela il fut tout le reste du temps dans la loge sans être reconnu, car pendant ce temps-là M. de Noailles et M. de Sourches jouoient fort bien leur personnage. Quand M. de Sourches voyoit la foule trop grande, il disoit tout doucement que l'on se rangeât un peu devant le masque qui le suivoit; le comte de Noailles, de son côté, paroissoit demander tout bas, de temps en temps, qui étoit telle ou telle dame dedans les loges, comme ne connoissant point les dames qui habitent ordinairement Paris. M. de Montmorin lui-même y fut trompé et crut être auprès du Roi étant auprès de M. le comte de Noailles. Le Roi resta jusqu'à six heures et demie; il remonta ensuite dans les mêmes carrosses de remise et vint reprendre la gondole au Pont-Tournant. S. M. ramena avec elle M. de Croissy en cinquième. Les princesses restèrent à Paris; il n'y eut que Mme de Mailly qui revint dans une chaise de poste et avec des chevaux du Roi; elle joignit S. M. un peu en deçà de Sèvres et suivit la gondole jusqu'ici. En arrivant, le Roi, toujours masqué ainsi que ceux qui avoient l'honneur de le suivre, alla lui donner la main en descendant de chaise, et le Roi lui présenta M. d'Ayen dont la figure avoit fait rire le Roi pendant tout le chemin; c'est Mme de Mailly qui m'a conté tout ce détail.

Du samedi 7, Versailles. — Le Roi a été aujourd'hui à la chasse et soupe dans ses cabinets avec des hommes seulement. On croit qu'il n'ira plus au bal de l'Opéra cette année.

On croit qu'il y aura une petite promotion à la Pentecôte, et que M. le duc de Chartres et M. de la Mina seront faits chevaliers de l'Ordre.

On parle aussi beaucoup d'un nouveau cardinal; on ne doute pas que ce ne soit M. l'archevêque d'Embrun (1); on ne sait pas si c'est à la nomination du roi de Sardaigne ou à celle du roi d'Angleterre, qui est à Rome. Comme le roi de Sardaigne vient d'obtenir depuis peu d'avoir une nomination, et qu'en même temps il a déclaré qu'il ne vouloit point de cardinaux dans ses États, cela feroit juger que M. l'archevêque d'Embrun, qui désire depuis longtemps cette dignité, pourroit avoir eu la nomination du roi de Sardaigne. Cependant, la grande liaison dans laquelle est M. l'archevêque d'Embrun depuis longtemps avec M. O'Brien, qui est chargé des affaires du roi d'Angleterre, Jacques, donne lieu de penser que c'est plutôt cette nomination qu'il a obtenue.

Du lundi 9, Versailles. — Le Roi entendit hier la messe fort tard, ne dîna point, et partit à trois heures pour la Meutte; on croyoit qu'il iroit chez la Reine avant que de partir, mais il n'y fut point. Il doit courre demain le daim dans Boulogne, et revient après-demain, après avoir chassé, souper dans ses cabinets. Ce voyage-ci est comme les derniers. Mademoiselle est à Madrid avec Mlle de Clermont, Mme de Mailly, Mme de Talleyrand, Mme de Ségur et Mme de Beuvron.

Du 10. — J'ai oublié de marquer d'avant-hier, qu'avant le départ du Roi, il y eut une troupe de jeunes garçons de Versailles, d'environ vingt ou trente, montés

---

(1) Pierre de Guérin de Tencin.

sur des échasses peintes de toutes couleurs, avec un tambour aussi monté sur des échasses, qui se présentèrent à la grille pour entrer dans la cour; mais ils furent arrêtés à la porte. Il fallut demander la permission à M. de Croissy, capitaine des gardes de la porte; car ce sont les gardes de la porte qui sont chargés de la garde de la cour en dedans pendant le jour, et les gardes du corps pendant la nuit. M. de Croissy alla demander l'ordre au Roi, et vint ensuite à la porte dire qu'on les fît entrer; ils parurent un moment, comme le Roi montoit en carrosse.

La Reine alla hier au salut à la paroisse. Il y avoit dans le carrosse : S. M., Mme de Luynes, à qui la Reine dit d'appeler Mme de Matignon. Mme de Matignon fit le tour pour s'aller mettre à la portière de l'autre côté. La Reine ayant dit aussi à Mme de Luynes d'appeler Mme d'Armentières, la mère, et Mme de Fleury, Mme d'Armentières monta; mais Mme de Luynes lui ayant dit qu'il y avoit encore Mme de Fleury, Mme d'Armentières redescendit sur-le-champ; Mme de Fleury se mit sur le devant, à côté de Mme de Luynes, et Mme d'Armentières se mit à la portière. La Reine craignit que cela n'eût fait quelque peine à Mme d'Armentières de descendre, et dit à Mme de Luynes qu'on lui avoit conté que du temps de Mme de Mailly, dame d'atours, qui n'étant point titrée étoit toujours à la portière, quoiqu'elle fût placée, toutes les dames passoient pour se mettre sur le devant. Mais Mme de Luynes expliqua à la Reine la différence qu'il y avoit du temps présent à celui-là, à cause des paniers, et que ç'avoit été pour la plus grande commodité de l'une et de l'autre que Mme d'Armentières étoit descendue. Mme d'Armentières effectivement n'a point paru fâchée de ce qui s'étoit passé.

Du mercredi des cendres 11, *Versailles*. — Le Roi revint hier sur les six heures. Dimanche, il y eut à souper, à la Meutte, les dames qui étoient à Madrid : Mademoiselle,

Mlle de Clermont, Mmes de Mailly, de Chalais, de Talleyrand, de Ségur et de Beuvron. Après le souper, il y eut un cavagnole, comme à l'ordinaire, jusqu'à deux heures et demie; après quoi, les deux princesses et toutes les dames avec plusieurs hommes partirent pour aller au bal de l'Opéra, excepté Mme de Mailly, qui s'en retourna coucher à Madrid. Quand les dames furent parties, le Roi fit mettre les chevaux à sa gondole et monta dedans lui huitième; il sortit de la cour et alla même jusqu'au bas de la montagne des Bons-Hommes (le Roi n'étoit point masqué non plus que ceux qui avoient l'honneur de le suivre; mais comme il lui est déjà arrivé d'envoyer querir des masques et des dominos à Paris et se masquer en chemin, on crut qu'il pourroit faire de même), puis il fit retourner et revint se coucher à la Meutte. Il étoit rentré sans qu'on en sût rien, de manière que M. de Sourches et M. de Biron, étant allés prendre leurs chaises dans la cour des écuries de la Meutte, partirent comptant trouver le Roi ou au bal ou en chemin pour revenir, et furent jusqu'à l'Opéra toujours persuadés que le Roi y étoit (1). Le lundi, il y eut chasse du daim dans le bois de Boulogne; et d'ailleurs la même chose que le jour précédent, excepté que le Roi ne sortit point de la Meutte. Les princesses et les dames allèrent au bal toutes, hors Mme de Mailly; elles revinrent sur les sept ou huit heures du matin à Madrid. Hier, à dix heures et demie, le Roi alla à Madrid prendre Mme de Talleyrand, qui n'avoit pas trop eu le temps de dormir, et Mme de Mailly, et les fit monter avec lui et M. d'Ayen dans la calèche neuve à trois glaces, dont j'ai déjà parlé, qu'il a depuis Fontainebleau. Le Roi et M. d'Ayen étoient sur le devant. Le Roi alloit courre à Saint-Germain; il avoit même donné ordre que l'on attaquât à midi et

---

(1) Ils n'avoient pas pris le même chemin que le Roi. (*Note du duc de Luynes.*)

demi, s'il n'étoit pas arrivé. Il arriva comme on venoit d'attaquer. Il avoit trouvé en chemin, au Port-Marly, ses carrosses, dans lesquels étoient entre autres M. de Villeroy et M. du Bordage. Comme ils devoient aller tous deux dans la calèche avec les deux dames, le Roi voulut les prendre avec lui. Il fit mettre M. d'Ayen dans le fond, entre Mme de Talleyrand et Mme de Mailly, et M. du Bordage se mit à côté du Roi sur le devant, et M. de Villeroy monta derrière jusqu'à Saint-Germain, où le Roi ayant relayé, M. le duc de Villeroy monta sur le siége et mena le Roi jusqu'à l'assemblée. Il n'y avoit point de cocher du Roi derrière, parce que le cocher du Roi de la calèche de chasse ramena la voiture à Saint-Germain. Après la chasse, les dames revinrent en calèche reprendre la même voiture dans laquelle elles avoient été avec le Roi, de la Meutte à Saint-Germain. Le Roi et M. d'Ayen remontèrent aussi dans cette voiture, et arrivèrent ici avec les deux dames. C'est de Mme de Talleyrand que je sais tout ce détail.

Lorsque le Roi arriva ici, la Reine étoit encore au salut; elle rentra un moment après; elle fut environ une demi-heure chez elle, en attendant l'heure de la comédie. Le Roi se déshabilloit et ne fut point chez la Reine. Il se mit à table sur les huit heures; il y resta jusqu'à onze heures et demie avec les mêmes dames de la Meutte. Il y eut ensuite un cavagnole qui dura jusqu'à une heure ou une heure un quart. Le Roi se retira dans ses cabinets et ne s'est couché qu'à deux heures et demie.

Aujourd'hui le Roi et la Reine ont entendu la messe en bas, à cause des cendres. C'est M. le cardinal de Rohan qui a donné des cendres au Roi, et M. l'archevêque de Rouen à la Reine.

Il y a eu conseil d'État, à l'ordinaire.

Hier, il y eut bal chez Mesdames. D'abord, il y eut un souper chez Mme de Tallard, à cinq heures; toutes les dames qui dansent eurent l'honneur de souper avec Mesdames, et il y avoit une autre table pour des danseurs. A sept heures, on commença à danser jusqu'à neuf heures. M. le Dauphin étoit au bal. A neuf heures, Mesdames se masquèrent, et il eut plusieurs masques qui vinrent danser, hommes et femmes, mais tous gens connus. Le bal fut fort joli, fort gai et avec beaucoup d'ordre. Il n'y avoit point trop de monde et il y en avoit assez pour danser. Il dura jusqu'à minuit. M. le Dauphin ne fut point au bal en masque. La Reine, qui avoit soupé comme à l'ordinaire à son petit couvert, alla sur les onze heures voir le bal en masque. S. M. n'étoit point masquée; les dames qui avoient l'honneur de la suivre étoient habillées en grand habit. La Reine fut dans le bal, se mit dans un fauteuil, mais ce n'étoit point cependant en grande représentation; car la dame d'honneur n'étoit point derrière S. M. La Reine y resta environ une demi-heure. A minuit, lorsque Mesdames furent retirées, les danseurs et danseuses vinrent dans la chambre de Mme de Luynes, où ils ont dansé jusqu'à quatre heures du matin.

Du vendredi 13. — On avoit dit que M. d'Avaray ne vouloit point recevoir le cordon de l'Ordre, mais ce bruit ne se confirme pas; mais ce qui est certain, c'est que ce n'est pas ce qu'il désiroit. M. le Cardinal paroît extrêmement satisfait de la préférence qu'il a donnée en cette occasion aux militaires, et, quelques jours après la promotion, il disoit qu'il s'attendoit bien que tout le monde ne seroit pas content, mais que s'il y avoit quelqu'un qui se plaignît, le Roi lui avoit dit de les lui envoyer. Ce sont les propres termes dont il s'est servi, parlant à une personne qui n'avoit rien à lui demander sur cet article.

On continue à parler de M. l'archevêque d'Embrun, et il y a grande apparence que sa nomination est vraie; et c'est la nomination d'Angleterre. Il avoit déjà eu cette nomination, il y a cinq ou six ans; mais il trouva des oppositions de la part du Roi. C'étoit dans le temps de M. Chauvelin, et ce fut pendant un voyage de Rambouillet que M. le cardinal de Rohan, de qui je le sais, fut chargé par M. le cardinal de Fleury d'écrire à Rome; et dans cette occasion-ci, M. le cardinal de Fleury n'a fait autre chose que lever les oppositions sans y joindre aucune recommandation de la part du Roi. On avoit dit que la nomination d'Angleterre étoit remplie, et ce n'est pas absolument sans sujet; car il y a eu un prélat italien pour qui le roi Jacques s'est intéressé et qui a été fait cardinal. J'ai oublié son nom. Mais comme ce prélat étoit susceptible de la pourpre par lui-même, il dépend du Pape de compter la nomination d'Angleterre remplie ou non; et il y a lieu de croire que l'intention de Sa Sainteté est de donner une aussi grande marque de considération à M. l'archevêque d'Embrun, dont on a été fort content à Rome et qui a donné de grandes marques de son zèle pour la saine doctrine.

On ne sait point encore précisément quel sera le nonce que nous aurons ici. Nous avions beaucoup désiré un M. Ferroni; c'est un prélat de belle représentation, qui peut-être auroit eu un peu trop de hauteur pour cette cour-ci. Cependant, M. de Saint-Aignan le croyoit plus propre qu'un autre à y envoyer, et en conséquence même nous avons refusé M. Stampa, archevêque de Milan, et le vice-légat d'Avignon qui, je crois, s'appelle Belmonte, que l'on nous avoit proposés. M. de Saint-Aignan comptoit en quelque manière avoir une parole du Pape pour M. Ferroni; mais, soit que le Pape ait cru n'avoir point donné de parole ou que M. de Saint-Aignan, qui n'ayant point fait d'entrée n'est point à portée de voir le Pape aussi souvent et aussi commodément, se soit trouvé dans l'impossibilité de suivre cette affaire avec la même vivacité, soit enfin que le Pape ait changé de dessein et de volonté, il y a grande apparence que nous n'aurons point M. Ferroni.

Le Roi fut hier courre le cerf, et avoit demandé à la bouche, à son retour, son souper ordinaire pour manger à son petit couvert. Cependant on se doutoit, dès le matin, que le Roi ne seroit pas seul. Le Roi alla chez la Reine, un peu avant la comédie, ayant renvoyé M. d'Ayen qui le suivoit. M. d'Ayen fut à la comédie avec M. le comte de Noailles; mais fort peu après que la comédie fut commencée, le Roi les envoya querir tous les deux, et outre cela M. de Vassé et M. de Sourches, et soupa avec eux quatre jusqu'à dix heures et demie ou environ; après quoi, il les renvoya tous et resta dans ses cabinets jusqu'à minuit ou environ qu'il s'est couché. Aujourd'hui il n'y a point eu de chasse. Il y a eu conseil de dépêches, qui a été avancé d'un jour à cause de la chasse de demain, et S. M. a dîné au grand couvert à une heure un quart avec la Reine.

Du samedi 14, Versailles. — J'ai oublié de marquer une circonstance de ce qui se passa au bal de l'Opéra le jour que le Roi y fut, et j'ai appris aujourd'hui ce qui est arrivé depuis à cette occasion.

Le jour de ce bal, comme je l'ai marqué, c'étoit M. le comte de Noailles qui étoit chargé de représenter le Roi ; il se promena dans le bal toujours masqué, comme il a été dit ci-dessus. J'ai marqué aussi quelles étoient les sept dames qui étoient habillées en pèlerines; une de ces dames, à visage découvert, vint prendre le comte de Noailles par-dessous le bras et se promena avec lui dans le bal. Cela fut extrêmement remarqué, parce que le public étoit persuadé que c'étoit le Roi. On prétend même que cela donna occasion à beaucoup de discours sur le choix et la figure. Lorsque le Roi fut ici, je ne sais si ce fut le lendemain ou surlendemain, M. le Cardinal étant venu travailler avec S. M., le Roi, avant le travail, lui parla du bal et lui dit que le comte de Noailles avoit fort bien fait

M. de Thianges (on sait que M. le chevalier de Thianges fut celui qui fut chargé de faire le personnage du Roi Stanislas dans le temps de l'élection de Pologne). M. le Cardinal, instruit de ce qui s'étoit passé, reprit la parole et lui dit : « Oui, Sire, mais j'ai ouï dire qu'il avoit fait V. M. un peu trop galante. » Le Roi parut un peu embarrassé et fut quelque moment sans rien répondre; ensuite il dit d'un ton assez sec : « J'en suis content, il n'a fait que ce que je lui ai ordonné, » et tourna le dos à M. le Cardinal en achevant cette phrase. M. le Cardinal rougit et se tut. M. le comte de Noailles paroît être dans une grande faveur, aussi bien que M. le duc d'Ayen, mais surtout le comte de Noailles.

On m'a dit aujourd'hui aussi comme très-certain un discours du Roi à M. de Croissy. C'étoit à un des soupers dans les cabinets. Le Roi demanda à M. de Croissy si son père étoit bien riche. M. de Croissy lui dit qu'il étoit assez à son aise, mais que presque tout son bien consistoit dans les bienfaits de S. M. Le Roi reprit la parole et lui dit : « Cela étant, vous ne serez pas trop bien dans vos affaires, car vous n'aurez rien de tout cela. »

Je m'étois trompé en marquant que le conseil de dépêches avoit été avancé et s'étoit tenu hier; il ne s'est tenu qu'aujourd'hui.

Le Roi au retour de la chasse a soupé à six heures à son petit couvert, dans sa chambre. C'étoit M. de Gesvres qui le servoit, et le Roi lui dit, un moment après s'être mis à table, d'envoyer avertir pour le conseil. C'est l'huissier du cabinet qui va avertir. Lorsque le Roi s'est mis à table, M. de Gesvres a présenté la serviette à M. le Dauphin, pour la donner au Roi, et l'a reprise des mains de M. le Dauphin; et en sortant de table, M. le Dauphin étant parti, c'est M. le duc d'Orléans qui a présenté la serviette au Roi. Mais ce n'est pas le premier gentilhomme de la chambre qui la remet aux princes du sang ni qui la reçoit d'eux, c'est un des officiers du gobelet.

M. de Tresmes est mieux, mais toujours dans un grand affoiblissement. Depuis ce que j'ai marqué sur ses frères et sœurs, j'ai appris qu'il y en a encore une religieuse qui est extrêmement vieille; elle s'appelle Mme de Gandelus. A l'égard du chevalier de Gesvres dont j'ai parlé, j'ai appris depuis peu une circonstance assez singulière sur lui; il est dans une très-grande dévotion, mais il ne voit qui que ce soit de sa famille, de sorte que Mme de Tresmes, qui est mariée depuis environ dix ans, ne l'a jamais vu. Il vint il y a quinze ou seize ans voir M. son frère, à l'occasion d'une grande maladie, et ayant trouvé un capucin qui avoit confessé M. de Tresmes, il en parut extrêmement mécontent, et cela fit une scène assez vive de M. le chevalier de Gesvres au capucin. Il faut qu'il y ait déjà longtemps qu'il ait cette aversion pour les capucins. J'ai ouï dire à M. le duc de Charost que M. le chevalier de Gesvres, il y a plus de quarante ans, étant sur le chemin de Lyon, avoit trouvé un capucin avec qui il faisoit la conversation, et que ce bon père s'étant avisé de lui demander des nouvelles de Mme la princesse de Conty, la fille du Roi, dont la beauté faisoit grand bruit alors, le chevalier de Gesvres avoit été fort scandalisé de cette curiosité et qu'il lui avoit dit : « Ah! mon père, qu'est-ce que cela vous fait? *orare et flere,* ce devroit être là votre seule occupation, » et que même on avoit donné pendant quelque temps le sobriquet au chevalier de Gesvres de l'appeler *Orare et flere.* Je ne sais si c'est là ce qui a donné à M. le chevalier de Gesvres cette aversion pour les capucins.

On a appris aujourd'hui la mort de Mme de Montmartel; c'est la seconde femme d'un de MM. Pâris; elle est morte en cinq jours de la petite vérole; elle étoit fille de l'aîné des Pâris (1). Ce Pâris l'aîné et La Montagne, son frère,

---

(1) « Dame Antoinette-Justine Pâris, épouse et nièce de Jean Pâris de Montmartel, conseiller du Roi en ses conseils, garde du trésor royal, secrétaire de

avoient épousé les deux sœurs, et M. de Choiseul, fils de M. de Meuse, mort à Fontainebleau l'année passée, avoit épousé la fille de La Montagne, dont il a eu deux garçons.

Du dimanche 15, *Versailles.* — Il y a eu aujourd'hui grand couvert et sermon, à l'ordinaire.

Mme la princesse de Conty, la fille du Roi, est à l'extrémité.

Du 16, *Versailles.* — Hier se fit la présentation de Mme de Béarn, fille de Mme de La Force. Ce fut Mme de Brassac qui fit la présentation au Roi, au sortir du salut, et ensuite à la Reine. Il y avoit à cette présentation Mme la duchesse de La Force et Mme de Caumont, Mmes les duchesses de Lauzun et de Rendan et Mme de Ségur.

M. le duc de Gramont marie sa fille aînée avec M. de Lesparre, son neveu, fils de M. le comte de Gramont. En faveur de ce mariage le Roi accorde un brevet de duc à M. de Lesparre. M. et Mme de Gramont remercièrent hier le Roi et aussi la Reine, suivant l'usage.

J'ai parlé ci-dessus de ce qui arriva le lundi gras lorsque Mme d'Armentières monta dans le carrosse de la Reine. La Reine craignoit que Mme d'Armentières n'eût quelque peine d'être descendue, quoique Mme de Luynes ne lui eût point dit de descendre, mais l'eût seulement avertie que Mme de Fleury devoit monter. La Reine, fort occupée de cette idée, étant allée le lundi ou le mardi gras souper chez Mme de Mazarin, lui en parla comme d'une chose qui étoit indifférente par elle-même, que ce fût Mme de Fleury ou Mme d'Armentières qui se mît sur le devant, disant même que cela n'étoit pas réglé. Mme de Ma-

---

S. M., maison, couronne de France et de ses finances, avec lequel elle étoit mariée par dispense de Rome le 10 octobre 1724, mourut âgée de vingt-six ans et demi, laissant un fils unique. Sa vertu et les grandes charités qu'elle faisoit la font beaucoup regretter. Elle étoit fille unique de feu Antoine Pâris, conseiller d'État à brevet, ancien trésorier général des finances de la province de Dauphiné, mort le 29 juillet 1733, et de feue Marie-Élisabeth Jeanne de la Roche. » (*Mercure* de février, page 395.)

zarin l'assura du contraire; tout cela ne fut que conversation. Mme d'Armentières, comme je l'ai marqué, n'avoit eu aucun sujet de peine. Il n'a pas été depuis question de cette petite affaire; mais Mme de Luynes, il y a quelques jours, en conversation avec M. le Cardinal, crut devoir lui conter historiquement ce qui s'étoit passé, et M. le Cardinal lui dit précisément que la Reine se trompoit de croire que cela n'étoit point réglé, que cela étoit sans nulle difficulté pour les duchesses.

On compte que ce sera mercredi prochain que le Pape déclarera à Rome M. l'archevêque d'Embrun cardinal.

Du mardi 17, Versailles. — Le Roi hier au retour de la chasse soupa dans ses cabinets avec cinq hommes seulement.

On continue à parler toujours de M. d'Embrun, et on croit que cela sera bientôt fini; mais il paroît certain que c'est un *proprio motu* du Pape, et non pas la nomination d'Angleterre.

On attend samedi la nouvelle de la mort de M. de Boissieux en Corse; il y meurt de la gangrène dans les entrailles; il y avoit longtemps qu'il avoit une fistule. On prétend que le chagrin a grande part à sa mort. M. de Maillebois part ces jours-ci; il n'aura dans ce moment que seize bataillons et deux régiments de hussards.

Mme la princesse de Conty est toujours fort mal.

Du 17. — *Observations sur les bals du 26 janvier.*

J'ai appris aujourd'hui plusieurs circonstances que je n'avois pas mises. Il y avoit neuf gradins dans le salon d'Hercule, un dans chaque croisée, ce qui fait sept, celui du fond, vis-à-vis la cheminée, avec les deux à côté, qui étoient moins avancés, n'est compté que pour un, et celui de la musique qui étoit sur la cheminée.

Il y avoit plus de deux cents musiciens. L'ordre étoit de leur donner à chacun un louis, un poulet, une bouteille de vin, un pain d'environ deux livres et un domino de taffetas, mais on a fait rendre le domino. A l'égard du vin il y a eu plus de consommation.

Les ambassadeurs étoient dans la fenêtre, vis-à-vis la porte du salon (1) qui est auprès du salon des médailles, et l'ambassadeur d'Espagne étoit avec les courtisans, derrière le Roi.

Outre les lustres, il y avoit dans le salon d'Hercule des girandoles placées sur des torchères et piédestaux.

A la collation, outre M. de Livry, qui marchoit à la tête, il y avoit M. Félix, contrôleur de la maison du Roi, avec son commis, qui marchoit devant M. de Livry.

La collation que l'on portoit à la main étoit composée de pâtisserie, de fruits crus et secs, vins et liqueurs fraîches.

A la fin du bal paré, on renouvela les bougies, où il étoit nécessaire. A l'égard du profit des bougies, les huissiers prétendent qu'elles leur ont appartenu de tous les temps. On en parla à M. de la Trémoille qui ordonna à M. de Bonneval de les faire emporter pour les distribuer aux huissiers et aux valets de chambre du Roi; mais cela n'a été exécuté qu'en partie, la plus grande partie ayant été portée au gouvernement, où elle est encore aujourd'hui 17 février, comme en séquestre.

Aux buffets, il y avoit à chacun un maître d'hôtel du Roi et un contrôleur qui faisoient les honneurs; au milieu étoit un écuyer de la bouche pour distribuer les viandes, et aux deux bouts, un chef du gobelet-pain avec ses garçons et un chef du gobelet-vin, aussi avec ses garçons. Tout fut servi avec magnificence, profusion et politesse, et à huit heures du matin les buffets étoient encore tous garnis. Le Roi, sans être connu, resta quelque temps à un de ces buffets pour voir si cela étoit bien servi, et l'on m'a dit même qu'il fut à tous.

M. le duc de Gesvres, étant absent à cause de la mala-

---

(1) Le salon de l'Abondance.

die de M. son père, ce fut M. le duc de la Trémoille qui fut chargé de le remplacer, comme le plus ancien; et sous lui ce fut M. de Bonneval, intendant des Menus en exercice, qui fut chargé du détail. Il y eut contestation pour savoir qui placeroit, ou de l'intendant des Menus ou des premiers valets de chambre du Roi; il y eut une décision verbale de M. le Cardinal en faveur de M. de Bonneval. Les premiers valets de chambre prétendoient que c'étoit de l'appartement du Roi, et l'intendant des Menus prétendoit que c'étoit l'extérieur et non l'intérieur de l'appartement de S. M.

Les ordres donnés par M. de la Trémoille aux huissiers portoient de laisser entrer les uniformes bleus et blancs; cet ordre a été donné à l'occasion d'une dispute qu'il y eut au premier bal chez M. le Dauphin, l'année passée, dans son cabinet. Un officier d'infanterie ayant voulu entrer au bal en uniforme et disant pour raison que le Roi avoit ordonné que les officiers ne parussent ici qu'en uniforme et que cet habit ne devoit pas les exclure, il n'entra point, l'usage étant contraire. Le lendemain, il s'en plaignit à M. de Châtillon, qui régla qu'on en pourrait laisser entrer quelques-uns s'il y avoit des places. C'étoit le premier bal de M. le Dauphin. Au second, le Roi y étant avec la Reine, M. de Châtillon laissa subsister le même ordre, et outre cela marqua le premier gradin à gauche en entrant, pour les chefs de brigade et exempts des gardes du corps; mais pas un ne voulut s'y mettre.

L'ordre de M. de la Trémoille portoit encore que ni gendarmes, ni chevau-légers, ni mousquetaires, ni gardes du corps, ni abbés n'entreroient; que les uniformes des gardes françoises et suisses auroient la liberté d'entrer; que les hommes entreroient avec les dames de leur compagnie, habillées proprement avec des mantilles; que tous les officiers, courtisans et dames entreroient par la porte du salon de la chapelle.

A l'égard du bal masqué non-seulement il y avoit ordre aux huissiers de la chambre de faire démasquer un de la compagnie, mais même d'écrire son nom et le nombre de masques qui étoit avec lui.

Toutes les portes étoient gardées par les huissiers de la chambre, qui avoient à leurs ordres deux suisses pour empêcher la confusion. M. de la Trémoille vouloit faire condamner la porte qui donne du gouvernement (1) dans le salon qui est avant le salon des médailles; mais M. le maréchal de Noailles en répondit; il y avoit seulement un huissier de la chambre et deux suisses.

On avoit posé plusieurs barrières : une au bas du grand escalier de la Reine, gardée par les Cent-Suisses, aussi bien que celle qui étoit en haut du même escalier. Il y en avoit une dans le petit salon auprès de l'appartement de M. le comte de Clermont, gardée par les gardes du corps; une dans le grand salon auprès de M. le Cardinal, gardée par les Cent-Suisses; une dans la salle des gardes du corps qu'on appelle le magasin, gardée par les gardes du Roi; une au bas de l'escalier des ambassadeurs, gardée par les Cent-Suisses. Du côté de la chapelle, il y avoit une barrière en dehors dans la galerie, gardée par les Cent-Suisses; et une en dedans du salon de la chapelle attenant la porte du salon d'Hercule, qui auroit dû être beaucoup plus reculée, gardée par les gardes du Roi et deux exempts, ce qui donna occasion à une partie de la confusion, parce qu'elle étoit trop près de la porte.

Nota. — Le Roi donna un bal à Paris dans la salle des machines, le 8 mars 1722. M. le duc de Villequier, premier gentilhomme de la chambre, étant d'année, donna tous les ordres nécessaires pour cette fête. Il fit

---

(1) C'est-à-dire de l'appartement du maréchal duc de Noailles, gouverneur du château de Versailles. (Voir BLONDEL, *Architecture françoise*; tome IV, livre VII, n° Ier, planche 8.)

un état de toutes les places, des loges, amphithéâtre et parterre qui furent gardées par les valets de chambre du Roi, et donna des billets en conséquence où étoit marquée la destination, lequel état fut communiqué aux huissiers qui montroient à chaque compagnie leurs loges et les y conduisoient. MM. les intendants étoient au parterre, et, à mesure qu'il entroit quelque compagnie, ils la plaçoient soit sur les formes du parterre, amphithéâtre, théâtre, ou premières loges. Tous les huissiers avoient été mandés pour cette fête, et ils gardèrent seuls toutes les portes, étant deux à chaque, et quatre à la principale porte d'entrée, qui étoit dans la cour des Suisses. On avoit fait poser à cette porte, en dehors, une forte barrière où il y avoit six des Cent-Suisses de la garde du Roi avec un officier. M. de Bogue, lieutenant de ladite compagnie, y resta très-longtemps. Tout le monde entra et fut placé avec tout l'ordre possible et sans nulle confusion.

C'est d'un huissier de la chambre du Roi que je sais les observations ci-dessus, et de qui j'ai appris aussi : qu'à la comédie, la fourniture des bougies se fait par l'ordre du premier gentilhomme de la chambre. C'est l'intendant des Menus qui est chargé de faire faire la fourniture, et la fruiterie qui fournit. A la fin de chaque comédie, le garde-meuble prend tout le reste des bougies, et l'on en fait cinq parts : quatre pour les quatre compagnies des gardes, et une cinquième que les gardes abandonnent aux garde-meubles pour leurs peines. Le profit se distribue entre les brigadiers, sous-brigadiers et gardes seulement;

Lorsque la Reine mange dans sa chambre, les bougies de dessus sa table appartiennent à l'huissier de la chambre; quand elle mange dans son cabinet, c'est l'huissier du cabinet; et lorsque c'est dans l'antichambre, c'est à l'huissier de l'antichambre;

L'intendant, contrôleur et trésorier des menus-plaisirs prêtent serment entre les mains du chancelier et à la chambre des comptes ;

Au mois de novembre dernier, il y eut contestation, à Fontainebleau, pour savoir qui placeroit aux bals de M. le Dauphin, ou de l'intendant des Menus, ou de son premier valet de chambre. Les intendants des menus-plaisirs présentèrent un fort grand mémoire, auquel les premiers valets de chambre, tant du Roi que de M. le Dauphin, répondirent par un mémoire fort court; et au bas de ce dernier mémoire, le Roi mit de sa main : « Le premier valet de chambre de M. le Dauphin placera seul. » Cette décision est entre les mains de M. le duc de Châtillon ;

Enfin à l'égard du profit des bougies, il y a eu deux règlements : l'un de M. de la Trémoille, signé de lui, au mois de février 1736, dans son année, et l'autre en conformité de celui-ci, peu de jours après, signé de M. de Châtillon, pour que le retour des bougies appartînt aux huissiers suivant l'ancien usage. Dans le quartier de juillet de la même année, le Roi étant à Compiègne et la Reine n'y étant point, il y eut de petits concerts, dans l'appartement de la Reine à Compiègne, où les huissiers du Roi eurent ordre de M. de la Trémoille de garder les portes. Ils demandèrent en conséquence le retour des bougies en conformité des règlements ci-dessus. Les garçons de la chambre les leur disputèrent ; la bougie fut mise en séquestre, et, au retour de Compiègne, il fut donné à Versailles un ordre contraire, portant que le retour des bougies appartiendroit aux garçons de la chambre. Il est mis au bas du mémoire des garçons de la chambre, de la main du Roi : « Bon pour les garçons de la chambre. »

Du jeudi 19, *Versailles.* — Le Roi, au retour de la chasse, soupa hier dans ses cabinets avec huit hommes seulement. Aujourd'hui il y a eu grand couvert à dîner, sermon et salut. Le Roi, suivant son usage, n'a point resté au salut.

Hier, c'étoit l'anniversaire de M. le duc de Bourgogne. Le Roi et la Reine entendirent la messe des morts.

Du samedi 21, Versailles. — Hier, le Roi courut le daim à Saint-Germain; il n'y avoit point de dames. Toutes les princesses sont à Paris depuis les jours gras, à cause de l'état de Mme la princesse de Conty, qui cependant est beaucoup mieux.

Il y eut souper dans les cabinets; mais comme le dernier, sept hommes avec le Roi. S. M. joua ensuite deux parties d'hombre.

Aujourd'hui chasse de cerf, et le Roi soupe à six heures dans sa chambre, à son petit couvert.

Il y a ici depuis quelques jours deux étrangers, dont l'un se dit le prince du Liban et l'autre est son fils; ils sont vêtus de robes longues comme les Arméniens. Le père est un homme de soixante ans au moins, qui a une plaque d'argent sur sa robe; c'est l'ordre du Saint-Sépulcre. Ils ont déjà été dans plusieurs cours. La reine de Pologne a écrit de Lunéville ici en leur faveur. Le Roi disoit aujourd'hui à son souper que l'électeur de Cologne lui avoit écrit une lettre de recommandation pour ce prince du Liban; il nous dit même le nom de cet étranger, qui est dans la lettre; c'est Booz, ou Baaz, car le Roi n'étoit pas sûr si c'étoit deux O ou deux A qui étoient entre le B et le Z. Le discours ordinaire de ces vrais ou prétendus princes est toujours qu'ils ont perdu leurs biens pour la religion. Celui-ci vit le Roi il y a deux jours dans la galerie en passant; mais il n'a point eu d'audience.

On regarde toujours le mariage de Madame comme certain; on me dit hier que Mesdames apprenoient l'espagnol; mais c'est un mystère jusqu'à présent.

On croit qu'il va y avoir quelque changement dans les ambassades. M. de Puysieux, qui est à Naples, demande à revenir, n'ayant compté y demeurer que trois ans.

On croit aussi que M. de Cambis pourroit revenir incessamment d'Angleterre (1).

Le départ de M. de Vaulgrenant pour la Russie n'est point encore fixé; je crois même être certain que tous les arrangements ne sont pas faits. Comme nous n'avons jamais eu d'ambassadeur en Russie, il est question de fixer une somme convenable pour l'entretien d'un ambassadeur dans cette cour. J'ai déjà marqué que la dépense y est plus considérable que dans une autre, par la magnificence à laquelle on est accoutumé et par la cherté des vivres, car cette magnificence regarde principalement la table. M. de Vaulgrenant a dit à M. le Cardinal qu'il avoit mangé, dans ses deux dernières ambassades, 100,000 écus de son bien, outre celui que sa femme lui a laissé en mourant; qu'il étoit prêt à aller partout où le Roi ordonneroit, mais qu'il n'étoit pas en état de suppléer en aucune manière de son bien, ni pour la dépense de l'établissement ni pour celle de l'entrée, ni même pour le temps qu'il aura à y demeurer; qu'il s'étoit informé de l'état le moins considérable qu'un ambassadeur de France puisse tenir dans ce pays-là, et qu'on l'avoit assuré qu'un ambassadeur n'y tenoit pas un grand état pour 20,000 roubles par an (on estime le rouble environ cent sols); qu'à l'égard du transport, ameublement et équipages, on ne pouvoit les évaluer moins que 40,000 écus, sans compter les frais de la chapelle et ceux de l'entrée. M. le Cardinal parut d'abord proposer 36,000 francs d'appointements à M. de Vaulgrenant. Quelques jours après, M. Amelot lui dit que M. le Cardinal s'étoit trompé et avoit voulu dire 48,000 livres; mais cette somme est encore si éloignée de ce qui conviendroit, suivant le détail que je viens de faire, que M. de Vaulgrenant attend toujours une

---

(1) Ce bruit ne se confirme pas. (*Note du duc de Luynes, datée du 23 février.*)

nouvelle décision et n'a pas fait encore le moindre préparatif pour son voyage.

On a eu des nouvelles dès hier de la mort de M. de Boissieux.

Du lundi 23, *Versailles.* — Hier matin, fut déclaré le mariage de Madame avec l'infant don Philippe. M. le Cardinal alla chez Madame, avec qui il eut une conversation d'un quart d'heure ou environ ; Mme de Tallard étoit présente. Madame fut ensuite chez le Roi ; après quoi, étant revenue chez elle, elle reçut grand nombre de compliments, des hommes seulement ; les dames y allèrent l'après-dînée. Le Roi ni la Reine ne recevront point de compliments en grand cérémonial ; ce ne sera que dans le temps du mariage, et Madame ne sera pas mariée qu'elle n'ait douze ans, c'est-à-dire avant le 14 d'août. Le Roi déclara qu'il verroit les dames hier à dîner au grand couvert et le soir chez la Reine, et apparemment que demain, qu'il y a grand couvert et sermon, cela se passera de même. Il ne viendra point ici d'ambassadeur extraordinaire pour faire la demande ; ce sera M. de la Mina qui en aura le titre. Le Roi dit hier à Mme de Tallard que ce seroit elle qui conduiroit Madame sur la frontière. Il y a grande apparence que M. de Tallard ira aussi à ce voyage. Madame a montré plus d'affliction que de joie à cette nouvelle ; mais la douleur qu'elle a marquée n'est point une douleur d'enfance, mais de l'attachement qu'elle a pour tout ce qu'elle quittera et qu'elle doit aimer dans ce pays-ci. Pour Mme Adélaïde, lorsque la Reine fut hier voir Mme Henriette et elle, Mme Adélaïde s'avança vers elle, et lui dit : « Maman, je suis bien fâchée du mariage de ma sœur. »

M. de Maillebois a pris congé hier pour aller en Corse ; il compte y être arrivé le 20 de mars au plus tard.

Du jeudi 26, *Versailles.* — Lundi, hier et aujourd'hui, il y a eu chasse, et souper dans les cabinets ; c'est toujours le même arrangement : sept hommes avec le Roi. S. M. a dit ce matin à M. le cardinal de Rohan que, s'il n'étoit pas revenu de la chasse, l'on commençât toujours le sermon. L'usage ordinaire est : lorsqu'il se trouve un jour que la Reine est seule au sermon, que le prédicateur lui fasse un compliment; mais comme il y a toujours eu incertitude si le Roi viendroit, il n'y a point eu de compliment. Même, le fauteuil du Roi a toujours resté à la droite de la Reine qui s'est mise dans le sien, à l'ordinaire. M. le duc de Charost a continué de se mettre derrière le Roi, à côté du capitaine des gardes, quand il n'y a personne; mais aujourd'hui, comme le Roi n'y étoit point, il a demeuré sur le banc derrière.

Il n'est pas encore décidé si ce sera M. de Tallard qui ira avec Mme de Tallard conduire Madame sur la frontière. M. le prince de Rohan a déjà été en pareil cas; mais il y eut une difficulté sur les qualités. Comme il faut que l'acte de délivrance soit signé par un seigneur de France et par un grand d'Espagne, le grand d'Espagne ne voulut point reconnaître les qualités que M. de Rohan avoit prises, et il fallut les supprimer.

MARS.

Audience de la princesse de Lichtenstein chez la Reine. — L'archevêque d'Embrun nommé cardinal; le Roi lui donne la calotte. — Régiments vacants et donnés. — Départ du prince du mont Liban. — Confirmation de Mesdames. — Nouvelles difficultés sur l'affaire de l'Université; mot du Roi sur le chancelier. — Le Roi n'aime pas la chasse du vol. — Perte considérable de M. de Fulvy au biribi. — Mort de Mmes de Dreux, de Bonnac et d'Hérouville. — Jugement et condamnation de M. de Courbon. — Le Roi et le Dauphin reçoivent le collier de la Toison. — Le Roi va à la chasse du vol. — Le Roi ne touche pas les malades; mauvaise humeur du grand prévôt à ce sujet. — Nouveaux détails sur l'affaire de M. de Fulvy. — Construction de Saint-Sulpice et dépenses. — Mort de M. Brillon, curé de Saint-Roch.

Du dimanche 1er mars, Versailles. — Mme la princesse de Lichtenstein a eu aujourd'hui son audience chez la

Reine; elle vint hier avec deux des carrosses de M. de Lichtenstein, qui sont le quatrième et le cinquième ; elle fut descendre à l'hôtel de Villeroy, où elle a couché. Mme de Luynes, étant allée hier à Paris, fut rendre visite à M. et à Mme de Lichtenstein. Aujourd'hui M. de Sainctot a été la prendre dans un carrosse de la Reine à deux chevaux ; elle a monté dans ce carrosse, et à côté d'elle M. de Sainctot, dont le carrosse marchoit immédiatement avant celui de la Reine. Les deux carrosses de Mme l'ambassadrice suivoient avec des gentilshommes dedans ; elle est venue descendre à la salle des ambassadeurs, où elle a attendu assez longtemps ; pendant ce temps-là on a renvoyé les carrosses. La Reine étoit alors à la messe et le Roi au conseil. Après la messe, la Reine a entré dans son grand cabinet qui est avant sa chambre ; S. M. s'est mise dans son fauteuil. Le cercle étoit composé de douze dames assises, sans compter Mme de Luynes et Mme de Mazarin qui étoient derrière la Reine, à ses deux côtés : Mme de Luynes, à la droite, Mme de Mazarin, à la gauche ; je ne compte point non plus Mme de Nangis, qui étoit assise sur un carreau à la gauche de Mme de Mazarin ; c'est le droit de la femme du chevalier d'honneur, et c'est la première fois que Mme de Nangis en avoit fait usage. Cela fait un effet assez singulier, d'autant plus que Mme de Nangis n'est pas grande. Derrière les dames assises, il y avoit quatorze ou quinze dames debout. Comme le Roi devoit dîner au grand couvert dans l'antichambre de la Reine, suivant l'usage, les paravents et les banquettes étoient mises, de sorte que le passage étoit assez étroit ; mais on n'y a rien changé. Lorsque la Reine a été placée, M. de Sainctot est allé avertir Mme l'ambassadrice ; elle est arrivée accompagnée de M. de la Tournelle, sous-introducteur des ambassadeurs, et de M. de Sainctot. Lorsqu'elle a été dans la chambre, M. de Sainctot a fait signe à Mme de Luynes, qui a aussitôt quitté sa place, passant au milieu du cercle, en faisant la révérence à la Reine et ensuite aux dames. M. de Nangis étoit seul derrière le fauteuil de la Reine. Mme de Luynes a avancé à la porte dont il n'y avoit qu'un battant d'ouvert ; Mme l'ambassadrice entroit déjà, de sorte que la salutation s'est faite dans la porte même. La dame d'honneur baise l'ambassadrice des deux côtés. Comme Mme de Luynes n'étoit pas tout à fait sortie, elle n'a fait que se reculer, et Mme l'ambassadrice est entrée marchant entre Mme de Luynes et M. de Sainctot, mais à gauche de Mme de Luynes. Elles ont fait ensemble les trois révérences ordinaires ; à la troisième, Mme l'ambassadrice s'est avancée jusqu'auprès de la Reine, a ôté son gant et s'est baissée pour prendre le bas de la robe. (En Angleterre, la Reine salue les ambassadrices ; je l'ai entendu dire aujourd'hui à M. le maréchal de Broglie pendant l'audience ; on sait que ce n'est point ici l'usage.) La Reine étoit debout. Mme de Lichtenstein a fait un compliment à la Reine, qui a été fort court ; on a apporté deux pliants en face de la Reine. Mme de Luynes, pendant le compliment, avoit passé à la gauche de Mme de Lichtenstein, et s'est assise à côté d'elle, lui donnant la droite. Il y a eu un moment de conversation pendant lequel M. de Gesvres, qui étoit à l'audience, est allé avec M. de Sainctot avertir le Roi. Le Roi a quitté le conseil et est venu par la galerie avec M. le Cardinal. Tout le monde s'est levé ; on a rangé les deux pliants ; le Roi s'est avancé à Mme de Lichtenstein, l'a saluée et baisée, lui a demandé des nouvelles de sa santé et a resté encore quelques moments. On a parlé d'un bouquet de diamants que Mme de Lichtenstein avoit devant elle, qui est fort beau et parfaitement bien monté. M. le Cardinal s'est approché aussi ; mais la conversation n'a pas été longue. Le Roi est retourné au conseil. Mme de Luynes a fait quelques pas pour le suivre, mais le Roi ne s'en étant pas aperçu dans le premier moment, ne s'est pas retourné, et Mme de Luynes n'a pu suivre S. M. bien loin pour ne pas quitter

Mme l'ambassadrice. Aussitôt que le Roi a été parti, la Reine et toutes les dames se sont rassises comme auparavant. Pendant ce temps-là, M. de Sainctot a été avertir M. le Dauphin, qui est entré par la salle des gardes. Tout le monde s'est levé; on a ôté les pliants, comme on avoit fait pour le Roi; la Reine même s'est levée. M. le Dauphin, en entrant, a été d'abord à Mme l'ambassadrice, qu'il a saluée et baisée, et ensuite il a été baiser la main de la Reine, comme à l'ordinaire. J'étois présent à cette cérémonie. Fort peu de temps après l'arrivée de M. le Dauphin, Mme l'ambassadrice, toujours accompagnée de Mme de Luynes et à sa droite, et avant que M. le Dauphin fût sorti, s'est retirée en faisant les trois mêmes révérences et marchant toujours à reculons, suivant l'usage, pour ne pas tourner le dos à la Reine. Mme de Luynes l'a accompagnée jusqu'à la porte en dehors, où elle l'a baisée des deux côtés et est aussitôt rentrée chez la Reine. Mme de Lichtenstein a été ensuite chez Mesdames avec Mme la princesse de Rohan, qui est sa nièce à la mode de Bretagne par M. de Lichtenstein, lequel est fils d'une sœur de feue Mme de Dangeau, laquelle est grand-mère de Mme de Rohan. Il n'est point question d'honneur des armes pour une ambassadrice. Mme de Lichtenstein a descendu par l'escalier de marbre, est montée dans la chaise de Mme de Rohan, qui l'avoit déjà apportée de la salle des ambassadeurs à ce même escalier; elle a remonté l'escalier de pierre vis-à-vis chez Mme de Luynes (1). Dans ce moment, elle rentroit de chez la Reine; elles se sont rencontrées toutes deux à la porte de l'appartement, et Mme de Lichtenstein y est entrée

---

(1) L'appartement de la duchesse de Luynes se trouvait au premier étage et donnait sur l'escalier et la cour des princes. Voir l'*Architecture françoise* de Blondel, tome IV, livre VII, n° 1, planche 7. Cet appartement occupé sous Louis XVI par Louis-Philippe-Joseph, duc d'Orléans, a été conservé lors des travaux ordonnés par le roi Louis-Philippe pour convertir en galeries historiques les appartements du château de Versailles.

un moment. De là, elle a remonté dans la chaise de Mme de Rohan, et a été tout le long de la galerie des princes jusque chez Mesdames, chose singulière et contre la règle, personne n'y devant aller en chaise, hors la gouvernante, comme j'ai marqué ci-dessus. Cela n'a pu être toléré qu'à cause de la mauvaise santé de Mme de Lichtenstein, qui auroit été incommodée de monter ou d'aller si loin à pied. Mme de Rohan étoit déjà chez Mesdames, et j'y étois aussi. Mesdames étoient toutes trois dans la chambre à coucher des deux aînées. Il y avoit trois fauteuils : Madame dans le milieu, Mme Henriette à sa droite, Mme Adélaïde à sa gauche, et Mme de Tallard à la droite de Mme Henriette, sur un pliant, un peu en arrière; Mme de Rohan, assise du même côté que Mme de Tallard, mais en avant. Lorsque Mme l'ambassadrice est arrivée, M. de Sainctot est venu avertir Mme de Tallard, qui est sortie aussitôt jusqu'à la porte en dehors, a salué et baisé Mme l'ambassadrice des deux côtés, et est entrée aussitôt, suivie de Mme de Lichtenstein. Les trois révérences, comme chez la Reine. Ensuite, Mme de Lichtenstein s'est approchée de Madame, dont elle n'a point baisé le bas de la robe (M. de Sainctot m'a dit qu'elle ne devoit pas la baiser); elle a eu l'honneur de baiser Madame des deux côtés, ensuite Mme Henriette et puis Mme Adélaïde. Madame et Mme Henriette lui ont fait chacune un petit compliment; il n'y a que Mme Adélaïde qui ne lui a rien dit. Mme de Tallard a fait apporter deux pliants en face de Mesdames; Mme de Lichtenstein s'est assise à la droite de Mme de Tallard; il y a eu quelques moments fort courts de conversation qui a été bientôt interrompue parce que Mesdames ont eu la curiosité de vouloir voir le bouquet de diamants. La Reine avoit eu la même curiosité; Mme de Lichtenstein l'avoit défait et lui avoit présenté elle-même, sans faire semblant de le remettre à Mme de Luynes, ce qui paroît être la règle; elle a fait de même chez Mesdames. Après cela, elle ne s'est point rassise et s'est retirée en faisant les trois mêmes révérences sans se retourner. Mᵐᵉ de Tallard l'a reconduite jusqu'à la porte en dehors, au même endroit où elle avoit été la recevoir. Mᵐᵉ de Lichtenstein revint ensuite chez Mᵐᵉ de Luynes avant que d'aller chez Mᵐᵉ de Ventadour et chez Mᵐᵉ de Tallard, parce qu'on lui dit que M. le Cardinal vouloit lui venir rendre visite. Elle avoit déjà passé chez lui, je ne sais plus dans quel moment. Effectivement, quand je rentrai ici, j'y trouvai M. le Cardinal, dont la visite ne fut pas longue et sans s'asseoir. Il demanda à Mᵐᵉ l'ambassadrice si elle n'alloit pas se déshabiller. Effectivement la Reine lui avoit permis d'aller manger à sa table, déshabillée, ce qui est contre la règle ordinaire, l'ambassadrice devant aller dans le carrosse de la Reine pour le dîner, mais en grand habit. La dame d'honneur doit être aussi en grand habit, ainsi que toutes les dames qui sont de ce dîner; et après le dîner, le carrosse de la Reine vient reprendre l'ambassadrice pour la remener dans la maison où elle se déshabille. C'est la dame d'honneur, comme je l'ai déjà marqué à l'occasion de Mᵐᵉ Zéno (en 1735), qui fait les honneurs de ce dîner. C'est elle qui prie, et le premier maître d'hôtel ne se mêle d'autre chose que d'ordonner le dîner, et, étant à table, d'en faire les honneurs conjointement avec la dame d'honneur. Ici tout s'est passé avec la plus grande intelligence et le plus grand concert entre Mᵐᵉ de Luynes et M. de Chalmazel; ils arrangèrent ensemble le nombre de personnes que la salle pouvoit tenir; Mᵐᵉ de Luynes fit la liste, l'envoya à M. de Chalmazel, et il n'y eut pas le moindre sujet de difficulté. Cela s'étoit passé de même à Mᵐᵉ Zéno. Mᵐᵉ de Lichtenstein n'auroit pu aller au dîner dans le carrosse de la Reine, ni être remenée après le dîner chez elle par ce même carrosse, si elle avoit été déshabillée; mais Mᵐᵉ de Luynes et les autres dames auroient aussi été déshabillées. Mᵐᵉ l'ambassadrice trouva plus commode de ne point profiter de la permission de la Reine et de dîner tout habillée. Après la visite de M. le Cardinal, elle alla chez Mme de Ventadour et Mme de Tallard, et revint ensuite chez Mme de Luynes jusqu'au moment du dîner. Les carrosses avoient été renvoyés, comme je l'ai dit; on ne jugea pas à propos de les faire revenir, à cause de la grande proximité. Mme de Lichtenstein alla dans la chaise de Mme de Rohan; on se mit à table à deux heures et demie. Mme l'ambassadrice étoit au milieu et Mme de Luynes à sa gauche; M. de Sainctot vis-à-vis d'elle. Il me dit, un moment avant le dîner, que M. de la Tournelle avoit droit de manger à la table où mangeoit l'ambassadrice; mais il étoit trop tard pour le prier. La salle à manger ne peut contenir que seize personnes; un de plus auroit eu peine à y tenir; il n'y a point d'espace pour une petite table dans la même pièce; et il n'auroit pas même été trop convenable de proposer à quelqu'un de la compagnie de se mettre à une petite table. Voici le nom des seize personnes, mais non pas comme ils étoient rangés à table; hors les trois que j'ai marqués, tout le monde étoit placé assez indifféremment. M. de Bouillon étoit à la droite de Mme l'ambassadrice. Il y avoit donc : M. et Mme de Lichtenstein, M. et Mme la princesse de Rohan, M. et Mme la duchesse de Châtillon, M. le duc de Bouillon, M. le duc de Gesvres, Mme la maréchale de Villars, M. de Nangis, Mme de Chalmazel, M. de Schmerling (1), M. de Sainctot, M. de Grevenbroch, envoyé de l'électeur palatin, fort ami de M. et de Mme de Lichtenstein, et Mme de Luynes. Après le dîner, Mme de Lichtenstein alla rendre visite à Mme Amelot (2), puis revint prendre le carrosse de la Reine à la porte de Mme de Chalmazel, où elle monta, et M. de Sainctot à sa gauche; ils étoient seuls dedans, comme en venant. Ses deux

---

(1) Le baron de Schmerling était ministre de l'Empereur.
(2) Femme du ministre des affaires étrangères.

carrosses y étoient avec des gentilshommes dedans ; elle alla se déshabiller, et s'en retourna à Paris.

Du mercredi 4, Versailles. — Avant-hier, M. l'archevêque d'Embrun reçut un courrier de Rome, du roi d'Angleterre, qui lui apportoit la nouvelle de sa nomination au cardinalat. Le Pape est malade et a tenu consistoire dans son lit. Hier, le courrier de Rome arriva avec la calotte, à quatre heures après midi. Une heure après M. le cardinal Tencin (c'est ainsi qu'il s'appelle) partit pour venir ici. Lorsqu'il arriva, M. le Cardinal étoit au travail chez le Roi. M. le cardinal Tencin attendit que M. de Maurepas entrât, et fit dire à M. le cardinal de Fleury qu'il étoit là. M. le Cardinal en rendit compte au Roi et lui demanda s'il ne vouloit pas remettre à ce matin la cérémonie de donner la calotte ; mais le Roi aima mieux faire entrer sur-le-champ M. de Tencin. Comme M. le cardinal de Fleury ne va plus les matins chez le Roi et qu'il n'y va qu'à l'heure du travail, il lui étoit plus commode que cette cérémonie se fît dès hier au soir. M. le cardinal Tencin entra dans le cabinet ; il n'y avoit que M. le cardinal de Fleury, M. de Maurepas et Bontemps. M. le cardinal Tencin présenta la calotte au roi, et se mit à genoux (on dit qu'il n'est pas nécessaire de se mettre à genoux mais seulement de se baisser). Le Roi prit la calotte et la mit sur la tête de M. le cardinal Tencin. Ce fut alors que le nouveau cardinal dit au Roi : « Sire, la nouvelle dignité dont je suis revêtu me flatte d'autant plus que je la tiens d'un Roi qui a tout perdu pour la religion, et que je la reçois du Roi mon maître qui a tout fait pour elle. » C'est de M. le cardinal Tencin même que je tiens tout ce détail.

Après le travail, le Roi passa chez la Reine ; Mlle de Clermont y étoit et Mme de Luynes. M. le Cardinal y vint suivi de M. le cardinal Tencin ; il le présenta à la Reine, quoique ce fût en présence du Roi, et sans en rien dire à Mlle de Clermont.

Ce matin, M. le cardinal Tencin a été à la messe du

Roi dans la tribune de S. M. M. le cardinal de Rohan a demandé au Roi s'il ne vouloit pas bien donner le carreau au nouveau cardinal, et le Roi ayant répondu que cela étoit sans difficulté, M. le cardinal Tencin a eu un carreau.

Hier, il y eut grand couvert et sermon. Le Roi paroît avoir pris l'arrangement de dîner au grand couvert, les dimanches, mardis et jeudis, qui sont les jours de sermon. Les autres jours, S. M. va à la chasse, et soupe dans ses cabinets avec sept ou huit hommes seulement.

Hier, Mme de Beuvron vint à la toilette de la Reine; elle dit à Mme de Mazarin qu'elle comptoit aller au sermon, mais qu'elle craignoit de n'y avoir point de place. Mme de Mazarin lui dit qu'elle feroit bien de venir à trois heures trois quarts pour suivre la Reine au sermon. Mlle de Clermont y vint à peu près à la même heure, et Mme de Beuvron la suivit. Comme Mlle de Clermont craignoit que la Reine ne fût déjà passée, elle entra par le cabinet du bout de la galerie, et Mme de Beuvron entra aussi à sa suite; cela fut désapprouvé et fit un petit sujet de contestation, sur le prétexte qu'à cette heure il n'y a que les entrées qui peuvent être chez la Reine. Cependant la Reine n'a point désapprouvé ce qu'a fait Mme de Beuvron, d'autant plus que tous ceux et celles qui ont l'honneur de la suivre au sermon entrent chez elle lorsqu'elle part pour y aller, et que, de tous les temps, toutes les dames de la cour, en grand habit, ont eu droit de suivre la Reine au sermon. Cela se pratiquoit ainsi du temps de Mme la Dauphine et ne peut faire difficulté. Il y auroit inconvénient qu'il s'en présentât un grand nombre pour suivre la Reine, parce que ce seroit un embarras et un temps trop long pour se placer dans le moment que la Reine arrive. Tout ce qu'on auroit pu dire sur Mme de Beuvron, c'est qu'elle auroit mieux fait de ne point entrer par le cabinet et de faire le tour; mais étant à la suite de Mlle de Clermont, elle étoit dans la règle.

Du samedi 7, Versailles. — Il n'y eut point de grand couvert jeudi dernier ; le Roi fut à la chasse. La Reine fut seule au sermon. Le fauteuil du Roi même n'y étoit pas ; cependant les deux carreaux restèrent sur le prie-Dieu.

M. le chevalier de Belle-Isle est ici ; il doit prêter serment demain entre les mains du Roi pour la charge de lieutenant général du pays Messin, qu'il vient d'acheter 40,000 livres ; elle vaut 1,800 livres de rente, mais il en reste peu de chose à toucher par les droits de dixième, capitation, etc.

Il y a actuellement quatre régiments à donner et une inspection, celle-ci par la mort de M. de Boissieux, que j'ai marquée ci-dessus. Les régiments sont : celui de Médoc, par la démission de M. le duc de Crussol ; celui de Flandre, par la démission de M. de Coningham ; celui de Senneterre, par la démission du fils de notre ambassadeur à Turin ; et un de cavalerie, qui est celui de Peyre, par la mort de M. de Peyre, gendre de M. de Gassion. Il y a un prodigieux nombre de jeunes gens qui demandent ces régiments. On ne doute point que M. de Vintimille n'en obtienne un. Il est petit-neveu de M. l'archevêque de Paris (1) qui sollicite fortement pour avoir un de ces régiments pour lui. Il y a quelque temps que M. l'archevêque, parlant à M. le Cardinal de cette grâce, lui représenta qu'il étoit important pour son petit-neveu de l'obtenir promptement, d'autant plus que lorsqu'il manqueroit à son neveu, ce qui naturellement devoit arriver bientôt, il perdroit en lui un protecteur qui lui étoit bien nécessaire. M. le Cardinal lui répondit qu'il ne devoit point avoir cette inquiétude, que lui-même s'engageoit à servir de père et de protecteur à M. de Vintimille, et qu'il le regardoit comme son fils. A ce discours, M. l'archevêque lui répondit : « Pour moi, Monseigneur, je sens bien que

---

(1) Charles-Gaspar-Guillaume de Vintimille.

je suis mortel, mais je me recommande à votre immortalité. »

Du mercredi 11, *Versailles*. — On sut hier que l'inspection (1) avoit été donnée à M. de Contades. Il est colonel d'infanterie et fils de feu M. de Contades, major des gardes françoises qui étoit en Italie avec M. le maréchal de Villars. Le régiment de Médoc a été donné à M. de Lannion. On prétend qu'il y a un arrangement entre lui et M. le duc de Crussol, et qu'il en coûte à M. de Lannion 60 ou 70,000 livres; mais ce n'est qu'un bruit. Le régiment de Senneterre a été donné à M. de Villedomain, frère de M. Amelot; il étoit capitaine de dragons depuis les dernières campagnes. Le régiment de Flandre n'est point encore donné. M. de Coningham ne veut point donner sa démission pure et simple ; il voudroit faire un accommodement, et c'est, je crois, ce qu'il aura peine à obtenir. Le régiment de Peyre a été donné à M. de Vintimille.

Mme la princesse de Lichtenstein est ici d'avant-hier; elle fut hier au dîner du Roi, assise suivant l'usage; le Roi lui parla plusieurs fois. Il paroît que S. M. continue à traiter fort bien M. de Lichtenstein.

On m'a dit aujourd'hui qu'au mariage de Madame, on ne doutoit point que les ducs n'eussent des carreaux. L'usage d'en avoir derrière le Roi n'a point été interrompu. Il y a quelques jours que M. le maréchal de Noailles étant derrière le fauteuil du Roi, suivant la règle, à la chapelle, et M. le duc d'Ayen ayant aussi suivi S. M., M. le duc de Gesvres, qui étoit à côté de M. de Noailles, donna à M. d'Ayen la moitié de son carreau. Un autre jour, M. d'Ayen, étant derrière le Roi, donna aussi la moitié de son carreau à M. le duc d'Anville.

Il y a déjà plusieurs jours que les deux étrangers dont on a parlé ci-dessus sont partis. C'est celui qui se faisoit appeler le prince du mont Liban et qui avoit son fils avec

---

(1) Cette nouvelle est fausse. Voyez au 16 avril. (*Note du duc de Luynes.*)

lui. Ils sont allés, à ce que l'on m'a dit, s'embarquer à Rouen, parce qu'ils n'auroient pas eu assez d'argent pour aller jusqu'à Marseille. J'ai demandé aujourd'hui à M. le prince de Lichtenstein, qui a vu ces mêmes étrangers à Vienne, ce qu'il en savoit. Il m'a dit qu'ils avoient été bien reçus à la cour de l'Empereur; non pas qu'on leur eût fait des honneurs, mais qu'ils avoient eu de grands secours d'argent; qu'il ne savoit pas précisément à quoi cela s'étoit monté. Je lui ai dit que j'avois entendu parler de 1,000 ducats; il m'a paru qu'il croyoit que cela pouvoit bien aller à cette somme. Le ducat, à Vienne, vaut précisement 10 livres. Il est certain qu'il y a plusieurs de ces étrangers qui prennent le titre de Prince du mont Liban. Ce sont de petits souverains, ou plutôt seigneurs tributaires, dont les familles sont des restes des anciens croisés établis en Orient. Ceux-ci ont été deux ou trois fois au dîner du Roi; du reste ils n'ont pas été bien traités; M. le Cardinal même leur parla assez durement. Ils ont dit qu'on leur avoit offert 100 francs ou tout au plus 50 écus, et qu'ils avoient remercié d'une gratification qu'ils n'avoient pas cru convenable de recevoir du Roi.

Du samedi 14, Versailles. — M. le cardinal Tencin a pris aujourd'hui son tabouret chez la Reine; il a payé 1,540 livres. Sur cette somme le porte-carreau a 140 livres, et le surplus se partage entre les valets de chambre et les huissiers de la Reine.

Du lundi 16, Versailles. — Il y eut hier sermon, après lequel Mesdames (1) furent confirmées par M. le cardinal de Rohan, à la chapelle. Elles étoient toutes deux en grand habit; c'est le premier jour qu'elles ont quitté les manches pendantes. Elles ne vinrent point au sermon. Samedi, M. le cardinal de Fleury étant allé rendre visite à M. le cardinal de Rohan, Mme de Tallard, qui s'y trouva, demanda à M. le cardinal de Fleury si Mesdames iroient

---

(1) C'est Madame et Mme Henriette. (*Note du duc de Luynes.*)

au sermon. M. le cardinal de Fleury dit qu'il étoit inutile de les y mener, qu'il y auroit des princesses. M. le Dauphin arriva à la chapelle en même temps que Mesdames. Le Roi et la Reine étoient auprès du prie-Dieu, mais debout. On avoit porté des carreaux pour Mesdames, et comme on les avoit mis sur le drap de pied, fort près du carreau de la Reine, la Reine, en arrivant dans la chapelle pour le sermon, fit ôter ces carreaux. M. le Dauphin ni Mesdames ne se mirent point à genoux en entrant. J'en demandai la raison à M. de Châtillon, qui me dit que c'étoit parce que le Roi et la Reine étoient debout. J'aurois cru que cela n'auroit pas empêché M. le Dauphin et Mesdames de se mettre à genoux; mais apparemment qu'on ne le jugea pas à propos. Un moment après qu'elles furent arrivées, Madame, qui s'étoit mise à droite du côté du Roi, et Mme Henriette, à gauche du côté de la Reine, aux deux côtés du drap de pied, s'étant avancées chacune de leur côté, firent la révérence à l'autel et au Roi et allèrent à la marche du chœur, sur laquelle il y avoit deux carreaux. M. le cardinal de Rohan officioit pontificalement, suivant l'usage. La cérémonie fut fort courte, n'y ayant point eu d'exhortation. Mesdames revinrent à leurs places, et ne suivirent point la Reine en sortant de la chapelle. La Reine étoit suivie par Mme de Luynes et Mme de Mazarin, et ensuite par Mlle de Clermont (1).

Les princes qui étoient venus avec le Roi au sermon et qui assistèrent à la cérémonie étoient : M. le duc d'Orléans, M. le duc de Chartres, M. le comte de Clermont, M. le prince de Dombes et M. le comte d'Eu.

Nous vîmes ici hier un jeune homme avec un habit uniforme absolument pareil à celui des officiers des gardes françoises. C'est M. de Biache, fils de M. de Terranova, qui est officier des gardes wallones, dont l'uniforme

---

(1) M. le Dauphin marcha immédiatement devant le Roi. (*Note du duc de Luynes.*)

est le même que celui des gardes françoises. Il a aussi un petit ruban rouge, à peu près comme celui de Saint-Louis ; je crois que c'est l'ordre de Calatrava.

Du mardi 17, *Versailles.* — J'ai appris aujourd'hui que la révocation de l'appel de l'Université n'étoit pas encore finie ; il est question préalablement de choisir un recteur. Il faut pour cela un arrêt du conseil. M. le chancelier avoit proposé que l'on nommât des commissaires ; ils ont été nommés et ont trouvé plusieurs difficultés. M. le cardinal de Fleury disoit, il y a trois jours, chez M. le cardinal de Rohan, qu'ayant rendu compte au Roi de ces difficultés, S. M. avoit elle-même dicté l'arrêt. Cet arrêt fut communiqué hier à M. le chancelier, qui trouva qu'il y avoit encore quelque changement à y faire, quoique cependant on pût absolument le laisser subsister tel qu'il est. Hier matin, le Roi, après son lever, demanda à M. de Maurepas si l'arrêt étoit signé. M. de Maurepas lui répondit que non, mais qu'il alloit l'être incessamment ; que M. le chancelier (1) trouvoit qu'il y avoit quelque changement à y faire, mais peu important. « Voilà comme est M. le chancelier, répondit le Roi, il veut toujours y mettre du sien. »

M. le Cardinal alla hier à Issy, d'où il ne doit revenir que samedi prochain. Tous les ministres sont partis et il n'y a point eu d'ambassadeurs aujourd'hui mardi.

On parle de deux mariages, l'un de M. de Bréval, second fils de M. le maréchal de Montmorency, avec Mlle Couvet, très-riche héritière. Le second, de M. le prince de Croy avec Mlle de la Motte, fille de M. le comte de la Motte, grand d'Espagne. On dit même qu'il est question d'obtenir un brevet de duc pour M. le prince de Croy ; car les grandesses, quoiqu'elles passent aux filles, ne se cèdent point. Comme les fils de grands d'Espagne ont le même rang

---

(1) Daguesseau.

que leur père, la cour d'Espagne fait moins de difficulté dans des cas où elle veut bien donner des marques de bonté, de créer une nouvelle grandesse qui n'est que viagère. C'est ainsi qu'elle en a usé pour M. le marquis de Villars, devenu duc depuis la mort du maréchal son père, et pour M. le comte de Tessé, premier écuyer de la Reine.

L'équipage du vol s'est déjà présenté deux ou trois fois suivant l'usage et la règle; mais le Roi, qui n'aime point cette chasse, l'a toujours remis jusqu'à présent. C'est M. des Marests qui est grand fauconnier et qui a sous ses ordres les capitaines des différents vols. Le vol du cabinet, qui est indépendant de la fauconnerie, commandé par M. Forget, vole toujours cependant avec la fauconnerie lorsqu'elle est assemblée, et M. Forget présente au Roi les pieds et les têtes des animaux que son équipage prend, quoique en présence du grand fauconnier. Il y a outre cela le capitaine des levrettes, qui est M. de Vassan, qui marche avec la fauconnerie.

On a parlé beaucoup ici d'une perte considérable que l'on disoit avoir été faite par M. de Fulvy (1) au biribi. Le désir que l'on a de faire tort, s'il étoit possible, à M. le contrôleur général fait que, ne pouvant trouver à redire à sa conduite personnelle, on a cherché à critiquer celle de M. et Mme de Fulvy. Pour elle, on n'a pas parlé de perte; mais depuis longtemps on trouvoit à redire à la quantité de pierreries, à la magnificence de ses habits et à son gros jeu. A l'égard de M. de Fulvy, on a dit qu'il avoit perdu dans une séance 20,000 louis, dont il y en avoit eu 100,000 écus de payés dès le lendemain; que c'étoit contre un des banquiers de M. Houel (2), lequel

---

(1) Orry de Fulvy, frère du contrôleur général, était intendant des finances et directeur des finances. Voy. sur cette affaire, *Barbier*, t. III, p. 159, et *d'Argenson*, t. II, p. 79.

(2) Officier aux gardes qui a fait sa fortune au jeu (*Barbier*.)

en a, à ce que l'on dit, plusieurs non-seulement à Paris mais même dans les provinces. On ajoutoit des circonstances : que M. de Fulvy, piqué du biribi, avoit demandé à jouer au pharaon et à mettre 1,000 louis sur une carte; que le banquier avoit envoyé demander permission à M Houel; on ajoutoit encore d'autres sujets de critique : une maison de campagne, un prétendu équipage de chasse, des soupers recherchés. M. de Fulvy a nié tous ces faits, et comme on parloit toujours de plus en plus, il a demandé à parler à M. le Cardinal, et lui a confirmé que rien n'étoit plus faux que toutes ces accusations; qu'il est vrai qu'ayant joué depuis plusieurs années, il pouvoit avoir perdu 40 ou 50,000 écus; qu'il devoit encore 40,000 écus et qu'il comptoit les payer en quatre ou cinq ans; et que M. le contrôleur général (à qui il n'avoit pas cru devoir dire chaque année des pertes qui n'étoient pas fort considérables) étoit dans la plus grande colère contre lui. M. le Cardinal est entré dans toutes les raisons de M. de Fulvy et dans tous les arrangements de retranchement dans sa maison, pour parvenir plus promptement au payement de ses dettes. Et effectivement, M. le contrôleur général, dès qu'il eut entendu parler de ces différentes pertes, alla sur-le-champ en parler à M. le Cardinal, et demanda qu'on ne fît aucune grâce à son frère. Il fit plus; il manda à Mme de Fulvy, qui est à Paris, de ne point revenir jusqu'à nouvel ordre. Il fit dire tout haut à M. de Fulvy qu'il ne vînt point travailler avec lui, et parla de lui sans aucun ménagement. Cette conduite fit croire que M. de Fulvy étoit perdu; cependant elle étoit trop sage pour n'avoir pas un meilleur succès. Il n'y a eu aucun changement que quelques retranchements, comme je l'ai dit, dans la maison de M. et de Mme de Fulvy. On a vérifié la fausseté de presque tous ces différents sujets d'accusation, et toutes choses sont demeurées dans le même état.

Il y aura sermon demain mercredi de la Passion; il

n'y aura que celui-là dans la semaine, le prédicateur ayant demandé un jour de repos.

Du dimanche 22, *Paris.* — Il y a déjà cinq ou six jours que Mme de Dreux mourut ici d'un cancer ; elle étoit depuis environ un an entre les mains du médecin suisse ou des urines, qui ne lui avoit jamais promis de la guérir, mais qui avoit soulagé ses douleurs. Elle étoit fille de M. Chamillart, mariée avant la faveur de ce ministre. M. de Dreux est grand maître des cérémonies.

Mme de Bonnac mourut il y a trois ou quatre jours ; elle étoit fille de M. le maréchal de Biron. J'ai mis ci-dessus la mort de son mari.

Il y a quelques jours aussi que mourut Mme d'Hérouville, sœur d'un vieux M. le comte de Béthune.

Hier, fut jugée en dernier ressort l'affaire de M. de Courbon, qui est toujours à Turin ; il fut condamné à avoir la tête tranchée. La gouvernante de Mlle de Moras n'a été considérée que comme femme de chambre, et par cette raison n'a été condamnée qu'à la fleur de lis et au bannissement. Le curé et son père ont aussi été condamnés au bannissement. La couturière qui recevoit les lettres de M. de Courbon a été pleinement justifiée, et il lui a été adjugé des dommages et intérêts. Malgré la peine de mort contre M. de Courbon, ce jugement est regardé comme favorable aux accusés.

Mardi 17 de ce mois, le Roi soupa dans ses cabinets et fut après souper jouer à cavagnole chez Mademoiselle, qui n'avoit point été à Versailles de tout le carême et y étoit revenue depuis deux ou trois jours. Il n'y avoit de dames que Mme de Mailly, qui y jouoit aussi, Mme la maréchale d'Estrées et madame d'Auxy, qui ne jouèrent point. C'est la première fois que le Roi soit sorti après souper depuis le commencement du carême.

Le mercredi 18, je suis venu ici m'établir pour quelque temps pour attendre l'accouchement de ma belle-fille ; mais j'ai prié quelqu'un de fort instruit, qui demeure toujours à Versailles, de me mander certains détails que je ne pourrois savoir d'ici. Voici ce que l'on me mande :

Le Roi ne sortit point mercredi après souper. Le jeudi 19, S. M. fut encore chez Mademoiselle, et continue d'aller tous les jours chez la Reine, dans la journée seulement. Voici le bulletin qu'on m'a envoyé ; il est du 21 mars.

M. le Cardinal est revenu ce matin, avec tous les ministres, et est allé à onze heures et demie attendre chez le Roi son retour de la messe. M. de la Mina y est venu un moment après avec les deux colliers de l'ordre de la Toison destinés au Roi et à Mgr le Dauphin, qui s'est trouvé aussi dans le cabinet du conseil. D'abord que le Roi y fut arrivé et que M. le Cardinal lui eut parlé un moment, M. de la Mina lui présenta son collier dans son étui, que le Roi fit prendre à M. de la Rochefoucauld, qui le remit tout de suite aux officiers de la garde-robe. M. de la Mina lui a ensuite remis la petite Toison, que le Roi a donnée à M. de la Rochefoucauld qui l'a mise tout de suite au col de S. M. M. l'ambassadeur a fait un assez long compliment au Roi, en espagnol ; il a remis ensuite le collier à Mgr le Dauphin, qu'on a fait prendre à M. Binet, et le Roi a pris des mains de ce prince la petite Toison que l'ambassadeur lui avoit aussi remise et lui a ensuite passée au col lui-même. Il n'y a pas eu plus de cérémonie. On a fait passer tout le monde, et les gens du Roi sont entrés et ont demandé jour pour les remontrances, où je crois qu'il est question de l'arrêt du conseil sur l'affaire de l'Université.

Du mardi 24, Paris. — Le Roi fut vendredi dernier à la chasse du vol. S. M. fut dans une calèche neuve avec M. le duc d'Ayen et M. le Premier ; c'étoit le Roi qui menoit.

Dimanche, le Roi dit à M. le grand prévôt qu'il ne toucheroit point les malades, ces fêtes, suivant l'usage, et qu'il ne fît point avertir. Voilà ce qu'on m'avoit dit d'abord; et j'ai su depuis que ce fut le jeudi de la Passion que M. le grand prévôt prit l'ordre du Roi. M. le Cardinal étoit à Issy, d'où il ne retourna à Versailles que le samedi, comme je l'ai marqué. Ce même samedi, S. Ém. étant allée chez le Roi pour le travail, trouva dans l'antichambre à œil de bœuf, ou dans la chambre même du Roi, le grand prévôt; il lui demanda (point à l'oreille) s'il avoit pris l'ordre du Roi pour faire avertir les malades; M. le grand prévôt, qui est assez dans l'habitude de parler d'une voix haute, lui répondit qu'assurément il avoit pris l'ordre du Roi, mais que le Roi lui avoit répondu un *non* fort sec, et que c'étoit une chose bien triste et bien fâcheuse (1). Après cette complainte un peu trop éclatante, M. le Cardinal prit M. le grand prévôt en particulier, dans une fenêtre, et eut quelque moment de conversation avec lui.

On m'a ajouté qu'avant-hier, qui étoit le mercredi saint, le P. de Linières avoit été assez longtemps chez M. le Cardinal et en étoit sorti ayant, à ce que l'on prétend, le visage rouge et échauffé.

On parle présentement beaucoup à Versailles sur M. le contrôleur général. Le retranchement de la maison de M. et de Mme de Fulvy, le parti qu'elle a pris de ne point jouer, ont donné occasion de croire que la perte prodigieuse dont on a parlé étoit vraie. On avoit ajouté tant de circonstances en répandant ce bruit, qu'on ne pouvoit presque croire qu'il n'eût quelque fondement. On disoit que M. de Fulvy avoit commencé par perdre considérablement au biribi, qu'il avoit demandé à jouer au pharaon, où il avoit perdu encore davantage, enfin qu'il avoit proposé de mettre 100 louis sur une carte; que le banquier ayant demandé permission de sortir un moment, comme pour un besoin, avoit écrit un mot à M. Houel, qu'il lui avoit envoyé en diligence, qu'il lui

---

(1) Voy. les réflexions de Barbier sur cette affaire, t. III, p. 167.

avoit marqué à quoi en étoit la perte actuelle, sans nommer personne, mais en désignant M. de Fulvy, et demandant quelle étoit la volonté de M. Houel, et que M. Houel avoit répondu sur-le-champ : « Tenez tout si l'on n'augmente point, et si l'on augmente quittez sur-le-champ. » Que sur cela, 100 louis à 100 louis, M. de Fulvy avoit perdu jusqu'à 20,000 louis (1), qu'il avoit demandé à mettre 1,000 louis sur une carte, que le banquier les avoit tenus, mais qu'ayant fait semblant de s'endormir, ayant les cartes à la main, il en avoit laissé tomber quelqu'unes, et comme c'est la règle en pareil cas que le banquier paye tout ce qui est sur les cartes, qu'il n'avoit fait nulle difficulté de diminuer les 1,000 louis, mais qu'il avoit quitté sur-le-champ comme n'étant pas en état de jouer. On prétend que la plupart des banques de biribi et de pharaon sont à M. Houel, ou qu'au moins il y est fort intéressé. On nomme même ici le banquier C'est un nom, à ce qu'il me semble, à peu près comme Malozan. On dit que lorsqu'il écrivit le petit billet à M. Houel, M. de Fulvy étoit engagé de 22,000 louis ; que la réponse de M. Houel fut que si l'on n'augmentoit point, on pouvoit laisser racquitter jusqu'à 16 ou 17,000 louis, mais de quitter sur-le-champ si l'on augmentoit ; que M. de Fulvy mit effectivement 1,000 louis sur une carte et la gagna ; qu'il en fit la paix, et que ce fut alors que le banquier fit semblant de se trouver mal, ce qui réduisit la perte à 20,000 louis. On dit présentement à Versailles que cette aventure fait un grand tort à M. le contrôleur général, qui auroit dû, à ce qu'on prétend, sacrifier entièrement son frère en cette occasion pour le bien de l'un et de l'autre. On prétend même que cela peut aller jusqu'à un changement, et l'on nomme ici quatre personnes dans lesquelles on croit que seroit choisi son successeur : M. Amelot, M. d'Argenson, M. Tru-

---

(1) 480,000 livres.

daine ou M. Turgot. Celui-ci a un grand crédit dans Paris ; il y est extrêmement considéré. Mardi ou mercredi matin, on disoit dans la ville de Versailles que M. d'Argenson étoit contrôleur général.

M. le curé de Saint-Sulpice (1) me disoit hier que son église avoit été commencée il y a environ quatre-vingts ans ; on ne fit alors que le chœur. Des procès et des difficultés survenues arrêtèrent la suite de ce bâtiment. En 1719, au mois de novembre, M. le duc d'Orléans posa la première pierre du bâtiment nouveau, qui fut commencé avec 100 écus que l'on avoit promis à M. le curé. Actuellement ce bâtiment nouveau a coûté 5,500,000 livres, dont il n'est rien dû, et il y a encore cinq cents ouvriers qui y travaillent.

Du jeudi 26, *Paris.* — Lundi dernier 23 de ce mois, la Reine fit ses pâques comme à l'ordinaire. Il n'y avoit de princesse que Mlle de Clermont ; aussi n'y eut-il qu'elle qui tint la nappe de communion, et un prêtre de l'autre côté. Cependant Mme de Mazarin y étoit et plusieurs autres dames titrées. C'est un usage nouveau que les princesses ont introduit pour tâcher de détruire l'ancien droit des ducs, de tous les temps, lesquels avoient l'honneur de tenir la nappe de communion au Roi, et leurs femmes à la Reine ; non point à titre de charge, mais d'ancienneté de duché ; de sorte que la dame d'honneur, se trouvant femme d'un duc moins ancien, ne doit point tenir la nappe de préférence à une plus ancienne qu'elle ; et quoiqu'il y eût un prince et une princesse, un duc et une duchesse tenoient l'autre bout de la nappe.

Le dimanche des Rameaux, le Roi et la Reine entendirent la messe en bas, suivant l'usage. Il n'y avoit point de princesses à la suite de la Reine, et Mme de Mazarin y étoit. Lorsqu'il y a des princesses dans les jours de grande solennité, comme celui-là, c'est à la plus ancienne que

---

(1) Languet de Gergy.

le clerc de chapelle vient remettre l'offrande pour la présenter à la Reine. On demanda donc au Roi à qui il falloit remettre l'offrande, et S. M. dit qu'il falloit que ce fût à Mme de Mazarin (Mme de Luynes étoit à Paris).

Ma belle-fille accoucha, le lundi 23, d'une fille, qui fut baptisée le jour même à Saint-Sulpice, tenue par Mme d'Egmont et moi, et nommée Charlotte-Henriette. La Reine avoit paru douter qu'il fût d'usage qu'elle envoyât un page aux accouchements; cependant S. M. fit cet honneur-là hier à Mme de Chevreuse et envoya un page savoir de ses nouvelles. J'ai déjà marqué ci-dessus que la Reine autrefois faisoit l'honneur aux dames titrées de les aller voir en couches, lorsqu'elles accouchoient dans le lieu où étoit la cour. C'est un fait que je sais par tradition, par feue Mme de Chevreuse, ma grand-mère. J'en ai parlé ci-devant encore dans un plus grand détail.

Du vendredi 27, *Paris*. — Il ne s'est rien passé de remarquable jeudi à la cène du Roi et de la Reine. A celle de la Reine, c'étoit le même prédicateur de l'année passée. Mesdames y étoient toutes trois portant des plats; ensuite Mlle de Clermont et après elle Mmes les duchesses de Rochechouart, d'Antin et de Fleury. Après elles, Mme de Mailly, Mmes ses sœurs, et autres dames non titrées. Mme de Chalais n'y étoit point, ni Mme de Montauban; pour celle-ci elle convient elle-même qu'elle évite de se trouver à ces cérémonies, par prétention de rang.

Il ne paroît pas qu'il y ait rien de changé à la conduite de M. le contrôleur général; il avoit encore beaucoup de monde hier à dîner chez lui; il joua même à quadrille après dîner avec Mme de Fulvy.

Du lundi 30, *Paris*. — J'avois oublié de marquer la mort de M. Brillon, curé de Saint-Roch, le 25 de ce mois; il étoit fort estimé et avoit été longtemps curé de Sainte-Opportune.

AVRIL.

M. le Cardinal remet le portrait de don Philippe à Madame. — Mort du duc de Médina-Céli, du duc d'Albe, du vicomte de Polignac et de M. de Castelmoron. — Bénéfices donnés. — Appointements de divers ambassadeurs dans les cours étrangères. — Missel de l'évêque de Troyes et querelles qu'il suscite. — Le Roi soupe en secret dans ses cabinets. — Songes de M. de Belzunce et de Mmes d'Hautefort-Duras, de Simiane et de Montmartel. — Souper du Roi. — Le P. Bonjean exilé à la Flèche à cause de son livre sur l'âme des bêtes. — Observation au sujet d'un Ordre étranger porté par un officier suisse au service du Roi. — Dames nommées pour faire le voyage avec Madame Infante et dépenses du voyage. — Remontrances du Parlement. — Mort du duc de Tresmes. — Le Roi soupe avec des dames dans ses cabinets. — La Reine soupe avec deux de ses dames. — Le cardinal d'Auvergne veut vendre sa charge de premier aumônier à l'abbé de Berwick; difficultés. — Le musicien Mondonville. — Lettre du cardinal de Fleury aux religieuses du Calvaire. — La Reine est saignée; le Roi la visite. — Plaisanterie sur la publication de la paix toujours ajournée.

Du mercredi 1er, Paris. — Mesdames devoient faire leur première communion samedi dernier, et le même jour on disoit qu'elles devoient dîner au grand couvert avec le Roi et la Reine. M. le cardinal de Rohan étant incommodé, la première communion a été remise et ne se fit qu'hier; mais Mesdames ne dînèrent point au grand couvert, le Roi ne croyant pas que cela fût d'usage.

M. de la Mina fait faire des carrosses pour la cérémonie de la demande de Madame, qu'il fera en qualité d'ambassadeur extraordinaire, quelques jours avant que Madame ait douze ans. On compte que le mariage se fera deux ou trois jours après. Le prince de Masseran doit, à ce que l'on dit, venir ici pour apporter les présents.

On parle de nommer deux dames qui iront avec Mme de Tallard à la suite de Madame pour le voyage; on ne sait pas encore qui elles seront. On avoit même dit qu'il y en auroit quatre qui resteroient auprès de Mme Henriette, qui sera Madame après le départ de sa sœur; et l'on nommoit Mmes de l'Hôpital, de Talleyrand, de la Vauguyon et d'Andelot. On est toujours persuadé que ce sera M. de Tallard qui ira pour la signature, et, en cas qu'il tombât malade, apparemment que Mme de Tallard aura un pouvoir pour signer, comme Mme de Duras m'a dit en avoir eu un à la conduite de Mlle de Beaujolois, en cas que quelque incommodité empêchât M. de Duras de s'acquitter de cette commission dont il étoit chargé.

M. le Dauphin fut avant-hier en bas pour la première fois au sermon avec le Roi ; son carreau étoit sur le drap de pied comme de raison ; il fut aussi au salut en haut sur le drap de pied.

Le Roi, ne sort point de Versailles cette semaine ; il y aura, à ce que l'on dit, un voyage de la Meutte la semaine prochaine.

On prétend que le P. de Linières a dit que s'il n'avoit pas fait du bien, au moins il n'avoit pas fait de mal.

Du lundi 6, Versailles. — Les bruits qui ont couru sur M. le contrôleur général, à l'occasion de ce qui a été dit ci-dessus de M. de Fulvy, paroissent n'avoir aucune suite, et M. le Cardinal le traite toujours fort bien.

Rien ne paroît encore décidé par rapport au voyage de Madame, ni pour les dames qui auront l'honneur de la suivre, ni même pour M. de Tallard ; au moins on ne le sait point encore sûrement.

Ce fut à la fin de la semaine sainte que M. de la Mina apporta à M. le Cardinal le portrait de don Philippe, qu'il venoit de recevoir ; mais M. le Cardinal ne le porta que lundi dernier chez Madame. Ce fut Barjac, valet de chambre de S. Ém., qui fut chargé de ce portrait ; et lorsque Madame l'eut reçu des mains de M. le Cardinal, elle fit présent d'une tabatière d'or à Barjac (1).

---

(1) « C'était un valet de chambre du cardinal de Fleury ; sa faveur auprès du premier ministre en avait fait un des plus importants personnages de l'État ; les ambassadeurs s'adressaient à lui pour s'insinuer dans l'esprit du maître. Malgré tant de raisons pour faire l'insolent, Barjac ne l'était pas ; il

J'ai marqué ci-dessus que la Reine avoit fait l'honneur à ma belle-fille d'envoyer savoir de ses nouvelles ; le Roi lui a fait aussi l'honneur d'y envoyer un gentilhomme ordinaire. Cet usage d'envoyer chez les femmes titrées en couches avoit été interrompu depuis environ trois ans.

On apprit il y a quelques jours la mort de deux grands d'Espagne ; l'un est le duc de Médina-Céli, et l'autre le duc d'Albe. Le nom de Médina vient de la langue moresque et signifie ville. Les Médina-Céli ne le sont que par femmes ; leur nom est Riego. Celui-ci avoit été ambassadeur à Rome et y avoit tenu un grand état. Il avoit 7 ou 800,000 livres de rente, mais il devoit, à ce que l'on dit, sept ou huit millions.

Le duc d'Albe étoit parent de celui que nous avons vu ici ambassadeur.

La paix doit être publiée de demain en huit à Paris ; cette publication se fera avec une cavalcade, à l'ordinaire. M. le prévôt de Paris (1) avoit grand désir de s'y trouver. J'entendis hier M. Hérault dire à M. le Cardinal que si ce projet s'étoit exécuté, lui M. Hérault ne se seroit point trouvé à cette cérémonie, mais que M. d'Esclimont ayant feuilleté les registres n'avoit pu trouver d'exemple, et qu'il étoit déterminé à n'y point aller. Cela est fondé sur ce que la publication de la paix est une cérémonie qui appartient naturellement à la Ville. Il est vrai que le Châtelet s'y trouve, et M. le prévôt de Paris a droit de présider au Châtelet ; mais comme il n'a aucun droit par rapport à la Ville et que c'est en quelque manière le Châtelet dans ces occasions qui s'incorpore à la ville, la présence de M. le prévôt de Paris souffriroit beaucoup de difficultés.

---

traitait avec assez d'honnêteté ceux qui avaient à lui parler. » *Mélanges* de Bois-Jourdain, t. II, 112. (3 vol. in-8°, 1807.)

(1) M. de Bullion, chevalier, comte d'Esclimont.

Voilà comme je l'ai entendu expliquer à M. Hérault.

Samedi, 4 de ce mois, mourut à Paris M. le vicomte de Polignac, frère du cardinal et beau-frère de Mme de Mazarin ; il étoit ancien lieutenant général et avoit au moins quatre-vingts ans ; il étoit l'aîné de deux ou trois ans de M. son frère. La veille, M. de Castelmoron mourut aussi ; il étoit lieutenant général et avoit été capitaine de gendarmerie ; il est mort d'une colique qui lui prit en soupant, et qui parut se calmer pendant quelques heures ; mais elle le réveilla à quatre heures et il mourut quelques moments après. Il y a déjà quelques années que M. de Belzunce, son fils, a eu sa compagnie.

Le 1er de ce mois, le Roi soupa dans ses cabinets avec des hommes seulement et ne sortit point. Le lendemain, il y soupa encore, et fut après souper chez Mlle de Clermont jouer à cavagnole ; il n'y avoit de femmes que Mademoiselle, Mlle de Clermont et Mme de Mailly. S. M. n'a point soupé avec des dames depuis le commencement du carême. Il devoit aller à la Meutte demain pour trois ou quatre jours, et M. le Cardinal à Issy jusqu'à dimanche. Cet arrangement est changé. Le Roi dit hier au grand couvert qu'il n'iroit point à la Meutte cette semaine. On n'en sait pas positivement la raison. Le Roi est un peu enrhumé ; mais il doit cependant courre le cerf demain. Comme une chasse est plus aisée à déranger qu'un voyage de trois ou quatre jours, il est vraisemblable que c'est la raison qui a déterminé le Roi. Hier à sept heures du soir, M. le Cardinal ne savoit pas encore ce qu'il feroit. S. Ém. dit qu'il se détermineroit après le travail du Roi, et il s'est déterminé à rester. Le voyage de la Meutte est remis à la semaine prochaine.

Madame est, à ce que l'on dit, fort consolée présentement sur son départ, et en attend même le moment avec impatience.

Voici l'extrait d'une lettre que je reçus à Paris vendredi, la veille que je suis revenu ici :

« J'ai l'honneur de vous envoyer, Monsieur, la liste des bénéfices donnés hier et que je n'ai sue qu'après avoir eu celui de vous écrire.

Le 31 mars 1739.

L'abbaye de Cercamp à M. l'abbé de Canillac.
Celle de Valloire à M. l'évêque de Boulogne (1).
Celle de Saint-Euvert à M. l'abbé Gouffier, chanoine de N.-D.
Celle d'Ardennes à M. l'abbé de Saint-Vallier.
Celle de Lieu-Restauré à M. l'abbé de Moy, et celle de Pérignac à M. l'abbé de Mesplez.

Il paroît un mandement de M. l'évêque de Troyes qui révoque les précédents et remet tout en bon ordre dans son diocèse; on en est ici très-content. J'ai l'honneur d'être, etc.

Les affaires d'Angleterre sont toujours dans un grand mouvement, et la nation fort irritée contre Walpole; on voit continuellement des mémoires sanglants contre ce ministre; mais c'est l'usage des Anglois que d'écrire fort librement, et cela ne prouve rien.

Il est décidé depuis quelques jours que M. de Vaulgrenant n'ira plus en Russie. M. le Cardinal n'a pas voulu lui accorder la somme qu'il a cru devoir demander pour ses appointements et la dépense du voyage.

M. de la Chétardie, ministre du Roi à Berlin, qui est ici depuis huit ou dix mois, paroît faire sa cour fort assidûment. On m'a dit qu'on lui avoit proposé d'aller en Russie. Il pourroit être flatté d'avoir le titre d'ambassadeur; cependant il dit jusqu'à présent n'avoir entendu parler de rien.

Les appointements ordinaires de ceux qui sont chargés des affaires du Roi dans les cours étrangères sont différents. Nos ambassadeurs à Madrid et à Vienne ont 20,000 écus; celui de Rome a 24,000 écus. Dans ces ambassades, ainsi que dans toutes les autres, la perte que souffre l'argent par le change est sur le compte du Roi. Notre ambassadeur en Angleterre a 16,000 écus, et

---

(1) Jean-Marie Henriau.

outre cela 4,000 écus pour sa chapelle. Tous nos autres ministres dans les cours étrangères ont 12,000 écus, soit auprès des Républiques, soit auprès des autres souverains, et ceux qui sont chez les protestants ont, outre les 12,000 écus, 12,000 francs pour une chapelle.

M. le cardinal de Fleury disoit hier avoir entendu dire à M. l'abbé Renaudot, qui a fait pendant longtemps la Gazette de France, que cet ouvrage lui avoit valu pendant vingt ans 12,000 livres de rente, toutes les années; présentement elle vaut beaucoup moins.

Du mercredi 8, Versailles. — J'ai parlé ci-dessus du mandement de M. l'évêque de Troyes (1). Ce mandement est la suite d'un ouvrage que M. le cardinal de Rohan avoit fait par rapport à un nouveau missel composé par M. l'évêque de Troyes. On avoit remarqué plusieurs articles dans ce missel qui pouvoient justement faire soupçonner de l'erreur dans la doctrine, comme, par exemple, de mettre une note avant le canon de la messe avec ces mots : *submissiori voce*, au lieu de ce qui est en usage dans l'Église, *submissa voce*. Cet article avec plusieurs autres, au nombre de trente-quatre, avoient été traités d'une manière savante et détaillée par M. le cardinal de Rohan, et M. le chancelier avoit été chargé de savoir quelles avoient été les dispositions de M. l'évêque de Troyes sur ces changements. C'est à cette occasion que M. de Troyes a donné un mandement par lequel il déclare n'avoir jamais eu d'autres sentiments que ceux de l'Église ; et il explique clairement qu'il n'a pas prétendu que le *submissiori voce* signifiât autre chose que ce que l'Église entend par le *submissa voce;* qu'il avoit cru que l'expression dont il s'étoit servi pouvoit empêcher l'inconvénient dans lequel tombent quelques prêtres de ne point prononcer les paroles du canon. Il se justifie de

---

(1) Jacques-Bénigne Bossuet, neveu du célèbre évêque de Meaux.

même sur tous les autres articles, protestant qu'il n'a et ne veut avoir d'autres sentiments que ceux de l'Église. Il paroît qu'on est extrêmement content de ce mandement.

M. le Dauphin a été un peu incommodé ces jours derniers. M. l'évêque de Mirepoix me disoit hier que, lui faisant lire la vie de saint Louis et s'étant trouvé à l'endroit où saint Louis prend la croix pour aller dans la terre sainte, M. le Dauphin lui avoit fait tout d'un coup une question qui mérite d'être rapportée. Il lui avoit demandé avec vivacité : « Mais saint Louis faisoit-il bien d'abandonner son royaume pour aller contre les infidèles ? »

Le Roi ne fut point à la chasse hier et n'y a point été aujourd'hui à cause de son rhume. Il prit du bouillon hier dans ses cabinets, et un peu après neuf heures il descendit chez Mme la comtesse de Toulouse. On envoya querir Mademoiselle, Mme d'Antin et Mme de Mailly, avec lesquelles le Roi soupa. Le secret a été si bien observé sur ce petit souper particulier que les huissiers mêmes n'en savoient rien. S. M. a été tous les jours à neuf heures chez la Reine, et dans la journée chez M. le Dauphin.

On a parlé beaucoup ici du songe de M. de Belzunce. Il étoit ici à Versailles la veille de la mort de son père ; il devoit partir le lendemain pour aller coucher à Paris et chasser le jour d'après. Il rêve que M. de Castelmoron est tombé en apoplexie, et se réveille effrayé ; il monte dans sa chaise avec grande impatience d'arriver, descend chez son père et demande avec empressement de ses nouvelles ; il ne fut pas même entièrement rassuré, quoique le voyant et se portant bien alors. Il va souper dehors et revient à minuit ; il apprend que son père est rentré avec de la colique ; son premier mouvement est de dire : « Mon père est mort. » Il vouloit l'empêcher de se coucher ; pour lui, il ne voulut jamais se mettre dans son lit. Effectivement, ce fut deux ou trois heures après que la douleur de la colique le réveillant, il voulut se lever et mourut, comme je l'ai déjà marqué ci-dessus. Ce rêve (qui cependant ne doit pas être regardé comme un véritable rêve, puisque M. de Belzunce étant éveillé crut toujours voir son père en apoplexie) a donné occasion à se souvenir de plusieurs autres, comme de celui de Mme d'Hautefort-Duras, qui plusieurs jours avant que de tomber malade, ignorant que son mari dût aller à la chasse le lendemain, rêve qu'un des chiens de son équipage est malade et n'a pu aller à la chasse. Ensuite elle songe que la mort se jette sur elle et qu'elle ne peut pas s'en débarrasser. A son réveil elle demande si la chienne est effectivement allée à la chasse, et sur ce qu'on lui dit qu'elle n'y étoit pas, elle jugea la seconde partie de son rêve aussi véritable que la première, et cette idée ne la quitta point jusqu'à la mort. De même, Mme de Simiane, petite-fille de Mme de Grignan, étant prête d'accoucher, rêve qu'elle est à côté d'une église et à côté d'un homme qui creusoit la terre et qui faisoit deux trous, dont l'un fort petit; elle lui demande en dormant pour qui est ce petit trou; cet homme lui répond que c'est pour son enfant. Le lendemain, étant allée entendre la messe dans cette même église, elle voit auprès d'elle un homme qu'elle reconnoît pour être le même qu'elle avoit vu en songe; elle paroît effrayée. Ses gens, qui ignoroient le songe, lui disent que cet homme est connu dans la paroisse, que c'est le fossoyeur; elle tombe évanouie, on la rapporte chez elle, elle accouche, elle meurt et son enfant.

M. de Meuse me disoit hier que plusieurs jours avant que Mme de Montmartel tombât malade, elle lui avoit dit comme chose à quoi elle ne faisoit nulle attention, qu'elle avoit songé qu'elle voyoit son père (qui étoit mort depuis longtemps); qu'il y avoit un tombeau entre elle et lui, et sur le tombeau une montre dont le cadran étoit en dessous; que son père avoit pris cette montre, lui avoit montré l'heure qu'il étoit et l'avoit remise à sa place. M. de

Meuse m'ajouta que c'étoit à peu près à cette même heure qu'elle étoit morte plusieurs jours après. On pourroit citer encore plusieurs autres rêves qui ont été remarqués par les événements dont ils ont été suivis ; mais pour quelques-uns qui s'y trouvent conformes, il y en a une si prodigieuse quantité d'autres qui n'y ont nul rapport, que l'on peut avec raison en conclure que les rêves ne méritent nulle attention de notre part ; que lorsqu'ils nous rappellent aux devoirs de la religion, ils ne font que ce que nous devrions faire de nous-même.

Il y a quelques jours que Madame écrivit au roi et à la reine d'Espagne. Ses lettres commencent ainsi : « Monsieur mon frère et mon oncle, — Madame ma sœur et ma tante. » C'est l'usage des filles de France. Dans les lettres, il y a les termes de : Votre Majesté.

Du jeudi 9, Versailles. — J'appris hier encore un peu plus de détail sur le souper du Roi chez Mme la comtesse de Toulouse. S. M. y fit descendre son souper, qui étoit peu considérable ; il n'y avoit personne que les deux dames que j'ai marquées avec les deux princesses. Après le souper, le Roi joua à un cavagnole à six tableaux entre Mme d'Antin et Mme de Mailly, aux petits écus seulement, et se coucha à une heure (1).

---

(1) Mme d'Antin m'a dit qu'elle avoit joué l'après-dînée de ce jour-là jusques à neuf heures tête à tête avec Mme de Mailly, et qu'elle y avoit perdu beaucoup ; que Mme de Mailly lui avoit dit qu'elles rejoueroient après souper et qu'elle lui donneroit sa revanche. Le Roi descendit sur les neuf heures et demie ou dix heures chez Mme la comtesse de Toulouse, où il fit descendre du pain et du bouillon ; c'étoit là son souper. Il parla à Mme d'Antin de la perte qu'elle avoit faite et de ce qu'elle devoit rejouer après souper. Mme d'Antin fut étonnée de ce que le Roi savoit si promptement cette nouvelle. Mme de Mailly demanda aussi au Roi qui l'avoit si bien instruit, et le Roi ne voulut point le dire. Ce fut le Roi qui pressa ces dames de rejouer après le souper ; puis il leur dit qu'il seroit bien aise de jouer aussi ; il prit deux tableaux, et joua environ une demi-heure ; il n'avoit même point d'argent sur lui ; ce fut le marquis d'Antin qui lui en prêta, car il étoit aussi à ce souper. Mme de Mailly devoit faire venir Mlle de Nesle, sa sœur, chez Mme la comtesse de Toulouse ; le Roi voulut qu'on la fît avertir après souper et la fit asseoir. (*Note du duc de Luynes.*)

On dit actuellement que ce seront Mmes les duchesses d'Antin et de Rochechouart qui iront avec Madame sur les frontières d'Espagne.

Il y a déjà quelque temps qu'il paroît un petit livre intitulé : *Conversation philosophique sur l'âme des bêtes;* quoique le nom de l'auteur ne soit pas mis à la tête de ce livre, on a su cependant qu'il étoit du P. Bonjean, Jésuite, et lui-même n'a point nié cet ouvrage. Ce Père, qui est homme d'esprit et de conversation agréable, s'est trop livré à son imagination dans cet ouvrage et a beaucoup trop donné lieu à des raisonnements qui ne peuvent être regardés que comme un badinage. Il a fait plus encore, car il les a appuyés d'autorités tirées de l'Écriture, ce qui rend cette imagination encore plus dangereuse; c'est ce qui a déterminé les Jésuites à envoyer le P. Bonjean en exil à la Flèche.

J'ai toujours oublié de parler de ce qui regarde l'Université; il y a près de deux mois que M. l'abbé de Ventadour, petit-fils de M. le prince de Rohan, a été élu recteur, et l'on continue à espérer beaucoup de la révocation de l'appel.

Du samedi 11, *Versailles.* — Nous vîmes ici ces jours derniers un officier du régiment grison de Traverse au service de France, qui a l'ordre de Brandebourg, par permission du Roi. On est peu accoutumé à voir des militaires au service de France porter des ordres étrangers.

Il paroît absolument décidé que ce sont Mmes d'Antin et de Rochechouart qui font le voyage avec Madame. Le Roi leur fait donner à chacune 15,000 francs pour les frais de ce voyage. Mme d'Antin aura un brevet pour commander la maison en cas de maladie de Mme la duchesse de Tallard. Tout cet arrangement est certain, mais il n'est pas encore déclaré; on ne dit pas même encore s'il y aura une sous-gouvernante. C'est Mme la marquise de Lède qui est nommée camarera mayor de Madame, qu'on appellera Madame Infante.

Du dimanche 12, *Versailles.* — La publication de la paix, qui devoit être mardi prochain, 14 de ce mois, ou tout au plus tard mercredi, parce qu'il faut, à ce qu'on dit, que ce soit un jour de marché, a été retardée on dit de huit jours; mais cela dépend d'un courrier qu'on attend d'Espagne. Il faut qu'il y ait encore quelques difficultés de ce côté-là, M. de la Mina n'ayant pas encore signé.

Du 14, *Versailles.* — Ce qui paroît singulier sur la déclaration du choix des deux dames dont il est parlé plus haut, c'est que Mme de Rochechouart reçoit les compliments et que Mme d'Antin ne les reçoit pas. Il y a cependant grande apparence que l'une est aussi sûre que l'autre ; peut-être y a-t-il encore quelque chose à régler pour Mme d'Antin M. de la Mina, à qui j'en ai parlé aujourd'hui, fait entendre que c'est cette raison. Ce qui est certain, c'est que Mme d'Antin n'en convient qu'avec ses amis seulement. La Reine a paru mécontente de ce qui s'est passé dans cette occasion, de ce qu'elle a appris le choix de ces deux dames par le public, sans que Mme de Tallard et Mme d'Antin lui en aient rendu compte auparavant. Cependant la peine qu'elle a eue contre Mme d'Antin n'a pas duré longtemps. Mme de Tallard dit pour sa justification que lorsqu'on lui fait l'honneur de lui confier les arrangements que le Roi désire de faire, elle n'a pas la liberté d'en parler, et que d'ailleurs ce choix ne fait point partie de ce qui regarde Madame, sans quoi elle auroit regardé comme son devoir d'en rendre compte à la Reine.

J'ai parlé hier à M. le contrôleur général de la dépense du voyage; il me dit qu'il comptoit que cette dépense, en y comprenant la dot de Madame, iroit au moins à deux millions. Il paroît par ce que m'a dit l'ambassadeur d'Espagne qu'on n'est pas encore convenu entièrement de la dot.

Il y a deux ou trois jours que Mme d'Antin alla chez M. le Cardinal; il vint à elle avec un air d'amitié, et lui dit : « Hé bien! cela est-il donc fait? » Mme d'Antin, fort étonnée de la question, lui répondit qu'elle étoit toujours prête à recevoir et à exécuter les ordres du Roi et qu'elle venoit les demander à S. Ém. Le fait est constant ; Mme d'Antin le dit le lendemain ou le surlendemain à Mme de Luynes.

Ce qui peut éclaircir ce fait, et que Mme d'Antin m'a dit depuis, sur la première proposition qui lui fut faite du voyage, elle demanda quelques jours de réflexion, et le temps d'en parler à M. d'Antin, qui étoit à la campagne. Après son retour, l'affaire fut encore indécise quelques jours, parce qu'on n'avoit point encore dit si le Roi donneroit une gratification pour ce voyage. Cependant il y avoit trois ou quatre jours que Mme la comtesse de Toulouse avoit, dit-on, mandé à M. le Cardinal que Mme d'Antin étoit prête à exécuter les ordres du Roi.

Avant-hier, le Parlement vint faire ici des remontrances; c'est toujours au sujet des trois affaires dont j'ai parlé ci-dessus : l'une par rapport à la bulle de la canonisation de saint Vincent, la seconde sur l'affaire des religieuses du Calvaire, et la troisième au sujet de l'Université. M. le premier président présenta les remontrances, qui étoient par écrit.

Le même jour M. le duc de Tresmes mourut à Saint-Ouen, âgé de quatre-vingt-quatre ans. Il y avoit quinze jours que, se trouvant un peu mieux, il s'étoit fait porter dans cette maison de campagne, qu'il aimoit fort. Il ne reste plus que quatre frères des six que j'ai marqués plus haut, la religieuse, nommée Mme de Gandelus, étant morte il n'y a pas longtemps.

Avant-hier, Mme la duchesse de Boufflers présenta ici au Roi et à la Reine Mme de Dromesnil; elle s'appelle la Chenardière; elle est d'une famille de robe de Bretagne; son mari est dans la gendarmerie, et est neveu de M. l'évêque de Verdun.

Hier, le Roi, après la chasse, soupa dans ses cabinets

avec des dames pour la première fois depuis les jours gras. L'arrangement du souper étoit fait dès la veille, car je vis Mme de Mailly, le matin, qui me dit qu'elle soupoit dans les cabinets; elles étoient six, Mademoiselle et Mme de Chalais, qui étoient ici, Mlle de Clermont, Mme de Beuvron et Mme la maréchale d'Estrées, qui revinrent toutes trois de Paris. Le Roi étoit encore à table à une heure après minuit.

Du jeudi 16, *Versailles.* — Il y a déjà longtemps que j'aurois dû marquer que l'inspection d'infanterie qu'avoit feu M. de Boissieu a été donnée à M. de Villemur, qui est colonel du régiment de Bassigny depuis 1730, et qui est actuellement en Corse.

On a beaucoup dit ici que Mme de Montauban avoit prié la Reine de demander qu'elle fît le voyage avec Mme de Tallard; il est bien vrai que la Reine en parla à M. le Cardinal, mais Mme de Montauban soutient que c'est à son insu; qu'il est vrai qu'elle avoit parlé à la Reine de ce voyage en conversation, comme d'une chose qui seroit agréable, mais qu'elle n'avoit point prié S. M. de le demander.

Il paroît certain présentement qu'il y aura une sous-gouvernante qui marchera; mais malgré cela, Mme d'Antin aura un brevet pour commander la maison en cas de maladie de Mme de Tallard.

Le Roi partit hier pour la chasse, et delà est allé, sans revenir ici, souper et coucher à la Meutte, où il doit rester jusqu'à vendredi. Mademoiselle alla aussi à Madrid avec Mlle de Clermont, Mme la maréchal d'Estrées, Mme de Mailly, Mme de Talleyrand et Mme de Beuvron.

La publication de la paix est remise à mardi ou mercredi. Il paroît effectivement que le retardement n'est venu que de quelques préparatifs, copies ou autres choses qui n'étoient pas en état.

Il n'est point dit encore qui aura la procuration de don Philippe pour épouser Madame. La reine Marie-Thérèse fut épousée en 1659, à Fontarabie, le 3 juin, par don Louis de Haro (1), ministre et plénipotentiaire d'Espagne, à qui Louis XIV envoya sa procuration.

Du vendredi 17, *Versailles.* — Hier, la Reine, après le salut, alla chez Mesdames, revint chez elle jouer à quadrille avec Mlle de la Roche-sur-Yon et ses dames du palais. Elle se mit à table, à l'heure ordinaire, dans sa chambre. Lorsqu'elle eut commencé à manger du potage, elle se leva, vint dans le grand cabinet qui est avant sa chambre. Mme de Luynes ni Mme de Mazarin n'y étoient ni l'une ni l'autre, et la Reine dit elle-même à l'huissier de faire sortir ceux qui étoient dans ce cabinet; elle ordonna qu'on y passât sa table, elle dit à Mme de Montauban et à Mme de Matignon qu'elle vouloit qu'elles soupassent avec elle, et fit apporter des couverts. M. le chevalier d'Aydie ayant fait faire attention à la Reine que Mlle de la Roche-sur-Yon pourroit peut-être avoir quelque peine si la Reine ne lui faisoit rien dire, S. M. le chargea de l'aller avertir, et Mlle de la Roche-sur-Yon, qui étoit déshabillée, ne put venir parce que la Reine étoit déjà à table. Le souper fut assez gai, et la Reine ne joua point après, et se retira de bonne heure.

Du samedi 18, *Versailles.* Le Roi revint hier au soir de la Meutte. Mercredi et jeudi, il soupa avec les six dames que j'ai marquées ci-dessus. Il courut jeudi le daim dans le bois de Boulogne; les dames y furent, hors Mademoiselle et Mme la maréchale d'Estrées. Il y eut cavagnole ces deux soirées; il y eut aussi un gros jeu de portique (2),

---

(1) Voyez l'*Hist. de Louis XIV*, in-12, t. Ier, année 1659. M. de Brezé dit que ce même fait est marqué sur le registre des cérémonies. (*Note du duc de Luynes.*)

(2) Ce jeu, mentionné pour la première fois par Dangeau le 10 février 1689 comme un jeu nouveau, se composait d'une série de petites arcades formant portique et posées sur une table analogue à celle du billard, mais arrondie aux deux extrémités. Une bille d'ivoire jetée sur le bord de la table en faisait le tour par l'un des portiques et s'arrêtait dans des cases numérotées dont le chiffre ou la couleur décidaient du gain ou de la perte.

où M. de la Trémoille a perdu 1,200 louis; mais le Roi n'y joua point.

Hier, S. M. dîna à la Meutte et arriva ici à six heures; les dames n'étoient point à ce dîner.

Du mardi 21, *Versailles.* — Le Roi fut hier à la chasse. Mme la duchesse de Richelieu, qui est arrivée depuis peu des États de Languedoc, à cause de la maladie de M. le prince de Guise, son père, eut l'honneur de faire la révérence à S. M. Le Roi passa chez la Reine à huit heures et demie, et alla ensuite souper dans ses cabinets avec cinq femmes : Mademoiselle, Mlle de Clermont, Mme de Mailly, Mme de Talleyrand et Mme d'Antin. Il y eut après souper un cavagnole et un piquet.

Du 22. On parle beaucoup ici depuis quelques jours de M. le cardinal d'Auvergne, au sujet de sa charge de premier aumônier. J'ai marqué ci-dessus (1) qu'il avoit eu dessein de la vendre à M. l'abbé de Berwick, nommé à l'évêché de Soissons, et que cette affaire avoit manqué, parce que M. le cardinal d'Auvergne avoit voulu se réserver l'exercice, au moins dans quelque temps de l'année, et que le Roi, regardant cela comme une espèce de survivance, n'avoit pas voulu y consentir. M. l'évêque de Metz (Saint-Simon) s'est présenté pour acheter cette charge; il a commencé par demander l'agrément du Roi, qu'il a obtenu. Il est enfin convenu des conditions, et il y a un traité fait par écrit; voilà ce qui est certain. On dit que M. le cardinal d'Auvergne s'étoit restreint à huit ou quinze jours d'exercice dans l'année, et que le Roi avoit agréé cette condition; qu'outre le prix convenu pour la charge, qui est apparemment 100,000 écus au moins, M. de Metz étoit convenu de donner 1,000 louis de plus par rapport au désistement de l'exercice journalier dont M. le cardinal d'Auvergne s'étoit relâché. On ajoute que M. de Metz,

---

(1) Voy. l'article du 6 décembre 1738.

ayant été trouver M. le cardinal d'Auvergne, et tout étant convenu, M. d'Auvergne lui dit qu'il y avoit encore une condition; c'est qu'il avoit un engagement avec M. l'abbé de Fitz-James; qu'avant tout il falloit qu'il lui parlât; que M. de Metz lui avoit donné vingt-quatre heures pour parler à M. de Fitz-James; qu'aussitôt, M. le cardinal d'Auvergne avoit été chez M. de Fitz-James, lui avoit parlé de leurs premières conventions comme n'en étant plus question, par le défaut de consentement du Roi, lui avoit appris son nouveau traité avec M. de Metz, et lui avoit redemandé sa parole. Ici l'affaire s'embrouille à n'y pouvoir rien comprendre. Les uns disent que M. de Fitz-James avoit été sur-le-champ chez Mme sa mère; qu'il ne l'avoit point trouvée; qu'il avoit demandé vingt-quatre heures à M. le cardinal d'Auvergne, qui n'avoit pu les lui donner à cause de ses engagements avec M. de Metz. On prétend que M. de Fitz-James, se trouvant pressé, rendit la parole, et que M. le cardinal d'Auvergne le manda de même sur-le-champ à M. le cardinal de Fleury. D'autres soutiennent que M. l'abbé de Fitz-James ne voulut point la rendre, et qu'il écrivit en conséquence à M. le cardinal de Fleury. On ajoute que M. de Maurepas avoit été témoin de la parole qui avoit été donnée ci-devant par M. d'Auvergne à M. de Fitz-James qu'il ne traiteroit avec personne sans l'en avertir, et que M. de Maurepas le répéta ainsi il y a deux jours à M. le cardinal d'Auvergne. D'autres disent que les diligences de M. de Metz pour cette charge sont antérieures à celles de M. de Fitz-James; qu'aussitôt la promotion de M. d'Auvergne au cardinalat, lui étant à Metz, il avoit écrit à un de ses amis pour demander à M. le cardinal de Fleury s'il ne désiroit point cette charge pour un de ses neveux, et qu'il lui avoit envoyé une lettre pour M. le cardinal de Fleury pour en faire usage suivant l'occasion; que cet ami lui avoit mandé à Metz, et lui avoit dit depuis son retour, n'avoir point voulu faire usage de la lettre, étant toujours dans l'espérance de déterminer M. le cardinal de Fleury à songer à son neveu; qu'enfin cet ami étoit convenu que M. de Metz pouvoit parler à M. le Cardinal; que M. de Metz y avoit été; que M. le cardinal de Fleury l'avoit remercié de son attention de n'avoir point voulu faire de marché, qu'il lui avoit dit qu'il avoit vu sa lettre, qu'il ne songeoit point à son neveu, et que lui, M. de Metz, pouvoit traiter de la charge, que le Roi l'agréoit. Toutes ces discussions ont été terminées ce matin; il a été décidé que M. le cardinal d'Auvergne garderoit sa charge. Il m'a dit aujourd'hui qu'il comptoit en remercier le Roi, et qu'il aimoit mieux retarder le payement de ses créanciers que de perdre l'honneur et l'avantage d'être attaché à S. M.

Le Roi dîna hier au grand couvert, et passa à neuf heures chez la Reine, suivant son usage ordinaire les jours qu'il ne va point à la chasse. Aujourd'hui, S. M. a pris médecine et a dîné à trois heures, à son petit couvert, dans son ancienne chambre; c'est toujours dans cette ancienne chambre que se fait le lever et le coucher, quoique le Roi couche dans la nouvelle. A une heure après midi s'est fait le lever, où les courtisans sont entrés à l'ordinaire. Le Roi m'a demandé pourquoi Mme de Luynes n'avoit pas été le matin chez lui; c'est le droit que donnent les grandes entrées qui sont accordées à la dame d'honneur. En conséquence de ce reproche de bonté, Mme de Luynes a été au dîner du Roi; on lui a apporté un tabouret du côté de la porte du cabinet. Un moment après, Mesdames sont arrivées toutes trois, suivies de Mme de Tallard, et se sont assises du côté de la porte de l'antichambre. Mme de Luynes a cru plus respectueux de faire passer son tabouret à côté de celui de Mme de Tallard, derrière Mesdames. Lorsque le Roi est sorti de table, Madame lui a présenté la serviette. M. le duc de Rochechouart, qui sert à la place de M. de Gesvres, l'avoit présentée à Madame. Le Roi est entré dans son cabinet, Mesdames l'ont suivi, Mme de Tallard, Mme de

Luynes et Mme de Villefort, sous-gouvernante, qui étoit à la suite de Mesdames. M. le duc de Chartres et M. le duc de Penthièvre étoient au dîner du Roi et ont suivi S. M. dans le cabinet. Ce qui a paru de plus singulier, c'est que M. de Balleroy, gouverneur de M. le duc de Chartres, et M. de Lizardois, qui est un officier de marine attaché à M. le duc de Penthièvre (1), sont entrés tous deux dans le cabinet. M. le comte de Biron et M. le duc d'Hostun, qui ont tous deux les entrées de la chambre, ont voulu entrer, et l'huissier leur a dit qu'on n'entroit point. On sait que lorsque l'huissier est en dedans, les entrées de la chambre par charge ont droit d'entrer, comme les capitaines des gardes du corps, les capitaines lieutenants des gendarmes, chevau-légers, mousquetaires, etc. Les entrées de la chambre par grâce entrent dans le cabinet après le lever, lorsque le Roi va à la messe et au retour de la messe, par la porte de glaces ou par celle de la chambre; et, pour l'heure du salut, lorsque le Roi sort et entre par la porte de la chambre à estrade, il n'est suivi que par les grandes entrées.

Il y a déjà quelque temps qu'un musicien nommé Mondonville (2), qui n'a pas encore vingt-cinq ans, paroît s'acquérir une grande réputation; il a donné plusieurs motets qui sont fort estimés; outre cela, il joue du violon d'une façon singulière, et il passe pour être au pair de tout ce qu'il y a de mieux.

L'enterrement de M. de Tresmes s'est fait avant-hier; on dit qu'il coûtera 20,000 écus au moins à M. le duc de Gesvres, en comptant la perte peu considérable arrivée

---

(1) Il n'a point de gouverneur; il a eu pendant quelque temps M. de Pardaillan en cette qualité. Depuis qu'il a quitté, il a deux gentilshommes qui font auprès de lui la fonction de sous-gouverneurs et le suivent chacun leur semaine; l'un est M. de la Clue, qui a été page de M. le comte de Toulouse, et l'autre est M. de Lizardois. (*Note du duc de Luynes.*)

(2) Il a été reçu à la musique quelques jours après. (*Note du duc de Luynes.*)

par le feu qui prit il y a huit ou dix jours dans la pièce où étoit le corps. Tout s'est passé avec la plus grande magnificence. Tout le monde, hommes et femmes, jetoient de l'eau bénite, et on les annonçoit dans la chambre du corps comme on annonce une visite. Un des gardes de M. de Tresmes, qui portoit le corps, mourut subitement dans l'église de Saint-Roch. Demain, il y a des messes en cérémonie aux Célestins, où est la sépulture de MM. de Gesvres.

Du 24. — Il y a quelques jours qu'il paroît une lettre imprimée de M. le cardinal de Fleury aux religieuses du Calvaire; elle ne se vend point, en voici la copie :

Je n'ai pu trouver plus tôt, Madame, un temps assez libre pour répondre à la lettre dont vous m'avez honoré en adressant vos représentations au Roi, et pour les examiner avec l'attention qu'elles demandoient. Je les ai lues avec la plus sérieuse application, et vous me permettrez de vous dire qu'après avoir mûrement réfléchi sur tout ce qu'elles contiennent, j'aurois cru vous rendre un très-mauvais office en remettant entre les mains de S. M. un écrit si peu décent et si peu conforme à des religieuses aussi instruites que vous l'êtes des devoirs de votre état. J'ai trop bonne opinion de votre esprit et de votre vertu pour ne pas espérer que si vous voulez bien réfléchir avec un peu de sang-froid et de retour sur vos obligations, vous ne connoissiez vous-mêmes que vous avez été entraînées par de mauvais conseils, qui vous ont fait adopter des principes peu mesurés, dont les malheureux préjugés vous ont empêché, dans un premier mouvement, d'apercevoir le venin, et que vous n'avez pas certainement dans le cœur.

Vous commencez d'abord par une profession solennelle que le Roi n'a point de plus fidèles sujettes que vous, et vous finissez par déclarer que vous n'obéirez pas aux ordres que vous en avez reçus. Vous ajoutez que vous êtes prêtes à souffrir l'exil, la prison, le dépouillement de vos biens et la mort même plutôt que de vous soumettre à ce que S. M. exige de vous. Vous supposez donc que vous êtes menacées de toutes ces peines si vous persévérez dans votre désobéissance, et je vous demanderai avec raison sur quel motif, revêtu de la plus légère apparence, vous avez pu former une si fausse et si injuste supposition. Je ne me persuaderai jamais que des vierges consacrées à Dieu et si bien élevées aient été capables d'un pareil excès. Vous seriez en tous cas les seules dans le royaume qui penseroient ainsi du maître le plus doux et le plus modéré qu'on ait vu depuis longtemps et dont le gouvernement rempli de justice soit plus loué même par les étrangers.

C'est donc en vain et gratuitement que vous vous applaudissez de marquer un si grand courage. D'ailleurs, qu'est-ce que S. M. vous demande qu'elle ne soit pas en droit d'exiger? Vous ne pensez pas toutes d'une manière uniforme dans vos différentes maisons; et sur les plaintes que S. M. a reçues de plusieurs de vos sœurs, elle a voulu s'éclaircir si elles étoient bien fondées. Le Roi est votre souverain et le protecteur de vos constitutions, aussi bien que de tous les monastères de son royaume. Est-ce la première fois qu'il a usé du droit incontestable de prendre connoissance des divisions qui y surviennent, et n'y a-t-il pas cent exemples de commissaires qu'il a nommés dans de semblables occasions, auxquels on s'est toujours soumis avec le respect qui lui est dû?

Mais S. M. a porté encore plus loin sa scrupuleuse attention pour les règles canoniques, et n'a rien voulu commencer sur les informations qu'elle désire prendre de l'état de vos maisons sans y joindre auparavant l'autorité de votre premier supérieur, qui est le Pape, auquel vous avez juré solennellement d'être soumise. Vous ne craignez pourtant pas de déclarer ouvertement que vous ne lui obéirez pas plus qu'au Roi, et vous ne paroissez faire aucun scrupule de vous soustraire à deux autorités si légitimes, si respectables et si conformes aux lois civiles et canoniques.

Je n'entrerai pas dans un plus grand détail, et je me borne à vous conjurer de peser devant Dieu, et avec la docilité si convenable à votre état et à des âmes timorées, le danger auquel les conseils de personnes mal intentionnées exposent vos consciences, et le précipice dans lequel ils veulent vous entraîner. Les démarches du Roi sont si justes et si mesurées que S. M. les suivra avec douceur, mais avec fermeté, sans s'en départir. Recevez donc, s'il vous plaît, Madame, les avis que je prends la liberté de vous donner, comme une marque de la vénération que j'ai pour votre congrégation, aussi bien que des sentiments connus et de la parfaite considération avec laquelle j'ai l'honneur d'être votre très-humble et très-obéissant serviteur, CARDINAL DE FLEURY.

et sur l'enveloppe est écrit :

A Mesdames, mesdames les Supérieures des Religieuses du Calvaire, rue Saint-Louis.

Du lundi 27, Versailles. — Jeudi et samedi dernier, le Roi soupa dans ses cabinets, mais seulement avec des hommes. Cela n'est point extraordinaire pour samedi; mais ordinairement les jours gras il y a des dames, et il n'y en eut point jeudi ; c'étoit la semaine chez la Reine de Mmes de Mailly, de Chalais et d'Ancenis.

Vendredi, M. le grand fauconnier se présenta pour recevoir l'ordre pour la chasse, et fut renvoyé à la huitaine. Le Roi n'aime point cette chasse et diffère autant qu'il peut d'y aller. S. M. dîna ce jour-là au grand couvert, après le conseil d'État.

Ces jours-ci beaucoup de colonels et de brigadiers ont pris congé. Les nouveaux colonels qui n'ont point été à la guerre doivent rester à leur régiment trois mois ; ceux qui y ont été, deux mois ; et les brigadiers, un mois. Mon fils a demandé permission d'aller faire la revue de son régiment mestre de camp de dragons. Il y a deux ou trois ans que M. de Bissy, commissaire de la cavalerie, a obtenu la permission de faire la revue de son régiment et qu'il n'eut point d'autre inspecteur que lui ; c'est le droit de ces charges. Mon fils voulut s'en assurer encore davantage et le demanda à M. d'Heu, un des plus anciens et des premiers commis du bureau de la guerre, qui lui dit que c'étoit sans difficulté le droit de sa charge, que c'étoit même pour cela que ces charges avoient été créées, que cependant cela seroit peut-être difficile à obtenir pour cette année, M. de Ségur, qui est dans le pays Messin, ayant les ordres pour voir le régiment de mestre de camp dragons. Cela n'empêcha pas que mon fils n'en parlât à M. d'Angervilliers, sans citer aucun exemple, et le demandant seulement comme une grâce. Cela a été accordé sans aucune difficulté, et M. d'Angervilliers a écrit à M. de Ségur que ce seroit mon fils qui feroit la revue d'inspection dudit régiment. Je ne sais si j'ai marqué ci-dessus que ces charges donnent la liberté de n'aller à son régiment, en temps de paix, que quand on veut.

La Reine fut saignée hier un peu avant neuf heures du soir ; le Roi y vint dans le même temps suivant sa coutume ; ilé toit précédé par M. le duc d'Ancenis, qui n'avoit point le bâton, et suivi par M. le duc de Béthune, qui l'avoit.

AVRIL 1739.

Comme la saignée de la Reine venoit d'être faite dans le moment, elle donna ordre qu'il n'entrât que les grandes entrées. M. le duc de Gramont suivoit le Roi. Le garçon de la chambre, qui étoit à la porte dans ce moment, à la place de l'huissier, dit à M. le duc de Gramont l'ordre qu'il avoit; malgré cela, M. de Gramont entra. La Reine le trouva mauvais, et chargea Mme de Luynes d'en parler à M. de Gramont. M. de Gramont ne prétend pas avoir les grandes entrées lorsqu'il n'est pas à la suite du Roi; mais il soutient qu'il doit entrer avec le Roi partout où entre le capitaine des gardes, et ajoute que M. d'Ancenis y étant, n'ayant pas le bâton, c'étoit une nouvelle raison en sa faveur, et qu'ayant cru le garçon de la chambre mal informé de son droit, il avoit pris le parti d'entrer. Mme de Luynes a rendu compte ce matin à la Reine de ces différentes raisons; la Reine n'en convient pas tout à fait, et dit qu'il doit y avoir cependant une différence, puisque le Roi ne sort point de chez lui pour venir chez elle (par la galerie) qu'il n'envoie querir son capitaine des gardes, mais qu'il n'envoie point querir M. de Gramont. Cette petite affaire n'a point eu de suite; il n'a pas même été question de décision.

On ne parle plus du jour que la paix sera publiée; on dit que cette incertitude et ce délai ont donné occasion à une plaisanterie; que dans la représentation qui est dans la place de Grève, qui est vis-à-vis l'hôtel de ville, pour le feu d'artifice, on a écrit ces mots : *Poisson d'avril.*

Le Roi est parti ce matin pour la chasse, d'où il va à la Meutte. Mademoiselle va à Madrid avec Mlle de Clermont, Mlle de ...., Mme la maréchale d'Estrées, Mme de Talleyrand, Mme de Mailly et Mme de............

Demain et après-demain, le Roi soupera avec des dames; mercredi, il dînera avec des hommes seulement, après le dîner fera la revue des gardes françoises et suisses et reviendra ici.

MAI.

Revue du Roi dans la plaine des Sablons. — Les sœurs de Mme de Mailly ; par qui élevées. — Mort du prince de Guise. — Mort de M. de Belleforière et de M. de Châteaurenaud. — Mort de la princesse de Conty, fille de Louis XIV. — Voyage de Marly. — Chapitre de l'ordre du Saint-Esprit. — Circonstances du voyage de Marly. — Pension accordée à M. Boizot, premier président du parlement de Besançon. — Espèce de sédition des avocats de ce parlement. — Grande misère dans le diocèse de Chartres, et discours de l'évêque de Chartres au Roi à ce sujet. — Voyage du Roi à la Meutte. — Mort du duc de Lauzun. — La duchesse de Modène visite le Roi et la Reine. — Présentation de M. de Guise et de Mme de Marsan. — Mariage de M. de Courtenvaux avec Mlle de Champagne. — M. de Courtenvaux prend le nom de comte d'Estrées. — Mariage de M. de Rothelin avec Mme du Palais. — Anecdote sur M. de Rothelin. — Le Roi va souper à Lucienne. — Bruits de paix entre l'Empereur et la Porte ; cadeau de l'Empereur à notre ambassadeur à Constantinople. — Mme de Mailly a peur de jouer aux gros écus. — L'abbé du Bellay, nommé évêque de Fréjus. — Mme d'Aiguillon gagne un procès contre le Roi.

Du vendredi 1er mai, Versailles. — Mercredi dernier 29 avril, le Roi dîna à la Meutte avec des hommes seulement ; M. le duc de Chartres dîna avec le Roi. S. M. alla ensuite faire la revue des gardes françoises et suisses dans la plaine des Sablons, à trois heures. M. le Dauphin étoit parti d'ici à une heure ; il arriva une demi-heure avant le Roi ; on rappela et il fut salué. La Reine avoit pris médecine ce même jour ; elle avoit balancé, la veille, entre la médecine et la revue ; mais lorsqu'il fut question de décider pour la médecine, elle oublia apparemment la revue, car elle le dit au Roi lorsqu'il vint à neuf heures chez elle.

Il arriva à la revue plusieurs accidents ; il y eut une femme écrasée par un carrosse, et M. d'Alègre, exempt des gardes du corps et frère de l'abbé d'Alègre, aumônier de quartier de la Reine, eut l'os de la rotule fracassé d'un coup de pied d'une jument que montoit M. de Montgibaut. Ce M. d'Alègre a épousé, il n'y a pas longtemps, Mlle de Sainte-Hermine.

MAI 1739.

Les dames de Madrid étoient à la revue. Le Roi ne soupa point, et se coucha à minuit.

Mlle de Nesle, grande sœur de Mme de Mailly et qui a environ vingt-six ans, suit Mme de Mailly. Mme de Mazarin a deux autres sœurs de Mme de Mailly chez elle dont elle prend soin et qu'elle a mariées, Mme de la Tournelle, qui étoit la cadette mais qui a été mariée la première par des arrangements particuliers, et Mme de Flavacourt. Il y en a une troisième que l'on appelle Montcavel, qui a environ vingt-quatre ans, qui demeure chez Mme de Lesdiguières (Duras) et qui voit aussi Mme de Mazarin ; mais Mlle de Nesle ne la voit point ni ses sœurs ; elle est brouillée avec Mme de Mazarin aussi bien que Mme de Mailly. C'est Mme de Mailly qui prend soin d'elle et qui l'aime beaucoup (1).

Le Roi soupa hier dans ses cabinets au retour de la chasse ; il n'y avoit que cinq hommes avec le Roi et cinq dames : les deux princesses à l'ordinaire, Mmes de Mailly et de Ségur et Mme la maréchale d'Estrées.

On apprit hier la mort de M. le prince de Guise ; il mourut avant-hier, âgé de soixante ans moins un jour. On lui avoit fait une opération ; il a été assez longtemps malade. Dans les derniers temps de sa maladie, il envoya quérir Brauno, son notaire, qui ne douta pas que ce ne fût pour lui dicter son testament ; il fut fort étonné quand M. de Guise, d'une voix faible et mourante, lui dit que c'étoit pour dresser son contrat de mariage avec Mlle de Joyeuse, qu'on lui donnoit par ce mariage 100,000 écus. Il pria Brauno d'examiner si cette somme étoit en bons effets. Brauno s'excusa sur le grand nombre d'affaires qu'il avoit dans ce moment, et demanda deux jours. M. de Guise a eu deux filles, Mme de Bouillon, quatrième femme de feu M. de Bouillon, qui est morte et dont il reste une fille, et Mme la duchesse de Richelieu. Il laisse aussi un

---

(1) Voir la note sur Mme de Mailly et ses sœurs à la date du 26 décembre 1738.

fils qui a environ vingt-deux ans. On dit qu'il donne tout son bien à sa petite-fille, mais qu'il a beaucoup de dettes. M. de la Billardière me disoit hier que feu Mme de Guise lui avoit dit à Forges, en 1724, que dans le temps du système elle avoit payé pour 1,800,000 livres de dettes.

Il y a eu aujourd'hui grand couvert.

M. de Courtenvaux vient de demander l'agrément du Roi pour son mariage avec Mlle de Villene-Champagne.

Mon fils a pris congé aujourd'hui pour aller faire l'inspection de son régiment. Il a eu l'honneur de saluer Mesdames en prenant congé d'elles ; c'est un honneur que les filles de France font toujours aux gens titrés. Mme de Tallard a même grondé mon fils de ce que, faute de le savoir et par un trop grand respect, il ne s'approchoit pas pour saluer Mesdames.

Dimanche dernier, 26 d'avril, M. le Dauphin et Mme Adélaïde nommèrent le fils de Mme d'Andelot, fille de M. de Polastron, sous-gouverneur de M. le Dauphin. C'est M. le cardinal de Rohan qui en a fait la cérémonie.

Du samedi 2, Versailles. — J'ai oublié de marquer ci-dessus la mort de Mme de Belleforière, arrivée il y a quelques jours ; elle laisse une succession considérable, entre autres la belle terre de Maisons près de Saint-Germain. Elle avoit deux enfants : Mme de Lugny et M. de Soyecourt ; celui-ci est mort il y a quelques années ; il avoit épousé Mlle de Feuquières ; il a laissé plusieurs enfants dont l'un a épousé, comme je l'ai marqué, Mlle de Saint-Aignan, fille de M. le duc de Saint-Aignan ambassadeur à Rome.

M. de Châteaurenaud mourut hier ; il avoit épousé, en premières noces, la sœur de M. le maréchal de Noailles, dont il n'y a point d'enfants, et en secondes noces Mlle de Montmorency-Fosseuse, sœur de Mme la vicomtesse de Beaune d'à présent. MM. de Montmorency-Fosseuse sont les aînés de la maison de Montmorency. Mme de Châteaurenaud a eu très-peu de biens en mariage, je crois au plus 20,000 écus ; elle a deux filles, dont l'aînée a douze ou treize ans, et point de garçons. M. de Châteaurenaud avoit la lieutenance générale de Bretagne, qui vaut 30,000 livres de rente, sur quoi il n'y a qu'un brevet de retenue de 200,000 livres à partager entre ses enfants et Mme la maréchale de Noailles. Il avoit d'ailleurs un bien assez considérable ; mais comme il n'a pas reconnu avoir rien reçu, Mme de Châteaurenaud se trouve réduite à son douaire et à son bien pour toutes choses. Elle a un frère qu'on appelle le baron de Montmorency, qui est celui qui avoit épousé Mlle de Ville (M. de Ville étoit chargé de l'entretien de la machine de Marly et en étoit regardé comme l'auteur). M. le baron de Montmorency est veuf depuis quelques années. Toute la famille de Montmorency est venue ce matin parler à M. le Cardinal pour supplier le Roi de vouloir bien accorder la charge vacante à M. le baron de Montmorency qui offre de faire une pension à Mme sa sœur. M. le marquis d'Antin demande aussi cette même charge, et donneroit en ce cas sa démission de la lieutenance générale d'Alsace, que M. le comte de Gramont demande. M. le duc de Châtillon et plusieurs autres demandent aussi la lieutenance-générale de Bretagne.

Le bénéfice de trésorier de la Sainte-Chapelle de Paris n'est point encore donné. M. l'abbé d'Oppède de Forbin, aumônier de quartier du Roi depuis dix ans, sollicite fortement pour cette place, qui vaut environ 8,000 livres de rente et une fort jolie maison ; c'est le Roi qui y nomme. Celui qui la possédoit s'appeloit Champigny ; il mourut subitement il y a environ six semaines ; il étoit de l'âge de M. le cardinal de Fleury qui a même paru frappé de cette mort.

J'ai marqué le mariage de M. de Courtenvaux ; il me dit hier qu'il demandoit au Roi la permission de changer d'armes et de nom, de quitter entièrement le sien et de prendre le nom et les armes d'Estrées. Il faut pour cela des lettres patentes enregistrées au Parlement.

Il y a un M. des Laurens qui a déjà présenté une requête au Roi au sujet de cette grâce. J'entendis lire hier cette requête. M. des Laurens et M. d'Ampus sont deux frères qui avoient épousé deux sœurs du feu duc d'Estrées. M. des Laurens prétend qu'il est engagé par son contrat de mariage à porter le nom et les armes d'Estrées; il signe son nom avec celui d'Estrées. Il dit qu'il a passé des actes avec M. le maréchal d'Estrées en signant le nom d'Estrées. De la part de M. de Courtenvaux, on répond que ce changement de nom s'est fait sans l'autorité du Roi et qu'il n'y a point eu de lettres patentes expédiées; il n'y a point même eu d'agrément du Roi pour le mariage. Mme des Laurens et Mme d'Ampus sont toutes deux mortes.

La liste de Marly a paru aujourd'hui; il n'y a de nouveau que M. et Mme de Lesparre et M. de Belzunce.

Du 4, Versailles. — Mme la princesse de Conty, première douairière (1), mourut hier à neuf heures du matin. M. le comte de Clermont en a fait part au Roi, et la Cour prend le deuil demain pour trois semaines. Elle étoit la princesse la plus âgée de toute l'Europe; elle n'avoit pas encore soixante et treize ans.

Du mercredi 6, Versailles. — Lorsque la liste de Marly parut, M. de Chaulnes fut étonné de n'y voir point son nom ni celui de M. de Picquigny. Pour M. de Picquigny, il s'étoit fait écrire trop tard; mais M. de Chaulnes, par sa charge (2), prétend ne devoir point se faire écrire et y aller de droit, à moins qu'il ne demande congé, comme commandant la garde ordinaire du Roi. C'étoit un usage observé exactement sous Louis XIV, de manière même que M. de Chevreuse, mon grand-père, n'alloit point à Paris ou

---

(1) Anne-Marie de Bourbon, nommée d'abord *Mlle de Blois*, fille légitimée de Louis XIV et de la duchesse de la Vallière; née à Vincennes en 1666; mariée en 1680 à Louis-Armand de Bourbon, prince de Conty, veuve le 9 novembre 1685.

(2) De lieutenant de la compagnie des chevau-légers de la garde ordinaire du Roi.

à la campagne, seulement pour y coucher, sans demander congé. Cet usage de demander congé pour ces petits voyages s'est supprimé peu à peu; mais pour les voyages de Marly, M. de Chaulnes y a toujours été sans demander. Il y a eu dans des temps des difficultés pour les voyages de Rambouillet, parce que M. le comte de Toulouse prétendoit n'être point assujetti au logement de ces charges. M. le prince de Rohan, qui a le même droit que M. de Chaulnes, n'envoie point se faire écrire pour Marly; à la vérité, il dit ordinairement qu'il ira. M. de Chaulnes, qui étoit à Paris, se voyant oublié vint ici exprès en parler au Roi; il représenta à S. M. l'usage dans lequel il avoit toujours été de ne se point faire écrire et le droit dans lequel il croyoit être d'avoir l'honneur de la suivre, ayant celui de commander sa garde. Le Roi parut convenir de toutes ses raisons et lui dit qu'il le croyoit à Chaulnes. M. de Chaulnes lui répondit qu'il ne pouvoit pas être parti puisqu'il n'avoit pas pris congé de S. M. Le Roi eut la bonté de lui dire qu'il lui donneroit un logement s'il s'en trouvoit quelqu'un de vacant (1).

La mort de Mme la princesse de Conty empêchera Mmes les Duchesses de venir à Marly; cela fait six ou sept logement de vacants. Mme la princesse de Conty, la seule qui reste présentement, vint ici il y a deux jours demander que le Roi voulût bien ne porter le deuil de feu Mme la princesse de Conty que dix ou onze jours, comme princesse du sang et non comme fille de Louis XIV; mais il me paroît que cela a été refusé, et qu'on doit porter le deuil trois semaines, parce que Mme la princesse de Conty, ayant été reconnue, est plus proche par elle que par M. le prince de Conty, et le Roi a voulu suivre la règle qu'il avoit faite par rapport à M. du Maine et à M. le comte de Toulouse.

Il se trouve encore un logement à Marly de vacant.

---

(1) Voir l'article du 10 mai.

M. de Lesparre n'y viendra point. Il fut envoyé à la Bastille le 3 de ce mois ; il paroît que c'est pour quelqu'action de jeunesse ou plutôt d'enfance. On dit qu'il aime à faire le coureur; qu'il étoit parti tout d'un coup de Versailles ; cependant on le retrouva à Paris ; mais comme ses gens ne savoient où il étoit, ils furent mis aux arrêts et lui le surlendemain à la Bastille.

On sait depuis quelques jours que c'est Mme de Muys, sous-gouvernante, qui va sur la frontière avec Mme de Tallard, Mmes d'Antin et de Rochechouart.

Mme la princesse de Lichtenstein vint ici avant-hier et amena avec elle Mlle sa nièce ; elle demanda hier à la Reine la permission d'avoir l'honneur de la lui présenter en particulier. Ce fut hier que se fit la présentation ; la Reine avoit dîné au grand couvert avec le Roi. Quand le Roi fut repassé chez lui, Mme de Lichtenstein amena sa nièce chez la Reine, quoiqu'elle ne fût qu'en manteau et jupe.

Hier, il y eut deux régiments de donnés : le régiment de Flandre-infanterie, par la démission de M. de Coningham, qui se retire, à M. le marquis de Bréval, second fils de M. le maréchal de Montmorency, et le régiment de Brie à M. d'Agénois, fils de Mme la duchesse d'Aiguillon, par la démission de M. du Bellay, fils de Mme du Bellay qui étoit dame d'honneur de Mme la Duchesse douairière, lequel se retire. Il a aussi un guidon de gendarmerie donné à M. de Ligny, fils de Mme de Ligny, sœur de Mme de Stainville. C'étoit M. de Choiseul qui avoit ce guidon et qui en a donné sa démission, ayant obtenu le régiment de Conty-cavalerie, par la démission de M. de Bourzac, frère de M. l'évêque de Noyon.

La lieutenance-générale de Bretagne a été donnée aujourd'hui à M. le duc de Châtillon ; il n'a point de gouvernement. J'ai mis ci-dessus le revenu de cette charge à 30,000 livres; elle en vaut 38,000 en total avec les charges; mais toute déduction faite elle rapporte 36,000 et tant de livres. Sur cela il faut payer les 200,000 livres de brevet de retenue et 1,000 écus de pension que le Roi a accordés à Mme de Châteaurenaud.

Du vendredi 8, *Marly.* — Il y a environ quinze jours que le Roi a donné à M. le cardinal Tencin l'abbaye de Trois-Fontaines en Champagne qui étoit demeurée vacante depuis la mort de M. le cardinal de Bissy; elle vaut au moins 35,000 livres de rente. C'est à peu près dans ce même temps que M. le cardinal Tencin a pris congé du Roi pour son voyage de Rome; il doit partir demain ou après-demain.

Du dimanche 10, *Marly.* — J'ai oublié de marquer ci-dessus que le Roi, en donnant la lieutenance-générale de Bretagne à M. le duc de Châtillon, lui a accordé le même brevet de retenue de 200,000 livres.

On parloit d'un second voyage de Marly ou de continuer celui-ci; il paroît que tous ces bruits sont sans fondement. Il y a eu quelques changements dans les logements; M. de Chaulnes, par la raison que j'ai expliquée ci-dessus, n'a pas eu son logement ordinaire, qui est le quarante-cinquième et quarante-sixième au commun, pour Mme de Chaulnes et lui. Ces deux logements ont été même accommodés pour eux; ils ont de plus que les autres un cabinet et une cuisine, la cuisine pour les deux et le cabinet pour le quarante-sixième. M. de Chaulnes est logé avec M. de Picquigny au second pavillon, en bas à gauche du côté du mail; c'étoit le pavillon de M. le comte de Toulouse. On a réservé à l'ordinaire un appartement à la perspective pour M. le Dauphin; c'étoit celui de M. le duc du Maine. On a réservé aussi le bas du premier pavillon à droite pour M. le Duc; il doit revenir mardi ou mercredi de Bourgogne. L'appartement de Mme la Duchesse au château n'est point rempli. Mme de Mailly est logée au château ce voyage-ci; elle a le neuvième et le dixième; c'étoit l'appartement de M. le cardinal de Fleury.

Hier, le Roi courut à Loty. Mmes de Mailly, de Ruffec et de Sassenage furent à la chasse dans les calèches du Roi. Le soir, il y eut souper dans les cabinets; c'est la première fois que le Roi ait fait ici de ces soupers; il n'y avoit point de dames, mais seulement quatorze hommes, en comptant le Roi. La Reine soupa avec des dames à l'ordinaire, et ne revint dans le salon que quelque temps après le souper; elle joua à quadrille. Mme la princesse de Conty et M. de la Force ont toujours eu l'honneur de jouer avec elle. Le Roi descendit à minuit, entra dans le salon, où il joua une partie de brelan.

J'ai déjà marqué ci-devant que la Reine n'amène point d'aumônier ici; elle y est servie par les aumôniers du Roi. M. le cardinal d'Auvergne a été aujourd'hui pour dire le *Benedicite* au dîner de la Reine; mais S. M. étoit à table; il a entré, on lui a apporté un pliant, sur lequel il n'a pas voulu s'asseoir; un moment après on a ôté ce pliant; M. le cardinal d'Auvergne en étoit fort étonné, et n'a pas fait attention que c'étoit parce que M. de la Torella est entré. MM. les ambassadeurs se plaindroient si MM. les cardinaux s'asseyoient devant eux.

J'ai encore entendu dire aujourd'hui que la Reine étoit persuadée que les cardinaux ne doivent s'asseoir qu'à sa toilette, et que M. le cardinal de Rohan même en étoit convenu avec elle. M. le cardinal de Rohan cependant ne convient pas de l'avoir dit.

Avant-hier, Mademoiselle ne parut point au salon; elle vit du monde dans l'après-dînée, mais le soir elle ne vit personne. Hier, elle se trouva au moment que le Roi arriva de la chasse. Le Roi s'arrêta, et fit quelque moment de conversation avec elle. Le soir, elle ne soupa point avec le Roi; elle se fit ouvrir l'appartement de Mme la Duchesse, où on lui apporta un poulet. Mme de Mailly y soupoit avec elle; Mlle de Clermont lui envoyoit à souper du souper de la Reine.

Du lundi 11, *Marly.* — L'Université a révoqué son appel. M. le cardinal de Rohan a été à Paris il y a deux jours pour cela et en est revenu aujourd'hui.

Du 12, Marly. — Le Roi fut hier à la chasse, et soupa au retour dans ses cabinets, lui quatorzième ; il y avoit des dames pour la première fois : Mademoiselle, Mlle de Clermont, Mme d'Antin, Mme de Mailly, Mme la duchesse de Ruffec. Mme de Sassenage, qui avoit été samedi à la chasse, comme je l'ai marqué, soupa hier avec la Reine. Le rendez-vous des dames étoit chez Mlle de Clermont, qui loge en haut dans le château, et du haut du château il y a une communication pour descendre dans les cabinets.

Du jeudi 14, Marly. — Le Roi fut hier à la chasse ; Mlle de Clermonty fut en calèche avec Mme la duchesse de Ruffec et Mme d'Antin. Mme de Mailly, qui est de semaine, ne fut point à la chasse, ni Mademoiselle. Le soir, il y eut souper dans les cabinets. Les deux princesse y soupèrent, Mmes d'Antin, de Mailly et de Ruffec ; il y avoit onze hommes en comptant le Roi. S. M. fut près de quatre heures à table. La Reine étoit déjà sortie du salon quand le Roi y arriva. S. M. joua une partie d'hombre seulement ; pendant ce temps-là Mademoiselle commença un cavagnole où jouoit aussi Mme de Mailly. Le cavagnole finit à peu près en même temps que la partie du Roi, et Mme de Mailly remonta aussitôt après chez elle.

Du vendredi 15, Versailles. — Le Roi est revenu aujourd'hui de Marly. Il n'y a point eu de lansquenet pendant le voyage ; les premiers jours, le cavagnole s'étoit établi pour Mademoiselle, Mme d'Antin et Mme de Mailly sur la table de lansquenet, mais cela ne s'est pas soutenu, et il n'y a eu de cavagnole sur cette table que lorsque Mesdames et M. le Dauphin y sont venus et y ont joué. Le Roi n'a joué qu'au brelan et à l'hombre, et la Reine à quadrille. Le Roi s'est toujours retiré d'assez bonne heure, mais ne se couchoit qu'une demi-heure ou trois quarts d'heure après être rentré dans son appartement. Mademoiselle partit dès hier. Mme de Mailly se retira de bonne heure, comme avant-hier, et pria même Mme de Montauban, qui n'étoit point de semaine, d'aller pour elle au coucher de la Reine. C'est l'usage à Marly que les princesses et les dames du palais aillent au coucher de la Reine.

Dimanche de Pentecôte 17, *Versailles.* — Le Roi ne communia point hier. Il y eut grand couvert et premières vêpres, où l'on se servit de la façon, dont j'ai déjà parlé ci-dessus, de chanter sur le livre, qui est établie ou rétablie depuis peu; c'est le plain-chant avec un grand accompagnement de voix et d'instruments. Le Roi et la Reine entendirent les vêpres dans la tribune parce qu'il n'y avoit point d'évêque pour officier.

Lundi 18. — Il y eut hier chapitre de l'Ordre. M. l'abbé de Pomponne y fit rapport des preuves des neuf chevaliers nouveaux, dont il y en a deux absents, M. de Fénelon et M. le marquis de Mirepoix. Les preuves de M. de Fénelon furent trouvées parfaitement belles. Le Roi déclara dans ce chapitre qu'il donnoit l'Ordre à M. de la Mina. Ensuite la grande messe, après laquelle le Roi reçut les sept chevaliers qui sont ici. M. de Guerchi se trouva si fatigué des révérences qu'il faut faire, que le Roi, voyant qu'il ne pouvoit achever la cérémonie, S. M. envoya dire à M. son fils de venir lui donner la main; cela fit un spectacle nouveau et touchant de voir le fils soutenir son père, tourner avec lui et ne le pas quitter un moment.

Il y eut hier sermon. C'est un sermon détaché et qui ordinairement même n'est pas trop bon. M. le Dauphin y étoit et immédiatement après lui tous les princes du sang, hors M. le comte de Clermont, M. le comte de Charolois et M. le prince de Conty. Le Roi et la Reine entendirent les vêpres en bas, quoiqu'il n'y eut point d'évêque qui officiât. M. le Dauphin resta à vêpres. M. le duc de Béthune et M. le duc de Châtillon avoient chacun un carreau; Mme de la Vauguyon quêta; il n'y eut point de prélat qui officiât à la cérémonie du matin; il n'y avoit que des cardinaux, qui ne peuvent officier en présence du Roi, à cause du dais.

Mardi de la Pentecôte 19. — Le Roi a entendu hier et aujourd'hui vêpres et complies et dîné au grand couvert. Ce matin il a entendu une messe basse comme hier. La seconde travée à droite étoit gardée pour Mme de Mailly et pour Mlle de Nesle, de manière même que M. le prince de Rohan n'a pu s'y mettre. Lorsque le Roi entend la messe tard, Mme de Mailly va presque toujours à sa messe et se met à cette tribune ou à celle vis-à-vis. Hier, le Roi descendit sur les dix heures du soir chez Mme la comtesse de Toulouse; Mademoiselle y étoit et soupoit même dans ce temps-là. Le Roi se mit à table et soupa tête à tête avec elle. Mme la maréchale d'Estrées étoit aussi avec Mme la comtesse de Toulouse et Mme de Mailly. M. de Meuse y arriva; le Roi lui ordonna de s'asseoir, et le fit jouer à cavagnole après souper. S. M. joua jusqu'à minuit et demi et paroissoit même désirer jouer plus longtemps.

J'ai appris aujourd'hui deux circonstances du voyage de Marly qui méritent d'être remarquées. Le jour que l'on arriva, M. d'Aumont, qui avoit fait la liste du souper, y avoit mis Mme de Mailly et Mme de Mazarin. Mme de Mailly, ayant vu la liste, dit à M. d'Aumont qu'elle le prioit d'ôter ou l'une ou l'autre, parce qu'elles ne soupoient point ensemble. La liste étoit montrée et Mme de Mazarin avertie; cela embarrassa beaucoup M. d'Aumont; cependant il prit son parti d'aller dire à Mme de Mazarin que c'étoit un malentendu et qu'elle n'étoit point du souper. De tout le voyage, Mme de Mazarin n'y a soupé que la veille du départ.

J'ai marqué que le samedi Mme de Mailly avoit été à la chasse avec Mmes de Ruffec et de Sassenage. La veille de ce jour, le Roi, après le souper, jouant à l'hombre avec M. de Courtenvaux et M. de Soubise, Mme de Mailly s'approcha de la table du Roi, comme elle a fait plusieurs fois; le Roi lui demanda si elle alloit à la chasse; elle lui dit qu'oui. Aussitôt le Roi prit une carte et un crayon, écrivit un mot et fit appeler M. le duc de Villeroy; il lui dit de faire porter cette carte chez M. le Premier. M. de Villeroy ayant dit au Roi que M. le Premier seroit couché, le Roi répondit qu'il n'y avoit qu'à l'éveiller.

Je n'ai pas marqué ci-dessus que le Roi avoit accordé, il y a quelques jours, une pension de 2,000 écus sur le trésor royal à M. Boizot, premier président de Besançon; il n'aura actuellement que 1,000 écus, parce qu'il y a un bureau pour la réformation des eaux et forêts qui se tient actuellement chez lui, mais qui doit finir dans deux ou trois ans, et alors il aura les 2,000 écus sur le trésor royal. Le Roi accorde quelquefois de ces pensions aux anciens premiers présidents. La place de premier président de Besançon vaut environ 24 à 25,000 livres de rente, sur quoi il n'y a que 12,000 livres d'appointement; outre cela il ne paye point d'entrées; et encore d'autres priviléges. M. Boizot me contoit aujourd'hui qu'il étoit arrivé dans ce parlement une espèce de sédition des avocats. L'usage ancien est que les avocats disent en plaidant: « Nosseigneurs »; les avocats voulurent établir de ne plus dire « Nosseigneurs ». Le premier qui osa hasarder cette nouveauté, M. Boizot lui demanda à qui il comptoit parler, et lui ordonna de traiter la cour comme il le devoit. L'avocat ayant refusé, M. le premier président le fit sortir, ordonna aux deux procureurs de plaider la cause et rendit l'arrêt en conséquence; il ordonna ensuite que les procureurs plaideroient jusqu'à ce que les avocats se fussent mis à leur devoir; il écrivit ici, et obtint des lettres patentes portant ordre aux avocats d'aller faire des excuses au Parlement et de continuer à le traiter de « Nosseigneurs ».

Du jeudi 21, *Versailles.* — M. l'évêque de Chartres (1) vint hier au lever du Roi. Le Roi lui demanda d'où il

---

(1) Charles-François des Montiers de Mérinville.

venoit; M. de Chartres lui répondit qu'il venoit de faire une tournée dans son diocèse; qu'il y avoit vu une grande misère; que l'on y mouroit dru comme mouches et que les hommes paissoient l'herbe comme les moutons : « Sire, ajouta-t-il, après la famine vient ordinairement la peste; cela regarde les grands comme les petits, car nous respirons tous le même air. » Ce discours de M. de Chartres a été remarqué; il a paru que le Roi y faisoit attention. Effectivement la misère continue dans presque tout le royaume (1).

Le Roi partit hier de bonne heure pour aller à la chasse à six ou sept lieues d'ici et aller ensuite souper à la Meutte; il n'a dû se mettre à table qu'à minuit. Mademoiselle partit l'après-dînée pour aller à Madrid où il doit y avoir Mlle de Clermont, Mme de Mailly, Mme d'Antin, Mme la maréchale d'Estrées, Mme de Ségur. Il y aura un cavagnole avant et après souper.

Mlle de Nesle, qui a toujours été jusqu'à présent au couvent de Port-Royal, en sort ces jours-ci pour n'y plus rentrer; elle va à Compiègne où Mademoiselle lui donne un logement; elle sera toujours avec Mademoiselle ou avec Mme de Mailly jusqu'à ce qu'elle soit mariée.

Du vendredi 22, Versailles. — Le Roi arriva avant-hier à la Meutte à huit heures et demie; il se mit à table à minuit, entendit la messe à cinq heures avant que de se coucher; il se trouva un peu mal à la messe et fut obligé de sortir de la chapelle; mais cette petite incommodité n'a point eu de suite, et il courut hier le daim dans Boulogne.

La Reine soupa hier dans le grand cabinet avant sa chambre avec les deux dames du palais de semaine.

On apprit hier la mort de M. le duc de Lauzun, petit-fils de M. le maréchal de Biron; il est mort à Phalsbourg, d'une fièvre maligne en peu de jours. Par cette mort

---

(1) Voy. *Barbier*, t. III, p. 178-179.

M. le comte de Biron devient l'aîné de la famille, quoiqu'il ait encore un frère aîné, mais il est prêtre. On peut dire qu'une suite d'événements heureux ont accompagné M. le comte de Biron qui se trouve aujourd'hui, par la mort de ses deux aînés, M. le duc de Gontaut et M. le duc de Lauzun son fils, certain vraisemblablement d'être duc et pair (par la cession de M. l'abbé de Gontaut), colonel du régiment du Roi, maréchal de camp et héritier de M. le maréchal de Biron, et n'ayant tout au plus que trente-six ans. Une autre circonstance heureuse est que M. le comte de Biron ne s'est point encore marié. Un cadet comme lui, sans bien, auroit pu chercher un mariage avantageux pour l'argent, et les circonstances présentes le mettent à portée de choisir.

Du mardi 26, Versailles. — Hier, Mme la duchesse de Modène vint ici voir le Roi et la Reine. Elle étoit accompagnée de deux gentilshommes et suivie de sa dame d'honneur, Mme de Pontchy; Mlle de la Roche-sur-Yon étoit avec elle. Mme de Modène n'avoit point encore vu le Roi qu'incognito depuis qu'elle est en France; et quoiqu'elle eût eu un brevet portant qu'elle conserveroit son rang de princesse du sang (1) en France, Mme la duchesse d'Orléans avoit demandé au Roi de vouloir bien ne lui point faire rendre ces honneurs et ne les lui avoit pas fait rendre non plus chez elle. Les gardes de S. A. R. avoient ordre de ne point prendre les armes pour Mme de Modène. Mme sa mère même l'avoit avertie de ne point venir au Palais-Royal sans une autre princesse avec elle, et Mme de Modène, ayant été voir Mme sa mère avec Mme la princesse de Conty, S. A. R. eut soin de dire tout haut que c'étoit pour Mme la princesse de Conty que l'on avoit pris les armes. Il est certain que l'arrivée de Mme de Modène en France sans permission avoit fait un très-mauvais effet.

---

(1) Charlotte-Aglaé d'Orléans, fille du régent, née le 22 octobre 1700, morte en 1761.

Pendant le séjour que M. de Modène a fait en France, il a paru que le mari et la femme étoient fort bien ensemble; on dit que les choses ne sont pas de même présentement. Il y avoit une clause dans le contrat de mariage de Mme de Modène, qu'après la mort de feu M. de Modène, son mari lui donneroit 100,000 écus pour l'entretien de sa maison. Mme de Modène a demandé que cette clause fût exécutée, et il y a eu un arrangement de fait et signé. J'ai ouï dire même que le Roi s'étoit intéressé dans cette affaire; mais, soit que M. de Modène ait été mécontent de signer cet arrangement, ou quelqu'autre raison, il a demandé au Roi que Mme de Modène, ayant fini toutes ses affaires, retournât en Italie. On disoit même que la visite d'hier étoit une audience de congé; mais ce ne doit pas être la dernière. Mme de Modène partira incessamment et verra le Roi avant que de partir. Hier, les gardes du corps prirent les armes pour elle. La visite qu'elle fit au Roi fut dans le cabinet de S. M. Mme de Pontchy entra aussi et on ferma la porte; mais ce qu'il y eut de singulier c'est que M. Negro, qui est un gentilhomme attaché à Mme de Modène et qui lui donnoit la main, marcha toujours devant elle, entra dans le cabinet et y resta, et M. de........, qui est aussi attaché à Mme de Modène, resta à la porte du cabinet en dehors.

Avant-hier, M. le prince Charles et M. de Richelieu vinrent ici présenter le fils de M. de Guise; il a dix-huit ans, est grand et bien fait. On parle beaucoup de son mariage avec Mlle du Maine, qui est dans sa trente-deuxième année. Le mariage de M. de Guise avoit été presque conclu avec Mlle de Bouillon, fille de M. le duc de Bouillon, grand chambellan, du vivant de M. de Guise. M. de Bouillon ne paroît pas même trop content de ce que l'on dit du mariage de Mlle du Maine, qui passe pour constant, d'autant plus qu'il n'a entendu parler de rien de la part de M. de Guise.

Avant-hier, Mme la princesse de Pons vint aussi présenter sa fille, Mme de Marsan, qui prit son tabouret; c'est la seconde fille de M. de Pons; l'aînée a été marié en Espagne à M. Della-Caza.

Du vendredi 29, *Versailles.* — Le 24 et le 25, la Reine, à l'heure de son souper, fit mettre sa table dans son grand cabinet avant sa chambre, et y soupa avec deux ou trois de ses dames seulement.

Lundi 25, le roi soupa dans ses cabinets; il n'y avoit que des hommes; Mademoiselle n'étoit point à Versailles.

Ce même jour, fut fait à Paris le mariage de M. de Courtenvaux avec Mlle de Champagne; ce fut M. l'abbé de Choiseul qui les maria; et M. de Courtenvaux, en se mariant, prit le nom de comte d'Estrées. Les oppositions de M. d'Ampus n'ont eu nul effet; apparemment qu'il gardera le nom d'Estrées, s'il veut, sans que cela fasse aucun tort à M. le comte d'Estrées d'aujourd'hui.

Ce même jour 25 ou le mardi 26, se fit le mariage de M. de Rothelin avec Mme du Palais. Mme du Palais est Pont-Saint-Pierre; son mari, qui mourut il y a quelques années, avoit servi dans les gardes du corps et étoit estropié d'une chute de cheval; elle a trente-deux ans. J'ai entendu dire qu'elle n'avoit pas été heureuse avec M. du Palais et qu'elle avoit toujours eu une conduite excellente. M. de Rothelin a la cuisse coupée d'une blessure; on sait les maux affreux qu'il a soufferts (1).

---

(1) Quelque violentes que soient les douleurs des opérations, le plus insupportable de tous les maux que souffrit M. de Rothelin, ce fut la faim: Mme sa sœur, qui le gardoit, lui faisoit observer avec l'exactitude la plus scrupuleuse les ordonnances de Chirac, qui étoit aussi bon chirurgien que médecin, mais qui ne le voyoit cependant que comme médecin. Chirac étoit impitoyable sur la diète, et cela fondé (suivant qu'il le disoit lui-même) sur ce que ses malades ne faisoient jamais que la moitié de ce qu'il leur ordonnoit, et que lorsqu'il leur permettoit de manger une aile de poulet ils en mangeoient deux. Mme de Briquemaut prenoit toutes les ordonnances à la lettre et rien ne la pouvoit ébranler; la faim devint si violente que M. de Rothelin fut prêt à s'évanouir. Mme de Briquemaut s'approcha de lui tenant un bouquet à la

Mardi 26, le Roi alla souper à Lucienne chez Mlle de Clermont où étoit Mademoiselle, Mme la maréchale d'Estrées, Mme la duchesse de Ruffec, Mme de Mailly et dix ou douze hommes. Le souper fut assez gai; il y avoit eu un cavagnole avant le souper où Mme de Mailly perdit 50 louis, ce qui fit qu'après il ne fut point question de cavagnole. Le Roi joua au papillon, et Mme de Mailly joua avec S. M. Le Roi revint ici sur les trois heures du matin. Le même jour, la Reine alla se promener chez Mme la comtesse de Toulouse à Buc; elle y fit collation à sept ou huit heures, et cette collation fut un souper qui dura jusqu'à neuf heures; et la Reine ne revint ici qu'à minuit. Mme d'Antin étoit avec la Reine à Buc, parce qu'elle est de semaine; sans cette raison elle devoit être du souper de Lucienne, et elle y auroit même été si la Reine étoit revenue de bonne heure.

Enfin le jour de la publication de la paix est fixé à lundi prochain; il y aura un feu à la Grève, le mardi ou le jeudi. Les harangues de tous les corps devoient être pour le samedi; on vient de me dire que ce seroit pour le mercredi 3.

On croit les dispositions favorables pour la paix entre l'Empereur et la Porte. Le grand vizir, qui étoit opposé à la paix, vient d'être déposé. Les dernières nouvelles même de Constantinople sont qu'il est sur une galère dans le port. Celui qui a été mis à sa place paroît désirer la paix. On dit aussi que ce changement pourroit être favorable à M. de Bonneval, le nouveau grand vizir étant de ses amis. Apparemment que M. de Villeneuve, notre ambassadeur à la Porte, a trouvé occasion de rendre service à l'empereur, car ce prince a fait remettre à M. de Mirepoix un diamant de la valeur de 2,000 du-

---

main; M. de Rothelin, étant un peu revenu, lui arracha le bouquet et le mangea tout entier et même la corde avec laquelle il étoit lié. (*Note du duc de Luynes.*)

cats, et M. de Mirepoix a dépêché un courrier à M. de Villeneuve pour lui porter ce présent.

Du samedi 30, Versailles. — Hier, le Roi soupa au grand couvert; il n'y aura plus de dîner au grand couvert jusqu'à Fontainebleau. Après le souper, S. M. alla par le jardin chez Mademoiselle et y joua une partie de quadrille avec Mademoiselle, Mme de Mailly et M. le duc de Villeroy. Il y eut peu de perte, mais c'étoit aux gros écus. Mme de Mailly prétend qu'elle fut fort effrayée de jouer si gros jeu, mais le Roi l'assura que ce jeu n'étoit pas plus cher que celui qu'elle jouoit à cavagnole tous les jours.

Aujourd'hui, le Roi a entendu le salut aux Récollets, à quatre heures, et est parti ensuite pour aller courre le cerf aux environs d'ici. Mme de Mailly, Mme la duchesse de Ruffec et Mme la maréchale d'Estrées sont à la chasse en calèche, et l'on croit qu'il y aura un medianoche, quoique cependant cela ne fût point annoncé avant la chasse.

Hier, le Roi alla au champ de Mars (1) faire la revue des grenadiers à cheval et des quatre compagnies des gardes du corps. La Reine étoit à la revue dans ses carrosses; M. le Dauphin et Mesdames y étoient aussi, et M. le Cardinal dans une des calèches du Roi. Mme la maréchale d'Estrées y étoit dans son carrosse avec Mme la duchesse de Ruffec, Mme de Mailly et Mlle de Nesle. Quand le Roi eut passé à cheval dans les rangs, suivant l'usage, au lieu de se placer du côté du jardin de Marly, comme il fait ordinairement, il se plaça du côté du bois, à cause du soleil; la Reine se plaça un peu plus loin, et le carrosse de Mme la maréchale d'Estrées se plaça un peu plus loin que la Reine, auprès du bois. La Reine, s'étant trouvée incommodée du soleil, voulut faire avancer son carrosse auprès du bois, et l'on fit ranger celui de Mme la maréchale d'Estrées, qui se trouvant sans

---

(1) Près du château de Marly.

place fit un grand tour ; et comme il étoit occupé à chercher à se placer, le Roi envoya M. de la Billarderie, major des gardes du corps, et ensuite M. de Brige, écuyer de la petite écurie, pour faire placer le carrosse de Mme la maréchale d'Estrées, qui se mit à peu près vis-à-vis le Roi, du côté de Marly.

L'on sait depuis deux jours que M. de Tallard va avec Mme de Tallard conduire Madame sur la frontière d'Espagne.

Le Roi vient de nommer à l'évêché de Fréjus l'abbé du Bellay ; c'est le fils de Mme du Bellay qui a été dame d'honneur de Mme la Duchesse.

Le grand procès de Mme d'Aiguillon fut jugé hier au conseil de dépêches ; elle le gagna tout d'une voix, et ce fut M. de Lucé, maître des requêtes, qui en fit le rapport ; il parla pendant près de deux heures et fort bien. Il s'agissoit de droits considérables dont MM. d'Aiguillon prétendent être en possession depuis plusieurs siècles et qui étoient disputés par l'inspecteur du domaine, lequel prétendoit que ces droits appartenoient au Roi. Mme d'Aiguillon alla hier remercier le Roi, qui lui demanda depuis quand elle étoit arrivée ici, et il lui dit en badinant : « Vous êtes arrivée encore trop tôt pour moi. »

JUIN.

Projet de voyage à Chantilly ; difficulté au sujet de Mme de Mailly. — Présentation à la Reine du comte de Beveren. — Solution de la difficulté au sujet de Mme de Mailly. — Nomination de deux dames attachées à Mesdames. — Publication de la paix. — Revue des mousquetaires. — Neuf harangues faites au Roi à propos de la paix ; discours hardi du premier président de la cour des aides. — Mort de M. de Nocé. — Mort de Mme Strafford ; vers qu'elle avait faits sur la Mésangère. — Présentation de Mme de Polignac. — M. de Jonville fait sa révérence au Roi et à la Reine. — L'évêque de Soissons prête serment. — Le Cardinal blâme la présentation de Mme de Polignac. — Difficulté à propos des chevaux du Roi amenés à Chantilly. —

Voyage de la Cour à Chantilly. — Le comte de Biron prend le titre de duc de Biron. — Voyage de la Cour à Compiègne; le comte d'Eu y commande le camp. — Décision de la Reine au sujet de ses dames qui étant de service doivent souper avec le Roi. — Détails sur le camp et les troupes. — Mᵐᵉ de Mailly va voir les troupes et est saluée des drapeaux. — *Te Deum* à Compiègne.

Du lundi 1ᵉʳ juin 1739, Versailles. — Tout ce que l'on avoit annoncé avant-hier pour le souper du Roi ne se trouva pas vrai; S. M. soupa en maigre, à peu près à son heure ordinaire. Mᵐᵉ de Mailly passa la soirée chez Mademoiselle; le Roi y fut après le souper par le jardin; mais il n'y resta pas longtemps; il alla ensuite se promener, mais il n'y eut que des hommes qui le suivirent.

Dans l'arrangement fait pour Chantilly, Mᵐᵉ de Mailly devoit y aller avec la Reine; mais comme cela faisoit quatorze dames, en comptant la Reine et Mˡˡᵉ de Clermont, et que la Reine ne mène que deux carrosses, à cause des relais (car on ne compte point le carrosse des écuyers, qui suit toujours), il a été décidé que Mᵐᵉ de Mailly n'iroit point à Chantilly; elle ira tout droit à Compiègne. Sa santé et quelques remèdes qu'elle est obligée de faire ont donné lieu à cet arrangement.

Il y eut, il y a quelques jours, une petite difficulté chez la Reine. L'officier des gardes qui suit M. le Dauphin, soit chef de brigade ou exempt, et l'écuyer de quartier qui sert chez M. le Dauphin, étoient dans l'usage depuis quelque temps d'entrer avec M. le Dauphin chez la Reine, entre cinq et six heures, qui est l'heure que la Reine est avec ses dames du palais et qu'il n'y a que les entrées de la chambre qui entrent. La Reine n'a point voulu que cet usage se continuât. Mˡˡᵉ de Clermont dit avant-hier à Mᵐᵉ de Luynes que c'étoit un abus de ce qu'ils y étoient entrés pendant ce temps-là.

Mᵐᵉ la duchesse de Modène vint encore hier ici; elle

vit le Roi chez la Reine, lorsqu'il passa pour aller souper au grand couvert.

M. le comte de Beveren, neveu de l'impératrice, prit congé hier; il voyage. Ce fut M. le Cardinal qui le présenta à la Reine, en présence de Mme de Luynes, à qui il fit une honnêteté; il lui dit que c'étoit pour éviter des difficultés que faisoient les étrangers d'être présentés par la dame d'honneur.

Du mardi 2, Versailles. — Il y a encore eu du changement pour le voyage de Mme de Mailly à Chantilly. Mme de Bouzols et Mme de Fleury, qui devoient aller avec les carrosses de la Reine, n'y vont point; Mme de Bouzols à cause de Mme de Resnel ou Clermont d'Amboise sa sœur qui se meurt, et Mme de Fleury parce qu'elle est incommodée; c'est ce qui fait que Mme de Mailly ira avec la Reine.

Il y avoit déjà longtemps qu'on disoit que l'intention du Roi étoit d'attacher deux dames à Mme Henriette pour avoir l'honneur de la suivre partout. Ces deux dames furent nommées hier au soir; c'est Mme d'Andelot, fille de M. de Polastron, et Mme de l'Hôpital, fille de M. Boulogne, dont le mari est brigadier inspecteur de cavalerie et colonel de dragons. Ces dames seront attachées à Mesdames; on ne dit point encore quels seront leurs appointements, et au départ de Madame, elles resteront attachées à Mme Henriette.

Le Roi soupa hier dans ses cabinets au retour de la chasse; il y avoit fort peu d'hommes et seulement cinq dames, qui étoient : Mademoiselle, Mlle de Clermont, qui revint exprès de Lucienne pour le souper, Mme de Ségur, Mme de Talleyrand, Mme de Mailly.

La publication de la paix a été faite hier; aujourd'hui est le feu de l'hôtel de ville, et demain les harangues.

Aujourd'hui, il y a eu conseil d'État, quoique ce soit le jour de conseil de finances; mais M. le chancelier est à Paris.

Le Roi a fait aujourd'hui la revue de ses deux compagnies de mousquetaires, à pied et à cheval, dans la cour royale. Les gardes françoises et suisses n'étoient pas encore entrées dans la cour des ministres, lorsque les mousquetaires sont arrivés à pied; ils ne sont entrés qu'un moment après, et toutes les fois que les mousquetaires ont passé devant eux ils n'ont pas battu, ce qui est contre toutes règles militaires; aussi les mousquetaires gris ont-ils eu l'attention de cesser de battre devant la garde. Les mousquetaires noirs n'ont pas fait de même; ils ont toujours battu. Le Roi a été au salut après la revue; il n'y fut point hier à cause de la chasse. L'usage est que pendant l'octave, la musique chante un motet court pendant le salut.

Du mercredi 3, *Versailles*. — Il y a eu ce matin neuf harangues, et quatre cette après midi. Les neuf de ce matin ont été le Parlement et MM. les gens du Roi; c'est M. de Fleury, premier avocat général et fils de M. le procureur général, qui portoit la parole; la chambre des comptes et l'avocat général de cette chambre; la cour des aides et l'avocat général; la cour des monnoies et l'avocat général; la neuvième étoit la Ville. Les quatre de cette après-dînée sont : le grand conseil; c'étoit M. d'Argenson, comme premier président, qui portoit la parole, et ensuite l'avocat général du grand conseil, M. Lescalopier; l'Université, c'étoit M. l'abbé de Ventadour, recteur; et l'Académie françoise; M. de Maupertuis, directeur, portoit la parole; il étoit suivi de plusieurs académiciens, et entre autres de M. le cardinal de Polignac, qui a toujours resté derrière avec les autres académiciens pendant que M. de Maupertuis a parlé. Ce matin on a fort remarqué la harangue de M. le Camus, premier président de la cour des aides qui a commencé par ces mots : Sire, vos trompettes nous annoncent la paix; il a ajouté que les sujets du Roi ne goûtoient pas les douceurs de cette paix, que la misère étoit parvenue à un tel point que les hommes disputoient leur nourriture avec les animaux, pendant que les traitants, les vrais ennemis de l'État, sembloient insulter à la calamité publique par le luxe et la magnificence dans laquelle ils vivoient (1). Ce ne sont pas les termes précis de la harangue, mais c'en est le sens. Ce discours a paru fort indiscret pour ne pas dire davantage. Je n'ai point entendu les harangues de ce matin, mais je sais sûrement ce que je viens de marquer. J'étois à celles de cette après-midi. Toutes ces harangues ont été faites dans la chambre du Roi, le fauteuil du Roi en dehors du balustre, le dos tourné du côté de la cheminée, M. le chancelier à la droite du Roi et M. le cardinal de Fleury à gauche, M. le duc de Chartres à droite aussi, et M. le prince de Conty à gauche; le capitaine des gardes et le grand chambellan derrière le fauteuil. A toutes les harangues de cette après-midi, M. Desgranges est toujours entré le premier, ensuite celui qui portoit la parole, et à côté de lui M. de Brézé, fils de M. de Dreux, grand maître des cérémonies, et à sa gauche M. de Maurepas. Le discours de M. l'abbé de Ventadour a été fort applaudi; il l'a prononcé avec dignité et respect, et d'une voix haute et intelligible.

Le Roi, hier après les harangues, alla entendre le salut aux Récollets à quatre heures, et partit ensuite pour la chasse; il n'y avoit point de dames à la chasse et il n'y en eut point au souper dans les cabinets. Après le souper le Roi fut un moment chez Mademoiselle, et alla ensuite se promener avec des hommes seulement.

Il y a quelques jours que mourut M. de Nocé, à Saint-Germain; il étoit âgé de [soixante-quinze ans]. C'étoit un gentilhomme de Normandie; leur nom est Fontenay; ils ne sont cependant point parents de MM. de Fontenay de Normandie, dont nous en avons vu un aumônier de

---

(1) Voir dans *Barbier*, t. III, p. 180, le discours du président le Camus, tel qu'il courait dans Paris.

la Reine, qui mourut il y a un an ou deux. M. de Fontenay, père de M. de Nocé, avoit été sous-gouverneur de feu M. le duc d'Orléans. On prétend que dès ce temps il prévit la fortune que feroit le cardinal Dubois et qu'il disoit : « Si je laissois entrer ici souvent ce petit homme-là, il me chasseroit bientôt moi-même. » On sait que l'abbé Dubois avoit été répétiteur de M. le duc d'Orléans. M. de Nocé avoit toujours été attaché à M. le duc d'Orléans. Je ne sais s'il fut chambellan, mais il étoit de tous ses amusements. Il n'avoit que 2,000 écus de rente et parloit de son état en vrai philosophe, disant : « Que quiconque n'étoit pas content de cette fortune ne le seroit jamais d'aucune. » Il se piquoit de dire toujours hautement ce qu'il pensoit, et ne se refusoit point le plaisir d'un bon mot, de sorte qu'il passoit pour méchant. Malgré ses principes philosophiques sur l'intérêt, il ne laissa point échapper les occasions d'augmenter sa fortune. Dans le temps de la chambre de justice et du système, il se fit 34 ou 35,000 livres de rente viagère sans compter 5 ou 600,000 livres d'argent comptant ; il se déclara dans tous les temps contre le cardinal Dubois, de manière que ce cardinal, étant devenu premier ministre, demanda à M. le duc d'Orléans d'exiler Nocé. Nocé resta en exil à quelques lieues de Paris, dans une terre à lui, jusqu'à la mort de ce cardinal ; après quoi, il revint auprès de M. le duc d'Orléans, qui lui donna une pension et continua à le bien traiter. Nocé avoit de l'esprit, étoit fort aimable dans des temps et fort ennuyeux aussi dans d'autres où il étoit tourmenté de vapeurs ; il aimoit à brocanter et s'y est ruiné, de manière qu'il laisse, à ce que l'on croit, plus de dettes que de biens. On a dit de lui qu'il n'étoit prodigue que par avarice, parce que c'étoit toujours dans le projet d'épargner qu'il s'engageoit dans de nouvelles dépenses. Il étoit inconstant dans ses projets, et en formoit de nouveaux à chaque moment ; il avoit quitté une maison qu'il louoit 2,000 écus pour épargner cette somme; il avoit perdu 1,000 livres en la relouant, et en avoit pendant ce temps reloué ne autre 4,800 livres, sans écurie, parce qu'il avoit retranché ses chevaux; mais bientôt après il en avoit acheté d'autres, avoit loué des écuries, et avoit dépensé 10,000 écus dans sa nouvelle maison. Il avoit voulu se retirer à Montpellier, y avoit loué une maison, l'avoit meublée, s'étoit mis en chemin, et à quinze lieues de Paris étoit revenu tout de suite. Il avoit aussi changé plusieurs fois d'habitation dans Paris, et s'étoit enfin allé établir à Saint-Germain. Il avoit mieux gouverné les affaires de Mme de Parabère que les siennes; il avoit demandé douze actions pour elle à M. le duc d'Orléans; il avoit gouverné ces douze actions avec tant d'industrie, profitant des temps et réalisant, sans que Mme de Parabère s'en mêlât, qu'il lui fit 80,000 livres de rente et un argent comptant considérable. Par la mort de M. de Nocé, Mme de Parabère hérite parce qu'il avoit mis sur sa tête beaucoup de viager.

On apprit aussi hier ou aujourd'hui la mort de Mme Strafford, en Angleterre; elle avoit été fille d'honneur de la Reine; elle étoit fille du fameux comte de Gramont. C'est elle qui, s'étant brouillée avec la Mésangère, qui lui étoit attaché, avoit fait la chanson que tout le monde sait :

>J'ai fait une perte légère, ma chère,
> J'ai perdu mon amant.
> Il étoit roux et Bas-Normand.
> Hélas! c'étoit la Mésangère.

Elle avoit soixante-dix-sept ans. M. le duc de Gramont gagne par cette mort 14,000 livres de rente, huit qu'il lui payoit et une terre qui en vaut environ 6,000.

Du vendredi 5, Versailles. — Mme de Monconseil, fille de Mme de Curzé, vint présenter hier Mme sa sœur qui épousa, il y a environ un an, un M. de Polignac qui est, je crois, lieutenant de vaisseau et parent de M. le cardinal de Polignac.

Du mercredi 10, Chantilly. — Sept ou huit jours avant

que le Roi soit parti de Versailles, M. de Jonville, chargé des affaires du Roi à Bruxelles, vint faire sa révérence au Roi et à la Reine. Il part incessamment pour Gênes; il sera chargé aussi des affaires de France. Ces deux emplois sont égaux pour les appointements qui sont toujours de 12,000 livres, avec la seule différence du change qui est évaluée sur un certain pied et qui varie suivant les pays.

Samedi 6, veille du départ du Roi, M. l'évêque de Soissons, qui est l'abbé de Fitz-James, qui vient d'être sacré à Rouen par M. l'archevêque de Rouen, prêta serment suivant l'usage et la règle. Ce fut en haut dans la chapelle de la Vierge. J'en ai déjà marqué d'autres exemples. Il faut que la prestation de serment des évêques soit certifiée par le grand aumônier ou en son absence par le premier aumônier, et ce n'est que du jour de l'enregistrement que finit la régale (1).

J'ai parlé ci-dessus de la présentation de Mme de Polignac. Cette présentation faite par Mme de Mazarin dans le cabinet du Roi a été désapprouvée par M. le Cardinal, à cause du grade de M. de Polignac, qui n'est que lieutenant de vaisseau. Mme de Mazarin dit pour sa justification que M. le cardinal de Polignac, dont ces messieurs sont parents, avoit écrit à M. le cardinal de Fleury pour lui demander son agrément pour cette présentation et qu'il avoit reçu une réponse de M. le cardinal de Fleury très-obligeante et par laquelle il donnoit son consentement. Mme de Mazarin ajoute qu'elle avoit présenté Mme de Polignac à M. le cardinal de Fleury avant de la présenter au Roi; mais on dit que M. le Cardinal crut que c'étoit Mlle de Mancini qui a épousé le neveu de M. le cardinal de Polignac.

Le 7, le Roi partit de Versailles pour aller à la Meutte,

---

(1) Droit qu'a le Roi de percevoir les revenus des évêchés pendant les vacances.

où il a séjourné le lundi, et est arrivé le lendemain sur les six heures ici. Mademoiselle fut souper à la Meutte avec Mlle de Clermont, Mme d'Antin, Mme la maréchale d'Estrées, Mme de Mailly, Mlle de Nesle sa sœur. C'est la première fois qu'elle ait soupé avec le Roi; elle avoit déjà vu le Roi chez Mme la comtesse de Toulouse et chez Mademoiselle; mais elle ne lui a pas été présentée.

Le grand nombre de chevaux qui viennent ici (1) pour le service du Roi et de la Reine a déterminé M. le Duc à donner l'orangerie pour les écuries du Roi. Cela a fait naître une espèce de contestation; on a demandé à M. le Duc si c'étoit pour la grande ou pour la petite écurie; mais il a toujours répondu que c'étoit pour les chevaux du Roi. Le fait est que dans les voyages du Roi par tout le royaume, la petite écurie a le droit de choisir les écuries; il n'y a que hors du royaume, dans les cas de guerre, que la grande écurie a la préférence. Comme M. le Duc n'étoit point obligé à céder l'orangerie, s'il avoit voulu décider pour la grande écurie ils en auroient profité; mais il a toujours persisté dans la réponse que j'ai marquée, et ce sont les chevaux de la petite écurie qui y sont logés.

M. le Duc alla hier au-devant du Roi à cheval, à un quart de lieue du château. Le Roi fit arrêter, et vint ensuite au pas jusqu'ici. C'étoient les chevau-légers qui entroient le Roi ici, suivant la règle, qui est de faire toujours le dernier relais. Le Roi ne se sert point demain de ses chevaux de carrosse parce qu'il chasse en chemin. Le Roi joua au brelan hier devant et après souper; c'est M. le Duc qui lui présente les cartes. Le souper étoit comme aux autres voyages : deux tables dans l'antichambre du Roi. C'est M. le Duc qui fait la liste de l'une et de l'autre. Il n'y a ici que Mmes les Duchesses et Mlle de Sens (Mlle de Clermont vient avec la Reine), et de princes : M. le Duc et

---

(1) A Chantilly. (*Note du duc de Luynes.*)

M. le comte de Clermont. A la table du Roi étoient toutes les dames et presque tous les hommes qui sont venus avec S. M.; ils étoient vingt-deux à table. La seconde table, qui étoit un peu moins grande, étoit tenue par M. le comte de Clermont; c'est aux frais du Roi que se fait la dépense extraordinaire de ces voyages. L'année passée cette dépense alla à 14 ou 15,000 livres; cette année on croit qu'elle ira bien aux environs de 40,000 livres. Les officiers de bouche tant ordinaires qu'extraordinaires sont au nombre de plus de deux cents, sans compter soixante suisses pour servir à porter les plats. On compte qu'il y a environ sept cents personnes à nourrir.

Du samedi 13, Compiègne — La Reine arriva le 10 à Chantilly; dans son carrosse étoient Mlle de Clermont, à côté de S. M., Mme de Luynes et Mme de Mazarin sur le devant, Mmes de Boufflers et de Bouzols aux portières. La Reine mène toujours dans son carrosse une femme non titrée, et aussi toujours au moins une dame du palais de semaine. La Reine n'avoit que deux carrosses, car je ne compte point celui des écuyers qui n'est point carrosse du corps. Dans le second carrosse étoient Mmes les duchesses de Châtillon et d'Antin, Mmes de Montauban et de Chalais, dans les deux fonds, Mmes de Mailly et de Fleury aux portières. M. le Duc ne fut point au-devant de la Reine, ni Mmes les Duchesses; ils restèrent avec le Roi. Il y eut deux tables dans la même pièce le soir comme le jour précédent; mais les deux tables étoient toutes remplies de dames. Le Roi et la Reine étoient servis par des principaux officiers de M. le Duc. Mlle de Sens tenoit la seconde table. M. le Duc et M. le comte de Clermont mangeoient en bas avec tous les hommes.

Lorsque le Roi eût été quelque temps chez la Reine à son arrivée, il en sortit, et Mme la Duchesse mère le suivit parce qu'elle jouoit avec S. M. M. le Duc, Mme la Duchesse, Mlle de Clermont, Mlle de Sens, Mme de Luynes et plusieurs autres dames et hommes restèrent chez la Reine. La Reine demanda à boire ; la première femme de chambre apporta de l'eau et une serviette ; elle présenta la serviette à M. le Duc, qui la prit et qui fit signe à Mme de Luynes, laquelle présenta à boire à la Reine, et par politesse il ne voulut pas rendre la serviette à la première femme de chambre.

Deux circonstances à remarquer au voyage de Chantilly. La première est par rapport aux chevau-légers. Ce furent eux, suivant l'usage, qui entrèrent le Roi à Chantilly. J'ai parlé ci-dessus (1) d'une difficulté qui fut faite à M. de Picquigny, l'année passée, au voyage de Fontainebleau, à l'occasion d'un chevau-léger qui marchoit comme aide-major de brigade à portée de l'officier de quartier, et par conséquent à la hauteur du carrosse du Roi, pour être prêt à porter à la troupe les ordres de l'officier, si besoin étoit. Il n'y avoit point eu de décision sur cet article, depuis le mémoire que M. de Picquigny présenta au Roi, et le chevau-léger se trouva à la même place, au dernier relais pour Chantilly. Il y a deux officiers des chevau-légers ce quartier-ci ; ce qui ne se trouve pas également dans tous les quartiers. Le Roi remarqua le chevau-léger, et dit lui-même à l'officier de le renvoyer à sa troupe, ce qui paroît être une décision contre la prétention de M. de Picquigny.

La seconde observation est par rapport aux gardes du corps. On sait qu'à Versailles il n'y a que le capitaine des gardes qui suive le Roi jusques dans son cabinet, et que les officiers se mettent en haie à la porte de la chambre. A Chantilly, immédiatement après la chambre du Roi, il y a deux ou trois cabinets, au bout desquels, sans aucun intervalle, est la galerie où le Roi et la Reine jouent ; par conséquent cette galerie pourroit être regardée comme l'intérieur de l'appartement. Cependant les officiers des gardes se tenoient derrière le fauteuil du Roi

---

(1) Voy. au 26 septembre 1738.

pendant que S. M. étoit dans cette galerie, et de même l'officier des gardes auprès de la Reine, regardant apparemment cette galerie comme le salon de Marly.

Du 14, Compiègne. — M. le comte de Biron prend le nom de duc de Biron par la cession de l'abbé de Biron, son frère, et il vient d'en remercier le Roi.

Du mercredi 17. — Hier et avant-hier, le Roi soupa dans ses cabinets au retour de la chasse. Avant-hier il avoit six dames : les deux princesses, Mme de Mailly et Mlle de Nesle, sa sœur, Mmes de Chalais et de Talleyrand. Hier, c'étoient les mêmes personnes, à l'exception de Mme de Talleyrand.

Il paroît décidé que ce sera M. le comte d'Eu qui commandera le camp. M. le comte de Biron avoit d'abord demandé ce camp pour avoir une occasion de faire sa cour et de faire voir au Roi le régiment qu'il commande. M. d'Angervilliers proposa de faire venir un bataillon de Royal-Artillerie, et cette proposition fut agréée. Cet arrangement étant fait, il étoit indispensable que M. le comte d'Eu, qui est lieutenant-général, eût le commandement dès qu'il désireroit de l'avoir, et si M. le comte d'Eu ne l'eût pas désiré, M. de Vallière, ancien lieutenant général, étoit en droit de le demander. M. de Biron auroit fort désiré que cela eut été autrement, mais il a senti l'embarras que cela faisoit à M. le Cardinal et s'est prêté à tout ce qu'on a désiré. M. le Cardinal a assuré M. de Biron que ce nouvel arrangement ne diminueroit rien des agréments et des récompenses qu'il pouvoit espérer. Le Roi prête à M. de Biron plusieurs de ses tentes, et M. de Biron compte tenir un très-grand état. Depuis le commencement du camp, M. le comte d'Eu y a toujours eu ses tentes et y tient, cinq jours la semaine, une table de vingt couverts. Outre le bataillon de Royal-Artillerie et les deux compagnies de mineurs, on fait venir douze cents hommes, six cents du régiment de Bourbonnois, quatre cents de Gondrin et deux cents de Blaisois.

Du vendredi 19, Compiègne. — Il y eut hier chasse. Le Roi alla dans sa gondole avec les dames, qui étoient : Mademoiselle, Mlle de Clermont, Mme de Mailly et Mlle de Nesle ; elles étoient toutes quatre en habit de chasse. Mlle de Nesle loge ici chez Mademoiselle, qui lui fait continuellement des présents. Le soir, il y eut souper dans les cabinets ; outre les quatre dames ci-dessus nommées, il y avoit Mme d'Antin et Mme de Talleyrand. Mme d'Antin étoit de semaine, mais elle avoit demandé permission à la Reine, qui la renvoya même des Carmélites (où S. M. entendit le salut) afin qu'elle ne manquât pas l'heure du souper du Roi. Je dois avoir déjà marqué que la Reine a déclaré il y a longtemps qu'elle ne prétendoit point que l'assiduité à son devoir auprès d'elle empêchât les dames d'avoir l'honneur de souper avec le Roi. Avant-hier le Roi fut voir le bataillon Royal-Artillerie et les deux compagnies de mineurs et d'ouvriers. S. M. fut voir aussi le pont volant, composé seulement de quatre pontons, qu'on a jeté sur l'Oise pour passer les pièces de canon du parc à la batterie qu'on a élevée de l'autre côté de la rivière, et qui doit tirer ces jours-ci à une butte qu'on a accommodée dans la montagne. Le Roi fut ensuite voir le polygone, qui est bientôt entièrement achevé. M. le comte d'Eu reçut le Roi l'esponton à la main, à la tête du bataillon. Mme de Mailly et Mlle de Nesle eurent curiosité d'aller voir aussi ledit bataillon. Tous les officiers saluèrent ces dames de l'esponton ; elles furent aussi saluées des drapeaux. Les deux compagnies de mineurs et d'ouvriers sont dans un camp séparé, à la gauche du bataillon, un peu en avant ; ces compagnies ne font point partie des bataillons. Les officiers de ces deux compagnies saluèrent aussi ces dames de la même manière. Il n'y a rien de plus beau à voir que le bataillon qui est ici, et rien de mieux tenu.

Du dimanche 21. — Avant-hier, jour de Saint-Gervais et Saint-Protais, fête du patron du diocèse de Soissons, le

Roi fut au salut. C'est la première fois que M. le Dauphin ait monté dans le carrosse du Roi à Compiègne ; il étoit à côté du Roi ; sur le devant étoient M. le duc d'Orléans, M. le duc de Chartres et M. le Premier, et aux deux portières : M. de Béthune, du côté du Roi, et M. de Châtillon, du côté de M. le Dauphin. Ils montèrent tous deux en même temps pour éviter tout sujet de contestation. Il y avoit outre cela un des deux carrosses de M. le Dauphin. Hier le Roi fut à la chasse. Il partit d'ici dans sa gondole avec huit dames, savoir : les deux princesses, Mme de Mailly, Mlle de Nesle, Mmes de Châtillon et de Fleury, Amelot et de Talleyrand. Pour la chasse, les dames se partagèrent dans deux calèches ; Mademoiselle étoit dans l'une, et Mlle de Clermont étoit dans l'autre. Il y eut le soir souper dans les cabinets. M. le Duc, qui étoit venu de Chantilly au rendez-vous, soupa avec le Roi, mais il n'y eut point de dames à cause du jour maigre.

Du dimanche 28, *Compiègne.* — J'ai été à la campagne (à Chaulnes, à onze lieues d'ici) depuis le lundi 22 jusqu'au jeudi 25. Pendant ce temps, il y a eu trois chasses et deux ou trois soupers dans les cabinets, toujours avec des dames, les mêmes à peu près qu'à l'ordinaire, excepté Mme de Mailly, qui n'a point été à la chasse parce qu'elle étoit de semaine ; mais elle a été des soupers. Mmes de Châtillon et Amelot ont soupé dans les cabinets pendant cet intervalle. Samedi, il y eut chasse. Mmes les Duchesses sont ici de mercredi ; elles furent samedi à la chasse ; elles partirent d'ici en calèche avec Mme de Rohan et M. de Lassay. Le Roi partit dans sa gondole avec Mademoiselle (Mlle de Clermont est à Chantilly d'avant-hier), Mlle de Nesle, Mme de Talleyrand et Mme de Montauban. Il y eut souper dans les cabinets, mais seulement avec des hommes.

Hier, on fit ici la publication de la paix dans la ville. Aujourd'hui, on a chanté le *Te Deum* dans l'église de

Saint-Corneille, qui est la principale paroisse d'ici. M. l'évêque de Soissons (l'abbé de Fitz-James, qui a été sacré depuis peu à Rouen par l'archevêque et qui est ici depuis quelques jours) officioit; il est venu en crosse et en mitre à la porte de l'église et a harangué le Roi; c'est l'usage lorsque les évêques arrivent dans leur diocèses et que le Roi y est, qu'ils aient l'honneur de le haranguer la première fois qu'ils officient devant S. M. Je n'ai point entendu la harangue; le bruit des tambours pour l'arrivée du Roi et de la Reine m'en ayant empêché. Je n'ai entendu que quelques phrases; il m'a paru que M. de Soissons parloit bien et à voix haute; on dit qu'il a de la facilité à parler. Le Roi a entendu les vêpres, après lesquelles a été le *Te Deum*. M. le prince de Dombes, M. le comte d'Eu et M. de Penthièvre, M. de Béthune et M. d'Aumont étoient dans le carrosse du Roi, et MM. de Béthune, d'Aumont et de la Rochefoucauld étoient derrière le Roi avec chacun un carreau; M. de la Rochefoucauld n'en avoit point; il est dans l'usage de n'en jamais porter. M. d'Humières n'est point venu avec le Roi; il étoit à Saint-Corneille sur la première marche du sanctuaire avec son carreau. Le Roi étoit sur son prie-Dieu au milieu du sanctuaire; nous étions plusieurs qui n'avions pas porté de carreaux; M. de Fleury et moi nous étions vis-à-vis du Roi; M. de Luxembourg et M. de Villars étoient derrière; M. de Villars avoit aussi son carreau; mais M. d'Humières ayant aperçu Mme la duchesse de Rochechouart qui n'en avoit point apporté, lui donna le sien. Cette politesse a donné lieu à des compliments entre M. d'Humières et M. de Villars, qui ne se sont mis ni l'un ni l'autre sur le carreau qui restoit.

Du 29, Compiègne. — La Reine entend ici tous les dimanches et fêtes la grande messe à la paroisse Saint-Jacques. Hier, elle n'arriva à Saint-Corneille qu'après le Roi. M. de Soissons, qui, après sa harangue, avoit marché devant le Roi et avoit commencé les vêpres, n'avoit pu lui rendre aucuns honneurs; elle fut seulement encensée immédiatement après le Roi par le prieur de Saint-Corneille. Aujourd'hui, M. de Soissons est venu recevoir la Reine à la porte de l'église Saint-Jacques, en rochet et camail, et l'a haranguée; il n'a point officié, mais il a donné la bénédiction à la fin de la messe. Il officie à vêpres, encore à Saint-Corneille; le Roi et la Reine y vont. Mme de Mailly et Mlle de Nesle étoient hier au *Te Deum* dans les tribunes en haut, à gauche du Roi mais peu éloignées de lui.

Mme de Clermont-d'Amboise mourut il y a quelques jours à Chatou; il y avoit longtemps qu'elle étoit malade de la poitrine; elle étoit fille de M. le maréchal de Berwick, et avoit épousé M. de Resnel (1), fils de Mme la duchesse de Saint-Pierre, d'un premier mariage; elle laisse quatre enfants, deux garçons et deux filles.

JUILLET.

Suite du séjour de la cour à Compiègne. — École d'artillerie; perfection de l'école de la Fère. — Le Roi fait changer les gardes d'une serrure des cabinets dont le Cardinal avoit la clef. — Mort de M. de Saint-Fargeau. — Revue du régiment du Roi et de plusieurs détachements de divers régiments; perfection de leur tenue et de leur instruction. — Manœuvres et exercices en forme de bataille; pont construit sur l'Oise. — Attaque d'un ouvrage de fortification. — Mort de M. Dufay et de Mme de Souvré. — On fait sauter plusieurs mines; précision des travaux des mineurs. — Le roi soupe chez le maréchal de Biron. — Dépenses du siége du polygone de Compiègne. — Bruits à propos du mariage du comte d'Eu avec Mlle de Nesle. — Dispute à l'occasion des entrées. — Présentation de Mme de Lichtenstein chez Mlles de Clermont et de la Roche-sur-Yon. — Le Roi, la Reine et le Dauphin vont à la grande messe à Saint-Jacques de Compiègne; le Roi blâme le duc d'Orléans sur son manque de politesse envers Mlle de Clermont; observations à ce sujet. — Arrangements pour le mariage de Madame. — Récompenses données aux troupes du camp. — Mort de l'abbé de Livry et du duc d'Uzès.

---

(1) Qui prit depuis le nom de Clermont-d'Amboise. (*Note du duc de Luynes.*)

— Conversation du Dauphin avec Mme de Luynes. — Préparatifs de l'ambassadeur d'Espagne pour le mariage de Madame.

Du mercredi 1er juillet, Compiègne. — Le Roi fut avant-hier au salut à Saint-Corneille, et en sortant il vit Mademoiselle à la fenêtre de son entresol; il lui dit qu'il la prioit à la chasse et à souper. Hier, S. M. fut courre le cerf, et mena dans sa gondole Mademoiselle, Mme de Mailly, Mlle de Nesle et Mme d'Antin. Mlle de Clermont étoit arrivée la veille de Chantilly; mais comme la Reine alloit à la chasse, elle mena Mlle de Clermont et Mme la Duchesse la jeune; Mme la princesse de Rohan étoit la quatrième dans la calèche de la Reine. Mme de Luynes ni Mme de Mazarin n'avoient point suivi la Reine. Le soir il y eut souper dans les cabinets; Mlle de Clermont y soupa et Mme de Chalais, outre les quatre que je viens de nommer, que le Roi avoit menées dans sa gondole.

Du 3, Compiègne. — Le Roi fut hier à l'école d'artillerie malgré le mauvais temps; il fut dans une gondole avec M. le Dauphin, Mademoiselle, Mlle de Clermont, Mme de Mailly, Mlle de Nesle, Mme de Maurepas, M. le duc de Villeroy, qui monta ensuite, et puis M. de Châtillon; M. de Chaulnes, qui se présenta, fut nommé immédiatement après pour la seconde gondole avec plusieurs autres. On ne peut assez louer la perfection à laquelle on est parvenu dans l'école de la Fère; le Roi en parut très-satisfait, et fit donner 50 louis au bataillon.

Du samedi 4, Compiègne. — Le Roi a été ce matin à la chasse. Comme la Reine avoit pris la résolution dès hier d'aller à cette chasse et d'y mener Mademoiselle et Mlle de Clermont, et que M. le Dauphin devoit aussi courre en calèche, Mme de Mailly craignoit de ne pouvoir point avoir une des calèches du Roi; cependant tout se trouva arrangé hier au soir. Le Roi est parti ce matin dans une gondole, et a mené avec lui Mmes de

Chalais, d'Antin, de Mailly et Mlle de Nesle, et elles ont eu une calèche et des chevaux pour la chasse. La Reine a mené Mme la Duchesse la jeune, Mademoiselle et Mlle de Clermont; Mme de Chevreuse étoit à une des portières et Mme de Bouzols à l'autre.

Du 6, Compiégne. — Hier, tout le monde étoit persuadé que le Roi iroit souper au camp; ce bruit même fut confirmé après la messe du Roi, parce que S. M. dit qu'il ne vouloit point dîner; cependant il y eut souper à l'ordinaire au grand couvert, après lequel le Roi joua à l'hombre et ne sortit point. M. le comte d'Eu donna un grand souper; il y avoit sept dames, savoir : Mademoiselle, Mlle de Clermont, Mme de Mailly et Mlle de Nesle, Mme de Fleury, Mme de Chalais et Mme de Talleyrand, et beaucoup d'hommes; il y avoit une illumination; l'on but à la santé du Roi et l'on tira le canon.

J'appris il y a quelques jours une circonstance arrivée dans le commencement du voyage. M. le cardinal de Fleury étoit dans l'usage d'entrer dans les cabinets du Roi par une porte de derrière dont il avoit la clef. Ayant été averti pour le travail, il donna à Barjac sa clef pour lui ouvrir la porte; Barjac n'ayant pu en venir à bout, M. le Cardinal crut que c'étoit sa faute et y essaya lui-même; le bruit fut entendu du cabinet, et l'on vint ouvrir. M. le Cardinal ayant conté au Roi ce qui venoit de lui arriver, S. M. lui dit qu'il avoit fait changer les gardes (1).

On a appris ces jours-ci la mort de M. de Saint-Fargeau, fils unique de M. le Pelletier des Forts; il laisse un fils et une fille.

Du mercredi 8, Compiégne. — Dimanche dernier, le

---

(1) *Gardes*, en termes de serrurier, se dit de la garniture qui se met dans une serrure pour empêcher que toutes sortes de clefs ne l'ouvrent. Ces gardes consistent en de petites pointes ou lames de fer qui sont tellement disposées pour entrer dans les dents ou les fentes du panneton de la clef, que pour peu qu'il y ait de changement, la clef ne tourne plus; et quand on dit changer les gardes, c'est changer ces petites pièces de fer. (*Dict. de Trévoux.*)

Roi fit dire à Mᵐᵉ la Duchesse qu'il comptoit lui donner à souper le lendemain dans ses cabinets et qu'elle pouvoit y amener qui elle voudroit. Le lendemain lundi, Mᵐᵉ la Duchesse fut à la chasse et partit une heure après le Roi; elle mena avec elle Mᵐᵉ sa belle-fille, Mᵐᵉ d'Egmont et M. de Lassay; elle avoit averti Mᵐᵉ de Sassenage, la veille, pour le souper. Le Roi partit dans sa gondole avec Mademoiselle, Mˡˡᵉ de Clermont, Mᵐᵉ de Mailly, Mᵐᵉ Amelot. Mᵐᵉ de Sassenage étoit allée à la suite de la Reine à l'école d'artillerie. La Reine étant rentrée dans le moment que le Roi se mit à table, Mᵐᵉˢ les Duchesses entrèrent dans les cabinets avec Mᵐᵉ d'Egmont, et Mᵐᵉ la Duchesse lui dit ce qui avoit retardé Mᵐᵉ de Sassenage. Le Roi ordonna qu'on l'allât avertir de venir se mettre à table.

Le régiment du Roi arriva hier; le Roi alla les voir arriver, ensuite il les vit camper, et lorsqu'ils furent campés il se promena à la tête et à la queue du camp. S. M. avoit commencé par voir les tentes de M. le duc de Biron. On ne peut assez louer la beauté de ce régiment. Aussitôt qu'il fut arrivé, M. de Biron envoya une garde à la tente de M. le comte d'Eu, ce qui est suivant la règle pour le général; mais M. le comte d'Eu la renvoya. Aujourd'hui les détachements de douze cents hommes sont arrivés. M. le Dauphin a été les voir arriver, et le Roi a été voir, auprès de la croix Saint-Oyen, l'épreuve d'une pièce de canon qui tire plusieurs coups de suite.

Du Vendredi 10, Compiègne. — Hier, le Roi fit la revue de son régiment et des détachements. On disoit dès le matin que le Roi iroit souper au camp, mais on n'en étoit pas absolument certain. M. de Biron donnoit un grand dîner au camp, où étoient la plupart de ceux qui ont l'honneur ordinairement de souper dans les cabinets avec le Roi. Le Roi étant parti à trois heures dans sa gondole, ceux qui avoient dîné au camp ne purent se présenter pour avoir l'honneur de suivre S. M. Le

Roi monta à cheval, passa à la tête du régiment et dans tous les rangs; ensuite il vit les soixante-huit compagnies l'une après l'autre, le livret à la main comme un inspecteur. C'est un honneur que le Roi ne fait qu'à son régiment. La Reine étoit à cette revue dans ses carrosses, et M. le Dauphin en calèche. M. le Dauphin se plaça à pied à côté du cheval du Roi. La Reine étoit presque vis-à-vis le Roi, cependant un peu sur la droite. M. le comte d'Eu s'étoit trouvé à la tête du régiment du Roi, à cheval, et avoit salué S. M. de l'épée comme général, mais il ne suivit point le Roi lorsqu'il fit la revue des compagnies. M. le comte d'Eu étoit venu avant l'arrivée du Roi voir le régiment et les détachements. Lorsque le régiment défila devant S. M., après avoir salué le Roi, il salua aussi la Reine ; quoiqu'elle fût, comme je l'ai dit, presque vis-à-vis du Roi. Ce régiment est campé dans la prairie, la gauche appuyée à Venette et la droite à la rivière. Après la revue du régiment, le Roi alla voir les détachements qui sont campés auprès de la forêt en deçà de la rivière ; mais ils avoient passé sur le pont de pontons et étoient venus dans la prairie entre la batterie et le grand chemin. Le Roi passa seulement à la tête et dans les rangs des détachements. Ces douze cents hommes de détachement sont, comme je l'ai déjà marqué ci-dessus, des régiments de Bourbonnois, Blaisois et Gondrin. C'est M. de Péreuse, parent de M. d'Angervilliers, qui est colonel du régiment de Blaisois, M. de Boufflers de Bourbonnois, et M. d'Antin de Gondrin. On ne peut assez louer, comme j'ai déjà dit, la beauté du régiment du Roi, qui paroît encore davantage parce qu'ils sont habillés de neuf. On a remarqué aussi que les officiers, qui sont au nombre d'environ deux cents, saluoient à merveille. Il m'a paru qu'on a trouvé que les détachements, tant en officiers qu'en soldats, avoient encore plus l'air de guerre, et cela est aisé à comprendre étant choisis sur tout le corps. Le détachement de Bourbonnois est celui de tous qui a été le plus admiré; les soldats y sont de jolie figure et tous égaux; ils marchent d'une perfection si grande que ni majors, officiers et sergents ne sont obligés de leur dire la moindre chose; ils font leurs mouvements avec vivacité et marchoient ensemble retournant, à leur camp avec la même régularité qu'en passant devant le Roi, ce qui prouve qu'ils ont été bien exercés; à cette revue des détachements, la Reine étoit un peu avant le Roi, et entre elle et le Roi étoit M. le Dauphin. Les officiers saluèrent d'abord la Reine; mais comme M. le Dauphin étoit trop près du Roi, M. de Châtillon leur fit observer qu'ils ne pouvoient le saluer. Après cette revue, le Roi alla à la batterie, ou école d'artillerie, qu'il fit tirer plusieurs fois devant lui et dont il parut s'amuser beaucoup. Le Roi avoit mis pied à terre et s'étoit débotté, et alla de là au camp de M. le comte d'Eu à pied par-dessus le ponton. Mademoiselle se trouva chez M. le comte d'Eu avec Mlle de Clermont, Mme de Mailly, Mlle de Nesle, Mme la maréchale d'Estrées, Mme la duchesse de Ruffec. Le Roi trouva bon que M. de Vallière, M. de la Borie, lieutenant-colonel du bataillon Royal-Artillerie, et M. le chevalier d'Allemans, lieutenant-colonel du régiment du Roi, eussent l'honneur de souper avec lui. Il y avoit une grande illumination devant la tente de M. le comte d'Eu. On fit pendant le souper plusieurs décharges du parc d'artillerie auxquelles répondoit celle du polygone et celle de la batterie. Le Roi revint avant deux heures. Ce doit être dimanche que commenceront les opérations de guerre; la première sera l'attaque du pont; le passage de la rivière sera disputé.

Du samedi 11, *Compiégne.* — J'ai appris quelques circonstances du souper que le Roi fit hier au camp. On prétend que M. le comte d'Eu avoit dit dès le matin devant plusieurs personnes que le Roi iroit souper chez lui; cependant il paroissoit le matin que cette nouvelle n'étoit point certaine et on se la disoit à l'oreille. On m'a dit aussi que le Roi avoit dit à M. le comte d'Eu qu'il ne mèneroit à ce souper que ceux qu'il mèneroit dans ses carrosses. Ce qui est certain, c'est que M. de Soubise, M. de Chalais, M. de Croissy, le grand maréchal et plusieurs autres crurent qu'allant dîner au camp chez M. de Biron, il seroit inutile qu'ils revinssent au château à trois heures se présenter pour les carosses du Roi, qu'il suffiroit qu'ils eussent l'honneur de suivre le Roi à toutes les revues et de là le suivre à la tente de M. le comte d'Eu ; c'est ce qu'ils firent effectivement et demeurèrent même quelque temps dans la tente de M. le comte d'Eu ; et voyant qu'on ne leur disoit mot et qu'on avoit servi le souper, ils se retirèrent. Mme de Mailly, voyant que le Roi n'auroit point ses joueurs ordinaires pour le cavagnole, lui proposa d'envoyer chercher ces messieurs. Le Roi répondit qu'il ne vouloit point qu'on y envoyât ; il le répéta même par trois fois, paroissant fâché de ce qu'ils n'y étoient pas. Cependant il leur avoit parlé à la batterie de l'école et leur parla encore hier comme à l'ordinaire. M. le comte d'Eu avoit fait venir de son bataillon une garde pour le Roi, mais il fit des fautes dans cette occasion ; l'une de ne demander qu'une garde comme pour lui, et il l'auroit fallu plus considérable pour le Roi ; et l'autre de ne pas demander une garde du régiment du Roi, qui, comme plus ancien, devoit avoir cette préférence. M. le duc de Biron avoit aussi suivi le Roi jusqu'à la tente de M. le comte d'Eu, et n'entendant parler de rien s'étoit retiré. Le Roi parla beaucoup pendant le souper à M. de Vallière, à M. le chevalier d'Allemans et à M. de la Borie ; il entra même avec eux dans des détails des actions où ils s'étoient trouvés, des risques qu'ils avoient courus et de leurs blessures ; il parla aussi beaucoup aux autres officiers qui avoient l'honneur de lui faire leur cour. M. le chevalier d'Allemans me conta hier que M. le comte d'Eu lui dit, le jour de la revue, qu'il avoit demandé au Roi qu'il eût l'honneur de souper avec S. M., et que le Roi lui avoit accordé; il m'ajouta que ce même jour d'hier il avoit dîné chez M. le Cardinal; que M. le Cardinal, à qui il avoit parlé de ce souper, lui avoit répondu que M. le comte d'Eu lui avoit demandé que M. de Vallière et M. de la Borie eussent l'honneur de souper avec le Roi, et qu'il avoit répondu qu'il y consentoit, mais à condition expresse que M. d'Allemans auroit le même honneur.

Du dimanche 12. — Hier, le régiment du Roi fit un exercice en forme de bataille, deux bataillons contre les deux autres; le premier et le second bataillon avoient leur uniforme blanc, et le troisième et le quatrième avoient leurs surtouts bleus. La Reine fut voir cet exercice et M. le Dauphin. La manœuvre se fit fort bien, et sans aucun accident qu'un soldat blessé très-légèrement d'un coup de baïonnette, à qui M. le Dauphin donna pour boire. M. de Biron n'étoit à la tête ni de l'un ni de l'autre parti, mais il resta toujours auprès de la Reine et ensuite auprès de M. le Dauphin, lorsque la Reine fut partie. Il y avoit eu la veille une petite difficulté au sujet de cet exercice; M. de Biron me l'a contée aujourd'hui. Il avoit envoyé le major du régiment chez M. le comte d'Eu recevoir ses ordres, parce que suivant la règle nulle troupe dans un camp ne doit prendre les armes sans l'ordre du général; c'étoit donc une déférence convenable, mais la permission devoit être sans difficulté. Cependant M. le comte d'Eu ne répondit point décisivement, et dit seulement qu'il falloit qu'il prît l'ordre du Roi et qu'il parlât à M. le Dauphin. M. de Châtillon, de son côté, avoit demandé l'ordre au Roi pour mener M. le Dauphin à cet exercice; il apprit la difficulté de M. le comte d'Eu; il envoya prier M. de Biron de la part de M. le Dauphin de venir lui parler. M. de Biron ayant dit à M. de Châtillon l'ordre que le Roi lui avoit donné pour M. le Dauphin, M. de Biron envoya l'officier-major à M. le comte d'Eu lui rendre compte de l'ordre que le Roi lui avoit donné et lui dire que le régiment prendroit les armes. M. de Biron fut ensuite lui-même chez M. le comte d'Eu, et lui dit qu'il avoit rempli son devoir en envoyant recevoir ses ordres, mais qu'il y avoit une ordonnance du Roi pour que le régiment fît l'exercice, et que le même esprit de régularité l'avoit porté à lui en rendre compte et à le faire. M. le comte d'Eu lui fit sur cela toutes les politesses possibles et lui dit qu'il ne prétendoit lui faire peine en aucune occasion, et qu'au contraire même il le prioit de l'avertir s'il manquoit en quelque chose. M. de Biron saisit cette occasion pour lui parler de plusieurs fautes qu'il avoit remarquées, de ce qu'il n'avoit donné au Roi, le jour de son souper, qu'une garde de cinquante hommes et d'un drapeau, au lieu qu'elle devoit être de deux cents hommes et de deux drapeaux, et de ce que cette garde n'avoit pas été prise du régiment du Roi comme plus ancien, suivant la règle. M. de Biron lui ajouta que cette garde avec le drapeau blanc et un autre drapeau (parce que le drapeau blanc ne marche jamais seul) avoit été commandée et étoit toute prête dans le camp, mais que n'ayant pas reçu d'ordre elle n'en étoit pas sortie. Cette conversation fut accompagnée de beaucoup de politesses de part et d'autre, et même M. le comte d'Eu fut souper hier chez M. le duc de Biron sans en être prié.

C'étoit Mme de Mailly qui avoit demandé à dîner pour hier à M. de Biron, et ce fut elle qui y mena Mademoiselle, Mlle de Clermont, Mme de Chalais, Mme de Talleyrand et Mlle de Nesle.

Il paroît que M. le comte d'Eu n'est pas encore fort au fait de ce qui regarde le commandement, mais qu'il sait fort bien ce qui concerne l'artillerie, et que les officiers de ce corps en ont même été étonnés.

Du lundi 13, *Compiègne*. — Ce fut hier qu'on jeta le pont dans le même endroit où il avoit déjà été mis. Quoique cette manœuvre ne se fasse ordinairement que la nuit, on la fit à quatre heures et l'on donna la représentation d'une fausse attaque à cinq ou six cents pas du pont; pour rendre cette fausse attaque vraisemblable, il auroit fallu des bateaux, mais l'on se contenta de faire grand feu de part et d'autre. Il y avoit quatre pièces de canon du même côté de la rivière où on avoit commencé à jeter le pont; le canon et la mousqueterie furent fort bien servis et firent un feu fort égal pendant une heure et demie, et pendant ce temps-là le pont fut construit sans opposition. On avoit seulement envoyé des détachements, sur des bateaux, à la tête du pont, qui étoient supposés devoir être couchés sur le ventre pour n'être point aperçus. Le Roi étoit à cheval et la Reine dans ses carrosses. Dans le carrosse de la Reine étoient Mme la Duchesse la jeune, Mlle de Clermont et Mme de Luynes, Mme de Mailly et Mme d'Antin. On remarqua que le Roi resta fort longtemps auprès du carrosse de la Reine à faire la conversation.

Ce n'est que de cette année que l'usage a commencé ici que le Roi rendît le pain bénit à Saint-Jacques, ensuite la Reine, M. le Dauphin, etc. Une circonstance que l'on peut remarquer, quoique peu importante, c'est que la Reine, allant ici à la paroisse tous les dimanches, il s'est trouvé pour la première fois qu'elle étoit présente lorsqu'on rendit le pain bénit en son nom; mais cela ne change rien à l'usage ordinaire. A propos de cette cérémonie du pain bénit, M. de Sézile, trésorier des aumônes, me disoit, il y a quelque jours, que c'est lui qui par sa charge paye les frais du pain bénit; ces frais sont réglés à la somme de 1,000 livres.

Du mardi 14, *Compiègne*. — Le Roi fut hier souper au camp chez M. le duc de Biron. S. M. avoit trois gondoles ou calèches; elle mena avec elle Mademoiselle, Mlle de

Clermont, Mme la maréchale d'Estrées, Mlle de Nesle, Mme la duchesse de Ruffec, Mme de Sassenage et Mme la duchesse d'Antin. Mme de Mailly étoit de semaine et ne partit point avec le Roi; mais au sortir de chez la Reine elle alla au camp. Le Roi étoit seul dans sa voiture avec les sept dames et revint lui neuvième en comptant Mme de Mailly. M. le Premier et M. le duc de Villeroy étoient montés d'abord dans la même voiture du Roi, mais ils redescendirent et montèrent dans la seconde voiture; ce fut M. le Premier qui monta avant M. le duc de Villeroy. Il y avoit une grande illumination chez M. de Biron.

M. de Biron a tous les jours ici, soir et matin, deux tables servies en même temps, sans compter les officiers de piquet à qui il fait donner à manger à l'heure la plus commode pour eux, et des rafraîchissements que l'on donne toute la journée à toutes les personnes de connoissance. La grande table est de dix-huit ou vingt couverts, double service d'entrées et des glaces. On croit que le Roi ira faire collation ou souper un jour chez M. le comte d'Eu. M. de Biron pourroit espérer que la Reine lui fasse le même honneur; cependant comme à la mort de M. de Pezé, la Reine désiroit que M. de Nangis eût le régiment qu'il demandoit, et qu'elle n'a vu qu'avec peine qu'il fût donné à M. de Biron, M. de Biron est incertain si la Reine lui fera l'honneur d'aller chez lui; il paroît cependant que la Reine le traite bien et parle de lui avec bonté.

Du jeudi 16, *Compiègne.* — Avant-hier au soir, le Roi, au retour de la chasse, revint à cheval auprès du polygone. S. M. mit pied à terre, et on ouvrit la tranchée devant lui; le Roi voulut voir cette opération dans le plus grand détail. C'est M. de Vallière qui conduit cet ouvrage, et sous ses ordres les officiers d'artillerie. M. le chevalier d'Allemans étoit dans le polygone avec un détachement du régiment du Roi et des autres régiments. On fit un grand feu de mousqueterie et de canon sur les travailleurs qui dura plus de trois heures. Ce même jour, le Roi revint souper dans ses cabinets; Mmes les Duchesses y soupèrent, Mademoiselle, Mlle de Clermont, Mme de de Mailly et Mme d'Antin. Mlle de Nesle et Mme d'Antin avoient été à la chasse avec les deux princesses, mais Mlle de Nesle ne soupa point dans les cabinets. M. le comte d'Eu et M. le duc de Biron continuent à tenir un grand état ici soir et matin. Le chevalier d'Allemans a aussi une table et donne à manger tous les jours. Le Roi ne sortit hier que pour aller se promener à la tranchée et dans le polygone.

Du vendredi 17, *Compiègne.* — Hier, le Roi fut à la chasse; il mena à l'ordinaire les deux princesses dans sa gondole, Mlle de Nesle et Mme de Ségur. Mme de Mailly n'y fut point parce qu'elle est de semaine, mais elle soupa dans les cabinets. Le Roi fut au retour de la chasse, comme la dernière fois, voir la tranchée; il entra dans le polygone; M. le Dauphin étoit dans la demi-lune; on fit deux ou trois sorties et un grand feu de mousqueterie et de l'artillerie; on jeta même quelques bombes de carton qui étoient faites pour crever en l'air et dont quelques-unes tombèrent sans crever; il y eut un sergent du régiment de tranchée qui en reçut une sur la tête; il en est mort sur-le-champ. Ces bombes pèsent sept livres. Il y eut aussi deux ou trois personnes d'un peu blessées. C'est M. le comte d'Eu qui donne les ordres pour les différentes opérations que l'on doit faire. M. le chevalier d'Allemans, qui commande dans le polygone, lui demanda hier matin s'il trouveroit bon qu'il concertât avec les capitaines, qui sont avec lui dans le fort, les manœuvres qu'ils auroient à faire. M. le comte d'Eu le trouva bon; cependant M. d'Allemans reçut un ordre, par écrit, de la manière dont il devoit faire ses sorties, et remarqua que dans le terrain par où il devoit sortir d'un des côtés du polygone, il y avoit un terrain plus bas, que le détachement ne pouvoit apercevoir, et dans lequel il étoit à craindre qu'on ne pût cacher quelques troupes d'infanterie qui, prenant le détachement par derrière et coupant sa retraite, l'auroit obligé à mettre les armes bas. M. le chevalier d'Allemans sentit l'inconvénient de faire sa sortie de ce côté-là; il la fit d'un autre. C'étoit effectivement l'intention de M. le comte d'Eu de faire couper ce détachement. Il demanda à M. d'Allemans pourquoi il n'avoit pas agi suivant l'ordre; M. d'Allemans lui en expliqua les raisons, et lui dit qu'il avoit cru devoir profiter de la permission qu'il lui avoit donnée de concerter avec les officiers qui étoient avec lui les manœuvres qu'il avoit à faire. Cela fut une occasion d'une petite contestation tant avec M. le comte d'Eu qu'avec M. de Vallière; mais cela fut court et n'a point eu de suite. On peut dire que la règle est d'obéir à l'ordre du général, mais qu'effectivement la manœuvre paroissoit désagréable à faire. Je joins ici le plan du polygone et des attaques (1). La méthode qu'on a suivie est de laisser un jour d'intervalle entre chaque opération pour perfectionner les tranchées.

Du mardi 21, *Compiègne*. — Le Roi va tous les jours se promener à la tranchée pour voir le travail que l'on a fait pendant la nuit. M. le Dauphin a suivi aussi avec beaucoup d'exactitude toutes les opérations de ce siége. Il monta à cheval, il y a trois ou quatre jours, pour la première fois, et il y monta encore hier. M. le Dauphin a aussi commencé à jouer ici à la paume; il y a joué huit ou dix fois.

Avant-hier, se fit l'attaque des deux lunettes de droite et de gauche, et du chemin couvert. Le logement fut fait sur le glacis. Il y eut des sorties qui furent repoussées. M. le Dauphin étoit dans la demi-lune et le Roi

---

(1) Ce plan ne s'est pas retrouvé dans les papiers du duc de Luynes. Un plan de l'attaque du fort de Compiègne a été gravé en 1739 par Dupain.

étoit assis dans la tranchée vis-à-vis la demi-lune; le Roi étoit au milieu des dames; Mademoiselle à sa gauche, Mme de Mailly à sa droite. Hier, l'on fit sauter plusieurs des mines, supposant que les assiégeants, qui s'étoient logés dans les deux lunettes, sautant par l'effet des mines, les assiégés pourroient reprendre ces deux ouvrages.

Hier, le Roi fut à la chasse avec les deux princesses, Mme de Mailly et Mlle de Nesle; elles soupèrent toutes quatre dans les cabinets, et outre cela Mme d'Antin, qui n'avoit point été à la chasse, et Mme de Sassenage qui y avoit été avec Mlle de la Roche-sur-Yon.

Ce matin, on a fait sauter le reste des mines; on avoit fait une chaîne pour éloigner beaucoup ceux qui voudroient avoir la curiosité de voir de trop près; mais comme les mines étoient fort bien faites, l'effet s'en est fait presque perpendiculairement et assez haut.

Il paroît que le départ du Roi et de la Reine est décidé. La Reine doit partir le 3 pour Chantilly, y demeurer le 4, et arriver le 5 à Versailles : le Roi partir le 4 pour Chantilly, y demeurer le 5, aller à la Meutte le 6, et le 7 à Versailles.

On apprit hier la mort de M. du Fay (1); il étoit de l'Académie; il s'étoit particulièrement appliqué à l'histoire naturelle, et étoit chargé du Jardin Royal; cette place ne vaut qu'environ 3,000 livres; elle dépend de M. de Maurepas.

Il y a déjà quelques jours que l'on sait la mort de Mme de Souvré; elle étoit Feuquières et veuve de M. de Souvré, maître de la garde-robe du Roi; son fils a eu cette charge à la mort de son père.

Du mercredi 22, Compiègne. — Hier le Roi courut le cerf. Au retour de la chasse, il vint droit au polygone; les troupes y étoient depuis huit ou neuf heures du

---

(1) Charles-François de Cisternay du Fay, reçu à l'Académie des sciences en 1723, intendant général du jardin royal des Plantes.

matin. J'ai marqué qu'on avoit fait sauter toutes les mines; mais je me suis trompé, il en restoit encore deux ou trois qui ont sauté depuis; c'étoient celles que l'on supposoit faites par les assiégeants; on fit sauter une des faces de la demi-lune, et une autre mine fit sauter le rempart pour faire la brèche. On avoit pris beaucoup de précautions aux premières mines pour éloigner tout le monde, mais l'expérience ayant fait voir qu'il n'y avoit aucun danger et que les officiers de mineurs étoient sûrs de l'effet, le Roi et la Reine demeurèrent dans la tranchée pendant l'effet des mines, et même assez près. Effectivement, à l'une de ces mines, l'officier qui l'avoit fait faire dit que l'ouverture ou entonnoir qui se feroit par l'effet de la mine ne seroit que de huit toises; lorsque la mine eut joué on mesura cette ouverture, elle ne se trouva que de huit toises et demie. Il y eut d'abord une attaque assez vive pour emporter la demi-lune, mais la plus vive fut à la descente du fossé; on ne peut voir un feu de mousqueterie et d'artillerie plus vif qu'il le fut pendant une demi-heure. Les assiégés avoient fait un retranchement en dedans de la place, supposant que cette dernière ressource serviroit à leur capitulation. Effectivement, comme les grenadiers montoient à l'assaut on battit la chamade et on arbora le drapeau blanc. M. d'Allemans envoya par un officier au Roi les articles de la capitulation par lesquels il demandoit les honneurs de la guerre, six pièces de canon, un nombre de mortiers et chariots couverts. Le Roi retrancha quelques-unes des conditions; on donna des otages, ensuite les assiégeants s'étant mis en haie suivant la règle, les assiégés sortirent par la brèche et passèrent entre les deux haies, M. le chevalier d'Allemans à pied, à la tête; il salua le Roi en passant; ce qui est encore d'usage. C'étoit un vrai spectacle que de voir de dessus la brèche les grenadiers prêts à monter, et remplissant le fossé, un prodigieux nombre de spectateurs sur le chemin couvert et dans la demi-lune, et le Roi et la Reine sur la gauche de la brèche avec une cour nombreuse.

Le Roi alla de là souper chez M. de Biron; il y avoit de dames : Mademoiselle, Mlle de Clermont, Mme de Mailly, Mlle de Nesle, Mme la maréchale d'Estrées, Mme d'Antin, Mme de Chalais, Mme de Sourches. Au précédent souper, le Roi avoit mandé à Mme de Sourches d'y venir; sa santé l'en avoit empêchée; il l'envoya avertir pour celui-ci. Avant-hier, le Roi, en sortant, demanda à M. de Biron s'il ne vouloit donc pas lui donner encore à souper; M. de Biron répondit qu'il le désiroit beaucoup mais qu'il n'osoit s'en flatter; le Roi lui dit : « Le plus tôt sera le mieux, j'irai demain. » Au premier souper, ç'avoit été M. le maréchal de Biron qui avoit commencé à servir S. M.; le Roi le renvoya peu de temps après; ce fut M. de Chapiseau qui acheva de servir S. M. Hier M. le duc de Biron présenta la serviette au Roi en se mettant à table et en sortant; il vouloit servir le Roi, mais S. M. le fit mettre à table, et ce fut M. de Chapiseau qui le servit. M. de Biron avoit si bien pris ses mesures que lorsque le Roi arriva chez lui, il l'avertit qu'il étoit servi; le souper fut assez long; il y eut après un cavagnole, et le Roi revint ici à trois heures du matin.

M. le duc de Biron donne encore aujourd'hui à souper aux princesses; il les a priées, ne comptant point leur en avoir donné, parce que la première fois qu'elles ont soupé chez lui, c'étoit Mme de Mailly qui lui avoit demandé à souper et qui y avoit mené les deux princesses, et que les deux autres fois c'étoit le Roi qui les y avoit menées. Ces princesses sont Mademoiselle et Mlle de Clermont. Elles mènent avec elles Mme de Mailly et Mlle de Nesle, Mme de Ruffec et Mme la maréchale d'Estrées.

On estimoit qu'il en coûteroit au Roi, à l'occasion du siège, 100,000 écus d'extraordinaire: M. le contrôleur général, à qui j'en ai parlé, ne croit pas que cela passe

50,000 écus; cela dépendra cependant des gratifications que le Roi jugera à propos de faire. Les dépenses extraordinaires consistent au bataillon de milice qui a travaillé pendant six semaines, avant l'arrivée du Roi, au polygone, aux travailleurs qu'on a employés et payés à raison de 10 sols par jour pendant le temps du siége, au transport de l'artillerie, des poudres et boulets et à la consommation des poudres. L'arsenal de Paris, qui est chargé de toutes les poudres qui se fabriquent ou débitent dans le royaume, en a fourni pour ces opérations-ci de guerre quatre-vingt dix-sept milliers, mais on compte qu'il n'y en a que soixante milliers d'employés. La poudre revient à 5 sols au Roi. J'oubliois encore dans le nombre des dépenses, ce que le Roi a donné de haute paye aux troupes qui ont été ici, ce qui je crois va à 2 sols par jour.

Il y a plusieurs raisonnements par rapport au siége du polygone. Beaucoup de gens ont dit que ces manœuvres de guerre étoient prématurées pour M. le Dauphin et pas assez grandes pour le Roi et pour faire un spectacle à la Cour; d'autres ont prétendu que ceci ne devoit être regardé que comme le camp du régiment du Roi, que S. M. avoit été bien aise de voir; que l'on y avoit joint l'école de la Fère dans la vue de faire faire ici les mêmes opérations que l'on fait à la Fère toute l'année, ce qui étoit un amusement à donner à M. le Dauphin et à la Cour; que l'on pouvoit ajouter à ces réflexions que les manœuvres de guerre ont été faites avec une si grande précision qu'elles ont pu servir d'instruction même aux militaires, n'étant jamais faites avec la même justesse ni autant de sang-froid quand elles sont vraies, et que ce spectacle peut même n'être pas inutile au Roi, qui l'a suivi avec application et qui en sera plus à portée de connoître les détails dont on lui rend compte journellement en temps de guerre.

Il y a déjà plusieurs jours que l'on sait que Mme la duchesse de Rochechouart ne va plus avec Mme d'Antin au voyage de Madame. Mme de Rochechouart, qui est grosse, ne va plus par cette raison à ce voyage. Mme de Tessé a demandé à la remplacer; on disoit que l'ambassadeur d'Espagne s'y opposoit parce que les grands d'Espagne doivent avoir les mêmes honneurs que les ducs, et que la grandesse de Mme de Tessé est plus ancienne que le duché de Mme d'Antin. Mme d'Antin cependant a toujours la patente du Roi pour commander la maison de Madame, en cas de maladie de Mme de Tallard. La même raison d'ancienneté auroit été pour Mme de Rochechouart qui est aussi grande d'Espagne; mais son extrême jeunesse avoit levé toutes ces difficultés, car son duché est aussi plus ancien que celui de Mme d'Antin; cependant Mme de Tessé a été nommée; cela est déclaré d'hier.

On continue toujours ici à parler du mariage de M. de Guise avec Mlle du Maine; il paroît que Mme la duchesse du Maine ne s'y oppose point; elle demande seulement qu'on lui fasse voir 50,000 livres de rente. On prétend que la succession de feu M. de Guise monte à 152,000 livres de rente, sur quoi il y a 1,500,000 livres de dettes, et 5 ou 600,000 livres de prétention de Mme de Richelieu.

On a parlé aussi beaucoup d'un mariage moins vraisemblable, qui est celui de M. le comte d'Eu avec Mlle de Nesle; on prétendoit que le Roi assuroit en faveur de ce mariage le rang des légitimés à la postérité.

On croit que Madame partira immédiatement après le mariage; M. de la Mina continue à soutenir que les infantes d'Espagne, ayant le fauteuil devant le Roi et la Reine, Madame, devenue Infante, doit avoir le même traitement ici.

Il y eut il y a quelques jours ici une dispute de M. le duc de Gramont à l'occasion des entrées. A Versailles, au débotter, lorsque le Roi est habillé dans le cabinet du conseil, il passe dans le cabinet des perruques pour se poudrer; alors tout le monde sort, hors les entrées du cabinet qu'on appelle les entrées des quatorze, lesquelles restent dans le cabinet du conseil. Ici, l'usage n'est pas de même. Le Roi se débotte dans sa chambre et s'y poudre. M. de Gramont ne voulut pas sortir de la chambre dans le moment de la poudre, quoiqu'on l'eût averti; il prétend qu'il faudroit que le Roi passât dans le cabinet et qu'il ne restât que les entrées des quatorze sans autres personnes, ou bien qu'il doit rester au moment de la poudre. Cela n'est point encore décidé.

Du dimanche 26, Compiègne. — Mercredi dernier, Mme de Luynes présenta Mme de Lichtenstein chez Mlle de Clermont et chez Mlle de la Roche-sur-Yon. Mme de Lichtenstein n'avoit pas encore fait ces deux visites. Mme la Duchesse l'avoit menée chez Mademoiselle, et Mme la Duchesse étant partie, Mme l'ambassadrice pria Mme de Luynes qu'elles allassent ensemble chez ces deux princesses. Ces visites se passèrent suivant la règle et l'usage. Mlle de Clermont prit un fauteuil et en fit donner deux autres. Chez Mlle de la Roche-sur-Yon, il n'y avoit que trois fauteuils, et Mme d'Egmont s'y trouva; cela fit que, par honnêteté, Mme de Luynes et Mme d'Egmont se mirent chacune sur une petite chaise, laissant le fauteuil vide entre elles deux. À l'égard de la conduite, les deux princesses se contentèrent de la marquer. Les appartements d'ici ne donnent point d'espace pour reconduire entièrement.

J'allai jeudi à Chantilly, et j'en revins hier. J'appris en arrivant ce qui s'étoit passé le matin dans l'église de Saint-Jacques. C'étoit hier la fête du patron de cette paroisse. Le Roi, la Reine et M. le Dauphin furent à la grande messe. Le Roi et M. le Dauphin arrivèrent les premiers; ils n'étoient point sur un prie-Dieu au milieu du chœur, mais dans les stalles; le tapis de pied devant eux, suivant l'usage. A côté de M. le Dauphin, il y avoit une stalle vide; ensuite M. le duc d'Orléans et M. le duc de Chartres. La Reine arriva un moment après le Roi avec Mlle de Clermont, et alla prendre sa place. Comme toutes les stalles étoient remplies, Mlle de Clermont se trouva embarrassée pour se placer; elle dit même à M. le duc d'Orléans, auprès duquel elle étoit, qu'elle ne savoit où se mettre. M. le duc d'Orléans lui répondit : « Je sais bien où est ma place, je sais que c'est celle-ci; pour la vôtre, Mademoiselle, je ne sais où elle est. » Mlle de Clermont prit le parti de descendre aux stalles d'en bas; le Roi l'appela, et lui dit de monter en haut; elle s'en excusa d'abord, montrant au Roi qu'il n'y avoit point de place, le Roi la rappela, une seconde fois et voulut absolument qu'elle montât; elle obéit, et se mit à la place vide entre M. le Dauphin et M. le duc d'Orléans, et par conséquent au-dessus de M. le duc d'Orléans. Le Roi dit alors : « Il n'y a que les fils et les petits-fils de France qui aient le droit d'être impolis avec les dames. » Ces paroles ont été fort remarquées. Le Roi retourna l'après-dînée au salut et Mlle de Clermont reprit la même place qu'elle avoit eue le matin. Il y a encore quelques observations à ajouter par rapport à l'affaire d'hier arrivée à Saint-Jacques; il est vraisemblable et comme certain que le Roi avoit formé le projet de faire ce qu'il fit hier. Ce qui pourroit en faire douter, c'est que l'on a remarqué que la Reine parla tout bas au Roi pendant que Mlle de Clermont étoit encore en bas. Mlle de Clermont ne va point ordinairement chez la Reine le matin; il y avoit deux ou trois jours que le Roi la pressoit d'aller le jour de Saint-Jacques à la grande messe avec la Reine, disant que c'étoit pour qu'elle fût à portée de remettre à la Reine l'offrande. Voici quel étoit l'arrangement des stalles; il n'y en a que sept; le tapis de pied étoit vis-à-vis les cinq premières, dont deux étoient occupées par le Roi et la Reine, ensuite une vide, ensuite M. le Dauphin, puis une stalle vide, ensuite M. le duc d'Orléans et M. de Chartres. Lorsque Mlle de Clermont monta, elle occupa la place vide entre M. le Dauphin et M. le duc d'Orléans. Il fut arrangé dès le jour même que M. de Châtillon viendroit de la part de M. le Dauphin le soir au travail du Roi, ce qui fut exécuté hier au soir. Le Roi étoit seul avec M. le Cardinal. M. de Châtillon fit une espèce de représentation de la part de M. le Dauphin; M. le Cardinal parla peu; le Roi dit que ce qui avoit été fait n'étoit pas dans la règle, qu'il devoit toujours y avoir une stalle vide au-dessous de M. le Dauphin et qu'il vouloit même que cela fût écrit ainsi dans les registres : que la place étoit demeurée vide, et S. M. en a donné l'ordre. M. de Châtillon, lorsqu'il vit hier Mlle de Clermont si près de M. le Dauphin et par conséquent devant le bout du drap de pied, prit le parti de replier sur-le-champ le bout du drap de pied pour qu'il ne débordât pas la stalle de M. le Dauphin, et il n'a point été désapprouvé. M. le duc d'Orléans a cru devoir faire des représentations au Roi, et lui a dit qu'il ne connoissoit d'autre volonté que celle de S. M., mais qu'il croyoit devoir lui dire que cet arrangement n'avoit jamais été. Le Roi, à ce que l'on m'a dit, lui a répondu qu'il y en avoit des exemples, et que cela avoit été autrefois. Il paroît par cet exemple que la volonté du Roi est que les princesses passent toujours avant les princes du sang.

Ce fut Mme de Bouzols qui quêta hier ; malgré l'arrangement ci-dessus, elle quêta M. le duc d'Orléans et M. le duc de Chartres avant Mlle de Clermont.

Les arrangements sont faits et déclarés pour le mariage. C'est le vendredi 21 août que M. de la Mina viendra faire la demande; il est décidé que les grands d'Espagne qui sont en France ne l'accompagneront pas. Le mardi 25 se feront les fiançailles. On croit que ce sera dans la pièce avant la chambre du Roi. Le mercredi 26, le mariage dans la chapelle. Le Roi a ordonné beaucoup de gradins et des barrières; c'est M. de Gesvres qui a cet ordre, car cela regarde le premier gentilhomme de la chambre, quoique ce soit le capitaine des gardes qui donne les places. Le jeudi 27 sera le feu et la fête de M. de la Mina. On croit que Madame ira. On a fait plusieurs représentations par rapport à l'incommodité du jour maigre; mais elles n'ont rien changé à cet arrangement, et M. de la Mina a dit que cela ne l'embarrassoit pas. Le souper sera immédiatement après le feu, et le bal après le souper. Ce sera un bal paré si Madame y est, sinon un bal en masque. Le feu de l'hôtel de ville sera le samedi; la Reine le verra du Louvre, parce que ce feu se tirera sur le Pont-Neuf. Le dimanche sera le bal de l'hôtel de ville, et mardi, 1er septembre, Madame part.

Il paroît qu'il y a encore quelqu'incertitude sur le voyage de Marly; on en avoit annoncé un de quatorze jours pendant lequel le Roi feroit deux voyages de Rambouillet; mais cela n'est pas absolument décidé.

Il paroît certain que M. de Biron aura une gratification; on croit qu'elle sera de 10,000 écus. M. de Pezé en eut une de pareille somme la dernière année que le régiment du Roi parut à Fontainebleau devant S. M.

Avant-hier dimanche, le Roi fut au salut aux Minimes. M. le Dauphin étoit dans le carrosse du Roi à la gauche de S. M., M. le Premier et M. le duc de Fleury sur le devant, M. de Villeroy à la portière du côté du Roi, M. de Châtillon à celle du côté de M. le Dauphin. M. le Premier monta immédiatement après M. le Dauphin. J'ai appris à cette occasion qu'il avoit été décidé que M. le Premier monteroit toujours d'abord, et que le capitaine des gardes monteroit avant M. de Châtillon. Avant-hier, ils montèrent l'un par une portière, l'autre par l'autre.

Hier, le Roi fut à la chasse. Mademoiselle étoit incommodée. Mlle de Clermont fut en calèche avec Mme de Mailly, Mlle de Nesle, Mme la duchesse de Ruffec. Mademoiselle soupa pourtant dans les cabinets avec les quatre dames de la calèche et Mme la maréchale d'Estrées.

On a appris ces jours-ci la mort d'un fils de M. de Livry qui étoit abbé (il est mort à Toulon), et celle de M. le duc d'Uzès qui est mort le 19 à Uzès; il avoit environ soixante-six ou soixante-sept ans.

Du mercredi 29, *Compiègne*. — M. de Biron travailla hier avec le Roi; il ne fut point question de gratifications pour lui. Il obtint les croix de Saint-Louis et pensions qu'il demandoit; à l'égard de la gratification pour le régiment du Roi, de Royal-Artillerie et les autres détachements, elle a consisté en 2 sols de haute paye pendant tout le temps du susdit camp.

Du 30. — Le Roi fut hier courre le cerf. La Reine étoit à la chasse dans une des calèches du Roi; il y avoit avec elle Mlle de Clermont, Mlle de la Roche-sur-Yon et Mme de Luynes. Mademoiselle étoit dans une seconde calèche avec Mme de Mailly, Mlle de Nesle et Mme de Chalais. Au retour de la chasse, le Roi soupa dans ses cabinets avec Mademoiselle, Mlle de Clermont, Mme de Mailly, Mlle de Nesle, Mme la maréchale d'Estrées et Mme de Chalais. Mlle de la Roche-sur-Yon n'a pas soupé une seule fois avec le Roi pendant le voyage.

Le Roi court aujourd'hui le sanglier et soupera dans ses cabinets.

Du 31. — Le Roi soupa hier dans ses cabinets avec les deux princesses, Mme de Mailly et sa sœur, Mme de Chalais et Mme de Maurepas. M. de Maurepas avoit soupé la veille avec le Roi, ou la chasse d'auparavant.

Le départ du Roi pour Chantilly est avancé d'un jour; il part lundi de la chasse, et partira jeudi, après dîner, de Chantilly pour aller souper à Versailles, ou, s'il fait chaud, jeudi après souper.

Aujourd'hui jour de Saint-Ignace, quoique ce ne soit point fête, le Roi va au salut, aux Jésuites. Hier il demanda au P. de Linières si saint Ignace étoit fêté dans leur maison ici. Le P. de Linières lui répondit qu'il l'étoit, et n'ajouta aucune sollicitation pour engager le Roi à y aller. Le Roi, un moment après, dit : « J'y irai au salut. » S. M. soupe au grand couvert et va à onze heures ici à la comédie.

M. le Dauphin part demain pour Chantilly, et va dîner

dimanche à Saint-Denis et coucher à Versailles. Il a monté à cheval quatre ou cinq fois ici, et joué à la paume sept ou huit. Il continue à marquer de l'amitié, de la vivacité et de l'esprit. Aujourd'hui, chez la Reine, il disoit que l'on voyoit des Bénédictins partout ici. Mme de Luynes lui a dit qu'elle en avoit eu à sa toilette ce matin; M. le Dauphin avec vivacité lui a dit : « Eh bien, que leur avez-vous dit ? » Je leur ai dit, a répondu Mme de Luynes, que j'étois bien fâchée de ne m'être pas trouvée à la suite de la Reine le jour qu'elle avoit été chez eux à Saint-Corneille. » Un moment après, la Reine a dit qu'elle iroit dimanche au salut à Saint-Corneille; M. le Dauphin est venu avec vivacité à Mme de Luynes : « Au moins vous leur direz dimanche que vous êtes bien aise de vous trouver chez eux ; ce n'est pas que cela vous fasse un très-grand plaisir, mais vous leur direz sûrement. » Cela s'appelle comparer et réfléchir.

Les préparatifs de l'ambassadeur d'Espagne pour le mariage sont presque finis; on m'a dit aujourd'hui que les quatre carrosses seuls coûteroient 200,000 livres, et la livrée 120,000 livres; chaque habit de laquais coûte 800 livres ; il y en aura soixante-dix. On m'a ajouté qu'on lui avoit représenté qu'il auroit pu épargner 60,000 livres sur les dorures de ses carrosses, sans qu'on eût pu le remarquer. M. de la Mina a répondu qu'il avoit ordre de faire tout au plus magnifique. On compte effectivement que l'artifice, l'illumination et la décoration des dehors coûteront 100,000 écus et que la fête en total reviendra à environ 800,000 livres (1). La dépense de l'habillement des gentilshommes et écuyers monte à 50 ou 60,000 livres.

---

(1) M. de la Mina me contoit hier que le jour de la fête seule qu'il a donnée coûteroit 100,000 francs, indépendamment de l'illumination; c'est le roi d'Espagne qui paye toutes ces sortes de dépenses. (*Addition du duc de Luynes*, du 16 septembre 1739.)

TABLE ALPHABÉTIQUE
DES NOMS ET DES MATIÈRES

MENTIONNÉS DANS CE VOLUME.

A.

ADÉLAÏDE (Madame). *Voy.* FRANCE (Marie-Adélaïde de),
AGÉNOIS (Emmanuel-Armand du Plessis, comte d'), 108, 424.
AGNETTE, chanteuse, 168.
AGUESSEAU (d'). *Voy.* DAGUESSEAU.
AIGUILLON (la duchesse d'), nièce du cardinal de Richelieu, 212.
AIGUILLON (Mme d'), 437.
ALBE (Duc d'), 398.
ALBERGOTTI (Marquis d'), 67.
ALBÉRONI (Jules), cardinal, 134, 137, 142, 156, 178.
Alceste, opéra, 328.
ALÈGRE (M. d'), exempt des gardes du corps, 418.
ALEXANDRE, premier commis du bureau de la guerre, 22, 74.
Alexandre (Buste d'), 211.
ALINCOURT (Marie-Joséphine de Boufflers, duchesse d'), dame du palais de la reine, 190, 259.
ALLEMANS (Chevalier d'), lieutenant-colonel du régiment du Roi, 457-459, 462-464, 466.
AMBOISE (marquis d'). *Voy.* CLERMONT D'AMBOISE.
AMÉLIE (L'impératrice). *Voy.* GUILLELMINE-AMÉLIE.
AMELOT (Jean-Jacques), seigneur de Chaillou, ministre et secrétaire d'État au département des affaires étrangères, 11, 22, 32, 58, 114, 153, 158-160, 252, 312, 372, 393.
AMELOT (Anne de Vougny, Mme), femme du précédent, 380, 450, 455.
AMPUS (Louis-Joseph des Laurens, comte d'), capitaine des gardes du corps; 422, 434.
ANCENIS (François-Joseph de Béthune, duc d'), 416, 417.
ANCENIS (Marthe-Élisabeth de Roye de la Rochefoucauld, duchesse d'), dame du palais de la reine, 7, 99, 114, 184, 216, 271, 280, 315, 416.
ANCENIS (Le fils de Mme d'). *Voy.* BÉTHUNE.
ANCEZUNE (Joseph-André d'), 243.
ANCEZUNE (Françoise-Félicité Colbert, Mme d'), femme du précédent, 193, 225, 230, 231, 243, 283, 284.
ANDELOT. *Voy.* ANDLAU.

ANDLAU (Léonor, comte d'), mestre de camp de cavalerie, 106, 107.
ANDLAU (Mme d'), 97, 397, 420, 439.
Andromaque, tragédie, 289.
ANGERVILLIERS (Prosper-Nicolas Bauyn d'), ministre secrétaire d'État, 22, 43-47, 58, 77, 101, 105, 123, 124, 155, 161-163, 245, 284, 285, 343, 416, 448.
ANJONI DE FOIX (Claude d'), enseigne des gardes du corps, 120.
ANNE D'AUTRICHE, reine de France, 117.
ANNE IWANOWNA, czarine de Russie, 207, 208, 248, 258, 259, 307.
ANTIN (Julie-Françoise de Crussol, duchesse douairière d'), 98.
ANTIN (Louis de Pardaillan de Gondrin, d'abord duc d'Épernon, puis d'), 120, 189, 193, 407, 456.
ANTIN (Françoise-Gillone de Montmorency-Luxembourg, duchesse d'Épernon, puis d'), dame du palais de la reine, femme du précédent, 179-181, 190, 206, 225, 231, 242, 243, 263, 264, 272, 274, 275, 277, 278, 284, 285, 289, 298, 311, 313, 321, 341, 346, 348, 395, 402-408, 410, 424, 427, 431, 435, 445, 446, 449, 453, 454, 461-463, 465, 497, 469.
ANTIN (Louis de Pardaillan de Gondrin, marquis d'), fils du précédent, 120, 404, 421.
ANVILLE (Jean-Baptiste-Louis-Frédéric de la Rochefoucauld de Roye, duc d'), 384.
APCHIER (Claude-Annet, chevalier, puis comte d'), maréchal de camp 45, 202-206.
ARBOUVILLE (Pierre de Chambon, marquis d'), maréchal de camp, 44, 143,
Archevêque (M. l'). *Voy.* VINTIMILLE.
ARCO (Duc del), 227.
ARGENSON (Marc-René de Voyer de Paulmy, marquis d'), garde des sceaux, mort en 1721, 187.
ARGENSON (René-Louis de Voyer de Paulmy, marquis d'), conseiller d'État ordinaire, 75, 393, 394, 440.
ARGOUGES (Henri-Louis, marquis d'), maréchal de camp, 44.
ARGOUGES DE FLEURY D', lieutenant civil au Châtelet de Paris, 66.
ARMAGNAC (Charles de Lorraine, comte d'), dit le *prince Charles*, grand-écuyer de France, 108, 316, 433.
ARMENONVILLE (D'), garde des sceaux, mort en 1728, 187, 188.
ARMENTIÈRES (Diane-Gabrielle de Jussac, marquise-douairière d'), 13, 120, 356, 364, 365.
ARMENTIÈRES (Jeanne-Françoise de Bouteroue d'Aubigny, marquise d'), belle-fille de la précédente, 120, 164.
ARQUIEN (Paul-François de la Grange, comte d'), capitaine de vaisseau, 229, 230.
ARROS D'ARGELOS (Jean-Armand d'), comte d'Arros, maréchal de camp, 44.
ARTAGNAN (Pierre de Montesquiou d'), 325.
ASFELDT (Claude-François Bidal, marquis d'), maréchal de France, 71, 74.
ASFELDT (Claude-Étienne Bidal, marquis d'), fils du précédent, mestre de camp, 106.
ASTURIES (Don Ferdinand, infant d'Espagne, prince des), 303.
ASTURIES (Marie-Madeleine-Josèphe-Thérèse-Barbe de Portugal, princesse des), 166.

AUBETERRE (Joseph-Henri d'Esparbès de Lussan, vicomte d'), colonel, 106.
AUDRAN, tapissier, 162.
AUGUSTE III, roi de Pologne, électeur de Saxe, 63, 64, 307, 334.
Aumôniers du roi (Service des), 246.
AUMONT (Louis-Marie-Victor, duc d'), premier gentilhomme de la chambre du roi, 15, 28, 42, 43, 161, 162, 168, 174, 177, 186, 212, 214, 226, 228, 233, 240, 272, 273, 276, 292, 316, 429, 451.
AUMONT (Victoire-Félicité de Durfort, duchesse d'), femme du précédent, 225, 230, 231, 263, 269, 289, 328.
AUNAY (Jean-Charles de Mesgrigny, comte d'), maréchal de camp, 44.
AUTICHAMP (Joseph de Beaumont, comte d'), chef de brigade, brigadier des armées du roi, 154, 316.
AUTICHAMP (Louis-Joseph de Beaumont, marquis d'), neveu du précédent, 106.
Automates de Vaucanson, 12, 103.
AUVERGNE (Cardinal d'). *Voy.* TOUR D'AUVERGNE (Henri Oswald de la).
AUVERGNE (Olive-Catherine de Trantes, princesse d'), 291.
AUXY (Jacques d'Auxy de Monceaux, marquis d'), 350.
AUXY (Mme d'), 390.
AVARAY (Claude-Théophile de Béziade, comte d'), lieutenant général, 350, 359.
AVÉJAN (Louis de Bannes, chevalier, puis comte d'), lieutenant général, 44, 161.
AVÉJAN (Jacques de Bannes, marquis d'), fils du précédent, 162.
AYDIE (L'abbé d'), aumônier du roi, 99.
AYDIE (Le chevalier d'), officier des gardes, 203, 207, 409.
AYEN (Louis de Noailles, duc d'), 7, 29, 68, 220, 305, 308, 316, 344, 348, 349, 352-354, 357, 358, 361, 362, 384, 391.

B.

BACHELIER (François-Gabriel), premier valet de chambre du roi, 181, 233.
BADE-DOURLACH (Charles-Guillaume, prince de), 167.
Bal du Roi, 335, 365.
BALINCOURT (M. d'), exempt dans les gardes du corps, 307, 335.
BALLEROY (M. de), gouverneur du duc de Chartres, 413.
BARJAC, valet de chambre du cardinal de Fleury, 41, 242, 397, 454.
BASECQUE (Albert Alart de LA), maréchal de camp, 44.
Bas-relief de Coustou, 237.
BAUDITZ, général du roi de Pologne, Auguste III, 63-65.
BAUFFREMONT (Louis-Bénigne, marquis de), lieutenant général, 44.
BAVIÈRE (Clément-Auguste de), électeur et archevêque de Cologne, 371.
BAVIÈRE (Ferdinand, duc de), 291, 297.
BAVIÈRE (Ferdinand-Marie, duc de), 146.
BAVIÈRE (Maximilien-Emmanuel-François-Joseph, comte de), lieutenant général, 33, 44, 260, 261.
BAVIÈRE (Prince Maximilien-Marie-Joseph-Ferdinand-François-de-Paule-de-Léon de), fils du duc Ferdinand de Bavière, 146, 153.
BAZÈQUE (LA). *Voy.* BASECQUE.

BÉARN (Anne-Hilarion de Galard de Brassac, comte de), 299, 322.
BÉARN (Olympe de Caumont, Mlle de la Force, comtesse de), 299, 322, 364.
BEAULIEU (Gertrude-Marie-Louise de Bombarde, Mlle de), 325.
BEAUVAU (René-François de), archevêque de Narbonne, 295.
BEAUVILLIERS (Paul-François, duc de), 220.
BEAUVILLIERS (Marie-Françoise-Suzanne de Creil, duchesse de), femme du précédent, 284, 285.
BELLAY (Mme du), dame d'honneur de Mme la Duchesse douairière, 424.
BELLAY (M. du), fils de la précédente, 424.
BELLAY (Martin du), évêque de Fréjus, 437.
BELLEFORIÈRE (Mme de), 420.
BELLEFONDS (Mme de), 340.
BELLE-ISLE (Louis Fouquet, marquis de), 229.
BELLE-ISLE (Louis-Charles-Auguste Fouquet, marquis de), fils du précédent, 200, 327.
BELLE-ISLE (Louis-Charles-Armand Fouquet, chevalier de), maréchal de camp, 44, 383.
BELMONTE, vice-légat d'Avignon, 360.
BELZUNCE (Henri-François-Xavier de), évêque de Marseille, 143.
BELZUNCE (M. de), grand louvetier, 399, 402, 422.
BÉRANGER. *Voy.* BÉRENGER.
BÉRENGER (Pierre de Bérenger du Gua, comte de), maréchal de camp, 44.
BERCHÉNY (Ladislas, comte de), maréchal de camp, 45.
BERCHINI. *Voy.* BERCHÉNY.
BÉRINGHEN (Henri-Camille, marquis de), premier écuyer du roi, appelé *M. le Premier*, 36, 114, 128, 228, 280, 308, 316, 328, 339, 391, 430, 450, 462, 473.
Berlin (Palais royal de), 110.
BERNARD (Le chevalier), 291.
BERNARD (Gabriel), dit le président de Rieux, 236, 237, 251.
BERRY (Charles de France, duc de), petit-fils de Louis XIV, 175.
BERRY (Marie-Louise-Élisabeth d'Orléans, duchesse de), morte en 1719, 231, 346.
BERTHIER DE SAUVIGNY, intendant du Bourbonnais, 188.
BERVILLE (M. de), 213.
BERWICK (Abbé de). *Voy.* FITZ-JAMES.
BERWICK (Le maréchal de), 129.
BERWICK (La maréchale de), 94.
BESENVAL (Jacques-Charles de Besenval de Brunnstadt, baron de), lieutenant général, colonel des Gardes-Suisses, 43, 262.
BÉTHUNE (Paul-François, duc de), lieutenant-général des armées du roi, capitaine des gardes du corps, 98, 99, 108, 128, 153, 171, 172, 184, 220, 326, 416, 428, 450, 451.
BÉTHUNE (Armand Joseph de), fils de Mme d'Ancenis, 185.
BEUVRON (Anne-Pierre de Harcourt, comte de), depuis duc de Harcourt, mestre de camp lieutenant du régiment Royal-Cavalerie, 45.
BEUVRON (Thérèse-Eulalie de Beaupoil de Saint-Aulaire, comtesse de), femme du précédent, 179-181, 284, 285, 287, 295, 299, 314, 322, 327, 328, 341, 353, 355, 357, 382, 408.

BEUZEVILLE (Mme de), 340, 346, 350.
BEVEREN (Prince de), 341, 344, 439.
BEZONS (Louis-Gabriel Bazin, marquis de), maréchal de camp, 45.
BIACHE (M. de), 386.
BIBRA (Comtesse de), 63.
BIGNON (Jean-Paul), abbé, conseiller d'État ordinaire, 75.
BILLARDERIE (M. de LA), major des gardes du corps, 173, 420, 437.
BINET (Georges), premier valet de chambre du dauphin, 391.
BIRON (Abbé de), 448.
BIRON (Charles-Armand de Gontaut, duc de), maréchal de France, 236, 237, 467.
BIRON (Louis-Antoine de Gontaut, comte puis duc de), fils du précédent, colonel du régiment du Roi, 107, 193, 346, 357, 413, 432, 448, 455, 458-463, 467, 473, 474.
BISACHE (Nicolas Pignatelli, duc de), 124.
BISSY (Anne-Claude de Thiard, marquis de), lieutenant général des armées du roi, 77.
BISSY (Anne-Louis-Henri de Thiard, marquis de), commissaire général de la cavalerie, 46, 47, 77, 416.
BISSY (Henri de Thiard de), cardinal, 119, 425.
BLANCHARD (Abbé), maître de musique d'Amiens, 65.
BLAVET, joueur de flûte, 292.
BLÉNAC (Mme de), 353.
BLOTTIÈRE (François de LA), maréchal de camp, 141.
BOCUES (M. de), lieutenant des Cent-Suisses, 50, 369.
BOISSIEUX (Louis de Frétat, comte de), lieutenant général, 44, 146, 365, 373, 383, 408.
BOIZOT, premier président de Besançon, 430.
BONAC (Jean-Louis d'Usson, marquis de), 130, 238.
BONAC (Madeleine-Françoise de Gontaut, marquise de), femme du précédent, 239, 390.
BONJEAN (Le P.), jésuite, 405.
BONNEVAL (Comte de), 346, 435.
BONNEVAL (M. de), intendant des Menus, 329, 366, 367.
BONTEMPS (Louis), l'un des quatre premiers valets de chambre du roi, gouverneur des Tuileries, 381.
BONTEMPS fils, 32.
BORDAGE (Marquis DU), 181, 182, 258, 274, 275, 313, 358.
BORIE (M. de LA), lieutenant-colonel, 457-459.
BOSSUET (Jean-Baptiste), évêque de Troyes, 315, 400, 401.
BOTTA (Comtesse), 345.
BOUDOT, chirurgien, 28, 37.
BOUFFLERS (Le maréchal de), 201.
BOUFFLERS (Catherine-Charlotte de Gramont, maréchale duchesse-douairière de), 82, 114, 175, 241, 245, 328, 332.
BOUFFLERS (Jeanne-Geneviève de), supérieure de la maison royale de Saint-Cyr, 190.
BOUFFLERS (Joseph-Marie, duc de), 34, 71, 74, 456.

BOUFFLERS (Madeleine-Angélique de Neufville-Villeroy, duchesse de), femme du précédent, dame du palais de la reine, 260, 275, 407, 446.

BOUILLON (Emmanuel-Théodore de La Tour d'Auvergne, cardinal de), mort en 1715, 119.

BOUILLON (Godefroy-Maurice de La Tour d'Auvergne, duc de), mort en 1721, 125.

BOUILLON (Marie-Anne Mancini, duchesse de), morte en 1714, femme du précédent, 176.

BOUILLON (Charles-Godefroy de La Tour d'Auvergne, duc de), grand chambellan, 14, 15, 28, 80, 86-88, 218, 228, 246, 276, 277, 286, 316, 339, 380, 433.

BOUILLON (Marie-Charlotte Sobieska, duchesse de), femme du précédent, 14.

BOUILLON (Marie-Louise-Henriette-Jeanne de), Mlle de La Tour d'Auvergne, fille des précédents, 14, 433.

BOURBON (Louise-Françoise de Bourbon, duchesse douairière de), nommée *Madame la Duchesse*, 198, 210, 244, 273, 274, 302, 304, 305, 308, 309, 338-342, 423, 445, 446, 450, 455, 463, 470.

BOURBON (Louis-Henri de Bourbon, duc de), prince de Condé, nommé *Monsieur le Duc*, grand-maître de la maison du roi, 13, 27, 67, 98, 99, 118, 121, 141, 145, 175, 178, 179, 183, 193, 195, 196, 198, 210, 220, 239, 240, 249, 268, 273-277, 282, 304, 425, 445-447, 450.

BOURBON (Caroline de Hesse-Rhinfels, duchesse de), nommée *Madame la Duchesse la jeune*, femme du précédent, 82, 128, 183, 189, 192-196, 202, 210, 211, 257, 260, 268, 273, 304, 305, 308, 309, 338, 423, 445, 446, 450, 453-455, 461, 463.

BOURBON (Louise-Anne de), nommée *Mademoiselle*, fille de Louis III, duc de Bourbon, prince de Condé, 49, 98, 99, 128, 179, 180, 182, 194, 195, 198, 202, 206, 215, 216, 224, 225, 230, 231, 242-244, 248, 256-258, 263, 264, 268, 269, 272-275, 277, 279, 280, 283-285, 287, 289, 291, 292, 295, 298, 299, 304, 305, 308, 309, 311, 313, 314, 321, 322, 327, 328, 338, 339, 341 344, 345-349, 351, 352, 354-356, 390, 391, 399, 402, 408-410, 417, 426, 427, 429, 431, 434, 436, 438, 439, 441, 445, 438-450, 453-455, 457, 460, 463, 465, 467, 470, 473, 474.

BOURDET (Gaspard-Louis-Philippe de Cugnac, marquis DU), maréchal de camp, 45.

BOURC (Le maréchal DU), 325, 327, 335.

BOURGOGNE (Louis de France, duc de), puis dauphin, mort en 1712, 175, 201, 330, 371.

BOURGOGNE (Marie-Adélaïde de Savoie, duchesse de), puis dauphine, morte en 1712, 174, 178, 289, 330, 331.

BOURZAC (M. de), 424.

BOUTEVILLE (Charles-Paul-Sigismond de Montmorency-Luxembourg, d'abord duc de Châtillon, puis de), maréchal de camp, 45.

BOUZOLS (Mme de), 98, 439, 446, 454, 472.

BOYER (Jean-François), évêque de Mirepoix, précepteur du dauphin, 16, 31, 34, 38, 39, 232, 233, 242, 255, 262, 331, 402.

Braconniers de Versailles, 8.

BRANCAS (Louis de), duc de Villars, 19-22, 25, 26, 332.

Brancas (Louis-Antoine, duc de), fils du précédent, 19, 20, 91.
Brancas (Loüis, marquis de), grand d'Espagne, lieutenant général des armées du roi, beau-frère de Louis de Brancas, duc de Villars, 19, 20, 50, 82, 263, 282.
Brancas (Louis-Paul de), chevalier de Malte, fils du précédent, 263.
Brassac (Guillaume-Alexandre de Galard de Béarn, marquis de), chambellan du roi de Pologne, 299.
Brassac (Luce-Françoise de Cotentin de Tourville, marquise de), femme du précédent, 364.
Brassac (Anne-Hilarion de Galard de). *Voy.* Béarn.
Brauno, notaire, 419.
Breteuil (Le marquis de), chancelier de la reine, 164.
Bretonyilliers (Bénigne le Ragois, marquis de), maréchal de camp, 45.
Bréval (Joseph-Maurice-Annibal de Montmorency-Luxembourg, marquis de), 387, 424.
Brézé (Michel de Dreux, marquis de), maréchal de camp, grand maître des cérémonies en survivance, 30, 45, 172, 191, 441.
Bridou du Mignon, gentilhomme ordinaire du roi, 321.
Briffe (M. de la), officier aux gardes, 237.
Briffe (M. de la), intendant de Bourgogne, 252.
Brice (M. de), écuyer de la petite écurie, 437.
Brignole-Sale (M. de), envoyé de la république de Gênes, 67-69, 91, 312.
Brillon. *Voy.* Brion.
Brion, curé de Saint-Roch, 242, 395.
Briquemaut (Mme de), 434.
Brisay (Louis-René de Brisay-Dénonville, marquis de), 204.
Brissac (Duc de), 321.
Brissart (Abbé), 52.
Broglie (François-Marie, duc de), maréchal de France, 2, 162, 335, 376.
Brulh (M. de), camérier du roi de Pologne, Auguste III, 65.
Brulh (M. de), frère, grand écuyer du roi de Pologne, Auguste III, 65.
Brun (Ferdinand-Agathange, marquis de), maréchal de camp, 44.
Brunswick (Bénédicte-Henriette-Philippe de Bavière, duchesse de), 176.
Bulkeley (François, comte de), lieutenant général, 44.
Busc (Mme de), 305.
Busca (M. de), gouverneur d'Aigues-Mortes, 234.

C.

Cadaval (M. de), 317.
Caix (Mlle de), musicienne de la chambre du roi, 265.
Cambis (M. de), ambassadeur en Angleterre, 249, 350, 372.
Campra (André), maître de la chapelle du roi, 65.
Camus (Le), premier président de la Cour des aides, 440.
Canillac (Abbé de), 400.
Cantimir (Prince de), ambassadeur de Russie, 245, 257, 258, 294, 307, 344.
Caperon, dentiste, 49, 65, 67.

CARAMAN (Victor-Pierre-François Riquet, marquis de), maréchal de camp, 45.
CARIGNAN (Prince de), 67, 69, 317.
CARLOS (Don), infant d'Espagne, roi des Deux-Siciles, 1, 166, 226, 227.
Carmélites (Affaires des), 315.
Carreaux des ducs, 218-221.
CARRÉ DE MONTGERON, conseiller au parlement, 122, 172, 173, 179.
Carrousel de l'année 1662, 333.
CARTIGNY (M. de), intendant général des galères, 314.
CASTÉJA (M. de), gouverneur de Saint-Dizier, 80.
CASTÉJA (Charles-Louis de Biaudos, comte de), maréchal de camp, 44, 149, 152.
CASTELLA. Voy. CASTELLAS.
CASTELLANE (M. de), gouverneur de Niort, 59.
CASTELLANE (M. de), major du régiment d'Anjou-Cavalerie, 316, 326.
CASTELLAR (M. de), 304.
CASTELLAS (Rodolphe de), maréchal de camp, 44.
CASTELMORON (Charles-Gabriel de Belzunce, marquis de), lieutenant général, 44, 399.
CATHERINE BNIN-OPALINSKA, reine de Pologne, duchesse de Lorraine et de Bar, 189, 71.
CAUMARTIN (Le commandeur de), 208, 213.
CAUMONT (Duchesse de), 364.
Cavagnole ou cavayole (Jeu de), 195.
CAYLA (François de Baschi de Saussan, marquis Du), lieutenant général, 44.
CÉZILE (M. de), trésorier des aumônes, 461.
CHABANNES (François-Antoine, comte de), maréchal de camp, 45, 209.
CHABOT (M. de), 212.
CHABRILLANT (François-César de Moreton, marquis de), mestre de camp, 106.
CHAISE (Le P. de la), confesseur de Louis XIV, 310, 311.
CHALAIS (Prince de), 33, 108, 128-142, 180-182, 214, 311, 313, 352, 458.
CHALAIS (Julie de Pompadour, princesse de), dame du palais de la reine, 179, 180, 225, 269, 271, 275, 280, 285, 295, 298, 299, 308, 313, 315, 321, 328, 351, 357, 395, 408, 416, 446, 448, 453, 454, 460, 467, 474.
CHALAIS (Mlle de), 329.
Chaleur excessive, 223.
CHALMAZEL (Louis de Talaru, marquis de), premier maître d'hôtel de la reine, 190, 286, 379.
CHALMAZEL (Marie-Marthe-Françoise de Bonneval, marquise de), 380.
CHAMILLART (Michel), ministre et secrétaire d'État, mort en 1721, 22.
CHAMILLART (Louis-Michel), petit-fils du précédent, grand maréchal des logis de la maison du roi, 309, 458.
CHAMILLY (Maréchale de), 94.
CHAMPAGNE DE VILLAINES (Anne-Catherine de), 420, 434.
CHAMPFLOUR (Jean-Baptiste de), évêque de Mirepoix, 48.
CHAMPIGNELLES (Louis-René de Rogres, marquis de), deuxième cornette de la première compagnie des mousquetaires, 162, 204, 298.
CHAMPIGNY, trésorier de la Sainte-Chapelle, 421.
CHAMPIGNY (Jean-Paul de Bochart, comte de), 143.
Chancelier. (Le) Voy. DAGUESSEAU.

Chandelier de cristal de roche, 167.
Chansons contre la cour, 53, 68.
CHAPISEAU (M. de), officier du régiment du roi, 467.
CHAPT DE RASTIGNAC (Louis-Jacques de), archevêque de Tours, 59, 105.
CHARENCY (Georges-Lazare Berger de), évêque de Saint-Papoul, puis de Montpellier, 144.
CHARLES (Le prince). *Voy.* ARMAGNAC (Charles de Lorraine, comte d').
CHARLES VI, empereur d'Allemagne, 72, 207, 318, 319, 321, 327, 435.
CHARLES-EMMANUEL III, roi de Sardaigne, 355.
CHAROLOIS (Charles de Bourbon-Condé, comte de), 428.
CHAROST (Armand de Béthune, duc de), capitaine des gardes du corps du roi, 41, 67, 75, 79, 105, 114, 172, 184, 185, 220, 287, 295, 332, 363, 374.
Chartres (Évêque de). *Voy.* MÉRINVILLE.
CHARTRES (Louis-Philippe d'Orléans, duc de), 17, 98-100, 117, 231, 296, 355, 386, 413, 418, 441, 450, 470-472.
CHASLON DE MAISON-NOBLE, (Hardouin de), évêque de Lescar, 238.
CHASSÉ, chanteur, 317.
CHASTELUX (Guillaume-Antoine de Beauvoir, comte de), lieutenant-général, 44, 47.
CHATEAURENAUD (M. de), 420, 421.
CHATEAURENAUD (Mme de), 268, 420, 421, 425.
CHATEAUTHIERS (Mme de), 220.
CHATEL (Louis-François Crozat, marquis Du), maréchal de camp, 45.
CHATELET (Florent-Claude du Châtelet-Lomont, marquis Du), maréchal de camp, 45, 80, 163.
CHATELET (Florent-François, chevalier DU), frère du précédent, major de la gendarmerie, 101, 162, 163.
CHATELLERAULT (Anne-Charles-Frédéric de la Trémoille, duc de), 106, 352.
CHATELLERAULT (Mme de), 207, 243.
CHATILLON (Alexis-Madeleine-Rosalie de Châtillon, comte, puis duc de), gouverneur du dauphin, 14, 16, 17, 34, 36-38, 41, 49, 52, 67, 78, 154, 187, 216, 223, 234, 235, 243, 258, 289, 331, 332, 343, 351, 367, 380, 386, 421, 424, 425, 428, 450, 453, 457, 459, 471-473.
CHATILLON (Anne-Gabrielle Le Veneur de Tillières, duchesse de), 145, 216, 260, 273, 279, 303, 380, 446, 450.
CHATRE (Marie-Élisabeth de Nicolaï, marquise de La), 180, 190, 193.
CHAULNES (Louis-Auguste d'Albert d'Ailly, duc de), lieutenant des chevau-légers de la garde, 47, 154, 156-158, 161, 171, 422, 423, 425, 453.
CHAULNES (Marie-Anne-Romaine de Beaumanoir, duchesse de), 425.
CHAUMONT (Alexandre-Charles, comte de), maréchal de camp, 45.
CHAUSSÉE (Nivelle de La), auteur dramatique, 62.
CHAUVELIN (Germain-Louis), seigneur de Grosbois, 119, 160, 170, 171, 199, 283, 360.
CHAVIGNY (Comte de), 16.
CHAYLA (Nicolas-Joseph-Balthasar de Langlade, vicomte DU), lieutenant général, 44.
CHAZERON (François-Aimable de Monestay, marquis de), mort en 1719, 234.

CHAZERON (François-Charles de Monestay, marquis de), maréchal de camp, fils du précédent, 30, 45, 234.

CHÉRISEY (Louis de), lieutenant général, 44.

CHÉRIZY (M. de), officier des gardes du corps, 7.

CHÉTARDIE (Joachim-Jacques Trotti, marquis de La), envoyé du roi en Prusse, 110, 400.

Chevau-légers de la garde (Service des), 249, 447.

CHEVREUSE (Charles-Honoré d'Albert, duc de), mort en 1712, 47, 422.

CHEVREUSE (Marie-Charles-Louis d'Albert, duc de), fils du duc de Luynes, 46, 54, 77, 122, 173, 177, 416, 420.

CHEVREUSE (Henriette-Nicole d'Egmont-Pignatelli, duchesse de), femme du précédent, 122, 123, 173, 174, 189, 190, 329, 395, 398, 454.

CHEVRIÈRES (L'abbé de), aumônier de la maison de la reine, 90.

CHIRAC, médecin, 434.

CHOISEUL (L'abbé de), aumônier du roi, 434.

CHOISEUL (Maximilien-Jean, marquis de), 266, 364.

CHOISEUL (M. de), 340, 424.

CLARE (Charles O'Brien de), comte de Thomond, maréchal de camp, 45, 353.

CLÉMENT XII, pape, 315, 360, 365, 381.

CLERMONT (Louis de Bourbon-Condé, comte de), 46, 119, 192, 273, 386, 428, 446.

CLERMONT (Marie-Anne de Bourbon-Condé, Mademoiselle de), surintendante de la maison de la reine, 7, 13, 49, 90, 96-99, 127, 128, 180, 189, 192, 193, 202, 210, 211, 230, 245, 263, 264, 268, 269, 271-274, 277-281, 284, 285, 287-289, 299, 304, 305, 309, 311, 313, 321, 322, 327, 328, 338, 339, 341, 345, 346, 351, 352, 354, 355, 357, 381, 382, 386, 394, 395, 399, 408, 410, 417, 422, 426, 427, 431, 435, 438, 439, 445, 446, 448-450, 453-455, 457, 460-463, 465, 467, 470-474.

CLERMONT D'AMBOISE (Jean-Baptiste-Louis de Clermont, marquis de Resnel, puis de), maréchal de camp, 69, 71, 73, 74, 76, 77, 88, 452.

CLERMONT D'AMBOISE (Mme de), 439, 452.

CLERMONT D'AMBOISE (Pierre-Gaspard de Clermont, comte de), lieutenant général, 44, 340.

CLERMONT-GALLERANDE (Marquis de), colonel du régiment de Vermandois, 106.

CLERMONT (Louise-Diane-Françoise de Clermont-Gallerande, Mme de), 19, 21, 25, 50, 332.

CLERMONT-GALLERANDE (Gabrielle-Françoise d'O, marquise de), dame d'atours de la duchesse d'Orléans ; mère de la précédente, 20, 21.

CLERMONT-TONNERRE (Gaspard, marquis de), mestre de camp général de la cavalerie, 335.

CLUE (M. de La), gentilhomme du duc de Penthièvre, 413.

Cluny (Élection d'un coadjuteur de l'abbaye de), 259.

COCHET DE SAINT VALLIER, conseiller honoraire au Parlement, 306.

COCHIN, maîtres des requêtes, 75.

COETENFAO (François-Toussaint du Querhoent, marquis de), lieutenant-général, mort en 1721, 157.

COIGNY (François de Franquetot, duc de), maréchal de France, 161, 327, 335.

COIGNY (Jean-Antoine-François de Franquetot, comte de), fils du précédent, 76, 181, 280, 349, 353.

COLBERT (Jean-Baptiste), contrôleur général des finances, 333, 334.
COLBERT DE CROISSY (Charles-Joachim), évêque de Montpellier, 104, 315.
COLLANDRE (Thomas Le Gendre de), maréchal de camp, 143.
Cologne (Électeur de). *Voy.* BAVIÈRE (Clément-Auguste de).
Compiègne (Bâtiments de), 164, 193.
CONDÉ (Henri-Jules de Bourbon, prince de), nommé *Monsieur le Prince*, mort en 1709, 119.
Confesseur de la reine (Droit du) 227.
CONFLANS (Maison de), 310.
CONFLANS (Mme de), 13.
CONINGHAM (M. de), colonel du régiment de Flandre, 383, 384, 424.
CONTADES (Louis-Georges-Érasme de), colonel d'infanterie, 384.
Contrôleur général (Le). *Voy.* ORRY.
CONTY (Anne-Marie de Bourbon, princesse de), fille de Louis XIV et de Mme de la Vallière, 363-365, 371, 422, 423.
CONTY (Louis-François de Bourbon, prince de), 239, 260, 316, 339, 428, 441.
CONTY (Louise-Élisabeth de Bourbon-Condé, princesse douairière de), 9, 108, 114, 251, 257, 258, 260, 261, 273, 275, 338, 339, 342, 423, 426, 432.
COSNAC (Daniel-Joseph), évêque de Die, 314.
COSTE (M. de La), officier des chevau-légers, 209, 250.
COTTE (Louis de), architecte, contrôleur des bâtiments de Fontainebleau, 278, 279.
COTTE (Robert de), premier architecte du roi, 278, 279.
COUETTE (L'abbé), 34.
COUR (Jacques-Claude-Augustin de LA), marquis de Balleroy, maréchal de camp, 45.
COURBON (M. de), 10-12, 192, 229, 390.
COURBON (Mme de), 12, 192.
COURLANDE (Duc de), 207, 208.
COURLANDE (Duchesse de), 207.
COURSON (M. de), capitaine de cavalerie, 43, 305.
COURTENVAUX (Louis-César le Tellier de), depuis comte d'Estrées, maréchal de camp, 27, 28, 43, 50, 121, 161, 239, 309, 352, 420, 421, 422, 429, 434.
COURTENVAUX (Mme de), 304.
COUSTOU (Guillaume), sculpteur, 237.
COUVET (Mlle), 387.
COYZEVOX (Antoine), sculpteur, 237.
CREIL (Jean-François de Creil-Nancré, marquis de), lieutenant général, 44.
CRÉQUY (Robert, chevalier de), gentilhomme de la manche du dauphin, 37.
CREUILLY (Paul-Edouard Colbert, comte de), 54, 60, 76.
CRILLON (Louis de Balbes de Bertons, marquis de), colonel, 105, 106 108.
CROISSY (Jean Baptiste-Joachim Colbert de Torcy, marquis de), capitaine des gardes de la porte, 79, 104, 352-354, 356, 362, 458.
CROY (Emmanuel de Croy-Solre, prince de), mestre de camp, 106, 387.
CROZAT, 175.
CRUSSOL (Charles-Emmanuel, duc de), 383, 384.
CRUSSOL (Pierre-Emmanuel, marquis de), colonel, 106.
CURTON (Jacques de Chabannes, marquis de), lieutenant général, 43.

CUSTINE (M. de), 96.
CUSTINE (Marc-Antoine, marquis de), colonel, 106.

D.

DAGUESSEAU (Henri-François), chancelier de France, 52, 247, 306, 387, 401, 439, 441.
DAMPIERRE (M. de), 181, 281.
DANGEAU (Philippe de Courcillon, marquis de), 289.
DANGEAU (Marie-Sophie de Lœwenstein, marquise de), femme du précédent, 377.
DAUGER (Louis-Philippe, chevalier), lieutenant général, 44.
DAUMONT, ingénieur, 13.
Dauphin (Le). *Voy.* LOUIS DE FRANCE, dauphin.
Dauphine (La). *Voy.* BOURGOGNE (Marie-Adélaïde de Savoie, duchesse de).
DÉCERTEAUX, guidon de la compagnie des gendarmes anglais, 106.
DEFARGES. *Voy.* FARGES.
DELCI, cardinal, archevêque de Rhodes, nonce du pape, 92, 114, 189.
DELCI, camérier du pape, 92.
DESGRANGES, maître des cérémonies, 441.
DESSALES (Claude-Gustave-Chrétien, marquis), colonel, 106.
DESTOUCHES, (MM.), 325.
Deux-Siciles (Roi des). *Voy.* CARLOS (Don).
DEVISE (Augustin-César d'Hervilly de), évêque de Boulogne, 261.
DIESBACK (François-Philippe, comte de), maréchal de camp, 45.
DOMBES (Louis-Auguste de Bourbon, prince de), grand veneur de France, 12, 48, 49, 67, 98-100, 126, 127, 180, 196, 238, 263, 348, 396, 451.
DONGES (Guy-Marie de Lopriac de Coëtmadeux, comte de), colonel, 106.
DOUGLAS. *Voy.* DUGLAS.
DREUX (Le marquis de), grand-maître des cérémonies, 185, 220, 390.
DREUX (Catherine-Angélique Chamillart, marquise de), 170, 390.
DREUX (Joachim, chevalier de), colonel, 106.
DROMESNIL (Mme de), 407.
DUBOIS (Cardinal), 186, 187, 442.
Duc (M. le). *Voy.* BOURBON (Louis-Henri de).
Duchesse (Mme la). *Voy.* BOURBON (Louise-Françoise de Bourbon, duchesse douairière de).
Duchesse (Mme la), la jeune. *Voy.* BOURBON (Caroline de Hesse-Rhinfels, duchesse de).
DUCHIRON, commis du bureau de la guerre, 107.
DUGLAS (Philippe-Henri, comte), colonel, 106-108.
DUMESNIL, 215.
DUMOULIN (Jacques), médecin consultant du roi, 37, 38, 40, 42, 50, 52, 208, 242, 255.
DUPARC, secrétaire du cardinal de Fleury, 40.
DUPIN (M.), 190.
DUPORT, huissier, 214.

DURAS (Le maréchal duc de), capitaine des gardes du corps, 199, 219, 260, 263, 397.
DURAS (Duchesse de), 175, 267, 397.
DURAS (Jean-Baptiste de Durfort, duc de), 122.
DURAZZO, noble génois, 92.
DURFORT (Emmanuel-Félicité, comte de), 122.
DURFORT (Charlotte-Antoinette Mazarini, comtesse de), femme du précédent, 25.
DURFORT (Louise-Jeanne de), fille de la précédente, 25.

E.

Ecole de Mars, 306.
EGMONT (Marie-Angélique de Cosnac, comtesse d'), morte en 1717, 130.
EGMONT (Procope-Charles-Nicolas-Augustin-Léopold Pignatelli, comte d'), 122-124, 147, 174.
EGMONT (Henriette-Julie de Durfort, comtesse d'), femme du précédent, 122, 123, 174, 241, 260, 308, 395, 455, 470.
EGMONT (Mlle d'). *Voy.* CHEVREUSE (Duchesse de).
ÉLISABETH-CHRISTINE DE BRUNSWICK-BLANKENBOURG-WOLFENBUTTEL, impératrice d'Allemagne, 318-320.
ÉLISABETH-CHRISTINE DE MECKLENBOURG, nièce de la czarine, 208.
ÉLISABETH FARNÈSE, reine d'Espagne, 129, 132-135, 137, 140-143, 156, 166, 282, 303, 304, 404.
Embrun (Archevêque d'). *Voy.* TENCIN.
Empereur (L'). *Voy.* CHARLES VI.
Entrées chez le dauphin, 34.
ÉPINOY (Mlle d'), 329.
ÉPINOY (Princesse d'), 29.
ERLACH (Jean-Jacques, chevalier d'), colonel du régiment des Gardes-Suisses, lieutenant-général, 43.
ESCARS (François-Marie, marquis d'), colonel, 69, 106.
ESCLIMONT (Gabriel-Jérôme de Bullion, comte d'), maréchal de camp, prévôt de Paris, 45, 398.
ESLAGNOLLES. *Voy.* ESTANIOL DE MONTAGNAC.
Espagne (Le roi d'). *Voy.* PHILIPPE V.
Espagne (La reine d'). *Voy.* ÉLISABETH FARNÈSE. — MARIE-ANNE DE NEUBOURG. — ORLÉANS (Louise-Élisabeth d').
ESTANIOL DE MONTAGNAC (Louis d'), maréchal de camp, 44.
ESTAVAGÉS. *Voy.* ESTAVAYÉ-MOLONDIN.
ESTAVAYÉ-MOLONDIN (Laurent d'), maréchal de camp, 44.
ESTISSAC (Louis-François-Armand de la Rochefoucauld de Roye, duc d'), 260.
ESTRÉES (Victor-Marie, duc d'), maréchal de France, 2-4, 7, 11, 13, 31, 83, 211, 212.
ESTRÉES (Lucie-Félicité de Noailles, maréchale-duchesse d'), 11, 82, 183, 243, 244, 264, 267, 269, 272, 274, 276, 278, 284, 285, 287, 295, 311,

313, 390, 408, 409, 417, 419, 429, 431, 435-437, 445, 457, 462, 467, 473, 474.

États de Bretagne, 30.

Eu (Louis-Charles de Bourbon, comte d'), 40, 69, 98, 99, 196, 238, 263, 296, 297, 386, 448, 449, 451, 454-460, 462-464, 469.

Évreux (Comté d'), 87.

Évreux (Comte d'), 46.

F.

Fare (Abbé de La) aumônier du roi, 238, 246.

Fare (Marquis de La), 84-86.

Farces (M. de), 254.

Faudoas (Marie-Françoise de Brienne de Conflans, comtesse de), 120.

Fay (Charles-François de Cisternay du), 465.

Fayette (Chevalier de La), exempt des gardes du corps, 36.

Félix, contrôleur de la maison du roi, 366.

Fénelon (Marquis de), ambassadeur à La Haye, 127, 160 ; conseiller d'État d'épée, 249, 350, 428.

Ferrand, capitaine aux gardes, 33, 34.

Ferrière, musicien, 109.

Ferroni, 360, 361.

Ferté (Duchesse de la), 331.

Fervaques (Anne-Jacques de Bullion, marquis de), lieutenant-général, 9, 10, 43.

Feuillade (Mme de La), 209.

Fitz-James (Charles, duc de), 340, 341.

Fitz-James (François de), abbé de Saint-Victor de Paris, 286 ; évêque de Soissons, 302, 410, 411, 444, 451, 452.

Flamarens (M. de), 303.

Flavacourt (François-Marie de Fouilleuse, marquis de), 322.

Flavacourt (Hortense-Félicité de Mailly-Nesle, nommée Mlle de Mailly, marquise de), 98, 207, 304, 308, 322, 329, 332, 419.

Fleury (André-Hercule de), cardinal, premier ministre, grand aumônier de la reine, 2, 5, 11, 12, 19-22, 25, 29, 32, 36, 37, 40-42, 45, 50-58, 61-72, 75, 77, 81, 82, 85, 86, 91, 96, 97, 102, 105, 108, 114, 117, 122, 124, 127, 146, 153, 158, 159, 161, 170, 172, 176, 178, 189, 193, 196, 197, 204, 205, 213, 216, 219, 220, 223, 224, 230-233, 238, 240-245, 248, 251, 253-257, 262, 266, 267, 270, 273, 275, 280, 282-284, 290, 291, 294, 297, 305, 307, 312, 316, 317, 326, 327, 346, 350, 359-362, 365, 367, 372, 373, 376, 379-381, 383, 385-387, 389, 391, 392, 397-401, 406-408, 411, 412 ; sa lettre aux religieuses du Calvaire, 414, 421, 425, 439, 441, 444, 448, 454, 459, 472.

Fleury (Jean-Hercule de Rosset de Rocozel, marquis de Pérignan, puis duc de), 41, 181.

Fleury (André-Hercule de Rosset, marquis puis duc de), gouverneur de Lorraine, fils du précédent, 52, 209, 303, 451, 473.

FLEURY (Anne Madeleine-Françoise d'Auxy de Monceaux, duchesse de), femme du précédent, 243, 260, 261, 273, 275, 284, 296, 297, 303, 328, 356, 364, 395, 439, 446, 450, 454.
FLEURY (Pierre-Augustin-Bernardin de Rosset de), abbé, frère du précédent, 59.
Florence (Concile de), 91.
Folette (La), maladie, 7, 9.
FONCEMAGNE (Lauréault de), membre de l'Académie française, 61.
FONTAINE (Mme de), 236.
FONTAINE-MARTEL (Charles de Martel d'Émalleville, comte de), brigadier de cavalerie, 47.
FONTAINES. Voy. FONTAINE-MARTEL.
FONTENAY (M. de), sous-gouverneur du duc de Chartres, depuis régent, 442.
Fontevrault (Abbesse de). Voy. MORTEMART.
FORCALQUIER (Louis-Bufile de Brancas, comte de), 263, 282.
FORCE (Armand-Nompar de Caumont, duc de La), 299, 426.
FORCE (Duchesse de La), 364.
FORCE (Olympe de Caumont, Mlle de La). Voy. BÉARN (Comtesse de).
FORGET (Jean-Claude), capitaine général des fauconneries du cabinet du roi, 388.
FORTIA (M. de), conseiller d'État ordinaire, 24, 75.
FORTISSON (Jean-Godefroy de), maréchal de camp, 47.
FRANCE (Louise-Élisabeth de), première fille du roi, nommée *Madame*, 13, 14, 16, 30, 97, 98, 108, 122, 174, 177, 213, 216, 221, 231, 287-289, 291, 294, 302, 308, 322, 325, 337-342, 349, 358, 359, 371, 373, 374, 377, 378, 385, 386, 395-397, 399, 404-406, 409, 412, 420, 427, 436, 469, 472, 473.
FRANCE (Anne-Henriette de), deuxième fille du roi, 13, 14, 16, 50, 53, 97, 98, 108, 122, 174, 177, 205, 213, 216, 221, 231, 287-289, 291, 294, 308, 322, 337, 339-341, 349, 358, 359, 373, 377, 378, 385, 386, 395, 396, 409, 412, 420, 427, 436, 439.
FRANCE (Marie-Adélaïde de), troisième fille du roi, 13, 14, 16, 108, 114, 122, 174, 177, 213, 216, 221, 231, 287-289, 291, 294, 308, 322, 324, 337, 358, 359, 373, 377, 378, 395, 409, 412, 420, 427, 436.
FRANCE (Marie-Louise-Thérèse-Victoire de), quatrième fille du roi, 108, 114, 144, 153, 169, 176, 188.
FRANCE (Sophie-Philippine-Élisabeth-Justine de), cinquième fille du roi, 108, 114, 144, 153, 169, 176, 188, 298.
FRANCE (N. de), sixième fille du roi, 108, 114, 144, 153, 169, 176, 188.
FRANCE (Louise-Marie de), septième fille du roi, 108, 114, 144, 153, 169, 176, 185, 188, 298.
FRANQUINI (L'abbé), chargé des affaires du grand duc de Toscane, 7.
FRÉDÉRIC, roi de Suède, 149.
FRÉDÉRIC-GUILLAUME Ier, roi de Prusse, 110-113, 334.
FROULAY (Bailli de), 330, 345.
FROULAY (Charles-François, comte de), lieutenant-général, 43.
FULVY (Jean-Henri-Louis Orry de), intendant des finances, 224, 388, 389, 392, 393, 397.
FULVY (Henriette-Louise-Hélène Pierre de Bouzies, Mme de), 388, 389, 392, 395.

G.

GAMACHES (Jean-Joachim Rouault, marquis de), maréchal de camp, 95.
GABRIEL, premier architecte des bâtiments du roi, 164, 265.
GALMOY (Milord), lieutenant général, 314.
GANDELUS (Mme de), 363, 407.
Gange (Débordement du), 168.
Gardes du corps (Service des), 447.
GARLAYE (Abbé de LA), aumônier du roi, 48.
GASSION (Pierre, comte de), mestre de camp, 106.
GAUMONT (M. de), 14.
GENSAC (Gilles-Gervais de la Roche-Loumagne, marquis de), lieutenant-général, 43.
GERAULDY, dentiste, 207.
GERMAIN (Le P.), récollet, confesseur du cardinal de Fleury, 40.
GERVAIS, maître de la musique de la chapelle du roi, 65.
GESVRES (François Joachim Bernard Potier, duc de), premier gentilhomme de la chambre du roi, gouverneur de Paris, 119, 125, 213, 214, 220-222, 240, 241, 305, 317, 329, 362, 366, 376, 380, 384, 413, 472.
GESVRES (Jules-Auguste Potier de), chevalier de Malte, frère du précédent, 363.
GILBERT DE VOISINS, avocat général au Parlement, 306.
GIRARDON, sculpteur, 212.
GIVRY (M. de), 234.
Glacière nouvelle, 13.
GOESBRIANT (Louis-Vincent, marquis de), lieutenant général, 66, 103, 229.
GOESBRIANT (Louis-Vincent, comte de), maréchal de camp, fils du précédent, 44, 66, 103, 229.
GOESBRIANT (Marie-Rosalie de), fille du précédent, 168.
GONDRIN (Marquis de), 120.
GOUFFIER (Abbé de), 400.
GRAMONT (Anne Baillet de La Cour, duchesse de), morte en 1737, 23.
GRAMONT (Marie-Christine de Noailles, maréchale de), 94, 175.
GRAMONT (Louis-Antoine-Armand, duc de), colonel du régiment des Gardes-Françaises, 34, 223, 364, 417, 443, 469, 470.
GRAMONT (Louise-Françoise d'Aumont de Crevant d'Humières, duchesse de), femme du précédent, 328, 364.
GRAMONT (Louis, comte de), lieutenant général, frère du précédent, 44, 223, 258, 263, 339, 346, 421.
GRAMONT (Geneviève de Gontaut, comtesse de), femme du précédent, 258, 268, 346.
Grand Conseil (Le), 23.
Grand-Duc (Le). *Voy.* TOSCANE.
Grand écuyer (Le). *Voy.* ARMAGNAC.
Grandesses d'Espagne, 33.
Grand-prévôt (Le). *Voy.* SOURCHES.

GRANDVILLE (Bridé de LA), chef du conseil du comte de Toulouse, intendant de Flandre, 155.
GREVENBROCH (M. de), ministre de l'électeur Palatin, 380.
GRIMALDO, secrétaire d'État des affaires étrangères en Espagne, 137, 138.
GRIMBERGHEN (Louis-Joseph d'Albert de Luynes, prince de), 153.
GRIMOD (MM.), 158, 159.
GUÉMÉNÉ (Anne-Thérèse de Rohan-), abbesse de Jouarre, 274.
GUERCHY (Marquis de), 350, 428.
GUIGNON, violoniste, 109, 296.
GUILLELMINE-AMÉLIE DE BRUNSWICK, impératrice d'Allemagne, 176.
GUILLEMAIN, violoniste, 109, 296.
GUINET, conseiller d'État, 5, 14.
GUISE (Prince de), 410, 419, 433, 469.
GUISE (Mme de), 420.

H.

HARBOUVILLE. *Voy.* ARBOUVILLE.
HARCOURT (François, duc d'), capitaine des gardes du corps du roi, 108, 168, 272, 277, 280, 285, 287, 335.
HARCOURT (Françoise-Claire de), 168, 173.
HARLAY (M. de), intendant de Paris, 5, 14, 52, 133, 237.
HARO (Don Louis de), 409.
HAUTEFORT (Emmanuel-Dieudonné, marquis de), 168, 173.
HAUTEFORT-BOZEIN (Le comte de), premier écuyer du comte de Toulouse, puis du duc de Penthièvre, 177.
HAUTEFORT-DURAS (Mme de), 403.
HAVRÉ (Jean-Just-Ferdinand-Joseph de Croy, prince d'), mestre de camp 106, 114.
HELVÉTIUS, premier médecin de la reine, 38.
HÉNAULT (Le président), 187, 188.
HENRIAU (Jean-Marie), évêque de Boulogne, 18, 400.
HENRIETTE (Madame). *Voy.* FRANCE (Anne-Henriette de).
HÉRAULT, lieutenant-général de police, 53, 54, 170, 398.
HÉRAULT (Mme), 170.
HÉROUVILLE (Jacques-Antoine de Ricouard, marquis d'), lieutenant-général, 48.
HÉROUVILLE (Mme d'), 390.
HEU (M. d'), premier commis du bureau de la guerre, 416.
HÔPITAL (Marquis de l'), 257.
HÔPITAL (Mme de l'), 396, 439.
HOSTUN (Duc d'), 341, 413.
HOSTUN (Duchesse d'), 65, 69, 147, 169, 170, 190, 206.
HOUDETOT (Charles, marquis d'), lieutenant général, 43, 96.
HOUDETOT (Charles-Louis de), fils du précédent, 96.
HOUEL, officier aux gardes, 388, 389, 392, 393.
*HUGUET (Mme), 185.
HUMIÈRES (Maréchal d'), 202, 205.

Humières (M. d'), 451.
Huguenot (Mlle), musicienne, 264.

I.

Infante d'Espagne (L'). *Voy.* Marie-Anne-Victoire.
Irquel (M. d'), 320.
Isenghien (Louis de Gand-Vilain, prince d'), lieutenant général, 100, 101.

J.

Jacques III, roi d'Angleterre, 355, 360.
Janson (Le cardinal de), 311.
Janson (Michel de Forbin, marquis de), maréchal de camp, 45.
Javelière (Joseph Lamoureux de La), maréchal de camp, 95.
Joly de Fleury (Guillaume-François), procureur général au parlement de Paris, 306.
Joly de Fleury (Louise Bérault, Mme), belle-sœur du précédent, 306.
Joly de Fleury (Guillaume-François-Louis), fils du précédent, avocat général au Parlement, 307, 440.
Jonsac (Louis-Pierre-Joseph d'Esparbès de Lussan, comte de), maréchal de camp, 44.
Jonville (M. de), chargé des affaires du roi à Bruxelles, 444.
Jouvenet (Le P.), cordelier, 164.
Joyeuse (Mlle de), 419.
Joyeuse (Nicolas, marquis de), colonel, 106, 108, 202.
Jumilhac (M. de), lieutenant des mousquetaires, 162, 182, 184.

K.

Kevenhuller, général de l'empereur, 297.
Kinski (Comte de), ambassadeur d'Autriche en France, 267.
Koetmen (M. de), brigadier de dragons, 83.
Konigsegg (Le comte de), 196, 257.

L.

Lallemant de Betz, fermier général, 61.
Lambesc (Prince de), 317.
Lande (Marquise de La), ancienne sous-gouvernante du roi et sous-gouvernante des enfants de France, 109, 115, 169, 188.
Languet de Gergy (Jean-Baptiste-Joseph), curé de Saint-Sulpice, 394.
Languet de Gergy (Jean-Joseph), archevêque de Sens, frère puîné du précédent, 252, 255.

LANMARY (Marc-Antoine Front de Beaupoil-Saint-Aulaire, marquis de), maréchal de camp, 44.
LANMARY (Mme de), 168.
LANNION (Hyacinthe-Cajétan, marquis de), colonel d'infanterie, 106, 384.
LANSAC (Mme de), 156.
LANTI DE LA ROERE (Antoine, prince), mort en 1716, 137-139.
LASSAY (Armand de Madaillan de Lesparre, marquis de), 39, 40, 91.
LASSAY (Léon de Madaillan de Lesparre, comte de), fils du précédent, 39, 40, 244, 260, 450, 455.
LAURENS (Hycinthe-Dominique, marquis des), 421, 422.
LAURENT (M. du), 236, 237.
LAUTREC (M. de), 214, 332.
LAUZUN (Antoine-Nompar de Caumont, duc de), mort en 1723, 220.
LAUZUN (Antoine-Charles de Gontaut de Biron, duc de), 76, 210, 431.
LAUZUN (Duchesse de), 464.
LAVALLE, maître à danser, 342.
LAZURE, sommelier du roi, 195.
LEBEL (Dominique-Guillaume), premier valet de chambre du Roi, concierge du château de Versailles, 164.
LÈDE (Marquis de), 165.
LÈDE (Marquise de), 405.
LEFEBVRE DE LAUBRIÈRE (Charles-François), évêque de Soissons, 165, 197, 204, 297.
LEMOINE (François), peintre, 59.
LEMOYNE (Jean-Baptiste), sculpteur, 169.
LÉON (Louis-Bretagne-Alain de Rohan-Chabot, prince de), 59, 60, 182, 208-214.
LÉON (Françoise de Roquelaure, princesse de), 147, 190.
LESCALOPIER, avocat général du grand conseil, 440.
LESDIGUIÈRES (Gabrielle-Victoire de Rochechouart-Mortemart, duchesse de), 188, 419.
LESPARRE (Antoine-Antonin de Gramont, comte, puis duc de), 33, 364, 422, 424.
LESPARRE (Marie-Louise-Victoire de Gramont, comtesse de), cousine-germaine et femme du précédent, 422.
LEUVILLE (Louis-Thomas du Bois de Fiennes, marquis de), lieutenant général, 173.
LÉVIS (Mme de), 284, 330.
LIBAN (Princes du), 371, 384, 385.
LICHTENSTEIN (Prince de), ambassadeur de l'empereur, 7, 117, 155, 257, 267, 292-294, 309, 341, 344, 375, 377, 380, 384, 385.
LICHTENSTEIN (Princesse de), 374-380, 384, 424, 470.
Lieutenant civil (Le). *Voy.* ARGOUGES DE FLEURY.
LIGNE (Prince de), 293, 294.
LIGNY (M. de), 424.
LINIÈRES (Le P. de), jésuite, confesseur du roi, 75, 98, 256, 270, 392, 397, 474.
LIRIA (Jacques-François de Fitz-James, duc de), 178, 248.

Lit de la Reine (Fournitures du), 17.
Livry (Abbé de), mort en 1739, 473.
Livry (François Sanguin, abbé de), ambassadeur en Portugal et en Espagne mort en 1729, 141.
Livry (Louis Sanguin, marquis de), premier maître d'hôtel du roi, 273, 329, 340, 341, 366.
Livry (Paul Sanguin, marquis de), colonel, 106.
Lixin (Princesse de), 251, 318.
Lizardois (M. de), officier de marine, 413.
Loiseau, gentilhomme ordinaire du roi, 174.
Lorges (Guy-Nicolas de Durfort, duc de Quintin), 208.
Lorges (Duchesse de), dame d'honneur de la duchesse d'Orléans, 12.
Lorraine (Anne-Charlotte, princesse de), abesse de Remiremont, 153.
Lorraine (Élisabeth-Charlotte d'Orléans, duchesse de), 153.
Lorraine (Le prince Charles de), 228.
Louis XIV, 22, 31, 49, 59, 60, 70, 77, 89, 107, 125, 130-133, 154, 157, 158, 186, 220, 244, 278, 279, 288, 289, 310, 311, 330, 333, 334, 341, 409, 422.
Louis XV, 1, 5-8, 11-16, 19-43, 58, 62, 65-69, 75-82, 86, 87, 91, 97-100, 105, 107, 108, 113-116, 122-128, 141, 143, 144, 146, 152, 155, 161-167, 170-206, 209-233, 238-251, 254-300, 304-309, 312-317, 321-362, 365-377, 381, 386-399, 402-412, 415-419, 423, 426-441, 444-474.
Louis de France, dauphin, fils de Louis XIV, dit *Monseigneur*, 31.
Louis de France, dauphin, fils de Louis XV, 13-17, 25-32, 34, 36, 38, 42, 49, 52, 58-65, 67, 78, 82, 144, 154, 155, 172, 174, 206, 213, 216, 221, 223, 232, 234, 240, 249, 258, 270, 271, 288, 289, 291, 294, 302, 309, 312, 316, 322, 331, 332, 338-342, 349-351, 359, 362, 367, 370, 377, 386, 391, 397, 402, 418, 420, 425, 427, 428, 436, 450, 453, 455-457, 459-461, 463, 464, 468, 470-475.
Louvain (M. de), premier écuyer de la petite écurie, 201.
Louvois, 333.
Lowendal (Woldemar, baron de), grand maréchal du roi de Pologne, Auguste III, 63, 64.
Luc (Gaspard-Madelon-Hubert de Vintimille, marquis du), lieutenant-général, 44.
Luc (Comte du), 251.
Lugny (Mme de), 420.
Lussan (Chevalier de), ingénieur, 305, 306.
Lutteaux (Étienne Le Menestrel de Hauguel de), lieutenant général, 43.
Luxembourg (Charles-François de Montmorency, duc de), maréchal de camp, 45, 220, 340, 451.
Luxembourg (Mme de), 207.
Luynes (Charles-Philippe d'Albert, duc de), 2, 34, 77, 82, 122-124, 128, 153, 172, 173, 193, 200, 218, 219, 261, 272, 277, 336, 343, 348, 377-379, 390, 395, 412, 441, 451.
Luynes (Louise-Léontine-Jacqueline de Bourbon-Soissons, princesse de Neufchâtel, duchesse de), morte en 1721, première femme du précédent, 175.
Luynes (Marie Brulart, duchesse de), dame d'honneur de la reine, seconde femme du précédent, 6, 8, 16, 17, 24, 34, 35, 41, 48, 70, 71, 82, 88, 96, 97,

99, 101, 114, 117, 121-123, 127, 128, 155, 173, 174, 176, 189, 191, 222, 225, 234, 245, 246, 272, 273, 275, 279, 280, 284, 285, 294, 296, 297, 318, 326, 330, 338, 339, 356, 359, 364, 365, 375-381, 386, 395, 407, 409, 412, 413, 417, 438, 439, 446, 447, 453, 461, 470, 474, 475.
LUZERNE (Comte de La), lieutenant général de la marine, 350, 351.

M.

MACHAULT (M. de), conseiller d'État ordinaire, 75.
Madame première ou l'aînée. *Voy.* FRANCE (Louise-Elisabeth de).
Madame seconde. *Voy.* FRANCE (Anne-Henriette de).
Madame troisième. *Voy.* FRANCE (Marie-Adélaïde de).
Madame quatrième. *Voy.* FRANCE (Marie-Louise-Thérèse-Victoire de).
Mademoiselle. *Voy.* BOURBON (Louise-Anne de).
MADIN, maître de musique de Tours, 65.
MAGDANEL (M. de), officier du duc de Bourbon, 210, 211.
MAILLEBOIS (Jean-Baptiste-François Desmaretz, marquis de), lieutenant général des armées du roi, 84, 312, 323, 339, 347, 365, 373.
MAILLEBOIS (Marie-Yves Desmaretz, comte de), fils du précédent, maître de la garde-robe, 114, 221, 316.
MAILLY (Anne-Marie-Françoise de Sainte-Hermine, comtesse de), dame d'atours de la duchesse de Bourgogne, morte en 1734, 190, 356.
MAILLY (Louise-Julie de Mailly-Nesle, comtesse de), dame du palais de la reine, 25, 98, 114, 164, 179-183, 195, 230, 241-244, 258, 260, 261, 263, 264, 268, 269, 271, 272, 274, 275, 277-280, 284, 285, 287, 295, 298, 299, 303-305, 308, 309, 311, 313, 314, 321, 322, 327, 328, 341, 345, 346, 349, 351, 352-355, 357, 358, 390, 395, 399, 402, 404, 408, 410, 416, 417, 419, 425-429, 431, 435, 436, 438, 439, 445, 446, 448-450, 452-455, 457, 458, 460-463, 465, 467, 473, 474.
MAILLY (Mlle de). *Voy.* FLAVACOURT.
MAILLY (Chevalier de), 316.
MAILLY D'AUCOURT (Chevalier de), 320.
MAILLY-NESLE (Famille de) 323.
MAINE (Louis-Auguste de Bourbon, duc du), 176, 425.
MAINE (Anne-Louise-Bénédicte de Bourbon-Condé, duchesse du), 9, 10, 43, 469.
MAINE (Louise-Françoise de Bourbon, Mademoiselle du), 43, 433, 469.
MALAN (M. de), exempt dans les gardes du corps, 307.
MANCINI (Anne-Louise de Noailles, Mme de), 286.
MANCINI (Diane-Adélaïde-Zéphirine, Mlle de), 285, 444.
MANSART (Jules-Hardouin), architecte, 278, 279.
MARBEUF (L'abbé de), lecteur du dauphin, 38.
MARCELLE, maître de danse, 343.
MARCK (François-Marie, chevalier de La), officier du duc de Bourbon, 210, 211.
MARCK (Louis-Pierre, comte de La), lieutenant général, ambassadeur en Espagne, 91, 212.
MARCK (Louis-Engilbert, comte de La) fils du précédent, 72.
MARIE-AMÉLIE DE SAXE, reine des Deux-Siciles, 226, 227.

MARIE-ANNE-VICTOIRE, infante d'Espagne, 140, 141.
MARIE-BÉATRIX-ÉLÉONORE D'ESTE, reine d'Angleterre, femme de Jacques II, 289.
MARIE LECZINSKA, 5-8, 15, 20, 28-32, 35, 41, 48, 49, 52, 55, 58, 65, 67, 69-71, 75, 79, 88, 89, 96-100, 105, 114, 117-123, 127, 128, 146, 161, 164, 167, 171, 174, 176, 178, 180, 185, 186, 189-191, 193, 194, 200, 209, 216, 221, 222, 225, 235, 238, 241, 245-247, 249, 253, 257, 261, 266, 270-273, 275, 276, 279, 280, 283, 285-291, 294, 296, 297, 299, 305, 306, 308, 312, 314-316, 321, 324, 326, 328, 330, 332, 335, 337-343, 348, 352, 356, 358, 359, 361, 364, 365, 367, 369-383, 386, 391, 394, 398, 406-412, 416-418, 424-428, 431, 432, 434-436, 438, 439, 444, 446, 449, 451-457, 459, 461, 462, 465-467, 470, 471, 473-475.
MARIE-THÉRÈSE D'AUTRICHE, reine de France, femme de Louis XIV, 20, 121; 175, 408.
MARIE-THÉRÈSE-ANTOINETTE-RAPHAELLE, infante d'Espagne, 302, 303.
Marly (Changements à), 81; date des premiers travaux de ce palais, 278.
MARSAN (Le comte de), 341.
MARSAN (Mme de), 434.
MARSAN (Mlle de), 153.
Marseille (Évêque de). *Voy.* BELZUNCE.
MARTIN (Mlle), femme de chambre de la reine, 24.
MARTINY (M. de). *Voy.* SAUROY.
Mascarade des Suisses et des gardes du corps, 32.
MASSERAN (Prince de), 396.
MATIGNON (Mme de), 356, 409.
MATIGNON (Mlle de), 329.
MAUBOURG (Jean-Hector de Fay de La Tour, marquis de), lieutenant général, 45.
MAUPEOU (Le président de), 306.
MAUPERTUIS, directeur de l'Académie française, 440.
MAURE (Mlle LE), cantatrice, 317.
MAUREPAS (Jean-Frédéric Phélypeaux, comte de), secrétaire d'État, 7, 12, 22, 52, 67, 69, 70, 91, 121, 123, 125, 153, 161, 172, 199, 206, 222, 229, 230, 343, 381, 387, 411, 441, 465, 474.
MAUREPAS (La comtesse de), 199, 205, 453, 474.
MAURIAC (M. de), 271, 291.
Maximien, tragédie, 62.
MAXIMILIEN (Prince), *Voy.* ROHAN.
MAZARIN (Le cardinal), 117.
MAZARIN (Duc de), 24, 25.
MAZARIN (Françoise de Mailly, duchesse de), dame d'atours de la reine, 20, 41, 190, 191, 295, 318, 322, 338, 339, 342, 364, 375, 382, 386, 394, 395, 409, 419, 429, 444, 446, 453.
MÉDINA-CÉLI (Le duc de), 398.
MELUN (Mlle de), 330.
MENDEZ, agent du roi de Portugal, 52, 72.
MENOU (Le P.), jésuite, 270, 271, 285, 297.
MÉRINVILLE (Charles-François des Montiers de), évêque de Chartres, 430.
MÉRODE (La comtesse de), dame du palais de la reine, 7, 98.
MÉRODE (Mlle de), 329.

MESANGÈRE (La), 443.
Mesdames. *Voy.* FRANCE (Louise-Élisabeth ; Anne-Henriette ;. Marie-Adélaïde ; Marie-Louise-Thérèse-Victoire et Sophie-Philippine-Élisabeth-Justine de).
MESMES (Le bailli de), ambassadeur de l'ordre de Malte, 311.
MESMES (Le président de), 187.
MESPLEZ (Abbé de), 400.
Metz (Évêque de). *Voy.* SAINT-SIMON.
MEURCÉ (François Cornuau de la Grandière, comte de), maréchal de camp, 45.
MEURCEY, *Voy.* MEURCÉ.
MEUSE (Henri-Louis de Choiseul, marquis de), lieutenant-général, 44, 266, 403, 404, 429.
MEUSE (François-Honoré de Choiseul, chevalier de), chambellan du roi de Pologne, fils du précédent, 266, 269, 271.
MÉZIÈRES (Mme de), 202.
MINA (Le marquis de LA), ambassadeur d'Espagne, 144, 145, 202, 203, 303, 313, 325, 355, 373, 391, 396, 397, 406, 428, 469, 472, 473, 475.
Mirepoix (Évêque de). *Voy.* BOYER (Jean-François).
MIREPOIX (Pierre-Louis de Lévis, marquis de), ambassadeur à Vienne, 96, 251, 318-321, 326, 350, 428, 435, 436.
MODÈNE (Duc de), 433.
MODÈNE (Charlotte-Aglaé d'Orléans, duchesse de), 153, 236, 432, 433, 438.
MOLÈGES (François de Châteauneuf de), maréchal de camp, 45.
MONACO (M. de), 289.
MONCHY (Henri de Monchy-Senarpont, marquis de), maréchal de camp, 44.
MONCONSEIL (Mme de), 443.
MONDONVILLE (Joseph), compositeur de la musique-chapelle du roi, 413.
MONDRAGON (M. de), 320.
MONEUR (M. de), 107.
MONGAZON (M. de), 69.
Monseigneur. *Voy.* LOUIS DE FRANCE, dauphin, fils de Louis XIV.
Monsieur. *Voy.* ORLÉANS (Philippe de France, duc d').
MONTAUBAN (Charles de Rohan-Guéméné, prince de ROHAN-), 202.
MONTAUBAN (Éléonore-Eugénie de Béthisy, princesse de), dame du palais de la reine, 41, 190, 273, 275, 279, 289, 304, 395, 408, 409, 428, 446, 450.
MONTAUBAN (Éléonore-Louise-Constance de Rohan, Mlle de), 41.
MONTBAZON (Mme de), 13, 236, 274.
MONTBOISSIER (Philippe Claude de Montboissier-Beaufort, marquis de), lieutenant général, 43, 182.
MONTCAVREL (Diane-Adélaïde de Mailly-Nesle, Mlle de), depuis duchesse de Lauraguais, 419.
MONTEMAR (M. de), ministre de la guerre en Espagne, 166.
MONTESSON (Charles, chevalier, puis comte de), lieutenant général, 44, 207.
MONTGERON. *Voy.* CARRÉ DE MONTGERON.
MONTGIBAUT (M. de), enseigne des gardes du corps, 418.
MONTI (Marquis de), lieutenant général, 61, 67.
MONTMARTEL (Mme de), 363, 403.
MONTMIRAIL (François-Michel-César Le Tellier, marquis de), capitaine colonel des Cent-Suisses, 316, 330.

32.

MONTMIREL. *Voy.* MONTMIRAIL.

MONTMORENCY (Anne-Léon de Montmorency-Fosseux, baron de), 421.

MONTMORIN (Jean-Baptiste-François de), marquis de Saint-Hérem, colonel du régiment de Forez, 271, 354.

Montpellier (Évêque de) *Voy.* COLBERT DE CROISSY.

MORAS (Mme de), 10, 11,

MORAS (Mlle de), 10, 192, 229.

MORTEMART (Marie-Anne Colbert, duchesse-douairière de), 229.

MORTEMART (Louise-Françoise de Rochechouart de), abbesse de l'abbaye royale de Fontevrault, 75, 108, 156, 188.

MOTHE (Charles de La Mothe-Houdancourt, comte de LA), gouverneur de Salins, 245.

MOTHE (Mlle de La), 387.

MOUCHY. *Voy.* MONCHY.

MOUFFE, 207.

MOUSTIER, cuisinier, 260.

MOY (Abbé de), 400.

Musique de la reine, 264, 292.

MUY (Marquis de), sous-gouverneur du dauphin, 16.

MUY (Marquise de), sous-gouvernante des enfants de France, 424.

N.

NANGIS (Marquis de), chevalier d'honneur de la reine, 7, 30, 70, 71, 119, 171, 209, 221, 222, 247, 294, 312, 339, 342, 376, 380, 462.

NANGIS (Mme de), 375.

NARBONNE (M. de), chef de brigade, 71, 303.

Nef du roi, 290.

NEGRO, gentilhomme attaché à la duchesse de Modène, 433.

NEMOURS (Marie d'Orléans-Longueville, duchesse de), morte en 1707, 124.

NESLE (Louis de Mailly, marquis de), 223.

NESLE (Pauline-Félicité de Mailly, Mlle de), depuis marquise de Vintimille, 295, 404, 419, 429, 431, 436, 445, 448-450, 452-454, 457, 460, 462, 463, 465, 467, 469, 473, 474.

NEUFCHATEL (Louis-Henri de Bourbon-Soissons, prince de), mort en 1703, 124.

NEUFCHELLES (M. de), 234.

NEVERS (Duchesse de), 10.

NIVERNOIS (Duc de), 340.

NOAILLES (Cardinal de), archevêque de Paris, 311.

NOAILLES (Adrien-Maurice, duc de), maréchal de France, capitaine des gardes du corps du roi, 2, 3, 7, 11, 42, 67, 75, 79, 89, 114, 164, 185, 219, 240, 336, 337, 339, 368, 384.

NOAILLES (Françoise-Charlotte-Amable d'Aubigné, maréchale-duchesse de), femme du précédent, 94.

NOAILLES (Marie-Françoise de Bournonville, comtesse, puis duchesse de), 26.

NOAILLES (Philippe, comte de), gouverneur de Versailles, 8, 67, 127, 353, 354, 361, 362.
NOCÉ (M. de), 441-443.
NONANT (M. de), lieutenant des gendarmes, 154.
Nonce (Le). *Voy.* DELCI.
Nouveau-Testament d'Amelot, 170.

O.

O' BRIEN, chargé d'affaires du roi Jacques, 355.
OLONNE (Charles-Anne-Sigismond de Montmorency-Luxembourg, duc d'), 340.
ONÉZIME (Reliques de saint), 167.
OPÈDE DE FORBIN, (Abbé d'), aumônier du Roi, 421.
Ordres étrangers, 405.
ORLÉANS (Philippe de France (*Monsieur*), duc d'), frère de Louis XIV, 289.
ORLÉANS (Philippe, duc d'), régent du royaume, fils du précédent, 88, 158, 175, 186-188, 330, 394, 442, 443.
ORLÉANS (Françoise-Marie de Bourbon, duchesse-douairière d'), femme du précédent, 12, 21, 26, 175, 321, 432.
ORLÉANS (Louis, duc d'), fils du régent, premier prince du sang, 49, 50, 81, 114, 118, 127, 266, 296, 317, 321, 362, 386, 450, 470-472.
ORLÉANS (Louise-Élisabeth d'), fille du régent, reine-douairière d'Espagne, 266.
ORRY (Jean), président à mortier au parlement de Metz, mort en 1719, 137.
ORRY (Philibert), contrôleur général des finances, fils du précédent, 22, 55, 75, 114, 170, 266, 317, 333, 388, 389, 392, 393, 395, 397, 406, 467.
ORTAFFA DE VILLEPLANA (Bonaventure d'), maréchal de camp, 44.
OSSOLINSKI (Le duc), grand maître de la maison du roi de Pologne, 200.
OSSONE (Duc d'), 165.
OUDRY, peintre, 162.

P.

Paix (Publication de la), 398, 417, 435, 439, 450.
PAJOT D'ONS-EN-BRAY, 158, 159.
PAJOT DE VILLERS, 158, 159.
PALAIS (Mme du), 434.
PALLU, intendant de Lyon, 188.
Pape (Le). *Voy.* CLÉMENT XII.
Papillon (Jeu du), 199.
PARABÈRE (Mme de), 20, 187, 443.
PARDAILLAN (M. de), gouverneur du duc de Penthièvre, 413.
Paris (Archevêque de). *Voy.* VINTIMILLE.
PARIS (MM.), 363, 364.
Parlement d'Aix, 235.
Parlement de Paris; tuteur des princes du sang, 18; son arrêté sur le concile

de Florence, 94; ses représentations au roi, 122, 172; son arrêté, 173; ses remontrances, 407.

PELLETIER (Louis Le), premier président au parlement de Paris, 172, 196.

PENTHIÈVRE (Louis-Jean-Marie de Bourbon, duc de), 17, 18, 30, 31, 48, 49, 66, 98, 99, 127, 155, 162, 172, 177, 196, 238, 269, 272, 313, 339, 340, 349-351, 413, 451.

PÉREUSE (M. de), colonel, 456.

PÉRIGNAN (Guillaume-Jean-Ignace de Rosset de Fleury, marquis de), 45, 46.

PETIT, chirurgien, 37.

PEYRE (Aymar-Henri de Mouret de Pagas de Grolée de), mestre de camp de cavalerie, 383.

PEYRONIE (La), premier chirurgien du roi, 13, 29, 36, 41, 42, 65.

PEZÉ (M. de), 473.

PHELIPPES DE LA HOUSSAYE (Nicolas-Léon), lieutenant général, 44.

PHILIDOR, page de la musique du roi, 224.

PHILIPPE V, roi d'Espagne, 129-142, 145, 156, 162, 165, 166, 282, 304, 404.

PHILIPPE (Don), infant d'Espagne, 302, 303, 344, 373, 397.

Philipsbourg (Épisode du siége de), 186.

PICQUIGNY (Michel-Ferdinand d'Albert d'Ailly, duc de), 13, 250, 422, 425, 447.

PIOMBINO (Princesse de), 142.

PIZIEUX. Voy. PUISIEUX.

PLELO (De), fils de l'ambassadeur en Danemark, 47.

PLIMONT (Daguesseau de), fils du chancelier, 307.

POIRIER, haute-contre de la musique de la chambre du roi, 285.

POLASTRON (Jean-Baptiste, comte de), lieutenant-général des armées du roi, sous-gouverneur du dauphin, 16, 32, 43, 95, 201, 294, 331, 343.

POLASTRON (Jean-François-Gabriel de), fils du précédent, 331.

POLIGNAC (Melchior, cardinal de), 57, 117, 222, 285, 286, 305, 440, 443, 444.

POLIGNAC (Armand-Scipion-Sidoine-Apollinaire-Gaspard, vicomte de), lieutenant général, frère du précédent, 399.

POLIGNAC (Melchior-Armand, marquis de), mestre de camp, 106.

POLIGNAC (M. de), lieutenant de vaisseau, 443, 444.

POLIGNAC (Mme de), femme du précédent, 286, 443, 444.

Pologne (Primat de), 287.

Pologne (Prince de), fils de l'électeur de Saxe, 227.

Pologne (Roi de). Voy. STANISLAS LECZINSKI, et AUGUSTE III.

Pologne (Reine de). Voy. CATHERINE BNIN-OPALINSKA.

POMPONNE (L'abbé de), chancelier de l'ordre du Saint-Esprit, 428.

PONS (Charles-Louis de Lorraine, prince de), maréchal de camp, 45, 212, 292-294.

PONS (Élisabeth de Roquelaure, princesse de), 147, 433.

PONTCHARTRAIN (M. de), 22.

PONTCHARTRAIN (Le chancelier de), 158.

PONTCHY (Mme de), dame d'honneur de la duchesse de Modène, 432, 433.

Portique (Jeu de), 409.

Pot-Royal (Le), 177.

POULLETIER, conseiller d'État, intendant de Lyon, 5, 188.

PRAIGNE (Chevalier de), lieutenant colonel du régiment Royal, 46, 61.

Premier (M. le). *Voy.* Béringhen.
Premier Président (Le). *Voy.* Pelletier.
Prévôt des marchands (Le). *Voy.* Turgot.
Prie (Louis, marquis de), lieutenant-général du Bas-Languedoc, 84, 282.
Prie (Agnès Berthelot, marquise de), morte en 1729, 141.
Prince (M. le). *Voy.* Condé.
Procureur-général (Le) *Voy.* Joly de Fleury.
Promotion d'officiers généraux, 43.
Prune (M. de La), capitaine de dragons du régiment du roi, 168.
Prusse (Roi de). *Voy.* Frédéric-Guillaume Ier.
Prusse (Reine de). *Voy.* Sophie-Dorothée de Hanovre.
Puiguyon (Mme de), 78.
Puisieux (M. de), 37.
Puisieux (Mme de), 269, 308, 309, 327, 346, 353.
Puységur (Maréchal de), 292, 350.
Puységur (Jacques-François-Maxime de Chastenet, marquis de), colonel, 106.

R.

Rabuttin (M. de), ambassadeur de l'empereur en Russie, 248.
Radouay (M. de), chef d'escadre, 230.
Ragotkzi (Prince), 249.
Raigecourt (Louis-Antoine, marquis de), maréchal de camp, 44.
Rambouillet (Dépenses des voyages de), 177.
Rambures (M. de), 353.
Ramillies (Bataille de), 156, 186.
Randan (Duchesse de), 364.
Rang des ducs et des maréchaux de France, 3.
Rannes (Charles-Louis d'Argouges, marquis de), mestre de camp, 106.
Ravoye (Louis Neyret de La), maréchal de camp, 45.
Reruge (Henri de Pomponne, marquis de), maréchal de camp, 44.
Régime du Roi, 80.
Règlement chez le dauphin, 33.
Reine (La). *Voy.* Marie Leczinska.
Remiremont (Abbesse de), 29, 57.
Renaudot (Abbé), 401.
Rennepont (Claude-Alexandre de Pont, marquis de), maréchal de camp, 44.
Rennes (Évêque de). *Voy.* Vauréal.
Rérie (Joseph-Pierre Collinet de La), lieutenant-général, 43.
Resnel (Marquis de). *Voy.* Clermont d'Amboise.
Rezzonico (Cardinal), 189.
Richelieu (Le cardinal de), 212, 224, 298.
Richelieu (Louis-François-Armand de Vignerot du Plessis, duc de), maréchal de camp, 45, 84, 86, 102, 162, 182, 220, 224, 267, 433.
Richelieu (La duchesse de), 267, 275, 276, 410, 419, 469.
Rieux (Louis-Auguste, chevalier, puis marquis de), maréchal de camp, 45.

RIVAROLLES (Charles-Amédée de Saint-Martin d'Aglié, marquis de), maréchal de camp, 44.

ROCHE DE FONTENILLE (Antoine-René de La), évêque de Meaux, 30.

ROCHECHOUART (Charles-Auguste, duc de), premier gentilhomme de la chambre. 12, 99, 109, 412.

ROCHECHOUART (Augustine de Coëtquen-Combourg, duchesse de), femme du précédent, 98, 114, 179, 180, 225, 284, 304, 395, 405, 406, 424, 451, 469.

ROCHEFORT (Marquis de), guidon de la compagnie des gendarmes d'Orléans, 106.

ROCHEFORT (Mme de), 263, 282.

ROCHEFOUCAULD (Frédéric-Jérôme de Roye de La), archevêque de Bourges, 252, 253, 259, 270.

ROCHEFOUCAULD (Duc de LA), grand-maître de la garde-robe du roi, 228, 260, 303, 339, 391, 451.

ROCHE-SUR-YON (Louise-Adélaïde de Bourbon-Conty, Mademoiselle de LA) 128, 194, 195, 210, 272, 273, 287, 288, 305, 338, 339, 345, 409, 432, 465, 470, 474.

ROHAN (Armand-Gaston de), cardinal, grand aumônier de France, 15, 35, 48, 55, 56, 119, 200, 285, 291, 305, 358, 360, 374, 382, 385-387, 396, 401, 420, 426, 427.

ROHAN (Hercule-Mériadec de Rohan, duc de Rohan-Rohan, appelé le prince de), 17, 154, 274, 374, 380, 423, 429.

ROHAN (Marie-Sophie de Courcillon, princesse de), femme du précédent, 271, 309, 340, 377, 378, 380, 450, 453.

ROHAN (Louis-François de Rohan-Chabot, vicomte de), frère du prince de Léon, 212, 213, 332.

ROHAN (Louis-Marie-Bretagne-Dominique de Rohan-Chabot, duc de), fils du prince de Léon, 106, 212.

ROHAN (Maximilien Gaston-Gui-Benjamin de), dit *le prince Maximilien*, enseigne des gendarmes du roi, mort en 1706, 203.

Roi (Le). *Voy.* LOUIS XV.

ROLET (M. du), officier des Gardes-Françaises, 13, 14.

ROQUELAURE (Le maréchal de), 2, 144, 147.

ROTHELIN (M. de), 434.

ROTISSÉE (Mlle), chanteuse, 161.

ROTTEMBOURG (Mme de), 340.

Rouen (Archevêque de). *Voy.* SAULX-TAVANNES.

ROUGÉ (Pierre-François, marquis de), colonel, 106.

ROUILLÉ (MM.), 158-160.

ROUSSEAU (Jean-Baptiste), poëte, 347.

ROUSSET (Jean-Charles de Gauthier de Girenton, marquis Du), maréchal de camp, 45.

RUFFEC (Armand Jean de Saint-Simon, marquis de), maréchal de camp, 45, 145.

RUFFEC (Marquise de), 285.

RUFFEC (Catherine Charlotte Thérèse de Gramont, duchesse de), 426, 427, 429, 435, 436, 457, 462, 467, 473.

S.

SABRAN (Marquis de), mestre de camp, 106.
SAILLY (Mlle de), 24.
SAINCTOT, introducteur des ambassadeurs, 119, 294, 375, 376, 377, 378, 380.
SAINT-AIGNAN (Paul-Hippolyte de Beauvilliers, duc de), ambassadeur à Rome, lieutenant général, 43, 223, 361.
SAINT-AIGNAN (Duchesse de), 23.
SAINT-AULAIRE (François-Joseph de Beaupoil, marquis de), directeur de l'Académie Française, 31, 60, 61.
SAINT-CYR (Abbé de), sous-précepteur du dauphin, 38, 242.
SAINT-ESTEVAN (M. de), gouverneur du roi des Deux-Siciles, 226, 227.
SAINT-FARGEAU (M. de), 454.
SAINT-FLORENTIN (M. de), secrétaire d'État, 259, 350.
SAINT-GERMAIN (Mme de), 263, 264, 272, 274, 275, 277, 278, 314, 341, 345, 346, 348.
SAINT-JAL (M. de), 326.
SAINT-JUST (Mme de), chanoinesse de Remiremont, 39, 40.
SAINT-PATER (Jacques Le Coutelier, marquis de), lieutenant général, 143.
SAINT-PIERRE (Duchesse de), 104, 142, 156.
Saint-Pierre de Rome (Perspective de), 102.
SAINT-QUENTIN, contrôleur du château de Rambouillet, 177.
SAINT-SAUVEUR, écuyer de la petite écurie, 37, 79.
SAINT-SIMON (Claude de Rouvroy de), évêque de Metz, 410-412.
SAINT-SIMON (Henri de Rouvroy, marquis de), frère du précédent ; sa mort et sa famille, 345.
SAINT-SIMON (Louis de Rouvroy, duc de), 123, 145, 186, 187.
SAINT-VALLIER (Abbé de), 400.
SAINT-VALLIER (François-Paul de la Croix, chevalier de), maréchal de camp, 45.
SAINT-VINCENT DE PAUL ; sa canonisation, 407.
SAINTE-MAURE (Comte de), vice-amiral du Levant, 351.
SAISSAC (Mme de), 132.
SALIÈRES (Antoine-Alexis de Chastelar, marquis de), maréchal de camp, 45.
Salonistes ou polissons de Marly, 144.
SAMPIETRO (Histoire de), 324.
Sardaigne (Ambassadeur de). Voy. SOLAR.
Sardaigne (Le roi de). Voy. CHARLES-EMMANUEL III.
SASSENAGE (Mme de), 328, 426, 427, 429, 455, 462, 465.
SAULX-TAVANNES (Charles-Nicolas de), archevêque de Rouen, 35, 55-57, 216, 358.
SAUMERY (Jean-Baptiste de Johanne de la Carre, comte de), 231-233.
SAUMERY (Alexandre-François de Johanne de la Carre, comte de), fils du précédent, 245.
SAUMERY (Alexandre de Johanne de la Carre, chevalier de), frère puîné du précédent, 234, 245.
SAUROY (Joseph Durey de), marquis du Terrail, 168.
SAVINES (Marquis de), 350.

SCEDORFF, major des Gardes-Suisses, 126.
SCHMERLING (Baron de), ministre de l'empereur en France, 307, 380.
SÉCHELLES (Jean Moreau de), intendant du Hainaut, 155.
SECKENDORF (M. de), général autrichien, 257.
SEGAUD (Le P.), prédicateur, 42, 75.
SÉGUR (Henri-François, comte de), lieutenant-général, 44, 349, 353, 416.
SÉGUR (Mme de), 225, 230, 289, 298, 327, 328, 341, 352, 353, 355, 357, 364, 419, 431, 439, 463.
SELLE, musicien allemand, 109.
SENNETERRE (Henri, comte de), lieutenant général des armées du roi, 21.
SENNETERRE (Jean-Charles, marquis de), ambassadeur à Turin, 10-12.
Sens (Archevêque de). *Voy.* LANGUET DE GERGY.
SENS (Élisabeth-Alexandrine de Bourbon-Condé, Mademoiselle de), 192, 273, 305, 308, 338, 339, 445, 446.
SERVANDONI, peintre et architecte, 102.
SEZILE. *Voy.* CÉZILE.
SILLY (Claude, marquis de), 173.
SILVA, médecin, 37, 42, 50, 52.
SIMIANE (Mme de), 403.
SOBIESKI (Prince Jacques), 14, 15.
SOLAR (Le commandeur de), ambassadeur de Sardaigne, 307, 311.
SOLDEVILLE (Le chevalier de), 301, 302.
SOMIS, violoniste, 109.
SOPHIE-DOROTHÉE DE HANOVRE, reine de Prusse, 111, 112.
SORBA, chargé d'affaires de la république de Gênes, 68.
SOUBISE (Charles de Rohan, prince de), capitaine des gendarmes de la garde, 13, 181, 182, 239, 308, 309, 341, 349, 353, 429, 458.
SOUBISE (Anne-Marie-Louise de La Tour d'Auvergne, princesse de), femme du précédent, 97, 340.
SOUILLAC (Jean-Georges de), évêque de Lodève, 222.
SOURCHES (Louis du Bouchet, marquis de), grand prévôt de France, 8, 11, 349, 353, 354, 357, 361, 392.
SOURCHES (Marquise de), 190, 467.
SOURCHES (Louis du Bouchet de), fils des précédents, cornette des chevau-légers, 204.
SOUVRÉ (François-Louis le Tellier, marquis de), maître de la garde-robe, 24, 228, 285.
SOUVRÉ (Mme de), 114, 465.
SOYECOURT (M. de), 420.
STAINVILLE (M. de), 52, 321.
STAMPA, archevêque de Milan, 361.
STANISLAS LECZINSKI, roi de Pologne, duc de Lorraine, 153, 161, 171, 197, 200, 209, 215, 362.
Statue équestre de Louis XV, 169.
SRAFFORD (Mme de), 443.
SULKOWSKI (Comte), favori du roi de Pologne, Auguste III, 63, 64.
SULKOWSKI (Comtesse), 63.
SULLY (Louis-Pierre-Maximilien de Béthune, duc de), 66, 229.

SULLY (Louise Desmaretz, duchesse de), 66.
SULLY (Louise-Nicole-Maximilienne de Béthune, Mlle de), fille des précédents, 66, 103, 168, 229.
SULZBACH (Prince de), 231.
SULZBACH (Princesse de), 231.
SUZE (M. de LA), 79.

T.

Tableau hydraulique, 103.
TALLARD (Comte de), 147.
TALLARD (Duc de), 206, 324, 373, 374, 397, 437.
TALLARD (Marie-Élisabeth-Angélique-Gabrielle de Rohan, duchesse de), gouvernante des enfants de France, 16, 17, 30, 98, 114, 174, 176, 177, 191, 231, 289, 308, 322, 358, 373, 374, 378-380, 385, 396, 397, 405, 406, 408, 412, 420, 424, 437.
TALLEYRAND (Marquis de), 78, 79, 108, 308.
TALLEYRAND (Mme de), 114, 225, 235, 295, 298, 299, 311, 351, 355, 357, 358, 396, 408, 410, 417, 439, 448-450, 454, 460.
TALMOND (Prince de), 345.
Tapisserie des Gobelins, 162.
TARLO (Le comte de), palatin de Lublin, 161, 200, 201, 207, 215, 350, 351.
TASTE (Louis La), évêque de Bethléem, 287.
TENCIN (Pierre Guérin de), archevêque d'Embrun, 355, 359, 360, 365; cardinal, 381, 385. 425.
TERLAYE (Alain Magon de), lieutenant général, 43.
TERRAIL (M. du). *Voy.* SAUROY.
TESSÉ (René de Froulay, comte de), maréchal de France, mort en 1725, 131, 141, 330, 331.
TESSÉ (René-Marie de Froulay, marquis de), premier écuyer de la reine, fils du précédent, 99, 100, 145, 227, 254, 292, 339, 388.
TESSÉ (Marie-Charlotte de Béthune, marquise de), femme du précédent, 100, 114, 185, 469.
THÉODORE, roi de Corse, 312.
THIANGES (Le chevalier de), 362.
THIROUX (MM.), 158, 159.
TILLIÈRES (Marquis de), capitaine lieutenant de la compagnie des gendarmes Dauphin, 106.
TINGRY (Prince de), colonel, 106.
Toilette de la Reine, 254.
TORCY (Jean-Baptiste Colbert, marquis de), secrétaire d'État, 130, 131, 253, 284.
TORELA (Prince de LA), ambassadeur extraordinaire du roi des Deux-Siciles, 426.
TORRING (Le comte de), premier ministre de l'électeur de Bavière, 63, 72, 153.
TOSCANE (François-Étienne de Lorraine, grand-duc de), 196, 320.
TOSCANE (Marie-Thérèse-Walpurge-Amélie-Christine, archiduchesse d'Autriche grande-duchesse de), 318-320.

TOULOUSE (Louis-Alexandre de Bourbon, comte de), grand veneur, 17, 18, 125, 128, 162, 230, 256, 423, 425.
TOULOUSE (Marie-Victoire-Sophie de Noailles, comtesse de), 48, 49, 67, 152, 171, 206, 226, 256, 261, 268-270, 340, 345, 348, 349, 402, 404, 407, 429, 435, 445.
TOUR (M. de LA), capitaine aux gardes, 39, 170.
TOUR (M. de LA), intendant, premier président et commandant de Provence, 298.
TOUR (Louis-René Sandrier de LA), maréchal de camp, 44.
TOUR D'AUVERGNE (Henri Oswald de LA), cardinal, archevêque de Vienne, premier aumônier du roi, 6, 115-117, 252, 253, 259, 285, 286, 305, 410-412, 426.
TOURBES (Mlle de), 330.
TOURNELLE (M. de LA) sous-introducteur des ambassadeurs, 375, 380.
TOURNELLE (Marie-Anne de Mailly-Nesle, marquise de LA), 207, 304, 308, 419.
Tours (Archevêque de) Voy. CHAPT DE RASTIGNAC.
TRÉMOILLE (Charles-Armand-René, duc de LA), premier gentilhomme de la chambre du roi, 31, 34, 53, 60, 61, 101, 182, 106, 240, 276, 282, 309, 329, 336, 337, 339, 340, 350, 351, 366-368, 370, 410.
TRESMES (François-Bernard Potier, duc de), 238, 331, 363, 407, 413.
TRESMES (Éléonore-Marie de Montmorency-Luxembourg, comtesse de), 120, 363.
TRESSAN (Louis-Élisabeth de la Vergne, comte de), 68, 305.
Trianon (Palais de), 278.
Troyes (Évêque de). Voy. BOSSUET.
TRUDAINE (Daniel-Charles), intendant des finances, 394.
TRUDAINE (François-Firmin), évêque de Senlis, 299.
TRUDAINE (Joseph), enseigne de la compagnie des gendarmes d'Orléans, 299.
TRUDAINE (Mlle), 326.
Turenne (Vicomté de), 86.
TURENNE (Le maréchal de), 4, 125.
TURENNE (Prince de), 340, 343, 350.
TURGOT (Michel-Etienne), prévôt des marchands de Paris, 222, 394.

U.

Ulysse (Démolition de la galerie d'), à Fontainebleau, 280.
Université de Paris, 291, 315.
URSINS (Anne-Marie de la Trémoille, princesse des), morte en 1722, 128-142, 156.
Uzès (Duc d'), 473.

V.

VALENTINOIS (Duc de), 55.
VALLIÈRE (M. de), lieutenant général, 448, 457-459, 462, 464.

Van Hoëy, ambassadeur de Hollande, 127.
Van Hoey (Mme), 101.
Varennes (Augustin-François de Godde de), 173.
Vassan (Zacharie de), capitaine de l'équipage des levrettes et lévriers de la chambre, 388.
Vassé (Vidame de), 348, 349, 353, 361.
Vatan (Frère Claude Aubery de), grand bailli de Lyon (ordre de Malte), chef-d'escadre, 229.
Vaucanson, 12, 103.
Vaucresson (Maison de), 170.
Vaudreuil (Jean Rigaud, chevalier, puis vicomte de), 143.
Vaudrey (Charles-Antoine-Eugène, comte de), lieutenant général, 44.
Vauguyon (Mme de la), 114, 275, 395, 428.
Vaujour (Duc de), 260, 305.
Vaujour (Duchesse de), 243, 340.
Vaulgrenant (Le comte de), ambassadeur extraordinaire en Espagne, 91, 165, 166, 245, 248, 257, 258, 303, 304, 372, 400.
Vauréal (Louis-Guy Guérapin de), évêque de Rennes, maître de la chapelle-musique du roi, 55-57, 265.
Vendôme (Louis-Joseph, duc de), 4, 302, 313.
Vendôme (Mme de), 302.
Vendôme (Philippe de), grand prieur de France, mort en 1727, 125.
Ventadour (Charlotte-Éléonore-Madeleine de la Mothe-Houdancourt, duchesse-douairière de), gouvernante des enfants de France, 31, 185 ; lettre que lui écrit le roi, 281 ; 331, 332, 344, 379, 380.
Ventadour (Armand de Rohan-Soubise, abbé de), 59, 405, 440, 441.
Verneuil (M. de), introducteur des ambassadeurs, 114, 116, 119.
Versalieu (M. de), président à mortier du parlement de Dijon, 236, 237.
Vertus (Comte de), 104, 203.
Vertus (Comtesse de), 104.
Verthamon (M. de), président du grand conseil, 6.
Verue (Comte de), 46.
Vésuve (Mont), 147.
Viantais (Mlle de), 244.
Vienne (Archevêque de). Voy. Tour d'Auvergne.
Vieuville (M. de La), commandant des carabiniers du roi d'Espagne, 166.
Vigean (Abbé du), 314.
Vignacourt (Alof de), grand maître de l'ordre de Malte, 62.
Villars (Louis-Hector, duc de), maréchal de France, 46, 145, 201, 223.
Villars (Jeanne-Angélique Roque de Varengeville, maréchale-duchesse-douairière de), veuve du précédent, dame du palais de la reine, 94, 201, 268, 269, 342, 344, 380.
Villars (Honoré-Armand, duc de), fils des précédents, 143, 145, 235, 298, 388, 451.
Villars (Amable-Gabrielle de Noailles, duchesse de), dame du palais de la reine, femme du précédent, 68, 243.
Ville (Arnold de), baron du Saint-Empire-Romain, inventeur et directeur de la machine de Marly, 421.

VILLEDOMAIN (Amelot de), colonel d'infanterie, 384.
VILLEFORT (Mme de), sous-gouvernante des enfants de France, 413.
VILLEMUR (M. de), inspecteur d'infanterie, 408.
VILLENE-CHAMPAGNE (Mlle de). *Voy.* CHAMPAGNE DE VILLAINES.
VILLENEUVE (François Renaud de), évêque de Viviers, 122, 296.
VILLENEUVE (M. de), ambassadeur à la Porte, 435, 436.
VILLENEUVE (Mlle de), 168, 329.
VILLEQUIER (Duc de), 368.
VILLEQUIER (Marquis de), 220.
VILLEROY (François de Neufville, duc de), maréchal de France, gouverneur de Louis XV, mort en 1730, 220.
VILLEROY (Nicolas de Neufville, duc de), mort en 1734, fils du précédent, 228.
VILLEROY (Louis-François Anne de Neufville, duc de), capitaine des gardes du corps du roi, fils du précédent, 27; maréchal de camp, 44, 99, 182, 205, 218, 226, 259, 303, 304, 309, 316, 337, 348, 349, 352, 358, 430, 436, 453, 462, 473.
VILLESNE (M. de), gouverneur de Niort, 59.
VILTZ (Chevalier de), 58, 95, 106.
VINS (M. de), 60.
VINTIMILLE (Charles-Gaspar-Guillaume de), archevêque de Paris, 71, 184, 310, 383.
VINTIMILLE (Jean-Baptiste-Félix-Hubert, comte de), mestre de camp de cavalerie, 383, 384.
VIVET DE MONTCLUS (Louis-François de), évêque de Saint-Brieuc, 30.
Vœu de Louis XIII, 210-217.
VOISIN (Le chancelier), 22.
VOLVIRE (Angellem-Joseph, marquis de), mestre de camp, 106, 203.
VOLVIRE (Philippe-Auguste, comte de), brigadier de cavalerie, 83.
VRILLIÈRE (M. de La), 22.

W.

WALIS, général autrichien, 257.
WALPOLE (Robert), ministre du roi d'Angleterre, 400.
WRATISLAU (M. de), ambassadeur de l'empereur en Russie, 248.

Z.

ZÉNO (Mme), ambassadrice de Venise, 174, 379.

FIN DE LA TABLE.

www.ingramcontent.com/pod-product-compliance
Lightning Source LLC
Chambersburg PA
CBHW071710230426
43670CB00008B/964